（2016）晋城年鉴

晋城市地方志办公室　编
邵俊生　主编

方志出版社
Publishing House of Local Records

图书在版编目(CIP)数据

晋城年鉴. 2016 / 晋城市地方志办公室编. --北京：方志出版社，2017.2

ISBN 978-7-5144-2344-0

Ⅰ. ①晋… Ⅱ. ①晋… Ⅲ. ①晋城—2016—年鉴 Ⅳ. ①Z522.53

中国版本图书馆CIP数据核字(2017)第031223号

晋城年鉴（2016）

编　　者： 晋城市地方志办公室
主　　编： 邵俊生
责任编辑： 黄　彦

出 版 人： 冀祥德
出 版 者： 方志出版社
地址　北京市朝阳区潘家园东里9号(国家方志馆4层)
邮编　100021
网址　http://www.fzph.org
发　　行： 方志出版社发行中心
电话（010）67110500
经　　销： 各地新华书店
印　　刷： 山西智慧景潮包装印刷有限公司

开　　本： 889×1194　1/16
印　　张： 21.5
字　　数： 1376千字
版　　次： 2017年2月第1版　　2017年2月第1次印刷
印　　数： 0001～1500册

ISBN　978-7-5144-2344-0　　**定价：** 280.00元

《晋城年鉴》编纂委员会

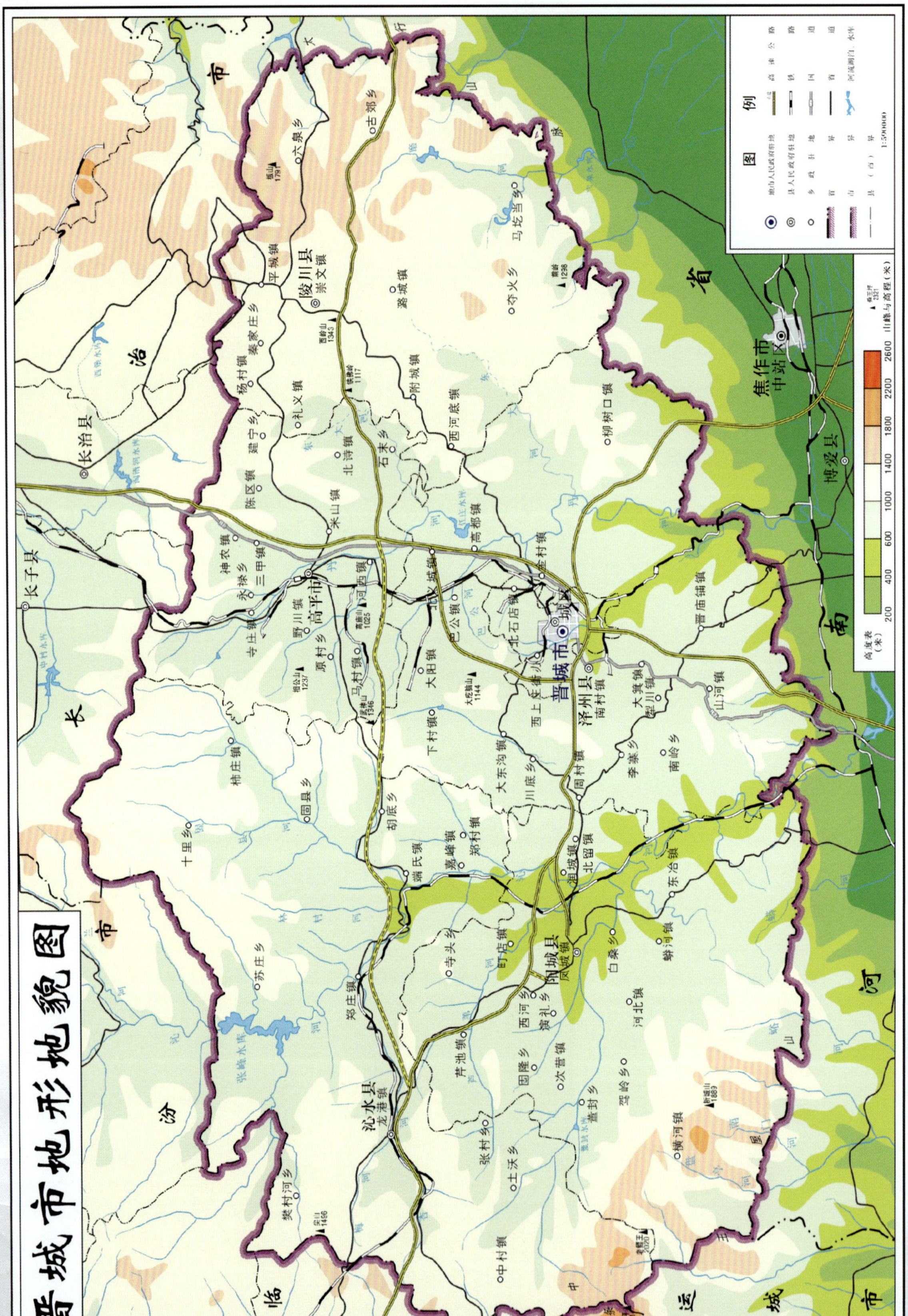
晋城市地形地貌图
长治市
长治县
长子县
陵川县
崇文镇
高平市
晋城市
城区
泽州县
南村镇
阳城县
凤城镇
沁水县
龙港镇
临汾市
运城市
焦作市
中站区
博爱县
河南省
图例
高度表（米）
200 400 600 1000 1400 1800 2200 2600

要　目

目　录

特　载

大事记

2015年晋城市大事记

市情概况

中国共产党晋城市委员会

信　访

党校教育

讲师团

外宣工作

党史研究

晋城市人民代表大会常务委员会

晋城市人民政府

办公厅

外事侨务和旅游文物

法 治

民主党派与工商联

重点企业

农业经济

农　业

农业综合开发

畜　牧

农　机

教育 科技

社会生活

人 物

区县概览

CONTENTS

中共晋城市第六届委员会工作报告

——2016年9月26日在中国共产党晋城市第七次代表大会上

中共晋城市委书记　张九萍

一、过去五年的工作

过去的五年，是晋城发展史上极不平凡的五年，也是我们奋发作为的五年。在党中央和省委的坚强领导下，我们团结带领广大党员干部群众，在机遇面前表现得积极主动，在困难面前表现得坚毅从容，全市上下顽强拼搏，戮力同心，共克时艰，持续推进"一争三快两率先"战略部署，积极探索资源型地区科学发展的实现路径，全市经济社会和党的建设各项事业呈现出良好发展态势，为率先全面建成小康社会奠定了坚实基础。

这五年，我们坚持争先综改、竞逐中原，重点领域改革开放取得突破。积极推进转型综改先行先试，涉煤领域、商事制度等改革进展顺利。金融改革在全省率先建立企业应急周转资金机制、设立首家红土创业投资基金，皇城药业、海诺科技、兰花纳米等3家企业成功挂牌"新三板"，取得了近年来我市发展和利用资本市场的新突破。市县两级政府机构改革全面完成，事业单位分类改革稳步实施，编制公布了政府工作部门权力和责任清单，行政审批实行了"两集中、四到位"。完善文化管理体制，成立了晋城广电传媒(集团)有限公司，成功举办了海峡两岸神农炎帝文化旅游招商系列活动和山西(晋城)太行山文化旅游节，进一步激发了文化发展活力。农村改革深入推进，农村土地承包经营确权登记颁证工作有序开展，指导泽州县农村集体经营性建设用地入市试点取得实质性进展，巴公镇的全省扩权强镇试点改革有序推进。加强同中原经济区合作交流、互动发展，组团参加各类重大项目推介、投资贸易博览会，我市的美誉度和影响力进一步提升。"十二五"期间，全市签约项目824个，资金到位2485.3亿元，分别是"十一五"期间的2.56倍和6.62倍。2015年进出口总额实现9亿美元，比2010年增长68.4%。晋城经济技术开发区升级为国家级开发区，晋城海关和商检机构获批设立，特别是太焦高铁的动工兴建，迎来了我市开放型经济发展的新时代!

这五年，我们坚持加快转型升级步伐，市域经济综合实力显著增强。转型发展势头强劲，产业体系不断完善，三次产业协同发展，产业结构日趋优化，由2010年的4.2∶63.6∶32.2调整为2015年的4.7∶55.4∶39.9。特色现代农业初具规模，主导产业基础牢固，新兴产业发展迅猛，全市服务业增加值年均增长7.6%。人才强市战略取得新进展，科技创新能力不断增强，荣获"全国科技进步先进市"称号。主要经济指标稳中有进，"十二五"期间全市生产总值年均增长8.4%,公共财政预算收入年均增长11.1%,固定资产投资年均增长20.6%,社会消费品零售总额年均增长12.9%,城乡居民人均可支配收入年均分别增长10.5%和12.8%,保持了良好的发展态势。我市连续三年被省委、省政府表彰为"年度目标责任考核优秀市"。

这五年,我们坚持加快城乡统筹进程,城乡一体化建设成效突出。集中实施了城市道路建设和改造提升、市民休闲游园等一批城建重点工程,提升了中心城市的综合承载力。高平、阳城、陵川和沁水大县城建设日新月异,形成了与中心城市的优势互补。产业片区建设日臻完善,产业集聚效应正在释放。推进泽州县国家级新型城镇化综合试点工作,全市小城镇建设特色鲜明,城镇化率高于全省和全国平均水平。新农村建设提档升级,脱贫攻坚向纵深推进,扶持发展"一村一品""一县一业",一批"美丽乡村"脱颖而出,改善农村人居环境工作走在了全省前列。

这五年,我们坚持加快建设美丽晋城,人民群众获得感持续提升。生态文明建设成效显著,全市森林覆盖率居全省首位,成功创建国家森林城市,荣膺"国际花园城市"综合金奖,我市成为全省第一个园林县城创建工作全覆盖的地市。生态治理力度持续加大,建成了白马寺山植物园、城东水系公园、玉屏山休闲运动公园等3个新的城市公园,建成了全国最大的丹河垂直流人工湿地,完成了吴王山森林公园建设,把昔日的"垃圾山"变成了"生态绿心",五年共新增绿地280万平方米,棋子山省级森林公园晋升为国家级森林公园。深入开展环境保护专项整治行动,节能减排任务全面完成,被确定为全国节水型社会建设示范区,入选国家低碳试点城市和循环经济示范城市。民生福祉不断增进,城乡社会救助体系进一步完善,基本民生保障更加有力。实施教育优先、医疗提质和充分就业三大民生工程,教育教学质量全面提升,中小学办学条件显著改善,率先在全省实施普通高中免学费工程,太原科技大学晋城校区建成招生,结束了我市没有高等本科院校的历史;医疗卫生健康事业惠及百姓,实现了基本医疗保障和大病医保全覆盖,爱国卫生运动和城乡清洁工程成效明显,巩固了"国家卫生城市"成果,荣登"中国最干净城市"排行榜;大力实施"双创"工程,被国务院表彰为"全国创业先进城市"。培育和践行社会主义核心价值观,弘扬晋城精神,争做晋城好人,李继林、刘平贵夫妇荣获全国道德模范,群众性精神文明创建活动扎实有效,连续四次被表彰为全国文明城市提名城市(先进城市)。文化体育事业生机盎然,市图书馆、美术馆、档案馆、博物馆建成使用,实施了文化低保、农村书屋、城市自助图书馆、百姓大舞台等一批文化惠民工程,文化软实力日益增强,被评为全省文化建设先进市。

这五年,我们坚持总揽全局、协调各方,民主政治和各项事业不断进步。坚持和完善人民代表大会制度,支持人大及其常委会依法履行职责,我市成为《中华人民共和国立法法》修订后全省首批拥有地方立法权的地级市。坚持和完善中国共产党领导的多党合作和政治协商制度,支持政协开展调研视察、专题协商,发挥参政议政作用。巩固和发展最广泛的爱国统一战线,增进与各民主党派、工商联、无党派人士合作共事,民族宗教、对台、侨务、老龄、关工委等工作取得新成就。召开了全市群团工作会议,工会、共青团、妇联、文联、残联、科协等人民团体积极发挥作用,党的群众工作取得了新的进展。法治建设进一步加强,圆满完成"六五"普法工作,积极创新社会矛盾纠纷排查化解机制,始终保持"打黑除恶"高压态势,平安创建成效显著。人民群众安全感和满意度连续四年名列全省第一,第五次蝉联"全国社会治安综合治理优秀市",三次荣膺全国综治最高奖"长安杯"。高度重视安全工作,构建"党政同责、一岗双责、齐抓共管"的安全责任体系,巩固了安全生产持续稳定、总体向好的态势。积极推进军民融合式发展,开展"寻访军营晋城好儿女"等活动,军政军民关系更加密切,荣获了"全国双拥模范城"称号。

这五年,我们坚持党要管党、从严治党,党的建设全面加强。认真落实全面从严治党要求,压实"两个责任",推动管党治党从"宽松软"走向"严紧硬"。理论武装更加深入,信仰信念更加坚定,全市党的群众路线教育实践活动、"三严三实"专题教育和"两学一做"学习教育取得丰硕成果。严格执行民主集中制,坚持正确的用人导向,加强干部选拔任用工作,强化干部日常管理监督，领导班子和干部队伍保障有力。深化“三级联述联评联考”，市财政连续三年投入6000余万元，有力保障了基层组织建设，推动各领域基层党建全面过硬。严明党的政治纪律和政治规矩，严格落实中央八项规定精神，驰而不息纠正“四风”，强力推进党风廉政建设和反腐败工作，深入开展市县巡察试点工作，坚决查处了一批严重违纪违法典型案件，有效解决了一批发生在基层和群众身边的突出问题。深刻汲取高平系统性塌方式腐败教训，抓高平、带全市，积极运用“四种形态”，扎实推动挺纪在前“先走一步”。全市不敢腐的震慑作用得到发挥，不能腐、不想腐的效应初步显现，党风政风社会风气发生了积极变化，推动改革发展的良好政治生态正在逐步形成。

同志们！这五年，我们在砥砺奋进中迎来了建市30周年。30年风雨兼程、30年沧桑巨变，晋城从新生到崛起，由“传统农业小市”成长为“现代经济强市”，全市生产总值、人均GDP、公共财政预算收入分别是建市之初的22.9倍、18.7倍、85倍，城乡居民人均可支配收入分别是建市之初的52.5倍和29.6倍。而立之年的晋城，人民生活由温饱不足迈向总体小康，实现了“化茧成蝶”的历史性跨越，“太行明珠”焕发出了愈加璀璨的光芒！

成绩来之不易，这得益于党中央和省委的正确领导，得益于历届市委班子的接续奋斗和各级党组织的顽强拼搏，得益于广大党员干部和人民群众的共同努力。在此，我代表中共晋城市第六届委员会，向全市广大党员干部，向各民主党派、工商联和无党派人士，向驻市解放军和武警部队，向所有关心支持晋城改革发展的各级领导、各界朋友，表示衷心的感谢并致以崇高的敬意！

回顾五年的奋斗历程，我们深切体会到：办好晋城的事情，必须坚持以习近平总书记系列重要讲话精神为指引，切实增强政治意识、大局意识、核心意识、看齐意识，坚决把党中央的方针政策和省委的决策部署落到实处；必须坚持以经济建设为中心，牢牢抓住发展第一要务，自觉践行新发展理念，不断提高领导经济工作的能力和水平；必须坚定不移高举改革开放旗帜，大胆解放思想，积极主动作为，不断激发各领域各方面的活力和动力；必须坚持以人民为中心的发展思想，一切为了群众、一切依靠群众，把全市人民群众的期盼，作为我们一切工作的出发点和落脚点，作为我们矢志不渝的追求；必须坚持全面落实总体安全观，绷紧安全生产这根弦，不断推进社会治理创新，筑牢全社会系统安全稳定的底线；必须坚持全面从严治党永远在路上，加快全面构建良好政治生态，为经济社会发展提供坚强的政治保证。这些经验弥足珍贵，我们要倍加珍惜，长期坚持并不断完善。

在充分肯定成绩的同时，我们也要清醒地看到，全市经济社会发展不平衡、不协调、不可持续问题仍然存在，结构性矛盾还很突出；改革开放有待进一步深化，一些重要领域的改革亟待破题，开放型经济格局尚未形成；民生稳定压力仍然较大，社会治理难题不断增多，环境保护、安全生产等任务还很艰巨；党的建设还存在薄弱环节，部分基层党组织软弱涣散，从严管党治党任重道远；干部队伍不能完全适应形势需要，虽然干部乱作为得到有效遏制，但不作为、慢作为还没有彻底解决，激发干部干事创业的精气神需要再下功夫，等等。对此，我们一定要在今后的工作中认真加以解决。

二、今后五年工作的总体思路和奋斗目标

站在新的起点，放眼美好未来。我们既处于全面建成小康社会的决胜时期，又处于改革开放以来经济发展最困难时期，还处于全面构建良好政治生态的巩固、深化和提高时期。越是压力大、困难多，越要把压力转化成动力，越要在困难中看到机遇，坚定信心，攻坚克难，奋力前行。我们要看到，党的十八大以来，以习近平为总书记的党中央，作出了一系列治国理政的重大战略部署，这是我们继续前进的制胜法宝。省委提出了“一个指引、两手硬”的重大思路和要求，围绕“不断塑造山西美好形象、逐步实现山西振兴崛起”推出一系列重大举措，这是我们做好工作的基本遵循。我市处在山西综改试验区和中原经济区“两区”叠加之地，是国家低碳试点城市、循环经济示范城市和国家智慧城市试点，这是我们改革创新的政策优势。我市物华天宝、资源富饶，特别是无烟煤、煤层气资源蕴藏丰富，文化旅游资源得天

独厚，这是我们加快发展的禀赋基础。我市接连荣膺国际花园城市、国家森林城市、国家卫生城市等桂冠，这是我们美丽晋城的靓丽名片。我市人民群众浸润着太行太岳革命老区的红色基因，秉承着听党话、跟党走的优良传统，广大干部群众人心思上、人心思进，这是我们干事创业的动力源泉。可以说，今日的晋城，迎来了天时地利人和的大好发展时机，只要我们不忘初心、继续前进，就一定能够大有作为，创造晋城更加美好的明天！

未来五年，全市工作的总体思路是：高举中国特色社会主义伟大旗帜，深入学习贯彻习近平总书记系列重要讲话精神，坚持党的基本路线不动摇，坚决贯彻落实中央决策部署，按照省委"一个指引、两手硬"的重大思路和要求，一手抓党的建设，落实全面从严治党要求，着力全面构建良好政治生态；一手抓发展第一要务，自觉践行新发展理念，深入推进"一争三快两率先"战略部署，着力推动经济持续健康发展，民生福祉不断提升，各项事业全面进步！

确定这一总体思路，核心是坚持以马克思列宁主义、毛泽东思想、邓小平理论、"三个代表"重要思想和科学发展观为指导，以习近平总书记系列重要讲话精神为指引，深入贯彻落实党的十八大和十八届三中、四中、五中全会精神，统筹推进"五位一体"总体布局，协调推进"四个全面"战略布局，牢固树立五大发展理念，一心一意谋发展，聚精会神抓党建，最大限度地调动广大党员干部干事创业的积极性和主动性，最大限度地激发全市人民群众争先发展的自信心和创造力，以新的理念和新的要求，深入推进"一争三快两率先"战略部署，争先综改、竞逐中原，加快结构调整步伐，加快城乡统筹进程，加快美丽晋城建设，努力在全省率先走出资源型地区创新驱动转型升级的新路、率先全面建成小康社会。

根据这一总体思路和战略部署，我们今后五年的奋斗目标是：全面完成"十三五"规划目标任务，力争实现"五个明显提升"：

转型升级步伐加快，综合经济实力明显提升。产业结构不断优化，发展的质量和效益显著提高，新技术、新业态、新产业、新模式快速增长，科技进步对经济增长的贡献率达到60%，确保到2020年，全市生产总值、城乡居民人均可支配收入比2010年翻一番，人均GDP、人均公共财政预算收入等主要指标排在中原经济区5省30市的"第一方阵"。

改革红利持续释放，创新创业活力明显提升。综改试验区和中原经济区融合发展取得新进展，各类国家和省级试点工作顺利推进，扩大开放和区域合作步伐加快，重点领域和关键环节改革取得决定性成果。生产要素配置不断优化，全员劳动生产率显著提升，各类人才积极性创造性充分激发，大众创业、万众创新氛围更加浓厚，城乡创业就业工作步入全国先进行列。

文化事业繁荣发展，社会文明程度明显提升。社会主义核心价值观深入人心，公民思想道德素质显著提高，文化惠民工程扎实推进，覆盖城乡的公共文化服务体系日趋完善，文化软实力和影响力进一步增强。公民政治参与有序扩大，人民群众合法权益和社会公平正义得到切实保障，社会关系更加协调，社会秩序更加良好，社会大局和谐稳定。

民生福祉不断增进，人民生活品质明显提升。新型城镇化建设加快推进，脱贫攻坚任务圆满完成，城乡居民收入与GDP同步增长、农村居民收入增速快于城镇居民收入增速。优先保障和改善民生，医疗卫生、健康养老、社会保障等各项事业全面进步，基本公共服务均等化水平显著提高，人民群众的安全感和满意度在全省继续领先。

美丽晋城加快建设，生态环境质量明显提升。绿色低碳循环发展迈出实质性步伐，能源和生态资源得到有效利用，环境保护与治理更加有力，城市生态安全屏障稳步构筑，人与自然和谐相处，森林覆盖率跻身全国先进行列，让群众看得见绿水青山、蓝天白云，呼吸得到新鲜空气，打造宜居宜业宜游之城。

三、牢固树立五大发展理念，增强率先全面建成小康社会的综合实力

率先全面建成小康社会，必须突出提高发展质量和效益，大力转变经济发展方式，全面提升全员劳动生产率，积极探索创新驱动、转型升级的新路，推动经济持续健康发展。

（一）坚持崇尚创新，加快结构调整步伐

推进创新驱动，激活发展动力。创新是推动发展的新引擎。要把创新摆在发展全局的核心位置，加快培育经济发展新动能。实施人才兴市工程。要重才聚才，牢固树立“人才是第一资源”的理念，健全人才服务管理体系，完善人才激励机制，让人才有更多的成就感获得感。要爱才引才，建立适应发展的人才评价机制，不唯学历、不唯身份、不唯资历，大力引进各类经营管理人才、高精尖领军人才和创新创业人才。要育才用才，大力弘扬“工匠”精神，充分挖掘本土人才潜力，塑造一批支撑发展的实用型、技能型、创新型人才，形成人人渴望成才、人人努力成才、人人皆可成才、人人尽展其才的良好局面。实施创新创业载体建设工程。要依托富士康晋城科技工业园、晋煤集团国家煤与煤层气共采重点实验室等骨干企业研发中心，加快建设市级综合性科技创新创业服务平台，吸纳发展一批科技企业孵化器、重点实验室、产学研创新联盟、中试基地和院士博士工作站，形成具有晋城特色的创新创业平台体系。实施重大科技创新工程。要用足用好鼓励企业自主创新的各项政策措施，充分发挥企业科技创新的主体作用，围绕国家和省级重大科技专项，实施一批重大科技创新项目，扶持一批引领产业发展的创新型企业，攻克一批关键技术和难题，不断增强企业的自主创新能力和核心竞争力。

推进转型升级，培育产业优势。要立足做好煤与非煤两篇大文章，加快供给侧结构性改革，有力有度有效落实好“三去一降一补”重点任务，保市场、保运转、保就业，提质量、提效益、提创新创造能力，加快构筑新型产业支撑体系。改造提升传统产业。要坚持绿色低碳循环发展，推进煤炭清洁高效利用，优化煤炭产品结构，增加煤炭附加值，提高区域和企业竞争力。坚决推进煤炭去产能，提高煤炭产业的集中度，实现由外延式扩张向内涵式增长转变；积极推进煤电联盟，建设晋东南大型煤电基地；大力发展新型煤化工产业，加快推动晋煤集团高硫煤洁净利用等重点项目建设；加快整合铸造行业生产要素，淘汰落后产能，打造基础零部件和机械配套件总成基地。培育壮大新兴产业。要积极对接“互联网+”和“中国制造2025”，重点培育“中高端智能化装备制造、煤层气综合利用和文化旅游”三大战略性新兴产业，构筑多点支撑、协同发展的新格局。大力发展装备制造业，要推动由“晋城制造”向“晋城创造”转变，支持富士康重点发展工业机器人、精密机光电等智能制造产品，支持晋煤集团金鼎煤机、江淮重工等重点装备制造企业发展，加快建设全省煤机煤层气装备制造基地；大力发展煤层气综合利用产业，创新煤层气管理体制，支持沁水建设煤层气基地，推动煤层气综合利用重点项目建设；大力发展文化旅游产业，以太行山水、沁河古堡、炎帝文化等旅游板块为引领，培育塑造一批文化旅游特色产品和精品旅游示范工程，推动全域旅游示范县建设，促进旅游产业向观光、健康、休闲、度假并重转变。加快发展现代服务业。要把发展壮大服务业作为产业结构调整的重要方向，因地制宜引导服务业向中心城市、大县城、工业园区和产业基地集聚，创建一批具有影响力的品牌，培育一批带动力强的服务业发展园区。以信息技术为先导，基础设施为支撑，建设一批物流基地、功能集聚区及快递物流园区，加快构建多网协同、多业联动的高效物流体系。要完善金融服务体系，优化金融生态环境，提升金融供给效益，支持各类金融机构发展壮大，推动晋城银行做优做强，创建综合金融服务平台，充分发挥金融在经济发展中的重要作用。

（二）坚持注重协调，加快城乡统筹进程

加快优化中心城市功能。要坚持以中心城市为龙头、产业园区为依托，突出“拓展、改造、提质”，进行科学区划，加快城市建设和管理的体制机制创新，以人为本补齐城市短板，实施大水源、大热源、大气源工程，促进西北片区、东南片区、金村片区、金匠园区和南村片区的板块化集成发展，不断增强城市的综合承载力和辐射带动力。以建设国家智慧城市为契机，综合运用物联网、云计算、大数据等现代信息技术，推进城市管理和城市服务“双提升”，打造功能完善、宜居宜业的现代化中心城市。城区要在中心城市建设中发挥更大作用。

加快推进城乡一体化。要大力加强高平、阳城、陵川和沁水大县城建设，形成链接市场、覆盖城乡的县域经济特色产业带。巩固提升泽州县国家级新型城镇化综合试点工作。加快推进特色小城镇建设，规划建设一批工业强镇、商贸重镇、历史文化名镇和生态旅游大镇，增强特色产业的集中度，拓宽就业增收渠道，提高城乡居民收入水平。加强城乡基础设施建设，破解制约发展的瓶颈，改善发展条件，优化公共服务，构筑城乡一体化的发展平台。

加快发展现代特色农业。要坚持和完善农村基本经营制度，全面落实强农惠农政策，扶持发展畜牧、蚕桑、蔬菜、干鲜果、小杂粮、中药材、食用菌、苗木花卉等特色农业优势产业。要推进农村经营体制创新，加快农业物联网和农村电子商务发展，培育家庭农场、专业大户、农民专业合作社、现代农业园区、农业产业化龙头企业等新型经营主体。要深化美丽乡村建设，叫响叫亮“太行山上·太行人家”乡村旅游品牌，大力发展休闲观光农业、乡村旅游、农家乐等新业态，建设一批特色旅游美丽乡村，促进农民增收致富。

(三)坚持倡导绿色，加快美丽晋城建设

加大低碳循环试点工作力度。要坚持以国家低碳城市试点和循环经济示范城市为抓手，大力倡导绿色低碳生产生活方式，推进黑色煤炭绿色发展、高碳资源低碳发展，积极开展低碳城市国际合作，完善低碳产业体系，加快建设“气化山西”示范区。要推动循环经济发展，建立完善循环发展的基础制度，实施一批循环经济重点支撑项目，着力打造循环型工业、循环型农业和循环型服务业，形成具有晋城特色的循环经济发展模式。

加大生态文明建设力度。要牢固树立“绿水青山就是金山银山”的发展理念，增强广大群众的绿色生态意识，尊重自然、顺应自然、保护自然，实现经济效益、社会效益、生态效益相统一。巩固扩大国家森林城市创建成果，深入开展绿化提质、生态提档行动，推动绿色生态与产业经济有机融合，最大限度地提高绿化覆盖率。实施环城绿化、生态园林和林业等一批重点工程，筑牢“山环水抱、森林围城”环城生态圈和绿色屏障，打造林在城中、城在绿中的特色生态城市，让老百姓真切感受到生态效益。

加大环境保护力度。要坚定“蓝天碧水”生态保护与修复建设的目标，大力倡导全民环保意识，加强生态红线管理，建立“党政同责、一岗双责”的职责体系和问责制度，完善奖优罚劣的生态补偿机制。要实施城乡人居环境改善工程，实行最严格的环境保护和水资源管理制度，深化“治污降霾、守护蓝天”行动，加强重点行业污染治理，加大沁河和丹河流域生态修复与保护力度，精心呵护好我们的美丽家园，使天蓝、地绿、水清成为我市的显著标志。

(四)坚持扩大开放，拓宽区域合作发展空间

发挥区位优势，增进合作交流。要坚持把中原经济区作为开放支点，突出合作共赢、和中求先，加快推动太焦高铁、晋城机场等开放通道建设，并提前谋划高铁经济、机场经济的同步推进，建立完善合作交流、全面发展机制。要全方位融入中原经济区，进而接轨“一带一路”、京津冀和环渤海及东南沿海发达地区，实现多领域共同发展，打造山西面向中原的煤炭化工生产地、清洁能源供应地和太行山生态休闲度假首选地。

发展园区经济，增强集约功能。要坚持把工业园区作为开放发展平台，以创新园区规范化管理体制机制为引领，积极借鉴自贸区可复制可推广的经验，进一步完善经济技术开发区和各类工业园区的发展规划。要加快园区基础设施建设，不断优化园区发展环境，为入园企业提供全天候、一站式“保姆”服务，最大限度释放园区经济的“红利”，努力把园区打造成机制创新的样板区、产业发展的示范区、高新技术的孵化区。要加快晋城海关、出入境检验检疫机构和兰花保税物流中心的建设发展，为开放型经济发展提供有力支撑。

大力招商引资，增添发展后劲。要坚持用系统和定向的观点招商引资，把招商引资作为开放合作、结构调整的重要抓手，精心谋划储备一批好项目、大项目，开展专业化、精准化、主题化和集群化招商，签约引进一批、建成达效一批，打造山西面向中原经济区扩大开放的新高地。要筑巢引凤、创新思路，“扶内”与“引外”并重，进一步完善政策机制、营造发展环境，支持晋煤集团、江淮重工、晋能集团晋城公司等骨干企业扩大规模，吸引富士康等海内外企业扎根发展，特别是要千方百计降低营商成本，打造企业发展的成本洼地。要拓宽视野、优化服务，突出“亲”“清”二字，建立新型政商关系，坦荡真诚地同企业家

接触交往，特别是要认真落实领导干部联系企业制度，在企业遇到困难和问题时，更要积极作为、靠前服务，以实际行动帮助企业家解决发展难题，增强发展信心，让他们在政治上有地位、发展上有作为，形成尊商安商、聚商活商、兴商富商的浓厚氛围。

（五）坚持共建共享，增强人民群众福祉

全面打赢脱贫攻坚战。要坚持民生第一关切，始终把“精准”贯穿脱贫攻坚全过程，认真落实“六个精准”“五个一批”要求，精准实施脱贫攻坚帮扶工程，建立完善脱贫攻坚政策机制，构建打赢脱贫攻坚战的保障体系。要瞄准建档立卡的贫困村、贫困户和贫困人口，综合施策、精准发力，坚持兜底保障全覆盖、生态建设补短板、特色产业强支撑、教育培训拔穷根、易地搬迁挪穷窝，加快推动陵川、沁水等地贫困人口早日脱贫，确保全面建成小康一个都不少，圆满实现脱贫攻坚目标。

全面构建社会保障体系。要推进机关事业单位养老保险和城镇住房公积金制度全覆盖，建立完善城乡居民基本养老保险、大病医保、最低生活保障等机制；加快发展养老服务业和社会福利事业，支持公益慈善活动，加大对困难企业、特殊人群的帮扶救助，形成完善的社会救助机制。要推进全市义务教育发展基本均衡，加快学前教育普及普惠发展，加强普通高中学校标准化建设，提高职业教育服务经济社会发展能力，激励教育战线争创一流，努力实现教育现代化。要把人民群众健康放在优先发展的战略地位，全面深化医药卫生体制改革，完善医疗卫生服务体系，推进分级诊疗制度建设，补齐医疗卫生短板，加快大医院投入使用，提升市医院设施水平，启动中医院筹备建设，努力全方位全周期保障人民健康，让人民群众更好地享受健康幸福生活。

全面提高群众文明素质。要大力培育和践行社会主义核心价值观，使之像空气一样无所不在、无时不有，内化为人们的精神追求，外化为自觉行动。要积极创建全国文明城市，弘扬崇实守信、开放包容、争先创新的晋城精神，深入开展各种精神文明创建活动，提高精神境界，培育文明风尚，争做晋城好人。要坚持以人民为中心的创作导向，坚定文化自信，跟上时代步伐，充分挖掘我市优秀传统文化、红色文化，丰富太行太岳革命精神，创作更多深受群众喜爱的精品力作，使优秀作品能够叫得响、传得开、留得住。要深入推进基本公共文化服务标准化均等化发展，落实文化惠民工程各项措施，为广大群众奉献更多的精神食粮，丰润文化滋养，打造良好的文化生态，不断增强我市的软实力。

四、坚持不懈推进改革与法治“双轮驱动”，激发率先全面建成小康社会的内生动力

改革和法治如鸟之两翼、车之两轮。我们必须坚持全面深化改革，加快法治晋城建设，有力推动率先全面建成小康社会事业向前发展。

（一）坚持全面深化改革，不断增强经济持续健康发展的动力源泉。改革是发展的根本动力。要坚持社会主义市场经济改革方向，以经济体制改革为重点，把深化供给侧结构性改革与推动转型综改试验区建设紧密结合起来，积极推进国有企业、煤炭管理、国土资源、财税金融、科技体制机制、农村集体产权制度等重点领域改革，全面推进文化体制、教育医疗、生态环保、就业创业、社会保障等民生领域改革。要加快政府职能转变，进一步简政放权、放管结合，深化行政审批制度改革，积极探索并联审批、后置审批改革，加强监管服务，推动市级综合政务服务中心和公共资源交易中心建成运行，为发展提供优质高效、方便快捷的政务服务。要明确改革的时间表和路线图，健全落实专家论证、可行性研究、风险评估、集体决定的改革决策机制，开展以督任务、督进度、督成效和察认识、察责任、察作风为内容的“三督三察”改革行动，确保各项改革举措落地见效。

（二）强力推进依法治市，切实为改革发展营造良好的法治环境。要坚决贯彻落实全面依法治国方略，自觉维护宪法和法律权威，弘扬宪法精神，坚持依法执政，加强对法治建设的领导。要加快法治政府建设，推进依法行政，规范执法行为，强化执法监督，提高运用法治思维和法治方式解决问题的能力。要大力支持司法机关依法履行法定职责，全面落实司法体制改革各项任务，努力让人民群众在每一个司法案件中都能感受到公平正义。要大力开展“七五”普法宣传教育，教育引导各级领导干部尊法学法、守法用法，带头依法办事，模范遵守法律，增强全民法治观念，努力营造全民知法、守法、护法的法治氛围。要严格落实信访工作责任制，维护群众合法权益，健全完善矛盾纠纷排查化解机制，抓好源头治理，促进社会稳定。要深化平安建设，加强社会治安综合治理，始终保持"打黑除恶"高压态势，完善立体化社会治安防控体系，强化网络空间治理，筑牢公共安全防线，保障人民群众生命财产安全。坚持总体安全观，严格实行分级负责，切实做到"三个坚决防止"，确保让人民群众安心放心，为全市改革发展打造安全有序的良好环境。要坚持党管武装，贯彻政治建军、改革强军、依法治军的要求，扎实做好"双拥"工作，不断巩固扩大"全国双拥模范城"创建成果，积极推进军民融合发展。

（三）加强民主政治建设，开创齐心协力、团结拼搏的良好局面。要发挥党委总揽全局、协调各方的领导核心作用，加强对人大工作的领导，坚持和完善人民代表大会制度，支持人大及其常委会依法履行职权，加快重点领域地方立法进程，不断强化人大监督工作。加强对政协工作的领导，发挥人民政协作为协商民主的重要渠道，不断提高人民政协的政治把握能力、调查研究能力、联系群众能力、合作共事能力。加强对新闻宣传舆论工作的领导，坚持正确方向，创新方法手段，推动传统媒体与新兴媒体融合发展，提高新闻舆论的传播力和引导力，牢牢掌握意识形态工作的领导权和话语权。加强对统战和群团等工作的领导，巩固和发展最广泛的爱国统一战线，积极搭建各民主党派、工商联、无党派人士发挥作用的平台，认真做好民族宗教、对台、侨务、老龄、关工委等工作，充分发挥工会、共青团、妇联、文联、残联、科协等人民团体的桥梁纽带作用，广泛凝聚社会各界的智慧和力量，形成生动活泼、安定团结的政治局面。

五、坚定不移推进全面从严治党，为率先全面建成小康社会提供坚强的政治保证

履行新使命、实现新目标，关键在党。我们必须增强管党治党的责任感和紧迫感，坚定不移地落实全面从严治党各项要求，推动党的建设各项工作全面进步、全面过硬，为率先全面建成小康社会提供坚强保证。

（一）强化思想理论建设，始终保持在理想追求上的政治定力。加强党的建设首先是加强思想政治建设，关键是用党的先进理论武装党员干部。要把抓好理论武装作为首要任务。以各级党委（党组）中心组学习为龙头，带动全市党员干部深入学习贯彻习近平总书记系列重要讲话精神，经常性开展理想信念、宗旨意识和道德品行教育，引导党员干部增强"四种意识"、坚定"四个自信"，自觉在思想上政治上行动上同以习近平为总书记的党中央保持高度一致。要深入学习领会省委"一个指引、两手硬"的重大思路和要求，结合实际抓好贯彻落实，确保省委决策部署在晋城落地生根。要把弘扬革命精神作为重要内容。晋城作为太行太岳革命老区，在革命、建设、改革的各个时期，革命精神都浸润在晋城的红色基因里。我们应当永远传承、长久坚守，大力弘扬革命精神，彰显敬仰和信念，从革命精神中汲取力量、把握方向、净化灵魂，转化为艰苦奋斗、攻坚克难、干事创业的强大力量。要把强化培养锻炼作为关键环节。改进干部教育培训工作，针对岗位需求举办各种专题研讨班，提高干部的专业思维、专业素养和专业能力。结合我市经济社会发展的实际需要，组织干部到先进地区考察学习、挂职锻炼，进一步增强我市干部的市场经济意识、改革创新意识，不断提高各级干部善谋事、敢干事、能成事的本领。

（二）强化领导班子和干部队伍建设，全面提升促进改革发展的能力。从严治党，关键是从严治吏。要以各级领导班子和干部队伍为重点，打造引领晋城改革发展的领导力量和骨干队伍。要严肃党内政治生活。认真贯彻《中国共产党地方委员会工作条例》和《中国共产党党组工作条例（试行）》，用好《党委会的工作方法》，建立完善党委全委会、常委会、书记专题会议工作规则，形成生动活泼的政治局面。要认真落实党内政治生活若干准则，坚持好"三会一课"、民主生活会、领导干部双重组织生活等制度，不断创新和改进党内组织生活方式，实现党的组织生活全覆盖，切实使党内政治生活严起来实起来。各级党员领导干部要做好表率，成为善于自我批评和搞好团结的榜样，成为虚心听取各方意见、调动各方积极性的榜样。要树立正确用人导向。坚持好干部标准，重用信念坚定、勇于担当的人，重用艰苦创业、开拓创新的人，重用实绩突出、群众公认的人，重用求真务实、清正廉洁的人，千方百计把优秀的干部精心培养起来、及时发现出来、合理使用起来。加强各级领导班子能力建设，注重干部的合理交流和岗位锻炼，加快实施“干部素质提升工程”，分类推进“年轻干部成长工程”，不断提升领导经济社会发展的能力和水平。要激励干部干事担当。把从严管理干部与热情关心干部结合起来，强化干部日常监督，教育干部纯洁社交圈、管住生活圈、规范工作圈，习惯在监督下履职尽责。把实绩担当作为评价使用干部的重要标尺，推动干部能上能下，强化“下”的担当、畅通“下”的渠道，让干部能“下”成为常态。按照“三个区分开来”，建立干部容错纠错机制，真正为担当的干部担当、对负责的干部负责，最大限度地激发广大干部干事创业的积极性和创造性。

（三）强化基层组织建设，构筑坚强有力的战斗堡垒。要以基层组织全面加强、基础工作全面进步、基本能力全面提升为抓手，统筹推进农村社区、机关企事业、非公经济和社会组织等领域党建工作。要建强基层组织。实施“领头雁”工程，加强带头人队伍建设，抓好第一书记、党建指导员、大学生村干部队伍。把基层党建和脱贫攻坚紧密结合，大力实施贫困村集体收入“破零工程”。持续整顿软弱涣散基层党组织，使“五个好”党支部达到80%以上，全面实现晋位升级，真正成为引领发展的坚强堡垒。要从严管理党员。实施基层党员党性教育和技能培育“双育”工程，整体提升党员队伍综合素质。积极推行发展党员全程纪实制度，从源头上保证党员队伍的纯洁性。广泛开展在职党员到社区报到、党员志愿服务等活动，探索推行党员分类管理、量化考评办法，严肃处置不合格党员，引导党员在服务大局中发挥先锋模范作用。要完善保障机制。建立健全各级书记抓基层党建问题、任务、责任“三个清单”，明确职责、制定规范、强化管理。健全完善基层党建工作经费保障机制，为基层党组织更好地服务群众提供保障。建立完善农村干部报酬正常增长、离任主干生活补贴和困难党员帮扶基金等关怀机制，对他们真正重视、真情关怀、真心爱护，多理解、多帮助、多支持，努力为他们开展工作创造良好条件。

（四）强化反腐倡廉建设，形成崇尚廉洁的浓厚氛围。反腐倡廉事关民心向背和事业成败，必须坚定不移加强党风廉政建设和反腐败工作。要严格落实“两个责任”。各级党组织必须严格履行党风廉政建设主体责任，强化“一岗双责”，层层传导压力，逐级压实责任，健全横向到边纵向到底的责任体系，确保党风廉政建设各项举措扎实落地。各级纪检监察机关要聚焦主业主责，持续深化“三转”，真正敢监督、执好纪、问好责。要切实加强纪检监察干部队伍建设，全面提升政治素质和业务水平，打造一支忠诚干净担当的反腐铁军。要保持高压反腐态势。各级党组织必须坚持以零容忍态度惩治腐败，运用监督执纪“四种形态”，减少腐败存量、遏制腐败增量。推进市县巡察工作，着力发现侵害群众利益的不正之风和腐败问题，使不敢腐的震慑作用得到强化，不能腐、不想腐的效应日益显现，全力营造风清气正的政治生态。要持之以恒纠正“四风”。严格落实中央和省委、市委关于作风建设各项规定，对党员干部严格要求、严格管理、严格监督。紧盯重点领域和重要节点，突出领导干部这个“关键少数”，深挖细查“四风”隐形变异新动向新形式，及时发现，严肃处置，坚决遏制“四风”反弹回潮。要用好问责这个利器。认真落实《中国共产党问责条例》和《中国共产党党内监督条例（试行）》，突出问责重点，既追究主体责任、监督责任，又追究领导责任，让失责必问、问责必严成为常态，使各级党组织和党员干部明责、守责、履责、尽责。

（五）强化作风建设，营造服务发展的良好环境。要始终把作风建设放在突出位置，常抓不懈，久久为功。要责无旁贷讲担当。各级领导班子和领导干部要坚持以上率下，一级抓一级，一级带一级，以决胜全面小康为己任，用“讲认真”的精神和“有担当”的行动，满怀激情干事创业，殚精竭虑攻坚克难，在狠抓发展第一要务、实现经济持续健康发展上下功夫，在全面从严治党、构建良好政治生态上下功夫，为广大干部群众做好表率、树好标杆。要从严从实转作风。各级党组织和党员干部要带头弘扬党的优良传统，人往基层走、劲向基层使、事在基层办，什

晋城市人民代表大会常务委员会工作报告

——2016年10月23日在晋城市第七届人民代表大会第一次会议上

市人大常委会主任　孟福贵

过去五年的主要工作

过去的五年，是全市经济砥砺前行、发展质量稳步提升的五年，是社会事业长足进步、民生福祉不断改善的五年，也是人大事业蓬勃发展、民主法治扎实推进的五年。五年来，在中共晋城市委的坚强领导下，常委会深入贯彻落实党的十八大和十八届三中、四中、五中全会精神，以习近平总书记系列重要讲话精神为指引，紧紧围绕市委"一争三快两率先"战略部署，与时俱进，锐意进取，依法履职，扎实工作，先后听取和审议市"一府两院"专项工作报告46项，开展专题询问4次，备案审查规范性文件37件，就8部法律法规组织开展执法检查5次，就重大事项作出决议决定54项，选举、任免、决定任免和批准任免省人大代表和我市国家机关工作人员201人次，为推动经济社会发展和民主法治建设，付出了辛勤的努力，取得了明显的成效。

一、始终坚持党的领导，紧紧围绕市委决策部署谋划人大工作，牢牢把握正确的政治方向

*坚决贯彻市委决策部署。*常委会自觉把人大工作置于市委领导之下，坚决维护市委的领导权威和核心地位，认真贯彻市六次党代会及历次全委会精神，坚决执行市委的决议决定，积极推进"一争三快两率先"战略部署，坚持重点工作向市委汇报、重要活动向市委请示、审议情况向市委报告，把握工作的主动权、增强工作的主动性。紧紧围绕全市工作大局，确定监督议题，强化跟踪落实，加强了对"一府两院"的监督支持。听取和审议了市政府关于"争先综改、竞逐中原"发展战略落实情况的报告，在全市人大代表中广泛开展了"争先综改、竞逐中原"建言献策、建功立业活动，先后就煤炭企业挖潜增效、教师工资待遇保障、"空心村"改造以及加强县乡人大工作、壮大乡镇财政实力等重大问题，向市委报送了调研报告，为市委提供了决策参考。

么事情最需要办，就亲自去抓什么事情，什么问题最难办，就带头去解决什么问题，在强化服务中改进作风，在整治陋习中转变作风，在修身齐家中锤炼作风，始终保持同群众的血肉联系，倾听群众呼声，反映群众愿望，关心群众疾苦，真正让人民群众切实感受到作风建设的实际成效。要苦干实干抓落实。各级各部门要牢固树立"人人是环境、个个是生态"的观念，以等不起的紧迫感、慢不得的危机感、坐不住的责任感，提振精神，拒绝冷漠和懈怠，杜绝浮躁和极端，戒绝不作为、慢作为、乱作为，能吃苦、肯吃苦，能担当、善担当，就必须以进取之志、担当之气、成事之才积极履职；就必须要心中有党、心中有民、心中有责、心中有戒；就必须要上下一心、目标同向，步调一致、同频共振；就必须要以实干取得业绩，以实绩赢得民心，最大限度地凝聚起干部群众的智慧和力量，形成率先全面建成小康社会的强大合力。

同志们！而立晋城风华正茂，百里太行承载梦想。站在新的起点，我们肩负着承前启后、继往开来的历史使命，需要每一名党员干部在党言党、在岗言岗，把自己的命运同晋城的发展紧密相连，把晋城的未来同我们的事业休戚与共，真心热爱晋城、无私奉献晋城、全力建设晋城，不忘初心，继续前进，不断创造经得起实践、人民和历史检验的新业绩。让我们更加紧密地团结在以习近平同志为总书记的党中央周围，在省委的坚强领导下，坚定信心、凝聚力量，奋发进取、攻坚克难，深入推进"一争三快两率先"战略部署，为塑造山西美好形象、实现山西振兴崛起作出新的更大贡献！

适时作出重大事项决定。常委会依法行使重大事项决定权，及时将党的主张转变为全市人民的共同意志。突出“十二五”规划实施的科学性，认真开展调研，严格中期评估，坚持从实际出发，及时作出了指标调整的决议；突出计划预算的严肃性，严格审查，审慎决定，及时批准了年度预算决算；突出人大工作的规范性，及时作出召开人代会的决议，保障了人民群众的有序政治参与；突出服务大局的主动性，及时作出了地方债券发行使用等重大事项的决定；突出人才支撑的引领性，表决通过了《晋城市荣誉市民授予办法》，作出了授予荣誉市民称号的决定。从而，推动全市经济社会更加注重协调发展，更加注重发展质量，更加注重民生改善。

充分发挥人大党组作用。常委会坚持集体履行职责的工作原则，市委交办的工作首先由党组进行研究，严格按照法定程序提交主任会议讨论和常委会会议审议，更加注重发挥常委会组成人员的集体智慧，有效实现了党内民主与人民民主的有机统一。常委会党组把抓好党建工作作为最大主业，强化主角意识和主动精神，带头示范引领、带头周密部署、带头统筹协调、带头狠抓落实，认真组织开展学习研讨，建立问题清单，从严加强整改，有效地消除了工作中存在的二线思维、到站思想和守旧观念，进一步增强了人大机关党组织的凝聚力和战斗力，锤炼了一支忠诚、干净、担当的人大工作者队伍。

各位代表，中国共产党的领导是中国特色社会主义最本质的特征。实践表明，做好人大工作必须始终坚持党的领导，坚定不移地在党委领导下开展工作。只有这样，才能确保正确的政治方向和鲜明的工作主题，才能充分发挥人民代表大会制度政治优势，人大工作才能沿着正确的道路奋勇前进！

二、始终坚持服务大局，切实突出发展第一要务，着力推动全市经济发展和社会进步

注重加强对改革发展的监督。常委会科学研判我市经济运行中出现的新情况，不断增强工作的主动性和监督的实效性，建立了经济形势季度分析会新机制，采取了根据产业布局开展密集专题调研新形式，启用了专题询问刚性监督新手段，推动全市经济发展迎难而上、稳中向好。抓住经济领域的重大问题，对市政府工业经济运行情况、煤炭工业经济发展情况、招商引资情况、“三市”创建工作推进情况、旅游业发展情况开展了审议监督，对中小企业促进法、环境影响评价法、循环经济促进法、文物保护法等法律法规开展了执法检查，为产业转型升级集思广益、凝心聚力，汇聚了推动经济健康发展、破解“一煤独大”难题的强大合力。紧盯深化改革的关键环节，听取和审议了市政府关于“转型综改攻坚年”推进情况、关于推进行政审批改革加快政府职能转变情况的报告，听取了市编办关于机构改革情况的通报，夯实了深化改革开放、破除发展瓶颈的重要基础。着眼事关长远的重大项目，加大对工业园区建设、固定资产投资、重点项目落地和重点工程建设的监督力度，先后围绕“项目落地年”活动开展、农业产业发展和工业项目推进等经济工作重点、难点、焦点问题，适时启动专题询问，将在调研中发现的问题现场提问、现场作答、现场督办，增强了以强化责任担当促进任务落实、以抓好重大项目助推经济发展的内在动力。

注重加强对计划预算的监督。常委会致力民生财政取向、全口径预决算、财权事权匹配，创立了“法律性审查、科学性审查、绩效性审查和公开性审查”4个环节16个步骤的部门预算审查工作流程，使财政预算有了坚实抓手。积极推动预算编制“四本账”，对国有资产进行了全面摸底。建立了财政国库集中支付在线查询系统，实现人大对财政的“在线监督”，提高了公共预算透明度，促进了现代财政体系建设。坚持听取和审议市政府财政决算报告、预算执行和审计工作报告、审计查出问题整改情况报告，充分发挥审计作用，堵塞漏洞、提升绩效，强化了人大监督实效。

注重加强对城乡统筹的监督。常委会持续关注我市城镇化的健康发展，从不同角度选取重点监督议题，围绕城市近期规划、全市特色城镇化建设、市域城镇化建设、林业产业化和环城绿化、城建重点工程项目进展、城建重点工程项目见效、城市建设与管理等方面的重大问题，开展了各有侧重的连续监督、专题视察和追踪问效，着力推动城市加快拓展改造提质的步伐，完善特色城镇的综合服务功能，进一步改善了城乡面貌。着眼“三农”工作的重点,听取和审议了市政府关于现代农业发展情况、关于推进全市“一村一品、一县一业”工作情况、关于全市大水网建设情况的报告,监督支持政府以夯实农业基础、加快农村发展、促进农民增收为目标,从人力、物力、财力上向“三农”倾斜,进一步提升了我市农业现代化的发展水平。

各位代表,促进经济发展,推动社会进步,人大肩负重大使命。实践表明,人大工作要有所作为,必须强化“围绕中心、服务大局,突出重点、讲求实效”的工作理念。只有把党委政府工作的重点、经济社会发展的难点、人民群众关切的热点,作为人大监督工作的切入点,发扬“钉钉子”的精神,精选议题,咬定目标,跟踪监督,持续发力,人大工作才能有的放矢,抓铁有痕,踏石留印!

三、始终坚持为民务实,倾心竭力关注民生福祉,积极促进改革发展成果更多惠及人民群众

*推动财政向民生支出倾斜。*常委会在预决算审查工作中,始终坚持民生导向,着力优化财政支出结构,促进公共财政继续向教育、医疗、社保等民生领域和薄弱环节倾斜,严格控制行政经费等一般性支出,加大预算向民生领域的投入,监督支持政府把超收财力重点用于优先确保教育、农业、科技等法定支出增长,推动民生事业财力保障水平有了新的提高。

*推动工作向民生事业发力。*常委会始终把实现好、维护好、发展好最广大人民群众的根本利益作为开展工作的出发点和落脚点,将教育事业发展、医疗卫生提升、“百企千村”产业扶贫开发、保障性住房建设以及市政府承诺的十件实事落实情况等民生工程作为监督重点,五年内分别四次对教育工作开展系统性审议监督,听取和审议了市政府关于教育发展“十二五”规划、教育重点工程建设、解决市区班容量过大、职业教育改革发展等专项工作报告;连续两年听取和审议了市政府关于医疗卫生改革发展情况的报告。通过再次审议、再次票决、再次督促落实的方式,人大监督频次增多、力度加大,进一步促进了全市民生社会事业的全面协调健康发展。

*推动监督向民生改善强化。*常委会在积极回应群众基本民生需求的同时,致力在更高水平上推动民生事业发展。针对“出行难”“买菜难”“污染重”等突出问题,分别听取和审议了市政府关于市区道路交通管理情况、市区蔬菜市场建设和管理情况的工作报告,推动市区基础条件不断改善,市民生活更加便捷。对丹河流域水污染防治条例开展了执法检查,对大气污染防治工作进行了专项审议,坚持“晋城环保行”不断线,让媒体监督助力人大监督,督促政府进一步加大了环境整治力度,群众生活质量不断提高,使全市人民群众在推进共享发展中得到了更多的实惠。

各位代表,人民代表大会来源于人民,服务于人民。实践表明,人民是人大常委会最坚实的根基。一切为了人民,一切依靠人民,人大工作才有源头活水和坚实基础。只有坚持人民利益至上,带着感情、带着责任,努力为人民群众督大事、解难事、办实事,人大工作才会不忘初心,不负重托,不辱使命!

四、始终坚持推进民主法治,有效保障宪法和法律的全面正确实施,不断加快依法治市进程

*积极争取地方立法权,法治晋城开启新篇章。*常委会听取和审议了全市第六个五年法治宣传教育工作情况的报告,并就第七个五年法治宣传教育作出决议。提请人代会通过了《关于全面推进法治晋城建设的决议》,完善了立法工作机构,充实了立法人才队伍,举办了立法专题培训,经省人大常委会严格审查考评,我市成为立法法修订后全省首批获得立法权的市。这次大会,将审议通过《晋城市地方立法条例》,我市立法权行使正式开篇。这是我市地方人大发展史上具有里程碑意义的一件大事,标志着晋城依法治市进入了一个新的时期。

*积极推动公正司法,工作监督取得新成效。*常委会听取和审议了市中级人民法院关于开展司法改革提高审判质量工作情况的报告、市人民检察院关于加强渎职侵权检察工作促进依法行政和公正司法情况的报告,监督支持法检两院进一步拓宽思路、完善机制、改进工作。创新监督工作方式,在同一次常委会会议上,就刑事诉讼工作配合制约情况,集中听取了市中级人民法院、市人民检察院、市公安局分别作的工作报告,使人大监督更加精准、更富成效。依法履行信访职责,认真处理群众来信来访,坚持领导

阅批重要信访件制度，变在机关接访为主动下访，不断加强信访督办落实力度，共受理群众来信来访2230件次、8322人次，做到了事事有回音、件件有着落。

积极开展备案审查工作，法律监督有了新进展。常委会按照“职权法定”原则和“权责一致”要求，对市政府报送的规范性文件进行了认真审查，针对容易滋生腐败和权力寻租的关键节点从严把关。认真查阅了市政府的发文登记和网络发布情况，对应报必报的规范性文件进行了重点审查。召开了全市规范性文件备案审查工作会议，明确提出了建立健全制度、设立审查机构、配齐专职人员、严格备案审查的具体要求，以建设法治政府为引领，进一步织密、编紧、扎牢了法律和制度的笼子。

各位代表，国家需要法治，人民呼唤公正。实践表明，人大常委会只有始终高擎民主法治的旗帜，带头学法用法、严格依法履职，弘扬社会主义法治精神，树立社会主义法治理念，保障宪法和法律全面正确实施，才能更好地为改革提供法治依据，为发展提供法治环境，为稳定提供法治保障，不断开创依法治市的新局面！

五、始终坚持代表主体地位，创新创优代表工作机制，不断激发代表依法履职的活力

强化代表履职服务。常委会高度重视代表培训工作，先后组织了5次代表履职培训，开展了“争先综改、竞逐中原”专题实践教学，提高了代表履职能力和法律素养。坚持组成人员联系代表和代表联系群众制度，邀请市人大代表列席常委会会议、参加调研检查，为代表活动提供了经费保障，为无固定工资收入的工人农民代表发放了误工补贴，从而为代表依法履职创造了必要条件。开通了代表履职服务管理网络平台，方便了代表与常委会的沟通联系，进一步提高了代表工作质量和工作效率。

规范代表履职行为。常委会创建了代表履职量化登记办法，代表职务行为实现了有迹可察，坚持每次会议审议填写“审议意见卡”，为政府改进工作提供了更多的良策诤言。督促代表及时向选区选民述职，主动接受人民群众的监督，代表履职的边界更加清晰，履职的效果更加明显。认真组织开展了“代表小组活动年”活动，全市首次成立了6个专业代表小组，建设了25个达到规范化标准的代表活动室，全方位提升了代表的履职水平，省十二届人大二次会议18件代表重点建议中，晋城独占其六。我市的代表工作走在了全国前列，作为唯一受邀出席的地级市，在全国人大代表工作座谈会上作了经验交流。

加大建议督办力度。常委会创优代表建议督办机制，每年选取10个重点建议交由人大常委会副主任督办、政府副市长领办，选取重点部门汇报代表建议办理情况，组织人大代表参与建议办理情况视察督办，促进了建议办理质量的整体提升。五年来，共办理代表建议1816件，办复率达100%，满意和基本满意率在95%以上。同时，常委会还开办了《人大之声》电台栏目，制作播出了96期《代表之声》电视专题节目，充分发挥新闻媒体受众面广、传播力强、影响度大的舆论优势，进一步提高了代表建议落实的质量和效率。

依法推进人大换届。常委会注重强化上下沟通联系，严格依法按程序完成了我市出席山西省第十二届人民代表大会代表的选举和补选工作。不断优化联系交流机制，邀请县、乡人大负责人列席了常委会会议，上下联动开展了执法检查和会前调研，并对市、县、乡三级人大通讯员进行了专题培训，为市、县两级人大常委会配备了电子表决系统，推动了全市人大工作的整体提升。高度重视县乡人大换届选举工作，起草并报请市委转发了《关于做好全市县乡两级人民代表大会换届选举工作的意见》，举办了县乡人大换届选举培训班，保障了县乡人大换届工作的顺利进行。

各位代表，人大代表是国家权力机关组成人员，是推动经济社会发展的重要力量。实践表明，只有尊重代表的主体地位，加强对代表的服务管理，规范代表的履职行为，密切与代表的沟通联系，才能切实体现代表来自各行各业、了解实际情况、联系人民群众的巨大优势，才能充分发挥代表反映民意、集中民智、凝聚民心的巨大作用！

六、始终坚持强基固本，主动适应时代要求，全面提升人大工作的科学化水平

加强思想建设，在学习教育中增强政治定力。

常委会认真坚持党组集中学习、常委会专题讲座、机关周一学习等制度,以学习贯彻习近平总书记系列重要讲话精神为重要内容,把政治理论学习作为重中之重,通过扎实组织开展保持党的纯洁性学习教育活动、党的群众路线教育实践活动、学习讨论落实活动、"三严三实"专题教育和"两学一做"学习教育,始终把纪律和规矩挺在前面,理想信念更加坚定、"四个自信"更加自觉。扎实开展"学习调研·强基提质"活动,先后举办12期大型学习讲座,邀请一批全国知名法律专家走进人大课堂,对宪法、代表法、选举法、组织法、监督法等与人大工作密切相关的12部法律法规进行了权威讲解,各级参训的人大代表及工作人员达3000余人次,有效提升了全市人大工作者的政治素质和履职能力。

加强作风建设,在务实为民中展示良好风范。常委会始终把正风肃纪牢牢抓在手上,严格执行党规党纪,认真落实中央"八项规定"精神,严格按要求办文办会,五年来,先后成功召开了6次人代会、57次常委会会议和121次主任会议,组织服务晋城代表团参加了5次省人代会,人大常委会召开的各项会议风清气正、俭朴隆重、务实高效。班子成员沉下身子搞调研、深入基层抓帮扶,包联贫困村7个、联系重点企业和重点项目21个,累计下乡入企920余次,为贫困农村和重点企业解决了一大批现实难题,人大干部与群众的联系更加密切,为人民服务的意识和本领明显增强。

加强制度建设,在规范管理中强化服务保障。常委会高度重视制度建设,把在历次活动中征求到的意见建议认真梳理汇总,体现为制度成果,对晋城人大建立30年来的制度进行全面梳理修订,出台了《加强和改进人大监督工作的决定》《关于开展调查研究工作的规定》等11个规范性文件,并汇编了《晋城市人大常委会机关制度》,使常委会及其机关工作制度日臻完善。高度重视信息化建设,升级了"晋城人大"网络平台,改版了《晋城人大》杂志,开展了人大好新闻评选活动,进一步汇聚了做好人大工作的正能量。高度重视内强素质外树形象,我市人大深化计划预算监督、提升食品安全监管、加大环保监控力度、推进信息化网络建设以及强化机关自身建设等方面的实践探索,分别在全国人大、省人大相关会议上作了典型经验交流,常委会机关先后获得先进党组织、文明单位标兵、模范基层工会、老干部工作先进集体等荣誉称号。

各位代表,"打铁还需自身硬",有什么样的队伍素质,就会有什么样的工作水平。实践表明,只有始终坚持与时俱进、开拓创新、求真务实、敢于担当的理念,切实加强常委会及其机关自身建设,全面提升人大工作的科学化水平,才能使人大工作紧扣时代脉搏,永葆生机活力!

五年辛勤耕耘,五年春华秋实。过去的五年,我们依法履职,积极探索,第一次完备了立法、监督、决定、任免四项职权,第一次开展了专题询问,第一次开展了全口径预决算审查,第一次听取了落实审议意见情况的报告,第一次组织了宪法宣誓仪式,第一次授予了荣誉市民称号,第一次听取了部门代表建议办理情况的报告,第一次开展了代表履职量化登记,第一次系统性举办了三级人大法律知识培训,第一次全面修订完善了人大工作制度,实现了晋城人大工作的新突破,开创了我市民主法治的新境界。人大工作五年来的成绩,是中共晋城市委坚强领导的结果,是全市各级人大代表和人大工作者共同努力的结果,是市"一府两院"协同配合的结果,是市政协积极支持的结果,也是全市230万人民大力支持的结果。在此,我谨代表市六届人大常委会,向所有关心、支持人大工作的同志们、朋友们,表示衷心感谢和崇高敬意!

各位代表,在总结工作和经验的同时,我们也深深感到,与新形势新任务的要求相比,与广大人民群众的期望相比,常委会工作还有一定的差距。主要是:立法能力建设亟待加强,监督实效有待提高,重大事项决定权行使还不够充分,对国家机关工作人员任期监督方式还不够优化,代表工作也应进一步规范等等。这些问题都需要在今后的工作中深入研究,切实改进。

今后五年的工作建议

未来的五年,是全面建成小康社会的决胜阶段,是实现四个全面战略布局的攻坚时期。建议今后五年人大工作的总体思路是:在中共晋城市委的领导下,以习近平总书记系列重要讲话精神为指引,全面贯彻落实中央、省委、市委要求,紧紧围绕市七次党代会精神,深入推进"一争三快两率先"战略部署,坚持党的领导、人民当家做主、依法治国的有机统一,依法履行各项职权,突出推动经济转型升级,突出促进民生社会事业发展,突出推进民主法治建设,广泛凝聚各方力量,营造良好法治环境,奋力开创人大工作的新局面,为夺取全面建成小康社会决胜阶段的新胜利做出新的贡献。

按照这个总体思路,建议重点抓好以下五个方面工作。

一、注重质量引领,科学推进地方立法

坚持科学立法,突出区域特点,针对我市在城乡建设与管理、环境保护、历史文化保护等方面制定地方性法规的客观需求,出台五年立法规划和年度立法计划,适时开展地方立法,真正发挥立法的引领和推动作用。坚持民主立法,加强立法过程中起草、审议、修改、表决等工作的统筹协调,深入开展立法调查研究,建立立法项目论证机制和法规草案公开征求意见机制,扩大人民群众对立法工作的有序参与。坚持夯实基础,开展立法培训,充实立法人才,加强立法能力建设,注重发挥立法咨询基地、专家库、基层立法联系点的作用,确保地方立法质量,为全市经济社会发展提供强有力的法治保障。

二、注重问题导向,扎实开展监督工作

坚持与时俱进,按照监督法要求,主动把握经济发展新常态、社会进步新特点和人民群众新期盼,着眼破解发展难题、切实回应群众关切。坚持突出重点,围绕供给侧结构性改革、环境保护、创业创新、就业增收、脱贫攻坚、"十三五"规划中期评估等重大问题深化调研,有针对性地提出解决问题的意见和建议,监督支持"一府两院"创造性地开展工作。坚持多管齐下,认真组织执法检查,监督落实"七五"普法决议,积极探索监督手段创新,努力提高监督工作实效,监督支持"一府两院"依法行政、公正司法,保障人民群众共享改革发展成果。

三、注重发扬民主,依法行使决定权和任免权

围绕市委决策部署和全市经济社会发展大局,依法行使重大事项决定权,通过法治方式和法治渠道,推动达成共识、凝聚发展合力。坚持党管干部和人大依法任免的有机统一,充分发扬民主,严格任免程序,使市委推荐的人选通过法定程序成为国家机关工作人员。认真落实宪法宣誓制度,加大任期监督力度,适时开展工作评议,进一步提高被任命人员的法治意识、责任意识、公仆意识和廉洁意识。

四、注重机制创新,不断提升代表工作

坚持和完善人民代表大会制度,坚持和尊重代表主体地位,坚持和强化为代表服务的思想理念,着力提升代表工作水平。加强代表培训,规范代表履职,充分发挥专业代表小组在相关领域的参谋助手作用。完善制度机制,创新方式方法,努力提高代表建议办理的工作水平。积极引导各级人大代表加强学习、严于律己、勤勉敬业,不断提升思想境界,不断强化服务意识,不断增强履职能力,在各自的岗位上创造出一流的业绩。

五、注重提质增效,切实加强自身建设

强化党建工作,严格落实"一岗双责",持之以恒加强理论武装,不断增强纪律规矩意识,坚定政治立场,严明政治纪律,保持政治定力。强化作风建设,驰而不息改进思想作风和工作作风,切实加强调查研究,密切联系人民群众,更好发挥机关参谋助手和服务保障作用。强化工作统筹,增强与上级人大的工作联系、与县乡人大的业务协同,增强与"一府两院"的沟通协调、与外省市人大的交流互动,确保机关各项工作的高效运作。强化素质提升,致力履职能力和工作效能的整体提升,精心打造一支理想坚定、政治可靠、业务精湛、作风优良、廉洁勤政的人大工作者队伍,不断提升人大工作的科学化、制度化、规范化水平。

各位代表,全面建成小康社会已进入决胜阶段,人大工作又一次站在了新的历史起点。宏伟蓝图已绘就,风正扬帆正当时。让我们更加紧密地团结在以习近平为总书记的党中央周围,认真贯彻落实市委深入推进"一争三快两率先"战略部署,万众一心、继往开来,振奋精神、扎实工作,为塑造晋城美好形象、实现晋城振兴崛起而努力奋斗!

晋城市人民政府工作报告

——2016年10月22日在晋城市第七届人民代表大会第一次会议上

市人民政府代市长　武宏文

一、过去五年政府工作回顾

"十二五"时期是我市发展不平凡的五年。面对复杂严峻的宏观环境和艰巨繁重的改革发展稳定任务,在中共晋城市委的领导下,全市上下贯彻落实党中央、国务院和省委、省政府的各项决策部署,围绕"一争三快两率先"发展战略,积极适应经济发展新常态,扎实工作,努力作为,全市经济社会发展稳中有进、稳中向好。"十二五"各项目标基本实现。

五年来,我们多措并举稳增长,全市综合实力稳步提升。全市地区生产总值由2010年的730.5亿元增加到1040.2亿元,年均增长8.4%。全社会固定资产投资由2010年的432.6亿元增加到1105.1亿元,年均增长20.6%。一般公共预算收入由2010年的55.5亿元增加到93.9亿元,年均增长11.1%。社会消费品零售总额由2010年的191.1亿元增加到358.8亿元,年均增长12.9%。外贸进出口总额由2010年的5.3亿美元增加到9亿美元,年均增长11%。2015年,城镇、农村居民人均可支配收入分别达到26651元、10914元,年均分别增长10.5%、12.8%。省、市两级重点工程累计完成投资3413.6亿元。

五年来,我们坚定不移促转型,产业结构不断优化。三次产业比重由2010年的4.2∶63.6∶32.2调整为2015年的4.7∶55.4∶39.9。粮食生产"五连丰",现代特色农业势头良好。农业产业化经营组织达到225家,专业合作社5226家,农产品加工销售收入年均增长10.1%,农业机械化率达到70%。统筹做好煤与非煤两篇文章,煤炭资源整合和煤矿兼并重组基本完成,地方煤矿数量压减到94座,总产能达到9455万吨,以煤为基多元发展的煤炭产业新体系正在形成。坚持循环发展,两化融合,集聚集约,努力打造煤化工、电力、冶铸、陶瓷等传统产业升级版。装备制造、煤层气、现代煤化工、新材料、电子信息等新兴产业势头强劲,非煤工业增加值占规模工业以上比重达到42.1%,较"十一五"末提高23.7个百分点。金融保险、电子商务、商贸物流、文化旅游等现代服务业蓬勃发展,服务业增加值由235.2亿元增加到415.3亿元,年均增长7.6%。

五年来,我们坚持改革开放和创新驱动,经济发展内生动力和市场活力明显增强。认真实施转型综改三年实施方案和年度行动计划,"1+9"综改试点、低碳城市、智慧城市、气化晋城等稳步推进。简政放权、不动产登记、公共资源交易、商事制度改革等全面实施。积极开展"过桥还贷"、中小微企业贷款保证保险、产业投资基金、PPP等各类金融创新和农商行改制工作,多策并用帮扶实体经济。加强产学研合作,五年累计建成国家、省级企业技术中心14家、工程技术中心4家,国家高新技术企业达到34家。积极引导中小企业和民营经济发展,各类民营经济组织达到67865个,从业人员60.53万人。五年累计招商引资落地项目362个,资金到位2485.3亿元,实际利用外资13亿美元。晋城海关、商检、兰花保税物流中心正式运行,晋城经济开发区升级为国家级经济技术开发区。

五年来,我们坚持生态文明和环境保护并重,美丽晋城建设步伐加快。狠抓大气污染防治,突出"控煤、治污、管车、降尘"四个关键环节,"十二五"安排实施的202个重点节能减排项目全部完成,主要污染物排放量低于省控目标。全市公交车和出租车清洁能源应用率达到100%,主城区气化普及率达到95%以上,县城气化普及率达到90%左右。五年完成国省营造林面积达49.78万亩。新建绿道74公里,新建公园13339亩,新建湿地公园1300亩。中心城区环城生态圈建设正式启动。"井"字形大水网建设有序推进,《沁(丹)河流域生态修复和保护规划》、

“三轴三线十一面”的《中心城区水系治理规划》编制完成。沁河继续保持全省最好水质，全市集中式饮用水源地水质100%达标。“十二五”期间，共创建国家级生态乡镇4个、省级生态乡镇15个和省级生态村42个。先后荣获“国家卫生城市”“国际花园城市”“国家森林城市”“国家循环经济示范城市”等称号。

五年来，我们加强基础设施和公共服务设施建设，城乡面貌持续改善。全市人民期盼已久的太焦高铁开工建设。高平—沁水高速公路基本建成，阳城—济源高速公路已经开工，全市高速公路通车里程达到319公里。新建改建农村公路1040公里。中心城区五年累计投资162亿元，启动实施了64项城市道路工程，41条道路建成通车。金村低碳示范区、西北片区改造步伐加快。海会500千伏变电站建成投运，新增110千伏及以上输电线路481.72公里、变电容量496万千伏安，较“十一五”末分别增长了37.75%和102.8%。五年累计投入126.43亿元，开工建设各类保障性住房63217套，基本建成42808套，任务完成率135.5%。新增供水管网435公里、供热能力1500万平方米，城市（含县城）生活垃圾无害化处理率和污水处理率分别达到98%和94%，市区煤层气管网实现全覆盖。新增公交车辆521台，建成城市公共自行车系统。市级应急水源工程、重点引调水管道工程全部完工并投入运行，完成水保治理面积70.25万亩，32.37万农村人口的饮水安全问题得到解决，农村自来水普及率提高到95%。扎实推进大县城、特色镇、美丽乡村、产业片区建设和农村人居环境改善，城镇化率达到57.42%，年均提高1.3个百分点。完成采煤沉陷区治理搬迁15808户，易地扶贫搬迁19100人，农村危房改造7750户。巴公镇、北留镇、润城镇被命名为“国家级园林城镇”。

五年来，我们加大民生投入，各项民生事业和社会保障位居全省前列。2015年全市各项民生事业财政支出155.1亿元，占一般公共预算支出的84.5%，是2010年2.33倍。五年累计支出公共财政教育经费155.4亿元，新改扩建各类学校、幼儿园273所。城区、泽州、高平、阳城通过国家义务教育发展基本均衡督导评估验收。基础教育成绩再创新高，高等教育实现历史性突破，太原科技大学晋城校区学生规模已达4000多名。“十二五”期间，累计投入18亿元，完成了晋城大医院门诊楼和6个县医院、77个乡镇卫生院（社区卫生服务中心）基础设施建设，村卫生室全部建成，村医补助标准提高到每月800元。市人民医院、晋城大医院、市妇幼院成功晋级三甲医院。市社会福利院迁建工程投入使用。积极开展分级诊疗和基本药物制度，实现了基本医疗保障和大病保险全覆盖。图书馆、档案馆、美术馆、博物馆相继建成开放，村级文化体育活动场所实现了全覆盖。五年累计新增就业18.83万人，转移农村劳动力13.23万人，完成新型职业农民培训1.8万人，城镇登记失业率控制在1.48%以内。建立创业基地24家，培养技能人才7.77万人、创业培训2.44万人，被国务院表彰为“全国创业先进城市”。全力实施精准扶贫，贫困村由496个减为200个，贫困人口由12.6万人减为8.45万人。社会保障水平逐年提高，城镇职工基本养老、城镇基本医疗、失业、工伤、生育、城乡居民养老保险人数较2010年增加120万人次，累计发放社会保障卡168.4万张，企业退休人员养老金待遇不断提高。“党政同责、一岗双责、齐抓共管”的安全生产责任体系全面建立，事故起数、死亡人数连续五年实现双下降。国防动员深入开展，连续三届荣膺“全国双拥模范城市”。妇女儿童、民族宗教、外事侨务、档案史志、残疾人、统计、气象、人防、地震、红十字、慈善、老龄等各项事业和援疆工作取得了新的成绩。

五年来，我们致力于民主法治建设和社会治理创新，政府自身建设不断加强。加强精神文明和民主法治建设，认真培育和践行社会主义核心价值观。自觉接受人大法律监督和工作监督，主动接受政协民主监督和社会监督。五年共办理人大代表建议1663件、政协提案1802件。“六五”普法工作全面完成。人民群众安全感和满意度测评连续四年取得全省第一，再次荣膺全国社会治安综合治理最高奖“长安杯”。严控机构编制和财政供养人员，压减“三公”经费支出，推进公务用车改革。完善依法科学民主行政决策机制，加快政府职能转变，新一轮政府机构改革全面完成。市县两级政府部门权力清单、责任清单全部按期公布。党的十八大以来，落实承接省政府取消、下放和调整的行政审批项目等事项426项，清理规范行政审批中介服务事项37项，取消市级行政审批事项70项，取消职业资格许可和认定事项63项。市级政务服务中心、公共资源交易平台、不动产登记交易中心基本建成。扎实开展党的群众路线教育实践活动、“三严三实”专题教育和“学习讨论落实”活动，严格执行中央“八项规定”精神和国务院“约法三章”，认真落实党风廉政建设“两个责任”，坚决反对“四风”，深入开展“三项治理”，查处和通报了一批违法违纪案件，弘扬了正气，凝聚了人心，为全市经济社会发展营造了良好的环境。

各位代表，过去的五年，我们通过艰辛的努力，取得这样的成绩来之不易。这是省委、省政府和市委正确领导的结果，是市人大、市政协有效监督、大力支持的结果，是全市人民齐心协力、共同奋斗的结果。在此，我代表市人民政府，向全市人民，向驻市解放军指战员、武警官兵和公安干警，向各民主党派、各人民团体和各界人士，向各位老领导、老同志，向所有关心、支持晋城发展的同志们、朋友们，致以衷心的感谢和崇高的敬意！

五年的探索实践，为“十三五”发展积累了宝贵的经验。这就是：必须坚持五大发展理念，自觉践行，贯穿始终；必须坚持以经济建设为中心，把全市干部群众的精气神和正能量凝聚到发展第一要务上来；必须坚持转型发展战略定力，不管形势如何复杂，无论遇到多大困难，都要把下决心转型的状态调整到最佳，把劲头铆到最足，不遗余力，久久为功；必须坚持改革开放创新驱动，激发经济内生动力和市场活力，更加注重发展的质量和效益；必须坚持统筹兼顾，“五位一体”协调发展；必须坚持以人民为中心，让改革发展成果更好地惠及广大人民群众；必须坚持抓铁有痕、踏石留印的实干精神，持之以恒、一抓到底，干在实处、争创一流。

五年来，虽然我们取得了不少成绩，但也必须清醒地看到，当前仍是我市建市三十多年来经济社会发展最为艰难的时期。发展不平衡、不协调、不可持续的问题依然突出：一是以煤为主的产业结构单一，非煤产业发展慢、比重小的问题突出，这一短板一直没有突破性改观；二是开放意识不足，体制机制改革创新滞后，经济增长内生动力和活力不足；三是经济社会粗放式发展与日趋严格的能源消费管理及资源环境的矛盾更加突出；四是“三期叠加”和产能过剩引发的各种社会风险逐步凸显，部分企业生产经营困难；五是一些干部担当不够的问题比较突出，难以适应新常态要求。

面对前所未有的困难局面，我们必须把思想和行动统一到省委“一个指引、两手硬”的重大思路和要求上来，统一到市第七次党代会精神上来，不断强化发展的战略思维、创新思维、法治思维、市场化思维和互联网思维，持续推进“一争三快两率先”战略步伐，为建设经济强市、美丽晋城而努力奋斗。

二、“十三五”时期政府工作的主要目标和任务

“十三五”时期，是全面建成小康社会的决胜期，也是重铸晋城辉煌，实现振兴崛起的关键期。我们能否建成小康社会，率先走出一条资源型地区创新驱动转型升级的新路，实现凤凰涅槃，浴火重生，关键看我们贯彻中央、省、市决策部署的执行力，关键看我们干部群众干事创业的激情和活力。面对历史赋予的千钧重担，面对多年来少有的困境时艰，面对市场倒逼转型的重大机遇，我们必须凝心聚力，众志成城，必须夙夜在公，只争朝夕，主动作为，以非凡的责任和担当，以超常的干劲和闯劲，以强烈的使命感和紧迫感，奋力开创经济社会发展的新局面！

综合分析当前和今后发展面临的形势，结合国际、国内发展大势和我市实际，今后五年政府工作的指导思想是：高举中国特色社会主义伟大旗帜，深入贯彻落实习近平总书记系列重要讲话精神，按照“五位一体”总体布局和“四个全面”战略布局，围绕省委“一个指引、两手硬”的重大思路和要求，认真落实市第七次党代会精神，深入推进“一争三快两率先”战略部署，确立“三大”发展思路，实施“十大战略工程”，把晋城打造成展示“中国梦”、实现“两个百年”目标的样板市。

今后五年我市经济社会发展的主要预期目标是：地区生产总值年均增长6.5%左右，服务业比重年均提高1个百分点以上，研究与试验发展经费投入强度达到2.5%，常住人口城镇化率达到60%以上，户籍人口城镇化率达到44%，森林覆盖率达到44.5%，节能减排等约束性指标控制在省下达指标以内，实现综合经济实力、创新创业活力、社会文明程度、人民生活品质、生态环境质量"五个明显提升"。

今后五年政府工作确立的"三大"发展思路是：要把大开放、大转型、大创新，始终作为遵循和把握实现"五个明显提升"的立足点和基本点，为促进经济社会发展打好基础，做好保障。

要全面实施大开放。开放的不足，是晋城发展最大的不足。与先进发达地区比，我市的差距在开放、潜力在开放、希望在开放。我们要始终把大开放作为牵动全局的关键举措，跳出晋城看晋城，立足全球看晋城，面向未来看晋城，主动对接国家战略，充分利用两个市场、两种资源，加快各类开放平台的建设，全面拓展开放发展的新空间。特别是要主动承接东南沿海产业梯度转移，以积极有为的态度投身国家"一带一路"发展战略，努力形成思想观念的大开放、行为行动的大开放、服务水平的大开放、投资环境的大开放格局。

要全面实施大转型。转型发展迫在眉睫，跨越发展时不我待。大转型是晋城发展的唯一出路。我们要把"大转型"作为树立晋城美好形象、实现晋城振兴崛起的重大举措，坚决丢掉"再现煤炭十年黄金期"的幻想，坚决克服"不想转"的思想和"不会转"的困局。"十三五"期间，市政府将设立转型发展资金，加快推动大转型的落地成型，真正把转型变成项目，把转型变成企业，把转型变成市场。以重大项目推进和领军企业为抓手，着力打造一批转型的好项目大项目，着力建设一批具有竞争力的产业集群，着力发展一批具有引领作用的龙头企业，全面推进传统产业的大转型，全面推进新兴产业的大发展，全面推动全市工业整体素质和竞争力的大提升，真正走出一条具有晋城特色的转型升级发展新路。

要全面推进大创新。创新是引领发展的第一"引擎"。我们要把创新摆在发展全局的核心位置，把大创新当作硬任务，以创新考绩，以创新论功，着力激发大创新的内生动力和强大活力。要突出抓好大创新的"顶层设计"，加快制定晋城创新驱动发展的战略规划，加快形成大创新发展的新机制，着力打通创新向现实生产力转化的通道，让创新成为增长点，让创新成为增长极，让创新成为增长带。要鼓励创新，要宽容失败，把人才作为创新的第一资源，把奖励优秀放在突出的位置。要营造出一种创新无处不在，创新贯穿一切的大创新环境。

按照以上指导思想、发展思路和目标，"十三五"期间，要重点实施"十大战略工程"，全面提升市域发展综合实力。

1. 转型突破工程

未来五年，我们要确立100项工业转型项目，加快推进五大产业的转型。一是煤炭产业，要坚持以煤为基，"立足煤、延伸煤、超越煤"，做好煤与非煤两篇文章。要保持煤炭这个基本面，紧紧盯住清洁高效利用这个终极目标，加快推进煤炭由燃料向原料、由低品位向高附加值、高端化的转型。加快推进煤炭材料化和煤基新材料技术的突破，全力攻关煤基领域科技创新链和高新技术领域创新链延伸，晋煤、兰花、晋能等大型煤企要积极带头落地一批转型项目。通过坚决转、大幅转、创新转，把晋城打造成高碳资源低碳发展、黑色资源绿色发展的煤炭高科技先行区。二是煤化工产业，要瞄准国际标准、行业标准，牢固树立"高科技+现代资本＝先进生产力"的理念，构建"集成联产、深度加工"的产业发展新体系，加快谋划一批现代化高端新型煤化工产业项目。重点发展煤基新材料和煤基新能源，以高端化技术培育高端化产业、产品，把进入产业的各种资源"吃干榨尽"，实现循环、环保、节能的产业发展目标，带动煤基材料向精细化产品、向航天航空等高科技领域产品转型升级。晋煤华昱、天泽、兰花、晋能等大型企业要坚持以高科技、多联产、深加工为方向，大力延伸煤化工产业链条，壮大现代煤化工产业集群，形成支撑现代煤化工产业发展的高端支柱产业，大幅度提升高硫煤洁净利用化工产业的竞争优势。力争到"十三五"末，全市煤化工年销售达到500亿元，利税100亿元，把我市建成国内一流的现代煤化工高科技产业城。三是煤层气产业，要加快智能化大数据信息的运用，引领煤层气产业向国际化、高端化发展。要加快实现煤层气+互联网+物联网+云计算的智能化新载体效应，加快发挥大数据平台对全产业链数据的高效传输共享和全面提升产业科技成果高效利用的能力。同时，煤层气企业要利用上游资源的优势，延伸中下游产业，要以气源的开采规模带动形成一批高附加值产品产业的发展。要坚决克服"只抽、只卖、不用"的现状，大幅提高就地转化的能力，充分把握资源市场的主动权，改变资源大市与产业话语权不匹配的现状，变被动的买方市场为主动的卖方市场。把煤层气产业打造成全国一流的煤层气开发利用及就地转化高附加值产品的产业基地，实现"气"资源和"气"商品的双赢。四是煤机装备制造业，依托金鼎煤机、江淮重工、天巨重工等企业，全面打造"晋城煤机"品牌，加快煤机制造的资源整合，加快煤炭采掘、支护、运输、钻探、洗选成套煤机装备的制造，建设全省生产能力最大、生产技术最优、服务煤矿能力最强的晋城煤机产业集群。加快把金匠园区建成晋城煤机高新项目的孵化中心、技术工艺创新中心、煤机装备研发中心、高端发展信息中心。加速淘汰落后采煤工艺及装备，促进晋城自主知识产权的创新型采煤工艺和装备，提高扩大市场的占有能力和占有率。五是煤电气一体化发展。全面推进煤电一体化、采煤采气一体化深度融合发展。推进电力企业和煤炭企业实施联营合作，优化电力产业布局，形成以超临界燃煤机组为主的全球规模最大的火电产业集群和以煤层气利用为主的清洁能源发电产业集群。要以晋东南大型煤电基地为重点，发展大容量、高参数超临界、超超临界燃煤机组，大力发展煤层气发电与煤矸石、煤泥等低热值燃料发电。大力推动外送电通道建设，扩大直供电领域和规模。阳电三期、国投二期、高平电厂要积极争取上马建设，要确保农网改造升级工程的实施，要重点抓好泽州华电、沁水远景汇合、陵川中电投三个风电项目的建设。推进电力基地与电网建设一体化的发展。

2. 增长培育工程

增长培育工程旨在培育壮大新兴产业，是促进经济增长方式转变的一条捷径，是衡量新兴产业培育水平的标志。"十三五"时期，要重点加快光机电、高端智能化装备制造、新能源新材料、生物医药、现代服务业五大新兴产业的发展。一是大力推进光机电产业。发展光机电产业是晋城工业走向高科技领域的标志。我们要从关乎我市工业结构调整的高度，举全市之力把富士康做大做强。千方百计把富士康在海外核心技术、核心产业转移到晋城，下大决心支持富士康把晋城建成世界一流的光纤产品基地和世界重要的光机电产业基地，打造中国北方"光谷"。我们要珍惜郭台铭先生坚守的"在家乡投资，只能成功、不能失败"的决心，这份坚守，是一位游子回报家乡的真情，我们要感激老乡。在此，请允许我提议，对郭台铭先生对家乡的关心、支持再一次表示衷心的感谢！更希望富士康在现有光通讯连接器、光学镜头模组、精密刀具、手机构件等产品基础上，把手机整机生产线、白色家电项目、液晶玻璃等高端产品投在晋城，努力实现五年"再造一个富士康"。力争到"十三五"末，全市电子信息产业年销售收入达200亿元，利润50亿元，把晋城建成世界一流的光机电高科技产业城。二是大力推进高端智能化装备制造产业。重点抓好先进智能装备制造，加快节能环保、基础工艺装备发展。依托江淮重工等龙头企业，重点发展工业机器人、核聚阀门、风能等高端智能装备。依托天巨重工、天泽太行机械等骨干企业，发展30万千瓦以上火电机组及钢厂等脱硫脱硝和袋式除尘技术成套设备，及资源再利用成套设备。坚决支持中船重工江淮集团新能源装备产业园区的发展，加快风电总装基地的建成。同时，要加快整合铸造行业生产要素，引导全市百家铸造企业向园区集中。通过集中提升铸造业的科技含量和科技水平，推动铸造业由"晋城铸造"向"晋城制造"和"晋城智造"的根本转变。三是积极发展新能源新材料产业。新能源产业，要加快培育分布式太阳能光伏发电、太阳能光热资源利用。重点围绕电动汽车整车制造、关键零部件、关键装备、充电配套设备等方面，培育锂离子动力电池、光伏电池组件产业的发展，力争五年内，重点打造3～5家电动汽车及关键零部件骨干企业，加快把晋城建成中西部地区和全省重要的电动汽车生产基地。新材料方面，重点发展化工新材料、高性能结构新材料、陶瓷新材料和前沿新材料。积极推进适合山西高灰熔点及低质煤大规模粉煤气化的技术，积极推进"晋煤炉""航天炉"无烟煤三高劣质煤技术的攻关，有序发展煤制甲醇、煤制芳烃等化工新材料，发展已内酰胺、三聚氰胺等精细化工产品和烯烃衍生产品。依托路宝、霖春镁业、蔡欣金属钙镁等企业，重点发展铝镁合金压铸件及其深加工产品，加快培育我市铝镁合金铸件产业发展。以阳城陶瓷为依托，积极承接国内陶瓷基地产业转移，重点开发陶瓷干法技术、低温快烧、高强度薄砖等技术，发展多孔陶瓷和蜂窝陶瓷。同时，要积极培育富基新材料、海诺科技高性能空心玻璃微珠、兰花华明纳米新材料、天坤特种刚玉纳米新材料等龙头企业发展。四是推动生物医药产业快速发展。发挥本地党参、柴胡、连翘等中药材资源优势，建设符合国家GAP要求的中药材种植基地，推进中药材种植、加工、生产、销售的产业化。重点发展中药材深加工产业集群和中成药产业集群。在中药材示范基地基础上，进一步优化药材品种，扩大生产规模，提高产品质量。依托中成药生产优势，大力进行中成药创新研发，通过合作开发、项目引进等手段，力争在心血管、高血压、儿童医药等领域实现突破，形成以中药针剂、中药饮片、中药养生保健品等技术为主的中药提取和合成中心。五是加快发展现代服务业。主动适应生活性服务业转型升级、生产性服务业加快发展的现实态势和客观需求，以文化旅游为龙头带动，大力发展现代物流、信息技术、节能环保、电子商务、文化创意、健康养老等现代服务业，推动向精细化、规模化和高品质方向转变，构建"高增值、强辐射、广就业"的现代服务业体系。特别要大力发展金融业，发展普惠金融和绿色金融，实施企业上市培育行动，成立担保集团，设立产业投资基金和股权投资基金等，强化金融供给效益，构建体系健全、竞争有序、运行规范、监管科学、与实体经济发展相适应的现代金融服务体系。力争到2020年，服务业增加值占GDP比重达到45%以上。通过加快五大新兴产业发展，到"十三五"末，培育出超百亿增长的新的增长极，为全市发展增加新的动力。

3. 城市提质工程

城市提质工程是引领全市区域综合经济发展的一个载体，是争先综改、竞逐中原的资本和平台。"十三五"期间，要坚持以中心城区为龙头，优化中心城市功能为核心，依托"拓展、改造、提质"总要求，进行科学区划，全力打造区域中心城市。启动城市总规修编，拉大城区基础框架。打造以主城区为中心，以晋煤新区、富士康新区、金村新区、高铁新区、空港新区为框架的六区联动、组团发展的中心城市框架。重点实施中心城区提质的六大工程，实施主城区与各县（市、区）、主城区及各片区与高铁站快速干线连接工程，与机场快速通道、城市内环、城市外环十条环城快速通道的连接工程；实施中心城区百条街巷道路畅通工程，打通城市"断头路"，启动城市互通式立交桥建设，畅通城市主街道，打通城市微循环；实施煤层气地下管廊全覆盖工程，建设"双气源"供气保障体系，保障全市人民用上清洁高效能源。启动"大热源"工程，加快阳电供市区供热工程的建设。启动"大水源"工程，加快建设以张峰水库供水工程为主的十大蓄水工程、三处引水和四处提水工程，年增加供水能力1.04亿立方米，保证全市人民喝上干净的水，确保饮用水的安全。加快建设一批停车场、立体车库、菜市场、早夜市摊点、公厕等便民服务场所，优先发展公共交通，有效缓解"城市病"。以建设国家智慧城市为契机，综合运用物联网、云计算、大数据等现代信息技术，推进城市管理和城市服务"双提升"。同时，要牢固树立"发展区域经济、彰显文化灵魂"的理念，向城市注入大量的地域文化元素，把晋城悠久的历史文化重新写进城市。到"十三五"末，努力把中心城区建成百平方公里、百万人口"双百"规模的大市区，把大市区打造成吸引中原财富智慧的聚集地。

4. 招商引智工程

要全面实施大招商和大引智。要用系统和定向的观点改进招商引资工作，下大气力研究市场需求，下大气力谋划项目。要用我们的资源优势、产业优势、市场优势、利润空间确定招商方向，构建大招商、招大商、大投资、大效益的招商引资双赢模式。实现招商引资项目的大落地，实现招商引资总量的大突破，让晋城成为海内外投资兴业的热土。同时，要充分认识头脑风暴、专家智囊在经济发展中的重要性，加快百名院士博士工作站的建设，提升晋城科研综合实力。"十三五"期间，我们要加大各类高层次人才的引进力度,通过办好一个“文化节”、筹备好两个“博览会”、主办好三个“国际论坛”,来搭建招商引智的平台。要紧紧抓住举办“中国晋城太行山旅游文化节”的契机,展示晋城深厚文化底蕴,提升我市在国内外的知名度和影响力。要着眼于我市装备制造业以及特色农业产业良好的发展基础和潜力,筹办“中国晋城装备制造业博览会”和“中国晋城特色农产品博览会”,集中展示装备制造业以及特色农业的发展的水平,通过举办“展会”,搭建产学研合作的平台。要积极谋划在我市举办国际煤层气晋城论坛、全国装备制造业晋城论坛和国际新能源新材料晋城论坛,通过举办论坛,搭建院士博士晋城工作站实验室工作平台。力争到“十三五”末,高标准建成国际级煤层气专家工作站、国际级光机电专家工作站、国家级现代煤化工专家工作站、国家级新能源新材料专家工作站、国家级铸造装备专家工作站、国家级市域经济发展规划专家工作站、国家级城市建设规划专家工作站、国家级生态经济发展专家工作站、国家级旅游经济发展专家工作站、国家级金融创新发展专家工作站等10大工作站,促使高新技术企业成规模增长,促使科技进步对经济增长的贡献率快速提升。使晋城成为高端人才、院士科学家聚集的福地、高新技术发明的产地、科研成果转化的基地,进入创新城市和人才强市的行列。

5. 通道快捷工程

交通是发展的命脉,道路是开放的出口,大通道是经济社会发展的“大纽带”,是人流、物流、信息流的“大走廊”。“出不去,进不来”是我们晋城发展最大的“瓶颈”。我们要把大通道建设作为服务经济发展和改善民生的重要任务,建设大通道、培育大枢纽。铁路建设,确保“十三五”内太焦高铁建成通车,实现晋城高铁“零”的突破;续建嘉峰至南陈铺的普通铁路,形成侯月铁路与太焦铁路的连接线。机场建设,通用机场力争“十三五”末建成并投入使用,实现晋城机场“零”的突破;民用机场力争开工建设。高速公路,以晋城现有高速公路为基础,打通陵侯高速向东至鹤壁,贯通晋城高速公路东出口;续建高平至沁水高速公路,建设阳城至蟒河、安泽至沁水高速公路,形成晋城“两环两横三纵十出口”的高速公路大格局。普通公路,加快普通国道、省道、干线公路改造升级,实现县(市)现有国道达二级以上,省道达三级以上,县与县通一级公路。加快农村公路建设,加大交通扶贫力度,实现农村公路“建好、管好、护好、运营好”四好公路目标。力争到“十三五”末,把晋城交通建设成为“连接东西、沟通南北,大出大进、快出快进,立体式全面开放”的大通道。

6. 园区建设工程

园区建设既是投资环境,也是发展环境。家有梧桐树,才有凤凰来。“十三五”时期,我们将以“一区九园”为重点,推动园区建设上规模、上档次、上水平,打造产业特色明显、竞争优势突出、平台功能完善的工业园区。整合全市各类产业园区,市级重点建设晋城经济技术开发区,各县(市、区)要集中力量打造一个工业园区。力争“十三五”时期,各县(市、区)要建成一个省级以上开发区。按照“管委会+公司”运作模式,组建园区开发建设公司,优化政府和市场两种资源配套的能力和手段,加快园区开发建设。高质量建设园区基础设施,实现水、电、路、气、供热、排水、排污、治污及网络等基础设施配套完善。加强园区生产、生活、政务、商务等公用配套设施建设,全面提高园区配套服务水平。积极争取先进地区和开发区在我市建设飞地产业园,实行跨区域异地托管、开发、收益分成共享。创新园区管理体制和内部机制,推动园区全力抓招商、全力抓项目,把园区建设成为招商引资、产业集聚的桥头堡和示范区,引领全市经济转型升级。力争到“十三五”末,全市工业园区总面积达到100平方公里,总产值超1000亿元。

7. 碧水蓝天工程

生态是晋城最大的资源优势,生态建设是晋城永恒的主题。我们要通过大力实施碧水蓝天工程,开展生态修复和环境治理,让绿色染遍“太行屋脊”,让生态扮靓“天下公园”。要继续加大环城生态圈的建设。持续开展绿化提升行动,初步形成八大生态片区396平方公里的环城生态圈,建成环城绿道270公里,新建城市公园5个和街头绿地35处,继续实施重点林业生态工程建设,加快三山、四片、五环、20条线、70个乡镇、300个村绿化工程,筑牢全市域绿色生态大屏障。着力推进国家低碳城市试点和循环经济示范市建设,推广绿色建筑,发展绿色交通,营造绿色消费环境,倡导绿色低碳生活。要加快实施沁丹两河"清水复流贯通工程"。以沁河、丹河流域水生态修复与保护为重点,以"清淤、活水、保洁、生态"为主题,建设以张峰水库供水工程为龙头、覆盖全市城乡的两纵两横"井"字形大水源工程。抓紧推进沁河、丹河、长河、固县河等主要河流沿河小型水利灌溉工程建设。加强城镇污水处理设施配套工程,对城区西河、东河等4条河流和沁河、丹河城区段进行综合治理,实现雨污全分流、管网全封闭、清水活流全贯通。要全面加强环境综合治理。深入实施大气、水、土壤污染防治行动计划,抓好主要污染物减排工作,积极发展清洁能源,推动重点行业能效提升和节能减排升级改造。到"十三五"末,实现城市主干河道清水复流全贯通,让清水、活水真正用起来、环起来、流起来,让我们的城市因水而秀美、因水而灵动、因水而和谐,让美丽晋城山连山、水连水、山更青、水更绿、天更蓝、城乡更美丽、生态更美好,实现"城在林中、林在城中、人在绿中"的天下公园大景观。

8. 全域旅游工程

旅游业是新常态下新的经济增长点。"十三五"时期,我们要叫响美丽晋城全域游品牌,积极申报"国家全域旅游示范市",打造全域旅游产业。编制《美丽晋城战略规划工程》纲要和《晋城市全域旅游发展五年规划》,改革创新旅游综合管理体制、市场监管机制,完善旅游公共服务,提升旅游业发展综合能力。促进旅游业与休闲农业、特色工业、健康养生、文化创意、传媒娱乐等业态融合发展,形成共建共享美好生活、共建共享基础设施、共建共享公共服务、共建共享生态环境的旅游发展大格局。加快特色小镇建设,实施乡村旅游富民工程。以沁丹两河流域为重点,突出特色文化传承,重点建设一批以司徒、大阳为代表的特色商贸重镇,以润城、北留为代表的历史文化名镇,支持阳城、陵川、沁水建设一批历史文化名人和生态旅游大镇。到"十三五"末,要高标准建设30个产业特色鲜明、人文气息浓厚、生态环境优美、多功能叠加融合、体制机制灵活的特色小镇,建成100个美丽宜居示范村。要加强旅游基础设施建设,加强旅游市场监管,加强智慧旅游建设,增强综合服务能力。推广精品旅游线路,深度挖掘晋城历史文化、自然生态、红色文化等资源,发展特色旅游产品,着力打造沁河古堡休闲探秘、太行山水、析城山——历山自然保护区、炎帝文化寻根问祖4条精品旅游线路。加强旅游促销,发挥"晋善晋美晋城"品牌效应,开通皇城旅游专列,开通太行山、析城山、历山旅游快车,开通炎帝寻根快线,为全域旅游发展聚集人气。努力把文化旅游业培育成我市的战略性支柱产业,到"十三五"末,在全域旅游发展方面走在全省前列。

9. 精准脱贫工程

精准脱贫工程是全面建成小康社会的攻坚工程,是一项政治任务,是一项民心工程。要坚持把脱贫攻坚作为"十三五"期间的头等大事来抓,用更大的决心、更准确的思路、更精准的举措打赢这场"输不起的攻坚战",确保在全面建成小康社会中"一个不掉队""一个不能少"。未来五年,要认真落实"六个精准"脱贫方略,确保建档立卡的贫困村和贫困人口较多的低收入村实现干部驻村帮扶工作队全覆盖,确保贫困户实现党员、干部结对帮扶全覆盖,确保沁水县、陵川县2017年脱贫摘帽,确保所有贫困村、贫困人口2018年年底前全部脱贫;其他非贫困县贫困村、贫困人口2017年年底全部脱贫。精心实施"五个一批"扶贫工程,完成易地扶贫搬迁23887人目标。加快发展现代农业,要把畜牧、蚕桑、食用菌、设施蔬菜、小杂粮、干水果、苗木花卉等优势特色农业,作为脱贫的重要产业来支持,积极发展城郊型创意高效农业、休闲农业、观光农业和农村电子商务等新业态发展,帮助3.3万人通过产业脱贫致富。继续提高农村低保标准,完善农村贫困人口医疗制度,加大医疗救助、临时救助、社会救助等帮扶力度,帮助完全或部分丧失劳动能力的3.45万贫困人口依靠社会保障兜底脱贫。用好中央、省里政策红利,创新PPP模式,引导社会资本投入贫困地区,实施"金融支持特色产业发展富民扶贫工程",实现金融小额贷款扶贫全覆盖。"十三五"时期,要实现建档立卡确定的200个贫困村、8.45万贫困人口彻底全部脱贫。

10. 民生福祉工程

改善民生是一切工作的出发点和落脚点，人民群众对美好生活的向往就是我们努力工作的目标。我们只有带着最深厚的感情去倾听群众呼声，了解群众疾苦，办好为民实事，才能让人民群众拥有更多的获得感、幸福感。未来五年，要在七个方面抓好大提升工程。一是教育大提升。进一步调整优化城乡中小学布局，市区新建一批中小学校。全面普及高中阶段教育，规范发展民办教育，提升发展特殊教育。特别要针对学前幼儿入园难、入园贵的问题，有序建设布局一批公办幼儿园，同时，通过政府购买服务的方式，为群众提供普惠性的学前教育服务，提高幼儿园的办学条件，满足社会的迫切需求。加快金村教育园区建设，组建职业教育集团，扩展太原科技大学晋城校区学科专业，更好服务于地方经济。二是卫生大提升。以解决看病难、看病贵为重点，深化医疗体制、计划生育服务管理“两大改革”，推动医疗、医保、医药三医联动，健全市县乡村分级诊疗服务网络，提高城乡居民医疗保险标准，补齐农村医疗卫生短板，优化中心城区医院布局。重点加快晋城大医院投入使用，加快市人民医院易址扩建，加快启动市中医院建设。在“十三五”末，使全市人民在医疗卫生方面得到一个大提升。三是文化大提升。继续实施文化惠民工程，广泛开展全民阅读、全民艺术普及、全民健身文化活动，推动公共文化服务标准化、均衡化发展。大力发展具有晋城传统文化特色的文化服务业，推出一批地方特色的精品佳作。完善公共文化基础设施，筹备启动市民需求的科技、文化、自然博物馆的建设工程。到“十三五”末，通过丰富地域文化，让晋城人民不出晋城就能享受到丰富的文化生活，使文化设施得到大改善、群众文化生活得到大提高。四是就业创业大提升。继续深化多渠道、多形式灵活的就业扶持政策，发展“众创、众包、众扶、众筹”新模式，健全劳动者自主择业、市场调节就业、政府促进就业相结合的体制机制。加强创业公共服务平台建设，建设改造一批示范性创业孵化基地和创业园区，提高国家级创业型城市建设水平。到“十三五”末，全市城镇新增就业达13万人，创业就业人数达4万人，转移农村劳动力达12万人，城镇登记失业率控制在4.5%以内。五是社会保障大提升。实施全民参保计划，全面建设和完善覆盖城乡的社会保障体系。推进机关事业单位养老保险和城镇住房公积金制度全覆盖，完善城乡居民基本养老保险、大病保险、最低生活保障和医疗救助制度。支持社会力量发展养老服务业，发展儿童福利事业，支持公益慈善事业发展。到“十三五”末，要建成更加完善的、覆盖全体城乡居民的社会保障体系，基本养老保险参保率达到90%，养老服务机构达到100所，让人民老有所养、病有所医。六是安全生产大提升。生命高于一切，安全重于泰山。要认真落实总体安全观，按照省委提出的“三个坚决防止”的要求，坚决守住安全稳定的底线。坚持“三个决不能过高估计”和“三个敬畏”，毫不懈怠地做好各行业、各领域安全生产工作。认真落实“党政同责、一岗双责、齐抓共管”安全生产责任制，坚持管行业必须管安全，管业务必须管安全，管生产经营必须管安全，夯实安全生产基层基础建设，健全安全生产管控体系。深入开展重点行业领域专项整治，保持全市安全生产形势平稳好转。七是社会治理大提升。创新社会治理模式，建立社区、社会工作者、社会组织“三社联动”机制。严厉打击各类违法犯罪活动，健全社会治安防控体系，完善信访工作和矛盾调处机制，维护社会和谐稳定。加强食品药品安全监管，保障饮食用药安全。加强应急管理，提升防灾减灾能力。加强国防动员，促进军民融合发展。此外，还要大力发展妇女儿童、老龄、慈善和红十字会等事业。做好气象、地震、科普、档案、史志、民族宗教、外事、侨务、对台、对口援疆等工作。

总之，通过实施十大战略工程，到“十三五”末，确保全市生产总值、城乡居民人均可支配收入比2010年翻一番，人均GDP、人均公共财政预算收入等主要指标排位，进入中原经济区5省30市的“第一方阵”。

各位代表，完成“十三五”目标任务，必须切实加强政府自身建设，创新管理方式，提升服务效能，努力打造法治政府、创新政府、廉洁政府和服务型政府。要全面推进依法行政。完善依法决策机制，实行规范性文件备案审查和法律顾问制度。加强行政

中国人民政治协商会议第六届晋城市委员会常务委员会工作报告

——2016年10月21日在政协第七届晋城市委员会第一次会议上

市政协主席　师建平

过去五年工作回顾

过去的五年，在中共晋城市委的坚强领导和市人大、市政府大力支持下，市政协常委会深入学习贯彻习近平总书记系列重要讲话精神，紧紧围绕全市中心工作，认真履行政治协商、民主监督、参政议政职能，务实创新，积极作为，服务发展，为推动我市经济发展，促进民生改善、社会和谐作出了积极贡献。

坚持以理论学习为引领，统一思想，坚定信念，为不断夯实共同思想政治基础凝聚共识。

学习领会中央精神，自觉把思想和行动统一到中央各项决策部署上来。通过党组学习、常委会专题讲座、委员集中培训、界别小组学习交流等多种形式，深入学习贯彻中共十八大和十八届三中、四中、五中全会精神，学习习近平总书记系列重要讲话精神，深刻认识全面深化改革的目标任务和战略部署，准确把握全面推进依法治国的科学内涵，认真领会“十三五”时期的奋斗目标，不断增强中国特色社会

复议和行政执法监督。深入开展“七五”普法工作。严格执行人大及其常委会的决议、决定，自觉接受人大监督、政协监督、社会监督和舆论监督，让行政权力在法治轨道和阳光下运行。要加快政府职能转变。深入推进放、管、服改革，加强事中事后监管。优化公共服务流程，市级政务服务中心投入运行，健全为企业、为群众、为基层服务的各项制度，守信践诺，说到做到，全面提升服务水平。要狠抓工作落实。大力弘扬晋城人不甘人后、勇争第一的精神和勇气，激发各级干部的担当使命，建立“马上就办、真抓实干”工作机制，最大限度调动各方面干事创业的积极性和创造力，把各项工作真正落到实处。要加强党风政风建设。坚持把纪律和规矩挺在前面，深入开展政府系统党风廉政建设和反腐败斗争。严格落实中央八项规定、国务院“约法三章”和省市各项规定，自觉践行“三严三实”，深入开展“两学一做”学习教育。强化行政监察和审计监督，加强对重点领域、关键环节、重要岗位权力运行的监督制约，确保各项政策的贯彻落实。

各位代表，2016年，是“十三五”规划的开局之年。在年初召开的市委六届六次全会暨全市经济工作会议上，对今年的工作已进行了安排部署，各项工作正在积极有序推进，经济社会发展正在奋力前行。现在离年底还有两个多月，各项工作时间紧、任务重。我们要按照省委“一个指引、两手硬”重大思路和要求，深入贯彻市第七次党代会精神，紧紧咬住既定目标不放松，大干70天，全力巩固经济低位企稳回升态势，力争“一月比一月好、下半年好于上半年”，为明年进一步好转奠定坚实基础。要把稳定增长作为重中之重，推进供给侧结构性改革，全力扭转工业下滑态势，确保今年扶持“1533工程”的九条政策落地兑现。要打好环境保护攻坚战，落实好今年确保完成目标任务、明后两年进入并稳定在全省前列、“十三五”末力争成为全省标杆的“三步走”计划，加大环境治理力度，持续改善人居环境。确保“十三五”各项工作开好局、起好步。

各位代表，实现“十三五”经济社会发展的宏伟蓝图，建设幸福美好现代化城市，责任重大、使命光荣。让我们紧密团结在以习近平为总书记的党中央周围，在省委、省政府和市委的坚强领导下，凝心聚力，砥砺奋进，深入推进“一争三快两率先”战略，为实现“十三五”目标，努力在全省率先走出资源型地区创新驱动转型升级发展的新路、率先全面建成小康社会而努力奋斗！

主义道路自信、理论自信、制度自信、文化自信。

加强理论学习，深刻认识人民政协在推进国家治理体系和治理能力现代化中的重要作用。专题学习研讨习近平总书记在庆祝人民政协成立65周年大会上的重要讲话精神，开展征文活动，准确把握65年来政协工作的宝贵经验，贯彻落实进一步做好政协工作的具体要求，深刻领会社会主义协商民主的重大战略思想；学习人民政协理论和统一战线理论，认真落实省委、市委关于加强人民政协工作和强化人民政协民主监督部署要求，引领市政协积极主动适应新要求、服务新常态、实现新作为。

开展各类学习活动，知情明政，增强识大局、议大事能力。结合政协年度工作要点，围绕经济运行、供给侧结构性改革、新发展理念等主题，组织专题报告会、学习座谈会，帮助委员知情明政，深刻理解中央、省委、市委对全面深化改革的部署和要求。

坚持以协商议政为重点，围绕中心，服务大局，为我市全面建成小康社会广集民智。

围绕中心、服务大局是政协履行职能必须遵循的重要原则。常委会把服务全市经济社会发展作为第一要务，围绕全面建成小康社会这一重大课题，认真开展整体协商、专题协商、对口协商，在推动科学发展中出实招、求实效。

整体协商突出全局性。组织召开了五次全体会议，委员们就事关全市改革发展稳定的重大事项、经济社会发展的突出问题，以高度负责的精神开展“面对面”集中协商。五年来，委员在全会期间共提交发言材料260多篇，小组讨论和联组讨论20多次，提出意见建议1850多条。其中，推进旅游文化产业转型发展、推进城乡一体化建设、完善基本公共服务体系等建议，受到市委市政府的高度重视，推动解决了一系列事关改革发展稳定的大事，受到广大群众的一致好评。

专题协商具有针对性。紧扣全市工作重点、群众关心的热点和难点问题，组织召开了16次专题议政会，有针对性地选择精准扶贫、“一村一品、一县一业”、社会养老体系建设、煤炭转型、农村土地流转、低碳城市创建、社区治理、农民合作社发展、民营经济发展、律师行业发展等开展专题协商。针对市政协提出的《关于加快我市水利改革发展的若干建议》，市委市政府分别专门召开会议，专题研究讨论我市水利改革问题，研究出台了《关于加快水利改革发展的实施意见》。决定从土地出让收益中提取10%用于农田水利和新水源工程建设，从城市建设维护税中划出不低于15%的比例用于城市防洪排涝和水源工程建设，多渠道加大水利投入，水利改革发展迈出了坚实的步伐。为推进我市新“五个全覆盖”工程健康发展，市政府积极采纳政协建议，在国家规定基础养老金55元的基础上，增加了10元，促使我市新型农村社会养老保险工作走在了全省前列。为进一步加快我市低碳城市创建工作，市低碳城市试点领导组积极采纳政协建议，与太行日报社联合开展了“有奖征集晋城低碳案例”活动，激发了市民参与创建国家低碳城市的积极性、主动性。《关于推进我市律师行业发展的若干建议》得到市委、市政府主要领导的批示，对法治晋城建设起到了积极的推动作用。

对口协商增强实效性。专委会积极加强与市级党政部门的对口联系，认真组织委员开展视察调研，召开协商座谈会，先后就规模养殖、人畜饮水、环城绿化、交通拥堵、职业教育、医疗服务、文化建设、国企改革、食品安全等与人民群众生产生活密切相关的问题开展对口协商，使代表民意的协商意见不断纳入市直部门的决策程序。2012年，市政协组织委员就我市交通现状进行专题调研，并与市交警支队开展专题协商，提出了解决我市城市交通拥堵问题的建议。市政府根据政协建议出台了有效办法，完善了市区主要道路的规划和建设，商业集中地区和大型公共活动场所设置了过街人行天桥和地下通道；加大了城市公共交通的投入，启动了公共自行车项目，增加了公交车辆并科学规划了公交路线，交通信号灯进行了重新设置等等，这些便民举措有效缓解了我市交通拥堵。2014年“两会”前夕，市政协组织召开农业项目咨情议政会，市政府涉农部门向部分委员推介现代农业项目，并就农业发展广泛征求了委员意见。

坚持以改善民生为己任，以人为本，履职为民，为促进民生改善献计出力。

民情是最亮的“信号灯”，民生是最灵的“晴雨表”。关注民生、体察民情始终是政协工作的出发点和落脚点。

专题视察访民情。积极开展寓知情、议政、监督于一体的视察活动，组织委员围绕重点工程建设、博物馆建设、现代农业发展、农副产品开发、价格监管、社区医疗卫生、教育均衡发展等民生问题开展视察调研，主动问需于民，问计于民，积极协助党委政府解决好人民群众最关心、最直接、最现实的利益问题。同时，认真贯彻党的民族、宗教政策，做好连情、联谊、连心工作。推动做好穆斯林饮食服务工作，促进落实外地少数民族务工人员子女义务教育。走访本市各宗教团体，支持宗教活动场所和爱国宗教团体建设。积极为宗教界人士办实事、做好事，促进宗教和睦。对我市宗教场所进行考察，完成《佛道春秋·晋城卷》编撰任务。协助省政协民族宗教委员会开展专题调研，为做好新形势下民族宗教工作献计献策。

提案办理畅民意。积极探索创新提案办理工作的新思路、新途径，加强与提案者的联系沟通，充分听取提案者的意见建议，实现提案者、承办单位和督办部门的良性互动。五年来，共征集提案2137件，立案1999件、占93.54%，转有关单位作为工作参考的138件、占6.45%，立案提案回复率100%，采纳率达89.45%，委员满意和基本满意率达到98%以上。我们重点围绕办理实效，对事关发展大局的重点提案或群众普遍关注的热点、难点提案加大督办力度，采取党委政府领导领办、市政协领导督办、各专委会跟踪督办、提案委员会全面督办等方式，确保重点提案的办理落实。这种“一追到底见实效”的提案办理机制，使提案工作真正成为深入了解民情、充分反映民意、广泛集中民智的重要载体。

社情民意察民声。坚持把反映社情民意作为重要任务来抓，进一步畅通社情民意收集、报送和反馈渠道。五年间，上报省政协社情民意信息700多篇，被省政协采用96篇，被全国政协采用50篇；编印了584期《晋城社情民意》，有24篇信息先后得到市委书记、市长的重要批示。其中，市政协委员杨天举报送的《困境中的山西煤炭企业继续国家财政扶持》被全国政协《政协信息》单篇采用。市政协委员和贵喜反映的《农村饮水安全出现新问题》引起省政府的高度重视，省环保厅、省物价局对相关问题进行调查了解，提出了相应的解决办法。城区政协特约信息员王前奎报送的《路平、水通加灯亮——百姓节前的最大希望》被《市长专报》采用，市政府责成城建部门迅速解决了路灯不亮的问题，得到市民群众的高度好评。为激励政协委员和基层群众积极撰写社情民意信息，2013年出台了《晋城市政协系统反映社情民意信息工作考核奖励办法》，社情民意信息的质量得到较大提升，为党政机关及时提供了重要的信息支持和决策参考，真正成为党委政府和群众之间的“连心桥”，为促进民生问题的解决发挥了重要作用。

主题活动解民困。充分发挥政协联系广泛的优势，引导委员开展扶贫济困、捐资助学、法律援助等慈善惠民活动，尽心竭力为群众做好事、办实事、解难事。市政协班子成员结合“访民生、知民情、解民事”和“三联一住”活动的开展，深入帮扶联系点住村调研，为当地群众筹资金、解难题，有力改善了帮扶村的生产生活条件；积极开展“岗位奉献转型跨越”“察百姓情、建惠民言、办利民事”“进企业、进乡村、进社区”等主题活动，组织委员深入一线摸实情、找问题、查根源，实现了政协工作与人民群众零距离接触，促进了一大批涉及群众切身利益问题的解决。

坚持以团结民主为主题，发挥优势，加强合作，为全市社会和谐稳定汇聚力量。

团结和民主是政协工作的两大主题，从一定意义上说，也是政协职能的高度概括。常委会始终把团结各界、发扬民主、协调关系、凝聚力量的工作摆在突出位置，充分展示了政协组织大团结大联合的独特优势。

搭建合作共事平台。认真贯彻长期共存、互相监督、肝胆相照、荣辱与共的方针，积极向各民主党派、工商联和无党派人士通报政协工作；支持他们参与党委政府重大决策部署的协商讨论和政协调研视察、民主监督等重要活动。六届政协期间，各民主党派市委、市工商联提交大会发言材料93篇，提案567件，社情民意信息234条。我们坚持做到提案重点督办、发言重点安排、社情民意信息重点报送，确保政协成为各民主党派、工商联和无党派人士参政议政的重要平台。

做好文史资料工作。政协组织有个重要职责，就是按照"亲历、亲见、亲闻"的三亲原则开展文史工作。五年来，我们开展了辛亥革命史料征集工作、抗战史料征集工作、新中国成立后及建市以来史料征集工作；配合省政协完成了《晋绥抗战英烈传》和《正面战场晋绥抗战亲历记》。编辑出版了以社会主义改造为主要内容的《晋城文史资料》第八辑，以抗日斗争和抗日人物为主要内容的《晋城文史资料》第九、十辑。组织政协委员和社会各界人士，就神话传说和抗战遗址调研工作，提出了加强我市神话传说遗产的传承和发展、改进抗战遗址保护措施等意见建议。有效发挥了政协文史工作"存史、资政、团结、育人"的作用。

提升政协整体合力。通过上下联动、资源整合，推动工作交流，形成工作合力。配合全国政协、省政协就人口计生、扶贫开发、综改区建设、非公经济发展、古村落保护、国企改革、气化山西等课题联合开展专题调研；定期召开各县（市、区）主席座谈会、秘书长联席会，相互交流经验，促进市县政协工作良性互动；积极举办机关干部暨乡镇政协联络组组长综合能力提升培训班，组织市、县政协机关干部外出学习培训，在学习中交流，在交流中提高。

扩大对外联谊交往。有计划地带着课题"走出去"，组织部分委员到外地学习考察，进一步提升履职能力和水平；热情接待全国政协和各地市考察团300多个，积极宣传推介晋城；编印11期《政协论坛》、18期《晋城政协》，与兄弟市政协进行刊物交流，不断提高政协工作水平；高度重视并完成了《晋城政协志》的编撰工作，全面记载了2001—2015年期间市政协履行三大职能和加强自身建设情况，扩大了政协的社会影响力；积极参加晋冀鲁豫四省十二市政协工作联谊会，进一步加强了与周边地区的交流与合作，为我市全面深化改革争取了广泛支持，凝聚了更多力量。

坚持以自身建设为基础，完善机制，强基固本，为提高政协工作水平筑牢根基。

政协自身建设是提高履职实效的重要基础。常委会始终致力于制度创新和队伍建设，内强素质，外树形象，努力提高政协工作科学化水平。

以制度建设为突破口推进协商民主建设。深入探索人民政协工作规律，重点围绕推进协商民主发展、提升民主监督实效和扩大公民有序政治参与开展理论研究和实践。出台了《晋城市政协邀请群众代表旁听政协常委会议办法》，先后邀请50多名群众代表旁听会议。参会的群众代表围绕专题协商会议主题作出了现场和书面发言，既密切了政协与人民群众的联系，又增强了公共决策的民主性和科学性。

以专题教育为主抓手加强机关队伍建设。按照中央总体部署，认真贯彻省委、市委要求，积极开展党的群众路线教育实践活动、学习讨论落实活动、"三严三实"专题教育、"两学一做"学习教育等，努力营造风清气正的政协队伍。不断巩固和扩大专题教育成果，在抓整改落实的过程中，注重制度建设并强化制度执行，机关办文办会办事程序更加规范，服务保障工作取得新进展。同时，我们围绕我市经济社会重大问题，积极探索协商为民的路径，改进调研视察、专题议政的方式方法，把握定位，务实工作，拉近了政协和各界群众距离，使政协工作更加自信和自觉。许多委员和同志反映，到政协机关办事，同政协工作人员打交道，感到"只见公仆不见官"，感觉非常踏实和温暖。

以管理考评为关键点发挥委员主体作用。做好人民政协工作，必须充分发挥委员的主体作用。政协委员是政协工作的主体，委员强则政协强，我们300多名委员来自全市各行各业，是各界别的代表和精英。为充分发挥委员的作用，我们出台制度措施，对委员参加会议、参加活动、撰写提案、反映社情民意等都做了详细规定，目标任务量化打分，一人一表跟踪建档，以此作为委员奖惩和连任的重要依据，有效调动了委员参政议政的积极性。广大委员围绕中心，服务大局，由小到大、由点到面，建良言、献良策，做实事、做好事。活跃在六个县（市、区）的委员牢记光荣使命，主动把本职工作和委员履职结合起来，把地方大事和全市大局结合起来，既给市委、市政府提建议，也为当地党委政府出主意，较好地履行了委员职责。各民主党派、工商联、无党派的政协委员，以党派成员为主体，充分发挥界别特点和人才优势，多次组织课题调研，积极提交提案，反映社情民意，参与各种协商活动，推动我市环境优化，丰富政协工作成果。市直机关和企事业单位的委员，双岗履职，双岗奉献，完成了一个个课题调研，形成了一份份建言材料。民营企业中的委员，在认真履职的同时，热心参与社会公益事业，树立了政协委员的良好形象。可以说，市政协取得的每一项成果、取得的每一个进步，都离不开委员的积极参与、离不开委员的智慧投入、离不开委员的无私奉献。实践证明，把委员的积极性调动起来，就能使政协委员真正做到“聚是一团火，散是满天星”，就能聚集满满的正能量，发出洪亮的好声音。

各位委员，同志们：

六届市政协所取得的成绩，是中共晋城市委坚强领导的结果，是市人大、市政府大力支持的结果，是全市广大政协委员、政协各参加单位和各级政协组织团结进取、通力合作的结果，是社会各界和人民群众关心协助的结果。在此，我代表六届市政协常委会，向中共晋城市委、市人大、市政府，向各民主党派、工商联、各人民团体和各界人士，向所有关心支持政协工作的同志们朋友们，表示衷心的感谢！

回顾总结过去的实践，使我们深切体会到，做好人民政协工作，必须坚持中国共产党的领导，不断夯实团结奋斗的共同思想政治基础，确保人民政协事业的正确方向。必须坚持围绕中心、服务大局，紧紧围绕全市改革发展大局履行职能，才能做到建言建在需要时、议政议到点子上、监督监在关键处。必须坚持以人为本、履职为民，把群众呼声作为第一信号，把群众需要作为第一需要，才能切实做到人民政协为人民。必须坚持团结和民主两大主题，在沟通协商中增进共识，在合作共事中凝聚人心，最大限度地调动一切积极因素，团结一切可以团结的力量，永葆人民政协的蓬勃生机和旺盛活力。必须坚持务实创新，认真探索履行职能的新方式、新途径，通过制度创新，扩大协商民主的影响力。

回顾五年的履职实践，我们也清醒地看到，我们的工作还存在很多不足，主要是：政治协商的内容有待拓展深化，民主监督工作还较薄弱，参政议政的质量和成果转化需进一步强化，界别的作用发挥不够充分，有的委员履职的积极性主动性不强等等。这些都需要认真研究并在今后的工作中切实加以解决。

今后五年工作建议

今后五年，是我市全面建成小康社会的决胜时期，也是我市改革发展的关键时期。人民政协承担的责任重大，肩负的使命光荣，履职的前景广阔。我们要深入贯彻中共十八大和十八届三中、四中、五中全会精神，认真学习习近平总书记系列重要讲话精神，按照省委“一个指引，两手硬”的总体要求，围绕市第七次党代会提出的目标任务，高举爱国主义和社会主义两面旗帜，牢牢把握团结和民主两大主题，广泛开展协商民主，认真履行政治协商、民主监督、参政议政职能，充分发挥协调关系、汇聚力量、建言献策、服务大局的作用，为推动我市经济持续健康发展、民生福祉不断提升、各项事业全面进步而不懈努力。

（一）进一步加强学习型组织建设。重视和加强学习，是适应和引领经济社会发展新常态的需要，是坚持正确政治方向和提升履职能力的需要。要继续把勤于学习作为对人民政协事业高度负责的第一要求来落实，作为履行职责使命的第一能力来锻造，作为日常生活的第一兴趣来培养。通过勤奋学习，刻苦学习，努力掌握和运用新思想、新知识、新经验，不断提高思维水平、领导水平和工作科学化水平。要紧跟时代前进的脉搏和晋城发展的阶段特征，深入思考和研究我市协调推进“四个全面”战略布局中的重大理论和实践问题，以高质量的建言用好政协的话语权，扩大政协的影响力。

（二）进一步完善政协协商民主工作机制。发展社会主义协商民主，是实现国家治理体系和治理能力现代化的重要内容。政协开展协商民主，不是靠说了算，而是靠说得对；不是靠说得好，而是靠说得准。要认真贯彻中央《关于加强社会主义协商民主建设的意见》，努力推进政协协商民主制度建设。加强政协协商与党委、政府工作的有效衔接，搞好专题协商、对口协商、界别协商、提案办理协商，完善协商成果的采纳、落实和反馈机制，不断提高协商成效，切实发挥政协作为协商民主重要渠道和专门协商机构的作用。

（三）进一步扎实开展人民政协的民主监督。民主监督是政协的主要职能，是政协区别于其他组织的显著特征。要适应社会主义民主政治发展，把握好民主监督的方向和原则，健全民主监督工作机制，推进民主监督规范化、常态化。重点选择市委、市政府重大改革项目和民生建设工程中推进落实不力、群众呼声较高、社会影响较大的问题，通过组织视察、召开协商座谈会等方式开展监督。要抓住事关民生的就业、环境、教育、医疗、交通、社会保障、食品药品安全等问题，开展形式多样的视察监督活动。把政协的民主监督与其他形式的监督有机结合起来，扩大监督的影响力，提升监督实效。

（四）进一步围绕全市中心工作建言献策。主动把政协工作放到全市工作大局中去谋划和推进，自觉围绕市委、市政府决策部署建言献策，是市政协履行职能的重要原则。通过政协提案、大会发言、调研报告等形式提出意见建议，主动适应发展新常态。重点围绕完成“十三五”规划、推进供给侧结构性改革、文化旅游产业提档升级、招商引资和项目建设、民营经济和实体经济发展、改善环境空气质量、精准扶贫精准脱贫等重大课题，坚持问题导向，深入实际开展调研视察，集合众智提出解决方案，使系列对策建议符合决策需要，助推晋城创新发展、协调发展、绿色发展、开放发展和共享发展。

（五）进一步以大团结大联合汇聚正能量。实现社会主义现代化和中华民族伟大复兴的中国梦，必须最广泛地凝聚力量，最大限度地达成共识。积极支持各民主党派结合自身优势开展工作，联合各民主党派开展重大课题调研、重要视察和监督工作，为各民主党派履行职能创造条件、搭建平台。关注少数民族和宗教界别委员的界别作用，密切与新经济组织、新社会组织的联系。进一步拓展公民有序政治参与，邀请更多关心、关注晋城发展的群众代表参与政协活动，努力使政协履行职能的过程成为听取群众意见的过程，成为为民服务的过程。

（六）进一步提高政协工作的质量和水平。政协工作的质量和水平，事关人民政协事业健康发展，也是扩大政协影响力的重要前提。政协委员来自人民群众，代表不同界别领域，也是党委政府和人民群众沟通的桥梁和纽带。要让每个委员在政协干事有舞台，建言有渠道，工作有作为。要努力提高提案工作质量、提升提案成果转化率，做实做好调研、视察和反映社情民意信息等工作。要建立好委员联络机构，完善好委员联络制度，做好委员履职服务。广大委员要增强委员意识，着力提升能力素质，保持良好形象，做到懂政协、会协商、能监督、善议政、有担当。要加强专门委员会建设，切实增强工作活力。要突出政协的界别特色，为界别开展活动做好服务。继续加强机关建设，优化机关运行机制。深入研究政协理论和实践的重大课题，加大人民政协知识和履职成果的宣传力度，不断提高政协工作的科学化水平。

各位委员，同志们：

人民政协使命光荣、责任重大，大有可为、大有作为！让我们更加紧密地团结在以习近平同志为总书记的中共中央周围，在中共晋城市委的坚强领导下，以创新的思维、务实的举措，同心同德，扎实工作，为率先全面建成小康社会而努力奋斗！

晋城市中级人民法院工作报告

——2016年10月23日在晋城市第七届人民代表大会第一次会议上

市中级人民法院代院长　于昌明

过去五年工作回顾

2011年以来，在市委的坚强领导下，在市人大及其常委会的有力监督和政府、政协及社会各界的关心支持下，全市法院认真贯彻中央、省委、市委和上级法院各项决策部署，严格落实市六届人大一次会议决议，依法独立公正行使审判权，充分发挥司法职能作用，法院整体工作延续了良好的发展势头，为我市经济社会发展提供了强有力的司法保障。

一、依法履行审判职责，全力保障发展大局

五年来，全市法院紧紧围绕发展工作大局，突出执法办案第一要务，坚持公正司法、为民司法，审判执行工作取得长足进展。全市法院五年共受理各类案件86557件（不含旧存），办结81372件，比前五年（2006—2010年）分别上升38.3%和32.8%。其中，2015年全市法院受理案件25010件（含旧存），办结19825件，比2014年分别上升36.5%和13.9%。市中级法院五年共受理各类案件16847件（不含旧存），办结16586件，比前五年分别上升41.5%和40.6%。其中2015年受理案件4353件（含旧存），办结4092件，比2014年分别上升30.4%和25.6%，均为历史新高。

*严惩刑事犯罪，维护社会安全稳定。*五年来，全市法院共受理各类刑事案件11059件，审结10600件，与前五年相比分别上升33.9%和28.5%，判处罪犯12829人，其中判处五年以上刑罚的1216人。市中级法院五年共受理各类刑事案件1822件，审结1820件，与前五年相比分别上升22.7%和24%。致力“平安晋城”建设，依法严惩暴力犯罪和严重危害公共安全的犯罪，一审审结故意杀人、爆炸、放火、绑架、贩卖毒品等重大犯罪案件570件，判处罪犯843人；全力维护经济秩序，依法惩处经济领域犯罪，一审审结合同诈骗、偷税骗税等破坏经济秩序的案件273件，判处罪犯476人；注重提升群众安全感，依法惩治侵害群众基本生活安全的犯罪，一审审结交通肇事、危险驾驶、非法侵入住宅、生产销售假药和有毒有害食品案件2216件，判处罪犯2256人；持续保持反腐败高压态势，依法打击职务犯罪，一审审结贪污贿赂、渎职类犯罪案件349件，判处罪犯502人。依法审理有较大影响的张俊明、杨燕鹏等受贿案，判处罪犯30人；依法审理晋济高速岩后隧道“3·1”特大事故玩忽职守案9件，判处罪犯11人。坚持教育为主、惩罚为辅，设立未成年人综合审判庭，判处未成年罪犯缓、管、免刑罚103人。坚持宽严相济、罚当其罪，五年来，共对3558名被告人适用非监禁刑，对400名被告人免予刑事处罚。坚持疑罪从无，加强人权保障，对5名自诉案件被告人、8名公诉案件被告人，依法作出无罪判决。坚持减刑、假释案件公开审理，经裁前公示、书面或开庭审理，五年共审结减刑、假释案件6018件，对27名罪犯依法裁定准予特赦。

*妥解民商事纠纷，促进经济社会和谐发展。*五年来，全市法院民商事案件收结案数连年攀升，共受理各类民商事案件48953件，审结44733件，与前五年相比分别上升69.3%和55.2%，结案率93.2%，结案标的额28.26亿元。市中级法院五年共受理各类民商事案件4860件，审结4702件，与前五年相比分别上升53.7%和49.7%。着力保障群众合法权益，审结人身损害、交通事故等侵权类案件11726件；着力促进家庭和睦，审结婚姻、继承、抚养类案件14375件；着力促进产业升级和结构调整，依法审结知识产权、企业破产清算、涉及商业秘密等案件75件；着力保障经济有序发展，审结合同类案件18557件。其中针对劳动争议矛盾易激化的特点，强化调解，强化责

任，稳妥审结劳动争议案件1667件，依法维护了用工市场秩序；针对经济下行的态势，审慎审理因资本流动引发的民间借贷、企业融资类案件5155件，有效化解区域性金融风险。

加强行政审判，助力法治政府建设。全市法院五年共受理各类行政案件661件，审结567件，与前五年相比分别上升57.8%和35.3%。市中级法院五年共受理各类行政案件236件，审结221件，与前五年相比分别上升36.4%和27.7%。严格审查标准，对行政程序不合法的裁定不予执行，全市法院共受理非诉行政执行案465件，同比下降50.4%，全部办结。加大协调化解力度，推行诉前沟通、庭前对话、庭中协调的工作方式，促进纠纷的实质性化解，经法官依法释明、积极协调，原告一审自愿撤诉结案74件，占一审结案总数的17.1%；切实履行司法审查职责，推动行政管理依法有序，以撤销、变更方式判决行政机关败诉66件，占一审结案总数的15.2%；支持、监督行政机关依法行政，推进"法治晋城"建设，以维持、驳回诉讼请求方式判决行政机关胜诉163件，占一审结案总数的37.6%。

加大执行力度，保障当事人合法权益。推动构建党委领导、人大监督、政府支持、法院主办、各方配合的执行工作格局，形成破解执行难的整体合力。促进管理规范化，以交叉执行、审查监督等方式，加强对全市执行工作的统一指挥和协调。深度推进"阳光执行"，执行信息、执行流程公开透明，便利当事人查询案件进展情况，倒逼执行案件高效办理。加大打击拒执力度，采用限制被执行人出境、限制高消费、公布失信被执行人名单等惩戒措施，督促被执行人自觉履行。开展反规避执行、百日攻坚、涉民生案件专项执行等活动，清理大批执行积案，保障了债权人合法权益。五年来，全市法院共受理各类执行案16937件，执结15457件，与前五年相比分别上升4.6%和32.8%，执结率91.3%，较前五年上升19.3%。执结标的总金额34.77亿元，较前五年增加23.27亿元。市中级人民法院五年共受理各类执行案444件，办结401件，与前五年相比分别上升36.6%和28.9%，执结率达90.3%。

二、推动管理机制创新，大力提升审判质效

五年来，全市法院坚持向科学审判管理机制要质效，向阳光司法机制要公正，向司法体制改革要动力，司法水平全面提升。

规范审判管理，强化审判考核。加强绩效监管，审判人员定岗定责，考核排名定期通报，弱项指标专人督办，重点指标动态监控，审判质效考核工作日趋规范。五年来，我市法院多项质效考核指标位列全省第一。加强流程监管，健全完善案件管理信息平台，强化对案件审理的程序监控和环节管理，审判效率明显提高。五年来，在案件数量大幅增长，审判人员数量增加极为有限的情况下，全市法院2015年办结案件数较2011年上升50.8%，市中级人民法院2015年办结案件数较2011年上升50.4%。加强案件评查和监督，开展庭审和裁判文书"两评查"及上网文书评阅等活动，全市法院五年共评查案件34573件。加强业务指导，市中级人民法院五年共审结各类二审案件6034件，改判771件，充分发挥了审级监督作用。

推进信息化建设，深化司法公开。以信息技术作为司法公开的有力支撑，使司法公开步入科技"快车道"。充分利用LED电子显示屏、数字化法庭等平台，创新和拓展"互联网+"方式，全力推进三大平台建设，完善"六公开"举措。设立并有效运行官方网站、官方微博，主动发布开庭公告、诉讼指南、案件查询等信息，提供网上投诉监督。实现远程提讯，开通视频接访、视频审判、微博直播，使群众监督司法行为更直接，享受司法服务更便捷。积极回应社会关切，本着应公开尽公开的原则，推动裁判文书及时、准确、全面上网。截至2015年年底，全市法院裁判文书上网（2013年启动）12428篇，其中市中级人民法院文书上网3950篇，名列全省法院前列，阳城法院2015年文书上网数量名列全省第二。

遵循司法规律，推进司法改革。重视司法亲历性，逐步减少院长、庭长个案审批，突出法官主体地位，强化独任法官、合议庭的办案责任。落实人民陪审员"倍增计划"，提高人民陪审员参审案件的积极性，基层法院人民陪审员一审普通程序案件参审率由2011年的34.8%，提升为2015年的81.2%，陵川法院人民陪审员参审率达90%以上。积极协调推进司法改革试点工作,高平法院被确定为我省司改试点的时间较晚,但工作推进积极主动,制订的《试点工作方案》实际可行,对接准备充分到位。2015年年底,首批23名入额法官以“入额法官+审判庭”的团队模式,组建完成21个合议庭,新建六项制度推动司法责任制落实,实现了“谁办案、谁签发裁判文书、谁负责”的办案责任制,为全省法院全面司法改革创造了可借鉴、可复制、可推广的宝贵经验。

三、践行司法为民,努力满足群众多元司法需求

五年来,全市法院积极回应群众关切,致力诉讼程序更简便、司法服务更优质、司法调解更接地气。

*完善诉讼便民举措。*升级诉讼服务平台,全市两级法院诉讼服务中心全部挂牌成立,成为集立案登记、诉讼指引、信息查询、文书送达等多项功能为一体的综合性诉讼服务平台。全面推行立案登记制,按照有案必立、有诉必理的要求,对符合立案条件的,当场登记立案;不符合立案条件的,一次性书面告知,切实保障当事人诉权。强化便民措施,设立和更新便民告知栏、休息座椅等便民设施,落实首问负责制,坚持做到“告知一次性”“服务一条龙”。贴心服务群众,沁水法院在偏远乡镇设立立案联系点,配备巡回审判车,深入当事人住地审判,让群众“零距离”接近司法。加大司法救助力度,五年来,对经济确有困难的当事人,减、免、缓诉讼费用690余万元,确保群众打得起官司。

*打造多元解纷机制。*推行案件繁简分流,五年来,全市法院适用简易程序审理案件16071件,一审简易程序适用率达32.5%。城区法院适用简易程序当庭宣判,降低当事人的诉讼成本,减轻当事人诉累。充分发挥调解结案优势,和谐高效解决纠纷,全市法院案件调撤率逐年上升,民商事一审案件五年调撤率达54.3%。其中市中级人民法院民商事一审案件调撤率达39%,民商事二审案件调撤率达33.6%。刑事附带民事案件的民事部分调解率稳步提升,2015年,全市法院受理一审刑事附带民事案件120件,全部或者部分调解案件占审结案件的33.3%,有效缓解当事人的对抗情绪,极大修复了被犯罪行为破坏的社会关系。强化诉调对接平台建设,扩大特邀调解员协助法院化解纠纷的范围和规模,探索调解组织参与法院工作的新方式,一定程度上实现了诉调对接工作的系统化和常态化。2015年,高平法院被评为全省“诉调对接先进法院”,泽州法院被确定为全省“多元化纠纷解决机制改革示范法院”。

*妥善化解信访难题。*落实领导干部接待来访制度,畅通来信来访渠道,依法及时受理申请再审及申诉案件,全市法院五年共受理申请再审及申诉案件287件,办结283件,结案率达98.6%。坚持有错必究,切实解决问题,对于符合再审条件的案件,依法启动再审程序,全市法院五年共启动再审案件162件(不含抗诉案件),改判56件。完善涉诉信访工作新机制,采取领导接访、三级包案、分片督办、司法救助、信访终结等举措,提升信访案件的化解力度。2013年,市中级人民法院信访化解率全省排名第一。做好疏导稳控工作,坚持把调解贯穿于信访案件办理的全过程,圆满完成了全国、省、市两会及抗战胜利阅兵等重大活动期间的信访安保工作,进京访下降45.4%,下降率排名全省第一。

四、坚持从严治院,打造过硬法院队伍

五年来,全市法院共有80个集体和193名个人受到市级以上表彰。其中6个集体和8名个人受到最高法院表彰,市中级人民法院被最高法院命名为“全国法院系统文化建设示范单位”。

*强化思想教育。*牢牢把握新时期法院工作的指导思想和目标任务,进一步坚定干警的理想信念,强化干警的政治意识、大局意识、核心意识、看齐意识。积极开展发扬传统、坚定信念、执法为民学习教育,政法干警核心价值观教育,密切联系群众,司法为民大走访、大调研、大服务,党的群众路线教育实践活动等专题实践活动,引导干警筑牢司法为民的宗旨理念,坚定公正司法的价值追求。

*强化业务培训。*五年来,组织培训干警1734人次,有效提升了干警正确适用法律、善做群众工作、化解纠纷的能力。加强司法调研,市中级人民法院承担并完成的调研课题,连续三年在全省法院系统获奖,2个案例入选中国法院年度案例。拓展学习教育形式,组织开展岗位练兵、庭审观摩、办案能手评选、裁判文书评比、书记员技能比武等活动,激发干

警争先创优的积极性。

强化作风建设。积极开展“群众路线教育实践活动回头看”“学习讨论落实”“群众观点大讨论”“三严三实”等专题教育活动，进一步纠正问题，夯实作风。坚持以党建带队建，推进党组织规范化建设。组织开展“强化司法作风年”“净化交友圈”“争当群众贴心人、做公正廉洁法官”等主题活动，推进中央八项规定精神落实，不良作风得到扭转。认真开展专项整治，2015年全市法院重点整治了超审限、久拖未执、干警违法违纪、“六难三案”等九个方面的突出问题，新建完善制度18项，为深入推进作风建设建立了长效机制。

强化廉洁司法。坚持把反腐倡廉摆在重要位置，狠抓党组主体责任和纪检监察部门监督责任，积极构建“不敢腐、不能腐、不想腐”长效机制。加强党风廉政警示教育，开展审务督查，实施权利风险防控“利剑工程”，针对审判权、执行权、审判管理权运行的各个环节，实行全程监督、全程防控。严格执纪问责，坚持有案必查、失责必究，全市法院五年共立案调查19件，对21人作出党纪、政纪处分。

五、自觉接受监督，努力改进法院工作

全市法院始终把主动接受党委领导，自觉接受人大监督，作为公正司法的重要保障。坚持在党领导下依法独立公正行使审判权，法院的重大决策、重大部署和重大问题，及时向市委请示报告，积极争取市委的指导支持。坚决执行人大及其常委会决议，严格落实法院工作报告制度，2013年向市人大常委会专项报告了开展司法改革提高审判质量的工作情况，2014年专项报告了规范司法行为的工作情况，2015年专项报告了刑事诉讼中加强公、检、法配合与制约的工作情况。加强与代表的联络沟通，主动报送开庭公告，认真配合人大执法检查和专题调研，邀请人大代表、政协委员视察法院、旁听案件审理，虚心听取代表、委员对法院工作的意见和建议。主动接受政协民主监督，以走访调研、邀请座谈、发放征求意见表等方式，加强与政协委员的联系沟通。接受检察机关的法律监督，依法审理检察机关抗诉案件，强化法、检两院的配合与制约。广泛接受社会监督，主动接受舆论监督，提高法院工作透明度。

各位代表，五年来，全市法院取得的成绩，是党委正确领导，人大有力监督，政府、政协和社会各界关心支持的结果，是各位代表、委员和广大人民群众理解支持的结果。在此，我代表全市法院，向各位代表和委员，向关心、支持法院工作的各界人士，表示衷心的感谢！

回顾五年的工作，我们深切体会到：要做好法院工作，就必须坚持党对法院工作的绝对领导，把对党忠诚作为人民法院永不褪色的政治属性；必须牢固树立大局意识，用发展的眼光服务中心工作；必须自觉接受人大及其常委会的监督，真心诚意听取意见和建议；必须积极争取政府、政协和社会各界的支持，形成化解纠纷的强大合力；必须牢牢把握“司法为民、公正司法”的工作主线，切合人民群众日益增长的司法需求；必须夯实队伍建设这块基石，提升干警的思想政治素质和业务素养能力，保证人民法院工作持续健康发展。

同时，我们也清醒地认识到，法院工作仍存在不少问题和困难：一是案件数量连年上升，疑难、复杂、敏感案件不断涌现，“案多人少”矛盾愈加凸显，法院工作面临更大挑战。二是审判权的配置还不够合理，审判管理还不够严格，质效考核还不够精准，办案质量、效率与群众期待仍有差距。三是部分干警司法理念、司法作风、司法能力仍有欠缺，瑕疵案件时有出现，司法不廉、司法不公现象还未完全杜绝，队伍素质仍需进一步提高。四是信息化建设滞后，法庭建设和基层基础建设亟待加强。对这些问题和困难，我们将切实采取措施，努力加以解决。

今后工作的主要任务

当前和今后一个时期，全市法院将继续深入贯彻落实党的十八大和十八届三中、四中、五中全会以及习近平总书记系列重要讲话精神，按照省委“一个指引、两手硬”总要求，以“精学实做创优”的工作作风，推动“四化一提升”工作目标的实现，即实现司法行为规范化、司法服务优质化、司法管理精准化、司法队伍专业化，确保司法公正高效，不断提升司法公信力，为我市深入推进“一争三快两率先”战略部署提供优质的司法服务和有力的司法保障。

一、围绕服务大局，保障经济社会发展有新作为

服务大局是人民法院永恒的政治使命。全市法院要紧紧围绕市委中心工作，围绕我市经济社会发展的司法需求，深入研究，找准定位，主动作为，及时提出保障和服务经济社会发展的司法意见，切实增强法院工作服务大局的前瞻性、实效性。要积极适应经济发展新常态和法治建设新要求，充分发挥审判职能作用，依法严惩危害人民群众人身安全、财产安全的暴恐犯罪、黑社会组织犯罪、毒品犯罪以及多发性的“两抢一盗”等犯罪，强化安全保障力度，营造安全稳定环境；依法严惩贪污贿赂、渎职犯罪，加大惩治腐败犯罪力度，推进反腐败斗争深入开展，形成惩治腐败的高压态势；依法平等保护各类市场主体合法权益，稳妥审理涉“僵尸企业”案件，制裁不正当竞争和垄断行为，保护公平竞争的市场秩序，创优经济发展“软环境”；充分发挥行政审判维护当事人合法权益、监督依法行政的职能作用，公正高效审理各类行政纠纷，服务保障法治政府建设。

二、围绕司法为民，主动服务群众有新举措

司法为民是人民法院工作的根本宗旨。继续强化诉讼服务，升级完善诉讼服务大厅，建立网上诉讼服务平台，推动12368服务热线开通，构建人民法院面向社会多渠道、一站式、综合性诉讼服务中心，方便当事人集中办理除庭审以外的其他诉讼事务，切实拓展司法为民的广度和深度。依法维护人民群众合法权益，坚决打击危害食品、药品安全，破坏污染生态环境等损害群众切身利益以及侵害妇女儿童权益的犯罪，妥善审理涉及教育、医疗、社会保障等民生案件以及涉及身份关系的婚姻家庭案件，促进社会和谐、家庭稳定。加大执行力度，建立执行指挥中心和网络执行查控系统，实现执行案件网上办案、网上公开、网上监督，加大对规避执行行为的制裁力度，用足用好强制措施，实现执行全程信息化、执行举措高效化，用两到三年时间基本解决执行难问题。健全涉诉信访制度，完善诉访分离工作机制、涉诉信访终结机制，创新网络办理信访机制，推动建立律师参与化解和申诉案件代理制度，规范司法救助的标准与条件，增强涉诉信访案件多元化解合力。

三、围绕公正司法，提升案件质效有新进展

公正司法是人民法院审判工作的生命线。积极推进以审判为中心的刑事诉讼制度改革，严格执行法定证明标准，坚持罪刑法定、疑罪从无、非法证据排除规则，充分发挥庭审在查明事实、认定证据、保护诉权、公正裁判中的决定性作用，落实庭审实质化。推进量刑规范化，严格法律适用，健全法律适用纠偏制度，实现量刑均衡，实现同类案件同类裁判。推进司法公开，坚持“公开为原则、不公开为例外”，继续加强“三大公开平台”建设。坚持审判流程信息公开，使审判过程更透明；坚持裁判文书上网公开，使监督渠道更畅通；坚持执行案件信息公开，使执行工作更高效；年内开通庭审直播第四大公开平台，逐步实现庭审网络直播常态化，达到以公开促公正、以公开树公信的良好效果。推进“智慧法院”建设，加快建设人民法院信息化3.0版，提升辅助办案的智能化水平，强化节点管控，推动信息化和执法办案的深度融合，向信息化要质量、要效率。

四、围绕司法改革，完善体制机制有新突破

司法改革是促进人民法院公正司法的不竭动力。按照中央、省委统一部署，积极稳妥推进法院人员分类管理、完善司法责任制、健全司法人员职业保障、省以下法院人财物统一管理四项基础性制度改革及配套制度改革。对改革过程中出现的问题，及时主动向党委、人大报告，与有关部门积极沟通，确保改革任务落地生根，取得实效。坚持有序放权和有序监督相统一，紧紧牵住司法责任制这个“牛鼻子”，认真贯彻“让审理者裁判、由裁判者负责”的工作要求，落实合议庭和承办法官的办案主体责任，实现放权不放任、监督不缺位，真正做到“有权必有责、用权受监督、失职要问责”。巩固立案登记制改革成果，进一步完善分案制度，在加强专业化合议庭建设基础上，实行随机分案为主、指定分案为辅的案件分配制度。推进多元纠纷解决体系建设，对外要加强与调解组织、仲裁、公证机构、行政机关的协调配合，完善诉调对接机制，构建和解、调解、仲裁、公证、行政裁决、行政复议和诉讼有机衔接、相互协调的多元化纠纷解决体系，为人民群众提供更多高效便捷的

晋城市人民检察院工作报告

——2016年10月23日在晋城市第七届人民代表大会第一次会议上

市人民检察院代院长　张世荣

过去5年的工作

市六届人大一次会议以来，在市委和省检察院的正确领导下，在市人大及其常委会的有力监督下，全市检察机关认真贯彻党的十八大和十八届三中、四中、五中全会精神，深入贯彻习近平总书记系列重要讲话精神，紧紧围绕晋城改革发展稳定大局，忠实履行宪法和法律赋予的职责，强化法律监督、维护公平正义，不断加强队伍建设，切实规范司法行为，检察工作取得了新的发展和进步，为我市经济社会持续健康发展作出了积极贡献。

一、立足检察职能，服务发展大局，切实维护社会和谐稳定

充分发挥打击、监督、保护、教育、预防等职能作用，依法保障"一争三快两率先"战略部署顺利实施。

创优经济社会发展环境。先后出台了《关于创优投资环境服务招商引资和企业发展的意见》、《关于服务和保障重点项目建设的实施意见》，依法服务和保障全市经济发展。今年以来，先后出台了《关于服务和保障市县乡换届选举工作顺利开展的意见》《关于充分发挥检察职能依法保障和促进全市非公有制经济健康发展的实施意见》和《关于在扶贫攻坚中实施职务犯罪精准预防的意见》，积极为全市换届选举工作、非公有制经济发展和实现脱贫攻坚目标营造良好的法治环境。深入开展商业、工程建设、国土资源等领域突出问题专项治理工作，查办涉嫌商业贿赂犯罪国家工作人员76人，在招投标、质量监

纠纷解决方式；对内要优化审判资源配置，做好案件繁简分流，构建简易程序、小额诉讼程序、速裁程序和普通程序相配合的多层次诉讼制度体系，推行繁案精审、简案快审，实现诉讼程序多样化、精细化。提升审判工作信息化水平，加快推进办案平台建设，实现案件办理全程网上流转，电子卷宗随案同步生成，使案件办理做到全程留痕，促进管理监督程序化、公开化。

五、围绕固本强基，加强队伍建设有新成效

队伍建设是实现公正司法的重要保障。紧紧围绕"五个过硬"总要求，深入推进思想政治、业务能力、纪律作风建设，努力建设一支信念坚定、执法为民、敢于担当、清正廉洁的法院队伍。加强正规化建设，以分类管理改革为基础，严格落实法官员额制，把最优秀的人才配置到办案一线。加强专业化建设，开展专业素养培训和履职能力培训，切实提高司法能力。加强职业化建设，建立与专业化要求相适应的选人用人机制，提高法官职业尊荣感。加强思想政治建设，增强司法人员对中国特色社会主义的道路自信、理论自信、制度自信、文化自信，永葆忠于党、忠于国家、忠于人民、忠于法律。抓好"两学一做"学习教育，全面落实从严治党要求，把党建工作有机融入法院建设，确保党建工作与中心工作同步开展。加强作风和廉政建设，坚持挺纪在前，从严监督从严管理，强化落实"两个责任"，推进廉政风险防控机制建设，以零容忍的态度坚决惩治腐败。

各位代表，面对新形势、新任务，人民法院肩负的使命光荣而艰巨。我们将在市委的坚强领导下，更加自觉主动地接受人大、政协和社会各界的监督，认真贯彻执行本次大会决议，忠实履行宪法和法律赋予的职责，以更加振奋的精神、更加务实的态度，攻坚克难，真抓实干，努力把法院各项工作提高到一个新水平，为深入推进"一争三快两率先"战略部署，推动我市经济社会持续健康发展作出新的更大贡献！

管、土地流转等环节查办涉嫌职务犯罪国家工作人员103人，起诉破坏市场经济秩序犯罪453人，有效净化了市场环境。

全力推进平安晋城建设。坚决贯彻市委、市人大平安晋城、法治晋城建设的重大部署，依法履行批捕、起诉等职能，共批准逮捕和决定逮捕3925件5739人，提起公诉8651件11995人。深入推进“打黑除恶”专项斗争，不断完善引导侦查等工作机制。“5·23程幼泽等人聚众扰乱社会秩序”案件发生后，迅速成立专案组提前介入侦查，引导收集和固定证据，对相关人员依法从快作出批准逮捕决定，收到了良好的政治效果和社会效果。对群众反映强烈的多发性侵财犯罪和故意杀人、故意伤害、强奸等严重暴力犯罪，依法提起公诉3664件5047人，增强了人民群众的安全感。严惩危害食品药品安全犯罪，开展了危害食品药品安全犯罪专项立案监督工作，办理的“病死猪肉”案件相关经验材料被最高检察院转发。

最大限度促进社会和谐。坚持宽严相济刑事司法政策，该严则严、当宽则宽。对涉嫌犯罪但社会危险性较小的，不批准逮捕和决定不予逮捕660人；对犯罪情节轻微、依法不需要判处刑罚或者应当免除刑罚的，决定不起诉97人。成立了未成年人刑事检察机构，认真落实合适成年人到场、附条件不起诉、犯罪记录封存等制度，加强对涉罪未成年人的教育和挽救；深入开展送法进校园活动，全力做好未成年人预防帮教工作。认真贯彻落实中央政法委和上级检察机关关于涉法涉诉信访工作机制改革的要求，着力化解涉检信访矛盾，积极引导当事人在法治轨道上合理表达诉求，维护了重大节日和全国、全省“两会”期间的社会稳定。出台了《晋城市检察机关刑事被害人救助实施细则》，为141名生活确有困难的刑事被害人或者其近亲属提供了国家司法救助。

二、坚持有腐必反，保持高压态势，着力净化政治生态

认真贯彻中央、省委和市委关于反腐败斗争的重大决策部署，坚持“老虎”“苍蝇”一起打，共依法立案侦查职务犯罪案件453件576人，其中大案329件、县处级以上领导干部要案34人。通过办案为国家挽回经济损失2.1亿元。

突出查办贪污贿赂大案要案。重点查办发生在领导机关和权力集中、资金密集、资源富集等领域贪污贿赂犯罪大案要案，共立案侦查345件444人，其中大案255件，要案31人。依法查办了省公安厅交通管理局原局长尹喜平（副厅长级），晋城市煤炭工业局原局长赵晚畴，高平市委原常委、纪委书记张俊明，陵川县委原常委、组织部部长郭龙龙等一批贪污受贿要案。采取“抓系统、系统抓”的工作方法，依法查办重点行业、部门、领域贪污贿赂职务犯罪案件，立案侦查煤焦领域51件83人，涉农领域125件157人。积极查办民生领域职务犯罪案件，共查办社会保障、教育、医疗等行业职务犯罪49件56人。

严肃查办渎职侵权犯罪案件。积极回应人民群众反映强烈的“为官不为”“为官乱为”问题，立案侦查玩忽职守、滥用职权等渎职侵权犯罪案件108件132人，其中重特大案件74件，要案3人。积极介入重大安全事故调查，严厉打击重大责任事故背后的渎职犯罪。“3·1”岩后隧道事故发生后，抽调精干力量参加最高检察院组织的专案组，共立案侦查涉嫌玩忽职守犯罪国家工作人员11人，其中处级干部1人，科级干部4人。在晋煤集团天安公司东沟煤业有限公司“2·13”水害事故中，立案侦查玩忽职守犯罪案件5件8人，其中处级干部1人，科级以下干部7人。

深入推进职务犯罪预防工作。建成了晋城市预防职务犯罪警示教育基地，举办了“全国检察机关惩治和预防渎职侵权犯罪展览”晋城巡展活动。完善行贿犯罪档案查询制度，受理查询39980次。深入教育、工程建设、食品安全监管等领域，开展职务犯罪预防调查、案例分析，撰写预防调查报告，其中《晋城市教育系统职务犯罪的特点、原因及对策》被中央办公厅和最高检察院转发。今年以来，按照反腐败工作由“治标”向“治本”深化的新要求，制定出台了《晋城市检察机关职务犯罪预防诫告工作办法（试行）》，努力实现预防工作关口前移；市县两级检察院组建预防职务犯罪宣讲团，深入开展“五进”宣讲活动，共举办预防职务犯罪宣讲138场，受教育人数达14731人。组织专人为市四大班子部分领导和市直各部门及单位负责人进行了专题宣讲。《检察日报》《山西法制报》《太行日报》、晋城广播电视台等媒体

对宣讲活动进行了专题报道。

三、加大监督力度，维护司法公正，不断提高司法公信力

针对人民群众反映强烈的执法不严、司法不公等问题，抓重点、补短板，扎实开展诉讼监督工作，努力增强人民群众对司法公正的信心。

加强刑事诉讼监督。对公安机关应当立案而不立案的，通过监督，公安机关立案257件；对公安机关不应当立案而立案的，通过监督，公安机关撤案102件。对应当逮捕而未提请逮捕的，纠正漏捕74人，应当起诉而未移送起诉的，纠正漏诉138人，纠正漏罪371人。全面开展检察机关介入命案侦查工作，实行主任检察官办案责任制，形成了一套较为规范、运行稳定的命案介入工作模式，实现了从介入侦查到侦查监督、批准逮捕、提起公诉、出庭支持公诉顺利衔接。认真落实省检察院工作部署，全市两级检察机关在今年1月均设立了驻公安机关侦查监督检察室，依法开展同步监督。按照二审程序或者审判监督程序依法提起抗诉93件，法院已经作出裁判72件，法院对抗诉案件改判或者发回重审54件。纠正侦查活动违法527件，纠正审判活动违法176件。

强化刑事执行检察工作。书面监督纠正刑罚执行和监管活动违法1720人次。加强对社区矫正活动的监督，针对判决执行交接脱节、外出手续不完善等问题，提出书面纠正意见1141件。开展特赦部分罪犯法律监督工作专项检察活动，特赦罪犯20人。监督纠正减刑、假释、暂予监外执行不当291件，其中重点针对“有钱人”“有权人”的减刑、假释、暂予监外执行开展了专项检察活动，共监督收监20人，此项工作受到最高检察院的表彰。

推进民事行政检察工作。共受理不服法院生效裁判监督、民事行政审判活动违法监督、民事行政执行监督、支持起诉等各类民事行政案件1774件，对不服法院生效裁判案件审查后提出抗诉16件，提请抗诉83件，提出再审检察建议49件。对民事行政审判活动和民事行政执行中的违法情形，提出检察建议117件。依法开展息诉工作，通过释法说理，96件民事行政申诉案件当事人息诉，实现案结事了。

四、强化自身监督，规范司法行为，保障检察权依法正确行使

牢固树立并不断强化监督者更要接受监督的意识，自觉接受外部监督，切实加强内部监督。

主动接受人大监督。每年全国和省、市人代会闭幕后，市检察院对学习贯彻会议精神都专门作出部署。认真执行市人大关于法治晋城建设等决议或决定，定期向人大及其常委会报告重要工作。先后向市人大常委会专题报告了渎职侵权检察、强化法律监督以及公检法机关互相配合、互相制约等工作，并及时报告落实审议意见情况。制定了加强与人大代表工作联络的意见，高度重视检察机关与人大代表的经常性联系，积极配合开展代表视察、专题调研和执法检查。对人大代表提出的议案和建议，依法认真办理，并及时作出答复。

自觉接受民主监督和社会监督。定期向政协及各民主党派、工商联和无党派代表人士通报检察工作情况，邀请市政协委员和各界代表参加座谈、视察、专题调研，认真听取意见、建议。严格落实人民监督员制度，邀请人民监督员参与案件听证、执法检查、案件评查等活动，监督“11种情形”14件14人，其中拟撤销案件4件4人，拟不起诉案件10件10人。大力推进“阳光检察”工作，加强检察门户网站、“两微一端”建设，完善新闻发布、公开审查、听证等制度，定期举办检察开放日活动。把公共媒体作为听民声、察民意的重要渠道，高度关注网络舆情，主动听取社会各界意见、建议，及时回应社会关切。

严格规范司法行为。切实加强对自身司法办案活动的监督制约，防止检察权滥用。一是加强对查办职务犯罪工作的监督制约。认真落实“十个依法、十个严禁”等规定，严格执行讯问职务犯罪嫌疑人全程同步录音录像、逮捕职务犯罪嫌疑人报上一级检察院审查决定等制度。二是加强对司法办案活动的监督管理。推行检务督察制度，建立案件评查机制，开展扣押冻结款物、警车警械管理使用等专项检查，认真解决司法不严格、不规范、不文明等问题。三是加强案件集中管理工作。成立了专门的案件管理机构，依托统一业务应用系统，通过对司法办案各个节点的全程管理和动态监督，确保司法办案工作严格、

规范、高效运行。

五、加强自身建设，提高履职能力，建设过硬检察队伍

始终把检察队伍建设作为根本，坚持不懈加强对检察人员的教育、培训、管理和监督。

*着力提升队伍思想政治素质。*把思想政治工作作为加强检察队伍建设的首要任务，认真开展政法干警核心价值观教育、保持党的先进性教育、党的群众路线教育实践活动、“三严三实”专题教育等主题教育实践活动，扎实开展“两学一做”学习教育，筑牢理想信念，强化宗旨意识，不断提高全体检察人员的政治素质。通过举办先进事迹报告会、演讲比赛、知识竞赛、考试考核等，激发检察人员干事创业、创先争优的积极性。

*突出抓好领导班子建设。*坚持党组会议制度和中心组学习制度，认真学习党的十八大以来党中央治国理政新理念新思想新战略，不断提高民主决策、依法决策和科学决策水平；做到凡是党委重大决策部署，凡是党委主要领导同志关于检察工作的重要指示，都及时传达学习，并结合实际提出贯彻落实措施。认真贯彻执行民主集中制，坚持集体领导和个人分工负责相结合，重大事项集体研究决定。认真落实下级检察院检察长向上级检察院述职述廉、任职谈话、重大事项报告等制度。

*持续推进基层基础建设。*把基层检察院建设放到全部检察工作的基础性、战略性位置来抓，基层检察院建设保持了均衡发展的良好态势。阳城县检察院连续5届被评为“全国先进基层检察院”。沁水县检察院被评为“全省基层检察院建设示范院”。高平市检察院积极开展司法体制改革试点工作，圆满完成了首批员额内检察官遴选等工作。深入开展文明单位创建活动，市检察院被表彰为“全国文明单位”。高平、阳城2个县级检察院被表彰为“省级文明单位”，城区检察院被表彰为“市级文明单位标兵”，其他县级检察院被表彰为“市级文明单位”。

*切实加强素质能力建设。*以领导干部和一线司法办案检察人员为重点，广泛开展了业务培训、岗位练兵、技术比武和业务竞赛。今年以来，以提升检察人员素质能力为目标，采取市县联动、网络视频、集中授课等方式，组织开展了政治理论、检察业务、公文写作、统一业务应用系统应用等培训；市检察院出台了《青年干警“AB岗”跨部门工作暂行规定》，组织40岁以下干警在完成本职工作的基础上，利用空余时间到其他部门工作。以提高工作执行力为目标，制定了《检察业务工作约谈办法》，对县级检察院和市检察院业务部门工作的弱项和不足，由市检察院领导约谈县级检察院检察长、市检察院相关业务部门负责人，促进检察业务工作顺利开展，该做法被最高检察院工作简报转发。

狠抓党风廉政建设和纪律作风建设。出台了《关于落实党风廉政建设主体责任的实施意见》和《关于落实党风廉政建设监督责任的实施意见》。今年9月，出台了《晋城市检察机关深化全面从严治党、从严治检工作实施意见》，以“六个全面从严”为抓手，认真落实全面从严治党、从严治检主体责任和监督责任；制定了《晋城市检察机关运用“四种形态”监督执纪问责实施办法（试行）》，探索运用“四种形态”管党治党、从严治检。坚决把纪律和规矩挺在前面，认真贯彻执行中央八项规定精神、最高检察院“八小时外检察人员行为禁令”和省检察院“十个严禁”；采取举办廉政大讲堂、健全干警廉政档案等措施，不断强化对干警的教育、管理和监督。《太行日报》对市检察院落实“两个责任”、加强党风廉政建设的做法进行了专题报道。

各位代表，过去5年，是我市检察机关法律监督工作深入开展，检察职能作用得到切实发挥的5年；是检察队伍素质不断提高，司法办案形象明显改善的5年；是司法保障工作更加有力，基层基础建设发展迅速的5年；也是适应形势发展变化要求，工作机制创新成效明显的5年。5年来检察工作取得的成绩，是市委正确领导的结果，是市人大及其常委会、市政府、市政协和广大人民群众关心、支持的结果。在此，我代表全市检察机关和全体检察人员，对各个方面的关心和支持，表示衷心的感谢并致以崇高的敬意！

回顾过去5年的工作，我们深切体会到，做好新时期检察工作，必须坚持党对检察工作的绝对领导，把执行党的路线、方针、政策与执行国家法律法规有机统一起来，确保检察工作正确的政治方向；必须坚持把人民放在心中最高位置，切实做到立检为公、司法为民，真正把维护人民群众根本利益和合法权益作为检察工作的根本出发点和落脚点，努力使检察工作更加符合人民的愿望和要求；必须坚持服从和服务于市委中心工作，为全市经济社会发展服务，不断增强服务大局的针对性和有效性；必须坚持“强化法律监督、维护公平正义”检察工作主题，并将这一工作主题贯彻落实到检察工作的各个方面；必须坚持以司法办案为中心，科学统筹司法办案的质量和效率，努力实现法律效果、政治效果与社会效果的有机统一；必须坚持把加强队伍建设放在战略位置来抓，不断提高队伍的思想政治素质和法律监督能力，为检察事业发展提供坚强的组织保障；必须坚持人民代表大会制度，自觉接受人大及其常委会的监督，始终把检察工作置于社会各界和人民群众的监督之下，保证检察权依法、公正、高效行使。这些认识和体会，我们要在今后的工作中长期坚持。

5年来，全市检察工作取得了新的进步，检察事业发展具备了更为坚实的基础。但是，我们的工作与市委的要求相比，与人民群众的愿望和期待相比，仍然存在明显差距，司法实践中还存在一些问题，主要是：有些检察人员对经济社会发展新情况新问题关注、研究不够，“围绕中心、服务大局”的意识还需要进一步增强；检察机关在司法办案过程中还存在机械司法、就案办案的倾向，检察人员司法办案能力和水平还有待进一步提高；检察机关法律监督职能作用发挥得还不够充分，仍然存在不敢监督、不善监督和监督不到位等问题；检察队伍的整体素质与新形势、新任务的要求还不完全适应。这些问题，需要我们在今后的工作中高度重视，采取有效措施认真加以解决。

今后5年工作安排

今后5年，全市检察机关将全面贯彻党的十八大和十八届三中、四中、五中全会精神，深入学习贯彻习近平总书记系列重要讲话精神，认真贯彻落实省委“一个指引、两手硬”的重大思路和要求，按照市第七次党代会的安排部署，贯彻新发展理念，落实“十三五”时期晋城检察工作“一二三”总体思路，即“始终坚持以司法办案为中心，突出加强检察信息化建设和司法规范化建设，着力抓好工作执行力的提高、检察创新力的提高和司法公信力的提高，努力争创一流检察工作业绩，全面推进晋城检察工作实现创新发展、跨越发展、科学发展”，为深入推进我市“一争三快两率先”战略部署提供优质高效的法律服务和坚强有力的司法保障。

一是把防控风险、服务发展摆在更加突出的位置，服务和保障全市经济社会发展。密切关注经济领域犯罪新动向，依法惩处合同诈骗、职务侵占等犯罪，促进形成更加公平有序的市场环境；突出打击非法吸收公众存款、集资诈骗等涉众型经济犯罪，严密防范金融风险。落实产权保护法治化要求，平等保护各种所有制企业共同发展。加大知识产权司法保护力度，营造法治化创新环境。深入开展破坏环境资源犯罪专项立案监督，强化生态环境司法保护。对处置“僵尸”企业、办理破产清算、处理企业债务纠纷等司法案件加强监督，依法参与债务风险化解工作。

二是下大气力破解难题、补齐短板，切实提高维护社会和谐稳定的能力。深入贯彻总体国家安全观，增强忧患意识和责任意识，做好检察环节平安建设各项工作，全力推进平安晋城建设，切实维护社会大局稳定。加大对黑恶势力犯罪、盗抢骗拐、黄赌毒等犯罪的打击力度，健全专项打击与常态化打击相结合机制；积极参与安全生产专项治理，完善同步介入安全生产事故调查和处理机制，严惩重点领域、行业危害安全生产犯罪，严肃查办事故所涉职务犯罪；依法惩治非法集资、非法经营证券期货等犯罪，积极参与互联网金融领域专项整治，严厉打击电信网络新型犯罪，保障网络安全。

三是注重惩治职务犯罪同预防职务犯罪相结合，推动形成不敢腐、不能腐、不想腐的长效机制。认真贯彻省委、市委全面构建良好政治生态的重大战略部署，在依法严肃查办职务犯罪的同时，突出抓好预防职务犯罪工作，积极营造干事创业良好环境。突出查办党的十八大以后不收敛、不收手，问题严重、群众反映强烈，现在重要岗位并且可能还要提拔使用的领导干部职务犯罪。严肃查办、积极预防妨碍重大经济发展战略实施、危害政府投资和国有资产安全的职务犯罪。认真开展为期5年的集中整治和加强预防扶贫领域职务犯罪专项工作，严肃查办"三农"领域的职务犯罪。严肃查办国家机关工作人员渎职侵权犯罪。全面强化职务犯罪预防工作，进一步加强职务犯罪源头预防。围绕脱贫攻坚开展预防调查和预防教育，积极推进"阳光百姓工程"，对扶贫开发领域资金的拨付、发放、使用等实施精准监督。有效落实职务犯罪预防诫告制度，深入职务犯罪易发多发部门、行业和领域开展专项预防，协助完善内控机制，堵塞管理漏洞，消除风险隐患。

四是进一步增强诉讼监督的针对性和实效性，依法维护社会公平正义。加大对有案不立、有罪不究、违法插手经济纠纷等问题的监督力度，增强监督效果。健全落实罪刑法定、疑罪从无、非法证据排除等制度，加强对刑讯逼供、非法取证的源头预防。充分发挥驻公安机关侦查监督检察室的作用，加强对侦查活动的同步监督。认真落实最高检察院《关于加强和改进刑事抗诉工作的意见》，依法、准确行使抗诉权。加强对审判程序违法和枉法裁判的监督，及时提出纠正意见；涉嫌犯罪的，依法追究刑事责任。加强对刑罚执行、刑事强制措施执行和强制医疗执行的监督，深入开展集中清理判处实刑罪犯未执行刑罚专项活动，开展财产刑执行检察监督工作，加强和规范羁押必要性审查工作。以加强对公权力的监督为核心，健全民事诉讼监督、支持起诉、民事公益诉讼协调发展的民事检察工作格局，重点对虚假诉讼、违法调解、违法执行、裁判不公等进行监督。

五是加快建立"智慧检察"体系，实现网络信息技术与检察工作的深度融合、有机融合。坚持科技引领、信息支撑，积极构建覆盖全市两级检察机关的司法办案、检察办公、队伍管理、检务保障、检察决策支持、检务公开和服务等六大信息化平台。注重对统一业务应用系统、远程接访、远程提讯、监所监控联网等现有信息化建设成果的深度应用，加快推进电子卷宗综合管理子系统的全面规范应用。把提高网络信息技术应用能力作为核心战斗力来抓，切实把信息化建设成果转化为提升司法能力、强化法律监督、维护公平正义的强大动力。

六是统一思想、明确要求，全面落实司法体制改革和检察改革各项任务。按照省委、市委和省检察院的安排部署，把司法体制改革试点工作任务的落实作为重大政治责任，牢固树立主体意识和责任意识，切实做好司法体制改革试点各项政策的解读和宣传工作，抓紧抓好员额内检察官选任、内设机构整合、司法责任制落实等工作，确保各项改革任务如期完成。转变司法理念，改进司法方式，与公安机关、审判机关密切配合，扎实推进以审判为中心的刑事诉讼制度改革，充分发挥审前主导和过滤作用，坚决防止案件"带病"起诉，确保侦查、起诉的案件事实清楚、证据确实充分。认真落实人民监督员制度改革要求，拓展人民监督员参与检察工作的广度和深度，推动人民监督员制度全面落实。

七是打造过硬检察队伍，提升严格规范公正文明司法水平。按照"五个过硬"的要求，努力建设一支信念坚定、司法为民、敢于担当、清正廉洁的检察队伍。认真落实《晋城市检察机关深化全面从严治党、从严治检工作实施意见》，坚定不移履行全面从严治党、从严治检政治责任。打牢理想信念根基，弘扬太行太岳革命精神，激发检察人员内生动力。深入推进正规化、专业化、职业化建设，全面提高检察队伍职业素养和专业水平。大力加强检察文化建设，注重人文关怀和心理疏导。始终把工作重心放在基层，不断夯实基层基础，努力提升基层检察人员的司法办案能力和水平。巩固规范司法行为专项整治成果，进一步加强司法规范化建设，提高检察机关司法公信力。

各位代表，面对新形势、新任务，全市检察机关和全体检察人员将在市委的坚强领导下，在市人大及其常委会的有力监督下，以习近平总书记系列重要讲话精神为指引，全面落实本次会议精神，开拓创新，真抓实干，努力开创我市检察工作新局面，为深入推进"一争三快两率先"战略部署作出不懈努力和新的贡献！

关于晋城市2015年国民经济和社会发展计划执行情况与2016年国民经济和社会发展计划草案的报告

——2016年10月22日在晋城市第七届人民代表大会第一次会议上

晋城市发展和改革委员会主任　秦李芳

一、2015年全市国民经济和社会发展计划执行情况

2015年，面对国内外复杂严峻的宏观经济形势，全市上下在市委、市政府的坚强领导下，在市人大的有力监督和市政协的大力支持下，认真贯彻落实党的十八大十八届三中、四中、五中全会和习近平总书记系列重要讲话精神，按照中央“四个全面”战略布局和“五位一体”的发展思路，围绕“一争三快两率先”战略目标，认真践行“三严三实”，主动适应新常态，攻坚克难，统筹抓好稳增长、促改革、调结构、惠民生、防风险各项工作，经济社会呈现持续健康稳定的发展态势。地区生产总值完成1040.2亿元，增长3.3%；规模以上工业增加值增长0.8%；固定资产投资完成1105.1亿元，增长13.4%；一般公共预算收入完成93.9亿元，下降4.2%；社会消费品零售总额完成358.8亿元，增长5.1%；外贸进出口总额完成9.0亿美元，下降18.4%；城乡居民收入倍差继续缩小，城镇居民人均可支配收入完成26651元，增长7%；农村居民人均可支配收入完成10914元，增长8.2%。万元GDP综合能耗下降3.2%。居民消费价格指数上涨0.8%。

(一)切实加大有效投入，发展后劲持续增强

投资资金来源渠道不断拓宽。一是科学安排市级投资计划盘子。2015年市级投资计划安排资金30.7亿元，其中财政预算资金安排16.7亿元，债券资金安排14亿元，有力促进了城市建设和民生社会事业发展。二是积极争取上级资金。2015年全年共争取上级资金约7.2亿元，其中，中央预算内资金1.3亿元。抓住申报国家专项建设基金契机，共争取资金8590万元，一定程度上缓解了项目资本金紧张的问题。三是投资结构进一步优化。2015年全市第一产业投资完成67.6亿元，增长21.0%，拉动全市投资增长1.2个百分点；第二产业投资完成448.2亿元，增长1.5%，拉动全市投资增长0.7个百分点；第三产业投资完成589.3亿元，增长23.5%，拉动全市投资增长11.5个百分点。三次产业投资比重由2014年的5.7:45.3:49.0转变为6.1:40.6:53.3，第一、三产业投资比重分别上升0.4、4.3个百分点，第二产业投资比重下降4.7个百分点。

“项目提质增效年”活动扎实推进。重点工程“六位一体”稳步推进，项目储备、签约、落地、开工、建设、投产6项指标全部超额完成年度目标任务，项目落地完成率全省排名第一。其中，重点工程建设超额完成省定目标100亿元，在省对我市年度考核中为我市加0.3分。省、市重点工程完成投资920.8亿元，占到全年固定资产投资的83.3%。

重大项目建设快速推进。一是太焦高铁项目加速推进，争取2016年全线开工建设。二是机场项目前期取得新进展。通用航空机场项目，积极开展了选址、征地等工作。晋城支线机场项目，市政府已向济南军区空军司令部报送了机场选址报告待批。

重点支持实体经济发展。认真贯彻落实省委、省政府稳增长各项政策措施，制定出台了减轻企业负担和支持实体经济发展的“50条”“20条”以及创业就业、房地产业、电子商务等一系列改革政策，积极为企业减负让利。深入开展企业帮扶。制定实施工业企业和重点项目服务帮扶工作方案，开展“一企一策”精准帮扶，推动兰花丹峰、清洁能源、福盛钢铁3户用电企业和国投热电参与全省大用户电力直供，直接交易电量4.71亿千瓦时，为企业节约成本约

1900万元。

（二）综改工作有力推进，改革攻坚取得突破

转型综改建设成效明显。一是建立健全了部门协作、检查考核、分类推进等工作机制，转型综改2013—2015三年实施方案确定的“2366”（20个重大改革、30个重大事项、60个重大项目、6个课题）任务全面落实。二是2015年“619”改革任务取得阶段性成效，已制定出台的制度性成果文件达到29个，“1+9”试点建设亮点突出。

投资体制改革持续深化。一是激发各类主体投资活力。一方面，最大限度减少核准事项，核准类项目减少幅度超过50%，进一步落实企业投资自主权。另一方面，最大限度向下放权，做到市、县、综改1+9试点三级同权、同职、同责，有效提高基层投资工作的主动性。二是加强对县区的协调联动，确保顺利承接履行好下放的项目审批工作。三是积极推广PPP模式。共征集发布PPP项目18个，涉及医疗卫生、绿化、智慧城市、新能源、污水处理、供热等行业领域。2015年，全市民间投资完成618.6亿元，增长31%，高于固定资产投资增速17.6个百分点，占全市固定资产投资的比重为56%。

行政审批制度改革不断深化。对涉及发改部门的29项权责事项进行梳理，编制完成了权责清单、职权运行流程图和廉政风险防控图，进一步明确权力范围、划清准入界限、强化监管责任和措施，对行政审批权力涉及的审批、准入、监管及事前、事中、事后全过程工作流程进行了优化再造。同时，还加强了对政府投资项目的事中事后监管，严格执行《政府投资项目竣工验收管理办法》，加大对重大项目稽查力度，并积极和省发改委对接，推动投资项目在线审批监管平台、信用信息共享平台、重大项目稽查监管信息系统的纵向贯通。

公车、电力、煤炭等改革成绩显著。公车改革方面，自2014年11月公务用车制度改革启动以来，通过三次摸底六次对接七次调整，最终形成《晋城市党政机关公务用车制度改革实施方案》，于2015年12月31日批复。全市各级机关取消的公务用车正式封存停驶，公务交通补贴发放到位。公共资源交易平台建设方面，积极对接省级公共资源交易平台，配套起草细化的推进方案和任务分工意见，开展省市两级公共资源交易平台整合工作。电力体制改革方面，主动对接全省电力体制改革综合试点方案，积极反映我市诉求，争取政策支持。煤炭管理体制改革方面，按照全省《健全山西省煤炭物流体系实施方案》《山西省探索建立煤炭战略储备实施方案》，研究制定我市的行动计划，加快煤炭管理体制改革。

“三大突破”加快推进。科技创新方面，出台了《关于推进科技创新的实施意见》，安排资金5400余万元，对16个科技项目进行政策性扶持。有效降低企业开展技术创新成本，已认定兴高能源、天巨重工机械、江淮重工等10家企业的100个研究开发项目，申请加计扣除额4000万元。金融振兴方面，通过“创业贷”和贷款保证保险、“倒贷”周转金服务机制、过桥基金等多种形式，为企业解决融资资金近百亿元；积极推进企业与中介机构对接协商，全市在区域性股份交易中心挂牌的企业达85家。积极推进皇城药业、海诺科技“新三板”挂牌。民营经济方面，出台了《关于加快民营经济发展的实施意见》，积极推动省“13条”等政策落实。累计为企业减免各项费用3300余万元；发挥财政资金导向作用，累计支出2000余万元。

（三）加快转型升级步伐，发展活力逐步彰显

农业基础地位不断夯实。认真落实各项惠农政策，出台了《关于全面深化农村改革加快农业现代化发展的实施意见》。组织实施粮食丰收工程，粮食生产稳步提升，2015年粮食总产达到9.625亿千克，为建市以来第二个丰收年；单产360千克，比历史最高年2012年的325千克增加35千克，创历史新高。进一步加大对“一村一品”和特色产业发展的扶持力度，促进畜牧、蚕桑、设施蔬菜、食用菌、水果、小杂粮、中药材等特色现代农业产业稳步发展。全市新发展省、市两级“一村一品”专业村项目180个。农业产业化龙头企业新上项目43个，总投资6.7亿元。新发展农民专业合作社375家，累计达到5226家。

综合新能源基地建设加快推进。出台了《晋城市贯彻落实能源发展战略行动计划（2014—2020年）实施方案》，推动单一煤炭开发向综合开发利用转变。煤炭方面，紧紧围绕“保生产稳价格”的目标，协

调解决煤炭运行中的困难和问题。总投资49.84亿元、年产500万吨的晋城矿区东大矿井及选煤厂项目获得国家核准通过。新能源方面,建设规模10万千瓦、投资10亿元的沁水远景、泽州华电、陵川中电投3个风电项目获得省发改委核准。光伏发电方面,泽州欣阳能源投资6000万元6兆瓦光伏发电项目已核准,高平鑫万通、泽州晶耀和泽州万鑫顺达3个光伏发电项目积极开展前期工作。煤层气方面,编制完成《晋城市互联网+煤层气产业发展平台建设总体规划》,将加气站项目审批权限下放到了县(市、区),加快推进全市煤层气利用项目的审批工作。2015年,全市煤层气开发投资达8亿元,华港200万立方米煤层气液化项目基本建成。新能源汽车方面,认真落实《晋城市新能源汽车推广应用实施方案》,统筹安排新能源汽车基础设施建设,加快推进改革。同时,还提出了配套的价格政策,包括充换电服务指导价格、年检费、停车费等多项优惠政策。

落后产能化解工作稳步推进。我市福盛钢铁公司2个钢铁项目均得到上级认可,其中,淘汰落后减量置换升级改造项目于2015年9月在省发改委和省经信委备案。年产138万吨中厚板技术改造项目于10月份顺利通过省发改委组织的专家评审。

现代服务业加快发展。研究拟定《关于进一步加快服务业发展的若干意见》,启动了《晋城市物流业发展中长期规划》编制工作。出台了《关于贯彻落实省促进云计算创新发展培育信息产业新业态实施意见的通知》《晋城市推进文化创意和设计服务与相关产业融合发展行动计划》等多项政策措施。2015年服务业占GDP比重达到39.9%,比2014年提高2.9个百分点。

旅游业快速推进。积极拓展旅游和金融、文化、农业等相关产业的融合发展,重点推出"沁河古堡探秘游""太行山水风光游""太行民俗乡村游""炎帝寻根祭祖游"等具有本土特色的系列主题产品。2015年全年累计接待入境旅游者人数12143人次,增长5.1%;累计接待国内旅游者人数3244.1万人次,增长19.5%;全市旅游总收入295亿元,增长21.7%。

(四)统筹城乡协调发展,发展空间不断拓展

城市功能不断完善。集中实施了泽州路、太行路、文昌街等两横五纵七条主次干道改造工程。东上庄立交桥改造和凤展、圣亚人行天桥建设工程全部完成。环城森林公园五家企业开始投资建设,沁河丹河生态修复、市区水系建设规划启动。吴王山、白马寺山—东四义绿道建成,城东景观水系蓄水,省级园林县城实现全覆盖。新增电动公共自行车3000辆。集中开展了城市管理"四项整治"。

产业片区和村镇建设步伐加快。相继铺开西北片区、东南片区、兰花片区和金村新区、金匠园区等一批新建路网和配套设施建设。积极开展百镇建设,全市共计72个镇村(6镇66村)被命名为省级以上历史文化名镇名村和传统村落,其中国家级历史文化名镇名村18个,国家级传统村落31个。共有北留镇、润城镇、巴公镇、河西镇、町店镇、南村镇等6镇被命名为省级园林城镇,其中北留镇、润城镇为国家级园林城镇。泽州县巴公镇列为第二批国家新型城镇化综合试点,而泽州县作为国家农村土地制度改革试点一并列入该试点。

(五)生态建设扎实推进,生态环境持续改善

国家低碳城市试点工作全国领先。率先在全省开展了全市重点用能单位碳盘查,完成2014年碳排放考核自评估报告,分解下达2015年全市低碳工作目标责任考核任务,制定了县级人民政府碳考核工作方案,组织编制了碳资产管理方案,建立了市级温室气体统计核算管理平台,完成了晋城市新建项目碳评价指标体系研究。试点推进各项工作走在全国前列,被国家发改委推荐为出席"巴黎世界气候大会"的七个城市之一,并列入首批达峰先锋城市,同时泽州、高平两县(市)确定为省级低碳试点县。

循环经济示范市创建工作稳步推进。制定了《创建国家循环经济示范市实施意见》。培育11家企业获得了省级循环经济试点单位称号,6条循环经济产业链建设稳步推进。我市煤层气综合利用循环经济发展模式被国家发改委作为60个循环经济典型模式案例之一向全国推广。

"气化晋城"迈出坚实步伐。由市政府、沁水县政府和晋煤集团共同出资组建的晋城市煤层气(天然气)集输有限公司组建完成,积极开展煤层气集输总站建设相关前期工作。

生态环境持续改善。一是认真开展改善环境质量“十组拳”攻坚行动。全面打响工业污染整治、城中村燃煤污染整治等“六大攻坚”，开展市容环境、交通秩序、爱国卫生和淘汰黄标车、老旧车专项行动。2015年市区环境空气质量二级以上天数达263天，综合指数达到6.48，市区环境空气质量名列全省第三。二是全力抓好节能降耗减排工作。75个新、改、扩建项目的环评准入和“三同时”执行率均达100%，82家重点企业完成了污染源自动在线监测，节能降耗减排指标均控制在省控目标以内。三是加大综合治理力度。坚持“绿水青山就是金山银山”理念，持续推进环城森林公园、水系规划和丹河人工湿地工程建设，新建龙湾、东南新区、东河源头等一批公园、游园，评选出炉了晋城新八景。陵川县被列入国家级生态保护与建设示范区。全市地表水环境质量持续好转，跨省界沁河拴驴泉断面稳定达到Ⅲ类水质标准，万元地区生产总值用水量下降3.8%。

（六）全面扩大对外开放，激活经济发展活力

区域合作不断加强。抢抓我省被纳入《津京冀协同发展规划纲要》《环渤海地区合作发展纲要》等重大机遇，积极对接国家“一带一路”战略，加入了环渤海区域合作市长联席会。以“竞逐中原”为平台，加强了中原经济区的产业项目合作，组织开展了多种形式的项目推介活动。

招商引资力度加大。全年招商引资签约项目135个，资金到位523.47亿元。富士康、中船重工招商项目落地建设。兰花保税物流中心主体工程基本建成，海关、进出口商品检疫检验楼建设顺利推进。清慧胜凯在境外设立了分销机构。

（七）惠民实事稳步实施，民生福祉不断增加

科教文卫等社会事业加快发展。推进教育医疗资源均衡化发展，新改扩建幼儿园29所，市中小学综合实践基地已开工建设，市凤城中学高中部项目建设顺利推进，首批招生190人，中专一期楼宇工程全部完工。深化县级公立医院综合改革，2015年非公立医疗机构床位数和服务量达到总量的20%。城乡居民医疗保险财政补助标准由320元提高到380元以上，基本公共卫生服务补助标准由人均35元提高到40元。人口计划执行良好。加快推进文化旅游融合发展，太阳古镇旅游开发项目获5亿元投资注入。持续推进文化体制改革，成功举办了第三届山西（晋城）太行山文化旅游节和“晋善·晋美·晋城”旅游推介会。

社会保障体系逐步健全。统筹推进就业创业，获优秀创建市。城镇新增就业4.14万人，城镇登记失业率1.6%。稳步提高社会保障水平，城镇居民社会养老保险和新型农村社会养老保险实现并轨。企业退休人员月增加基本养老金253元，实现“十一连增”。城乡居民基本养老保险待遇、最低生活保障标准、医疗保险基金拨付困难企业岗位补贴1.51亿元，稳定职工岗位16.6万个。扎实推进保障性住房建设。

民生重点工程全面实施。农村人居环境改善工程扎实推进，完善提质、农民安居、环境整治和宜居示范“四大工程”完成投资17.35亿元。采煤沉陷区治理工作走在全省前列，2015年全市启动了4518户搬迁安置工作，涉及5个县（市）12个乡镇31个村12465人，完成投资7.32亿元，全省综合排名第二。农村气化工作取得重大进展，2013—2015年，全市农村累计气化户达到10.8万余户，2015年12月一次性将煤层气入户补助资金7953万元下达各县区，以确保农户需求。扶贫工作稳步推进，百企千村产业扶贫共27个项目列入省级重点项目，累计完成8亿元，实施产业扶贫项目123个，完成移民搬迁5000人的任务。积极推进光伏扶贫，2015年12月底前完成了陵川、沁水两个贫困县光伏扶贫试点实施方案，并上报省发改委和省扶贫办争取支持。

安全生产工作重点突出。深刻汲取同煤集团“4·19”事故和阳城“5·16”事故教训，完善了应急预案，在全市开展了危险化学品、油气管道、粉尘爆炸等专项整治和“六打六治”打非治违专项行动。启动了“执法不严、失之于软”专项治理，加大了“四不两直”突查暗查力度，对安全生产违法行为形成了高压态势。

总的来看，在各类风险挑战明显增多的背景下，我市取得上述成绩，实属不易。同时，也要清醒地看到，我市经济仍处于困难时期，还面临着一些矛盾和问题，主要表现在：产业结构单一，多元支撑的产业

格局尚未形成;投资需求不足,对外开放水平不高,经济增长内生动力不足;企业自主创新与科技研发能力薄弱,潜能释放不足;资源生态环境约束加剧,节能减排和环境保护任务艰巨;全面小康建设短板不少,扶贫攻坚任务艰巨。对此,我们要不断解放思想,深化改革开放,采取有效措施,切实加以解决。

二、2016年全市经济社会发展的总体要求和主要任务

2016年是全面建成小康社会决胜阶段的开局之年,也是推进结构性改革的攻坚之年,全市经济社会发展的总体要求:全面贯彻党的十八大十八届三中、四中、五中全会精神和习近平总书记系列重要讲话精神,牢固树立创新、协调、绿色、开放、共享"五大发展"理念,按照省委"一个指引、两手硬"的重大思路和要求,深入推进"一争三快两率先"战略部署,着力推动经济社会持续健康发展,民生福祉不断提升,各项事业全面进步。

与"十三五"全面建成小康社会目标相衔接,兼顾需要与可能,当前与长远,按照科学合理、实事求是的原则,2016年全市国民经济和社会发展主要目标是:

预期性指标:地区生产总值增长6%左右,全社会固定资产投资增长12%,社会消费品零售总额增长6%,一般公共预算收入下降7%,城镇居民人均可支配收入实际增长6%,农村居民人均可支配收入实际增长6%以上,城镇新增就业岗位3.6万人,城镇登记失业率控制在4.5%以内,居民消费价格涨幅控制在3%左右。

约束性指标:单位地区生产总值能耗、单位地区生产总值二氧化碳排放量、二氧化硫、化学需氧量、氮氧化物、氨氮、烟尘、粉尘排放量控制在省下达目标以内。

为顺利实现上述目标,全市上下要按照市委、市政府的统一部署,重点抓好以下工作:

(一)推动三大需求同时发力,在开创经济增长新局面上求实效

促进供给与需求有效对接,实现投资与消费、出口协调拉动,持续释放需求潜力,有效发挥对经济增长的拉动作用。

促进投资持续较快增长。一是抓好重大项目建设。着力加强铁路、公路、水利、城市建设、生态环境治理、电力、气化晋城、新兴产业等八大领域投资,谋划交通网络、中心城市路网、西北片区改造、金村低碳新区、"气化晋城"、林业生态、"井"字形大型水网、文化创新产业园、电力产业、创业创新等十大方面项目建设。找准我市的投资增长点,推出农业水利、新型城镇化建设、交通、油气及矿产资源、新兴产业、城建重大项目等六大工程包。二是大力推广PPP投融资模式。引导民间投资健康发展,放宽市场准入,落实扶持政策。全面推广政府与社会资本合作,吸引社会资本参与基础设施、产业发展、社会事业等重点领域建设。创新投融资机制,拓宽社会资本投资渠道。三是扎实推进"各类项目受理大起底"。按照"谁主管、谁负责""谁受理、谁清理"的原则,对全市各级、各有关部门已受理但未办结项目的审批事项进行大起底,有效促进一批大项目好项目落地。

推进重点工程"六位一体"建设。要继续完善重点工程"六位一体"推进机制,进一步充实完善各级项目储备库,把更多转型项目、新兴产业项目、民生项目纳入其中。坚持领导联系项目、月通报排名、台账管理等一系列行之有效的制度举措,坚持问题导向、重点突破,充分调动各方面的工作积极性,为项目建设提供更加优质的服务,确保重点工程继续发挥拉动投资的火车头作用。2016年全市省市重点工程577项,总投资3285.2亿元,努力完成933亿元的年度目标任务。

发挥消费对经济增长的基础作用。扩大居民消费,主动适应居民消费结构升级、个性化多样化消费渐成主流的趋势,引导消费向智能、绿色、健康、安全方向转变,带动消费结构升级。努力增加城乡居民收入,不断提高社会保障水平,拓展消费空间,培育新的消费热点。充分发挥我市资源禀赋和区位优势,利用"互联网+"平台,将清洁能源、南太行旅游、特色农产品等推向全国。

积极促进出口稳定发展。加快建立和完善外贸综合服务体系,加大外贸进出口软硬件设施建设。依托晋城海关、山西出入境检验检疫晋城办事处,促进出口加工、商贸物流、电子商务和商品流、人员流、

资金流的聚集。稳定传统产品出口，引导龙头企业优化产品结构，大力推进富有晋城特色的产品、文化、技术和服务出口，努力培育多元化外贸品牌和新的出口增长点。研究探索鼓励中小微企业进出口激励机制，促进对外贸易多元化。

（二）推进供给侧结构性改革，在激发市场活力和创造力上求实效

供给侧结构性改革是2016年经济工作的重要内容，要全力做好"去产能、去库存、去杠杆、降成本、补短板"等相关工作，努力提高供给体系质量和有效性。

加强对产能过剩的源头治理。严格把好煤炭、钢铁等行业准入，严格控制新增产能。认真执行产能置换实施办法，把好等量或减量置换关。严格执行强制性大气污染排放限值和能耗限额标准，对达不到标准的企业实施惩罚性阶梯电价等措施，促使不达标企业逐步退出市场。在加快产业转型升级的同时，采取差别化措施，运用市场化手段，对资不抵债、扭亏无望的"僵尸企业"实行市场出清。

积极消化房地产库存。深化住房制度改革，建立购租并举的住房制度，逐步把公租房扩大到非城镇户籍人口，满足新市民住房需求。打通商品房、安置房、保障房转换渠道，着力消化房地产库存。充分发挥新型城镇化建设的引领和辐射作用，促进城镇、片区协同发展和基本公共服务的提升，不断提高城镇化质量和水平，有效激发和扩大房地产市场需求。

帮助企业降低成本。高度关注当前工业品价格不断下降、经营成本持续攀升、实体经济特别是制造企业两头受压的困难形势，继续落实好企业减负政策，帮助企业减轻负担。降低制度性交易成本，对实行政府定价和政府指导价管理的中介服务收费进行全面清理，鼓励中介机构参与市场竞争。降低电力价格，大力推进电价市场化改革，在降低电价的基础上，扩大电力消纳能力。降低物流成本，加快流通体制改革，力争对部分商品实行普惠运价、对集装箱运输实行"一口价"优惠等针对性措施，提高运输效率，大幅降低物流费用。

着力补齐短板。聚焦脱贫攻坚。全面落实"六个精准"扶贫基本方略，因地制宜实施好"五个一批"脱贫攻坚工程，继续抓好干部驻村帮扶工作，深入推进产业扶贫工程，突出易地扶贫搬迁和采煤沉陷区贫困人口搬迁，实现2.4万人口如期脱贫。推进传统产业技术改造。支持企业广泛运用新一代信息技术、"互联网+"实施技术改造，促进信息技术向市场、设计、生产等环节渗透，引导企业加快推进制造业与生产性服务业融合发展能力，延伸价值链条。加快完善基础设施建设。集中力量抓好高平—沁水、阳城—济源、陵川—新乡（鹤壁）高速公路建设，推进综合交通运输体系建设。继续推进输气管网建设，保证输气管线安全。实施地下管网改造工程，建设城市地下综合管廊。推进智慧城市建设。同时，充分利用中央政策，破解城中村改造难题，科学有序推进棚户区和城中村改造工程。

（三）突出转型发展，在提升发展竞争力上求实效

着力在优化存量、引导增量、主动减量上狠下功夫，更加注重"加减乘除"并举，实施更精准的产业政策，大力发展现代农业，改造提升传统产业、加快培育新的发展动力，促进产业向中高端迈进。

大力发展现代农业。落实好粮食直补、良种补贴等强农惠农富农政策，努力拓宽增收渠道，增加农民收入。提升农业综合生产能力，推进农业生产机械化。加快特色现代农业产业发展，努力形成晋城工厂化食用菌，高平、泽州生猪，阳城、沁水蚕桑，丹河、沁河沿河流域设施蔬菜，丘陵地区干鲜果、太行太岳山区中药材、小杂粮的特色现代农业产业基地集聚。提升农业产业化发展水平，深入推进农产品加工"513"工程。大力发展"互联网+现代农业"，推进互联网与农业生产、流通、管理、服务的深度融合。

加快打造传统产业升级版。煤炭产业，要推进煤炭产品的深度加工和综合利用，促进行业发展由"卖产品"向"卖商品"转变，由单一开采向煤电联营、煤电一体化、煤化一体化发展，全力打造煤炭产业升级版。探索创新"互联网+金融+清洁能源"的商业模式，建设晋城洁净煤供应链基地，打造煤炭产业新体系，稳定经济基本面。电力产业，继续推动煤电一体化尝试融合，加快燃煤发电的升级与改造，推进燃煤发电机组超低排放与改造，进一步提升煤电高效清

洁发展水平。煤化工产业,大力推进“分质分级、能化结合、集成联产”的转化力度,依托晋煤集团北留—周村工业园区项目,走出一条低热值、高硫煤迈向高效清洁综合利用的路子。铸造产业,要立足现有基础,创新体制机制,加快整合各种生产要素,淘汰落后产能,实施品牌战略,形成铸造产业集群,打造基础零部件和机械配套件总部基地。

培育壮大新兴产业。装备制造业,深入对接“中国制造2025”战略,重点培育煤机、煤层气、节能环保装备三大产业。抓好江淮重工、金鼎煤机等重点装备制造企业发展。加快建设全省煤机煤层气装备制造基地。煤层气综合利用产业,要加快推进“气化晋城”工程。以晋城天然气(煤层气)集输有限公司煤层气集输总站建设为抓手,加快构建“气化晋城”输气网络框架。同时,继续实施好“农村气化”工程项目,进一步改善农村居民的生活条件。文化旅游产业,以旅游产业为核心,以南太行和古堡群为重点,产业和消费同步推进,构建一个有价值有效率的旅游服务产业集群,进一步提升“晋善·晋美·晋城”品牌影响力,加快旅游文化及相关产业融合发展。创优景区发展环境,促进旅游业健康发展。新能源产业,要加快推进泽州、陵川风岭山、沁水十里3个10万千瓦风电项目建设,做好陵川、沁水2个5万千瓦风电项目前期工作。积极推进高平米山、泽州南村和北义城光伏发电项目建设。新材料产业,重点发展前沿新材料和新型无机非金属新材料。抓好兰花集团年产50万吨纳米新型材料、功能性复合材料一体化项目和年产6万吨无机纤维项目建设以及20万吨己内酰胺一期项目的投产达效工作。

加快服务业发展。加强政策引导,出台《服务业发展引导奖励办法》。促进服务业结构优化升级,积极打造企业技术研发中心、信息技术、现代物流、中介服务、金融等服务平台。大力推进生产性服务业集聚发展,加强服务业项目谋划与包装,建立服务业项目库。加快生产性服务业向专业化和价值链高端延伸,生活性服务业向精细化和高品质转变。

(四)突出改革创新,在增强发展动力上求实效

坚持问题导向,实施好转型综改“十三五”五年实施方案和2016年“1183”行动计划,突出抓好重点领域改革,加强改革创新,进一步增强经济发展的创新动力。

统筹推进转型综改工作。根据“十三五”综改实施方案和2016年“1183”综改行动计划,稳步推进重大改革、重大事项、重大项目、重大课题等各项工作落实,努力构建和完善支撑资源型经济转型的政策体系和体制机制。进一步发挥基层首创精神,积极承接中央、省和市部署的改革任务,明晰改革思路和工作举措,开展富有特色的改革探索和创新实践,创造可复制、可推广的典型经验和模式,通过重点领域的突破带动全面改革任务的实施。探索开展我市综改改革任务“项目化管理”和“第三方评估”工作,从制度上创新完善改革任务推进机制。

深化国企国资改革。落实市政府《关于深化市属国资国企改革的指导意见》,完善国有资产管理体制,探索建立有效的国有资本监管模式,以“管资本”为主加强国资监管,形成以经营国有资本为主要功能的国有资本投资运营主体,构建“国资监管机构—国有资本投资运营公司—国有企业”的有效监管模式。按照我市出台的《市属国有企业重大信息公开实施细则(试行)》,推行国有企业信息公开。

深化投融资体制改革。大力推广PPP投融资模式,吸引社会资本参与基础设施、产业发展、社会事业等重点领域建设。推进城市管理体制改革,加快建立起“责权利相统一,事权财权相配套”的“一级规划、两级政府、三级管理、四级网络”的城市建设和城市管理行政执法体制。

深化农村各项改革。加快农村土地承包经营权确权登记颁证工作,规范引导土地流转。加强农业供给侧结构性改革,提高农业供给体系质量和效率,使农产品供给数量充足、品种和质量契合消费者需求,真正形成结构合理、保障有力的农产品有效供给。推进农村产权制度改革、农业灌溉水价、水权制度、农村供水价格和小型水利工程产权改革。扩大种植业保险范围,提高农业生产抵御自然灾害能力。启动财政金融支持特色农业发展工程。

积极推进社会信用体系建设。推进建立健全信用制度体系和信用标准体系建设,研究制定“诚信晋城”信用信息共享平台建设方案,做好行政许可和行

政处罚信息上网“双公示”工作。加快实施统一社会信用代码制度，推动守信激励和失信惩戒，努力营造诚实守信的信用环境。

推动价格改革向纵深发展。深入推进价格机制改革，严格贯彻落实国家、省出台的各项价格改革措施，做到“三个转变”。抓好简政放权、资源型产品价格改革、深化医药价格改革三方面工作。重点推进资源型产品价格改革，完善居民阶梯电价政策，推进居民用电峰谷分时电价政策，加大环保电价政策支持力度，促进节能减排。积极探索居民用气阶梯价格制度。全面推行“两部制热价”，合理引导供热消费。

做好公车改革后续工作。积极推进国企、事业单位公车改革。不断完善公车改革制度，加快推进公务用车和执法执行服务平台建设。进一步加强车辆管理，做好监督审计工作。

（五）注重城乡协调，在拓宽发展空间上求实效

坚持区域协同、城乡一体，提升城市建设品质，着力促进城乡融合互动，在协调发展中拓展空间，提高城乡一体化发展水平，更好释放经济发展潜能。

提高城市管理水平。不断完善城市管理和服务。继续巩固扩大整治“七乱”成果。实施宽带晋城行动计划，积极创建“宽带中国”示范城市。积极与腾讯、联通两大公司开展“互联网+”战略合作，运用移动互联、大数据等信息技术手段，优化城市管理方式和公共服务模式，大力推动智慧城市试点工作，提高城市管理水平。

加大城市建设力度。全力推进以城市为中心的外围交通建设，畅通城市道路出入口，缓解过境交通压力。207国道改线重点抓好东、南环和红星东街、中原街、金鼎路等8条连接线，背荫、文博路北段、牛匠、七叉口等城市互通立交桥建设。开工建设西南环晋阳—晋济调整连接线，启动西环、北环改道前期工作。

加快大县城和重点镇建设。重点加强道路、水、电、暖、气等基础设施建设，加快扩容提质步伐，提高县城、重点镇对人口和产业的承载力，引导生产要素、优势资源、农村转移人口向县城和重点镇集中。发挥产业片区主阵地作用，创造更多的就业岗位和创业机会，实现产业发展与城镇建设相融合。集中打造巴公、南村、马村、北留—周村、嘉峰、米山等各具特色的产业片区，推动农民就地城镇化。以科教资源与人才集聚为核心动力，以培育低碳新兴产业为发展重点，将金村新区打造成为“低碳智慧、文化休闲、生态宜居”的城市低碳示范区。

加快美丽乡村建设。协调推进改善农村人居环境“四大工程”。完善县域村镇体系规划和村庄规划，改善农村人居环境，加大传统村落民居和历史文化名村名镇保护力度。按照“村庄宜居、产业发展、环境清洁、文明和谐、生活富裕”的思路，积极创建美丽宜居示范村，因地制宜发展乡村旅游。创新村庄建设与治理模式，建立村民共建共管长效机制，共享幸福家园。

（六）倡导绿色发展，在加快美丽晋城建设上求实效

坚持走资源型城市低碳、绿色、循环发展之路，以推进国家低碳城市试点和循环经济示范城市为抓手，大力倡导绿色低碳生产生活方式，加大环境整治力度，努力推进美丽晋城建设。

引深国家低碳城市试点工作。结合《低碳示范标准》和《低碳技术推广目录》，在企业、园区、乡村、公共机构、家庭等全面推广绿色低碳示范项目。完成重点排放单位碳盘查工作，开展碳金融试点，加快编制《晋城市绿色债券项目方案》，开展碳金融前期工作。

推进国家级循环经济示范市创建工作。积极创建国家循环经济示范城市，大力推进循环经济在生产、流通、消费各环节和企业、园区、社会各层面的发展，构建覆盖全社会的资源循环利用体系，逐步形成具有晋城特色的循环经济发展模式。

持续改善人居环境。围绕“一区两河三山四片”、环城森林公园、“三轴三线十一面城市水系规划”，打造山环水抱、森林围城、林在城中、城在林中的特色生态城市。加大沁河、丹河全流域生态修复保护力度，推进白马寺—丹河绿化廊道、东西武匠森林公园、北石店河、书院河等治理工程。重点推进白马寺至吴王山生态绿道、环城生态圈绿道二期工程。加快“井”字形大水网建设，提高水资源高效配

置和安全保障,重点实施郭壁供水新建管道工程。大力推进城东景观水系建设进程。不断巩固森林城市创建成果,继续实施六大林业工程,完成国省营造林2.66万亩。

加强生态环保工作。贯彻落实环境保护大检查电视电话会议精神,落实好大气污染防治20条强化措施等政策,扎实做好环保大检查和督察工作,解决大气、水环境等方面突出问题,不折不扣地完成省下达我市的各项生态环保约束性指标。加强重点行业、企业节能工作,确保万元GDP能耗降幅完成年度目标任务。

(七)扩大对外开放,在促进发展活力上求实效

以构建开放型经济为引领,在融入国家战略中寻找新的经济增长点,在强化区域合作中拓展新的发展空间,搭建对外开放平台,吸引承接产业转移,努力将晋城打造成为山西走向中原和长三角发达地区的"金脚"。

加强区域合作。全方位融入中原经济区,积极打造晋城产品环渤海地区的快速出海通道,加大与长江经济带地区的产业对接力度,强抓与"一带一路"沿线产业、产能合作机遇。扶持企业开拓国际国内两个市场,加大"山西品牌丝路行"活动宣传,积极引导组织我市企业参加在国内外有一定影响力的综合性和专业性展会,着力拓展市场发展新空间。

加大招商引资力度。大力实施产业集群招商、精准化招商、主题招商,积极推动股权招商,推进资源、资金、技术、人才的全方位合作。利用好"民企入晋"重大专题招商活动,推动已签约项目落地开工。

打造各类开放平台。要探索"政府主导、企业运作"的"管委会+开发公司"的园区开发建设模式。以市经济开发区为主,运用资本手段,成立园区投资基金和建设集团,与各县(市、区)形成合作关系,具体负责全市各工业园区的基础设施、投融资、招商引资、开发建设等工作。要依托炎帝公祭等活动,打造开放性会展平台,构建多元会展合作交流体系,形成晋城外向型经济新业态。

(八)改善民本民生,在增强人民群众幸福感和获得感上求实效

坚持共享发展理念,始终把改善民本民生作为工作的落脚点和出发点,健全基本公共服务体系,提高公共服务均等化水平,切实增加公共产品有效供给,努力使人民群众在共建共享发展中有更多获得感。

积极推进社会事业发展。大力推进科技创新,认真落实国家、省加快创新驱动发展战略、推进大众创业万众创新等政策,研究制定我市具体实施办法,推进市综合实践基地建设。完善教育经费保障机制,确保公共财政预算教育经费稳定增长。加强城镇公办幼儿园建设,加快建设现代职业教育体系,推进产教融合、校企合作,组建职业教育集团。全力推进太原科技大学晋城校区、市凤城中学项目建设。整合农村医疗卫生服务机构,进一步优化农村医疗资源配置。加快推进公立医院改革。推广泽州、阳城分级诊疗经验,完善分级诊疗模式。加快食品安全检测能力项目建设。全面落实一对夫妇可生育两个孩子政策。

做好创业就业和社会保障工作。充分利用"互联网+",发展"众创、众包、众扶、众筹"等新模式,完善税费减免、岗位补贴、培训补贴、社会保险补贴、技能鉴定补贴等政策,打造集科技创新、产品检测、行政审批等一体的综合性服务平台。加快推进国家煤层气产品质量监督检验中心、科技研发基地、政务服务中心等项目建设。支持太原科技大学晋城校区争取国家级创业基地建设。完善城镇职工和城乡居民养老保险制度,进一步做实基本养老保险个人账户,有序推进机关事业基本养老保险制度改革。

努力增加城乡居民收入。要切实落实增资政策,努力拓宽居民增收渠道;要多措并举增加农民转移性收入、财产性收入和经营性收入,保持农民收入增速快于城镇居民收入,城乡居民收入增速快于经济增速。

创新社会治理。完善社会治理体制,创新社会治理模式,推进社会治理精细化,构建全民共建共享的社会治理格局。全面推行重大决策、重大项目社会稳定风险评估制度。重视群众诉求,关心群众疾苦,健全畅通群众利益表达、协调、保护机制。严厉打击各类违法犯罪活动,确保社会治安大局稳定。

稳定物价水平。加强对粮油肉蛋奶等居民生活必需品价格监测。稳妥推进资源环境、公用事业等

关于2015年全市和市本级预算执行情况与2016年全市和市本级预算草案的报告

——2016年10月22日在晋城市第七届人民代表大会第一次会议上

晋城市财政局局长　郭治琛

一、2015年预算执行情况

2015年，全市上下在市委、市政府的坚强领导下，坚持稳中求进工作总基调，主动适应经济发展新常态，积极应对各种困难挑战，统筹推进稳增长、促改革、调结构、惠民生、防风险各项工作，经济社会发展在克服困难中奋力前行。与此同时，全市财税部门努力确保财政预算平稳运行，深挖增收潜力组织收入，积极调整优化支出结构，民生和重点支出得到较好保障。

（一）落实市人代会预算决议情况

2015年，全市各级财政部门按照市六届人大六次会议的有关决议，以及市人大财经委的审查意见，进一步完善制度，健全机制，优化结构，稳步推进各项财政工作。

1.稳步推进财政改革。完善政府预算体系，加大政府性基金预算、国有资本经营预算与一般公共预算的统筹力度，将政府性基金预算中用于提供基本公共服务的地方教育附加、残疾人就业保障金、土地出让收益预算中计提的农田水利建设和教育资金等7项基金转列一般公共预算统筹使用。扩大报送人大代表审议的预算范围，在报送预算报告和总预算草案的基础上，增加了市直部门（单位）预算、政府预算解读以及晋城市2015年市本级安排大项支出情况表等内容。推进预算公开，细化政府预决算公开内容，除涉密信息外，政府预决算支出全部细化公开到功能分类项级科目，一般公共预算基本支出公开到经济分类款级科目。积极盘活存量资金，建立部门结余结转资金定期清理机制，出台《关于清理盘活各项财政存量资金及加快上级转移支付资金执行进度的通知》，在明确财政存量资金范围及清理措施的基础上，对各县（市、区）进一步加快上级专项转移支付资金执行进度提出具体要求。市本级财政2015年清理盘活各部门（单位）存量资金8亿元，全部按规定收回总预算集中投入到民生及重点工程建设领域。深化部门预算改革，全面审核清理专项资金项目，取消到期、一次性及不符合政策要求的项目，完善项目退出机制。细化项目预算编制，首次将补助县（市、区）的项目与市本级组织实施的项目分开编列。加强预算编制与资产管理、结余结转资金管理、预算执行、国库集中支付、绩效评价和政府采购的有效衔接，首次批复政府采购预算。

2.切实保障改善民生。在教育方面，全年拨付资金38.2亿元，保障教育惠民政策落实。在医疗卫生方面，全年拨付资金6.1亿元，支持城乡居民医疗保险、重大公共和基本公共卫生服务建设。拨付资金862.7万元为全市34.4万名60岁以上城乡居民提供免费健康体检。在社会保障和就业方面，全年拨付资金3.5亿元，保障城乡低保、五保对象、贫困残疾人、精神病患者等重点优抚对象的基本生活。再次提高城乡低保标准，城市低保每月提高30元，农村

领域价格改革，发挥好价格在降低企业成本、鼓励社会资本加快进入相关领域的积极作用。

各位代表，发展重任在肩，改革催人奋进。让我们在市委、市政府的正确领导下，在市人大、市政协的监督支持下，认真落实全面从严治党要求，自觉践行新发展理念，着力构建良好政治生态，着力推动经济稳步向好，深入推进"一争三快两率先"战略部署，扎实工作，奋力拼搏，为努力实现"十三五"时期全市经济社会发展良好开局、"塑造山西美好形象、实现山西振兴崛起"做出新的更大贡献！

低保每月提高25元。降低失业、工伤、生育保险费率,全年减征社会保险、发放在岗培训和稳岗补贴4.6亿元,惠及企业821户。在文化事业方面,支出1.4亿元,支持深化文化体制改革发展、农村公共文化建设、"村村通"广播电视工程及直播卫星接收设备运行、三馆免费开放等文化建设。在住房保障方面,下达保障性安居工程专项资金6830.9万元,其中,城镇低收入住房保障家庭租赁补贴464万元,城市棚户区专项补助资金5666.85万元,公租房项目700万元。在农业方面,投入支农专项资金4亿元,重点支持现代农业产业化、农田水利基础设施建设、农村扶贫开发、提高农业生产技术水平和林业生态发展等。出台《晋城市2015年度低收入农户冬季取暖用煤货币化补贴实施方案》,为全市572273户低收入农户发放补贴资金1.7亿元。

3.全力服务经济发展。支持金融振兴,继续实施《财政专户资金存放商业银行管理办法》,鼓励引导商业银行增加信贷规模。争取省级财政资金3000万元,建立小微企业贷款周转保障资金。出资2000万元,吸收社会资金8000万元,成立晋城太行金融有限公司,解决企业"倒贷难"问题。出资2000万元与深圳创新投资集团成立晋城市红土创业投资有限公司,优先支持本地项目建设。出资2000万元入股省再担保集团,开辟我市企业新的担保渠道。支持科技进步创新,对1项科技研发重大项目、6项基础应用类项目、2项公益类项目、6项市场导向类项目进行扶持,对368项申请专利、5项发明专利、5项实用新型专利进行资助。

支持中小微企业发展,编制《晋城市小微企业创业创新基地城市示范实施方案》,明确2015-2017年三年示范目标、示范内容、保障措施等。拨付1000万元解决小微企业初创阶段用地难、融资难等问题。针对2014年首次纳入市统计部门统计范围的规模以上工业企业、新认定的小微企业创业基地等,给予贷款贴息补助,支持培训及服务平台建设。全年为中小微企业提供各类担保融资6.6亿元,为506名各类创业人员提供担保贷款203笔,金额3869万元。支持大众创业万众创新,统筹财政促进就业创业资金1.3亿元鼓励扶持自主创业,制定创业培训补贴、社会保险补贴、创业孵化示范基地一次性补助等"十二项"优惠政策,对创业对象、创业培训机构、创业实训基地、吸纳见习高校毕业生就业的中小微企业等给予补贴补助。

4.全面规范财政管理。规范"三公"经费管理,2015年市本级财政拨款开支的"三公"经费5198万元,与预算相比减少690万元,下降11.7%。规范行政事业性收费,创新财政票据监管方式,由事中事后监管转变为事前监管,建立完善领购一次性告知、领购资格审核备案制度,实现票据使用动态监管。先后开展涉企收费、涉煤收费、收费专项清理等专项检查。严格落实取消、停征、减免收费政策,全年共取消41项行政事业性收费。加强国有资产监管,制定出台《晋城市行政事业单位资产配置标准(试行)》,明确日常办公配置的通用办公设备、办公家具的数量、价格、使用年限标准,为编制和审核资产配置预算、审批资产处置事项以及日常监督提供依据。推广政府和社会资本合作(PPP),印发《关于开展政府和社会资本合作工作的实施意见》、《关于推进政府和社会资本合作投融资模式改革的实施方案》,依托全国PPP综合信息平台建立了晋城市PPP项目库,向各县(市、区)和市直主管部门征集PPP项目,高平市南部热源厂等4个项目通过了省财政厅审核、识别,促成了晋城市花卉交易市场项目的落地,将阳城县城集中供热等8个项目纳入储备库。转变预算评审职能,出台《关于加强市级部门预算评审工作的通知》,明确预算评审职责、范围、内容、环节、方式、结果运用等。简化政府采购程序审核流程,取消政府采购计划审批,实行计划备案制管理。印发《关于进一步规范采购程序有关事项的通知》,明确政府采购责任主体、责任人,规范政府采购信息公开。全年市级单位完成政府采购预算5.9亿元,采购合同额5.2亿元,节约财政资金0.75亿元,节资率12.7%。深化国库集中收付制度改革,上线运行国库电子对账系统,实现财政与市直330家预算单位网上直接对账。推进政府购买服务工作,细化政府购买类别,范围逐步扩大为基本公共服务、社会管理服务、行业管理与协调、技术服务、政府履职所需辅助性等6类57款316项。

在做好以上工作的同时，我们也清醒地认识到，财政经济运行中还存在一些需进一步研究解决的问题，突出表现在：我市经济形势依然复杂严峻，财政收入增长率下降；实施机关事业单位养老保险和职业年金改革、城镇化建设、扶贫攻坚、民生工程、生态环境建设等支出刚性需求的新因素逐步增加，财政收支矛盾呈加剧之势，平衡收支压力较大，短期难以改变；部分财政资金还存在使用绩效不高，引导作用不强的现象，资金使用效益有待进一步提高等。面对以上压力和矛盾，我们将积极运用市场化思维，创新增强财政服务经济社会发展能力；积极运用科学、民主、法治思维，创新改革完善现代预算管理制度；积极运用效率思维，创新调整规范政府间财政关系。

（二）2015年预算收支情况

1.2015年全市预算收支情况

（1）全市一般公共预算

2015年全市一般公共预算收入完成93.9亿元，为预算的88.4%，比上年下降4.2%。其中市本级34.6亿元，下降1.9%；各县（市、区）完成情况为：高平市12.6亿元、泽州县11.5亿元、沁水县11亿元、阳城县10.6亿元、城区9.5亿元、开发区2.9亿元、陵川县1.2亿元；增长速度分别为：高平市3.5%、沁水县-4.4%、阳城县-4.4%、开发区-7.1%、泽州县-7.3%、城区-9.1%、陵川县-40.8%。

2015年支出预算，在年度执行过程中根据省财政厅追加专项指标及《中华人民共和国预算法》有关规定作了相应变动：一是将省追加专项指标按规定顺加到了有关科目；二是报经各级人大常委会批准，增加了政府债券支出；三是将办理省、市、县（市、区）财政结算事项所增加财力按规定作了相应安排；四是市、县两级根据预算管理有关规定和预算调整方案核减当年不需执行的预算指标和增加调入资金等，对年度预算做出了相应变动。全市一般公共预算支出预算由人代会通过的145亿元变动为182.1亿元，全年执行180.1亿元，为变动预算的98.9%，比上年增长11.4%，其中市本级43.1亿元，增长12.2%；各县（市、区）一般公共预算支出情况为：泽州县31.3亿元、高平市26.3亿元、阳城县23.9亿元、沁水县20.8亿元、陵川县16.1亿元、城区14.6亿元、开发区4亿元；增长速度分别为：开发区42.4%、泽州县34.2%、高平市21.6%、阳城县15.2%、陵川县11.2%、沁水县9.5%、城区-31.4%。

全市一般公共预算收入93.9亿元，加上级补助收入64.7亿元、转贷政府债券收入12亿元、使用预算稳定调节基金3.6亿元、调入资金14.1亿元、上年滚存结余2.8亿元，收入总计191.1亿元。全市一般公共预算支出180.1亿元，加上解上级支出0.8亿元、安排预算稳定调节基金2.2亿元、政府债券还本支出6亿元，支出总计189.1亿元。收支相抵，一般公共预算滚存结余2亿元，均为有专项用途资金结转下年使用。

2015年省对我市转移支付647014万元，增长16.4%。其中：返还性收入37382万元，下降1.3%；一般性转移支付305928万元，增长16.1%；专项转移支付303704万元，增长19.4%。市对县（市、区）转移支付619818万元，增长8.5%。其中：返还性支出7024万元，下降2.8%；一般性转移支付304544万元，增长11.1%；专项转移支付308250万元，增长6.4%。

（2）全市政府性基金预算

2015年全市政府性基金收入13.9亿元，为调整预算的90.6%，下降69.2%，主要是国有土地使用权出让收入减收、煤炭可持续发展基金取消以及地方教育附加、残疾人就业保障金等7项政府性基金收入转列一般公共预算收入等因素所致。加上级补助收入1.9亿元、债务转贷收入1亿元、上年结转18.3亿元，收入总计35.1亿元。全市政府性基金支出22.7亿元，为变动预算的89.3%，下降47.8%，加调出资金9.7亿元，支出总计32.4亿元。收支相抵，结转下年支出2.7亿元。

（3）全市国有资本经营预算

2015年全市国有资本经营收入4亿元，为预算的66.4%。全市国有资本经营支出1.1亿元，为变动预算的100%，加调出资金2.9亿元，支出总计4亿元。收支平衡，无结余。

（4）全市社保基金预算

2015年全市社会保险基金收入69.4亿元，为预算的125.7%，加上级补助收入1.2亿元，下级上解收入0.3亿元，上年滚存结余142.5亿元，收入总计

213.4亿元。全市社会保险基金支出49亿元，为预算的114.1%，加补助下级支出1.2亿元，上解上级支出1.5亿元，支出总计51.7亿元。收支相抵，滚存结余161.7亿元。

（5）全市财政专户资金

2015年全市专户资金收入0.7亿元，加上年滚存结余0.7亿元，收入总计1.4亿元。全市专户资金支出1亿元，加调出资金0.1亿元，支出总计1.1亿元。收支相抵，滚存结余0.3亿元。

（6）全市政府性债务

2015年，省转贷我市政府债券13.6亿元，其中：新增债券8亿元，转贷各县（市、区）8亿元，全部用于基础性、公益性项目建设；

置换债券5亿元，转贷陵川、沁水两县5亿元，用于置换到期政府债务；在建项目后续融资债券0.6亿元，结转市本级留用。政府债券对我市应对经济下行压力、加快基础设施和民生项目建设进程、防范财政金融风险发挥了积极作用。截至2015年年底，省核定我市政府债务限额50.7亿元，其中：市本级政府10.2亿元，各县（市、区）40.5亿元。

2.2015年市本级预算收支情况

（1）市本级一般公共预算

2015年市本级一般公共预算收入完成34.6亿元，为预算的92.4%，下降1.9%。加上级补助收入64.7亿元、下级上解收入1.2亿元、转贷政府债券收入12亿元、调入预算稳定调节基金2.6亿元、调入资金2.8亿元、上年结余收入1.3亿元，收入总计119.2亿元。市本级一般公共预算支出43亿元，为变动预算的98%，增长12.2%。加上解上级支出0.8亿元、补助下级支出62亿元、转贷政府债券支出12亿元、政府债券还本支出0.2亿元、安排预算稳定调节基金0.3亿元，支出总计118.3亿元。收支相抵，一般公共预算滚存结余0.9亿元，均为有专项用途资金结转下年使用。

市本级一般公共预算主要收入项目执行情况：市本级税收收入21.4亿元，完成预算的87.6%，比上年下降9.7%，其中：增值税4.2亿元，完成预算的81%。营业税6.2亿元，完成预算的85.6%。

企业所得税4.8亿元，完成预算的85.7%。个人所得税0.9亿元，完成预算的55.2%。资源税3.6亿元，完成预算的134.8%。其他税收1.7亿元，完成预算的81%。市本级非税收入13.2亿元，完成预算的101.5%，增长14%，其中：专项收入11.8亿元，完成预算的102.7%。行政事业性收费收入0.8亿元，完成预算的80.4%。罚没收入0.3亿元，完成预算的115.8%。国有资源有偿使用收入0.3亿元，完成预算的106.2%。

市本级一般公共预算主要支出项目执行情况：教育支出7.4亿元，为变动预算（下同）的98%。科学技术支出0.9亿元，为预算的100%。文化体育与传媒支出1.4亿元，为预算的100%。社会保障和就业支出2.1亿元，为预算的99%。医疗卫生与计划生育支出2.2亿元，为预算的100%。节能环保支出5亿元，为预算的98.9%。城乡社区支出2.9亿元，为预算的100%。农林水支出1.5亿元，为预算的94.6%。交通运输支出0.8亿元，为预算的100%。国土海洋气象等支出7.2亿元，为预算的99.1%。住房保障支出1亿元，为预算的66.3%。公共安全支出4.1亿元，为预算的100%。

（2）市本级政府性基金预算

2015年市本级政府性基金收入3亿元，为调整预算的115.4%，下降77.3%，减收因素同全市情况一致。加上级补助收入1.9亿元、债务转贷收入1亿元、上年结余收入6.1亿元，收入总计12亿元。市本级政府性基金支出6.1亿元，为变动预算的90.7%，下降51.8%，加补助下级支出2.2亿元、债务转贷支出1亿元、调出资金2.1亿元，支出总计11.4亿元。收支相抵，结转下年支出0.6亿元。

（3）市本级国有资本经营预算

2015年市本级国有资本经营收入1.5亿元，为预算的100.6%。市本级国有资本经营支出0.8亿元，为变动预算的100%，加调出资金0.7亿元，支出总计1.5亿元。收支平衡，无结余。

（4）市本级社保基金预算

2015年市本级社会保险基金收入38亿元，为预算的115.2%，加下级上解收入0.3亿元，上年滚存结余99.1亿元，收入总计137.4亿元。市本级社会保险基金支出25亿元，为预算的103.4%，加补助下级支出1.2亿元，上解上级支出1.2亿元，支出总计27.4亿元。收支相抵，滚存结余110亿元。

(5)市本级财政专户资金

2015年市本级专户资金收入0.5亿元，加上年滚存结余0.5亿元，收入总计1亿元。市本级专户资金支出0.7亿元。收支相抵，滚存结余0.3亿元。

3.2015年晋城经济技术开发区预算收支情况

2015年晋城经济技术开发区一般公共预算收入完成2.9亿元，为预算的87.7%，下降7.1%。一般公共预算支出4亿元，为变动预算的99.5%，增长42.4%。政府性基金收入0.9亿元，为预算的13.4%，下降87.3%,减收因素同全市情况一致。政府性基金支出总计2.7亿元，为变动预算数的95.1%，下降69%。社会保险基金收入0.05亿元，为预算的115.8%。社会保险基金支出0.03亿元，为预算的122%。

(三)2015年主要支出政策落实情况

推动教育改革发展。将农村义务教育生均公用经费提高到小学每生每年600元、初中800元，在此基础上农村义务教育寄宿制学校每生每年又提高100元补助。提高特殊教育学校生均公用经费至每生每年5000元。支持实施第二期学前教育三年行动计划，新(改、扩)建公办标准化幼儿园11所，改造农村幼儿园18所。为4387名原民办代课教师发放教龄补贴。资助家庭经济困难大学生524名，资助家庭经济困难学前幼儿、孤儿和残疾儿童7584名。高中、中职助学金由每生每年1500元提高到2000元。支持全市职业教育特色专业建设，保障科大晋城校区、市中等专业学校新校区、市凤城中学等教育重点工程建设。落实创新驱动发展战略。支持构建具有晋城特色的科技创新体系建设，提升我市创新能力。支持科技企业孵化器等科技服务平台建设，补助科技项目15项，扶持重点农业科技扶贫项目86个，支持开展专利申请及推广工作，引导企业不断加大科技投入，提高产品的科技含量，增强企业的市场竞争力。支持做好社会保障和就业工作。企业退休人员基础养老金再提高10%，人均月增资253元。两次提高城乡低保标准，人均月补助水平达到城市465元、农村227元。农村五保分散和集中供养标准平均水平分别提高了每人每年600元和500元。提高荣军医院集中供养人员生活费标准，支持农村敬老院、社区日间照料中心和农村互助养老服务中心建设。提高自然灾害生活救助标准，完善社会救助和保障标准与物价挂钩的联动机制，为7254名重度残疾人和贫困残疾人发放了每人每月40元的护理补贴和生活补贴。支持残疾人康复、阳光家园计划、残疾人公益性岗位和退役士兵安置培训等事业发展。支持实施更加积极的就业政策，扶持4个市级创业孵化基地、276个入驻基地的创业实体，带动1028人就业。建立健全城乡统筹的公共就业服务体系，促进高校毕业生、农村转移劳动力、城镇困难人员及退役军人等就业。

深化医疗卫生体制改革。新型农村合作医疗和城镇居民基本医疗保险的财政补助标准，由每人每年320元增加到380元,缓解了169.21万城乡居民看病难问题。加强乡村医生队伍建设，将在编在岗乡村医生补助标准由每人每月400元提高到800元。人均基本公共卫生服务经费标准由35元提高到40元。继续支持基层医疗卫生机构和村卫生室实施基本药物制度。推进农村可持续发展。支持畜牧、设施蔬菜、干果经济林、蚕桑产业等特色农业产业扩大规模、提质增效。加大对产业化龙头企业、农民合作社等新型农业经营主体扶持力度，全面推进农村土地确权。支持农业机械化综合示范县乡村创建，加快构建现代农业经营体系。继续推进任庄水库改扩建、郭壁供水管道改造及水源扩供等重点水利工程建设，加强农村饮水安全及维修养护工程建设，支持膜下滴灌、末级渠系等农田水利建设，加快构建节水型社会。全面实施精准扶贫，进一步加大对产业扶贫和易地扶贫搬迁工作支持力度。推进环城生态圈建设，开展森林防火和林业有害生物防治，推进现代林业产业发展，提高森林生态效益。对2013—2015年新增农村气化用户进行补助，进一步改善农村人居环境。加强环境保护和节能减排。支持开展大气污染防治、黄标车及老旧车淘汰、医疗废物等危险性固体废物的处置、市区建筑垃圾清运车加装全密闭运输装置、加油站油气回收治理。改善农村人居环境，支持农村生活污水处理设施、污水收集管网建设。支持开展国(省)控重点污染源在线监测、监督性监测和地表水出省断面水质监测。支持了丹河人工湿地和巴公河人工湿地工程建设。支持节能和资源综合利用,对5户工业企业节能改造和工业固体废弃物再利用项目进行补贴。改善城乡人居环境。支持中心城市建设,推进泽州路、文昌街、太行路、建设南路道路改造工程,市区人行天桥、主城区城东景观水系、东南新区带状公园等25项重点工程建设。推进百镇工程建设,支持了沁水县中村镇镇区环境综合整治、中心街区升级改造、垃圾填埋场建设。支持城市道路补坑、综合管沟和桥涵维护、公用人行道和路沿石维修、排水清淤等,保证市区主干道、人行道畅通,市政设施正常使用。对泽州公园、玉龙潭公园等多个综合性游园进行高标准管护,对物茂广场、七星广场等进行日常维护,对6500余亩城市绿地、1.27万亩生态林地及3.9万余棵行道树进行浇水、除草、施肥、打药、修剪等日常管护。支持泽州公园铺装柏油路、凤西广场维修、河道橡皮坝维修等维修改造项目。支持时家岭公园、凤凰岭公园及周边生态区工程等园林绿化项目建设,努力为市民营造一个舒适的生活环境。支持棚户区改造开工2793套,农村危房改造2200户。

推进文化繁荣发展。支持开展第三届山西(晋城)太行山文化旅游节、消夏晚会、"周末大剧场"及百姓大舞台等公共文化惠民活动,丰富群众精神文化生活。支持开展文物古建抢救性保护及维护看护、非物质文化遗产保护、传承等工作。支持全市农村文化信息资源共享工程、农家书屋工程、农村文艺演出活动、农村体育活动、农村电影放映工程五项文化建设。支持完成7909户直播卫星"户户通"工程。支持公益性文化场(馆)免费开放。

二、2016年预算草案

(一)2016年财政工作指导思想、基本原则和财政政策

根据市委六届六次全会暨全市经济工作会议确定的2016年我市经济社会发展总体要求,结合当前经济财政形势,2016年我市财政工作及预算安排总的指导思想是:全面贯彻党的十八大和十八届三中、四中、五中全会及全国全省经济工作会议精神,遵循"四个全面"战略布局,牢固树立"五个发展"新理念,围绕市委"一争三快两率先"战略部署,坚持稳中求进工作总基调,坚持以提高经济发展质量和效益为中心,主动适应经济发展新常态,深入推进财税体制改革,继续实施积极的财政政策并适当加大力度,保持经济运行在合理区间,加快推动转方式调结构,强化风险防控;盘活存量,用好增量,优化财政支出结构,有保有压,确保重点领域特别是民生支出;坚持依法理财,加强财政管理,提高财政资金使用效益,促进我市稳增长、促改革、调结构、防风险、惠民生的综合平衡,确保"十三五"良好开局。

贯彻以上指导思想,在预算编制中坚持以下基本原则:一是坚持实事求是、积极稳妥、留有余地的原则,收入预算与经济社会发展水平相适应,与国家政策相衔接。二是坚持量入为出、统筹兼顾、突出重点、勤俭节约的原则,优化财政支出结构,在保证基本公共服务合理需要的前提下,重点向促进产业转型升级和改善民生倾斜,严控"三公"经费等一般性支出。三是坚持完善政府预算体系,提高预算编制完整性,政府的收入和支出全部纳入预算管理,并加大政府性基金预算与一般公共预算的统筹力度;同时加强结余结转资金管理,有效盘活存量,提高财政资金使用效益,将地方债务分门别类纳入预算管理。四是坚持"深化改革"原则,大力支持各项改革,创新财政投入方式,更好发挥财政资金对民间投资的拉动作用。五是坚持"绩效优先"原则,更加注重存量调整和效率优先,把精细管理和绩效考评融入预算编制、执行、监督的全过程。2016年继续贯彻实施积极的财政政策并适当加大力度,主要体现在:一是进一步减税降费。全面完成营改增任务,落实好普遍性降费措施。二是调整优化支出结构。坚持过紧日子,厉行节约,进一步压缩一般性支出,重点保证基本民生支出。三是加大财政资金统筹使用力度。清理结转结余资金,将盘活的财政资金重点投向民生改善、公共服务和基础设施等领域。主要支出政策如下:教育方面。进一步提高义务教育经费保障水平。统一城乡义务教育学校生均公用经费基准定额,普通小学每生每年600元,普通初中每生每年800元。支持改善贫困地区义务教育薄弱学校办

学条件。支持普通高中、中职免学费，支持中职学生实施免住宿费及发放高、中职助学金。提高特殊教育学校生均公用经费至8000元。完善家庭经济困难学生资助政策体系，促进教育公平。支持全市农村幼儿园改造及新改扩建标准化幼儿园建设，加快学前教育发展。支持太原科大晋城校区、凤城中学等教育重点项目建设。科技方面。进一步支持科技创新，加强科技研发资金项目管理，完善资金分配流程。对全市农村地区分布式光伏发电示范应用项目进行扶持，拓宽农民的增收渠道。鼓励企业加大研发经费投入，推进科技成果转化，加快以科技企业孵化器和众创空间为重点的“双创”平台建设，推进全市科技创新。社会保障和就业方面。统筹城乡居民基本养老保险，市级财政对参保人员缴费每人每年补贴10元。按6.5%左右提高企业和机关事业单位退休人员养老金标准，建立基本工资正常调整机制，完善职工养老保险个人账户。继续支持城乡社会救助、农村五保户供养和农村敬老院、社区日间照料中心和农村互助养老服务中心建设。对重度残疾人和贫困残疾人进行护理补贴和生活补贴，对三无重度残疾人进行托养补助。支持残疾人康复、残疾人公益性岗位、残疾人职业培训等残疾人事业发展。将失业保险基金支持稳岗实施范围由兼并重组企业、化解产能过剩企业、淘汰落后产能等三类企业扩大到所有符合省定标准企业。完善创业融资服务，加大创业扶持力度，推动创业带动就业。

医疗卫生方面。农村合作医疗和城镇居民基本医疗保险财政补助标准由每人每年380元提高到420元。完善大病保险和生育保险政策，合并实施生育保险和基本医疗保险。将基本公共卫生服务项目财政补助标准由每人每年40元基础提高到45元。完善重特大疾病医疗保险和救助制度，继续实施城乡居民大病医疗保险试点。帮助解决政策性关闭破产国有企业职工、重点优抚对象、离休干部和困难企业军转干部医疗保障问题。支持艾滋病防治、农村妇女两癌检查等重大公共卫生专项实施。

脱贫攻坚方面。围绕全市脱贫攻坚任务和精准扶贫要求，加大扶贫专项资金投入和统筹整合倾斜力度，2016年市级安排扶贫专项资金2977万元，增长25%。因地制宜支持贫困地区特色产业发展，鼓励引导社会力量参与产业扶贫，积极探索构建资产收益扶贫新机制，组建扶贫开发投资市场主体，大力推动易地扶贫搬迁，加大贫困地区职业农民培育力度，进一步加强教育脱贫、社会保障兜底脱贫。

农业方面。继续实施粮食丰收工程，推进设施蔬菜、干果经济林等特色农业产业提质增效。支持启动蚕桑保险试点，择优扶持“一村一品”产业发展。继续对农业产业化龙头企业等新型农业经营主体予以贷款贴息扶持。加强新型职业农民培育。加快推进农村土地承包经营权确权登记，支持泽州县南岭乡开展农村综合改革试点。继续推进农产品质量追溯体系试点和“三品一标”建设，促进农产品质量稳步提高。加强林业有害生物防治，强化森林火灾监测与防范，继续实施市级公益林生态效益补偿，推进森林抚育和国有林区综合建设试验示范。继续推进郭壁供水改扩建、杜河提水工程等重点水利项目建设，加强水土保持、末级渠系等农田水利建设，支持农村饮水安全巩固提升，积极推动节水型社会建设。推进建立病死畜禽无害化处理体系，鼓励引导规模养殖场建设粪污处理和污染减排设施，强化动物疫病防治，推进畜牧产业生态健康发展。支持高平市率先试点生猪价格指数保险和育肥猪保险。继续支持农机新技术新机具试验示范及社会化服务体系建设。

生态环保方面。加强大气污染防治，继续支持黄标车及老旧车提前淘汰奖补工作。推进巴公河人工湿地工程建设。支持开展改善农村人居环境农村生活污水防治工程建设。支持开展国(省)控重点污染源在线监测、监督性监测和地表水出省断面水质监测，医疗废物等危险性固体废物的处置以及对丹河人工湿地管护等。

城乡社区方面。支持中心城市建设，加强城市管理。保障城市道路、人行道、雨水管道、污水管道、综合管沟维护。继续推进乡村清洁工程建设和百镇建设，开展农村危房改造。保障市污水处理厂正常运转。支持园林事业发展，对泽州公园、玉龙潭公园等多个综合性游园进行高标准管护，对物茂广场、七星广场等进行日常维护。全年计划棚户区改造开工

6000套,农村危房改造2370户。

文化体育方面。支持市图书馆、美术馆、群艺馆、体育场(馆)等公益性文化设施免费开放,进一步提高基层公共文化服务水平。继续加大对文物古迹、非物质文化遗产的保护力度,鼓励创造精品文化食粮,提升全市人民的精神文化生活,支持全民健身活动开展,保障各项文化惠民政策的落实。

(二)2016年收入预计和支出安排

1.全市收入预计和支出安排

(1)全市一般公共预算

2016年全市一般公共预算收入安排87.3亿元,比上年下降7%,主要是受经济持续下行、工业经济持续回落、煤炭价格低位运行以及结构性减税和普遍性降费等影响。加上级补助收入46.5亿元、上年滚存结余2亿元、调入资金7亿元、动用预算稳定调节基金3.1亿元、地方政府一般债务转贷收入8亿元,减上解上级支出0.6亿元、债券还本支出3.6亿元,2016年全市安排一般公共预算支出149.7亿元,比上年向市人大常委会备案预算下降1.9%。

2016年省对我市转移支付预算464581万元,比上年预算增长22.9%。其中:返还性收入37988万元,上年预算下降0.5%;一般性转移支付282575万元,上年预算增长9.3%;提前下达专项转移支付144018万元,上年预算增长140.9%。

(2)全市政府性基金预算

2016年全市政府性基金预算收入安排23.7亿元,加上年结转收入2.7亿元、地方政府专项债务转贷收入7亿元,减调出资金4亿元,可安排基金财力为29.4亿元。按照收支平衡和对应安排的原则,相应安排基金预算支出29.4亿元。

(3)全市国有资本经营预算

2016年全市国有资本经营预算收入安排4.3亿元,减调出资金2亿元,安排国有资本经营预算支出2.3亿元。

(4)全市社保基金预算

2016年全市社会保险基金预算收入安排67.8亿元,下降2.3%。全市社保基金预算支出安排57.7亿元,增长34%,增幅较大主要是机关事业单位养老保险改革增加支出所致。社保基金滚存结余预计170.6亿元。

(5)全市专户资金预算

2016年全市专户资金收入安排0.7亿元,下降6.4%,加上年结余0.3亿元,减调出资金0.1亿元,全市专户资金支出安排0.9亿元,下降3.6%。

(6)全市地方政府债券资金

省政府批准我市2016年新增政府债务限额15亿元,并发行转贷我市政府债券资金15亿元,比2015年的8亿元增加7亿元,增长87.5%,其中:一般债券8亿元,专项债券7亿元。一般债券为没有收益的公益性项目举借,用一般公共预算收入偿还,收支纳入一般公共预算管理。专项债券为有一定收益的公益性项目举借,用政府性基金或专项收入偿还,收支纳入政府性基金预算管理。省财政厅要求新增债券资金要依法用于公益性资本支出,优先用于保障在建公益性项目后续融资,不得用于经常性支出和楼堂馆所等明令禁止的项目支出,根据我市实际,新增债券资金分配方案为:市本级留用9亿元,其中:一般债券8亿元,专项债券1亿元;转贷各县(市、区)6亿元,全部是专项债券,其中安排不少于0.6亿元用于扶贫开发。转贷各县(市、区)6亿元的专项债券具体情况为:经济开发区0.5亿元,泽州县2.5亿元,高平市1亿元,阳城县1亿元,陵川县0.5亿元,沁水县0.5亿元。

2.市本级收入预计和支出安排

(1)市本级一般公共预算

2016年市本级一般公共预算收入安排27亿元,比上年下降22.1%,加上级补助收入46.5亿元、下级上解收入1亿元、上年滚存结余0.9亿元、调入资金0.3亿元、调入预算稳定调节基金1.2亿元、地方政府一般债务转贷收入8亿元,减上解上级支出0.6亿元、补助下级支出43.3亿元、地方政府债务还本支出1亿元,2016年市本级安排一般公共预算支出40亿元,比上年预算下降17.2%,降幅较大主要原因一是收入下降,二是按照财政部加大转移支付资金提前下达的要求,市级安排的转移支付资金2015年提前下达县(市、区),支出编入县级预算,市本级支出相应减少,剔除此因素,加上用收回的结余资金安排7.6亿元,安排支出实际增长4.9%。

省下达我市转移支付市本级留用71381万元，其中：返还性收入30622万元；一般性转移支付13790万元；专项转移支付26969万元。市本级财力安排对县（市、区）转移支付51829万元，其中：一般性转移支付9649万元，已全部下达；专项转移支付42180万元，已提前下达30722万元。

市本级一般公共预算主要收入项目安排情况：税收收入20亿元，下降6.8%，其中：增值税4亿元，下降5.1%。营业税5.7亿元，下降7.5%。企业所得税4.4亿元，下降8.3%。个人所得税0.8亿元，下降9.4%。资源税3.3亿元，下降7.6%。其他税收1.8亿元，下降1.2%。非税收入7亿元，下降46.9%，市本级一般公共预算主要支出项目安排情况：教育支出6.1亿元，加上提前下达县级的转移支付和收回结余资金安排同比（下同）下降6.7%。科学技术支出0.2亿元，下降60.9%，降幅较大主要是落实国务院关于清理规范重点支出同财政收支规模挂钩事项的规定，不再采用先确定支出总额再安排具体项目的办法以及科技孵化器项目安排减少。文化体育与传媒支出0.9亿元，下降35.6%，降幅较大主要是2015年预算安排的市公共文化服务中心项目4500万元，2016年受工程进度影响和财力所限没有安排。医疗卫生与计划生育支出1.8亿元，下降3.2%。社会保障和就业支出4亿元，增长1.6%。住房保障支出1.6亿元，增长135.7%，增幅较大主要是2015年中央财政城镇保障性安居工程专项资金结转使用及财政部政府收支分类科目调整政府住房基金转列一般公共预算支出所致。节能环保支出1.6亿元，下降5.2%。城乡社区支出6.9亿元，增长285.7%，增幅较大主要是2016年地方政府债务转贷收入安排城市建设项目所致。农林水支出1.6亿元，下降28.2%，降幅较大主要是2015年预算安排有农村土地承包经营权确权登记1930万元及郭壁供水新建管道工程900万元等一次性项目。交通运输支出3.2亿元，增长321.8%，增幅较大主要是2016年地方政府债务转贷收入安排相应道路交通建设支出所致。国土海洋气象等支出0.3亿元，下降95.6%，降幅较大主要是2015年非即期矿产资源专项收入全部一次性缴库金额较大，按规定安排相应政府性固定资产投资支出。公共安全支出3.2亿元，增长6.2%。

（2）市本级政府性基金预算

2016年市本级政府性基金预算收入安排2.2亿元，下降13.2%，加上年结转收入0.6亿元、上级补助收入0.4亿元、地方政府专项债务转贷收入1亿元，减补助下级支出0.6亿元，安排基金预算支出3.6亿元。

（3）市本级国有资本经营预算

2016年市本级国有资本经营预算收入安排0.3亿元，安排国有资本经营预算支出0.3亿元。

（4）市本级社保基金预算

2016年市本级社会保险基金预算收入安排35.8亿元，下降5.8%。市本级社保基金预算支出安排28亿元，增长16.3%。社保基金滚存结余预计114.5亿元。

（5）市本级专户资金预算

2015年市本级专户资金收入安排0.4亿元，下降7.5%，加上年结余0.3亿元，市本级专户资金支出安排0.7亿元，增长1.5%。

（6）市本级地方政府债券资金

市本级新增地方政府债券资金9亿元，其中：一般债券8亿元，专项债券1亿元。拟用于207国道改线、高速牛匠出入口、凤台街市民广场、陵沁一级路过境段改造等政府性固定资产投资项目。

（7）盘活存量资金情况

按照国务院办公厅《关于进一步做好盘活财政存量资金工作的通知》和财政部《关于加强地方预算执行管理激活财政存量资金的通知》精神，市本级2016年清理盘活以前年度安排市直部门（单位）结余资金及其他资金7.6亿元，收回总预算统筹安排使用。经汇总，2016年市本级行政事业单位使用财政拨款安排的“三公”经费预算5626万元，比上年预算减少262万元，下降4.4%。其中：因公出国（境）经费203万元，增加197万元，主要受出访任务增加影响；公务接待费929万元，减少7万元；公务用车购置及运行维护费4494万元，减少452万元。在市人代会召开之前，市财政对本级基本支出和参照上年同期支出数额必须支付的项目支出、上年结转支出等必要支出进行了支付。

3.晋城经济技术开发区收入预计和支出安排

2016年晋城经济技术开发区一般公共预算收入安排2.8亿元，比上年下降5%，一般公共预算支出安排2.1亿元，比上年下降50.2%。政府性基金预算收入安排3.7亿元，增长305.9%，增幅较大主要是2016年国有土地出让计划较2015年预计增加近2倍。

加地方政府专项债务转贷收入0.5亿元，安排政府性基金预算支出4.4亿元。社保基金预算收入安排0.09亿元，增长57.1%。社保基金预算支出安排0.07亿元，增长166.3%。社保基金滚存结余预计0.1亿元。

三、切实做好2016年财政改革与管理工作

受经济形势影响，2016年财政收支矛盾十分突出，预算平衡难度很大，各级各部门都要牢固树立“过紧日子”的思想，厉行节约，勤俭办一切事业，从严控制一般性支出，重点做好以下工作：

（一）深入推进财政改革，加快现代财政制度建设。一是全面启动编制三年滚动财政规划和部门三年支出规划，积极推进中期财政规划与部门、行业规划相衔接。强化三年支出规划对年度预算的约束，年度预算编制必须在三年支出规划框架下进行。二是推进转移支付管理改革，切实减少行政性分配，建立健全专项转移支付定期评估和退出机制。清理规范重点支出同财政收支增幅或生产总值挂钩事项，增强财政投入的有效性。三是提高预算资金使用绩效，全面推进预算绩效管理，强化绩效评价结果应用。四是加强部门预算评审工作，按照“部门先行自评项目后入项目库，库中项目财政评审后列入预算”的原则，以对项目库中的项目评审结果作为依据安排预算。五是进一步推进部门预算细化，从2016年开始，各部门（单位）在编制部门预算时，将公用经费的综合定额编列至经济科目中的“款”级。六是加强和规范政府债务管理，防止财政风险扩散，提高地方债务资金使用效率。

2016年，全市到期政府债务4.5亿元，其中市本级到期1.7亿元，各县（市、区）到期2.8亿元，各级财政部门将通过一般公共预算安排、置换债券、调入债务单位经营收益等方式，确保政府债务按期偿还，维护政府信誉。七是扎实推进政府购买服务工作。

（二）落实积极财政政策，提高经济发展质量效益。一是按照使市场在资源配置中发挥决定性作用和更好发挥政府作用的基本要求，积极支持深化改革，减少对竞争性领域的干预，促进改善发展环境，促进公平竞争，通过市场发现和培育新的增长点。二是积极争取地方政府债券资金，支持重点工程建设，发挥政府投资拉动增长的关键作用。三是推进财政资金统筹使用，盘活各领域“沉睡”的财政资金，将政府住房基金、水土保持补偿费等5项政府性基金转列一般公共预算，超过规定比例的政府性基金结转资金也要调入一般公共预算。加大对预算单位结余结转资金审核力度，将不符合结转要求的资金重新收回财政统筹安排至急需资金的领域和项目上，推动财政资金更好发挥效益。四是切实为企业发展减负，及时跟进营改增改革，认真执行各项结构性减税和税收优惠政策，严格落实各项减免行政性收费特别是涉煤收费措施，按规定减征缓征社保收费，坚决杜绝虚收探收财政收入，真正对企业发展实行“顺周期”调节。五是进一步推广PPP模式，加大PPP项目识别和运行储备。六是加强财政与金融的协调配合，加大政府投资基金、政策性融资担保、风险补偿、贷款贴息、贷款保证保险等政策创新和支持力度，降低市场主体融资成本，引导金融机构创新金融服务，积极支持先进制造业、现代服务业、战略性新兴产业等新的经济增长点加快发展。

（三）做好补齐短板工作，提高发展协调性平衡性。一是深入推进精准扶贫，利用易地扶贫搬迁的政策资金优惠加快小城镇建设，吸纳解决贫困人员安置。因地制宜加快农业产业发展，推进老区产业融合发展，延长农业产业链，促进农户增加收益。积极探索资产收益扶贫。通过社会保障和慈善救助兜底解决无劳动能力人员脱贫和因病或因老返贫。二是落实就业优先战略，推进各类教育协调均衡发展，继续支持医药卫生体制改革，加快养老保险制度改革，扎实做好社会救助和社会福利等工作。三是加快转变农业发展方式，支持提高农业综合生产能力，完善农业生产激励机制，切实推进农业可持续发展，促进农民收入稳步增长。四是积极稳妥推进新型城镇化，加快改善农村人居环境，进一步提升完善城市人居环境。

（四）强化财政监督管理，健全完善内部控管机制。一是完善覆盖所有政府性资金和财政运行全过程的监督机制，做到事前审核、事中监控和事后检查的有机结合。二是探索建立保障和改善民生资金监管的长效机制，重点开展与人民群众利益密切相关的社会保障、教育、扶贫等方面专项资金的监督工作。三是强化内部监督制度，促进完善预算编制、执行和监督相互协调、相互制衡的财政运行机制。四是扩大报送市人大审议预算的部门范围，稳步推进向市人大报送部门决算工作，自觉依法接受人大、审计监督。五是建立健全完整、规范的预决算公开机制，增强财政管理透明度，提高财政监督的效果。六是加快建立健全内控制度，聚焦预算管理、资金分配等核心业务环节，强化内部流程控制，防止权力滥用。抓好内控制度的执行，建立有效的风险应对机制。强化结果运用，健全问责机制，全面提升管理成效。七是加快推进管理会计工作，在前期试点的基础上进一步扩大试点范围和内容，通过管理会计的推广应用提升单位管理水平。

2016年财政改革发展的任务繁重而艰巨，我们要在市委的正确领导下，自觉接受市人大的监督，虚心听取各方面的意见和建议，主动适应经济发展新常态，勇于担当、积极进取，努力完成全年财政预算任务，为加快建设美丽晋城，率先走出资源型地区科学发展新路做出更大的贡献。

2015年晋城市大事记

1月

3日

晋城市第四届少儿围棋精英赛在城区青少年棋院落下帷幕。

6—13日

“田园·天空·中国梦”晋城市首届农民美术书法作品展在晋城美术馆展出。

8日

“中国品牌大会暨中国十大影响力品牌公益表彰颁奖典礼”在北京人民大会堂举行，皇城相府被世界华人工商业联合会和中国品牌管理协会授予“中国十大文化旅游景区”称号。

9日

晋城市首家农村股份制商业银行——山西泽州农商银行成立。

11日

晋城市第三届“古陵山”杯迎春乒乓球赛落下帷幕。

16日

中共晋城市委六届五次全体会议暨全市经济工作会议召开。会议全面贯彻落实党的十八大和十八届三中、四中全会，中央经济工作会议和省委十届六次全会、全省经济工作会议精神，分析国内外经济形势，总结2014年工作，部署2015年工作。

17日

太行日报社主办的晋城新闻网旅游频道——“晋旅游”正式上线运行。

晋城市首支驴友救援队——山西天龙救援队晋城支队成立。

19日

高平市被农业部确定为第三批国家现代农业示范区。

22日

晋城市两家民营企业（高平市兴龙工贸有限公司和高平市晋兴龙物资贸易有限公司）在上海股权托管交易中心中小企业股权报价系统（简称Q板）挂牌上市，是全市中小微企业首批在上海三板市场挂牌的企业。

28日

“廉洁晋城”美术书法摄影展在晋城美术馆（荆浩美术馆）展出，2月11日结束。

第九届“全国农村青年致富带头人”评选结果揭晓。晋城市3名优秀农村青年获此殊荣，分别是：山西五谷养生科技有限公司负责人王晋军、晋城益丰园农产品开发科技有限公司总经理洪波、晋城市牧鹤肉鸡养殖专业合作社理事长郝江波。

是月

2014年“山西省著名商标”名单公布，晋城市24件商标榜上有名。

全国和山西省2014年度优秀童谣征集评选揭晓，泽州县高都镇教学区教师晋兴太创作的《友善谣》获全国优秀童谣创作三等奖、全省优秀童谣创作二等奖。

晋城市在全国率先出台8个低碳示范标准，并确定首批622个低碳示范单位。

泽州县高都镇善获村发现一件清咸丰年间的结拜帖子，为布织品手写帖，长38厘米，宽26厘米。

晋城市一收藏爱好者发现一枚清光绪五年的“日行八百里”官方邮递的信封，在国内馆藏文物中邮递特急尚属先例。

陵川县获“新农村电气化县”称号。

晋煤集团成庄矿职工牛文兵在全国第十二届高级技能人才表彰大会上获“全国技术能手”称号。

2月

4日

晋城市第五届公民道德建设先进典型人物“晋城好人”颁奖仪式在市电视台演播厅举行。

4—5日

省委常委、组织部部长盛茂林在晋城市，就学习讨论落实活动开展、组织工作包括“三个一批”和选拔县委书记等主题进行座谈，并走访慰问困难企业、特困户、社会福利院等。

6日

晋城市出台《支持文化（创意）产业快速发展的若干措施》。

晋城市“诚信还粮”的刘平贵家庭获选2014年全国“最美家庭”提名奖。

7日

晋城农村商业银行成立。

11—14日

政协晋城市六届五次会议召开。

12—15日

晋城市六届人大六次会议召开。

27日

晋城市第七届青少年书法作品展在赵树理文学馆开展。

28日

第四届全国文明城市（区）、文明村镇、文明单位结果揭晓，晋城市5个村镇、6个单位榜上有名。泽州县高都镇北上矿村、阳城县润城镇上庄村、陵川县附城镇附城村、沁水县郑村镇侯村、城区北石店镇获“全国文明村镇”称号；市公安消防支队、市财政局、高平市地方税务局、市人民检察院、沁水县人力资源和社会保障局、城区东街办建设路社区获“全国文明单位”称号。

是月

市委讲师团被评为“全省理论宣讲工作先进单位”。

市粮食局被人力资源和社会保障部、国家粮食局授予“全国粮食系统先进集体”称号。

3月

3日

在国务院第三次全国经济普查领导小组召开的总结表彰会上，晋城市统计局被授予“第三次全国经济普查先进集体”。

3—5日

晋城首届动漫嘉年华在市美术馆举行。

10日

全市食品安全工作暨创建省级食品安全城市动员会议召开。

16日

晋城市农村工作会议在市委市政府多功能会议厅召开。

23日

晋城市创建国家级创业型城市工作会议召开。

晋城市“双学双严”党纪条规警示教育月领导干部轮训班开班。

27日

山西省党建研究会第三届五次理事会对2014年度调研课题优秀成果进行表彰，晋城市党建研究成果获奖数量居全省第一。

27—28日

省委常委、常务副省长高建民就重点工程和重点项目建设在晋城市调研。

30日

在第50届全国工艺品交易会上，晋城市陶瓷艺术家贾法屯创作的黑陶作品获得国家“金凤凰”奖。

是月

高平市入选第三批国家现代农业示范区。

晋城市三位“晋城好人”荣登三月份“中国好人榜”。其中，栗红莲入选“中国助人为乐好人”，张军胜入选“中国见义勇为好人”，韩连周入选“中国诚实守信好人”。

晋城市白马寺山植物园建设（白马寺沉陷区生态综合整治）工程荣获“中国人居环境范例奖”。

晋城市获得“全国未成年人思想道德建设先进城市”称号，市文明办获得“先进单位”称号。

4月

8日

由晋城广播电视台参与创作、拍摄的首部电视连续剧《俺家住在黄华街》在阳城县绿洲纺织厂正式开机。

16日

副省长郭迎光到晋城市泽州、阳城、沁水等地，就采煤沉陷区治理工作推进情况进行调研并进行专题座谈。

23日

晋城市大型原创儿童剧《七

彩梦》入选第八届全国儿童优秀剧目展演，这是山西省唯一入选的剧目，也是晋城建市以来首台入选全国儿童优秀剧目展演的剧目。

28日

副省长、省公安厅厅长刘杰在晋城市，就公安机关派出所和社区警务"1135"工程及"四项建设"推进情况进行调研。

"五一"国际劳动节暨表彰全国劳动模范和先进工作者大会在北京人民大会堂举行。晋城市毕腊英等5人分别获得"全国劳动模范"和"全国先进工作者"称号。

29日

全市学习讨论落实活动总结暨"六权治本"推进会召开。

是月

晋城市城区、高平市、阳城县3县(市、区)获"全国义务教育发展基本均衡县(市、区)"称号。

5月

11日

在国际护士节暨全省改善护理服务经验交流会上，市人民医院神经外科护士长秦艳被评为"全省优质护理服务先进标兵"，市人民医院护理部被中华全国妇女联合会表彰为"全国巾帼文明岗"。

13—14日

省人大常委会副主任、省总工会主席田喜荣带领省人大执法调研组到晋城市，就贯彻实施《山西省节约用水条例》工作情况进行执法调研。

15日

晋煤集团起草的《煤层气(煤矿瓦斯)术语》国家标准颁布，并于9月1日起正式在全国实施。

19日

全市首家青年企业商会——泽州县青年企业商会正式成立。

20日

"榜样山西·最美劳动者"2014年度人物揭晓，高平市科兴南阳煤业有限公司综采队队长陈建鹏获得"最美劳动者"称号；晋煤集团成庄矿运行工区机电队长张晨光获得"最美劳动者"提名奖。同时，他们被省劳动竞赛委员会授予"山西省五一劳动奖章"。

高平市上党梆子剧团《长平绣娘》主演杜建萍获得第27届中国戏剧梅花奖。

22日

"晋善·晋美·晋城"2015山西晋城(长治)旅游推介会在长治举行。

23日

在深圳宝安体育馆举行的WDSF亚太体育舞蹈竞标赛中，晋城籍选手阎棒棒与搭档朱静获得该赛事拉丁舞冠军。

23—25日

第十届"三晋之春"合唱比赛在山西大剧院举行，市群众艺术馆太行风合唱团获得社会专场第一名。

25日

中原经济区城市旅游联盟2014—2015年会在河南省安阳市举行，晋城市获"中原经济区区域旅游合作奖"。

26—27日

省长李小鹏在晋城市就项目建设和经济运行情况进行调研。

是月

陵川县被国家发改委、科技部等11部委确定为首批国家级生态保护与建设示范区。

省政府组织2014年度城市公共交通优先发展工作考核，晋城市名列第一。

6月

1—2日

省委副书记楼阳生到高平市，就贯彻落实省委书记王儒林对高平市的重要批示精神进行专题调研。省委常委、政法委书记王建明一同调研。

5—7日

省委常委、统战部部长、省促进民营经济发展领导小组组长孙绍骋在高平市，就贯彻落实省委书记王儒林对高平市的重要批示精神进行调研。

11日

省人大常委会副主任安焕晓带领省人大立法调研组，就推进山西省设区的市开展立法工作在晋城市进行调研。

晋城市启动2015年新生儿遗传代谢病耳聋基因筛查项目。省人大常委会副主任、省出生缺陷干预救助基金会名誉理事长安焕晓出席仪式并讲话。

14—16日

省委常委、组织部部长盛茂林在城区、泽州、高平等地，就开展"三严三实"专题教育、加强农村基层党建和认真落实省委书记王儒林对高平市工作重要批示精神进行调研。

15—16日

省政协副主席朱先奇带领省政协调研组莅临晋城市，就建立和完善农民种养殖业风险保障机制工作进行专题调研。

24日

全市金融振兴推进大会在市委市政府多功能会议厅召开。

25日

晋城市出台《推进文化创意和设计服务与相关产业融合发展行动计划》。

26日

晋城市获省级“双拥模范城”称号，沁水县、泽州县获得省级“双拥模范县”称号。

全市学习讨论落实活动专项整治专题汇报暨督导总结会召开。

是月

陵川县荣登“2015百佳深呼吸小城榜”。

首届“京华奖”全国微电影明星大赛获奖名单在北京揭晓，阳城县委宣传部和阳城电视台联合制作出品的首部本土微电影《永远的山村》分别获得制片第一名、导演第二名、男主角第三名三项大奖。

在第六届全国敬老爱老助老主题教育活动中，晋城市7人获“全国孝亲敬老之星”称号。全市获此称号人数达到27人。

7月

1日

第12届《影像中国》“晋城杯”全国摄影艺术大展评选揭晓，评选出两大类249幅（组）入选作品。

3日

晋城市2015“瑞基地产杯”首届篮球联赛在市区阳电体育广场开赛。

4日

2015中国技能大赛山西省第十一届技工院校职业技能大赛在市技师学院开幕。

5日

晋城市首届绿道徒步大会在白马绿道开赛。

9—10日

省政协副主席李悦娥率省政协民宗委调研组莅临晋城市，就《宗教事务条例》《山西省宗教事务条例》贯彻落实情况和山西省少数民族聚居村全面建成小康社会情况进行调研。

10日

第二届雪花啤酒节在晋城技师学院拉开帷幕。

12日

纪念抗战胜利70周年暨“太行风骨·善美晋城”山西省美术书法作品提名邀请赛在太原开幕。

13日

开封市政府考察团莅临晋城市，就城市建设、经济发展等工作进行参观考察。

15日

晋城市号召广大家庭悬挂家规家训活动在城区金华社区启动。

18—19日

省委常委、省纪委书记黄晓薇在晋城市，就基层落实“两个责任”、党风廉政建设工作进展情况进行调研。

19—22日

晋城市特殊教育中心学校代表山西省参加中国智协2015年12省（市、自治区）特奥联谊活动竞赛，获得9金4银3铜，金牌总数名列13支代表队第一名。

20日

晋城一中高二学生赵鋆峰获全国青少年信息学奥林匹克竞赛金牌。

23日

太行山不会忘记——晋城市纪念抗日战争胜利70周年暨“军营晋城好儿女”表彰活动在泽州会堂举行。

全国青少年五好小公民“少年向上·真善美伴我行”主题教育演讲总决赛在长沙举行，晋城一中学生崔佳颖获全国演讲中学组一等奖。

25日

第19届中国少儿戏曲小梅花荟萃演出落幕，晋城市李云鹏获地方戏专业组金奖十佳第二名。

28日

第三届全国“我爱水彩”作品展在市美术馆开展。

30日

“泽州农商银行”晋城市第三届青年创业大赛总决赛举行，李诚的青年旅行社项目获得冠军，并获3万元创业扶持资金。

是月

市长刘润民率团访问南非、波兰。

“晋城美德少年”评选表彰结果揭晓，晋城市60名中小学生分别被评为文明礼仪、热心公益、诚实守信、尊老爱幼、自强自立、乐于助人"美德少年"。

晋城职业技术学院参加第20届山西省大中学生田径运动会，获得5金2银3铜。

"2015中外避暑旅游口碑金榜"出炉，泽州县的珏山景区位列百佳避暑名山第32位。

8月

1日

晋城市正式实行一孩生育登记制度。

1—2日

山西省第十五届运动会2015年跳水比赛在晋城市跳水馆举行。晋城队获得5金7银8铜。

3—4日

省人大常委会副主任周然率省人大调研组莅临晋城市，就非物质文化遗产法律法规实施情况进行调研。

15日

市图书馆举办"抗日战争在晋城"专题展览，10月30日结束。

25日

山西省公布第四批省级非物质文化遗产项目代表性传承人名单，晋城市11人被认定为省级非物质文化遗产项目代表性传承人，全市省级非物质文化遗产项目代表性传承人达到62人。

晋城市关工委被中央文明办、中国关工委表彰为全国关心下一代工作先进集体，是继2000年、2005年、2010年之后，第四次获此殊荣。

26日

"文明好榜样·三晋好媳妇"决选暨颁奖仪式在太原举行，晋城市的郑新娟、秦香娥获楷模奖。

是月

市区人民广场历时3年改造施工，重新对外开放。

晋城市歌舞剧院艺术培训中心展演的少儿舞蹈《谷子好》获第八届"小荷风采"全国少儿舞蹈展演"小荷新秀"奖。是晋城市首次获得全国少儿舞蹈最高奖项。

陵川县成为2015年全国电子商务进农村综合示范县。

2015年山西晋城"神利杯"全国传统武术邀请赛暨山西省第二十九届传统武术锦标赛在市文体馆举行。是晋城市首次承办的国家级武术赛事。

9月

7—8日

省委书记王儒林深入高平市，就高平市工作进展、存在问题和下一步推进措施情况进行调研。

8日

晋城市首届少年儿童美术作品展在市美术馆开展。

9日

第二届山西文化产业博览会举行重点文化产业项目签约仪式，晋城市5家参会企业成功签约，签约总金额达到6.2亿元。

15日

晋城市第三届职工运动会在市阳电体育广场开幕。

17日

全市新闻战线第二届"好记者讲好故事·价值观的故事"演讲比赛在晋城广播电视台举行。

18日

皇城相府"中国华侨国际文化交流基地"颁奖仪式在皇城相府景区御书楼广场举行。

20日

中国·泽州2015"圣拓地产杯"首届全国山地车爬坡赛在珏山旅游风景区举行。

23日

"书香三晋·文明社会"全民阅读报刊行活动总结表彰暨"最美读书人"报告会在省图书馆长风馆举行，阳城退休干部郭恒勋获"最美读书人"称号。

24日

电视剧《白鹿原》在阳城县潘家大院开机拍摄。

28日

全市科技创新和民营经济发展推进会在市委、市政府多功能会议厅召开。

29日

全市弘扬社会主义核心价值观高平现场会召开。

是月

张瑞、牛盘法荣登九月份"中国好人榜"。

10月

14日

城区北石店镇南石店村刘平贵、李继林夫妇获第五届"全国道德模范"称号，高平市寺庄镇伯方村毕腊英获第五届"全国道德模范提名奖"。

电视剧《白鹿原》剧组在阳城县润城镇上庄村举行新闻发布会，张嘉译、戈治均、李沁等主演亮相。

14—15日

省人大常委会副主任牛仁亮率省人大调研组到晋城市，就经济运行和医疗体制改革推进工作进行调研。

15日

第三届山西（晋城）太行山文化旅游节开幕。

16日

第五届山西（晋城）投资贸易洽谈会和山西省——中原经济区合作发展推进会在晋城市召开。

《最炫太行风》晋城市第三届健身广场舞大赛总决赛在市广播电视台举行。

晋城市首部本土原创电视连续剧《俺家住在黄花街》在晋城广播电视台举行首映。

16—17日

2015年山西（晋城）国际职业围棋混双邀请赛在金辇大酒店举行。中国聂卫平/徐莹、中国江铸久/王祥云、韩国曹薰铉/权孝珍、韩国徐奉洙/玄味真四对选手参加比赛，韩国曹薰铉/权孝珍组合获得冠军。

16—31日

第六届“晋善·晋美·晋城”旅游文化节举行。

19日

晋城市首届青少年中华经典古诗词挑战大赛开始海选。

19—21日

广西壮族自治区政协主席陈际瓦率驻桂全国政协委员考察团莅临晋城市，就推进革命老区建设进行考察。

20日

山西省《中国共产党巡视工作条例》巡回宣讲组在晋城市宣讲。

21日

晋城市马丑平、牛盘法、徐桃英、秦玉芳、王小娜家庭获三晋“最美家庭”称号，晋城市妇联获“优秀组织单位”称号。

21—22日

全国人大常委会老年人权益保障法执法检查组莅临晋城市，就贯彻实施《中华人民共和国老年人权益保障法》情况开展执法检查。

22日

孙文龙纪念馆成为中国关心下一代教育示范基地，是山西省首个中国关心下一代教育示范基地。

23—27日

晋城市组团参加在中国（太原）煤炭交易中心举行的第四届中国（山西）特色农产品交易博览会。

27日

市政府与太原海关、山西检验检疫局举行战略合作签约仪式，分别签署推进晋城海关建设和晋城检验检疫机构建设的合作备忘录，晋城海关、晋城检验检疫机构建设进入实质性阶段。

11月

3日

全市农村基层党建工作会议在沁水县召开。

5日

中宣部在中央电视台向社会公开发布两个“时代楷模”先进事迹，高平人郭峰是其中之一。

12日

晋城市庆祝第十六个“记者节”暨第三届“晋城最美新闻人”表彰活动在市广电演播大厅举行，11名新闻工作者获第三届“晋城最美新闻人”称号。

14—15日

第十二届全国健身交谊舞锦标赛暨2015年全国健身交谊舞大赛举行，晋城市代表队获得一等奖3个，二等奖5个，三等奖13个，是晋城市参加全国性交谊舞比赛获奖最多的一次。

16—18日

省委副书记楼阳生到晋城市城区、泽州县、高平市、陵川县，就贯彻落实党的十八届五中全会精神，加快推进“三农”发展进行调研。

20日

晋城市获“全省创业型城市创建活动优秀单位”称号。

22日

“晋城新八景”评选出炉，分别为太极飞虹、丹水芦语、府城星辉、文博咀华、树理流芳、吴山观凤、白马梵音、秀丽烟柳。

24日

“田园·天空·中国梦”——晋城市第二届农民美术书法作品展在晋城美术馆（荆浩美术馆）展出。12月2日结束。

26日

经省十二届人大常委会第二十三次会议通过，即日起，晋城市人大及其常务委员会可开始制定地方性法规。

27日

沁水县园林城市建设通过省

级园林城市评审，获得“山西省园林城市”称号。

是月

泽州县和泽州县巴公镇被确定为第二批国家新型城镇化综合试点地区。

晋城市出台《煤矿事故应急预案》。

国内互联网和IT界权威杂志《互联网周刊》发起的2015智慧旅游景区Top100出炉，晋城市皇城相府景区入围，名列第56位。

2015年度中国中小城市综合实力百强县(区、镇)名单公布，高平市上榜，位列第100名。

12月

3日

第二届中国青年志愿服务项目大赛暨志愿服务重庆交流会落幕，晋城市青年志愿者协会“爱——陪伴成长”项目获得银奖。

8—9日

市长刘润民率市政府考察团到河南省新乡市和焦作市，就城市建设、旅游开发、产业发展等工作进行参观考察。

9日

晋城市慈善总会和全国小儿脑瘫康复专项基金共同开展的“杏林春雨行动”小儿脑瘫义诊救助项目启动。

14日

市区二期新增的3000辆电动助力自行车上线运营。晋城市成为全国唯一在公共自行车系统采用电动助力车的城市。

19日

阳城县润城镇屯城村、上伏村、中庄村，阳城县凤城镇南安阳村，泽州县周村镇石淙头村入选“中国景观村落”。

23日

2015年度《我爱上党戏》年终总决赛在晋城广播电视台演播大厅举行，来自高平的张俊峰获得冠军。

26—27日

省委常委、宣传部部长胡苏平在晋城市就公共文化服务体系建设和文化旅游产业发展进行调研。

27日

“2015美丽乡村建设发展论坛”在北京举行，阳城县被评为“中国美丽乡村建设示范县”。

28日

中国民间摄影协会“摄影创作基地”在皇城相府挂牌。

31日

晋城市李继林、刘平桂夫妇被《山西日报》评为2015年全省十大新闻人物。

是月

2015年度全省城市星级公园评选结果出炉，凤西广场获评2015年度全省唯一省级优秀游园。

沁水县被授予“全国计划生育优质服务先进县”称号。

(市地方志办)

自然地理

【位置　境域】　晋城市古称泽州，位于山西省东南隅、太行山南麓。地理坐标为：北纬35°11′12″~36°13′56″，东经111°56′05″~113°37′15″。总面积9424.9平方千米。最东端在陵川县古郊乡锡崖沟村当中洼东，最南点在泽州县山河镇龙门村南槽自然村南，最西端在沁水县中村镇后河庄村西，最北点在沁水县十里乡范庄村果角岭庄北。因四周多山，与周边县、市多以山为界，四至分界变迁不大，基本上与古泽州相同，分别为：东与河南省的辉县市、修武县接壤，距离辉县市168公里，距修武县122公里；南与河南省的博爱县、沁阳市、济源市交界，距离博爱县78公里，距沁阳市74公里，距济源市80公里；西与省内临汾市的安泽县、浮山县、翼城县及省内运城市的垣曲为邻，距离浮山县183公里，距翼城县137公里；北与省内长治市的长子县、长治县、壶关县相连接，距离长子县93公里，距长治县73公里，距壶关县115公里。晋城市区位于境域南部偏东，与所属各县、市的距离为：北距高平市40公里，西距阳城县36公里，西北距沁水县86公里，东北距陵川县56公里。

晋城市区与首都北京的距离，经太洛、太旧公路到达为789公里，经太焦铁路转京广线到达为732公里；与省城太原的距离，公路为288公里，铁路为300公里。

晋城市是山西省的东南门户。由晋城市通往邻省部分城市的距离分别为：河南省焦作市65公里，新乡市132公里，开封市224公里，洛阳市140公里，郑州市150公里，林州市200公里，安阳市211公里；距河北省邯郸市292公里，邢台市320公里，石家庄市444公里；距陕西省西安市522公里。

【气候　气温】　晋城市属温暖带大陆性季风气候，基本特征是四季分明，冬长夏短，雨热同季。境内大部分地区年日照时数在2393~2630小时之间，平均为2565小时，属于“长照地区”。太阳辐射数值在每平方厘米130.8~136.3千卡之间，属光线资源比较丰富的地区；年平均气温为7℃~12℃，其中东西山区为7.9℃，其余地区均在10℃左右。35℃以上的极端最高气温和–20℃以下的极端最低气温很少出现。全境年平均气温≥0℃的持续天数达264~274天，大部分地区在255天左右。冬夏温差不太悬殊，夏季即使在高温酷暑的年份，高温天数也只有半月左右，尤其是陵川县，由于地形条件，温差很小，虽到严冬也不太冷，盛夏则是清凉避暑的胜地。境内平均无霜期为165~198天，少数地区农作物为一年一熟，多数地区为两年三熟。　（市地方志办）

建置区划

【历史沿革】　晋城是华夏文明的发祥地之一。境内有女娲补天、精卫填海、愚公移山、尧舜禅让、神农播谷、舜耕历山、渔于濩泽、禹凿石门等众多传说。新中国成立后,在考古中发现的多处古人类遗址,证明晋城地区开化较早。1972年在沁水县下川发现的下川遗址,是旧石器时代晚期的文化遗存,证明早在2万多年以前就有人类在这里繁衍生息;1986年在陵川县夺火乡发现的塔水河遗址则属于旧石器时代古人类洞穴生活遗址,经考古专家鉴定,距今约10万~7万年。

春秋战国时期。春秋时,周襄王十三年(前639),晋文公围原,以信服原,迁原伯姬里于翼,以赵衰为原大夫,境域属晋。周安王二十六年(前376),赵、韩、魏三分晋地,境域大部属韩,部分属魏。周赧王五十三年(前262),秦伐韩,拔野王(今河南沁阳),断新郑(韩国都)与上党联系。上党守冯亭举上党17城入赵,境域遂归赵,并因此引发“长平之战”。越二年(前260),秦将白起在长平大败赵军,坑杀赵降卒40余万,悉拔上党诸城。

秦汉魏晋南北朝时期。秦统一天下后,推行郡县制,本境属上党郡。汉代,于境内置5县,分属2郡,其中:濩泽(今阳城县)、端氏(今属沁水县)属河东郡(治所在今夏县北);泫氏(今属高平市)、高都(今属泽州县)、阳阿(今属泽州县)属上党郡(治所在今长子县西)。东汉时于阳阿、濩泽置侯国,其余县建制不变,同属并州。三国时期,境域属魏,县之建置同西汉。西晋时,废阳阿,端氏、濩泽属平阳郡(治所今临汾市),泫氏、高都属上党郡(治所在今长治市)。十六国时,境域先后为刘渊、石勒占据,属前、后赵国。西燕慕容永据长子称帝后,年号建兴,复阳阿县并在阳阿置建兴郡,境内始设县以上建置。后燕因之。南北朝时,境域属北魏。北魏于境内置建州,治所在今泽州县高都镇。建州领4郡、10县:高都、阳阿二县属高都郡(治所亦在今高都镇);高平(称高平始于此,治即今高平市)、泫氏二县属长平郡(治所在泫氏城,今高平王报村);端氏、濩泽二县属安平郡(治所在端氏);东永安(治所在今沁水县西15公里固镇村)、西河(治所在今沁水县东20公里西河村)、西濩泽(治所在今阳城县泽城村)、高延(治所不考,约在今沁水县境内)四县属泰宁郡(治所在沁水县固镇村)。北齐袭北魏,仍置建州,领长平、高都二郡,省安平、泰宁等郡,并东永安、西河、高延等改为永宁县。后周改高都为丹川县,泫氏并入高平县,并长平、高都二郡为高平郡,治所在丹川县。

隋唐五代时期。隋开皇三年(583),改建州为泽州,盖因濩泽为名。泽州古称始于此。开皇十六年(596),析高平置陵川县,陵川置县始于此。开皇十八年(598),改高平郡为丹川县,改永宁为沁水县。大业三年(607),复改州为郡,置长平郡,领丹川、沁水、端氏、濩泽、高平、陵川6县。义宁二年(618),复改长平郡为泽州。

唐代,境域属河东道泽州或高平郡。唐武德元年(618),于丹川置建州,濩泽置泽州。武德三年(620),分丹川置晋城县,隶于建州,晋城之名始于此;又于长平置盖州(治所在今高平米山镇),分置盖城县(治所在今陵川县盖城村)以隶之。武德六年(623),废建州徙盖州来治。武德八年(625),复泽州,移治端氏。武德九年(626),并丹川、盖城二县入晋城。唐贞观元年(627),废盖州,徙泽州州治于晋城,领晋城、高平、陵川、濩泽、沁水、端氏6县。唐天宝元年(742),复改泽州为高平郡,仍领晋城、高平、陵川、阳城(原濩泽改,阳城之名始于此,治所在今阳城县城)、沁水、端氏6县。唐乾元元年(758),仍改高平郡为泽州,属河阳节度。唐末属昭义军,亦称泽潞军。

五代十国时期,境内为梁、唐、晋、汉、周五代反复争夺之地,战争频繁,或称泽州,或称高平,或称昭义军,或称匡义军,朝名夕改,相继归属后梁、后唐、后晋、后汉、后周。

宋金元时期。宋代,境域仍设泽州,辖晋城、高平、阳城、端氏、沁水、陵川6县,属河东路。金天会六年(1128),改泽州为南泽州,以别于北京泽州。天德三年(1151),复称泽州,属平阳府。贞祐四年(1216),置泽州昭义军,属上党,贞祐六年(1218)改隶孟州。元光二年(1223),升阳城县为勣州,于泽州置忠昌军,统晋城、端氏、高平、陵川、沁水5县。

元代,境域属晋宁路(治所在今临汾市)。蒙古世祖中统元年(1260),置司侯司,领晋城、高平、阳城、沁水、陵川、端氏6县。元至元三年(1266),裁司侯司,并裁陵川入晋城,裁端氏入沁水,以泽州领晋城、高平、阳城、沁水4县。至元三十一年(1294),复由晋城析置陵川县，泽州领晋城、高平、阳城、沁水、陵川5县，第一次确立泽州领5县建制，辖区约相当于今晋城市范围。

明清时期。明洪武元年(1368)，裁晋城县入泽州，领高平、阳城、沁水、陵川4县，隶平阳府。洪武九年(1377)，泽州改为直隶州，属冀南道，隶山西布政使司，领县不变。

清沿明制。雍正六年(1728)，升为泽州府，附廓置凤台县。泽州府辖5县：凤台、高平、阳城、陵川、沁水。治所在凤台县。

民国初至新中国成立前。辛亥革命后，全国废府、州，存县设道。民国3年(1914)废泽州府，所辖各县归冀宁道，同年改凤台县为晋城县。民国19年(1930)全省统一废道，5县俱属山西省。抗日战争初期，阎锡山成立7个专署，于长治设第五专署，晋、高、阳、陵、沁5县归属山西省第五专署。日军侵占上党后，曾设上党道，企图统治晋东南。为抗击日军侵略，八路军于民国26年(1937)底至民国27年(1938)初挺进敌后，以晋东南为中心逐步建立太行、太岳抗日根据地，属晋冀豫区。民国29年至民国32年(1940—1943)，晋、高、阳、沁、陵5县县城，先后被日军占领。为便于发动和组织军民抗日，晋冀鲁豫边区所属的太行行署和太岳行署，除建立高平、陵川、沁水等县抗日县政府外，并在边缘地区设置新县，先后计有：士敏县(以端氏为中心，为纪念爱国将领武士敏而名)、沁(水)南县、晋(城)沁(阳)县、晋(城)北县、晋(城)东县、陵(川)高(平)县、建宁县、阳(城)南县与阳(城)北县。

民国34年(1945)，晋城、高平、阳城、陵川、沁水5县相继解放，原置边缘县撤销，恢复原5县建制，其中晋城、高平、阳城属太岳四专属，沁水属太岳二专属，陵川属太行四专署。民国37年(1948)2月，析晋城县城关区设晋城市，1949年8月撤销，辖区仍归属晋城县。

中华人民共和国时期。1949年9月，山西省设立7个专区，长治专区成立。晋城、高平、阳城、陵川4县属长治专区，沁水县归属翼城临时专区。1950年1月，翼城临时专区撤销，沁水县归属长治专区。1958年，陵川、高平两县并入晋城县，沁水县并入阳城县，境内只设2个县，同年，长治专区改为晋东南专区，晋城、阳城归属晋东南专区。1959年7月，陵川县从晋城县分出，恢复原陵川县建制；1959年10月，沁水县从阳城县分出，恢复原沁水县建制；1961年5月，高平县从晋城县分出，恢复原高平县建制，隶属关系不变。1971年，晋东南专区改为晋东南地区，辖县归属不变。1983年7月，晋城县撤县设市，为省辖县级市，由晋东南地区代管。

1985年5月，经国务院批准，晋城市升为地级市，原晋城市(县级)分为城区和郊区。原属晋东南地区所辖高平、阳城、陵川、沁水4县划归晋城市管辖。晋城市属山西省管辖。

【行政区划】 山西省东南部古时统称上党。上党有两个中心，北边以长治为中心，称北上党，南边以晋城为中心，称南上党，故当时有"两上党"之说。

夏商时期，晋城属"帝都畿内"。周朝重心西移关中，封周文王第十六子姬绞于原(今高平原村一带)。春秋时，晋文公围卫得原，境内始属晋。

战国时期，上党共有17城(具体情况，至今无考)。见于史籍记载的晋城境内的城有：原、长平、泫氏、濩泽、高都、端氏、光狼(高平康营)、阳阿(泽州大阳)等。

秦统一天下，推行郡县制，于境内置5县，分属2郡，其中：濩泽(今阳城县)、端氏(今沁水县)属河东郡(治所至今夏县北)；泫氏(今高平市)、高都、阳阿(今泽州县)属上党郡(治所至今长治市)。县分若干乡，乡下设亭、里。

汉承秦制，后汉时于阳阿、濩泽置侯国，其余不变，魏因之。

西晋废阳阿县，境内置4县，濩泽、端氏属平阳郡(治所在今临汾市)，泫氏、高都属上党郡。

东晋十六国时，境域先后为刘渊、石勒占据。西燕慕容永称帝后，复置阳阿县，并于阳阿置建兴郡，领阳阿、高都、泫氏、端氏、濩泽5县，境内始有县以上建置。

北魏实行州、郡、县制，于高都置建州(治所在今泽州县高都镇)，领4郡、10县：高都郡，领高都、阳阿2县，治高都；长平郡，领高平(称高平始于此，治所即今高平市)、泫氏2县，治泫氏(在高平王板村)；安平郡，领端氏、濩泽2县，治端氏；泰宁郡，领东永安(治所在今沁水县西)、西河(治所在今阳城县西)、西濩泽(治所在今阳城县泽城村)、高延(治所已不可考,约在今沁水县境内)4县。县下设党、里、邻,五家为一邻,五邻为一里,五里为一党。

北齐仍置建州,裁安平、泰宁2郡,其属县西濩泽并入濩泽,东永安、西河、高延并为永宁县。建州领长平、高都2郡,辖高都、阳阿、泫氏、高平、濩泽、端氏、永宁7县。北周并长平、高都郡为高平郡,改高都为丹川县,为高平郡治。

隋朝实行州、县或郡、县制。隋开皇三年(583),改建州为泽州,泽州之称始于此,废高平郡,泫氏并入高平,析高平置陵川县,改永宁为沁水县。泽州领丹川、高平、濩泽、陵川、沁水、端氏6县,治丹川。此后,或改称长平郡或为泽州,辖县不变,县下设党、里、保,五家为保,五保为里,五里为党。

唐初,实行州管县制,于丹川置建州、濩泽置泽州、高平置盖州。唐武德三年(620),分丹川置晋城县,移治今市区,晋城之名始于此,增置盖城县(治所今陵川县盖城村)。这时,境内设3州8县:泽州辖濩泽、端氏、沁水3县,治濩泽;建州辖丹川,晋城2县,治丹川;盖州辖高平、陵川、盖城3县。武德六年(623)废建州并入盖州,丹川、盖城2县并入晋城县,为盖州治所。这时境内设2州6县,分别是:泽州,辖濩泽、沁水、端氏3县,治所移至端氏;盖州,辖晋城、高平、陵川3县。贞观元年(627),废盖州,泽州州治由端氏迁至晋城,领晋城、高平、陵川、濩泽(天宝年间改名阳城)、端氏、沁水6县,县下设乡,乡下设里,每里辖一百户。从此时起奠定今市行政区划雏形,直至清末,期间虽有过名称变化或县的短时裁置,但千余年一州(府)五县格局基本无大的变化。

辛亥革命推翻清政府后,全国废府、州,存县,实行道辖县,民国3年(1914),废泽州府,改凤台县为晋城县,与高平、阳城、陵川、沁水同属冀宁道。民国19年(1930),全省统一废道,由省直管县。

抗日战争初,阎锡山为便于统治,在全省设7个专员行政公署,代省府管辖各县,于长治设山西省第五专署,晋、高、阳、陵、沁5县属第五专署。后又设4个行署,其中第三行署驻阳城岩山,晋、高、阳、陵、沁5县属第三行署。

民国27年(1938),日军侵占境内大部分城镇及交通沿线,阎锡山委任的行政长官不得不依附于部队四处游散,原有的行政区划失去应有作用,名存实亡。在此情形下,中国共产党为便于发动和组织军民抗日,统一战争秩序,先后成立太行、太岳行署,并于境内设太岳二、四专署、太行八专署,于广大山区先后设置沁(水)南、士敏(端氏)、高平、阳(城)南、阳(城)北、晋(城)沁(阳)、晋(城)北、晋(城)东、陵川、陵(川)高(平)、建宁等县。民国34年(1945),晋城全境解放,太岳行署先后移驻沁水郑庄、阳城县城,恢复原5县建制,于晋城县设太岳四专署,领导晋城、阳城、高平、士敏4县。沁水县[民国36年(1947)士敏并入]属太岳二专署,陵川县属太行四专署。

民国37年(1948)2月,析晋城县城关区设晋城市,属太岳四专署,1949年8月,撤销晋城市重新并归晋城县。

1949年9月,撤销太岳行署、太岳四专署,成立长治专署,晋城、高平、阳城、陵川属长治专署,沁水县归翼城临时专署。1950年1月,翼城临时专署撤销,沁水县归属长治专署,从此至1985年4月,境内无独立行政区划,5县属长治(1958年改为晋东南)专区管辖。期间,1958年11月,陵川、高平一度并入晋城县,沁水县并入阳城县,境内只设2县。1959年7月,陵川县从晋城县分设,同年10月,沁水县从阳城县分设,1961年5月,高平县从晋城县分设,恢复原5县建置。1971年,晋东南专区改为晋东南地区,5县仍属晋东南地区。1983年7月,晋城撤县设市,为省辖县级市,由晋东南地区代管。1985年5月,经国务院批准,晋城市升为地级市,原晋东南地区所辖的高平、阳城、陵川、沁水4县划为晋城市辖区。原县级晋城市分为城区和郊区。晋城市辖城、郊2区和高平、阳城、陵川、沁水4县,至此,境内重新成为独立的行政区划。1993年5月,高平撤县设市,为省辖县级市,由晋城市代管。1996年8月,晋城市郊区改为泽州县。这时,全市6个县(市、区)共设立办事处8个,建制镇35个、乡80个。2001年撤并乡镇后,至2012年底,晋城市辖1区1市4县,共设48个镇、26个乡、10个办事处。

【人口　民族】 据2015年全国1%人口抽样调查，年末全市常住人口为231.50万人，比上年末增加0.60万人。全年全市出生人口1.81万人，人口出生率为7.81‰；死亡人口1.20万人，死亡率为5.20‰；自然增长率为2.61‰。出生人口性别比为102.27（以女性人口为100）。

2015年年末晋城市人口数及其构成

指标	年末数（万）	比重（%）
全市常住人口	231.50	
其中：城 镇	132.93	57.42
乡 村	98.57	42.58
其中：男 性	117.05	50.56
女 性	114.45	49.44

（市地方志办）

生态环境

【土地资源】 晋城市古为上党地，地势高峻险要，向称"天下之脊""与天为党"。境内除被称为"泽州盆地"的狭小平川地带外，到处是层峦叠嶂，群峰壁立。山地和丘陵占总面积的87.1%，其中山地占58.6%，丘陵占28.5%。东部、西部和南部，群山连绵；北部和中部丘陵起伏，盆地相间。盆地及山间宽谷占总面积的12.9%。最高处海拔2358米，最低处海拔不足300米，相对高差2000米，大部分地区海拔在800米以上。位于境内陵川县的佛子山，主峰海拔1884米，雄踞太行绝顶，被称为"太行第一峰"，周围山岭峥嵘突兀，峰峦连绵不绝，号称"天中天"。登峰远眺，河水东流，云海翻腾，太行风光尽收眼底。金代文学家元好问在《太行游记》中，有"俯视中州，九千四百八十仞"之叹。抗日战争中，八路军总司令朱德留下"群峰壁立太行头，千里黄河一望收"赞句。

【环境资源】 晋城山河既雄伟险峻，又秀丽壮美。陵川王莽岭，"横看成岭侧成峰"，大小山峰有几十处，大的峰顶可走马，小的则状如笔尖。在这里可以听松涛、看云海、观日出、赏余晖，还可以做攀岩、跳伞等探险性运动，被视为"神奇太行"的象征。沁水历山的舜王坪，是国家级自然保护区，风景绮丽，山水迷人，不仅松柏苍翠，巨石峥嵘，瀑布飞泻，而且有漫山遍野的山桃、山杏、枫、栎、榆、红桦等树木及金针、木耳、猴头、蘑菇、灵芝、菖蒲、麝香、野生人参等名贵药材和山珍，被誉为"北方植物宝库"。群兽栖于幽谷，百鸟啼于林中，令人流连忘返。阳城蟒河自然保护区，是晋城市的又一奇景。这里松柏参天，山花盛开，百鸟争鸣，既有金钱豹、梅花鹿、太行猕猴等动物栖于山中，又有鱼、虾、龟、鳖游于河中，还有存世稀少的褐马鸡和两栖动物娃娃鱼(大鲵)。

境内除历山、蟒河2个国家级自然保护区外，还有泽州县猕猴、陵川红豆杉、阳城崦山等省级自然保护区多处。近年来辟为旅游景区的泽州珏山、山里泉、丹河龙门、李寨，阳城崦山、九女湖，陵川棋子山、锡崖沟、昆山、黄围山、凤凰欢乐谷、上云台山更是让人叹为观止。以保护爬行类动物为主的阳城崦山自然保护区，蛇的种类很多，奇特的双头蛇、双尾蛇，为这里增添了一层神秘的色彩。李寨风景区的孔雀开屏、黄河飞来石和沁河第一湾，丹河龙门景区的浴石缸和十三马蹄印，棋子山的弈棋洞，昆山的瀑布，黄围山的溶洞等也别具特色，各有千秋。陵川的红豆杉大峡谷还被列为国家级地质公园。

【水资源】 晋城市是华北地区相对富水区，境内有沁河、丹河、卫河3条水系，总流域面积为9422平方公里；全市年平均降雨量为650毫米左右，水量尚属充沛，只是年度间变化较大。水资源总量为21.49亿立方米，占全省水资源总量的15.1%，人均和亩均水资源占有量分别高出山西全省平均数的1～2倍。

【森林资源】 境内属温暖半湿润地区，林木生长条件较好。全市森林面积为336330公顷，森林覆盖率为35.7%，其中，天然林占全市森林面积的70.2%，以天然次生林为主，主要分布于西南部中条山区和东部的太行山南端。中条山是全市树种最多的地区，有"山西植物宝库"之称，已发现的高等植物有1000余种，其中，有国家重点保护的树种10余种。经过持续多年的植树造林活动，全市人工造林保有面积达到5.4万公顷，城市绿化覆盖率达到45.8%，人均公共绿地为15.5平方米。市区优质空气质量连续几年在350天以上。2006年4月、2007年11月，分别获“国家园林城市”“全国绿化模范城市”称号，2012年又获“国际花园城市”称号。

【矿产资源】 晋城市自然资源丰富，地下地上，宝藏遍布，尤以地下宝藏之多称冠全省。境内已发现的矿藏有20余种，不仅有大量的煤、铁、铝、硫黄、石膏、石英、石灰石、白云岩、耐火黏土、大理石、花岗岩等，而且还有稀有金属锰、铜、铅以及异常珍贵的铀。在各种矿藏中，煤、铁储量最大。境内煤炭总储量预计为808.1亿吨，已探明储量273.3亿吨，其中，无烟煤储量占山西储量的1/2多和全国储量的1/4多。与煤伴生的清洁能源——煤层气已探明储量达6.85万亿立方米。铁矿储量为2.23亿吨。硫铁矿、铝矾土的储量也在5000万吨以上，石灰石储量高达6.5亿吨。大理石的储量约6.05亿立方米，品种有墨玉、汉白玉、紫檀玉、象牙玉、晚霞玉等达28种之多。

丰富的自然资源为晋城的经济发展提供了得天独厚的条件。农业和手工业发展较早。汉代上党的谷物就输往京师，冶铁的历史可上溯到战国时期，“阳阿古剑”曾独步天下，时人难求。唐代泽州因丝织业兴盛而被定为贡丝之州。宋代，出现“其输市中州者，唯煤与铁日不绝于途”的兴旺景象。明初，晋城是全国13冶之一。明清时有“平阳泽潞豪商大贾甲天下”之说。到了近代，被称为“九州针都”的大阳所产的钢针几乎供应着全国每一个家庭。晋城的“泰山义”剪刀和阳城的犁镜更是享誉全国。蛋品制造、玻璃生产等现代工业的兴起也早于省内其他地、市。阳城的乔氏琉璃曾被北京故宫建造时使用。

民国34年（1945）晋城全境解放，饱经战争破坏的工农业生产很快得到恢复和发展。20世纪70年代，晋城“五小工业”迅速崛起，曾被原晋东南地区和山西省树为“工业学大庆”的先进典型，全国曾在晋城召开现场会，推广其经验。阳城的白煤炼铁技术在20世纪50年代就受到冶金部的表彰。

【自然灾害】 晋城的自然灾害主要是旱灾，偶有风灾和洪涝、冰雹。境内有记载的有感地震有7次，均为3.5级。长期以来，境内无大地震之忧，无沙尘暴之害，无水淹之苦，无冰雪之灾，可谓宜居城市。 （市地方志办）

经济建设

【综述】 初步核算，全年全市生产总值1040.2亿元，按可比价格计算，比上年增长3.3%。其中，第一产业增加值49.2亿元，增长5.8%，占生产总值的比重为4.7%；第二产业增加值576.3亿元，增长0.8%，占生产总值的比重为55.4%；第三产业增加值414.7亿元，增长8.1%，占生产总值的比重为39.9%。第三产业中，金融保险业增加值63.9亿元，增长10.0%；交通运输、仓储和邮政业增加值69.6亿元，增长8.7%；批发和零售业增加值60.2亿元，下降2.0%；住宿和餐饮业增加值28.6亿元，增长5.3%；营利性服务业增加值40.8亿元，增长3.5%。人均地区生产总值44994元，按2015年平均汇率计算为7243美元。

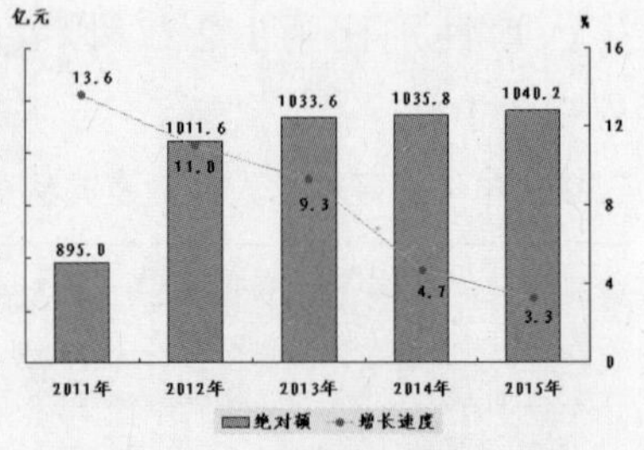

2011—2015年

晋城市生产总值及增长速度

全年全市财政总收入192.5亿元，下降7.1%。其中，增值税59.5亿元，下降19.0%；企业所得税35.1亿元，下降24.3%；个人所得税6.7亿元，下降32.5%；营业税17.4亿元，下降26.4%；资源税21.0亿元，增长6.2倍。公共财政预算收入93.9亿元，下降4.2%。其中，税收收入58.4亿元，下降14.8%。公共财政预算支出180.1亿元，增长11.4%。其中，科学技术支出增长13.4%，教育支出增长15.6%，农林水事务支出增长11.8%，社会保障和就业支出增长12.2%，文化体育与传媒支出增长4.6%，医疗卫生和计划生育支出增长13.2%，节能环保支出增长21.8%。

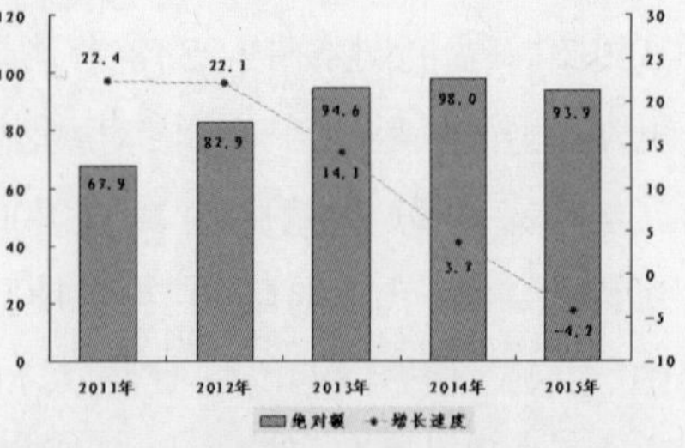

2011—2015年

晋城市公共财政预算收入及增长速度

居民消费价格比上年上涨0.8%。其中，食品价格与上年持平。商品零售价格下降1.0%。工业生产者出厂价格下降6.3%，工业生产者购进价格下降7.4%。

2015年居民消费价格
比上年涨跌幅度

指　标	涨跌幅度
居民消费价格	0.8
食　品	0.0
烟酒及用品	0.1
衣　着	–0.8
家庭设备用品及维修服务	0.6
医疗保健和个人用品	2.1
交通和通信	–1.6
娱乐教育文化用品及服务	0.2
居　住	3.7

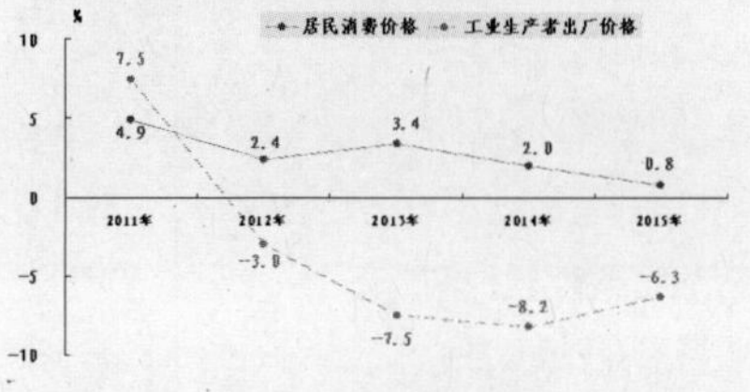

2011—2015年
价格比上年涨跌幅度

全年全市城镇新增就业4.14万人。年末城镇登记失业率1.6%。

【农业】 全年全市农作物种植面积18.919万公顷，减少820公顷。其中，粮食种植面积17.814万公顷，减少50公顷；油料种植面积2060公顷，减少350公顷；棉花种植面积140公顷，减少80公顷。在粮食种植面积中，玉米种植面积8.83万公顷，减少5540公顷；小麦种植面积4.671万公顷，增加2420公顷。

全年粮食产量96.2万吨，增加23.2万吨，增产31.8%。其中，夏粮23.0万吨，增产37.3%；秋粮73.2万吨，增产30.2%。

2015年主要农林产品
产量及增长速度

产品名称	产量（万吨）	比上年增长%
粮食	96.2	31.8
其中：玉米	62.9	32.6
小麦	23.0	37.3
谷子	3.1	23.7
豆类	5.7	25.2
薯类	1.4	–1.7
油料	0.4	9.8
棉花	0.01	–31.2
蔬菜及食用菌	43.8	–3.9
水果	7.6	14.3
其中：瓜果类	0.4	5.4
园林水果	7.2	14.8
食用坚果	1.12	96.8
其中：核桃	1.06	93.0

全年完成造林面积3500公顷，下降58.5%。其中，经济林面积1500公顷，增长44.8%。全年木材产量6563立方米，增长9.1%。

全年全市肉类总产量17.2万吨，增长8.5%。全年猪牛羊肉总产量15.6万吨，增长6.8%。其中，猪肉产量14.8万吨，增长6.6%；牛肉产量0.2万吨，增长16.5%；羊肉产量0.6万吨，增长7.6%。年末生猪存栏115.7万头，增长8.5%；生猪出栏199.2万头，增长7.5%。牛奶产量0.06万吨，增长3.2%；禽蛋产量7.9万吨，下降3.1%；水产品产量0.2万吨，增长6.8%。

全年全市设施蔬菜产量14.5万吨，增长2.7%；食用菌2.1万吨，增长3.3%；蚕茧0.5万吨，下降8.5%；蜂蜜0.2万吨，下降4.7%；药材0.8万吨，下降25.2%。

年末全市农业机械总动力250.5万千瓦，增长0.8%。机械耕地面积14.45万公顷，下降7.6%；机械播种面积12.02万公顷，下降8.4%；机械收获面积10.45万公顷，下降7.2%。全市农机化经营总收入11.0亿元，下降18.4%。

【工业和建筑业】 年末全市规模以上工业企业229家。全年规模以上工业增加值比上年增长0.8%。

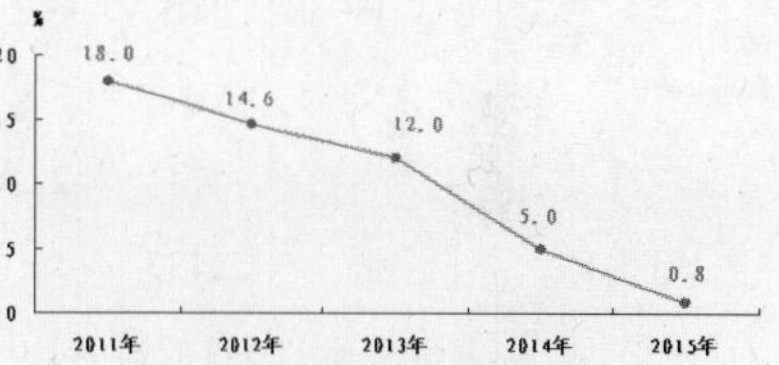

2011–2015年晋城市
规模以上工业增加值增长速度

2015年晋城市规模
以上工业增加值增长速度

指　标	比上年增长%
规模以上工业	0.8
其中：轻工业	–0.64
重工业	0.82
其中：国有控股企业	–0.08
其中：集体企业	–24.5
股份制企业	1.1
外商及港澳台投资企业	0.4
其中：煤炭开采和洗选业	0.3
黑色金属冶炼和压延加工业	–4.6
电力、热力的生产和供应业	1.1
石油与天然气开采业	6.7
化学原料及化学制品制造业	–2.7
石油加工、炼焦及核燃料加工业	–68.5
非金属矿物制品业	–8.2
通用设备制造业	–39.3
专用设备制造业	–16.9
计算机、通信和其他电子设备制造业	19.1

全年全社会原煤产量9138万吨，增长8.3%；规模以上工业发电226亿千瓦时，下降3.1%；水泥224万吨，下降5.2%；农用化肥（折纯）262万吨，增长0.2%；焦炭45万吨，下降15.5%；钢材产量301万吨，增长0.8%；生铁364万吨，下降2.1%。

2015年规模以上工业主要工业产品产量及增长速度

产品名称	单位	产量	比上年增长%
原煤（全社会）	万吨	9138	8.3
洗 煤	万吨	2805	13.2
煤层气	亿立方米	31	5.5
金属切削工具	万件	474	–22.3
矿山专用设备	吨	52477	–12.1
光电子器件	万只（片、套）	111621	–6.0
焦 炭	万吨	45	–15.5
合成氨	万吨	329	–0.5
精甲醇	万吨	80	25.6
水 泥	万吨	224	–5.2
农用化肥（折纯）	万吨	262	0.2
生 铁	万吨	364	–2.1
钢 材	万吨	301	0.8
发电量	亿千瓦时	226	–3.1

全年规模以上工业企业实现主营业务收入963.8亿元，下降12.8%。其中，煤炭、炼焦、冶铸和电力工业分别实现主营业务收入453.9亿元、3.7亿元、96.2亿元和79.8亿元，分别下降16.0%、32.4%、22.1%和7.2%；煤层气开采、化工、建材、装备制造、医药和食品工业分别实现主营业务收入52.1亿元、99.2亿元、10.0亿元、130.4亿元、5.1亿元和1.0亿元，分别下降3.8%、10.9%、17.1%、2.2%、3.3%和12.9%。

规模以上工业实现利税123.9亿元，下降3.2%；实现利润44.0亿元，下降21.1%。

2015年规模以上工业企业利润总额及增长速度

指 标	利润总额（亿元）	比上年增长(%)
规模以上工业	44.0	–21.1
其中：国有控股企业	29.1	–31.4
其中：集体企业	–0.02	—
股份制企业	9.5	–69.5
外商及港澳台商投资企业	36.7	35.3

年末全市具有资质等级的总承包和专业承包建筑业企业109家，完成总产值59.6亿元，下降18.7%；房屋施工面积353.9万平方米，下降0.2%；签订合同额为115.8亿元，下降11.2%。

【固定资产投资】 全年全市固定资产投资完成1105.1亿元，增长13.4%。其中，国有及国有控股投资429.3亿元，下降4.5%；港澳台及外商投资57.2亿元，增长7.3%；民间投资618.6亿元，增长31.0%。

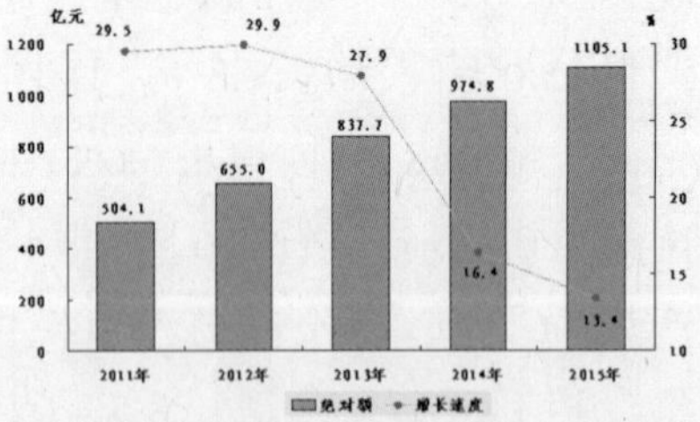

2011–2015年
固定资产投资及增长速度

在固定资产投资中，第一产业投资67.6亿元，增长21.0%；第二产业投资448.2亿元，增长1.5%；第三产业投资589.3亿元，增长23.5%。在第二产业中，工业投资447.1亿元，增长1.2%。其中，煤炭工业投资148.9亿元，下降13.8%；非煤产业投资298.3亿元，增长10.9%。传统产业（煤炭、炼焦、冶金、电力）投资合计168.4亿元，下降9.5%；新兴接替产业投资合计278.8亿元，增长9.1%。

2015年分行业固定资产投资及增长速度

行 业	投资额（亿元）	比上年增长（%）
总计	1105.1	13.4
农林牧渔业	67.6	21.0
采矿业	178.7	–16.8
制造业	228.0	25.6
电力、热力、燃气及水的生产和供应业	40.4	–10.6
建筑业	1.0	1191.3
批发和零售业	27.3	217.6
交通运输、仓储和邮政业	64.6	17.6
住宿和餐饮业	9.4	89.5
信息传输、软件和信息技术服务业	2.5	—
金融业	—	—
房地产业	196.6	9.4
租赁和商务服务业	32.6	–20.0
科学研究和技术服务业	7.0	52.5
水利、环境和公共设施管理业	167.6	35.4
居民服务、修理和其他服务业	7.3	42.8
教育	19.2	27.3
卫生、社会工作	12.8	40.3
文化、体育和娱乐业	34.6	36.9
公共管理、社会保障和社会组织	7.8	81.7

全年全市在建固定资产施工项目1715个。其中，5亿元以上项目85个，计划总投资1495.7亿元，完成投资262.2亿元，占全市

固定资产投资的比重为23.7%。

全年房地产开发投资74.6亿元，增长28.2%。其中，住宅投资60.3亿元，增长36.7%；商业营业用房投资7.6亿元，增长4.4%。

全年房屋新开工面积357.3万平方米，增长88.2%。其中，住宅新开工面积252.6万平方米，增长82.1%。商品房销售面积152.4万平方米，增长102.2%。其中，住宅销售面积148.7万平方米，增长12.0%。商品房销售额62.3亿元，增长82.9%。其中，住宅销售额61.1亿元，增长109.4%。房地产开发企业土地购置面积22.6万平方米，下降43.0%。房地产开发企业本年实际到位资金合计109.1亿元，增长33.8%。其中，国内贷款增长33.6%，自筹资金增长31.5%，其他资金增长60.9%。

2015年房地产开发和销售情况

指　标	单　位	绝对数	比上年增长%
投资完成额	亿元	74.6	28.2
其中：住宅	亿元	60.3	36.7
房屋施工面积	万平方米	874.3	28.2
其中：住宅	万平方米	629.6	26.5
房屋新开工面积	万平方米	357.3	88.2
其中：住宅	万平方米	252.6	82.1
房屋竣工面积	万平方米	121.1	73.4
其中：住宅	万平方米	84.7	75.4
商品房销售面积	万平方米	152.4	102.2
其中：住宅	万平方米	148.7	120.0

【能源】 全年全市一次能源生产折标准煤6934.5万吨，增长8.7%；二次能源生产折标准煤3013.2万吨，增长10.9%。

全年全市向省外运输煤炭5414万吨，下降16.4%，外运煤炭占原煤产量65.5%。向省外输送电力183.6亿千瓦时，增长0.7%，外输电量占发电量的79.6%。

固定资产投资中，能源工业投资216.8亿元，下降17.3%。其中，煤炭工业投资148.9亿元，下降13.8%；石油和天然气开采业投资26.4亿元，下降36.0%；石油加工、炼焦及核燃料加工业投资1.1亿元，下降60.3%；电力、热力的生产和供应业投资30.2亿元，下降17.5%。

全年全市全社会用电总量174.2亿千瓦时。其中，第一产业用电1.5亿千瓦时，占全社会用电量的0.9%；第二产业用电155.9亿千瓦时，占全社会用电量的89.5%，其中，工业用电154.9亿千瓦时；第三产业用电8.9亿千瓦时，占全社会用电量的5.1%；城乡居民生活用电7.8亿千瓦时，占全社会用电量的4.5%。

【国内贸易】 全年全市社会消费品零售总额358.8亿元，增长5.1%。按经营地统计，城镇消费品零售额303.7亿元，增长1.9%；乡村消费品零售额55.1亿元，增长27.2%。

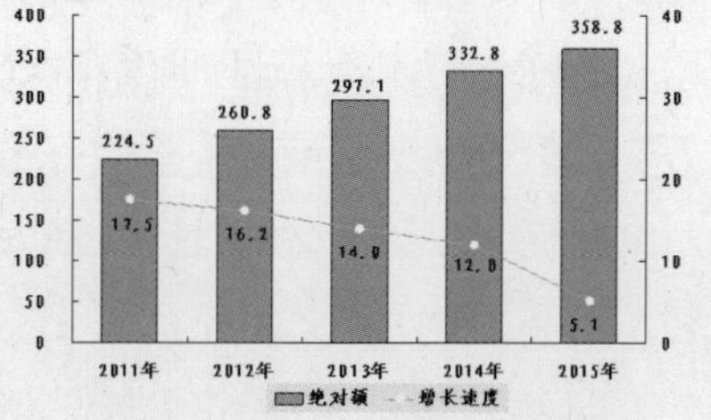

2011—2015年社会消费品零售额及增长速度

2015年社会消费品零售总额及增长速度

指　标	绝对数（亿元）	比上年增长(%)
社会消费品零售总额	358.8	5.1
分地域：城镇	303.7	1.9
其中：城区	208.9	11.0
乡村	55.1	27.2
分行业：批发业	30.5	5.1
零售业	271.0	3.1
住宿业	8.0	12.3
餐饮业	49.3	18.1

2015年限额以上批发零售业零售额及增长速度

指　标	绝对数（万元）	比上年增长(%)
粮油、食品类	82245	3.5
饮料类	18067	13.9
烟酒类	24553	−2.0
服装、鞋帽、针纺织品类	96528	−2.5
化妆品类	9209	5.2
金银珠宝类	19358	−7.0
日用品类	13764	−2.0
五金、电料类	16693	−29.9
体育、娱乐用品类	1470	−16.0
书报杂志类	19101	−6.6
电子出版物及音像制品类	700	1.8
家用电器和音像器材类	44740	−4.5
中西药品类	24857	53.0
文化办公用品类	4699	−14.8
家具类	30918	−16.1
通信器材类	10627	12.4
石油及制品类	163046	−15.0
建筑及装潢材料类	5680	−59.9
机电产品及设备类	11950	−26.2
汽车类	298924	0.6
其他类	61956	−11.4

【对外经济】 全年全市海关进出

口总额9.0亿美元，下降18.4%。其中，进口额6.1亿美元，下降24.9%；出口额2.9亿美元，下降0.2%。

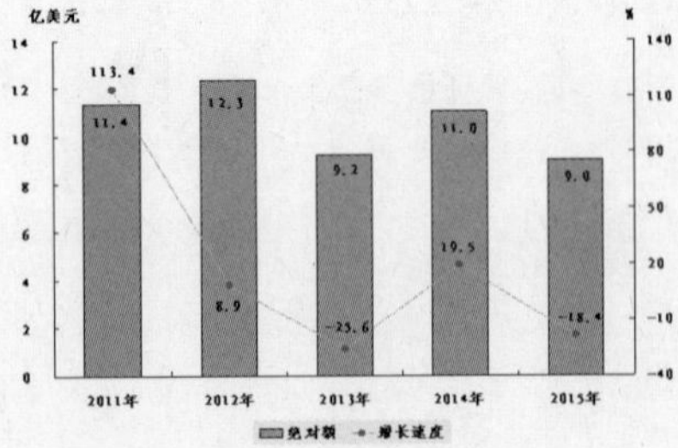

2011—2015年

外贸进出口总额及增长速度

2015年海关进出口总额及增长速度

指　标	绝对数(万美元)	比上年增长(%)
进出口总额	89597	-18.4
出口额	28832	-0.2
其中：一般贸易	11922	7.2
加工贸易	16905	-4.9
其中：机电产品	23192	-2.5
高新技术产品	14712	-7.5
其中：国有企业	932	10.3
外商投资企业	19687	-2.1
进口额	60765	-24.9
其中：一般贸易	46196	-32.1
加工贸易	14305	13.3
其中：机电产品	32857	-7.6
高新技术产品	26383	-3.1
其中：国有企业	64	-48.6
外商投资企业	36174	-6.7

全年出口煤炭37万美元，下降12.4%；出口钢材4874万美元，增长20.9%；出口机电产品23192万美元，下降2.5%；出口高新技术产品14712万美元，下降7.5%；出口电器及电子产品17693万美元，下降6.6%；出口计算机及通信技术产品13008万美元，下降11.0%。

全年进口铁矿砂24412万美元，下降41.8%；进口机电产品32857万美元，下降7.6%；进口集成电路15225万美元，增长15.2%；进口机械设备4733万美元，下降49.5%；进口电子技术产品18441万美元，增长12.8%；进口计算机集成制造技术产品3280万美元，下降53.4%。

2015年与晋城有贸易往来的

主要国家和地区进出口情况

国家和地区	进出口额(万美元)	比上年增长(%)	出口额(万美元)	比上年增长(%)	进口额(万美元)	比上年增长(%)
中国香港	13298	-11.5	13298	-11.5		-100.0
中国台湾	15961	15.7	913	-10.1	15048	17.8
印　度	192	-27.3	129	-27.5	63	-26.9
日　本	11312	-26.0	1079	-31.0	10233	-25.4
韩　国	1902	-17.0	623	-48.9	1279	19.2
德　国	747	34.8	328	38.6	419	31.9
意大利	620	-54.4	294	-8.2	326	-68.6
巴　西	13159	-16.6	1357	123.6	11802	-22.2
美　国	5406	1.4	4634	6.4	773	-20.8
澳大利亚	9951	-63.4	32	-80.5	9919	-63.3

全年全市新设立外商直接投资企业2家；按全口径统计实际使用外商直接投资金额25765万美元，下降9.4%。

【交通、邮电和旅游】 年末全市公路线路里程9013.9公里。其中，高速公路318.6公里。

年末全市民用汽车保有量33.3万辆（包括三轮汽车和低速货车3.9万辆），比上年末增长10.9%。其中，私人汽车29.5万辆，增长14.0%。本年新注册汽车4.6万辆，增长9.6%。年末轿车保有量21.9万辆，增长14.4%。其中，私人轿车20.6万辆，增长16.3%。

全年全市完成邮电业务总量24.3亿元，增长9.4%。其中，邮政业务总量1.2亿元，下降6.3%；电信业务总量23.1亿元，增长10.3%。新增移动电话用户4.5万户，年末达到229.2万户。全市宽带接入用户43.6万户，增长11.0%。

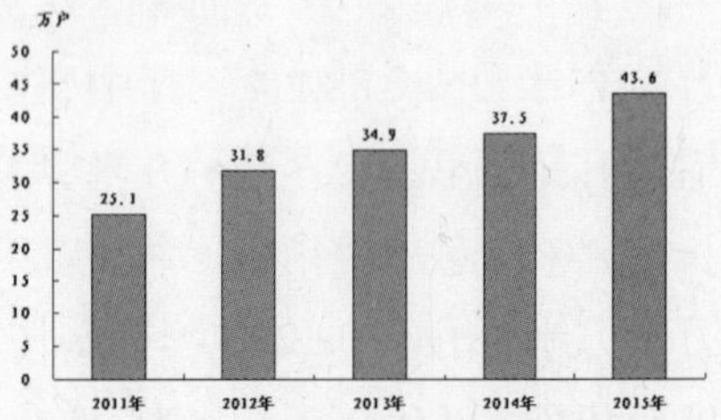

2011—2015年全市宽带接入用户

年末全市共有A级景区15个。其中，AAAAA级景区1个，AAAA级景区7个，AAA级景区5个，AA级景区2个。共有星级饭店20家。其中，五星级2家、四星级10家、三星级6家、二星级2家。全年全市接待海外旅游者12143人次，接待国内旅游者3244.1万人次，分别增长5.1%和19.5%；旅游外汇收入671.9万美元，国内旅游收入294.5亿元，旅游总收入295.0亿元，分别增长6.0%、21.7%和21.7%。

【金融、证券和保险】 年末全市金融机构本外币各项存款余额1800.1亿元，比年初减少12.5亿元，下降0.7%。各项贷款余额1007.5亿元，比年初增加85.4亿元，增长9.3%。

年末全市农村金融合作机构（农村信用社、农村合作银行、农村商业银行）人民币贷款余额198.0亿元，比年初减少5.9亿元，下降2.9%；人民币存款余额416.7亿元，比年初增加25.4亿元，比年初增长6.5%。

2015年年末金融机构
本外币存贷款及增长速度

指　标	年末数（亿元）	比上年增长（%）
各项存款余额	1800.1	-0.7
其中：单位存款	436.9	-7.9
城乡居民储蓄存款	977.3	11.1
其中：人民币	975.2	11.0
各项贷款余额	1007.5	9.3
其中：短期贷款	526.4	24.4
中长期贷款	432.2	-3.5
其中：个人消费性贷款（人民币）	54.6	28.8

年末全市共有证券营业部4家，从业人员88人。累计资金开户数96446户，银证转入资金120.7亿元，增长2.4倍，新增资产总额23.1亿元，增长47.1%。全年营业收入1.7亿元，增长1.4倍；利润总额1.1亿元，增长1.5倍。

全年全市保费收入35.6亿元，增长4.7%。其中，寿险业务保费收入23.8亿元，增长7.0%；财产险业务保费收入11.8亿元，与上年持平。

社会建设

【教育和科学技术】 年末全市普通高等学校1所，独立设置的成人高等学校1所。高中阶段毛入学率95.12%。

2015年各类教育发展情况

指　标	招　生（人）	在校生（人）	毕业生（人）
普通高等教育	2178	6283	2137
中等职业教育	6364	16921	6167
普通高中	17890	63004	22939
初　中	22110	73981	30996
小　学	17780	123130	22416
特殊教育	52	513	42
学前教育	23181	55054	18881

全年全市组织实施各类科技项目38项（其中国家级3项、省级19项、市级16项）。在国家级项目中，列入国家星火计划2项，国家火炬项目1项。在省级项目中，列入省级国际科技合作项目1项，星火计划3项，农业攻关计划1项，农村技术承包计划3项，社会发展计划2项，中小微企业成果推广1项，“首台套”新产品2项，专利推广实施资助2项，科技重大专项2项，软科学2项。全年全市专利申请量916件，有效发明专利拥有量263件。全年完成省级科技成果鉴定4项。全年新认定国家高新技术企业10家，民营科技企业新认定6家，省级企业技术中心1家，省级科技企业孵化器1家。截至2015年年末，全市共有高新技术企业34家，民营科技企业60家，省级创新型企业11家，省级创新型试点企业2家，国家级企业技术中心1家，省级企业技术中心13家，省级工程技术研究中心4家，省级重点实验室3个，省级科技企业孵化器1家。

【文化、卫生和体育】 年末全市共有群众艺术馆1个，文化馆6个，博物馆1个。全市文化系统共有艺术表演团体11个，新创作首演剧目4个；演出场次3120场，演出收入2088万元；全市共有艺术表演场馆3个，群众艺术馆1个，文化馆6个，公共图书馆6个，总藏书46万册。

年末全市共有各级医疗卫生机构3090个，其中妇幼保健院（所、站）7个。医院和卫生院床位1.01万张，卫生专业技术人员1.3万人，每千人拥有病床5.4张，每千人拥有医生数2.3人。全市6县（市、区）全部开展了新型农村合作医疗试点工作，新型农村合作医疗参合率99.25%。村卫生室覆盖率100%、县乡村三级医疗机构达标率均为100%。全年各县（市、区）的儿童“五苗”全程接种率以乡镇为单位均达到了95%以上。碘盐覆盖率达到97.7%，合格碘盐食用率达到94.22%，各种地方病得到了有效控制。全市乡镇卫生监督站覆盖率达到100%。

年末全市拥有各级各类体育场馆5711个，体育锻炼标准达标人数达335496人。全年全市运动员在省级以上重大比赛中获金、银、铜牌分别为13枚、20枚和17枚（包括非奥运项目比赛）。全市销售中国体育彩票15100万元，增长8.5%。

【人民生活和社会保障】 全年居民人均可支配收入19352元，增长8.1%。按常住地分，城镇居民人均可支配收入26651元，增长7.0%；农村居民人均可支配收入10914元，增长8.2%。城镇占调查总户数20%的低收入家庭人均可支配收入10527元，增长8.8%；农村占调查总户数20%的低收入户人均可支配收入4322元，增长13.9%。

年末参加城镇职工基本养老保险39.5万人，比上年末增加2.6万人；参加新型农村社会养老保险112.0万人，增加5.5万人；参加城镇基本医疗保险61.0万人，增加0.5万人；参加失业保险30.1万人，增加0.4万人；参加工伤保险47.8万人，增加0.4万人，其中，农民工22.4万人，增加0.3万人；参加生育保险31.0万人，增加0.1万人。全市共有146.8万农民参加了合作医疗。

年末城镇低保人数18973人，减少4625人；农村低保人数64889人，减少11499人；农村集中供养五保户1891人；民政部门资助参加合作医疗73646人。优抚对象15757人，享受定期抚恤1102人，享受定期补助12610人。全年共发放最低保障资金3.0亿元。全市提供住宿的社会服务机构68个，床位数4913张，年收养救助人数2564人。全市社区服务站51个。全市福利企业26个，残疾职工422人。福利彩票发行单位1个。全年直接接收捐赠款77.2万元，受益2689人次。

【资源、环境和安全生产】 全市有自然保护区5个，自然保护区面积达到14.6万公顷。

全年市区环境空气质量二级以上天数达到263天。其中，一级天数29天，增加10天。空气综合污染指数为6.48，较上年下降12.1%。

城市污水处理率达到93.5%；城市生活垃圾无害化处理率达到100%；全市集中供热普及率达到86.7%。

全年全市共发生各类生产安全事故796起，减少52起，下降6.1%；事故死亡207人，减少19人，下降8.4%。其中，各类生产经营性事故176起，减少16起，下降8.3%；事故死亡86人，增加2人，上升6.2%，占省政府下达市控制指标88人的97.7%。亿元GDP生产安全事故死亡率0.083，煤矿百万吨死亡率0.1487，特种设备万台死亡率0。 （市统计局）

精神文明建设

【概述】 2015年，晋城市精神文明建设工作以培育践行社会主义核心价值观为主线，以强化基层、夯实基础为主基调，以“三大创建”（文明城市、文明行业、文明村镇）为主战场，不断创新活动载体，丰富精神内涵，巩固创建成果，奋力开创全市群众性精神文明建设工作新局面，全市精神文明工作扎实推进，成效显著。

【社会主义核心价值观宣传】 通过广播、电视、报纸、网络等市级主流媒体，在重要版面、显著位置、黄金时段，持续不断地强化24字内容宣传，通过微博、微信、微视、微电影等新型网络传播平台，强化社会主义核心价值观的网络传播。继续推进“图说我们的价值观”“讲文明树新风”公益广告宣传。先后制作完成各类公益广告宣传片32部，并选出部分优秀作品参加全国公益广告征集大赛；在全市出租车、公交车、长途客车、户外电子显示屏、电梯、公交候车厅、公园广场、《太行日报》、晋城广播电视台、政府网站等媒介上，高密度、高频率刊播“图说我们的价值观”“讲文明树新风”公益广告，将24字内容宣传融入到市民吃住行各个环节，营造浓厚的宣传氛围。引导人们保持正确的价值观，树立正义道德天平。加速推进“善行义举榜”工作，通过建设“晋城好人”主题广场，建立“晋城好人善行义举榜”固定展板，宣传好人好事，讴歌凡人善举。以“我们的价值观”“我的中国梦”为主题，广泛开展基层巡讲、演讲比赛、经典诵读、童谣传唱等系列活动，创作歌曲《我们的价值观》、儿童舞台剧《七彩梦》等一批宣传核心价值观的文艺作品。

开展“弘扬德孝文化，评选百名晋城德孝模范”活动，推荐表彰一批德孝典型。在城乡开展以24字内容完善市民公约、村规民约、学生守则、行业规范工作，推动社会主义核心价值观在干部群众中落地生根、深化提升。

【全国文明城市创建】 把争创全国文明城市纳入全市社会发展整体规划之中，将创建体系中的188项工作指标细化分解到70余家责任单位，鼓励广大市民积极参与文明创建，开展市民记者团“关注文明城市创建”寻访活动，发表“文明城市创建”相关新闻3000余条，配发图片9000多张。针对市容环境管理、交通秩序整治等进行全方位、多角度的报道，提出有建设性的意见和建议100多条，在全社会营造良好的舆论氛围。在晋城广播电视台新闻广播开设《文明大家谈》《倡导文明新风，共建文明城市》《创建文明城市，我们在行动》《1072文明动起来》《文明连连看》《趣味对对碰》《文明论坛》《文明故事》等栏目，及时发布创建动态，推动创建工作。

【文明单位创建】 把文明单位创建与创先争优活动相结合，提升创建实效。启用《晋城市文明单位动态管理系统》，注册单位、村镇、社区、学校698家，上报资料46501份，上报宣传稿件7099条，采用1773条。通过基层申报、县区推荐、征求意见、材料审核、实地测评、文明委会审议，共评选表彰2014—2015年度晋城市群众性精神文明建设先进典型407个，推荐2014—2015年度省级精神文明建设先进典型143个。

【文明村镇创建】 把道德文化融入农村精神文明建设之中，推进农村文化阵地建设，强化精神文明和伦理道德传统宣传。各乡村普遍开展"身边好人""好婆媳、好妯娌""善行义举榜"评选，弘扬新风正气。围绕培育和践行社会主义核心价值观主题，主办2015年度大型系列电视特别节目《我爱上党戏·文明乡村行》——走进文明乡镇(第二届)。以宣传农村文明创建中"最美乡村人、最美乡村事、最美乡村景"主线，集中展示近年来全市广大农村精神文明建设活动中的丰硕成果；集中反映广大农村开展"美丽乡村"建设，改善人居环境，丰富农民业余文化生活的新气象；集中讴歌广大乡村群众建设新农村、培育新农民、繁荣新文化、形成新风尚的美丽风采。

【"我们的节日"活动】 以节日文体活动、中华经典诵读活动、民俗活动、扶贫帮困等为重点，在春节、元宵节、清明节、端午节、七夕节、中秋节、重阳节等中华民族传统节日期间，广泛开展"我们的节日"系列宣传教育和庆祝活动，引导广大干部职工认知传统、尊重传统、弘扬传统，增进爱党、爱国、爱社会主义情感，营造和谐、欢乐的节日氛围。

【典型宣传】 围绕评选、宣传、关爱道德模范活动，引导干部群众学习身边典型，汲取榜样力量，传承弘扬中华民族传统美德，践行社会主义核心价值观，凡人善举不断涌现，道德风尚普遍形成。

一是抓评选，"中国好人"人数全省第一。"诚信夫妻"李继林、刘平贵获第五届全国道德模范称号，是晋城市首次荣获全国道德领域最高荣誉，也是本届全省唯一入选的道德典型；毕腊英获第五届全国道德模范提名奖。开展"中国好人""山西好人"推选工作，5人先后荣登"中国好人榜"、4人入选"山西好人"。全市荣获"中国好人"人数达61人，入选人数全省第一。

二是强宣传，提升道德典型示范影响力。配合中央、省级媒体，制作完成刘平贵夫妇、毕腊英先进事迹宣传片，在人民日报、中央电视台、新华网、中国文明网等全国重大媒体集中宣传。10月16日晚，出席中央电视台《新闻联播》"圆梦中国·德耀中华——第五届全国道德模范授奖仪式"。两位"晋城好人"分别于7月和12月入选人民网、新华网、光明网、中国网络电视台、中国文明网"五网联盟"专栏《好人365》封面人物。10月27日至31日，省文明办组织开展道德模范基层巡讲活动，刘平贵、毕腊英分别作17场专场报告。组织晋城市道德模范基层巡讲活动，编印《好人故事》，在晋城广播电视台开设《讲述晋城好人·践行核心价值观》专栏，更新"善行义举晋城好人榜"，印制道德模范宣传海报、播放道德模范公益广告宣传片，讲述美德善美，传递道德力量。

三是重关爱，倡树尊崇善待身边好人风尚。经过基层申报、实地走访、媒体公示、研究审定，共发放帮扶资金50万元，21位生活困难的"晋城好人"得到帮扶，"关爱爱人者，善待行善人"的良好风尚。

【志愿服务】 以雷锋精神为魂，以志愿服务为主体，以"四个一百"为抓手，以法律、文体、科技、医疗卫生"四进"社区为主要内容，开展以政策咨询、扶贫济困、文化宣传、法治宣传、文明城市宣传和慰问困难群众等志愿服务活动。

一是大力培育志愿服务文化。弘扬"服务人民，助人为乐"

的雷锋精神和“奉献、友爱、互助、进步”的志愿服务精神，按照“关爱他人、关爱社会、关爱自然”的要求，组织开展各种志愿服务活动。推广使用中国志愿服务联合会“行德立善”志愿服务标志。

二是开展丰富多彩的志愿服务活动。开展邻里守望志愿服务活动，关爱空巢老人、留守儿童、农民工和残疾人志愿服务，关爱他人、关爱社会、关爱自然志愿服务。开展第八届“爱心送考”志愿服务活动，440辆公交车、1453辆出租车及部分私家车参与“爱心送考”，“爱心送考”活动成为全市精神文明建设的一个响亮品牌。在白马寺—东四义步道，开展“传播绿色文明，青春志愿行动”志愿服务系列活动6期，分别以“文明步道行，我的青春范儿”“绽放环保魅力，谁能一站到底”“亲子环保涂鸦”“寻找蓝天，寻找微笑”“美丽晋城，志愿先行”为主题，参与人数达5000人次。

三是完成文明单位志愿者网上注册工作。按照中央文明办工作安排，通过“志愿云”系统，进一步规范注册志愿者登记注册工作，注册单位达400余家，注册志愿者人数近7万名，注册志愿者人数占到建成区常住人口总数的14.27%。

四是开展“四个一百”评选推荐活动。组织参与由中宣部、中组部、中央文明办等九部门联合开展的全国志愿服务“四个一百”先进典型评选推荐活动。煤销集团晋城有限公司青年志愿者服务队张燕、“保护母亲河，丹河徒步行”、晋城市青年志愿者协会、古书院矿社区分别入围全国最美志愿者、最佳志愿服务项目、最佳志愿服务组织和最美志愿服务社区。

【未成年人思想道德建设】 坚持立德树人，以培养社会主义事业的合格建设者和可靠接班人为目标，持续开展学雷锋“做一个有道德的人”主题教育实践活动，净化社会文化环境，推进未成年人思想道德建设。

一是加强家庭教育，为孩子们打造温馨温暖心灵港湾。依托社区家长学校，开展家庭教育实践活动。邀请知名教师为全市14所中小学校、幼儿园的5000余名家长进行家庭教育讲座。开展家庭道德教育宣传实践月、培育和践行社会主义核心价值观、“家庭悬挂家规家训”活动，传承德孝文化，树立家庭文明新风。向全市广大家庭发出争当“最美家庭”、争创“美德孝星”、做“传家训”的引领者倡议。组织“我爱我家”好家风家训书法作品展，入围作品150件，评出优秀组织奖7个。

二是注重培育践行，让社会主义核心价值观入心见行。把核心价值观建设融入未成年人思想道德建设工作全过程，组织社会主义核心价值观进校园宣讲活动，帮助学生深刻理解中国梦和社会主义核心价值观的基本内涵和伟大意义。开展“我的中国梦”“三爱”“三节”以及学雷锋、争做最美少年等道德实践活动，将核心价值观融入校风校训、规章制度和校园环境建设中。

三是开展主题活动，丰富多彩活动中陶冶道德情操。开展学雷锋“争当晋城好人，做一个有道德的人”主题教育实践活动，举行读书演讲、歌咏比赛等活动。开展“美德少年”评选表彰活动，60人荣获2015年度晋城市美德少年称号。命名39个未成年人思想道德教育实践基地和60个爱国主义教育基地，为中小学生开展爱国主义教育提供场所。组织青少年到革命纪念地或烈士陵园献花宣誓，参加网上祭英烈活动人数达875320人次。依托青少年校外活动中心、乡村学校少年宫等阵地，开展“童心向党·唱响中国梦”“我的中国梦”、签名寄语、中华经典诵读等主题教育实践活动，参加网语活动为数达360123人次。开展中华经典诵读、“中科教育”杯晋城市青少年中华经典古诗词挑战赛、“牵手农商行 情暖晋城人·共筑中国梦”大赛等活动，展示全市未成年人道德建设成果。

四是建设规范阵地，打造快乐生活心灵家园。“一宫一堂一中心”建设成效明显，乡村(城市)学校少年宫建设数量增加，质量提升，全市接受中央彩票公益金支持乡村学校少年宫项目建设学校8所，市财政预算100万元采取以奖代建方式支持全市乡村(城市)少年宫建设20所。“道德讲堂”见成效，每月每班开展一次道德讲堂活动，用“身边人讲身边事，身边事教育身边人”。儿童剧《七彩梦》代表山西省参加第八届全国儿童剧优秀剧目展演，获文化部第八届全国儿童优秀剧目展演奖。少儿舞蹈《谷子好》参加第八届“小荷风采”全国少儿舞蹈展演山西选拔赛获“最佳表演奖”“优秀教师奖”。赴北京参加第八届全国少儿舞蹈大赛“小荷风采”展演，再获“小荷之家”“小荷新秀”“优秀编导”“小荷园丁”四项大奖。培训心理教师280名，先后在《太行日报》《太行日报·晚报版》、晋城广播电视台刊播心理知识，在市电视台播出《少年·心学院》8期。

五是净化文化环境，给孩子们营造一方文化生活净土。开展净化社会文化环境专项治理行动，建起覆盖全区的组织网络，组织公安、交通、文化、工商等部门，对校园周边环境进行治理，取缔和清理整顿校园及周边地区非法、违规经营的出租房屋和网吧、电子游戏厅、音像厅、歌舞厅等娱乐场所；整顿学校及周边的交通秩序，全市共出动警力2300余人次，排查整改安全隐患50处，整治治安乱点20处。检查网吧1289家次，下达《责令限期改正通知书》143份，停业整顿6家，处罚网吧43家。（市文明办）

机构设置和领导人名录

中国共产党晋城市委员会

书　记　张九萍(女)
副书记　刘润民　李俊敏
常　委　张志仁　范丽霞(女)　武宏文
　　　　刘爱军　焦光善　常国荣　张少波
　　　　郝崇福*　马学林
秘书长　常国荣
常务副秘书长　郭林江
副秘书长　闫培烈　白亚平　王贵平
　　　　　李勤才(兼)　高俊霞(女)

晋城市人民代表大会常务委员会

主　任　孟福贵
副主任　任建宏　李章宏　廖　军　孔庆鹏
　　　　李国继　韩淑君(女)
秘书长　张斌胜
副秘书长　王学琦　李　斌　闫建升

晋城市人民政府

市　长　刘润民
副市长　赵沂旸　王维平　茹栋梅(女)　冯志亮
秘书长　王宏微
副秘书长　常晓虎*　张湘君(女)*　韩守元
　　　　　牛泽民(兼)　李俊杰　李志忠*
　　　　　侯虎胜　李永和　杨元平　杨晓雷
市长助理　田志军

政协晋城市委员会

主　席　师建平
副主席　郭一峰　金德祥　马德和
　　　　陈改玲(女)　王克平*　郭跃峰
　　　　陈建国　崔守安
秘书长　莫文山
副秘书长　郝　锐　焦晓湖

中国共产党晋城市纪律检查委员会

书　记　武宏文
常务副书记　王瑞敏(女)
副书记　王文全　李庆平
常　委　邵红旗　聂永平　朱慧杰　李永斌
　　　　李宏军

晋城市中级人民法院

党组书记、院长　杜培德
常务副院长　常爱玲(女)
副院长　杨泽民　赵建强　王世运
党组副书记　任纪朝　杨泽民
纪检组长　张金瑞
政治部主任　李秋红
审委会专职委员　刘沁长　张晓彬

晋城市人民检察院

党组书记、检察长　张润才
常务副检察长　张晓奎
副检察长　王万虎　孙太林
党组副书记　李永亮
纪检组长　姬金恒
政治部主任　郭世锋
检委会专职委员　冯文莉(女)

市委工作部门和部门管理机构

市委办公厅
市委督查室主任　王贵平
市委督查室副主任　郑　泽　李建兵
市委组织部
部　长　范丽霞(女)

常务副部长　郭竹林
副部长　高云政*　王亚平(女、兼)
　　　　贾二庆(兼)　尹文德
部务委员　柏凌装　张韶华
正处级组织员　王联民
副处级组织委员　杜　琳
市委人才办主任　部培法

市委宣传部

部　长　张志仁
常务副部长　樊　烨
副部长　史小军　冯裕民(兼)　焦　勇(兼)
　　　　宋丽云(女)
文明办主任　史小军
文明办副主任　殷理库

市委统一战线工作部

部　长　焦光善
常务副部长　王志明
副部长　毋　勇　刘东平(女)*　李凌志

市委政法委员会

书　记　刘爱军
常务副书记　栗　强
副书记　田龙社　李刘苏(女)　张四祥
政治部主任　赵　军
综治办主任　栗　强
综治办副主任　殷　辰　李建民

市委政策研究室

主　任　白亚平
副主任　张雷鸣*　李兴文　李可大

市机构编制委员会办公室

主　任　姬庞陵
副主任　王玉令　任林书　张春林

市直属机关工作委员会

书　记　张　文
副书记　王全民　王江海
纪工委书记　张安忠*
委　员　车建利　刘泽宇

市委对台办公室

主　任　王红斌
副主任　韩　萍(女)

市委老干部局

党委书记、局长　王亚平(女)
副局长　牛惠军　张成娥(女)*
党委副书记　郭旭勤

市委、市政府信访局

局　长　李勤才
副局长　郭银富　邢军霞(女)
正处级信访督查专员　郝陵义
副处级信访督查专员　曹峰毅

市委保密局

局　长　刘先玲(女)

市人民代表大会常务委员会工作机构

人事代表工作委员会

主　任　李富德
副主任　赵红生

法制委员会

主任委员　王晓立*
副主任委员　刘晓丽(女)

财政经济委员会

主任委员　司国奇
副主任委员　蒋志红

城建环保工作委员会

主　任　阎跃进
副主任　尚爱民

教科文委员会

主　任　吴天和*
副主任　刘晓丽(女)*

农村工作委员会

主　任　酒国平
副主任　郭忠平

民族宗教侨务外事工作委员会

主　任　傅彦虎
副主任　闫国兰(女)

研究室

主　任　王学琦

副主任　贾政雷

市政府组成部门

市政府办公厅

纪检组长　原明保

副主任　樊小润　马晋平　陈高晋

市发展改革委员会

党组书记、主任　秦李芳

副主任　申买会*　焦新文　栗代政　席学武
　　杨跃卿　梁仁锁　黄天明　任智慧

纪检组长　冯永源

总工程师　朱晓波

总经济师　毋瑞军

市重大项目稽察特派员办公室主任　王国斌

市经济和信息化委员会

党委书记、主任　张新光

副主任　谢补庆　赵拴炉　杨建平　徐跃山
　　司秀春　刘建光

党委副书记　李廷祥*

纪委书记　于建斌

总经济师　梁金雄

总工程师　韩志堂

市教育局

党委书记、局长　尹红岩

副局长　崔增龙　秦三广　胡铁栓

党委副书记　原保升

纪委书记　毕前胜

市科学技术局

党组书记、局长　王仁庆

副局长　上官东亮　靳刚辉　张建树

纪检组长　宋海德

总工程师　申瑾瑜

市公安局

党委书记、局长　王斌权

常务副局长　赵寒霆

副局长　郭清洁　赵建云　杨建军　张家义
　　李宝娥（女）

党委副书记　赵寒霆　王勇善*

纪委书记　赵星记

督察长　杜志强

政治部主任　文海潮

市监察局

局　长　王文全（兼）

副局长　李海山　赵德富

市民政局

党组书记、局长　卫永太*

副局长　王万荣（主持工作）　李文明
　　靳慧萍（女）

纪检组长　宋建霞（女）

市司法局

党组书记、局长　李翠叶（女）

副局长　曹连心*　范聪明（女）　高永才

纪检组长　茹小强（女）

政治部主任　杨慧芳（女）

市财政局

党组书记、局长　郭治琛

副局长　李建英（女）　董海顺　田树明
　　李英杰

纪检组长　王鸿鹰（女）

总会计师　段志坚

市人力资源和社会保障局

党组书记、局长　贾二庆

副局长　乔珠瑞　李卫平　张建乐　王高毅

纪检组长　程跃金

市国土资源管理局

党组书记、局长　刘中平

副局长　王发生　商国富　毋建喜

纪检组长　原志非

总工程师　刘世繁

总规划师　裴小霞

市环境保护局

党组书记、局长　李作富

副局长　杨金中　乔荣生　焦金生

纪检组长　王卫东

总工程师　张建明*

市住房保障和城乡建设管理局

党委书记、局长　徐双荣

副局长　任香平(女)*　申学勤　杨利民

　　原体进　王　旭　靳海峰

党委副书记　原保红

纪委书记　薛志景

市交通运输局

党组书记、局长　贾承健*　李玉山

副局长　李连根　李明耀　王余良

　　和全忠(兼)

纪检组长　李保金

总工程师　吕虎林

市水务局

党组书记、局长　杜　平

副局长　郭智雄　毕玉柱　焦林林　崔林成

纪检组长　都火炬

总工程师　郭建军

市农业委员会

党组书记、主任　李天胜

副主任　李治国　王振堂　秦怀仁　赵启明

　　张祥林　王建荣

纪检组长　袁晚发

总农艺师　王晋旭

总经济师　王天圣

市林业局

党组书记、局长　刘万堂

副局长　王安泰*　王仁申(女)*　原振先

　　陈建军　李培红

纪检组长　邵锁昌

总工程师　杜建莲(女)

市商务粮食局

党组书记、局长　刘金锋

副局长　赵先进　王志强　刘宇光　段玉太

　　陈明龙

纪检组长　焦银雷

总经济师　张　沁

市文化局

党组书记、局长　贾长生

副局长　杜喜霞(女)　王书平　李立新

　　侯俊玲(女)

纪检组长　李留兵

总工程师　樊跃进

市卫生和计划生育委员会

党组书记、主任　武四海(女)

副主任　闫双县　王丽娟(女)　尚晋河

　　孙建平　戴建军*　董良全*

爱卫会专职副主任　李铁花(女)

纪检组长　刘华生

市审计局

党组书记、局长　郭彦明

副局长　王瑞祥　程晋鹏　王建芳(女)

纪检组长　尚海根

总审计师　曹和生

市煤炭煤层气工业局

党组书记、局长　赵晚畴*　田志军

副局长　冯红喜*　陈永进　秦　强

　　许德旺(兼)　原前进

纪检组长　李加文

总工程师　原前进(兼)

市外事侨务和旅游文物局

党组书记、局长　董小清

副局长　郭一峰　韩　楚　赵旭替　尚建中

　　曹广全　李晋楚

纪检组长　李国强

市工商行政管理局

党组书记、局长　李广祥

副局长　王林松　杨成芳

纪检组长　赵智慧

市质量技术监督局

局　长　李广祥*　陈家富

党组书记　吴忠庆*　陈家富

副局长　李先锁　王瑞新　王智麟*

总工程师　李建平

纪检组长　殷宏伟

市食品药品监督管理局

党组书记、局长　樊林奎

副局长　刘　冰　尚济民　郝少勤　程跃虎
纪检组长　杨晓红
药品总检验师　阎建鸿
食品总检验师　司丽芳（女）

市统计局

党组书记、局长　王庆和
副局长　张志兴　程满胜　唐振芳
纪检组长　田建明
总统计师　姜孝则

市安全生产监督管理局

党组书记、局长　田　刚
副局长　焦玉龙　王洪太　程保河
纪检组长　秦书平
总工程师　程刚强

市民族宗教事务局

局　长　毋　勇

市人民防空办公室

党组书记、主任　郭　斌
副主任　祝华平*　牛泽辉　张宝明　肖海清

市规划局

党组书记、局长　白勇强*
副局长　宋书文　高青定　吴青革
纪检组长　田培忠
总建筑师　吴青革*
总规划师　朱居生

市金融工作办公室

主　任　李志忠
副主任　杨利生

市政协工作机构

经济科技委员会

主　任　魏　昉

农村工作委员会

主　任　和贵喜

文化教育委员会

主　任　刘治国

社会法制委员会

主任委员　温保山
副主任委员　赵晋阳

文史资料委员会

主　任　靳虎松

调研室

副主任　杨林荣（女）

市直属事业机构

市委信息化中心

主　任　高　欣
副主任　谢　飞

市委党校

校　长　李俊敏（兼）
常务副校长　宋万奎*　王晓光
副校长　王晓光*　卢　路　赵旭杰

市委、市政府接待办

主　任　孙加慧
副主任　张强胜

市双拥办

主　任　郭林江（兼）

市委党史研究室

主　任　贺建国
副主任　李文福

市委外宣办、市政府新闻办

主　任　焦　勇
副主任　秦宏平　王　林

太行日报社

党组书记、社长　王俊义
总　编　王为民
副社长　田振江　程旭荣
副总编　杨　斌
纪检组长　李甫安
晚报总编　王春平
正处级编委　康俊国
副处级编委　林仲民　王晓艳（女）

市委讲师团

团　长　吴仕华（女）*
副团长　许国胜　司芳琴（女）

市上党戏剧院

院　长　张红君(女、兼)*

副院长　郭孝明　吴国华(女)*　张爱珍(女)

市广播电视台

党组书记、台长　冯裕民

常务副台长　李朝霞(女)

副台长　段玉明*　赵春林

常务副总编　牛龙飞

党组副书记　段玉明*

纪检组长　郎龙喜

市政务大厅管理中心

主　任　牛泽民

副主任　马小林

纪检组长　王继荣(女)

市政府发展研究中心

主　任　卢海建

副主任　翟居兴*　成少宏　李　海

纪检组长　马金炉

市机关事务管理局

党组书记、局长　李凤远

副局长　陈拽光*　窦爱国　李建路　司国振

纪检组长　朱全红

总会计师　李爱苏(女)

市信息化管理办公室

党组书记、主任　郭宗泽

副主任　李满红　郎荷宝

纪检组长　闫　疆

总工程师　张亚丽(女)

市老龄委办公室

主　任　张爱梅(女)

副主任　李玉平(女)

市档案局

党组书记、局长　李克平

副局长　申晓霞(女)　程　鹏

纪检组长　焦　健(女)

市地方志办公室

副主任　邵俊生(主持工作)　赵根莉(女)*　陈丙应

市地震局

党组书记、局长　毕明荣

副局长　武建明*

纪检组长　原学忠

市招商局

党组书记、局长　李绪龙

副局长　梁建刚　张建军　李奔峰

纪检组长　宋丽莉(女)

市园林局

党组书记、局长　张高峰

副局长　高连江　李安国　潘乐善

纪检组长　陈功会

总园艺师　贾莹峰

市中小企业局

党组书记、局长　王建辉

副局长　王振华　常俊龙　朱守顿　邢　捷

纪检组长　崔亚宏

市城镇集体工业联合社

党组书记、主任　王　虎

副主任　赵永红　焦晋莎

纪检组长　崔　鹏

市供销合作社联合社

党组书记、主任　王张林

副主任　牛小跃*　郑端生*　李志明

纪检组长　朱海赋

监事会主任　李志文

市科学技术研究所

所　长　吴天明*　郭国民

党总支书记　原建堂

副所长　原建堂*　高兴国　张丽丽(女)

纪检组长　郑忠社

总工程师　米晋斌

市农业综合开发局

党组书记、局长　王志明*　刘东平

副局长　李云海　王冠武

纪检组长　魏　斌

总农经师　原粉娥(女)

市农机局

副局长　苗富才　王宏生　牛保凤(女)

纪检组长　王玉亭

总工程师　郭素军

市畜牧兽医局

党组书记、局长　袁世泰

副局长　王曙光　白崇进

纪检组长　张俊英（女）

总畜牧师　牛靖宇

沁水示范牧场

场　长　王友战

副场长　田晓华

市治超办

主　任　李东升

副主任　贺海燕（女）　程江平

市人才服务中心

主　任　田和平

副主任　赵良才　张　鹏

市疾控中心

党组书记、主任　原太平

副主任　赵积炉*　毋为育

纪检组长　李红梅（女）

市公用事业建设局

副局长　任香平（女、主持工作）　卢元芳

市公共资源交易中心

主　任　李智星

副主任　崔新宏

驻市单位

市国税局

党组书记、局长　刘　强

副局长　安　儒*　关保利　张忠义
　　　　王余屯　段胜平

纪检组长　段胜平*　李跃伟

总经济师　张欣义

市地税局

党组书记、局长　赵耀中

副局长　岳卫星　延如庆

纪检组长　杨宝善

总会计师　乔春铭

总经济师　卢坤军

市烟草专卖局（公司）

局　长（经理）　张家驰

副经理　常熙旺

副局长　王　军

总会计师　王浩卫

工会主席　毋晋民

山西省公路局晋城分局

局　长　郭长庆

党委书记　张根法

副局长　王振明　陈建国　徐　斌

党委副书记、纪委书记　郭立新

工会主席　申济众

总工程师　陈建国（兼）

市交通运输执法局

局　长　张慧锋

党委书记　王京会*

副局长　王卫华　王黎平

党委副书记、纪检书记　谢小兵

市气象局

党组书记、局长　耿耀武*　张平

副局长　王存仁　常素萍（女）

纪检组长　帅克杰*　武　捷

市盐务分局

局　长　阎晓蓓

副局长　史丽军　柴建跃

人行晋城市中心支行

党委书记、行长　李保根

副行长　徐民生　张永庆　原晋凉

纪委书记　宋光在

工会主席　李陵生

晋城银监分局

党委书记、局长　王中秋

副局长　范文书　李冷观

纪检书记　李　峰

群众团体

市总工会

党组书记、主席　任建宏(兼)

常务副主席　任建芳(女)

副主席　赵海水　殷杰云　任有福　韩敦锋

纪检组长　李建亮

经审委主任　李华文

共青团晋城市委员会

党组书记、书记　杨　洋

副书记　杨　洋*　李俊强　黄　璟(女)

少工委主任　王敬峰

市妇女联合会

党组书记、主席　崔玲玲(女)

副主席　许素平(女)　张连平(女)　申李玲(女)

市科学技术协会

党组书记、主席　茹　刚

副主席　刘鹏飞　祁冰宜(女)　申中民　冯文忠

纪检组长　范胜利

市归国华侨联合会

党组书记　朱瑜国

主　席　郭国民*　朱瑜国

副主席　朱瑜国*　田永健　张步远(女)

市文学艺术界联合会

党组书记、主席　贾大一

副主席　谢红俭(女)　韩有珍(女)

市残疾人联合会

党组书记、理事长　杨珠义

副理事长　和建平　李向青

纪检组长　马雪青(女)

驻外办事处

市政府驻北京办事处

副主任　姚宝鸿

学校医院

晋城职业技术学院

党委书记　朱　莉(女)

党委副书记、院长　成广海

副院长　卢文汇　毕文才　姬爱国　杨玉琴(女)

纪委书记　刘霄志

工会主席　牛　翠(女)

晋城一中

校　长　牛钟秀(女)*　周双林

副校长　晋新丹　李坤明　马星胜

党总支副书记　安　民

工会主席　范春俊

晋城广播电视大学

校　长　张湘君(女)*

党总支书记　裴家留

副校长　裴家留　窦秘卿*　王忠庆*　车军社

市中等专业学校

校　长　李永富

副校长　任学文　张　敏　陈广瑞　董笑红

矿区中学

校　长　周双林*

党总支书记　于红英(女)

副校长　王文会　徐景红

高平中专

校　长　张春生*

副校长　申青山　毕建明

晋城技师学院

校　长　姚允刚

副校长　刘世峰　马雷正　贺双俊　李　艳(女)

市人民医院

院　长　秦中胜

党委书记　李长青

副院长　贾龙斌　赵红亮

纪委书记　秦建平

工会主席　沈小德

晋城经济技术开发区

开发区管委会

主　任　程　琳

副主任　田　烨（女）　阎兆强*　崔国炜

监察局局长　苏保和*

开发区党工委

书　记　田　烨（女）

副书记　程　琳　吴伟玲（女）

纪工委书记　苏保和*

晋城军分区

司令员　马学林

政治委员　郝崇福*　张志勇

参谋长　刘同兴

副参谋长　张维生

政治部主任　王军喜

后勤部部长　赵瑞祥

武警晋城市支队

支队长　郭建勋*　赵建生

政治委员　李　宇

副支队长　刘　兵*　张国清*　石荣兵

副政治委员　吕宏喜*　李云龙

参谋长　宫兆刚

政治处主任　李　明

后勤处长　刘宝贞

民主党派和工商联

中国国民党革命委员会晋城市委员会

主任委员　张湘君（女）

副主任委员　廖　军　原　云　许永忠

牛芳凯　姚承辉

秘书长　王毓霞（女）

中国民主同盟晋城市委员会

主任委员　王维平

副主任委员　刘完保（专职）　段文良

郭建英（女）　杨　敏

王小桃（女）

秘书长　钱红林

中国民主建国会晋城市委员会

主任委员　金德祥

副主任委员　罗跃光　冯德强

韩连弟（专职、女）　柴慧清

秘书长　符纯美（女）

中国民主促进会晋城市委员会

主任委员　李章宏

副主任委员　毋道斌　赵晋阳　窦长平（女）

王国亮　郭向阳

秘书长　王国亮（兼）

中国农工民主党晋城市委员会

主任委员　陈改玲（女）

副主任委员　王胜利　李全林　段韶军

郭金祥

秘书长　韩　军*　孙夏芳（女）

九三学社晋城市委员会

主任委员　郭一峰

副主任委员　裴池善　王新明（专职）　王高峰

王永革　程春明　解小竹（女）

秘书长　王永革（兼）

晋城市工商联合会

党组书记　梁红兵

主　席　史晓莉（女）

副主席　田春玲（女）　王丽萍（女）　张国建

注：所记载机构为征集到资料的市级正处级以上机构，机构和领导人名录排序不作为其他依据；2015年1月1日至12月31日凡调离原岗位的都在姓名后右上角标注上*。

（市委组织部、晋城军分区、武警晋城支队、驻市单位、各民主党派）

晋城交通运输执法局

山西省交通运输执法局局长曹居月莅临晋城局视察

接受全国文明单位考核组验收工作

联合执法单位对目测超限车辆开展实测工作

山西省晋城交通运输执法局成立于2010年11月17日，是按照省编委和省编办的文件规定组建的正处级建制单位。受山西省交通运输执法局垂直领导，辖城区、泽州、高平、阳城、沁水、陵川六个交通运输执法分局，一个督查支队。

具体职能配置：1. 对公路路政、道路运政（包括城市客运管理）、水路运政和地方海事执法实施监督。2. 对交通运输行业治超工作政策、制度和标准执行情况及路面治超、道路货物运输源头治超实施监督。3. 对收费公路的收费实施监督，做好通行费收费站（点）的设置审批、撤销和收费许可证年检等工作。4. 负责所辖收费站（点）的收费管理工作。5. 对交通运输安全生产执法行为实施监督，参与安全突发事件应急处置工作。6. 负责交通运输行政执法、治超工作和安全生产执法等相关投诉案件的调查，并经调查核实后提出处理建议。7. 承办省交通运输厅属企事业单位财务收支、预算资金、固定资产投资项目等的内部审计，以及重大交通基础设施建设项目的跟踪审计工作（含：执法监督、治超监督、安全生产监督、收费公路监督工作、审计监督共五项监督）。

面对党旗宣誓

深入被监督单位，开展提醒约谈工作

开展文体活动，展现良好风貌

晋城市人民检察院

省检察院副检察长王国宏在该院调研

省检察院规范司法行为专项整治活动督察组在该院督查指导

市检察院与市公安局召开介入命案侦查联席会议

高平市检察院作为全省首批司法改革试点单位完成首批检察官入额工作

2015 年，全市检察机关认真落实省院和市委的决策部署，紧紧围绕全市经济社会发展大局，强化法律监督，强化自身建设，各项工作都取得了新的发展和进步，为服务和保障全市“一争三快两率先”发展战略的实施作出了积极贡献。

始终把服务大局、维护稳定摆在首要位置，积极应对经济下行压力加大情况下的社会治安形势，着力推进平安晋城建设。共批准逮捕和决定逮捕 713 件 1057 人，提起公诉 1608 件 2407 人。积极创优经济发展环境，起诉破坏市场经济秩序犯罪 453 人，查办涉嫌商业贿赂犯罪国家工作人员 6 人，查办招标投标、资金管理、质量监管等环节职务犯罪 30 人。持续开展重点工程项目建设预防职务犯罪“十百千”专项活动，保障了国有资金安全。依法打击侵犯国有企业、民营企业、小微企业的犯罪，鼓励和支持各种所有制企业平等发展。

认真履行惩治腐败的政治责任和法定职责，始终保持惩治腐败高压态势。立案侦查职务犯罪案件 96 件 125 人，其中大案 74 件，要案 6 人（含副厅级干部 1 人），通过办案追缴赃款赃物折合人民币 1.1 亿元。深入开展查办发生在群众身边、损害群众利益专项工作，立案侦查支农惠农财政补贴、农村基础设施建设等领域职务犯罪案件 29 件 37 人。同步介入多起重大事故调查，依法查办事故背后的职务犯罪。结合办案加强职务犯罪预防工作，开展预防调查 38 次、案例分析 53 次，形成预防调查报告 38 件。其中，《晋城市教育系统职务犯罪的特点、原因及对策》被中办、高检院和省院转发或采用。

着力加强和改进诉讼监督工作，坚决纠正执法司法不作为、乱作为等问题。依法监督公安机关立案 66 人、撤案 5 件，纠正漏捕 10 人、漏诉 13 人、漏罪 111 人。全面介入命案侦查工作，对 20 起命案全部提前介入现场勘察、引导收集固定证据，提高命案办理的质量和效率。按照二审程序和审判监督程序提起抗诉 17 件，支持抗诉 16 件。以全市监所检察机构

市检察院被评为“全国文明单位”

举办侦查监督“释法说理”业务竞赛

举行首届刑事执行检察业务竞赛

召开规范司法行为专项整治工作推进会

加强与律师的沟通和交流，依法保障律师执业权利

统一更名为契机，全面加强和改进刑事执行检察工作，监督纠正减刑、假释、暂予监外执行不当 21 件，书面监督纠正刑罚执行和监管活动违法 239 人次，监督特赦罪犯 20 人。加强羁押必要性审查工作，提出释放或变更强制措施建议，被采纳 62 人。加强民事行政检察工作，对不服生效裁判提请抗诉或提出再审检察建议 17 件，对民事审判活动和民事执行中的违法情形提出检察建议 13 件。

扎实推进司法改革试点工作，为全市检察机关下一步做好改革试点工作积累了经验。市检察院严格执行《山西省检察机关司法体制改革试点实施方案》，指导高平市检察院积极开展司法改革试点工作。高平市检察院首批检察官遴选工作已经完成，20 名优秀检察人员进入员额；机构、编制、人员和经费的上划工作已经完成，其他试点工作正在稳步推进。

深入开展规范司法行为专项整治活动。对照高检院列出的 8 个方面突出问题以及省院梳理出的 6 个方面 30 个具体问题，深入查找全市检察机关在司法办案、制度落实、内部管理、纪律作风等方面存在的苗头性、倾向性问题，共梳理查摆问题 29 条，建立整改清单，进行认真整改。强化案件管理部门的监督职能，依托统一业务应用系统对涉案财物违规处置、超期办案、侵害诉讼权利、案件信息公开不及时等情形进行实时动态监督管理，确保检察权依法规范运行。

坚持以专项教育为抓手，切实加强检察队伍建设。深入开展“三严三实”专题教育和“学习讨论落实”活动，筑牢理想信念，强化宗旨意识，严格落实全面从严治党“两个责任”，定期开展“廉政大讲堂”。持续推进以“道德讲堂”“ 检察职业道德标兵”评选等为主要内容的文明创建活动，市检察院被中央文明委表彰为“全国文明单位”。

晋城市中级人民法院

研究、部署、推进2015年重点工作

加强基层基础建设，对优秀的基层法院进行表彰

加强党建工作，由院党组书记、院长杜培德讲授党课

2015年，在市委的坚强领导下，全市法院围绕“努力让人民群众在每一个司法案件中都感受到公平正义”的目标，坚持司法为民、公正司法，紧抓执法办案第一要务，积极推进司法改革，努力加强自身建设，为和谐晋城、法治晋城建设作出了应有的贡献。

一、化解案件数量大幅增长的压力，圆满完成执法办案工作任务

全市法院全年共受理各类案件25010件，同比上升36.5%，办结19825件，结案率79.3%；其中，市中院受理各类案件4353件，同比上升30.4%，办结4092件，结案率94%。审限内结案率均为100%。

二、推进司法改革，提升司法公信

狠抓质效考核，提升案件质量和效率；加强法院工作信息化，推进“阳光司法”工程建设，增进司法透明度；院领导带头办案，最大限度调动审判资源；成立诉讼服务中心，实行立案登记制；建立新闻发言人队伍及新闻发布例会制度，形成信息发布的常效机制；深入推进司法改革和审判机制改革，做好司法改革试点工作。

三、深化司法为民，提高服务质量

依法支持当事人维护合法权益，全市法院对305案符合要求的当事人批准减免缓交诉讼费171万余元，为符合条件的当事人提供司法救助金416万余元。推进速裁调解机制的落实，充分发挥简易程序、小额诉讼程序、认罪轻案办理程序等制度，全市法院一审简易程序适用率达到37.9%，以诉前调解方式结案529件，民事一审案件调撤率达到51%。强化执行措施，依法打击拒不执行生效裁判犯罪行为，破解执行难题。稳妥处理信访案件，市中院全年接待来人来信访1106人次，受理再审审查和申诉案件67件，比2014年上升71.8%，立案再审6件，信访工作多次受到上级单位表彰。

四、扎实推进各项专题活动，继续加强队伍建设

市中院深入开展“学习讨论落实”活动，扎实推进“三严三实”专题教育。加强党风廉政建设，落实“一岗双责”，用“五项措施，五个活动”落实主体责任，院纪检监察部门努力聚焦主业主责，强化落实监督责任。加大教育和科研的力度，班子和队伍建设取得较好的成绩。2015年，共有9名个人和6个集体获得市级以上表彰。

召开"学习讨论落实"活动总结大会

刑事法官与省院课题组就农村基层组织犯罪问题进行调研

加大执行力度，就打击拒不执行判决、裁定等犯罪行为专项行动召开新闻发布会

立案登记、诉讼指引、信息查询、文书送达等功能为一体的综合性诉讼服务平台——诉讼服务中心挂牌成立

大力支持律师依法执业，与市委政法委等多部门联合召开全市律师工作座谈会

与市委政法委共同调研高平市法院司法改革试点工作

晋城军分区

2015 年 12 月 28 日，晋城军分区组织冬季适应性训练，图为市委常委、军分区司令员马学林在训练途中勘察地形

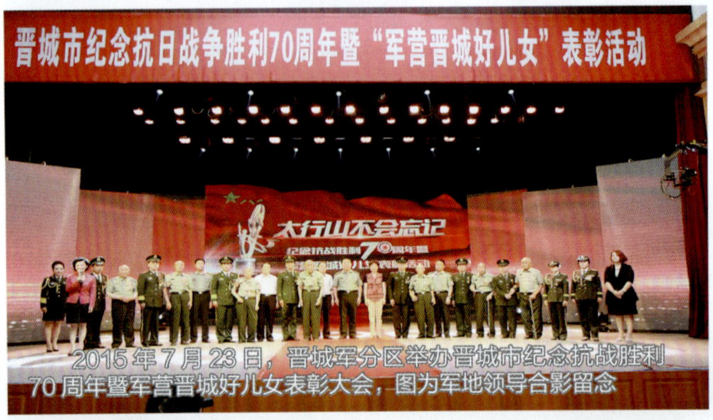

2015 年 7 月 23 日，晋城军分区举办晋城市纪念抗战胜利 70 周年暨军营晋城好儿女表彰大会，图为军地领导合影留念

2015 年 11 月 18 日，晋城军分区组织安全行车警示教育，图为邀请地方交警进行讲解授课

2015 年 6 月 4 日，晋城军分区组织半年军事训练考核，图为 3000 米越野考核

2015 年 6 月 4 日，晋城军分区组织半年军事训练考核，图为手枪射击考核

2015年8月5日，晋城军分区召开征兵工作会议，图为军分区政委张志勇同城区人武部签订廉洁征兵责任书

2015年9月10日，晋城市举行隆重仪式欢送即将入伍的新战士，图为欢送仪式现场

2015年12月28日，晋城军分区组织冬季适应性训练，图为部队戴防毒面具快速通过染毒地带

2015年7月28日，晋城军分区组织市民兵应急营骨干进行军事日活动，图为组织轻武器射击

2015年3月19日，晋城军分区组织全区民兵整组检查验收，图为阳城县民兵应急分队进行警棍盾牌操表演

晋城市水务局

市长刘润民调研任庄水库大坝改建工程

副市长茹栋梅检查防汛工作

市水务局党组书记、局长杜平调研杜河提水工程

2015年，在市委、市政府的正确领导下，全市水利系统奋发有为，攻坚克难，水利改革深入发展，重点工程持续推进，民生水利成效显著。“井”字型大水网关键节点工程建设进度全面加快，部分县域供水网络初步形成，大水网建设通过市人大常委会审议。在民生水利发展方面，共解决5.26万人饮水安全问题，提前完成年度目标任务；完成实灌面积72.1万亩，建设末级渠系40公里，冬春农田水利成效显著。在防汛抗旱减灾方面，完成6座病险水库除险加固任务，对全市中小河道进行清淤清障，夺取了防汛抗旱新胜利，保障了人民群众生命财产安全。在水生态文明建设方面，最严格水资源管理制度加快落实，万元工业增加值用水量下降5%，完成地下水压采量1500万立方米，完成水土流失治理面积15.22万亩，小水电发电1.2亿千瓦时，全部超额完成任务。同时，编制完成沁（丹）河流域生态修复与保护规划和《十三五》水利规划。在水利改革创新方面，启动水权改革、农业水价改革、小型水利工程产权制度改革，水法治建设全面加强，水利科技推广取得新成效。在全面从严治党方面，深入学习贯彻习近平总书记系列重要讲话精神，扎实开展“三严三实”专题教育；加强基层党组织建设，持之以恒抓好中央八项规定的贯彻落实；按照“六权治本”要求，完成水利行政机关“三个清单”工作，做到法无授权不可为、法定职责必须为。2015年，全市水利建设完成投资10亿元，有效保障和推进了全市重点水利建设，为“十二五”水利工作划上了圆满句号。

任庄提水供水工程

磨河供水工程

东焦河水库

围滩水库

郭壁提水工程

晋城市中小企业管理局

市委书记张九萍在市中小企业局调研

领导干部带头讲党课

上海研发公共服务平台晋城服务驿站开通仪式

安全生产宣传

2015 年，面对结构转型、经济下行压力，市中小企业局全体党员领导干部化压力为动力，保证了全市中小企业、民营经济平稳健康发展，全市中小企业营业收入完成 1049.54 亿元，同比下降 0.69%，工业总产值完成 745.97 亿元，同比增长 2.75%；实现利润 95.01 亿元，同比下降 7.36%；上缴税金 54.78 亿元，同比下降 11.5%，全面完成市委、市政府下达的各项考核任务，并连续 18 年被授予“省级文明单位”称号，主要抓了以下几方面工作：

1. 抓发展机遇期，政策环境进一步优化。成立晋城市促进民营经济发展领导小组，推动召开全市民营经济发展推进大会，出台《关于加快民营经济发展的实施意见》，推进市“减负 22 条”、省“13 条”等惠及民营经济政策落实到企业。利用政策通知短信和微信公众平台、政策宣讲讲座等形式宣传政策措施，不断扩大中小微企业政策覆盖面。

2. 实施成长工程，“小升规”目标超额一倍完成。培育“小升规”企业，是省政府考核晋城市中小企业发展的唯一指标。通过加强统计、实地调研、出台奖励政策等方式扎实推进培育工作。到年底，20 家企业达到入规条件，超出考核目标一倍。

3. 推进项目建设，固定资产投资任务全面完成。紧紧围绕省、市下达的完成 61 亿元的中小企业固定资产投资任务，及时分解目标，对接市直部门，落实支撑项目，建立项目管理台账，重点抓了 124 个新建续建项目，全年完成固定资产投资 63 亿元，超额完成省里下达的目标。其中 39 个重点项目总投资 142.15 亿元，已累计完成投资 52.9 亿元。

4. 推动“双创”工作，创业创新氛围初步形成。一是抓创业基地建设。全年投入创业基地建设资金 1.77 亿元，有 3 个基地被认定为省级中小企业创业基地，是唯一获得省级专项资金支持的市。6 个基地达到市级中小企业创业基地标准，其中 5 个基地基本达到省级标准，在全省名列前茅。截至 2015 年年底，全市建成和在建的各类中小企业创业基地 23 个，其中省级创业基地 7 个，市级创业基地 15 个，入驻企业 681 家，安排就业 4069 人，带动全市新创办小微企业 4987 户，为历年最高。二是抓技术水平提升。在全市范围内征集 30 余个创新创业项目，完成 30 家科技型中小企业的申报认定工作，新增 5 家省级中小企业技术中心。同时对近两年被认定的第一、二批晋城市创新型中小企业进行 120 万元资金奖补。

与上海股权托管交易中心战略合作签约仪式

在扶贫村座谈 共商发展大计

参加第十二届中博会

实施中小微企业素质提升工程

5. 开展人才培训，企业队伍素质明显提升。一方面对省局“3 个 1”培训任务，通过竞争性手段选拔培训机构，对全市各方面人才进行培训，培训人数达 1000 余人；另一方面根据《2015 年度中小微企业人才培训计划》，开展营销、融资、技工等方面的培训工作，培养企业职工近 3000 人，企业人员素质得到极大提升。

6. 加强融资服务，企业融资难问题得到缓解。利用争取的 1900 万元省级融资模式创新奖补资金，累计为 68 家企业融资 28640 万元；通过“助保贷”“聚力贷”“助企贷”“信保贷”等多种形式，累计发放贷款 17 亿元，受益企业达到 170 户；与上海股权托管交易中心达成战略合作协议，在晋城市设立企业挂牌孵化基地，截止目前已有 2 家企业在上海股交中心 E 板挂牌，有 11 家企业在 Q 板挂牌，3 家企业将在“新三板”挂牌。

7. 强化统计监测，为领导决策提供保障。重点对 130 家企业和 23 家重点行业企业进行经济监测，并开展重点行业特色产业集群的运行监测工作，保质保量按时完成统计报表的填写和上报，为全市提供具有价值和针对性的信息与措施建议。

8. 建设服务体系，服务水平显著提高。建成市级综合服务平台并配套开工建设三个专业应用平台和两个特色产业平台，其中金融、人才服务应用平台和食品加工产业服务平台建成并投入使用。建成小微企业服务站 86 家，基本实现乡镇全覆盖。2015 年，全市服务体系提供服务项目 85 项，开展服务活动 400 余项次，服务企业 3500 余户，服务人数 25000 余人，为企业减免各项费用 3300 余万元。

9. 扩大对外开放，技术经贸交流日益活跃。通过组织企业申报中东贸易平台、参加各种博览会等方式，拓宽交流开放的渠道，积极帮助企业化解销售不畅、回款较慢的难题。在十二届中国国际中小企业博览会上达成合作 4 项，贸易成交额 2366 万元，组织 25 家企业申报并入围国际 OTO 中东贸易效果平台，引导全市中小企业走出国门、扩大对外销售、提升国际市场竞争力。

晋城市国土资源局

市委书记张九萍在泽州县就国土资源管理工作进行现场调研

省国土资源厅厅长许大纯在晋城市调研煤层气工作

市委常委、市长刘润民在市国土局调研国土资源管理工作

副市长茹栋梅在陵川县调研地质灾害工作

省国土资源厅纪检书记郭英杰在晋城市调研基层所工作

省国土资源厅副厅长彭东晓在晋城市调研重点工程用地项目

省国土资源厅总规划师袁同锁在晋城市督查调研

召开全市国土资源工作会暨党风廉政建设工作会

开展“预防职务犯罪 加强作风建设”系列教育活动

党组中心组集中学习

开展“不动产登记条例”宣传咨询

在高平市三甲镇上池村进行地质灾害应急演练

晋城市农业委员会

主任李天胜带领农技专家到田间地头指导农业生产

省农业厅在阳城县举行改善农村人居环境培训会

市农委百名专家干部进百村入千户

土地确权登记颁证工作

新型职业农民培训

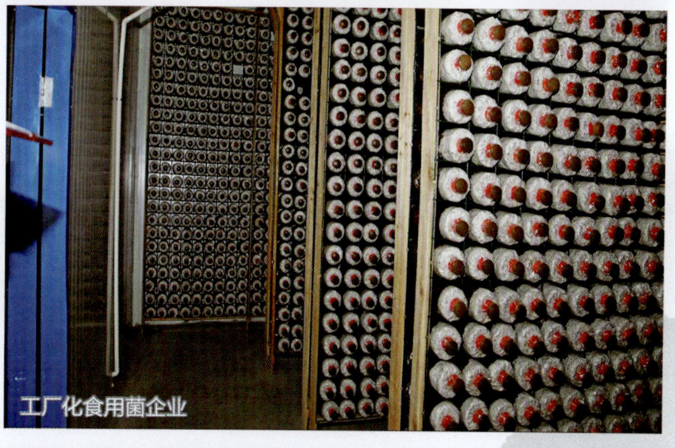
工厂化食用菌企业

蔬菜大棚

晋城市畜牧兽医局

晋城市畜牧兽医局党组书记、局长 袁世泰

“十二五”期间，全市畜牧业取得了突飞猛进的发展。**一是主要畜产品产量和畜禽存、出栏均取得增长超过或接近一半的好成绩。**全市肉、蛋总产量分别达到 25.2 万吨、9.77 万吨，分别比“十一五”末增长 56.42%、65.87%，分别占到“十二五”规划目标任务的 120%、137%；猪出栏和家禽存栏分别达到 307.6 万头、1044.4 万只，分别比“十一五”末增长 48.56%、72.27%，分别占到“十二五”规划目标任务的 103%、143%。**二是进一步完善了政策扶持体系。**把政策扶持作为推动现代畜牧业发展的重要“引擎”，出台《建立畜牧业发展风险基金促进畜牧业健康发展的办法》《对畜牧业发展扶持政策进行调整的暂行办法》等一系列政策，市县两级财政扶持资金累计达 2 亿元以上，撬动社会投资超过 30 亿元。**三是建立健全了技术支撑体系。**市、县、乡都健全了畜牧兽医技术体系，新建 80 个基层畜牧兽医站，组建了近 2000 人的村级防疫员队伍，建成上下贯通、横向协调、运转高效的动物防疫、畜牧兽医执法和技术推广体系。**四是逐步形成了一体化生产体系。**坚持以工业化理念谋划畜牧业发展，引进雨润、正邦等一批知名企业，延伸产业链条，逐步构建了生产发展、多方共赢的一体化框架。生猪产业形成从饲料加工、养殖、屠宰、肉制品及猪血猪皮加工的一体化全产业链，全市年出栏猪 300 万头以上，提供猪肉及制品 22 万吨以上。**五是初步构建了现代畜牧业产业体系。**初步形成以标准化为基础、适度规模为主导、生态循环的现代畜牧业发展模式。全市规模化饲养比例达 80% 以上，种养一体的模式广泛推广，形成“凯永”“华康”等优质生猪品牌，生猪远销北上广等大城市……逐步走出了一条产出高效、产品安全、资源节约的现代畜牧业发展之路。

团结奋进的晋城市畜牧兽医局领导班子

促进畜牧业发展扶持资金兑现仪式

规模化、标准化的现代养殖场

规模养殖场配套建设的粪污处理设施

山西省第一家大规模的病死畜禽无害化处理中心

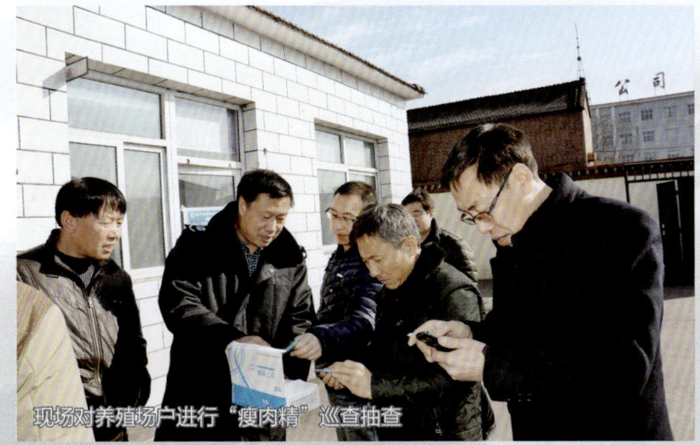
现场对养殖场户进行“瘦肉精”巡查抽查

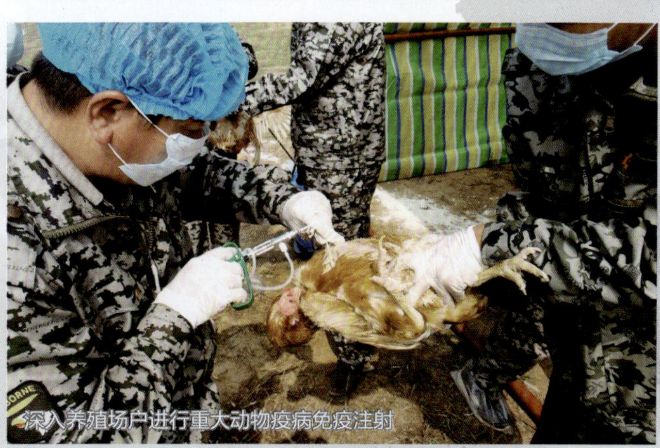
深入养殖场户进行重大动物疫病免疫注射

晋城市档案局（馆）

省委常委、宣传部长胡苏平（左二），市委书记张九萍（左三）等领导到市档案馆调研

2015年，晋城市档案局（馆）以开展“三严三实”专题教育活动为契机，以推进档案便民利民服务为主线，重点抓好档案资源体系建设、档案信息化建设、档案文化建设等工作，荣获全省档案工作目标责任考核总分排名第一的成绩；荣获市委、市政府年度目标责任考核“优秀单位”和市文明委“市级文明单位”等称号。

市、县级档案馆业务基础建设显著提升。加强和改进县级国家综合档案馆基础业务建设，城区档案馆晋升为省三级档案馆。市档案馆完成1985年之前馆藏太行太岳区、长治专区、晋东南地区档案划控到件工作，处理完成馆内95%全宗单位1985—2005年涉密档案任务；建立馆藏档案目录数据库，完成原晋东南地区、晋城市直单位244个全宗206866卷、163379件档案案卷级136738条、文件级2408458条目录著录工作，案卷级目录和文件级目录全部纳入馆藏资源管理系统，制作纸质案卷目录、全引目录560册，组织、劳动、人事等民生部门的档案实现人名检索；建立馆藏档案全文数据库，完成市委办公厅等182个馆藏档案全宗8086548幅的档案全文数字化加工工作；共接收2005年以前市直各党政机关、人民团体、事业单位，政府机构改革撤并单位，市属国有破产改制企业以及社会保险、住房公积金、公证等民生档案125394卷、140262件进馆，馆藏档案新增265656卷（件）。同时，征集抗日战争老兵口述档案资料55件、实物档案12件、照片150张，征集反映晋城建市三十周年经济社会发展成就照片377张，征集郭台铭家谱资料1件；配置先进的音视频采集系统，开展电子档案收集工作；以馆藏精品档案为主要内容，编纂《晋东南记忆》《晋城市历次政府工作报告汇编》《郭台铭与故乡》等。此外，编写了《晋城市档案馆指南》和《晋城档案信息》12期。建立健全档案出入库手续、温湿度控制登记、入库检查、档案管理、档案信息安全、档案信息存储设备安全管理制度，确保馆藏档案实体与信息安全；市档案馆全年接待社会各界人士查阅利用档案3520人次，接待机关工作人员、中小学生、省内外档案同行6600余人次调研、考察、参观；11月，浙江省台州市档案馆与晋城市档案馆就重要档案异地备份进行沟通和确认；12月13日至14日，经省档案局数字档案馆测试组对晋城市数字档案馆基础设施、系统功能、档案资源建设、保障体系、服务绩效五大类十八项99小项指标进行实地测试，以86分的成绩通过省局数字档案馆测试；建成晋城市爱国主义教育基地暨中小学档案教

运城市档案同仁到市档案馆参观调研

育社会实践基地，展览面积1200平方米，分为人类曙光从这里升起、中华民族实现大统一、梦回千年的历史华章、迎来革命建设新纪元、南太行掀开新的一页、大美晋城明天会更美、数说晋城30年、图说晋城新八景等八个主题，选用图片1000多张，充分运用声、光、电等现代技术手段，真实再现了晋城悠久灿烂的历史文化，晋城老区人民在抗日战争、解放战争中孕育的光耀千秋的红色文化和伟大的太行精神，展示了建市30年来市委、市政府领导全市人民攻坚克难，在改革开放和中国特色社会主义建设中取得的光辉业绩。

机关、企事业单位、农业农村档案基础业务建设扎实推进。市档案局共新增审批市直55个党政机关、人民团体、事业单位编制的《文件材料归档范围和档案保管期限规定》。全市六个县（市、区）档案局新增审批11个进馆单位编制的《文件材料归档范围和档案保管期限规定》；市直通过档案工作规范化管理测评认定及复查的单位21个；全市六个县（市、区）通过档案工作规范化管理测评认定及复查的直属单位125个；完成所属国有企业文件材料归档范围及档案保管期限表审核备案工作。其中，市属国有企业36个、县（市、区）国有企业39个；全市民营企业开展建档工作的有24个。晋城市档案局、市农业委员会结合全市农村土地承包经营权确权登记颁证档案管理工作实际，联合制发《关于加强农村土地承包经营权确权登记颁证档案管理工作的实施意见》。同时，对各县（市、区）档案局分管领导和业务科长，各乡镇农经站负责人和工作人员，各测绘队工作人员共计300多人进行农村土地确权登记颁证档案管理业务培训；市档案局按照《晋城市政府投资项目档案管理办法》规定，开展政府投资重大建设项目档案登记、验收工作，对七一煤矿、市镇源污水处理厂二期工程等13个重大建设项目档案进行专项验收。

全市档案干部队伍建设得到加强。2015年4月至10月，对市直117个党政机关、群众团体、企事业单位档案人员200多名分批分类进行面对面的"四集中"档案业务技能培训，每期时间半个月，使各单位档案人员基本掌握文书档案按标准整理的技能，规范整理档案5万多件。2015年9月、11月，市局安排8名工作人员分别参加国家档案局在珠海、上海举办的数字档案馆（室）建设和档案缩微技术培训。

档案查阅利用大厅

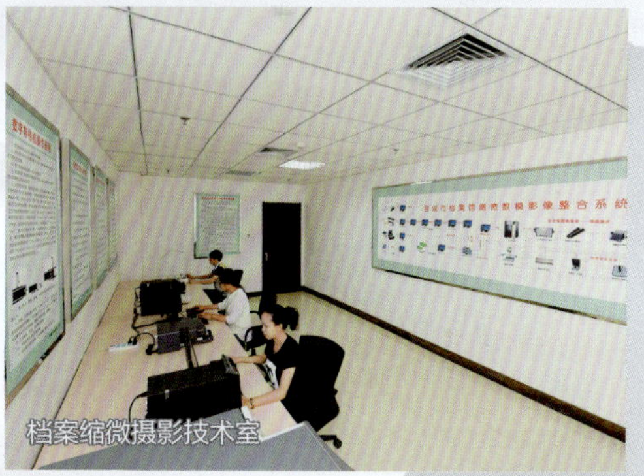
档案缩微摄影技术室

文书档案库房

晋城市国家税务局

山西省国税局党组书记、局长胡军深入晋城市国税系统调研指导工作

市委书记张九萍深入晋城市国税局调研指导工作

班子成员讨论工作

党组书记讲“三严三实”党课

践行三严三实 重温入党誓词

召开全市国税工作会议

银税合作签约仪式

国庆红歌合唱比赛

开展志愿环保活动

向国税老兵学习 纪念抗战胜利 70 周年

在阳城县河北镇孤堆底村开展结对帮扶活动

晋城市住房公积金管理中心

晋城市住房公积金管理中心是直属于市人民政府的不以营利为目的的独立事业单位，中心下设 7 个分中心，内设 8 个职能科室，负责全市范围内住房公积金的归集、使用和管理工作。住房公积金是单位为职工建立的长期住房储金，是单位的义务、职工的权利。对职工个人而言，可享受低息贷款；对企业而言，可计入企业成本，合理避税。建立住房公积金制度，对企业引进人才，稳定职工队伍，提高企业凝聚力、竞争力和影响力发挥着积极的作用。

住房公积金——取之于民，用之于民，造福于民。市住房公积金管理中心在市委、市政府的正确领导下，立足转型跨越，团结一致，奋力拼搏，以“心系百姓安居，服务晋城经济”为核心，紧紧围绕“五个一流”工作目标，构筑“五型化”住房公积金管理体系，把民生作为第一要务，帮助更多的干部职工改善居住条件，提高生活品质，为推进全市“一争三快两率先”战略部署做出积极的贡献！

市长刘润民到公积金中心调研

副市长冯志亮到公积金中心调研指导工作

中心机关党委成立大会

上门为富士康职工服务

《梦圆公积金》

帮扶村调研

参加市直机关拔河比赛

参加百姓热线纠风台栏目

山西省晋城监狱

团结奋进的领导班子

山西省晋城监狱（晋城晋普山煤矿），初创于 1967 年，1994 年《中华人民共和国监狱法》颁布后，正式更名为“山西省晋城监狱”，监狱下辖 48 个监区、科室。

近年来，在司法部、省司法厅、省监狱管理局的正确领导下，晋城监狱认真贯彻执行党的监狱工作方针，深入推进平安监狱、法治监狱建设，着眼罪犯教育改造中心任务，立足根本、突出职能，确立监管安全的重要地位，加强防范、健全制度，形成立体防逃的坚固网络，夯实基础、多措并举，教育改造质量明显提高，扎实推进狱务公开，积极接受社会监督，努力维护罪犯合法权益，打造良好的监狱执法形象。从严治警、公正执法，讲规矩，守纪律，坚守司法公平 “底线”，彰显刑罚执行的正义力量。从严治党，挺纪在前，加强作风建设，推进党风廉政建设和反腐败工作深入开展，监狱各项工作都取得了较大的成绩，为监管改造罪犯及监狱经济的发展做出了积极的贡献。2001 年被司法部授予全国司法行政工作先进集体，多次荣立集体二、三等功，监狱党委连续被省监狱管理局评为“三好领导班子”，2003 年被省司法厅授予安全生产集体二等功，2008 年被评为部级现代化文明监狱。2009 年以来，连续被山西省文明委授予“省级文明单位”称号。

“严明纪律 严格履职”专项教育活动动员大会

纪念中国人民抗日战争胜利 70 周年歌咏比赛

“两学一做”学习教育动员会

实现二十一年无押犯逃脱目标揭牌仪式

防暴演练

开展职工文体活动

升旗仪式

庆祝共和国 60 华诞歌咏比赛

晋城市公安局交通警察支队

市长刘润民深入支队调研指导工作

省公安厅副厅长李玉生莅临支队检查指导

晋城市交警支队成立于 1987 年，为晋城市公安局内设机构，副处级建制，下设 16 个内设机构，均为正科级建制，2 个事业单位，4 个直属大队，并对 5 个县（市）交警大队进行业务指导，管辖全市道路总里程 9341.5 公里，其中，国道 1 条 101.6 公里，省道 8 条 558.08 公里，县乡道路 3421 公里，另有村村通公路 4560.8 公里。截至 2016 年 6 月底，全市机动车保有量 381729 辆，驾驶人保有量 563516 人。

近年来，在市委、市政府和上级公安机关的正确领导下，支队长郭国庆、政委李文奇和支队班子成员带领全市公安交警，以“降事故、保安全、保畅通”为重中之重，成立了全市预防道路交通事故预防领导组，首创了“三级机构、四级网络”的预防工作机制，控制了交通事故高发势头，由原来每年死亡 350 多人，减少到 200 人左右。自 2005 年以来，保持了连续 11 年事故平稳下降，事故下降幅度在全省名列前茅。2005 年荣获市劳动竞赛委员会“五一劳动奖状”，2006 年荣获省劳动竞赛委员会“五一劳动奖状”，2012 年以来连续 4 年被评为省级精神文明单位。逐渐实现了队伍整体素质不断提高，路面行车秩序明显改观，道路交通事故预防能力增强，人民满意度提升的目标，为促进经济和社会发展做出了突出贡献！

省厅交管局局长贾继武在支队检查工作

市公安局局长王斌权深入一线调研指导工作

召开全市公安交通管理工作会议部署工作

及时出警处置道路交通事故

街头设立宣传咨询台开展交通安全宣传

雨中执勤、雪中帮助群众

晋城市质量技术监督局

晋城市质监局是市政府负责质量、计量、标准化、认证认可、特种设备等工作的综合管理和行政执法部门，是市政府质量强市、名牌战略、农业标准化等工作领导组办公室的常设机构，是《中华人民共和国产品质量法》《中华人民共和国计量法》《中华人民共和国标准化法》《中华人民共和国特种设备安全法》《工业产品生产许可证管理条例》《认证认可条例》等法律法规的执法主体，履行全市质量、计量、标准化、特种设备和危险化学品安全监管以及打击假冒伪劣产（商）品等重要职责。

2015 年，全市质监系统紧紧围绕市委、市政府的决策部署，紧紧围绕“强素质、上水平、保安全”九字工作思路，大力弘扬“敢为人先、勇争第一”的晋城质监精神，积极作为，开拓创新，市质监局领导班子调整、县级机构改革整合到位。调整组建了新的市局领导班子，同时，县级机构改革整合继续深化，实现了“三到位”，即体制调整和机构组建到位，人员编制和资产经费划转到位，业务连续和工作推进到位，全市质监工作队伍不散、工作不断、监管不软，呈现出积极向上的工作态势。2015 年 5 月，《煤层气（煤矿瓦斯）术语》（GB/T 31537-2015）国家标准发布，于 9 月 1 日正式在全国实施，此项国家标准的制定颁布填补了国内行业空白。2015 年 7 月下旬至 10 月底，在全市广泛开展了“晋城质监百日行”活动，通过拓展“八行八进”活动，服务发展、服务民生，使质监工作在社会各界产生共鸣，政府重视质量、企业追求质量、社会关注质量、质监服务人民的良好氛围日益形成。2015 年 8 月，市委人才工作领导组与市委组织部经过充分调研，决定设立市检测所为市级高层次人才联合实验室，成为全市引进各类高层次人才开展项目合作、科学研究、人才培养、工作创业等产学研活动的平台。2015 年 9 月，市质监局代表市政府出席国家质检总局召开的“建设质量强市，提升城市发展质量”座谈会，并应邀作题为《全力创建质量强市示范城市，全民共建共享美好幸福生活》的交流发言，获得与会领导的充分肯定。2015 年 11 月，国家煤层气质检中心项目主体框架工程提前封顶，晋城国家质检中心即将实现“零突破”。2015 年 12 月，晋城市首届“市长质量奖”揭晓，是市政府设立的政府层面质量管理领域的最高奖项，5 家企业获组织奖，5 人获个人奖，2 家企业获提名奖。年末，创新开展近年来最大规模的年终观摩考核，分三个层级组织开展了对市局 15 个机关科室、5 个派出单位和直属单位，5 个县级局的观摩考核，起到了横向对比寻找差距、纵向分析理清思路、观摩交流借鉴经验、考核评议见贤思齐的重要作用。市质监局机关党委连续八年被市直工委表彰为“先进基层党组织”，市质监局机关团委荣获“先进团组织”等荣誉。

副市长赵沂旸视察特种设备安全监管情况

市质监局党组书记、局长陈家富深入一线调研

“晋城质监百日行”活动隆重启动

晋城市工商行政管理局

2015年，市工商行政管理局以“三严三实”教育为动力，深化商事制度改革，创新事中事后监管，营造宽松平等准入环境、公平竞争市场环境、安全放心消费环境。大力实施商事制度改革一系列重大举措，推进注册资本由实缴改为认缴、先证后照改为先照后证、三证合一，放宽住所登记、网上名称登记，全市新发展各类市场主体、民营企业创历年来新高，新增市场主体 2.2 万户，市场主体总量首次突破 10 万户。加强事中事后监管，市场主体年报改革企业公示率全省地市排名第一。优化服务，推进品牌兴市，全市中国驰名商标达 6 件，山西省著名商标达 73 件，有效注册商标达 4056 件。认定市级“守合同重信用”企业 31 家，帮扶企业股权、动产抵押融资 5.2 亿元。依法履职，组织开展查处取缔无照经营、反不正当竞争、打击侵犯知识产权和制售假冒伪劣商品、打击虚假广告、打击合同违法、网上网下两个市场、红盾护农、打击传销等专项行动和执法检查，办理各类案件 229 件。受理、办结投诉、举报 1189 件，为消费者挽回经济损失 315.92 万元。为非公党组织争取配套经费 150 余万元。同时，在卫生城市复评、文明城市创建、社会综合治理等方面做出了积极贡献，受到省局和市委、市政府的肯定。

晋城市发展和改革委员会

市委书记张九萍调研市发改委“三严三实”活动开展情况

全市发改系统党风廉政大会

主任秦李芳带队进行安全生产检查

丰富多彩的党建活动增进党组织的凝聚力、创造力和战斗力

全国低碳日暨启动晋城市低碳志愿者系列活动

组织开展重大节日物价大检查

晋城市地方税务局

机关党委会议

国地税联合税收宣传月启动仪式

纳税人课堂培训活动

晋城市地方税务局成立于 1994 年 8 月，市局机关内设科室 13 个，下辖 6 个县（市、区）局、7 个直属分局、5 个直属事业单位。全系统在编干部职工 775 人，大专以上文化学历 701 人，党员 557 人。承担着全市范围内 11 个税种和 6 种规费的征收管理工作。

“十二五”以来，该局全面贯彻落实市委、市政府“一争三快两率先”战略部署，始终坚持“大税收、大服务”实践方向，五年累计组织各项收入 546.78 亿元，较“十一五”期间增长 72.87%，增收 230.48 亿元，为地方经济社会发展提供了坚实财力保障。五年累计依法减免税收 11.38 亿元，为全市“大众创业、万众创新”做出了新的贡献。同时，征管改革、纳税服务、税收法治、干部队伍建设、党建和党风廉政建设等多个方面也取得显著成效，受到市委市政府和省局多次表彰。

展望未来，该局将紧紧围绕“十三五”时期“四个争当站位、七税建设目标”总体思路，锐意进取，狠抓落实，确保到 2020 年全面实现税收现代化目标，为全市全面建成小康社会做出应有的贡献。

地税部门助力青年创业大赛

税收宣传从娃娃抓起

晋城市科学技术研究所

晋城市科学技术研究所是适应机构改革和全市科技发展要求，经市编委和市委组织部批准，于 2007 年由原省丝绸研究所、市食品研究所、市冶金研究所整合组建成立的全市唯一一所正处级科研机构。全额预算事业单位，核定编制 25 人，内设六个科室，归口市科技局。现有正式职工 25 名，其中，县处级领导班子成员 6 名，含所长 1 名，副所长 3 名，总工程师 1 名，纪检组长 1 名；中级职称以上专业技术人员 12 名；现租赁市供销社房屋办公。目前，累计完成科研项目 9 项，正在实施的科研项目 1 项，其中国家级 1 项，省级 1 项；被市直机关精神文明建设指导委员会授予“文明和谐单位”称号，多次被市直工委授予“先进党支部”和“先进基层工会”称号。

主要职责是：贯彻落实国家科技工作方针、政策，紧紧围绕全市经济社会发展的工作大局，以加强科技创新服务能力建设为主线，不断强化科技服务功能；以推动全市新型工业、节能减排、循环经济、新兴产业的培育壮大等科技项目为重点的产业发展提供技术服务，开拓新的服务领域，开展科技发展政策与创新体系研究；以开展科技合作与交流，推动高等院校、科研单位与企业的合作，促进科技成果转化，催生孵化科技型中小企业；以推动产业结构调整，抓好以服务业为主导的第三产业项目研究工作以及抓好特色产业的产品升级，为促进全市科技创新和新型工业化工作持续、健康、稳定发展提供技术支撑。为市委、市政府提供科学决策、科技信息服务；为行业搭建科技平台服务；为企业提供科技咨询、技术培训服务。

给企业提供科技支撑，对企业人员进行技术培训

科技下基层暨谷子基地挂牌

干部职工参加集体学习

参加市直工委组织的体育比赛

职工登山健身活动

办公厅

【概述】 2015年，市委办公厅落实全面从严管党治党的各项要求，围绕“五个坚持”，建设模范机关，全力打造让市委放心的“坚强前哨”和“巩固后院”，办公厅各项工作取得新成效，荣获2014—2015年度晋城市精神文明标兵单位称号。

【协调服务】 一是承担全市“三严三实”专题教育的相关协助服务工作。二是服务和促进市委领导支持推动高平试点工作。围绕把高平从塌方式腐败的“样本”转变为弊革风清、富民强市的典型目标，推进开展试点工作。三是保障和推动开展巡视工作和落实整改任务。4月8日至9月10日，省委巡视五组对全市及所辖六个县(市、区)和晋城职业技术学院进行巡视，市委办公厅承担巡视联络、服务保障、巡视整改方案及整改报告起草、整改任务督查等工作。11月30日至12月3日，分三组对六县(市、区)和职业技术学院以及21家承担整改任务的市直单位进行督查，推动巡视整改任务的落实。四是为市委谋划“十三五”发展方略发挥参谋助手作用。牵头起草“十三五”规划建议和市委六届五次全会相关资料，紧密结合全市实际，贯彻中央新的发展理念和省委的总体工作思路。五是为开展“冬季行动”发挥综合协调作用。承担全市“冬季行动”领导组办公室日常工作。此外，全年服务市委常委会议46次，市委中心组学习21次，市委书记约谈县(市、区)委书记13次。

【督查工作】 成立以市委常委、市委秘书长常国荣任组长的中共晋城市委督促检查工作领导小组，强化督查工作，推动市委各项决策部署的落实。决策督查方面，组织或参与重点决策督查13次，做到有部署、有执行、有督查、有反馈。落实中央八项规定精神情况专项督查、省定考核指标中不达序时进度指标专项督查、未成年人思想道德建设工作专项督查、学习讨论落实专项整治进展督查以及巡视整改进展情况督查。专项查办方面，共督办省市领导批示60件(其中省委主要领导批示件9件，市委主要领导批示件51件)，办结率100%，做到批必查、查必清、清必办、办必果。建议提案办理方面，共督办市六届六次人大建议20件，市政协六届五次会议提案44件，对办理情况向市人大、政协做专题汇报。督查调研方面，围绕群众关心关注的重点、难点、热点问题，采取领题调研、联合调研的方式，深入基层开展调研。全年形成调研报告7篇，为市委决策提供依据。

【信息化建设】 体制机制方面，市县两级信息化部门全员参与共建，理顺职能定位、人员编制。夯实基础方面，以加快党务内网安全保密测评工作为抓手，先后3次召开全市工作会议，投资100多万元，改造市县两级党务内网设备，完善信息化基础设施和安全体系建设。网络安全方面，增强信息化人员的保密意识，提高涉密网络的管理水平。规范管理方面，完善党务内网的人员管理、安全保密、网络运行等20多项制度，推动信息化工作的制度化、规范化。及时更新内网信息，全年发布信息1894条。

【文稿工作】 一是完成各类文稿起草任务。全年完成市委全会、全市经济工作会等大型文字材料180余篇、70多万字。围绕全市工作大局，及时掌握和发现经济和社会发展中的新情况、新事物、新经验，总结和提炼基层的先进典型和先进经验，提高以文辅政的针对性和实效性。二是围绕“规范、有序、精简”目标要求，提升办文水平。发文。全年共编发市委文件15件、市委请示报告37件。办公厅文件64件、各类电报信函90余份，较八项规定实施前市委文件减少30%，办公厅文件减少24%，电报减少40%。全年共接收中央级文件69件2900余份，办理300余份次。接收省级来文140件5700余份，办理520余份次。

【会议工作】 落实中央八项规定精神，严格把关，注重实效。要求各级各部门开展100人以上的活动和全市性会议，提前一周向市委、市政府请示报告。除市党代会、市委全委会、市人代会、市政协会、市政府全体会议等涉及全局的会议之外，市直部门召开全市性的会议一般不超过半天，其他会议总时长不超过两小时。没有实质内容、没有明确意见的会议不开。会议时间相近、规格和参会人员基本相同的会议，并会套开。全年市委综合性会议召开19次，比2014年同期下降10%，全年会议经费支出同比下降30%。

【值班工作】 坚持24小时值班，确保联络畅通，突发事件及时应对处理。全年共接报各类突发公共事件和前瞻性信息200余条，其中以《值班快报》形式向省委值班室上报值班信息119期。

【信息工作】 围绕市委决策开发信息，注重分析研判，强调转化应用。全年共编发《晋城信息》120期，200余万字。向省委办公厅上报信息500余条，被采用100余条。编发领导参阅短信2000条以上。创办《每周省情》信息，全年编发52期，提供各类数据资讯、特情分析、政经动态700余篇，60余万字。提供分析预判《特刊》15期。接受省委社情民意转办件35件，自办11件，办结率达100%，其中15件被省委社情民意办公室评选为“办得好”的件。30多篇党委信息被省委选用并报中办，编写的《山西晋城加快建设“全国煤层气产业总部基地”》被中办选用，报送的《开展结对帮扶的探索与实践》《沁水县八条路径打开农民增收门》等信息被省委调研信息选用，供各地借鉴、推广。市委书记张九萍先后对15期信息作出指示，批示社情民意转办件23次，批示率46%。

【文件审核报备】 对已报备的规范性文件及时审核、归档，全年共受理和报备规范性文件108件，其中以市委名义报送省委备案的8件，受理县（市、区）委报送市委备案90件，受理市直部门和党组党委报送市委备案10件。在市级层面，着重将起草意见和审议情况充分纳入，形成样本。在县级层面，充分吸收借鉴县级拟制党内规范性文件好的经验和做法，形成可推广可复制的模式。在市直层面，加强备案业务指导，形成党组（党委）履行主体责任的工作范式。（市委办公厅）

组　织

【概述】 2015年，全市组织系统以习近平总书记系列重要讲话精神为指导，贯彻落实市委各项决策部署，践行“五个从严”，主动担当、积极作为，把讲认真、抓落实贯穿组织工作全过程，完成了各项任务，组织工作取得新成效。

【学习讨论落实活动】 深刻领会省委“五句话”总要求，采取“以项目化思路推动工作、以销号式管理强化落实、以跟踪式督查确保实效”的办法，推动各级党员干部认真学习讨论，抓好35个专项整治任务落实。

【“三严三实”专题教育】 市委常委率先垂范，深入开展“一包五联”，带头包联落实“两个责任”、基层党建工作、班子运行状况、推进“六权治本”和年度目标任务完成情况，带头查找不严不实问题。市县四大班子领导和127个处级单位一把手全部带头讲党课，市县两级领导班子围绕3个专题开展学习研讨885次。各级组织部门认真履行组织、推进双重职责，列席指导6个县（市、区）62个单位专题研讨，抽查审核研讨发言686份，对全市127个县处级单位的讲党课、学习研讨、专题民主生活会、“两个清单”落实情况进行不间断的督查。《山西日报》《山西新闻联播》对晋城市“三严三实”专题教育工作作了报道。

【干部教育】 把理论武装摆在首位，把学习贯彻习近平总书记系列重要讲话精神作为首要政治任务。开展“学讲话、学作风”活动，全面深化党员干部理想信念教育、党性党风党纪教育，分级分批轮训县处级领导干部1120人次、乡科级干部2270人次。坚持用中央对山西工作的重要指示和省委、市委重要决策部署统一思想，通过专题教育“真学”、典型教育“深学”、深入基层“实学”，夯实党员干部的思想根基。全年举办2个专题6期培训班，培训干部1200人。完成4家市直单位、6个县（市、区）共232人的网络专题培训。干部在线学习拓展至99个单位，实现公务员、参公人员和大学生村干部全覆盖。陵川县推行“干部培训+互联网”模式，组织干部参加“三大突破”专题网络培训。

【干部任用】 贯彻落实《干部任用条例》，制定出台涵盖干部选拔任用、教育管理、监督考核、责任追究各个方面的“1+9”文件，初步形成规范干部选任工作的制度体系。以县（市、区）公安局长调整配备为切入点和突破口，指导高平市和市农机局先行先试，广泛开展“四评十查一访”，对全市107个班子进行分析研判，与1021名干部进行谈话，甄别处理干部80人，调整退出17人，提醒谈话106人，完成市县两级政府机构改革班子配备工作。配合省委组织工作组，指导高平市把纪律和规矩挺在前面“先走一步”，完成3名乡镇党委书记和3名乡镇长的选任工作。

【干部管理】 贯彻执行省委出台的干部工作有关文件，实施领导干部“八小时以外”情况函询和日常行为联审制度，对有问题反映的干部及时采取提醒、函询、诫勉等组织处理措施，共提醒谈话14人、组织函询4人、诫勉谈话37人，组织处理10人。开展“一倒查六整治”，以“三龄两历一身份”为重点，对全市901份处级干部档案进行专项清理，整治消化超职数配备干部102人，清理党政干部在企业任职86人。坚持凡提必查、全程留痕、全程追责，严格程序、从严把关，防止干部“带病提拔”。

【组织建设】 推进“三联两派一激励”党建工作机制，全市143个社区活动场所实现达标全覆盖，走在全省前列。实施“三级联述联评联考”，落实抓基层党建工作责任制，全市各级书记“抓好党建是最大政绩”的意识进一步增强。市直单位一把手担任党组织书记比例达到73%。深入贯彻全国、全省农村基层党建会议精神，在沁水县召开全市农村党建工作会议，制定出台《关于进一步加强农村党组织书记队伍建设的意见》和《关于进一步规范村务监督委员会工作的通知》，规范村级党组织“七有”标准和县乡村三级党组织书记规定动作。全市共对1万多名基层党组织书记进行“领头雁”轮训，引导7万余名农村党员参加“双强双带”主题冬训，投身“冬季行动”。集中整顿软弱涣散村级党组织222个，下派410名“第一书记”驻村帮扶。结合“三资”清理和精准扶贫，探索推广高平市“三动三帮两整一派”经验，帮助752个村实现集体收入“破零”。坚持“一社区一策”推进社区活动场所达标全覆盖，市财政投入2000万元建设经费，全市143个社区全部达到200平方米以上，提前一年完成省委提出的建设任务。在全市实施发展党员“拓面提质”工程，全年新发展党员1780名。城区开展社区党务、居务“三化”建设，推动从严治党向基层延伸。阳城县实行党员星级管理门上挂牌，接受群众评议监督，经验在全省推广。沁水县探索建立农村干部基本报酬保障机制，“两委”主干和班子成员分别提高到12000元、6000元。通过定向招聘、考录公务员等方式，推动全市603名大学生村干部有序流动。

【年度考核】 坚持日常考核、过程管理和集中考核相结合，健全考核制度、改进考核方法、提高考核质量。将“六权治本”“六大发展”、冬季行动等纳入考核内容，使考核更加科学合理。严格实行“每月一报表、每季一通报、半年一小结、年终算总账”的日常管理模式。圆满完成省委考核组对晋城市2015年度目标责任考核工作。对6县(市、区)88家市直单位和非目标责任考核单位、8个条管单位进行年度考核。

【人才工作】 大力实施人才强市战略。坚持党管人才原则，开展招才引智，推选2人入选国家“千人计划”、8人入选省“百人计划”。设立3个高层次人才联合实验室，选派28名科技人员赴陵川、沁水提供科技服务，组织4个县(市、区)和相关企业参加中国海外学子创业周活动。对引进的25名“985工程”高校硕士博士毕业生进行专项考核，兑现年度待遇。全年共引进各行各业紧缺人才3500余人，培训农村实用人才、带头人7400余人，培育科技示范户6800余户。泽州县制定出台《关于加强非公企业人才队伍建设的实施意见》，健全完善创业人才培养模式。

【老干部工作】 学习贯彻全国全省离退休干部“双先”表彰会议精神，开展以“弘扬主旋律、传递正能量”为主题的“十项”活动，组织“百名老干部百场报告会”巡回宣讲283场，“支部沙龙”举办28期，被省委老干部局评为“创新案例”。

【党建研究】 开展党建重点课题研究，《关于防止和克服领导下基层调研中形式主义的常态化制度研究》获全国一等奖，《适应城镇化新形势加强村改居社区党建工作研究》和《反腐高压态势下党员领导干部“不作为”问题研究》获全国二等奖，获奖总量排名全省第一。

【自身建设】 围绕“自身正、自身净、自身硬”目标，坚持从严要求、层层传导压力，坚持直面问题、层层反思剖析，坚持从严查处，果断解决自身存在问题。对照省委组织部列出的10种问题和“8个有没有”，市县组织部门分别形成《严厉整治选人用人不正之风的情况分析报告》，先后约谈6个县(市、区)委组织部长，与部班子成员、部班子成员与分管科室层层开展谈心谈话。推进组织工作公开，在晋城党建网、365党员服务网开设部长信箱。完成市县两级大组工网分级保护建设和测评工作。市委组织部面向社会公开选调6名工作人员。实行部机关内部轮岗交流。加强组工干部教育培训，提升自身工作能力和水平。

(市委组织部)

宣　传

【概述】 2015年，全市宣传思想文化战线深入贯彻落实中央、省委和市委的重大决策部署，围绕“四个全面”战略布局，把握“两个巩固”根本任务，全面加强思想理论建设、新闻舆论引导、核心价值观培育、文化改革发展等各项工作，为持续推进“一争三快两率先”发展战略，开创弊革风清、富民强市新局面作出积极贡献。

【理论学习】 一是学习党的十八大，十八届三中、四中、五中全会精神。以党的十八大精神武装头脑，把党的十八大精神和十八届三中、四中、五中全会精神作为日常学习的重点，掌握其主旨要义、内涵实质，并带头宣讲全会精神。二是学习习近平总书记系列重要讲话精神。研读《习近平谈治国理政》等重要论著，学习习近平总书记“8·19”讲话、在文艺工作座谈会上的讲话精神和关于从严治党等论述摘编，掌握习近平总书记关于治国理政的重要思想、宣传思想文化领域的主要观点以及“三严三实”的重要指示精神，将学习成果与宣传思想文化工作有机结合，提升修养和能力水平。

【陈规陋俗专项整治】 落实“三严三实”活动专项整治工作要求，在全市范围牵头组织开展陈规陋俗专项整治，针对社会上婚丧嫁娶、喜庆活动中的大操大办、随礼风泛滥、彩礼钱过重、陈规陋习沉渣泛起等问题，采取刊发《弃陋习、讲文明、树新风》倡议书、刊播整治陈规陋俗公益广告、开展“文明祭扫、低碳祭扫”等活动，分类引导干部群众摒弃陈规陋俗。召开全市弘扬社会主义核心价值观高平现场会，基层乡村、企业把核心价值观融入日常管理的典型经验向全市基层推广，推动陈规陋俗专项整治深入开展。

【调查研究】 落实“基层工作加强年”要求，多次深入基层宣传部门、文化单位、扶贫点开展调查研究，组织撰写《晋城市意识形态工作分析研判报告》《晋城市文化企业发展情况调研报告》等文章。

【理论建设】 把学习贯彻习近平总书记系列重要讲话精神作为首要政治任务，以各级党委中心组学习为重点，编写《学习参考》等辅导读物，组织市委中心组集中学习24次。落实市委关于加强县级以上领导干部理论学习的意见和中心组学习通报制度，推动党员领导干部“学讲结合、以讲促学”，组织十八届五中全会省委宣讲团在全市的宣讲活动，组建市委宣讲团深入各地宣讲10余场，对6县（市、区）党委中心组学习进行专门督查。落实党委（党组）意识形态工作责任制，加强对意识形态领域情况的分析研判，掌握意识形态工作的领导权和主动权。深化理论研究工作，开展“全面依法治国与晋城发展”理论研讨、“革弊正风、廉洁发展”征文等活动，推出一批优秀理论研究成果。

【主题宣传】 统筹各级各类媒体资源，围绕中央和省、市委的重大决策部署、重大活动、重点工作，组织开展系列重大主题宣传，在中央和省直媒体刊发一批宣传美丽晋城的稿件，在《山西日报》连续组织24个专版，宣传全市从严治党、反腐倡廉、作风建设和改革发展的新进展、新成效。

【队伍建设】 加强新闻队伍建设，开展新闻纠错、媒体评估、基层实践锻炼、评选最美新闻人等工作，“走基层、转作风、改文风”实现制度化、常态化。推动传统媒体与新兴媒体深度融合，增强主流媒体的传播力、公信力和影响力，太行日报社报网融合一期工程进展顺利，晋城网络台正式运行，晋城发布荣获“山西城市政务新媒体综合影响力奖”。健全完善互联网管理领导体制和工作机制，加强互联网队伍建设，强化网络舆情分析研判和网络评论工作，加大网上突出问题治理力度，激发网络空间正能量。

【核心价值观宣传】 贯彻中央《关于培育和践行社会主义核心价值观的意见》、中宣部《行动方案》和省委《实施方案》要求，推动社会主义核心价值观落细、落小、落实。召开弘扬社会主义核心价值观高平现场会，在城市干道、主要广场、市政府门口两侧建设64块LED显示屏，不间断播放公益广告宣传标语。围绕“我们的价值观、我们的中国梦”主题，开展征集核心价值观原创春联、系列公益广告宣传活动。围绕深化思想道德建设，开展移风易俗、道德典型评选宣传、志愿服务活动，组织“百名晋城德孝模范”评选，刘平贵、李继林夫妇荣获第五届“全国道德模范”称号，这是晋城市首次获得道德领域最高荣誉。加强群众性文明创建，再次荣获全国文明城市提名资格城市，7个村镇、单位荣获全国文明村镇、单位称号。围绕纪念抗战胜利70周年和庆祝晋城建市30周年，大力弘扬法治文化、廉政文化、红色文化和太行精神，组织“寻访军营晋城好儿女”“美丽晋城30年成就展”“晋城新八景”评选宣传等活动，制定《关于加强廉政文化建设的意见》，创作推出京剧《陈廷敬》、音乐剧《大道无垠》等廉政剧目。

【文化改革】 按照中宣部“基层工作加强年”要求，落实省委宣传部《关于加强基层宣传思想文化工作的若干意见》，推动各类文化资源向基层倾斜，开展文化低保和公共文化服务惠民工程，组织“三下乡”“四进社区”“两节”文化、周末大剧场、百姓大舞台等活动，新建10个自助图书馆，公共文化活动场所全部实现免费开放。

【文艺创作】 加强文艺创作生产，推出一批精品力作。上党梆子《长平绣娘》参加第27届中国戏剧梅花奖竞演，主演杜建萍获得“梅花奖”，也是本届全省唯一的“梅花奖”。首部本土原创电视连续剧《俺家住在黄花街》受到市民热捧,屡创收视新高,并在省电视台和其他五个地市电视台播出。原创儿童剧《七彩梦》代表山西省参加第八届全国儿童剧优秀剧目展演。微电影《永远的山村》获全国微电影明星大赛三项大奖,少儿舞蹈《谷子好》荣获第八届“小荷风采”全国少儿舞蹈展演“小荷新秀”奖,太行风合唱团获得全国第四届黄河大合唱邀请赛一等奖,太行阳光爱乐合唱团荣获全国中老年合唱大赛金奖,原创歌曲《我们的价值观》在国家大剧院唱响。

【文化产业】 发展旅游文化产业,组团参加第十一届深圳文博会、2015中国体博会、山西第二届文博会等大型展会,叫响叫亮“晋善·晋美·晋城”文化旅游品牌。北京立根集团、北大博雅集团与中国历史文化名镇大阳镇签约5亿元旅游投资项目。成功举办第三届山西(晋城)太行山文化旅游节,以“而立晋城”为主题,以“一节三会”为主要内容,开展文化、体育、旅游、经贸四大类32项活动,集中展示建市30年建设成就和地域文化,提升晋城的美誉度和影响力。 (市委宣传部)

统　战

【概述】 2015年,全市统一战线以中央、省、市委统战工作会议精神为指导,围绕“实现弊革风清,促进富民强市”发展战略,着力服务“六大发展”,为各领域统一战线凝聚人心、凝聚智慧、汇聚力量,全面推进各领域统战工作,为富民强市作出新贡献。

【统战宣传】 中央和省委统战工作会议召开后,晋城市迅速组织学习传达,分别在统战部部务扩大会、市委中心组、统战系统座谈会上集中学习中央和省委统战工作会议精神。组织230名学员参加全市党外干部和统战干部培训班,学习中央会议精神和条例。组织140余人参加全市统战系统专题研讨班。编印《中央统战工作会议和〈中国共产党统一战线工作条例(试行)〉学习辅导》,向全市各级党组织、每一位党员和全体统战干部发放。在市电视台举办统一战线工作条例电视知识竞赛,6支代表队就统战知识和条例内容进行比赛,营造宣传条例、关心统战、支持统战的浓厚社会氛围。

【统战工作会议】 中央、省委统战工作会议召开后,晋城市成立市委统一战线工作领导小组,出台《中共晋城市委关于贯彻〈中共山西省委关于贯彻中央统一战线工作条例实施意见〉的实施办法》,并于12月8日召开市委统战工作会议。会议传达贯彻中央、省委统战工作会议精神,特别是习近平总书记重要讲话精神,结合省委书记王儒林讲话要求,立足晋城实际,部署全市统一战线工作。市委书记张九萍出席会议并讲话,市委副书记李俊敏主持会议,市委常委、统战部部长焦光善安排部署统战工作。市四套班子领导,市法检两院院长,各县(市、区)委、开发区党工委书记,各县(市、区)统战部长、工商联主席、侨联主席、宗教局长,重点乡镇党委书记,市直统战系统全体工作人员,各民主党派、工商联、无党派代表人士参加会议。

【民主协商】 一是健全完善民主协商制度。建立市委常委与党外人士联谊交友制度,完善统战干部联谊交友制度,推进政府部门与民主党派市委对口联系制度。二是坚持“双月座谈会”制度。召开民主党派和无党派人士党风廉政建设通报会、经济运行情况通报会、十八届五中全会精神通报会、中央和省委统战工作会议精神通报会、“十三五”规划征求意见座谈会和市委加强新形势下统战工作实施意见征求意见座谈会,扩大民主党派和党外人士的知情范围,为民主党派和无党派人士参政议政、建言献策创造条件。三是创办《建言专报》。完善民主党派市委向中共晋城市委直接提出建议制度。拓宽中共与各民主党派协商渠道,共编辑5期,市委书记张九萍亲自批示2期。

【学习实践活动】 深化“坚持和发展中国特色社会主义学习实践”活动,通过“三个结合”,增强统战成员的道路自信、理论自信、制度自信。一是召开学习实践活动中期推进会。把活动与学习中央精神相结合,通过先进典型经验交流,专家教授集中辅导、请老党派成员言传身教、组织讨论交流等形式，巩固多党合作的思想政治基础。二是开展调查研究和社会服务。把学习实践活动与履行参政党职能相结合，组织各民主党派围绕市委、市政府工作中心和经济社会发展的重大问题开展调研，撰写各类调研报告30余篇。结合党派自身特色开展多项社会服务活动，共开展医疗、文化、教育等社会服务活动达20余次。三是加强骨干成员培训。把学习实践活动与民主党派骨干成员培训教育工作相结合，在市委党校举办为期3天的党外干部培训班，选送12名党派干部参加全省党外干部厅局级培训班。成立中华职业教育社晋城小组。

【民族工作】 一是开展“民族团结进步创建”活动，为发展少数民族经济服务。加大对少数民族聚集村、少数民族企业、养殖大户的扶持力度，全市4个集体、7名个人受到省民族团结进步表彰会表彰。二是维护少数民族的合法权益。做好城市少数民族流动人口服务工作，加强法律政策宣传教育和依法管理。三是规范清真食品市场。严格清真食品审批条件、程序，严把年检、年审关口，对清真食品生产经营企业和网点，进行全面调查摸底和登记备案，协调有关部门进行监督检查，确保清真食品安全。

【宗教工作】 贯彻党的宗教工作基本方针，全面推进宗教工作。一是开展以“教风”为主题的和谐寺观教堂创建活动。指导宗教活动场所建立完善各类规章制度，提高宗教活动场所自我管理和民主管理水平。二是加强“三支队伍”教育培训工作。举办民族宗教界代表人士、民族宗教工作干部培训班和清真食品义务监督员培训班，推进宗教团体领导班子建设和制度建设。三是构建民族宗教工作长效机制。完善行政工作网络和社会工作网络，建立有效的信息反馈制度，制定处置突发事件应急预案。四是加强宗教活动场所安全检查。加强对宗教活动场所建筑的日常安全检查，监督安全设施和器材，建立健全各项安全制度，确保全市宗教活动场所的安全稳定。

【经济服务】 一是多措并举，助推民营经济发展。成立促进民营经济发展工作领导小组、重塑民营企业家队伍形象领导小组，召开全市民营经济发展推进大会，制定加快民营经济发展的实施意见。举办全市非公有制经济人士代表培训班和中小微企业政策解读培训班，分析全市民营企业的发展现状，引导民营企业家把握经济发展趋势，提振民营企业家加快发展的信心。市工商联出台《关于以守法诚信为重点深入开展理想信念教育实践活动的实施方案》，加强“四信”教育，市金融办召开破解融资难题政银企对接会，14家银行和14家企业进行对接。二是依托商会平台，实现组团发展。出台《关于发动市级商会组织开展招商引资活动的工作方案》，组织本地商会“走出去”，到广州、上海、厦门等地开展招商引资宣传推介和项目对接活动；采取“请进来”方式，邀请外地商会到晋城参观考察、对接洽谈。在第五届山西（晋城）投资贸易洽谈会上，通过商会组织签约项目6个，投资总额24.8亿元，引资19.5亿元。举办晋城市环城生态圈项目推介会等系列活动，搭建政府与商会、商会与企业、政府与企业的信息沟通平台。三是助推高平破局发展。贯彻落实省委推进高平“先行一步”试点工作，与高平市深度对接，帮助民营破局发展。通过促进金融创新、企业挂牌上市，破解民营经济融资难题，帮助建立现代企业制度，激发民营经济发展活力，高平市民营经济所占GDP比重由29.8%回升到45.6%。

【海外联谊】 开展侨情调研，组织创建“文明侨户”活动，探索建立归侨侨眷养老服务体系，在全社会营造维护侨益的浓厚氛围，增强广大归侨侨眷的依法维权意识。开展“走基层、访侨户”和“献爱心·送温暖”活动，重点走访老归侨、鳏寡孤独病侨户和新侨代表人士及其亲属，帮助他们解决实际困难。启动实施晋城市侨界留学人才创新创业“双百计划”，凝聚侨心、汇聚侨智、发挥侨力。开展留学人员调查摸底，完善侨情档案。皇城相府被中国侨联确定为“中国华侨国际文化交流基地”，于9月18日举行授牌仪式。出版《郭台铭与故乡》和《晋城市侨联志》。在纪念抗日战争胜利70周年前夕，慰问、走访原黄埔同学会健在的老同志、遗属家属，向参加抗战的老同志家属颁发纪念章。

【党外人士工作】 开展党外干部基础数据摸底工作，建立晋城市党外干部和党外知识分子数据库，更新完善整理党外副科级以上干部资料。举办党外干部培训班，230余名党外干部参加培训，提升党外代表人士参政议政、服务发展的能力和水平。做好“三类人士”工作，把“三类人士”作为重点团结对象纳入工作视野，对年轻一代非公经济代表人士进行初步摸底，掌握一批新媒体代表人士，召开全市“三类代表人士”座谈会。向省新社会阶层联谊会推荐3名理事人选。

（市委统战部）

政策研究

【概述】 2015年，市委政研室宣传贯彻党的十八大和十八届三中、四中、五中全会精神，围绕市委中心工作，认真履行职责，圆满完成各项工作任务。荣获中央政研室、省政研系统“《学习与研究》工作先进单位”、市“文明单位”等称号。

【深化改革工作】 建立健全领导体制和工作机制，围绕省定考核改革目标任务，在全省率先出台《2015年全面改革目标任务》，对2015年全市改革任务进行细化、量化，实行项目化管理，建立月报进度制度，做到“三明确”（即明确任务书、时间表、责任人），形成倒逼工作机制，完成省定五项改革目标任务。编印《晋城改革信息》30期，及时掌握全市改革工作进展，了解各地各部门改革进程中的新情况新问题，总结推广好经验好做法。

【“百日调研”活动】 连续第9年开展领导干部“百日调研”活动，“百日调研”活动形成规范化、程序化工作运行机制，成为服务全市经济社会发展和领导决策的重要平台。每周精选一份时效性、操作性、实战性较强的课题，直报市四套班子领导及分管领导，总报送138期，其中2015年报送34期，市委、市政府主要领导对部分报送课题作出批示，并批转相关部门研究落实。征集2014年全市领导干部调研报告200多篇，评选出优秀调研成果80篇，编辑出版优秀成果集《求索》。

【专项课题调研】 全年共完成重大专项课题调研和建议10个。课题分别是：《晋城市参与“一带一路”战略的对策思考》《着力推进国资国企改革的调研报告》《打造新农村建设的样板——泽州县苇町村新农村示范村建设调查报告》《加强我市新社会组织党建工作的调查与建议》《晋城市“十三五”规划需要面对的几个问题》《探索建设现代综合交通运输体系发展之路》。建议分别是：《推进我市大众创业、万众创新的建议》《进一步加强城市管理工作的建议》《关于前后延长供暖时间的建议》《关于在各社区（小区）内集中建设电动自行车便民充电管理站的建议》。此外，协助省委政研室完成“城中村拆迁改造”等调研。

【文稿工作】 起草市委及市领导报告、讲话10多篇，起草各类文件10余份，起草深化改革的一系列文件、领导讲话和汇报材料等。组织起草出台中共晋城市委《关于加强和改进党的群团工作的意见的实施方案》，完成对省委“十三五”规划建议的意见征求、意见汇总和梳理上报工作，起草市“十三五”规划建议的意见和情况说明。

【决策服务】 全年共编辑印发《决策要参》17期，及时将市委重大决策部署和市委主要领导批示精神反馈给各地区、各部门，为各级领导掌握情况、科学决策和指导工作提供准确全面高质量的信息服务。全年编辑报送《外情快报》16期，向市四大班子及相关领导反映国内外有关经济、政治、文化、社会、思想等方面的重要信息，为市委指导和推动工作提供决策参考。

【政策宣传】 全年编印《晋城工作》12期，修改编排稿件130篇60余万字。新设置“以法治国”专栏、“三严三实”专题教育专栏、“相关链接”专栏等栏目。晋城政研网新刊发、更新各类信息470余条，向晋城在线编写报送信息20条。更新“百日调研”2014年《求索》等栏目。（市委政研室）

机构编制

【概述】 2015年，市机构编制办公室推进行政审批制度改革和权责清单制定工作，继续推进政府职能转变，稳妥推进事业单位分类改革，严格控制机构编制，巩固提升事业单位登记管理、电子政务建设和政务公益域名注册管理水平，加强编办队伍自身建设，改革、管理、自身建设取得良好成效，为全市争先转型跨越发展、保持社会和谐稳定提供了有力的体制机制保障。

【行政审批】 一是落实和承接省政府下放管理层级的行政审批事项33项、决定改为后置审批的工商登记前置审批事项28项，审核省政府取消、下放，改为属地管理的涉企行政权力事项262项。二是推行权力清单制度。印发《关于全面清理行政权力推行权力清单制度的通知》，完成依法审核确认阶段、细化责任事项阶段、建立权责清单阶段和“三报三审”工作，经专家评审委员会评审和法制部门的合法性审查，共确认市直46个单位（其中政府工作部门31个、事业单位15个）的权力事项3143项。三是开展行政审批违规和滥用审批权问题专项整治。印发《关于印发行政审批违规和滥用审批权问题专项整治方案的通知》，在各县（市、区）和市直相关单位自查的基础上，对重点部门和窗口单位进行专项督查。四是推进行政审批“两集中、四到位”改革。把本轮政府机构改革整合的单位（市食药监、住建、发改、商务粮食、金融办等11个政府工作部门），以及已经进驻政务大厅条件成熟的部分单位作为试点，设置行政审批科，将本单位承担的所有行政审批事项和相关服务职能全部整合到行政审批科，并进驻市行政审批大厅以及各单位分大厅。五是清理规范市政府部门行政审批中介服务事项。印发《关于对市政府行政审批中介服务事项进行摸底的通知》，对现有行政审批涉及的中介服务事项进行摸底统计，梳理出涉及中介服务的行政审批事项30项，涉及7家部门。

【职能转变】 按照《晋城市人民政府职能转变和机构改革方案任务分工》确定的工作规划和时间节点，推进政府职能转变。一是对有关政府工作部门的“三定”规定进行修改完善。二是督促组织部门和各县（市、区）完成机构改革整合部门的领导配备工作。三是解决工商、质监系统未占编人员问题。四是组建市公共资源交易中心和不动产登记交易中心，建立统一规范的公共资源交易平台，推进不动产统一登记制度全面实施。

【事业单位改革】 一是完成事业单位分类批复工作。7月27日，市编委会审议通过市直事业单位分类意见，将571个事业单位初步划分为行政类24个，经营类21个，公益一类384个，公益二类49个，暂不分类93个，并以市编委文件下发事业单位分类批复通知。二是结合全市政府机构改革，统筹推进相关事业单位改革。整合市妇幼保健院（市儿童医院）、市人口和计划生育服务中心以及职责相近的机构，组建市妇幼保健计划生育服务中心。整合市工程建设事务管理处、市住房制度改革领导组办公室（市职工住房资金管理中心）和市建设科技推广与建筑节能中心、市住房保障管理中心，组建公用事业建设局，推进城市建设管理体制改革和市政公用事业市场化改革。

【体制改革】 一是开展综合行政执法体制改革试点工作。完善城市管理行政执法体制，市住建局加挂市城市管理行政执法局牌子；试行商务流通领域综合行政执法体制改革，整合市县两级商务粮食行政机构及执法队伍；试行市场监管领域综合行政执法体制，试行市场监管领域综合行政执法体制改革，泽州县、阳城县、陵川县试行“二合一”，将工商、质监行政监管职能整合，组建工商和质量监督管理局；高平市、沁水县试行“三合一”，将工商、质监和食药监行政监管职能整合，组建市场和质量监督管理局。二是解决省委巡视组提出的整改问题。

按照市委常委会的要求，将市委政法委所属市信访法律服务中心机构职能整体划归至市信访局。理顺晋城经济技术开发区机构编制管理体制。解决阳城县东城办事处超机构限额独立运行的机构改革遗留问题。三是为全市承接地方立法权提供机构编制保障，向省编办提请在市人民代表大会现有的法制委员会加挂市人大法制工作委员会牌子，新增一名法制委员会(法工委)副主任职数(副县级)。同时，在法制委员会(法工委)增设法规科和审查备案科。四是按照机构编制只减不增的要求和机构撤一建一、人员编制内部调剂解决的原则，成立晋城市新能源科技创新园区管理委员会、阳城县演礼工业园区服务中心和晋城市北留周村工业园区泽州县周村办公室，为高平煤电化工业园区管理委员会核定编制，为市政务大厅管理中心、市治超办、市金融法律服务中心、市民主党派管理服务中心增加编制。

【编制管理】 在事业单位分类批复期间，严格贯彻执行相关机构编制和组织人事纪律，除公开招考和政策性安置外，其他渠道进入机关和事业单位人员一律冻结，对机构和人员编制进行严格控制。配合省委巡视组对机构编制手续进行核查，进一步规范管理。

【电子政务建设】 全面完成市本级党务内网联通工作，将全市机构编制实有人数通过党务内网上传至省编办服务器，并及时更新。对县(市、区)机构编制部门电子政务建设进行政策指导、绩效评估和督促检查。将1985年以来的机构编制文件全部制作成电子档案，为网上公开查阅奠定基础。加强全市政务和公益专用中文域名注册工作，对全市2344家行政事业单位网站标志进行审核，其中发放标志2243家，并督促其进行挂标。

(市编办)

·事业单位登记管理·

【概述】 2015年，市事业单位登记管理局更新观念，创新管理，突出“五个确保”，规范档案管理，拓展监管方式，加强实地核查，圆满完成全年各项工作任务。

【登记工作】 突出“五个确保”(一是确保硬件设施到位；二是确保政策宣传到位；三是确保登记质量到位；四是确保法律效力；五是确保统计报表到位)，加强事业单位法人证书登记工作。全年全市共设立登记33个，变更登记692个，补领证书7个，废止后重新申领证书14个，报送年度报告1837个，年度报告公示1832个，年度报告公示率为83.23%。其中，市直设立登记15个，变更登记221个，补领证书2个，废止后重新申领证书8个，报送年度报告485个，年度报告公示483个，年度报告公示率为89.48%。

【档案管理】 根据国家局档案管理办法的规定，对当年登记管理形成的纸质和电子档案进行归档。落实“一户一档”登记档案制度。注重资料归档与数据入库衔接。做到网上提交材料和网下审核材料同步进行，内容真实一致。一是及时建立新设立事业单位档案，做到材料齐全、内容完整、统一编号、规范存档、查阅方便。二是及时收集整理变更登记、注销登记、年检(年度报告公示)资料，做到资料全面、真实、可靠。三是加强登记档案查阅制度，落实《事业单位法人登记档案分类及查询规定》，实行《档案查阅登记表》制度，规范查阅程序，为社会提供查询服务。四是提高登记管理人员的档案管理知识和信息管理水平，适应网上登记和电子政务的要求。

【实地核查】 贯彻落实《事业单位登记管理暂行条例》及其《实施细则》，探索拓展事业单位监管服务方式，推进事业单位登记管理工作重心由登记管理向监管服务转变，全年共对50家市直事业单位进行现场核查。现场核查采取“一看、二听、三查”方法(一看即看事业单位法人证书正本是否悬挂在单位的醒目位置；二听即听取事业单位相关负责人汇报；三查即查阅相关资料)，按照现场核查统计表的内容逐项打分，得出核查结果，经事业单位法定代表人签字确认后，存放归档。对核查中发现的问题，督促其及时改正。各县(市、区)均开展实地核查工作，城区核查12家，泽州县核查10家，高平市核查30家，阳城县核查2家，陵川县核查5家，沁水县核查20家。

【调查研究】 5月，市事业单位登记管理局到6县（市、区）事业单位登记管理局进行调研。一是调研事业单位法人证书由一年一度的年度检验改为事业单位年度报告公示工作在实际操作中遇到的问题；二是调研各县（市、区）事业单位登记管理局平时的工作，以及网上操作、档案管理等情况。

（市事业单位登记管理局）

市直机关工委

【概述】 2015年，市直机关工委开展理论武装工作，推进基层组织建设，提升党员素质能力，加强反腐倡廉建设，机关文化建设和精神文明建设取得新进展。

【教育培训】 全年，市直机关工委组织开展党务干部、科级干部、工青干部、入党积极分子、新党员和文明创建等6类集中教育培训，培训人数达2000人。举办思想道德大讲堂、晋城好人报告会等各类党建教育专场活动100场。

【党建宣传】 在市直机关单位张贴核心价值观宣传牌500多块，通过街道电子屏播放党建宣传片，实现党建宣传"上街头、入社区、进角落、广覆盖"。向市直机关单位免费发放学习用书4万多册，包括《党章》《条例》《习近平用典》《习近平谈治国理政》等党建书籍和《简明中国历史》《史记精讲》等知识类书籍。

【竞赛活动】 组织举办全市第三届机关技能大赛，包括公文写作、信息化技能、英语应用和硬笔书写4项比赛，市直机关和6县（市、区）500多支队伍、5000余人参加比赛。举办第三届"凝心聚力·争先竞逐"体育比赛，4000余名选手参加拔河、跳绳、乒乓球、羽毛球、毽球、象棋、围棋、桥牌等8个比赛项目。

【落实《条例》和《细则》】 落实《党和国家机关基层组织工作条例》规定，市直机关700多个党委、总支、支部之中，70%以上的基层组织由单位一把手，即党员负责人担任书记。按照《发展党员工作细则》规定的25道程序办事，落实党的十八大"控制总量、提高质量"的明确要求，做好发展党员工作，全年发展新党员100人。

【表彰和处分】 "七一"期间，按照党建考核得分，表彰先进党组织50个。全年，市纪委直接处分或由市直纪工委配合，处分一批违规违纪党员，其中违反八项规定被处分的党员几十人，涉及25个党组织。 （市直机关工委）

老干部

【概述】 2015年，市委老干部局贯彻从严治党新常态，推进离退休干部思想政治建设和党组织建设；注重解决实际困难，促进离退休干部享受改革发展新成果；创新学习活动载体，丰富离退休干部精神文化生活；践行"三严三实"要求，加强老干部部门自身建设，老干部工作取得新进展。

【宣讲活动】 一是组织老干部理论宣讲报告团成员，围绕两个《宣传提纲》，深入乡镇（街道）、社区及学校、企业、离退休干部党支部、老年大学巡回宣讲，宣讲283场。二是举办报告会。4月，邀请山西省全国离退休干部"双先"代表举办报告会，5名代表结合自己实际，宣讲全国、全省离退休干部"双先"表彰大会精神。

【典型培树】 重阳节和建市30周年之际，召开全市离退休干部"双先"表彰大会，表彰离退休干部先进集体30个、离退休干部先进个人80名、优秀离退休干部党支部书记30名、老干部工作先进集体30个、老干部工作先进个人30名。

【组织建设】 按照"一方隶属、多方管理"的原则和"五好支部"要求，优化组织设置和活动方式要求离退休干部党员10人以上的单位单建离退休干部党支部，50人以上的单位建立党总支，原市老干部局党委直属离退休干部党支部的10家单位的63名离退休干部党员组织关系通过重组隶属于原工作单位，单独建立离退休干部党支部。

【思想建设】 加强党支部书记教育培训，举办全市老干工作业务暨离退休干部党支部书记培训班。组织市级老领导及党支部书记观看警示教育《欲望失控的代价》和《警钟长鸣》，参观晋城军分区军史馆。开展"支部沙龙"走基层活动，全年共举办"支部沙龙"28期，解决难题8个，在《太行日报》专版摘登老同志讨论交流文章21篇。凤翔、凤鸣、秀水苑、驻长办老干部党支部活动室增设党员图书阅览室，征订各种报纸、杂志100种。

【发挥余热】 在全市离退休干部中，开展"展示阳光心态、体验美好生活、畅谈发展变化、弘扬主旋律、传递正能量"活动。一是让老同志"谈"。邀请秦生龙、郭廷正等老同志围绕如何当好离退休干部支部书记、如何做好新形势下老干部工作作报告。开展"忆往昔、看今朝、话改革"调研座谈活动。二是组织老同志"议"。市领导为老同志通报全市经济形势、党风廉政建设和组织工作3次，并召开座谈会，请老同志建言献策。三是请老同志"看"。组织老同志参观博物馆、图书馆、吴王山公园、白马绿道、彤康食品、前和煤业等全市重点工程项目5次，观看警示教育片和廉政摄影书画展5次。四是在老同志中"树"。选树一批具有广泛群众基础和强烈感召力的先进典型，培养一支老干部网宣员队伍。五是引导老同志"唱"。组织市老年大学、唱响晋城合唱团成员赴阳城孙文龙纪念馆开展庆"七一"颂党恩下乡慰问演出，高唱爱国颂党歌曲。六是组织老同志"展"。举办纪念建市三十周年重阳节老干部书画展，共展出曾在晋城工作过的离退休干部及离退休干部的作品近百幅。选送全市老干部书画作品20幅、老照片18张参加全省离退休干部纪念抗战胜利70周年书画及老照片展。七是组织老同志"讲"。组织李向阳、谢东峰等退休干部为居住在长治的老同志作抗战胜利70周年、"三严三实"专题报告。在《太行晚报》开设"不朽的记忆——听老兵讲抗战"专栏24期，宣传老干部先进典型事迹。八是组织老干部"写"。在建市三十周年之际，举办离退休干部建市30周年有奖征文活动，共收到征文125篇，并将获奖作品编辑成书。组织老干部撰写"老干部工作为党的事业增添正能量"论文15篇，退休干部闫三囤撰写的论文在全省专题研讨会上交流发言。九是组织老同志"赛"。组织老干部参加中华优秀传统文化知识竞赛网上答题活动。组织老干部开展文体比赛，举办省老年人乒乓球展示活动公开选拔赛、"信通杯"离退休干部乒乓球和台球友谊赛、"夕阳红"老干部棋牌友谊赛、"庆重阳"农商行杯文体联谊赛和门球邀请赛等比赛10余次。十是组织老同志"为"。市老年大学开展"送体育下乡"活动，阳城县开展"老年人体育健身项目下基层交流展演"活动，陵川县组织老干部开展扶贫助学活动，高平市在老干部中开展"举办一项健身培训、掌握一项健身技能、加入一个健身团体、参加一次健身比赛""四个一"健身活动，沁水县组织老干部参与"德行沁水，从我做起"创建活动，泽州县老干部童心艺术团深入社区、农村文艺演出7场次，宣传党的方针政策、颂扬时代精神。

【慰问帮扶】 春节、纪念抗战胜利70周年之际和重阳节期间，市委书记张九萍、市长刘润民看望部分高龄离休干部，送去组织关怀和温暖。春节期间，共走访慰问市直离休干部171名，退休干部2177名，共发放慰问金75万元。帮扶救助生活困难离退休干部及离休干部无工作遗孀132名，发放慰问金15万元。定期走访看望易地安置在江西、北京、河北、河南的4名离休干部。全市慰问抗战时期参加革命工作离休干部117名，发放慰问金18.5万元和抗战胜利纪念章117个。"七一"期间，市老干部局党委慰问新中国成立前老党员44名，发放慰问金1.44万元。

【老干部服务】 一是组织老干部健康体检。5月和6月，组织市直170名离休干部、642名处级以上退休干部，在市健康体检中心、老年病医院、市疾控中心附属长治太行医院健康体检。二是建立玉屏一区医疗室。市老干部局协调市老年病医院建立玉屏一区医疗室，为老同志看病就医提供便利。三是开展"包户月访"活动。

为77名企业离休干部送学上门服务500人次，看望生病住院老同志30人次，为行动不便的老同志上门体检20余次。“电子保姆”回访用户1000余户。四是开展健康检查巡诊活动。市老干部活动中心定期邀请市骨科医院的专业医师开展免费巡诊活动，并建立电子健康档案。

【公益活动】 组织老干部参加社会公益活动。市老年大学组织老干部学员参加“翰墨飘香传家风——百名书法家(书法爱好者)书家风、颂家风、传家风大型公益活动”“红十字志愿者艺术团市福利院慰问演出”“庆‘七一’颂党恩弘扬孙文龙精神下乡慰问演出”“送体育下乡”等活动。

【宣传调研】 在各类报刊、网站刊登老干部工作信息，其中“山西老干部工作网”760篇，“晋城在线”44篇，“晋城党建网”533篇，《太行日报》20余篇。《太行晚报》老年专版刊发38期。编辑《晋城老干部工作信息》21期。在老干部工作信息网上传各类信息794条。共完成《关于离退休干部党建工作制度创新的问题研究》《优化离退休干部党组织建设》等调研报告12篇。收集整理2012—2015年度调研报告43篇，编辑成册。

（市委老干部局）

信　访

【概述】 2015年，全市信访工作贯彻落实中央、省、市委关于信访工作的一系列决策部署，围绕全市社会稳定大局，用法治理念统领信访工作，提升信访工作规范化水平，各项工作取得新成效。

【信访情况】 2015年，市信访局共接待来访群众819批次15490人次，劝返赴省集体访43批次609人次，劝返进京非正常上访629人次，其中被省通报268人次。市级领导共接待群众来访52次61批289人次，县级领导共接待群众来访184次439批2525人次。办理群众来信508件。共受理和收到网上信访事项188件，办结180件，到期办结率100%。国家、省信访局等上级部门共交办信访积案218件，办结178件，办结率81.7%，化解率81.7%。全市自查自立信访积案54件，办结44件，办结率81.5%。受理复查复核案15件，办结15件，办结率100%。依法处置进京非访人员249人次。

【规范管理】 一是规范信访事项受理办理答复等工作流程。制定出台《关于进一步规范信访事项办理工作的实施意见》，规范来访接待、受理告知、办理答复、督查督办、复查复核等每一个环节。二是规范网上投诉工作。成立网投中心，确立2名工作人员专职从事网上投诉工作，探索形成“查实、分类、报批、办理、督办、回复”“六步”网投工作法。全年接收上级转交信访件174件次，办结156件次，按时办结率100%，发函交办网投事项14件次。三是规范信访信息系统应用工作。培训市、县信访部门、信访工作机构信访系统操作人员150余人次，编制《信访信息系统应用信访部门操作手册》和《信访信息系统应用责任单位操作手册》。至年底，全市312个单位实现网上信访信息系统互联互通。四是规范信访信息化工作投资近20万元对信访局网投中心机房进行装修改造、增加隔音降温设施，机房建设全部到位。市、县两级开通网上投诉平台，全市网上信访信息系统建设基本完成。

【积案化解】 5月18日开始，按照全省统一部署，在全市信访系统组织开展“以群众举报乡村干部腐败为切入点，集中解决群众信访诉求问题”专项治理工作。采取领导包案、专项问题协调会、疑难问题上提一级办理、发挥特殊疑难信访问题专项资金杠杆作用、强化督查督办等方法，解决一大批疑难信访问题。接受国家信访局、省信访局等上级部门交办信访积案218件，办结178件，办结率81.7%，化解率81.7%。

【信访环境】 全市各级信访部门贯彻落实国家信访局《关于进一步规范信访事项受理程序引导来访人依法逐级走访办法》，引导信访群众按照《信访条例》有关规定，依法、逐级反映自己的利益诉求，群众依法逐级走访的意识和自觉性基本形成。（市信访局）

党校教育

【概述】 2015年，市委党校坚持以教学为中心，加大理论教育和党性教育课程设置比例，理论教育和党性教育作为教学的首要任务初步凸显。发挥科研工作的支撑作用，围绕教学和市委、市政府中心工作展开，提供有价值的学理支撑。积极创新管理机制，加强行政管理效能和提升后勤服务水平，各项工作实现新跨越。

【干部培训】 围绕市委、市政府“争先竞逐”工作大局，开展全方位、多层次、多类型的干部教育培训，全年共举办各类班次44期，其中，主体班7期（包括2期县处班，4期“双学双严”县处级领导干部轮训班，1期全市领导干部“三严三实”专题教育培训班），其他各类社会委托培训班37期，培训人数共计6400多人次。在校外建立“流动党校”，成立以副校长卢路为组长的外出宣讲团，分赴全市各条战线各个行业开展宣讲活动，听众达数万名。

【教学改革】 以理论教育和党性教育为重点，在教学布局中注重突出党校特色，在主体班次中实行单元式教学，分设“理想信念·党性教育”“习近平治国理政思想”“改革与发展”“党风党纪”4个教学单元，开设马恩经典著作学说学习课程，在学员中开展课前唱红歌和以“高唱《国际歌》，弘扬主旋律，锤炼忠诚，坚定信仰”为主题的党性教育活动，将党性锻炼和信念信仰教育作为干部培训的核心课程组织实施。在专题教学的同时，完善案例式、研讨式、情景模拟式、基地实地教学、外请专家学者讲学、领导干部上讲台等教学新模式，新增设学员大讲坛、破冰训练、拓展训练等互动课程，调动学员的学习积极性、主动性和创造性，提升培训的质量和实效。

【课题研究】 组织教师赴市干部教育培训现场教学基地实地调研，开展全市党校系统社会科学优秀成果评审，组织骨干力量完成两项晋城市“十三五”发展课题的研究，发挥党校新型智库的作用，提升教研人员的科研能力。全年，完成科研成果24篇，其中在省级刊物发表21篇，市级刊物发表3篇。新购置图书1200余册，光盘150余片，为提高教师理论和教学水平创造优质条件。

（市委党校）

讲师团

【概述】 2015年，市委讲师团深入学习贯彻党的十八大，十八届三中、四中、五中全会精神和习近平总书记系列重要讲话精神，围绕中央的重大方针政策和省委、市委的重大决策部署，服务党委中心组理论学习，组织开展党的创新理论主题宣讲活动，加强理论研究，编写理论读物，探索干部教育新途径，完成各项宣讲任务。

【重大理论宣讲】 利用自办的《学习》杂志内部期刊、网站、广播讲堂和各级各类培训轮训班等载体，组织骨干讲师深入全市20多个机关、社区、企业、学校、农村开展主题宣讲活动，解读“全面深化改革”“全面依法治国”“四个全面战略布局”“五大发展理念”等重要理论创新成果。

【服务党委中心组理论学习】 配合市委宣传部为市委中心组学习提供服务，制定学习计划，设计研讨专题，提供学习参考资料。对全市16个党委中心组进行10个专题理论学习辅导，将学习专题细化为4个板块30多个专题，登载在讲师团网站，供各级党委中心组学习时参考选择。以《学习》杂志为载体，以“坚持党要管党、从严治党”等8个专题为内容，为各级党委中心组编印辅导资料8期50余万字。

【党的创新理论主题宣讲】 组织骨干教师走进广播电台、走进机关单位、走进乡镇企业、走进学校军营，开展党的十八届五中全会精神专题宣讲活动。组织开展“我们的价值观”宣讲活动，选派优秀教师分赴机关、学校进行宣讲。组织开展“送理论下基层”宣讲活动，在晋煤集团王台煤矿、泽州县柳树口镇、高平市窑栈村等地，就基层干部群众关心的理论热点、难点、疑点等问题进行解疑释惑，为基层干部发放理论宣传辅导资料2000余册。

【网络学习平台】 及时更新网站，充实板块内容，专门增设“习近平总书记系列重要讲话”和“精彩话语集”“历史上的今天”等栏目。网站建立900余万字节的学习资料库，总浏览量达24.6万余次，成为各级党委中心组成员和干部群众理论学习的网络平台。

【理论研究】 一是围绕习近平总书记系列重要讲话提出的重大理论和实践问题，结合全市“一争三快两率先”发展战略，紧扣干部群众关注的热点问题展开调查研究，撰写调研报告5篇，为市委科学决策建言献策。二是完成省社科联、市委宣传部确定的《营造培育和践行社会主义核心价值观的良好社会环境》研究课题。三是发表《严明党的政治纪律和政治规矩》《深刻认识反腐败斗争新常态》等理论文章20多篇。其中，讲师团课题组撰写的《编写理论读物是理论宣讲的有效途径》被省委宣传部评为十大部刊优秀稿件，团长吴仕华撰写的《提升宣讲水平，服务基层群众》荣获2014年晋城市领导干部“百日调研”优秀成果三等奖。四是组织开展“讲述晋城故事、弘扬晋城精神”有奖征文活动，将活动成果汇编成20万余字的《晋城故事》。五是与市文明办共同编写18万余字的《好人故事》。编辑《学习·宣传·研究》第6辑，反映讲师团近年工作成果。

【干部教育】 开展“学习贯彻党的十八届四中、五中全会精神”“全面从严治党”“习近平总书记系列重要讲话”等十大主题教育活动，全年共为全市各级党政机关和事业单位进行辅导报告50多场，直接受众人数达1.5万余人。拓展干部教育新渠道，与市直机关工委、市人社局、市工行等单位建立教学协作关系，完成市委组织部、市直机关工委、市工行、市人社局、市卫生计生局、市农开局、城区西上庄办事处，以及泽州县和阳城县等系统和单位组织的多项教学培训任务。全年，为各级各类培训授课达74场次，听众达2万余人。

（市委讲师团）

外宣工作

【概述】 2015年，市委外宣办（市政府新闻办）围绕全市“一争三快两率先”战略，扩大对外宣传，规范新闻发布，强化网络管理，正确引导舆论，树立晋城形象，传递好声音，汇聚正能量，为实现“弊革风清，富民强市”营造良好的舆论环境。市委外宣办被评为市级文明单位。

【对外宣传】 开通“晋城发布”移动客户端，形成“晋城发布”两微一端新媒体外宣格局。全年，“晋城发布”微博、微信发布各类信息达到5700多条、2700多条，粉丝数量分别达到16万多人和2万多人。移动客户端完成服务器安装调试，建立安卓、苹果两个版本系统，开始试运行。黄河新闻网晋城频道转发稿件1.9万多篇，自采稿件400多篇。配合新华社、人民日报社、光明日报社、中央电视台等媒体记者到富士康、高平炎帝陵、泽州巴公综改试验区、阳城陶瓷工业园、沁水煤层气以及良户、大阳古村落和沁河流域古堡群等实地采访，就全市文化旅游开发、绿色发展、转型发展、现代农业清洁能源等进行深入报道，推出一批有分量的稿件和专题报道。山西日报晋城分社发稿100多篇，推出专版24个。山西电视台晋城记者站在省电视台发稿290多条，中央电视台发稿8条。山西经济日报记者站发稿93篇，山西晚报记者站发稿225篇。

【评选活动】 记者节前夕，对驻市媒体、各县（市、区）新闻办、晋煤集团和兰花集团等大型国有企业的优秀外宣新闻作品进行评选。共评选出一等奖3篇，二等奖6篇，三等奖12篇和优秀奖26篇。

【新闻发布】 坚持一手抓新闻发言人队伍建设，一手抓新闻发布规范化建设。组织全市新闻发言人到厦门大学、武汉大学等进行业务培训和模拟演练。邀请省委党校专家对全市新闻发言人和相关人员100多人进行集中培训，提升全市新闻发言人整体素质。制定出台《晋城市突发事件新闻报道应急预案》，明确突发事件新闻报道和新闻发布规范程序。

【舆情引导】 有效应对市区建设路砍树热点舆情、城区富达写字楼失火事件舆情和阳城硫化氢泄漏事故舆情,及时化解热点舆情风波,消除损害晋城形象的负面不良舆情。 (市委外宣办)

党史研究

【概述】 2015年,市委党史研究室坚持以邓小平理论、“三个代表”重要思想、科学发展观为指导,认真学习贯彻党的十八大,十八届三中、四中、五中全会精神和习近平总书记系列重要讲话精神,围绕市委中心工作和年度工作目标,发挥党史工作以史为鉴、资政育人的重要作用。市委党史研究室被市直文明委命名为2014—2015年度市直文明单位。

【党史编研】 一是大事记撰写常态化。2015年起,将大事记工作常态化,并完成2013、2014年度大事记整理和撰写工作。二是编辑《长江支队的故事》。该工作于2014年启动,2015年完成编辑任务。三是指导各县(市、区)搞好党史编研工作。泽州县委党史研究室完成《中国共产党泽州历史纪事》(1996.8—2015.9)送审稿和《中国共产党泽州历史简编》编辑任务。高平市委党史研究室编辑出版《血泪控诉—侵华日军高平罪行实录》,完成《中国共产党高平市村级组织史资料》(1937—1987)编辑任务;阳城县委党史研究室完成《中国共产党阳城历史纪事》(1949—1978)征求意见稿。

【抗损调研】 按照省委党史办公室《关于编纂抗损调研课题第二、三批成果书稿的通知》,市委党史研究室启动抗损调研课题编纂工作,重新编辑出版《晋城市抗日战争时期人口伤亡和财产损失》。

【党史馆建设】 晋城市党史馆是根据市委《关于进一步加强和改进新形势下党史工作的实施意见》要求,经市政府2014年1月23日市长办公会议同意,在市三馆大厦七楼建设的一个项目,占地面积240平方米,财政划拨专项资金135.62万元。2015年,完成招投标工作、图文深化设计、土建工程及图片布展,并配套建成电教室、党史资料室。

【党史宣传】 在纪念抗战胜利70周年之际,与《太行日报》联合开办《晋城抗战大事记》专栏,共编辑25期。

【资料征集】 启动晋城市历届党代会资料收集整理工作,收集整理第五次和第六次部分党代会资料。根据省党史办公室《关于征编〈山西省党史领域编研成果目录〉》要求,完成晋城市县两级党史编研成果目录上报任务。

(市委党史研究室)

晋城市人民代表大会常务委员会

【概述】 2015年，晋城市人大常委会认真履行宪法和法律赋予的职责，贯彻落实“四个全面”战略布局，围绕“六大发展”和“六权治本”履职尽责，全年共召开常委会会议8次、主任会议20次，听取审议市“一府两院”专项工作报告10个，听取审议市人大常委会执法检查组执法检查报告1个，审查报备规范性文件5件，作出决议、决定12项，任免国家机关工作人员12人次，为开创全市“一争三快两率先”新局面作出积极贡献。

【依法履职】 积极应对严峻复杂的经济形势，深入调研，严格审议，结合听取审议1—7月全市国民经济和社会发展计划执行情况报告，听取市政府关于1—7月份全市经济运行情况报告，为市委决策部署和政府部门解决问题汇聚智慧。在稳定煤炭产业发展方面，针对煤炭市场价量双跌、企业面临亏损的不利局面，进行“解剖式”个案调研。常委会组成专门调研组，赴唐安煤矿调研，对该矿“内挖管理降成本、外拓市场提效益”的经验进行总结，经主任会议讨论后，报送市委、市政府主要领导参阅，为全市煤炭企业在“强管理、降成本、增效益”方面提供可以借鉴的范例。在促进非煤产业发展方面，市人大常委会把听取全市工业经济运行情况特别是非煤工业运行情况列为工作重点。对全市铸管业、医药业、新能源产业、装备制造业等非煤产业进行调研，汇聚常委会组成人员审议意见，向市委、市政府提出专业性建议。

【转型综改监督】 围绕转型综改，通过广泛征求意见，主任会议决定将晋城市争取的三个国家级试点（创建国家低碳城市试点、国家新能源汽车推广应用示范城市、国家级创业型城市）推进情况作为一项审议议题，对全市创建工作进行摸底，赴国内试点城市调研，将三者作为一个有机整体，提出审议意见。市政府及有关部门以三市创建为抓手，围绕转方式、调结构、惠民生，实现低碳、循环、绿色发展开展工作，“三市创建”工作取得新成效。

【项目建设监督】 针对项目建设，把全市工业经济运行情况作为一项审议监督议题。围绕全市35个重点工业经济转型升级项目推进情况进行专题询问，10个政府部门负责人应询回答9位常委会组成人员和人大代表询问的14个问题，专题询问通过市电台、电视台全程录播。

【城市建设监督】 着眼推动城市建设与管理，组织专题考察。与市政府及其相关部门多次沟通，通过审议城市建设与管理情况的专项报告，督促政府发挥规划引领作用、加大城市基础设施建设、加快完善政策措施、建立城市综合管理体制，提高城市建设与管理水平。强化对全市大水网建设情况的监督，听取市政府落实市人大常委会审议意见的报告，为完善“十三五”时期大水网建设规划提出合理意见建议。

【统筹发展监督】 围绕全市职业教育改革发展情况，深入调研，指出在资源配置、体制改革、师资队伍、社会氛围等方面存在问题，提出加强组织领导、深化配套改革、提升整体水平等意见，为职业教育提升发展和人才成长就业提供良好支持。针对教师工资绩效改革后的社会反响，形成《关于教师工资待遇情况的报告》，提交市委。跟踪监督百企千村扶贫开发情况，审议市政府落实人大常委会审议意见情况的报告，促进全市扶贫工作与中央精准扶贫政策有效对接，提高贫困地区自主发展能力。

【财政审查】 坚持全口径预算审查，审议市政府关于2014年市本级财政决算的报告，依据审计结果强化人大监督实效。预决算审查工作坚持民生导向，优化财政支出结构，促进公共财政向教育、医疗、社保等民生领域和薄弱环节倾斜，严格控制行政经费等一般性支出，加大预算向民生领域的投入，让群众得到更多实惠，带动更多社会资本进入民生领域，让群众更多分享到发展成果。

【审议监督】 将公、检、法三家关于开展刑事诉讼、加强配合和制约工作情况作为监督议题，围绕一个审议议题，一次会议同时听取公、检、法三家专项工作报告，促进司法部门沟通衔接。会后，常委会汇聚组成人员审议意见，向公检法三机关转达推动刑事诉讼向审判为中心转变、完善配合制约的制度建设、提高办案质量、提升司法公信力等三方面15条审议意见，促进工作落实。

【法治建设】 市人大常委会依法作出关于市人民政府调整2014年城投债资金项目的决议、关于批准2015年市本级预算调整方案的决议，促进政府行政行为依法有据、规范有序。市人大常委会审议通过《晋城市荣誉市民称号授予办法》，第一次作出授予荣誉市民称号的决定。市人代会审议通过《关于全面推进法治晋城建设的决议》，市人大常委会完善立法工作机构，进行系统立法培训。11月26日，省十二届人大常委会第二十三次会议作出决定，即日起晋城市人大及其常务委员会可开始制定地方性法规，成为立法法修改后山西省第一批拥有地方立法权的市。

【备案审查】 市人大常委会按照“职权法定”原则和“权责一致”要求，对市政府报送的《关于印发晋城市政府采购管理办法的通知》《关于对黄标车实施限行措施的通告》等11个规范性文件进行审查，针对容易滋生腐败和权力寻租的关键节点从严把关，扎牢制度的笼子，保障每一项行政权力都于法有据。

【执法检查】 围绕《中华人民共和国文物保护法》和《山西省实施〈中华人民共和国文物保护法〉办法》的实施情况开展执法检查。通过各县自查、问卷调查、重点检查、集中视察等方式，对全市文物保护法一法一条例落实情况进行全面了解，形成执法检查报告报送市政府，市政府及相关部门对报告提出的问题进行整改落实，确保文物保护法律落到实处。

【调查研究】 加强代表联系、回应代表呼声，针对基层人大普遍反映的县乡人大职能弱化问题进行调研，形成《关于全市县乡人大情况的调查报告》，对基层人大加强监督、发挥作用提出具体的思考和指导意见。针对代表反映的表决走过场问题，为六县（市、区）人大常委会建立电子表决系统。针对代表反映闭会期履职流于形式的问题，出台《关于代表小组活动的暂行规定》，把加快推进生态文明建设作为代表小组活动主题，要求每个小组每年活动不少于四次。

【建议办理】 对市六届人大六次会议期间市人大代表提出的313件建议逐件筛选，主任会议确定10件重点建议，交由市人大常委会副主任重点督办、政府副市长重点领办。坚持常委会听取部门建议办理情况报告制度，通过以点带面，建议办理水平整体提高，办理实效逐年好转。

【履职平台】 落实党的十八届三中全会提出“通过建立健全代表联络机构、网络平台等形式密切代表同人民群众联系”的要求，完善晋城人大代表履职管理平台建设。对全体代表进行培训，使代表掌握履职平台的使用方法，利用网络缩短代表之间，代表与人大常委会、“一府两院”之间的距离，提高代表工作质量和工作效率，代表履职量化登记办法实现“软件化”“智能化”。

（市人大常委会办公厅）

办公厅

【概述】 2015年，市政府办公厅围绕中心，服务大局，认真履行职能，不断提高参与政务、处理公务、管理事务、搞好服务的能力和水平，着力推进“团结、廉洁、务实、敬业”的服务型机关建设，开创工作新局面。

【文稿工作】 围绕市委、市政府中心工作和市政府领导工作日程安排，起草《政府工作报告》、经济工作会、党风廉政建设干部大会等全市性的重要会议讲话文稿，以及煤炭、安全生产、国土资源等各种部门会议讲话文稿。全年共提供各类文字材料200余篇，130余万字。围绕经济发展、民生工作以及热点难点问题，进行专题调研，撰写《全民行动齐抓共管，开创生态文明建设新局面》《加强城市基础设施建设推进晋城经济社会发展》《关于推进新型城镇化的实践和思考》等调研报告，为领导决策提供借鉴和参考。围绕时政要闻、部委政策、网络舆情、参阅信息等，搜集高层政策动向和外省市的典型经验做法，全年共编发市长《信息专报》75期，《调研与观点》11期。

【精文简会】 严格落实中央八项规定，党政机关厉行节约反对浪费条例等有关条规，完善公文和会议运转流程。全年共办理各类发文247个，同比下降5%，做到依规、合法、规范、高效。共接收和处理各类上级来文544份，同比增长22.6%。严格控制会议次数和规模，精简各种会议，全年，共召开全市性会议44个，市政府常务会议13次，会议数量明显下降，会议效果更好。

【督查工作】 围绕《政府工作报告》目标责任、市政府重点工作、会议议定事项、领导重要批示等，采取跟踪问效、目标管理等方法，加强督查工作。全年，共对全市项目建设、转型综改、企业减负、民生保障等重点工作进行督促检查20余次，共编发《政务督查专报》21期，印发《政务动态专报》40余期。对市人大、市政协移交的建议、提案，召开建议交办工作会议，通过督查抓落实。全年，共承办市人大代表建议289件，市政协提案301件，办结率达到100%，满意率和基本满意率达98%。

【值班工作】 强化工作职能，细化工作流程，实行每日双人24小时全天候值班和领导带班制度，采取实地检查与电话抽查相结合、明察与暗访相结合的方式，不定期对各级各部门值班情况进行检查，确保全市应急职守和信息报送及时和规范，没有迟报、漏报、瞒报现象。全年，共编写《值班要情》30期，向省政府值班室报送《值班信息》49期。

【应急管理】 编制各级各类应急预案4693个，初步建立“横向到边、纵向到底”的应急预案建设体系。开展应急演练，组织参加市地震救援应急演练、突发性地质灾害应急演练、网络与信息安全突发事件应急演练等，提升部门的应急能力。强化应急宣传，全年共组织全市应急管理专题培训7期，培训全市124家单位应急管理人员1000余人次。妥善处置阳城“5·16”化工厂气体泄漏事故和城区“6·11”富达商厦火情事故等应急事件。

【依法行政】 围绕法治晋城建设目标，推动政府工作法治进程。严格行政决策工作机制，出台《晋城市人民政府关于健全重大行政决策机制的实施意见》《晋城市人民政府关于加快推进法治政府建设的实施意见》，推进政府决策的法治化、民主化和科学化。严格规范性文件审查备案制度，防止规范性文件与有关法律法规相抵触、“红头文件”违法和不适应造成不良后果的现象。共计审查规范性文件18件，备案审查县（市、区）政府出台的规范性文件33件，向市人大常委会报送备案市政府出台的规范性文件10件。开展行政职权梳理、行政处罚案卷评查、执法监督等工作，规范行政权力运行。共受理行政执法方面的举报、投诉案件10起，办结率100%。在全国首创开通行政复议网上办理系统，在法定期限内办结办理行政复议案件75件。

【信访工作】 全年，共接待来访群众100余人次，办理各类群众来信来电45827件，办结率为99.8%。（市政府办公厅）

外事侨务和旅游文物

【概述】 2015年，市外事侨务和旅游文物局坚持服务国家总体外交、服务地方经济建设，紧紧围绕全市“一争三快两率先”的战略思路，深化交往，强化管理，开创外事侨务和旅游文物工作的新局面。

【外事审批】 全年，全市共审批因公出国（境）16人次，成行12人次。其中参加省外跨地区、跨部门组团1人次。晋城市自组团组4个，11人次。出访目的地为南非、波兰、俄罗斯、日本、中国澳门、中国香港地区，主要是开展项目洽谈、友城交流、旅游推介等工作。

【外事活动】 6月，应南非东开普省莎拉巴特曼市和南非国家艺术节组委会的邀请，市长刘润民率团赴南非进行友城回访并开展文化交流。在南非艺术节上，晋城市太行风上党八音会艺术团参加系列演出活动，宣传晋城的城市形象和地域文化，推动对外文化交流。同月，市长刘润民率团参加第三届中波地方合作论坛。期间，向参会有关方面推介商务、旅游、文化、煤化工、机械制造等产业项目，并会见波兰下西里西亚省副省长安杰伊·克须尔，介绍晋城市的产业结构、升级转型情况。经过洽谈，双方达成共识，基于两地相似的产业结构，尽快展开对话交流，启动友好交往，推动下西里西亚相关城市与晋城市开展友好交流。

【外事协调】 1月，接到省外侨办《关于了解核实晋城金美矿用材料公司与米诺桦（天津）有限公司贸易纠纷的通知》，市外事侨务和旅游文物局多次与晋煤集团进行沟通协商，最终促使两公司达成协议，顺利解决贸易纠纷。4月，市外事侨务和旅游文物局接待礼来基金会、红新月会国际联合会、中国红十字会一行到访晋城市，并参加耐多药结核病患者关怀项目启动仪式。

【外事交流】 6月和10月，分别参加“第十八届全国地方友协工作交流会”和“第十七届中日韩友好城市交流大会”，了解新常态下国家“一带一路”战略实施后外事工作的重点，以及国际形势发展趋势，同兄弟部门相互学习，加强经验交流。撰写《晋城市同莎拉巴特曼市友好交往案例》，并入选全国友协主办的《城市外交——理论与实践》一书。

【外事工作】 7月，与俄罗斯亚历山德罗夫区区长格林先生恢复联系，并进行多次电话沟通。9月，亚历山德罗夫区进行选举，格林先生再次当选，市长刘润民向其发去贺信。区长格林先生表示愿意同晋城市共同寻找合作机会，并建立友好关系。8月，晋城市代表团同马其顿共和国代表在上海进行座谈。之后，经与马外交部负责人杰斯敏·凯杰勒先生以及中国驻马其顿大使馆温振顺大使多次沟通联系，确定克拉托沃市为晋城市缔结友好候选城市。

【对外宣传】 电视纪录片《六福客栈》获"第21届中国电视片十佳十优纪录片评选""十优"作品，入选中国嘉峪关国际短片电影展，并参加中国电视艺术家协会和电视纪录片学术委员会举办的"让历史告诉未来"中国人民抗日战争全记录主题活动，获纪录片评比长片组三等奖。

【侨务工作】 2015年，全市有归侨27人、侨眷800余人。1月中旬，对全市6县(市、区)及晋煤集团的困难归侨侨眷进行全面了解核查，经统计，全市总慰问人数为95人，其中特困19人，贫困27人，一般救助49人。救助金额为特困500元，贫困400元，一般慰问300元。春节前夕，对辖区困难归侨侨眷家庭进行实地走访慰问。2月12日，开展以"传承中华文化、弘扬革命精神、深化爱国主义教育、体验家乡经济社会发展"为主题的归侨侨眷子女冬令营活动，来自全市6个县(市、区)的22名归侨侨眷子女参加活动。按照《中华人民共和国归侨侨眷权益保护法》要求，为全市27名归侨发放归侨证，为2名参加中考的归侨子女办理加分手续。

【旅游接待】 2015年，全市累计接待入境旅游者人数12143人次，同比增长5.1%，累计接待国内旅游者人数3244.1万人次，同比增长19.5%。旅游外汇收入671.9万美元，国内旅游收入294.5亿元，旅游总收入295亿元，分别增长6%、21.7%和21.7%。

【旅游产业】 2015年，按照市政府《关于加快旅游业发展的意见》，市财政专门安排奖补资金，扶持旅行社、旅游商品、乡村旅游、旅游景区等旅游企业发展。市政府安排资金500万元，扶持全市示范农家乐、旅游商品示范企业、乡村旅游点和旅游景区建设。争取省旅游局资金600万元，用于乡村旅游、旅游厕所、旅游景区上档升级改造等。在扶持奖励旅游企业的基础上，采取媒体宣传、展会推广、线路编排等方式，加强全市景区、乡村旅游和旅游商品企业培育。此外，加大旅游咨询服务点建设工作，在原有16处基础上，又在8家AAAA级以上景区新建旅游咨询服务点，促进旅游产业发展。

【旅游资源普查】 2015年，启动全市旅游资源普查工作，一是聘请专业团队提供技术支持和专家咨询服务；二是召开项目研讨会，细化工作流程，编制工作方案；三是组建普查领导小组、专家顾问组、工作专家组、普查工作队等工作机构；四是为工作队成员配发旅游资源普查工作手册及日志本、工作制服、专业测绘野外设备等。11月19日，在太原召开全市旅游资源普查中期座谈会，就普查工作进行成果评估、问题解答、路径纠偏等，推动普查工作有序开展。

【旅游营销】 1.加强与客源城市合作。由市委常委、宣传部长、市政府党组成员张志仁和市人大常委会副主任廖军率队，赴西安、天津、南京、石家庄、内蒙古、长治、沈阳、长春、哈尔滨等地召开晋城旅游专场推介会。参与中原经济区城市旅游联盟的各项事务，在中原经济区城市旅游联盟2014—2015年会上，晋城市荣获"中原经济区区域旅游合作奖"。

2.举办旅游宣传活动。举办第六届"晋善·晋美·晋城"旅游文化节。包括旅游论坛、晋城旅游推介会、旅游部门(旅行社)踩线和媒体记者采访活动、"我是晋城导游员"系列征集活动、晋城传统文化节目评选活动、第四届红色旅游文化节、第十七届陵川金秋红叶节等7项活动。"5·19"中国旅游日、"9·27"世界旅游日期间，采取街头宣传与媒体宣传相结合的形式，向广大市民宣传晋城旅游发展成果。借助皇城相府旅行社答谢会、晋城风筝文化节等活动推介晋城旅游，推出惠民旅游特色线路。

3.加大旅游宣传力度。进行多元化的广告投放，从央视到地方电视台，从《中国旅游报》《山西日报》《太行日报》等纸媒到新浪网、新华网、山西新闻网、晋城在线等网络媒体，从《爱上旅游》等电台节目到晋城旅游官方微信，从西安、郑州地铁视频广告到太原户外大屏，立体化、全方位宣传"晋善·晋美·晋城"城市旅游品牌。

【旅游管理】 1.服务质量管理。联合工商、质监、卫生、交通、公安等部门开展安全整治、旅游市场专项治理,发挥游客、媒体的监督作用,采取明察暗访、建立“红黑榜”、网站公示等形式,督促旅游企业开展“优质服务”创建活动、提升游客满意度。在2015年上半年的全省游客满意度调查中,晋城市游客满意度综合得分78.9分,位列全省第二。

2.市场秩序管理。2015年,全市共组织开展节日期间旅游市场专项检查、旅游市场秩序专项整治、出国(出境)文明旅游专项检查、各县(市、区)交叉暗访等各项检查共134次,累计出动检查人员819人次,检查旅游企业445家次,查处违规导游人员1人。

3.旅游宣传管理。向游客发放《中国公民国内旅游文明公约》《中国公民出入境旅游文明行为指南》《春季旅游温馨提示》《文明旅游提示》等宣传品10万余份,引导广大市民树立文明旅游意识。组织全行业开展维护环境卫生、遵守公共秩序、保护生态环境、爱惜公共设施、尊重他人权利等在内的各项文明劝导活动,引导广大旅游者文明旅游,维护自身合法权益。

4.规范服务管理。6月,举办“晋城市第五届旅游饭店服务技能大赛”,参赛酒店均为四星级以上酒店,整体竞技水平较往年有明显提升。11月,承办“山西省中国好导游、中国好游客暨全省导游员大赛”,推动全行业开展优质服务标兵创建活动,提升从业人员整体素质。

5.社会监督管理。聘请人大代表、政协委员、机关工作人员、新闻媒体记者等26名国家级旅游服务质量社会监督员,举行旅游服务质量社会监督员聘书颁发暨培训座谈会,向其分发《旅游服务质量社会监督员工作手册》等资料,对社会监督员进行现场培训和问题解答,提升监督员监督水平。

6.旅游投诉管理。2015年,共受理投诉案件16起,结案16起,结案率100%。

【文物保护】 34处国家文物保护单位完成维修工作,3处省保单位(高平清化寺、泽州崇寿寺、阳城屯城东岳庙)正在维修,以大阳古镇、潘家大院、上庄古村落为代表的一大批市保单位开始抢险工作。开工维修湘峪古堡、窦庄古建筑群、西四义普觉寺、屯城东岳庙等文保单位。完成全市文保单位保存状况大调查工作,编制《晋城市文物保护分布图》,存在较重险情的有270多处,各县(市、区)文物局按照国保、省保、市保、县保的险情情况,分别制定维修保护任务书和具体落实办法。完成全市2015年抢救性文物保护项目竞争性分配工作,共向各县(市、区)拨付文物保护专项补助经费1819.07万元,补助项目73个。组建文物保护项目库,组织编制并评审通过一批文物维修方案。组织文物、财政、住建等方面的专家,对《沁水县窦庄古建筑群旗杆院、常家院修缮设计方案》《陵川县附城村陵邑会馆文物保护修缮工程设计方案》等一批维修方案进行评审。

【文化遗产宣传】 6月13日,在市博物馆举行晋城市2015年中国文化遗产日活动,主题是“保护成果,全民共享”,表彰为全市文化遗产保护和宣传作出贡献的退休干部闫法宝、程画梅夫妇,《山西晚报》驻晋城记者站站长李吉毅,中学教师王国瑞,并为荣获国家级非物质文化遗产代表项目“广禅侯故事”和“蚕丝织造技艺”颁发“国家级非遗项目”奖。启动仪式后,进行“上党八音会”“上党梆子”“泽州鼓书”等国家级非物质文化遗产代表项目展演,举办《古道雄关话晋城》专题讲座。完成“万里茶路”申遗前期初步调查工作。

【全国第一次可移动文物普查】 此次普查从2012年9月开始,到2016年12月结束。普查分三个阶段进行:2012年9月至12月为普查第一阶段,主要任务是制定标准和规范,开发软件,开展培训、试点工作;2013年1月至2015年12月为普查第二阶段,主要任务是以县域为基本单元,开展调查、文物认定、信息采集和审核;2016年1月至2016年12月为普查第三阶段,主要任务是进行调查资料的整理、汇总、数据库建设和公布普查成果。至2015年年底,全市“一普”数据采集登录、在线上传工作基本完成。全市申报藏品数量5934件(套),登录6939件(套),报送进度116.94%,全省第一。

【博物馆工作】 2015年,市博物馆免费接待观众6万余人次。举办"品读历史、热爱家园"、晋城博物馆"送展览进校园"中小学生书画大赛等专题展览。开办《人类起源与演化》《二十八宿神配动物判别与神名厘定》《雄关漫道话晋城》等讲座8场。到泽州县委党校、晋城市技工学校、陵川锡崖沟小学进行送展览入学校活动,将《长平之战》展览搬进课堂。举办《万里茶路看晋城》图片展,到东关社区和茶元村,宣传晋城市晋商文化。协办《丰子恺漫画展》《山西出土玉器精品展》两个临时展览。

【文物勘探】 会同规划局、国土局等部门,对晋城市市政工程总公司业务楼项目、晋城市泰鑫源工贸有限公司商业服务楼项目、公开出让裴圪塔城改平衡用地项目、大岭头村城改平衡用地项目、城区北石店供销合作社商业服务楼项目、晋城荣福建材有限公司商业服务楼项目、长城职业技术学校项目、景西路南段道路工程拆迁安置楼项目、花园头小学等23个项目进行现场勘探,并出具"固定资产投资项目并联审批现场踏勘意见卡"。完成国投晋城热电厂二期(2×600兆瓦)项目文物勘探工作。完成高平市米山镇云东村被盗古墓葬的文物调查工作。完成阳城县中国联盛投资集团有限公司山西晋城液化气工程项目前期文物调查工作。配合省勘探中心、省考古所完成太焦城际铁路晋城段项目前期文物调查工作。

（市外事侨务和旅游文物局）

统　计

【概述】 2015年,市统计局树立"依法统计、科学分析、服务决策、推动发展"统计工作理念,培养"敬业、缜密、公正、和谐"统计团队精神,增强"服务、质量、沟通"统计责任意识。先后获得"全市年度目标责任考核优秀单位""晋城市文明单位标兵""全市政府系统信息工作先进单位""先进团组织""晋城市环保工作先进集体"等称号。

【统计服务】 深化统计服务内容,完善宏观经济数据库,编印《晋城经济运行监测》《晋城统计资料提要》《晋城统计年鉴》和《比较》等统计资料,为党政机关科学决策、社会公众知政问政、系统内部开展工作提供服务。完善考核指标体系,向市考核办提供有关数据,完成对县(市、区)年度工作满意度民意调查任务。

【统计监测】 依托《统计分析报告》《统计监测要情》等平台,开展统计分析、监测和预警,及时向市委、市政府领导和有关部门提供决策参考。对各县(市、区)、开发区主要经济指标的增速和序时进度实行一月一通报,有效监控经济社会运行动态。出台《晋城市应对气候变化统计工作方案》,启动应对气候变化和温室气体排放统计基础数据收集工作。强化全面小康、县域经济、综改试验区、扩权强县试点、重点投资项目、科技创新等重大经济社会活动监测工作。

【统计分析】 围绕统计科研课题和"第三次全国经济普查"研究课题,组织开展大型调研活动2次,形成一批有情况、有分析,有问题、有对策,有措施、有建议的统计调研报告。在统计学会成员单位开展优秀统计分析报告评比活动,评选出一批优秀统计分析报告。整理晋城市第三次全国经济普查,形成近150万字的《2013晋城经济普查年鉴》,由中国统计出版社出版发行。采取组织专业人员参与和向社会公开招标相结合的方式,对经济普查资料进行开发研究,选择27篇有指导意义的课题形成《晋城市第三次全国经济普查研究课题汇编》,对客观认识全市经济社会发展现状,准确研判经济社会未来走势提供参考。

【统计质量】 执行《晋城市统计局关于进一步加强对基层服务工作的意见》,明确服务要求,完善服务程序,提升服务效率。出台《晋城市联网直报企业统计工作规范》和《晋城市统计局数据审核评估办法》,到各乡镇、街道和联网直报企业进行现场培训和指导，确保源头数据质量。执行《国家统计质量保证框架》和《山西省统计数据审核评估管理办法》，按月按季对各县（市、区）主要数据进行统一审核评估。

【统计执法】 严格执行《中华人民共和国统计法》和国家统计制度方法，开展多次统计数据质量核查和执法检查活动，共检查统计报表单位154家，给予警告并罚款7家，警告并责令改正30家。采取送法下乡等多种方式，宣传统计法律法规和制度方法。

【统计调查】 组织1%人口抽样调查，完成方案制定、宣传动员、人员培训、小区划分与绘图、调查摸底、入户登记、数据审核、事后质量抽查等阶段的各项任务。

【统计改革】 继续推进全国固定资产投资统计制度方法改革试点工作。2013年6月，国家统计局开始在晋城市等4市（州）进行固定资产投资统计制度方法改革试点工作。2015年，市统计局严格执行国家统计局制定的改革试点方案，取得翔实的试点数据。

（市统计局）

机关事务管理

【概述】 2015年，市机关事务管理局坚持务实节俭，努力转职能、转方式、转作风，提升管理保障服务水平，推进机关事务整体工作，为"一争三快两率先"战略部署的实施提供有力保障。

【节能降耗】 完善能耗统计制度体系，编印《晋城市党政机关资源节约的实施意见》《晋城市低碳理念进机关行动计划》《晋城市低碳单位示范标准》。开展以"节能有道，节俭有德"为主题的公共机构节能宣传周和"低碳城市宜居可持续"为主题的低碳日宣传活动，展示新型节能产品和节水产品，发放节能节水宣传画2000余份。组织各县（市、区）、市直单位共30人参加第三期公共机构节能管理远程培训。开展创建全国第二批节约型公共机构示范单位活动，市财政局、市发改委、晋城广播电视台3家单位通过验收。对凤翔小区和凤鸣小区10栋住宅楼进行建筑节能改造。联合市水务局和节水办对全市20家节水型单位更换节水型器具进行验收。2015年，全市公共机构人均综合能耗和人均水耗同比下降3%，单位建筑面积能耗同比下降2%。

【办公用房管理】 一是对全市党政机关办公用房清理整改情况进行核查、统计、汇总，上报至省机关事务管理局。二是开展领导干部办公用房专项整治工作，对全市领导干部办公用房情况进行统计、汇总，上报至市委、市政府，对市直单位和各县（市、区）单位整改情况进行抽查。三是对全市社会团体办公场所情况进行摸底排查，对违规占用党政机关办公用房下达腾退通知。四是对市直单位在外租房情况进行统计，为市直各单位调剂办公用房，全年核定市直事业单位在外租赁办公及业务用房5394平方米，至年底，为9家单位调剂办公用房905.1平方米。

【公车改革】 对车辆有偿服务情况进行调研，撰写《关于优化全市部分公务车辆使用管理的报告》，向市车改办提交《晋城市公务用车服务平台运行方案（草案）》和《关于组建晋城市级机关公务用车服务中心的建议（讨论稿）》，为推进全市公务用车社会化服务提供重要依据。

【财务管理】 一是严格审核用款计划，严把各类资金支出关，确保财政资金合理使用、收支平衡。二是做好国有资产登记造册工作，加强正版软件的资产管理，实行软硬件统一登记，修订《晋城市机关事务管理局国有资产管理制度》，规范资产科学化管理。三是完成年度预算编制和资金调整分配任务。

【安全管理】 一是增加巡逻时间和密度，加强机关安全保卫工作。二是以电子监控为支撑，对电子监控设施定期检查，做到监控全覆盖、无死角。三是加强对辖区范围安全保卫工作的监督检查，实现"技防全范围覆盖，人防无缝隙对接"的机关安保模式。四是以消灭隐患为目标，对机关大楼消防通道集中清理。五是以特种设备安全为重点，做到"三落实、有两证、一检验、一预案”。

【电讯管理】 定期维护、保养、检查电力设施，对578路开关线路进行保养，对878路实行改造，坚持24小时值班制度，保证机关正常供电。加强电话会议室管理，明确规定有关工作人员在电话会议召开前1小时必须到达会议现场，保障电话会议顺利召开。加强对市委、市政府信息发布平台审核管理，全年共发布公告、通知、公益宣传片等信息30余条。

【公车管理】 一是执行公务用车“三定”制度和车辆调度、行驶、安全、检查等规定，坚持节假日封车制度，杜绝公车私用。二是对司勤人员补贴制度进行改革，按照多劳多得的原则，根据公务出差审批表，实行按月结算出差补贴。三是实行科长审批、定点加油、定期结账的油料管理制度。四是建立车辆单车核算管理制度，强化单车的费用考核。五是依据山西省黄标车及老旧车淘汰领导小组《关于推进2015年黄标国车淘汰工作通知》要求，登记上交黄标车及老旧车辆15台。

【保障服务】 加强电梯维护保养，确保电梯安全运行。保障会议服务，做到规范化运作、标准化建设、精细化管理、温馨化服务。会同热力公司、维保公司专门对空调系统进行试机检查，对机组进行清垢保养。加强文件交换站管理，确保机关各类文件、报刊收发及时便捷。开展环境卫生“大清扫、大整顿、大评比”活动，执行“三定、三查、三清”制度，卫生保洁做到日产日清，保持机关和住宅区干净整洁、环境优美。三馆大厦保洁、保安、物业管理和各类维保项目等实现规范化管理。

（市机关事务管理局）

档　案

【概述】 2015年，市档案局以档案工作“走向依法管理、走向开放、走向现代化”为指导，以市委、市政府确定的档案工作目标和《全省档案重点工作内容及考评标准》为总要求，整体推进，重点突破，全面推进“三个体系”建设（档案资源建设、档案数字化建设、档案文化建设），提升档案部门依法行政能力和服务水平，完成“三大项、34个小项”档案工作目标任务，促进全市档案事业创新跨越发展。市档案局被市文明委评为市级文明单位，被市委、市政府表彰为年度目标责任制考核优秀单位。荣获全省“2015年度重点档案工作目标责任考检优秀单位”称号，考检总分数名列第一。

【档案馆藏】 1.市档案馆完成1985年前馆藏太行太岳区、长治专区、晋东南地区档案划控到件工作，完成馆内95%全宗单位1985—2005年涉密档案任务。2.市档案馆建立馆藏档案目录数据库。完成原晋东南地区、市直单位244个全宗206866卷、163379件档案案卷级136738条、文件级2408458条目录著录工作，案卷级目录和文件级目录全部纳入市档案馆馆藏资源管理系统进行管理。组织、劳动、人事等民生部门的档案实现人名检索。3.市档案馆建立馆藏档案全文数据库。完成市委办公厅等182个馆藏档案全宗8086548幅的档案全文数字化工作。4.全年，市档案馆共接收2005年以前市直各党政机关、事业单位、人民团体，政府机构改革撤并单位，市属国有破产改制企业以及社会保险、住房公积金、公证等民生档案125394卷、140262件进馆，市档案馆馆藏档案新增265656卷（件）。征集抗战老兵口述档案资料55件、实物档案12件、照片150张，征集反映晋城建市三十周年经济社会发展成就照片377张，征集郭台铭家谱资料1件。配置先进的音视频采集系统，开展电子档案收集工作，收集市直20个单位近5年来的原生电子档案。

【档案管理】 一是加强县级档案馆规范化管理。市档案局印发《关于加强和改进县级国家综合档案馆基础业务建设的意见》，对全市县级国家综合档案馆规范化管理、标准化建设进行指导。城区档案馆晋升为省三级档案馆。二是加强档案制度管理。市档案馆建立健全档案出入库手续、温湿度控制登记、入库检查、档案管理、档案信息安全、档案信息存储设备安全管理制度，保障馆藏档案实体与信息安全。

【档案宣传】 市档案局(馆)依托馆藏档案制作《抗日战争在晋城》专题图片展,接待社会各界人士、中小学生参观近2万人次。举办《晋城市档案事业创新发展专题图片展》《晋城市档案事业跨越发展专题宣传片》,宣传档案事业发展成就。"6·9"国际档案日,举办"档案伴你成长"讲座,市档案局副局长程鹏主讲,城区凤鸣中学200余名师生聆听讲座。在"6·9"国际档案日、"12·4"宪法日,市档案局组织开展形式多样的档案法制宣传活动,并举办多场档案法治建设、文化建设专题讲座。此外,编辑《晋城档案信息》11期(内部发行)。

【档案利用】 2015年,市档案馆以馆藏精品档案为主要内容,组织编纂了《晋东南记忆》(全书约84万字,收录大事3740件、图片36幅,由新华出版社出版发行)、《晋城市历次政府工作报告汇编》(全书约56万字,收录1985至2015年晋城市历次政府工作报告)、《郭台铭与故乡》(全书约58万字,由山西人民出版社出版发行)。全年,市档案馆接待社会各界人士查阅利用档案3520人次。

【数字化建设】 一是完成"晋城档案信息网站"网络域名、虚拟空间、主机托管、栏目内容、版面设计、影像文字资料等上线试运行工作。二是开发完成馆藏档案资源管理系统各项功能,投入使用。馆内著录档案案卷级、文件级目录2545196条,扫描档案全文8086548幅。三是开发虚拟档案室管理系统基本功能,正式运行。四是配合市信息中心将虚拟档案室系统服务器通过政务公网发布,实现与各立档单位对接。12月13日至14日,省档案局数字档案馆测评组业务专家对晋城市数字档案馆基础设施、系统功能、档案资源建设、保障体系、服务绩效5大类18项99小项指标进行实地测评,以86分的成绩通过省档案局数字化档案馆测评。五是购置先进的档案缩微摄影、仿真复制设备,将重要档案胶片化。

【爱国主义教育基地建设】 加快推进爱国主义教育基地暨中小学档案教育社会实践基地建设,建成展览面积1200平方米,展览分人类曙光从这里升起、中华民族实现大统一、梦回千年的历史华章、迎来革命建设新纪元、南太行掀开新的一页、大美晋城明天会更美等六个主题,选用图片1000多张,运用声、光、电等现代技术手段,真实再现晋城悠久灿烂的历史文化,晋城老区人民在抗日战争、解放战争中孕育的红色文化和伟大的太行精神,展示建市30年来市委、市政府领导全市人民攻坚克难,在改革开放和中国特色社会主义建设中取得的光辉业绩。

【档案业务】 1.市档案局共审批市直142个党政机关、人民团体、事业单位文件材料归档范围和档案保管期限规定,其中新接收进馆单位审批55个。全市6县(市、区)档案局新增审批单位11个。2.市直21个单位通过档案工作规范化管理测评认定及复查,6县(市、区)125个单位通过档案工作规范化管理测评认定及复查。3.市、县档案部门完成75家国有企业文件材料归档范围及档案保管期限表审核备案工作。其中,市属国有企业36个、县(市、区)国有企业39个。全市有24家民营企业开展建档工作。4.市人民政府办公厅印发《关于晋城市农村土地承包经营权确权登记颁证工作方案的通知》,市档案局、市农业委员会联合出台《关于加强农村土地承包经营权确权登记颁证档案管理工作的实施意见》。组织各县(市、区)档案局分管领导和业务科长,各乡镇农经站负责人和工作人员,各测绘队工作人员300多人进行农村土地确权登记颁证档案管理业务培训。5.市档案局按照《晋城市政府投资项目档案管理办法》,开展政府投资重大建设项目档案登记、验收工作。对七一煤矿、市镇源污水处理厂二期工程等13个重大建设项目档案进行专项验收。

【档案培训】 4月至10月,市档案局馆组织市直117个党政机关、群众团体、企事业单位档案人员200多名分批进行面对面档案业务技能培训,依据市档案局审核同意的各单位编制的《文件材料归档范围与档案保管期限规定》,按件进行规范整理,运用虚拟档案管理软件,统一著录,提高各单位档案人员掌握文书档案按标准整理技能，117个市直单位档案人员在市档案局业务培训室规范整理档案5万多件。9月、11月，市档案局选派8名工作人员分别参加国家档案局在珠海、上海举办的数字档案馆（室）建设和档案缩微技术培训。

【档案执法】 市档案局下发《关于开展市级撤并单位档案工作执法检查的通知》，对市直12家机构改革撤并单位进行执法检查，对违反档案管理规定的单位下发整改通知书，12家单位完成档案移交进馆任务。6县（市、区）档案局均组织开展了档案行政执法检查。

【学术交流】 市档案学会对档案学会会员重新进行审核登记，开展档案学术研讨，向国家和省推荐报送多篇学术论文。10月11日，全市档案部门领导及工作人员参加晋豫两省档案学会在河南省新乡市举办的“互联网+档案”研讨会。全年，市档案学会向省档案学会申报两部编研成果评奖，即《晋东南记忆》《晋城市历次政府工作报告汇编》。5篇档案学术论文在山西省档案学会组织的研讨会上交流。市档案局党组书记、局长李克平撰写的《全面夯实业务基础、着力加快数字化建设，打造全省一流现代化国家综合档案馆》文章入选中国领导科学杂志社编辑的《中国领导干部治国理政的理论与实践》。

（市档案局）

地方志编纂

【概述】 2015年，市地方志办公室贯彻落实国务院和山西省《地方志工作条例》，以“提高编纂质量，创修精品佳志”为宗旨，攻坚克难，辛勤笔耕，坚持求实的工作作风，努力创造新业绩，圆满完成各项工作任务。

【志鉴编纂】 一是编纂《晋城建市30年实录》。编纂工作于2013年年底启动，至2015年年底，完成审定稿。篇目包括基本市情、各项建设、主政者说、发展亲历、行业风范、县（市、区）篇、大事记略7个部类，综合运用述、记、志、图、表等体裁，全面记载晋城建市30年所取得的成就和经验。二是编纂《晋城年鉴（2015）》。年底，完成审定稿。全书设类目、分目、条目三个层次，共设置类目24个，涉及单位160多家，共计120万字。三是指导出版《晋城财政志》《城建档案馆志》《高平抗战志》等志书。

【课题研究】 完成《山西省情报告2015（晋城篇）》课题，并报省地方志办公室省情报告课题研究组。晋城市情报告从发展思路、经济运行、产业发展、转型综改、重点工程、城乡建设、民生社会、经济特区、县域经济等9个方面，研究和展述晋城市2014年经济社会发展变化情况。

【志书交换】 2015年，市地方志办继续推进志书交换工作。全年共收到全国各地志书200余册，为完善馆藏体系，丰富馆藏内容，吸引各类读者，推进方志馆建设奠定了基础。 （市地方志办）

政务集中管理

【概述】 2015年，市政务大厅管理中心明确政务办理事项，规范审批依据，提高办事效率，落实工作职责，严格执行各项制度，圆满完成政务审批事项。

【审批事项】 2015年，市政务大厅管理中心协助市编办做好权力清单和责任清单中行政许可、行政确认和其他职权三类事项规范公开工作，共梳理行政许可事项157项，行政征收28项，行政确认43项，行政给付12项，其他职权377项。分3次承接国务院和省政府下放的审批事项33项，取消审批事项和年检事项43项，由工商登记的前置审批事项改为后置审批的21项，保留工商登记前置审批事项3项。调整各窗口办理服务事项26项，其中行政许可17项，公共服务事项9项，公开内容和办理程序等全部在网站和政务公开栏实时公示。根据法律法规，修订完善各类服务事项公开内容168处。

【行政审批】 2015年，市政务大厅（含各分厅）共办结各类审批事项378729件，按办理类型分：行政许可审批办理57467件，公共服务类事项办理321262件。按办理时限分:承诺件办理12870件,即办件办理365859件,即办率达到96.5%以上。对10批26个项目进行市级联合审批现场踏勘。

【审批服务】 一是执行营业执照、组织机构代码证和税务登记证"三证合一"工作机制,取消组织机构代码证和税务登记证的单独发放,办理时间由原来的20个工作日缩减到5个工作日。二是与市发改委一起对基本投资建设项目的17个联审部门142项审批事项进行梳理,划分4个联审阶段,设定各部门的联审权限,列出市级联合审批事项清单、办事指南及联合审批事项所需的材料清单。 (市政务大厅管理中心)

信息中心

【概述】 2015年,市信息中心围绕市委、市政府中心工作,切实推动学习型、创新型单位建设,电子政务体系科学高效,政府网站建设卓有成效,"市长热线"倾听民意民声,政务网络安全便民,"智慧城市"基础平台和应用系统建成运转,网络舆情监控无重大错漏,网上宣传无重大失误。

【电子政务体系建设】 一是建成电子政务基础网络和电子政务云平台。根据国家和山西省政策要求,建设独立的自主运行维护的党政信息光纤网络,向上连接省政务网、向下联通市县乡三级政务网,横向联通市委、人大、政府、政协及所属各工作部门,保证市以下各级政府的电子政务工作需要。二是开发应用系统。自主开发维护更新政务办公和网站建设应用系统40余套,既满足网站建设和业务需要,又节约财政经费,解决业务系统升级快、升级难的问题。三是建立管理机制。建立各单位信息员和技术主管统一协调管理机制,确保与各应用单位的有效沟通,促进电子政务业务发展。四是加强网络信息安全体系建设。建成自主的电子政务RA系统,开展晋城政务云平台数据恢复应急演练,完成VOIP业务管理备份工作、内网oracle数据库服务器故障应急处理、远程安全测试工作。五是广泛对接新媒体应用。及时跟进应用微博、微信、手机APP等新媒体技术,创建维护微博账号3个、微信公众账号2个和手机APP1个,在新媒体发布信息万余条,被关注账号约10万个。

【智慧城市建设】 全方位打造"智慧晋城",建设全市统一办公平台、晋城在线服务平台和应用支撑平台,形成晋城市电子政务应用系统技术指标通用规范(草案),奠定"智慧政务"发展基础。完成"智慧晋城"顶层设计,形成《关于进一步促进智慧城市建设运营的意见》,推动PPP政企合作模式,推进智慧城市建设。政府主要负责平台(项目)的引导、协调、监督、审核工作,提供优质服务和政策支持;企业根据不同的合作内容,制定个性化的合作计划,保障合作项目所需的人才、技术和资源投入。12月16日,市政府与中国联通山西省分公司、腾讯科技(深圳)有限公司举行签约仪式,分别签署"互联网+"战略合作框架协议。

【晋城在线】 全年发布信息144181条,其中自采信息26255条,新闻稿件1565篇,图片3584幅,制作维护专题101个。其中发布各类政务公开信息1万条,制作维护各类政务、经济、社会专题75个,举办网上活动20个。组织、承办、协办第十二届影像中国"晋城杯"摄影大赛和"晋善晋美·美丽晋城"摄影大赛,配合市委举办网络安全知识竞赛、宪法知识竞赛、为民办实事项目、"学党史、颂党恩、践行群众路线"网络竞赛等互动活动20起,组织第三届山西(晋城)太行山文化旅游节摄影联展("中国人·中国梦"摄影展、"金镜头2014"摄影展和"晋城人·太行魂"摄影展)。网站还提供各项办事指南、表单下载、网上咨询、网上投诉服务,开通成绩查询和违章查询等便民查询17项,发布制作《晋城经济》《晋城政务》《晋城工作》等电子期刊,"晋城生活日历"共发布天气、招聘等便民信息3000余条,方便百姓生活。2015年,"晋城在线"位列全国政府网站地市级第35位。全年总点击量超过17亿人次,日均点击量约500万余人次,近3000条信息被新华网、人民网和山西省人民政府门户网站等转载，信息辐射34个省、自治区、直辖市和近30个国家。

【市长热线】 2015年，市长热线共受理来电45047件，办结45032件，办结率达到99.9%；来信780件，办结745件，办结率95.5%。收到建议47件，采纳46件。编辑《市长热线运行情况报告》12期。此外，每月按时通报《12345市长热线运行情况》，承办省长电子邮箱转办事项。

【网络安全】 加强晋城电子政务网络核心交换平台和数据业务平台运维管理，并为全市政务网络提供技术支持，全年网络主干路断线率为零，无网络安全事故和重大网络故障。推广网络安全ca认证，保障政务网络安全畅通。以智慧城市规划建设为统领，以政务网络升级迁移和两平台建设为抓手，优化全市信息化顶层设计，制定晋城市智慧城市推进方案和政务云建设一体化方案。推进信息化项目建设，研发维护政务应用系统，完成全市11个信息化项目审核验收工作。根据后期政务云平台系统化集约化建设的要求，整合现有政务系统资源，推进政务服务平台、公共资源交易平台“两平台”建设，研究确定全市政务应用开展标准化流程，搭建政务系统云平台框架，全市政务系统云平台流畅高效安全运作。

【政府网站普查】 配合国务院办公厅完成全市第一次全国政府网站普查工作。下发《关于开展晋城市政府网站普查工作检查整改工作的通知》，对全市153家政府网站逐一进行核查。创建开通晋城市政府网站普查工作QQ群，为填报单位提供问题解答、技术咨询、远程协助等服务，发布各类工作通知、填报指南等40余条，为填报单位提供答疑800余次。25家网站申请例外和关停整改，128家网站全面消除“僵尸”“睡眠”现象。

（市信息中心）

超限治理

【概述】 2015年，市治超办提高思想认识，加强组织领导，推进长效治超体系建设；积极探索创新，强化办法措施，提升治超工作管理水平；抓好重点领域，开展专项整治，进一步巩固治理成果，超限治理形势总体平稳。

【治超形势】 2015年，全市共出动治超执法人员35.9万余人次，检测货运车辆982.37万辆次。全市车辆超限超载率始终控制在0.2%以下，国、省道干线公路和县、乡公路好路率始终保持在90%以上，全市没有因超载新增一座危桥，全年未发生因超限超载车辆造成的大规模堵车现象和重特大交通事故，治超总体形势平稳。

【科技治超】 不停车检测系统方面，全市运营中的19个公路超限检测站均建成不停车检测系统并投入使用。货物运输车辆IC卡方面，全市货物运输车辆IC卡发放率为100%。全市经政府公示的货运源头企业352家，95家企业安装IC卡货运源头治超系统并实现联网，22家企业采用单机版。科技治超信息平台方面，市、县科技治超信息监控平台联网工作基本完成，建成科技治超省、市、县、站点四级联网体系。市治超信息监控平台与泽州、高平、陵川、沁水4个县级科技治超信息监控平台联网，可通过县级平台查看调阅4县（市、区）34家源头企业实时数据和部分企业监控图像，可调阅查看13个超限检测站点和1套无人值守治超检测监控视频图像和部分检测数据。无人值守治超检测系统方面，全市先期规划建设的8套无人值守治超检测系统已建成4套。

【源头治超】 一是加强日常监管。及时公示全市范围内的货运源头企业352家，组织相关部门对各类货运源头企业依法检查。全市共投入源头治超执法人员2.43万人次，其中巡查政府公示货运源头企业2700余趟次，检查出厂车辆1.98万辆次，纠正违规行为67起，责令整改11起，行政处罚17起，处罚金额19.75万元；巡查危险化学品生产企业400余趟次，下达执法文书83份，隐患整改166条；巡查涉煤源头企业1600余趟次，清查手续不规范的洗、储场286处。取缔非法货源点9处，取缔非法改（拼）装点2

处，罚款1.3万元。二是构筑信用体系。全市共有48家源头企业被授予无“双超”信用企业称号，占全市公示货运源头企业的13.7%。严格落实“黑名单”制度，全市共有79名驾驶从业人员、74辆货运车辆、6家政府公示货运源头企业、19家货运企业纳入“黑名单”管理。三是强化教育整治。举办货运源头企业治超岗位人员、货运驾驶人培训230批次，2.5万余人接受治超法律法规培训。严厉整治货运驾驶人超限超载违法行为，全市对货运驾驶人超限超载违法行为累计记分898分，其中公安交管部门处罚54分，交通运管部门处罚844分。

【路面管控】 一是加强站点建设。完成辖区内公路超限检测站规范化建设及高速路出入口检测点规范化改造工作。二是加强车辆检测。全市各类超限检测站（点）共检测货运车辆980.39万辆次，其中，国（省）干道、县（乡）道路检测431.45万辆次，查处超限超载车辆815台次［55吨以上车辆252台次，卸载货物462.54吨，罚款和收取道路损坏赔（补）偿费17.3万元］。高速公路检测543.95万辆次，查获超限超载车辆863台次（劝返822台次、移交41台次）。三是开展流动稽查。全市各级治超稽查队加大流动稽查频次和力度，共巡查路面700余趟次，行程3万余公里，查处各类超限超载案件25起。

【治超宣传】 “晋城治超”公众微信平台于9月正式开通运行。开设最新动态、法规政策、监督平台、案件警示、在线咨询、意见建议、举报投诉等11个栏目，向公众广泛宣传治超工作法律法规和治超动态，营造“全民治超、人人有责”的社会氛围。依托网络、报纸、广播电视、电台等新闻媒体，全面报道全市治超工作和重大违法案件，宣传治超相关法律法规，共播发各类治超新闻19条，制作广播专题访谈节目2期，滚动播出治超公益广告5000余条次。开展多样化、深层次的治超宣传活动。期间，全市共开展走访、座谈宣传130余趟次，出动宣传车400余辆次，制作摆放版面50余块，悬挂横幅100余条，粉刷标语200余条，播放治超法律法规条款1100余条，发放各类宣传资料15万余份。湖南省长沙市治超考察团到晋城市，考察学习晋城市依法治超、科技治超、站点建设和规范执法的先进经验做法。

【专项督查】 8月下旬，市治超督导组对全市范围内的重点危险化学品源头企业和运输企业、各公路超限检测站进行督导检查。针对危险化学品生产及运输企业，重点检查治超职责和制度、过磅记录、车辆登记，以及装载流程、装载制度和岗位职责技能培训等重点环节和重点岗位，要求企业切实增强忧患意识和责任意识，确保生产、储存、装载、运输等各个环节安全平稳有序进行。针对公路超限检测站，重点查阅危险化学品运输车辆检测流程和检测记录，要求检测站一线执法人员高度重视车辆的安全检测，依法做好核实危化品车辆营运资质和按核定载质量标准配货等工作，保持路面治理的高压态势。

（市治超办）

政府采购

【概述】 2015年，市政府采购中心以“规范采购行为，加强采购标准化，提高政府财政资金效益，促进廉政建设”为目标，全面提升内部控制制度、业务操作、服务水平，完成各项采购任务。

【采购业务】 2015年，全年共接受采购人委托的采购计划326笔，采购预算金额47356.4万元，共组织实施各类集中采购活动454次（其中：公开招标198次、邀请招标2次、询价采购42次、竞争性谈判145次、单一来源57次、竞争性磋商10次），实现采购金额40269.5万元（其中：货物类26050.5万元、工程类6853.2万元、服务类7365.8万元，分别占采购总额的64.7%、17%、18.3%），节约资金7086.9万元，节资率达15%。采购预算额较2014年的54223.7万元下浮12.7%，采购合同额较2014年的47178万元下浮14.6%，采购项目数较2014年的529次下浮14.2%。

【信息发布】 2015年，在《中国财经报》《中国政府采购网》《晋城在线》发布公开招标项目198项，在

《中国政府采购网》《晋城在线》发布采购公告非招标项目(除单一来源方式外)199项,在规定媒体发布中标(成交)公告项目397个,信息发布率达到100%,竞标供应商达1470家。

【重大采购项目】 2015年,单次采购规模在500万元～1000万元的采购项目有7个,1000万元～2000万元的采购项目有4个,2000万元以上的采购项目1个,以上涉及金额较大的重大项目采购的中标金额11570万元,占中标总额的28.7%,主要涉及农村土地承包经营权确权登记项目、限价房110千伏电力线路改造工程、市区公共自行车二期项目、市美术馆二期配套项目、城镇居民大病保险项目、郭壁水源地扩供项目、爱国主义教育基地建设,总投资额达1.1亿元。

【政府购买服务】 按照财政部《关于推进和完善服务项目政府采购有关问题的通知》和《政府购买服务管理办法(暂行)》等,依法创新竞争性磋商采购方式,制定服务类项目的采购文件范本和评标标准,推进服务项目采购,实现采购额达6471万元,较预算相比节资率达到24%,涉及物业管理外包、保洁外包、园林绿化养护外包、电梯维保、空调维保、网络系统运营维护等十几个类别的服务类项目。

【采购管理】 按照《中华人民共和国政府采购法》和《政府采购法实施条例》确定项目采购方式,建立定点采购等灵活多变的采购模式,科学、合理选用合适的采购方式。完善《重大采购项目论证制度》,对重大项目和技术复杂项目实行专家论证以及网上技术参数公示。制定《晋城市政府采购中心信息公开方案》,确保信息公告时间符合法定要求。制定《开评标现场管理办法》,为实现评审工作标准化运行。完善《政府采购业务操作流程细则》,建立《岗位责任制度》,简化程序,提高集中采购效率。贯彻落实《政府采购非招标方式管理办法》,完善各种采购方式操作流程。完善和修订公开招标、竞争性谈判、询价等五种不同采购方式的操作流程,根据操作流程完善不同采购方式的规范性采购文件格式文本及相关招投标表格格式,促进政府采购规范化、标准化和法治化。

(市政府采购中心)

住房公积金管理

【概述】 2015年,市住房公积金管理中心按照“减少住房公积金存量、提高住房公积金使用效率、用好用足住房公积金”总要求,出惠民之策,行创新之举,下务实之功,住房公积金呈现提取额上升、贷款额上升、存量资金下降“两升一降”运行态势,为全市经济发展、社会稳定、民生保障做出积极贡献,被市文明委评为“市级文明单位”。

【公积金缴存】 2015年,全市新开户单位124个,新开户职工21366人。全年缴存单位2708家,缴存职工252735人,缴存10.51亿元,同比下降7.73%。至年底,缴存总额为70.20亿元,同比增长17.63%;缴存余额为32亿元,同比下降36.17%。

【公积金提取】 2015年,全市提取住房公积金总额28.65亿元,同比增长1027.95%。至年底,住房公积金提取总额38.20亿元,同比增长30%。

【公积金贷款】 2015年,全年发放个人住房贷款4977笔、12.3亿元,同比增长129.88%、186.05%;回收个人住房贷款2.1亿元。至年底,全市累计发放个人住房贷款14966笔、26.17亿元,贷款余额19.35亿元,同比增长49.82%、88.68%、111.48%。个贷率为60.47%,同比增长42.22个百分点。

【增值收益与资产风险】 2015年,全市住房公积金增值收益1.33亿元,同比增长35.71%。至年底,逾期个人住房贷款22.12万元,逾期率0.1‰。

【缴存管理】 一是提高缴存比例。除高平外,全市其余5县(区)机关事业单位缴存比例上调至单位12%、个人8%。二是提高缴存基数。将行政事业单位带薪休假工资、年终一次性奖金、精神文明奖、目标责任奖、供热补贴、津贴补贴、加班加点工资等纳入住房公积金缴存基数,提高缴存职工受益水平。三是扩大制度覆盖面。对2家单位下达《住房公积金缴存登记告知书》《整改通知书》,限期缴存办理。全年扩面21366人,制度覆盖率达到79.02%。

【提取管理】 放宽提取政策,在实行购房提取、偿还贷款提取、离职提取基础上,增加租房提取、失业提取、大病提取、装修提取、阶段性提取、无房产手续提取等提取方式,住房公积金提取方式达到9种。

【贷款管理】 一是提高贷款额度。单职工购房贷款额度从35万元增加到60万元,装修贷款额度提高到20万元。二是降低贷款门槛。连续足额缴存6个月即可贷款,允许先提后贷。三是延长贷款年限。贷款年限最长30年,可延至退休后5年。四是增加贷款种类。在购房贷、装修贷、商转公基础上,新增异地贷。五是减轻贷款负担。允许年冲还贷、提前还贷,增加父母、子女等为辅助还款人。六是完善担保方式。有联保、质押、抵押、按揭、担保公司5种贷款担保方式。

【资金管理】 按照"规范运作、安全第一"的原则和要求,审查提取资料,防止骗提套取。做好贷前审核、贷中跟踪、贷后催收,降低贷款风险。规范会计核算程序,确保会计核算及时准确。建立岗位复核机制,加强内部监督,发挥内部监督的预警作用。全年,市住房公积金管理中心对18名连续6个月未按时偿还贷款的逾期人员进行强制划拨公积金偿还贷款,将3名故意不还的贷款人员起诉至法院强制执行。对560多户租房提取、装修提取和装修贷款情况进行入户调查,确保公积金使用的真实性。

【审批服务】 优化审批流程,简化审批手续,缩短审批时间,提高办事效率。将城区、泽州、开发区分中心增设为市中心业务受理点,方便缴存职工就近办理业务。开展集中办理和上门服务,为富士康、江淮、大阳煤矿等5家单位职工贷款购房提供上门集中服务。(市住房公积金管理中心)

发展研究

【概述】 2015年,市发展研究中心贯彻落实党的十八大和十八届三中、四中、五中全会精神,围绕市委市政府中心工作,开展调查研究,努力建设决策咨询平台,发挥了服务政府决策、促进科学发展的职能作用。市发展研究中心被评为2014—2015年度市级文明单位。

【规划编制】 参与全市25个关于"十三五"规划的社会公开招标课题的评审。通过"晋城在线"征集社会各界对"十三五"规划的意见建议。举办论坛3期,分专题探讨全市"十三五"发展问题。参与市委"十三五"规划建议起草及修改工作。

【调查研究】 跟踪研究全市经济运行情况,及时提出分析建议,形成书面报告。对新常态下经济运行的规律和变化进行跟踪研究,在适当范围内进行宣传。对深化全市国企国资改革进行系统研究。理清改革整体思路,提出"对我市深化国有企业改革的几点建议",形成商业类和公益类国有资本投资运营公司实施方案。对晋城新型智库建设进行研究,形成《关于加强晋城特色新型智库建设的调查与建议》课题报告,并代市政府草拟《关于加强晋城新型智库建设的实施意见》。对全市推广运用PPP模式进行调查研究,形成《对晋城市推广PPP模式的调查与建议》研究报告。对全市农民合作社发展情况进行调查研究,撰写《关于促进晋城市农民专业合作社发展的调查与建议》。对全市农村全面小康情况进行分析评估,形成《从晋城全面建设小康社会统计监测结果看我市农村全面小康建设》分析评估报告。

【咨询服务】 发挥智库作用,进行典型调研,为县、乡提供咨询服务。一是支持高平市试点工作。就高平市如何对接好省里政策及"十三五"发展规划编制进行研究和指导。二是解决新常态下泽州县巴公镇试点工作面临的挑战和问题,经与相关部门研讨,帮助巴公镇理清转型综改思路。三是对阳城县陶瓷产业发展情况进行专题调研，提出产业发展建议，撰写《对阳城县陶瓷产业发展情况的调研报告》。四是帮助沁水县土沃乡制定乡村旅游发展规划，初步提出土沃乡乡村旅游发展思路。

【《晋城经济》】 1993年创刊，以双月刊的形式定期刊登探讨晋城经济社会发展的理论文章和调研报告。2015年，开辟专栏，专题分析经济社会热点、难点；设置他山之石、外域来风等栏目，借鉴与晋城情况相近、发展类似地区的发展情况、政策措施经验做法。全年编辑出版《晋城经济》6期，总期数达到133期。

【《晋城发展研究》】 以内部资料形式专门为市县主要领导、市直综合经济部门主要负责人提供经济动态解读，以及对晋城经济社会发展重大问题的研究报告和意见建议。2015年，在保持原有特色的基础上，选题更加切中时弊，与晋城的实际联系更加紧密。全年共出刊24期。

【晋城发展论坛】 市发展研究中心与市人大财经委、市产业发展促进会联合举办，以“晋城人说晋城事”的方式，定期组织各界人士就晋城经济社会发展中的某一问题展开专题研讨，并将论坛内容报送有关领导。全年，分别就“依法行政，创新发展”“新常态下的晋城‘十三五’规划”“创优发展环境，促进经济转型”和“坚持民生优先，推动社会发展”为题举办论坛4期，集中社会各界的智慧，为全市“十三五”规划编制工作建言献策。

【晋城发展研究网】 晋城发展研究网由市发展研究中心主办，是全面反映晋城发展动态和成果的网站。2015年，结合全国网站普查工作要求，对晋城发展研究网站进行改版，版面设置更加科学，知识性网站功能更加凸显。

（市发展研究中心）

无线电管理

【概述】 2015年，市无线电管理处解放思想、更新观念、深化管理，把转型发展、创新发展理念贯穿于全市无线电管理工作中，在频率台站管理、无线电管理宣传、非法台站查处、人才队伍建设、党组织建设等方面，取得优异成绩，开创无线电管理新局面，促进全市无线电管理事业健康有序发展。10月，组织参加全省无线电监测技能大赛，获个人、团体总成绩第一名。12月，被市文明委评为2014—2015年度“晋城市文明单位”。

【台站管理】 一是开展频率使用核查工作。根据全省无线电管理工作部署，在全市开展重点频段监测数据比对核查。核查期间，全处共出动车辆30余辆次，动用设备70余台次，关闭非法设台4处，责令整改7家。二是加强频率台站管理。全年，共指配频率1个，审批各类台站6台，发放电台执照6个，执照办照率达100%。台站数据库共有台站3542台，其中广播电视台站25部、短波电台2部、超短波电台481个、无线数传22个、GSM基站1936个、TD-SCDMA基站441个、WCDMA基站239个、CDMA基站215个、地球站2个、业余电台170个，台站数据库完整率达99%。三是加大非法设台查处力度。全年共查处违章设台11起，其中“黑广播”4起、“伪基站”1起、考试作弊6起。

【无线电监测】 坚持固定监测与移动监测相结合，强化“定点、定线、定片、定时和定内容”五定监测机制，扩大监测覆盖面，全面掌握全市无线电频谱资源的使用情况和电磁环境的变化态势。全年，共进行监测2344小时，其中常规监测200小时，专项监测864小时，特殊监测1280小时。完成《晋城市无线电频谱监测统计报告》12期。

【设备检测与电磁环境测试】 2015年，共检测在用台站无线电发射设备442台。全年各类设备维护保养12次，B级站巡检48次，监测车维护24次。对晋城民航机场预选址进行电磁环境测试，并出具测试报告。

【无线电保障】 全年，共受理各类干扰申诉6起，(其中移动3起、联通3起)排查6起，干扰查处率

100%。节假日、重大会议、敏感时期,开展24小时监测值班工作,重点防范不法分子利用无线电设备破坏社会和谐稳定。全省“两会”期间,市无线电管理处联合市文广新局、市公安局在白马寺山顶查获晋城市首例“黑广播”。此外,参加各类考试无线电保障工作16次,发现作弊信号8起,查处6起,压制2起。

【宣传活动】 “世界无线电日”期间,在《太行日报》、晋城在线等媒体刊发“世界无线电日”宣传通稿,到机关、学校、社区、公交站张贴宣传海报,利用电视台、市政府大厅电子屏播放无线电管理法规。9月,“无线电管理宣传月”期间,制作无线电专题宣传片,内容包括无线电技术的应用、晋城市无线电管理局工作内容、未来无线电发展等方面。还通过LED显示屏、报纸、杂志、微信、QQ、短信、网站等方式开展宣传。全年,共向省无线电管理局报送各类信息76篇,在市级以上报纸杂志发表文章16篇。

【无线电科普教育】 9月,晋城市首个无线电科普教育基地——市实验中学被省无线电管理局评为“山西省无线电科普示范基地”。10月24日至25日,市实验中学选派8名队员参加2015年全国无线电测向公开赛(山西站)暨山西省无线电科普基地测向比赛,获得M15组别短2米、短80米、快速测向、阳光测向四个项目的第一名。

【应急保障】 修订《晋城市通信保障应急预案》,并于9月12日正式出台。根据预案要求,开展培训、学习、演练等工作,检验预案效果。 (市无线电管理处)

中国人民政治协商会议晋城市委员会

【概述】 2015年，市政协以中共十八大和十八届三中、四中、五中全会精神和习近平总书记系列重要讲话为引领，按照市委六届五次全会暨全市经济工作会议的部署，围绕"六大发展""六权治本"，切实履行政治协商、民主监督、参政议政职能，努力在服务改革发展上建睿智之言，在促进富民强市上谋长远之计，在推动社会和谐上献可行之策，在加强自身建设上求创新之举，不断提高政协工作科学化水平，为"实现弊革风清、促进富民强市"，凝聚正能量，作出新贡献。

【理论学习】 组织政协委员和机关干部认真学习领会中共十八届三中、四中、五中全会精神、习近平总书记系列重要讲话精神、《中国共产党统一战线工作条例》《关于人民政协协商民主建设的实施意见》和全国政协主席俞正声在全国地方政协工作经验交流会上的讲话精神，学习贯彻省委和市委有关精神，深刻理解，准确把握中央关于依法治国的重大理论观点、战略思想和工作部署。通过不同形式、不同平台、内容丰富、主题突出的学习，把广大政协委员的思想和行动统一到中央全会精神上来，把参加市政协的各党派团体以及各族各界人士的智慧和力量凝聚到法治社会建设和制定"十三五"规划上来，调动各方面积极性，为推动全市深化改革和依法治市提供思想武器和精神动力。

【宣传工作】 强化政协新闻宣传工作机制和队伍建设，坚持精简务实、注重效果、贴近基层、服务群众的原则，报道政协各项履职活动，宣传政协工作动态和经验。及时维护更新晋城政协网，深化与中央、省、市各主要新闻媒体的联系和合作。编纂《晋城政协志》，全面记载2001—2015年市政协加强自身建设和认真履行职能的情况，反映市政协在增进共识、维护稳定、巩固和发展爱国统一战线、促进全市经济社会发展中作出的重要贡献。

【参政议政】 整体协商。市政协六届五次会议期间，组织市政协各参加单位和全体委员，围绕《政府工作报告》和其他重要报告进行协商讨论，研究谋划深化改革开放，为促进全市转型跨越和依法治市，提供新思路、新措施和新办法。

专题协商。全年共召开专题常委会议5次。六届十九次常委会议围绕政府工作报告、政协常委会工作报告、提案工作报告、2015年工作要点等讨论稿和市政协六届五次会议相关事宜进行协商讨论。六届二十次常委会议审议通过提案审查报告（草案）、政治决议（草案）、工作报告决议（草案）。六届二十一次、二十二次和二十三次常委会议分别围绕全市农民专业合作社发展、民营经济发展和律师行业发展等课题进行专题协商，提出许多有较强针对性、前瞻性和可操作性的意见，形成专项建议案并提交市委、市政府。邀请群众代表旁听政协常委会议，7名群众代表参加三次专题常委会议，增强公共决策的民主性和科学性。

【专题调研】 引导委员围绕深化改革、依法治市、“六权治本”“六大发展”、从严治党、经济稳定增长、农业发展方式转变、保障和改善民生等方面,深入基层一线,就中心城市环城生态圈绿道建设管理运营和周边生态旅游文化发展情况、物流产业发展、公共文化服务体系建设、民营医疗机构发展、中小微企业发展、农业风险、精准扶贫、教育均衡发展、城市建设、放心早餐等课题,开展专题调研和视察活动,为破解全市转型难题、拓宽发展路径提供参考借鉴。配合省政协就建立和完善农民种养殖业风险保障机制、人民陪审员制度执行情况、扶持中小微企业发展新兴产业情况、文保工作进行调研。市政协领导结合“三联一住”,深入到各自联系点开展调研,为所联系企业和乡村的发展稳定献计出力。

【提案工作】 开展六届五次会议期间的提案征集工作,引导委员把握提案方向,完成六届五次会议期间提案征集、分类、登记等工作。完成提案的审查立案和交办工作,共收到提案386件,经审查立案351件,并案处理8件,转为意见27件,提案质量得到提升。建立《重要提案摘报》机制,完善重点提案遴选机制,施行分管副主席领衔督办重点提案工程,构建“提、办、督”一体化工作新机制,严把提案答复审核关。加强与新闻单位的联系,使提案工作接受新闻舆论监督,扩大提案工作的社会影响。

【信息工作】 全年上报省政协信息220多篇。编印《晋城社情民意》102期,采用稿件220(篇、条),其中11篇得到市长刘润民的批示。47篇稿件被《山西政协报》采用。全国政协《政协信息》转送相关部门1篇,省政协《社情民意》单篇采用2篇,15篇被转送至相关部门。9篇被市政府《信息专报》《晋城政务》采用。编印《2015年政协社情民意选编》。

【文史工作】 为《山西政协年鉴》(2013—2014)供稿一万余字。完成晋城市抗日战争史料征编工作。开展建市三十年文史资料征集工作。编辑出版《晋城文史资料》第九、十辑。《晋城文史资料》(第九辑)主要内容为抗日人物,分为晋城、高平、阳城、陵川、沁水五个部分,21万字。《晋城文史资料》(第十辑)包括上、下两部分,反映中国共产党、国民党及其领导的政府、军队和人民群众的抗日斗争,25万字。开展抗战遗址保护工作,提出建立完善抗战遗址保护机制、加强抗战遗址调查工作、改进抗战遗址保护措施、充分发挥抗战遗址在晋城市经济社会发展中的特殊作用的意见。参与非特质文化遗产“万里茶道”调查工作。

【团结工作】 一是增进民族团结、宗教和睦。学习宣传贯彻党的民族宗教政策,加强与少数民族和宗教界代表人士的沟通联系,巩固发展平等、团结、互助、和谐的社会主义民族关系,引导宗教与社会主义社会相适应。配合省政协副主席李悦娥率领的省政协民宗委调研组,就晋城市贯彻落实《宗教事务条例》《山西省宗教事务条例》情况和山西省少数民族聚居村全面建成小康社会情况进行调研和座谈,提出意见和建议。市政协主席师建平深入陵川县调研宗教工作,对当地少数民族聚居村的发展提出指导意见。二是加强与各民主党派、工商联、人民团体和无党派人士的团结合作。为他们知情议政、履行职能搭建平台,广纳群言、广集众智。适时邀请他们进行座谈,就市政协机关建设、确定年度工作要点、履行职能和开展相关活动,听取他们的意见和建议。在采集社情民意信息和办理提案时,对来自他们的团体或个人的建议给予关注。

【联谊交流】 组织委员赴广东、广西、甘肃、青海等省,就律师行业发展、特色农业产业、第三产业发展等课题学习考察。加强与中原经济区城市政协的沟通,赴开封、新乡市就《政协志》的编纂进行学习。全年《晋城政协》6期,继续与江苏、甘肃、安徽、湖南、湖北、河南、四川、海南、辽宁以及太原、阳泉、吕梁、朔州等省、市政协进行刊物交流。广西壮族自治区政协主席陈际瓦率驻桂全国政协委员考察团莅临晋城,就推进革命老区建设工作进行考察。

(市政协办公厅)

中国共产党晋城市纪律检查委员会

【概述】 2015年，全市纪检监察机关严明党的政治纪律和政治规矩，聚焦主业主责，推动“两个责任”落实，狠刹“四风”，坚决遏制腐败蔓延势头，持续深化“三转”，大力推进纪律检查体制改革，用铁的纪律培树“十型”干部，打造反腐铁军，坚定不移推进党风廉政建设和反腐败斗争，为净化政治生态、促进富民强市提供坚强的政治和纪律保障。

【“两个责任”落实】 一是制定责任清单。制定市委关于落实党风廉政建设党委主体责任和纪委监督责任的“两个意见”和责任清单，出台《进一步推动基层党风廉政建设“两个责任”落实的实施意见》《乡镇(街道)落实党风廉政建设“两个责任”的意见》《市直单位落实党风廉政建设“两个责任”的意见》，将落实措施和责任要求向基层延伸，确保责任无盲点、清单全覆盖。全市六个县(市、区)、开发区、116个市直单位、14个驻市单位和4个市属国有企业全部制定实施意见及清单。二是层层传导压力。市委书记张九萍带头与市委常委、市人大、市政协主要领导和六县(市、区)委书记进行个别廉政谈话，深入基层调研“两个责任”落实情况，针对存在问题和巡视情况，集中约谈各县(市、区)委书记、纪委书记和组织部长。市委召开基层“两个责任”汇报座谈会，听取县乡两级责任落实汇报，明确10个市直单位、12个乡镇(街道)和20个村(社区)作为市委联系点，以点带面、整体推进。市纪委组织“两个责任”巡回宣讲23场，开展两轮“两个责任”巡察，对8名市直单位党委(党组)书记和纪检组长(纪委书记)进行约谈。市县乡村四级共对28337名党员干部逐级逐层开展廉政谈话，层层传导压力、级级压实责任。12月16日，市纪委召开2015年度部分县(市、区)和部分市直单位党委(党组)主要负责人向市纪委全委会“述主体责任”专题会议，完善“严格问责”和“存档备考”的相关措施，促进全市落实“两个责任”取得明显成效。三是强化问责通报。盯住不落实的事、问责不落实的人，对落实“两个责任”不力和发生违纪问题的单位，严格“一案双查”。探索建立典型违纪案件问责整改专题通报会制度，全市共问责党员干部163人，其中党政“一把手”88人，纪检组长(纪委书记)24人，分管领导44人，其他党员干部7人，对16名党政“一把手”和5名纪检组长(纪委书记)点名道姓通报曝光。

【纪律教育】 一是抓实纪律教育，做到预防在前。开展党纪条规警示教育月活动，分4批对全市1164名处级以上领导干部进行集中轮训，组织市、县、乡、村四级党组织书记讲党章6500余场次，全市65800余名党员干部参加党纪条规测试，观看警示教育片4800余场，编印《党的十八大以来晋城市严重违纪违法领导干部忏悔录》，唤醒党员干部党章意识。学习贯彻新修订的《廉洁自律准则》和《纪律处分条例》，使党员干部守小节、明底线、知敬畏，把党纪党规刻印在心上。二是创新监督方式,做到发现在前。建立市管干部纪律档案,通过13类内容和19个具体事项报告,加强对党员领导干部遵守党的六大纪律和落实“两个责任”情况的监督,把准干部“廉政脉搏”。实行纪律问题报告制度,要求下级纪委每季度向上级纪委报告一次反映同级领导班子成员、下级党政“一把手”、重点领域和关键岗位负责人的问题线索和廉洁自律情况,通过监督确保纪律和规矩生威。三是坚持狠刹“四风”,做到问责在前。把违反中央八项规定精神的行为列入纪律审查重点,紧盯重要时间节点,扭住两类重点人员、七处重点场所、十方面重点事情,对公款吃喝、公款旅游、公车私用等违规违纪行为及“四风”隐身变异问题进行不间断的监督检查,严肃查处市职业技术学院14名教师参加毕业生聚餐、高平一中借培训之机,组织教师外出公款旅游等一批顶风违纪搞“四风”的问题,全市共查处违反中央八项规定精神问题61起,给予党政纪处分110人,对17起典型问题指名道姓通报曝光。在市县两级开设“35581”专户和贵重物品专库,开通“四风”问题“随手拍”,构建干部上缴礼金礼品、群众监督举报平台,全市共上缴礼金406.8万元,受理“四风”举报24件,办结22件。

【“三转”工作】 转职能方面,巩固市纪委内设机构改革成果,转变内设机构职能,所有问题线索由市纪委信访室统一登记后,分交各纪检监察室和纪检监察干部监督管理室处置,案件监督管理室专司监督职责,推动纪检监察工作由单纯查办案件向全面监督执纪问责转变。指导完成县级纪委内设机构改革工作,制定出台《关于加强市纪委派驻机构建设的意见》,推进市纪委派驻机构“全覆盖”,做到上下同转、内外同转。转方式方面,严格按“新五类”标准分类处置问题线索,根据违纪问题的性质、程度和不同情况,强化对“四种形态”的把握运用,全市共谈话函询133人,其中市级谈话函询67人,占市纪委十七大以来问题线索起底和省委巡视组交办市纪委总户数321人的20.87%。给予党政纪轻处分727人,占处分人数的66.82%。重处分361人,占处分人数的33.18%。移送司法机关73人,占处分人数的6.71%,形成惩前毖后、治病救人的执纪导向。转作风方面,适应党风廉政建设和反腐败工作新形势、新任务、新要求,结合纪检监察工作不同岗位职责要求,从基础知识和基本技能抓起,突出纪检实务论述、典型案例剖析、模拟线索处置等环节,通过“监督执纪比业务、内勤管理比服务”,在纪检监察系统开展“学思践悟岗位练兵”活动,促使纪检监察干部在学思践悟中深刻领会“三转”要求,在交流研讨中熟练掌握“四种形态”,在比学赶超中增强监督执纪本领。

【案件查处】 一是核查省委巡视组交办问题线索。在省委巡视五组在晋城市巡视期间,全市各级纪检监察机关配合省委巡视组做好交办线索处置。省委巡视组交办的917件问题线索,除转阅处47件,剩余870件,办结841件,查实549件,查否232件,查实率70.29%。谈话函询55件,了结5件。立案402件,处分607人。移送司法机关40人。组织处理132人。二是以零容忍态度惩治腐败。全市各级纪检监察机关共受理群众举报户头1075件,初核案件1076件,同比增长137%。立查案件942件,同比增长111%,其中县处级39件,同比增长62.5%,乡科级154件,同比增长69.2%。结案927件,同比增长118%。给予党政纪处分1088人,同比增长103%,其中县处级干部26人,同比增长30%,乡科级干部164人,同比增长69.1%。移送司法机关73人,同比增长78%。三是着力解决群众身边腐败问题。围绕省委和省纪委关于“两个专项治理”的部署,在全市纪检监察系统开展“三级纪检干部进百村”行动,通过室主任以上干部带案下访,解决一批发生在群众身边的腐败问题。实行基层涉纪信访逐月对账制,重点建立原始账、办理账、办结账三本账,每月28日市纪委与县纪委当面对账,县乡两级同步对账,确保件件有着落、事事有回音。中央纪委督办的11件、省纪委督办的3件、省信访局转交的124件问题线索全部办结。省纪委信访室转办的648件,办结574件。市县两级自办信访案件214件。

【试点工作】 5月，省委将高平市确定为"先走一步、富民强市"试点后，市纪委深入高平市及部分乡村，就把纪律和规矩挺在前面等重点工作进行调研督导，组织高平市党政班子和纪委班子成员深入讨论，指导高平市制定《中共高平市委关于把纪律和规矩挺在前面先走一步的工作方案》，推动高平市纪委在"把纪律和规矩挺在前面"上先走一步。协助省委、省纪委工作组对高平市四套班子领导和15名乡镇党委书记进行个别谈心谈话，初步掌握高平市、乡（镇）两级领导干部的思想状况，对高平塌方式腐败成因和高平市党风廉政建设39个方面情况展开调查，形成《关于高平塌方式腐败之后干部队伍现状的分析报告》和《关于高平系统性塌方式腐败问题成因分析暨贯彻落实省委书记王儒林批示精神思路举措的报告》，制定《关于对高平市系列腐败案件涉案干部进行分类处置的原则性意见》，依纪依规对涉高平"五人案"的55名干部分类处置。总结高平试点工作经验向沁水、陵川等县推广延伸，推进全市党风廉政建设和反腐败工作。

【自身建设】 突出责己从严，打造忠诚干净担当反腐铁军。开展培树"十型"干部行动，在系统内开展学党章活动，唤醒广大纪检监察干部的党章意识、党规意识、纪律意识。制定县乡两级纪委书记和副书记、市管企业纪委书记、市纪委派驻纪检组长和副组长"4个提名考察办法"。2月，对全市751名纪检监察干部集中开展家庭走访。11月下旬，对全市纪检监察系统落实"两个责任"、线索处置、纪律审查、审理执纪、干部监督管理等情况进行巡回检查。在全市设立13个举报箱，每月"双人双启"，自觉接受社会监督。严肃查处纪检监察干部违纪问题，全市共立查纪检监察干部违纪案件21件22人，结案22件23人，给予党纪政纪处分21人，移送司法机关3人，调离1人，免职2人，清理4人。对纪检监察干部违纪问题较突出的3个县区，责令其纪委书记在市纪委常委会上作出深刻检查。

【廉政宣传】 晋城市加强党风廉政建设和反腐败工作的做法受到国家级、省级媒体的高度关注，《中国纪检监察报》以《晋城聚焦维护群众利益，三级纪检干部进村集中拍"蝇"》为题、《山西日报》以《晋城市"双学双严"活动唯实唯效》为题、《山西新闻联播》以《配置廉政套餐，增强党员干部免疫力》为题对晋城经验作了报道。

（市纪委）

武 装

晋城军分区

【概述】 2015年，晋城军分区围绕建设全面过硬富有特色一流军分区的奋斗目标，坚持从严从实从细抓整顿，锐意创新解难题，真抓实干促发展，部队建设呈现出快速上升、健康发展的良好态势。

【思想政治建设】 以习近平总书记系列重要讲话为理论武装重点，围绕"四个全面"战略布局和五大发展理念等重大理论观点学习讨论，凝聚思想共识。开展"学习践行强军目标、做新一代革命军人"主题教育和"新一代革命军人样子"大讨论。通过灵活多样、立体多元的学习，强化广大官兵争做"四有"军人的自觉性。结合纪念反法西斯战争胜利70周年，与市委宣传部联合开展"弘扬时代精神、践行强军目标——百名晋城好儿女在军营"寻访表彰活动。加强军营文化建设，组织开展"强军杯"系列文体活动，营造军营政治文化氛围。注重意识形态领域工作，开展形势政策教育和大谈心、大讨论活动，彻底清查和肃清郭伯雄、徐才厚案件影响，确保部队绝对忠诚、绝对纯洁、绝对可靠。

【战备训练】 围绕能打仗、打胜仗的使命要求，深化军事斗争准备。狠抓日常战备常态化训练，规范人武部战备工作，组织市县两级机关干部进行作战值班培训考核，提高系统操作和处置突发事件能力，全年接受上级战备抽查160余次，没有发生任何问题。狠抓部队实战化训练演练，突出首长机关一体化指挥平台和"两实"训练，两次迎接省军区战备训练考核，均取得优异成绩。在全省编成内，开展"探索-2015"国防动员组织指挥研究性演练。狠抓民兵组织整顿，开展民兵整组规范化集训，为市应急营集中配制单兵携行物资器材，市县两级应急分队全部实现常态化战备执勤，全市乡（镇、街道、企业）武装部、民兵营连阵地建设更加规范。狠抓潜力资源向动员实力转化实践，调整市县两级国动委组织领导机构和人员，修订国防动员方案，形成灵敏高效、运转有序、"双应一体（平时应急、战时应战）"的组织指挥和动员体系。完成沈阳军区、南京军区、成都军区部队过境保障任务。

【基层建设】 坚持"三重（重心下移、重抓基层、重打基础）"工作指导，抓好基层帮建工作。注重帮带班子，与人武部班子面对面查找问题、研究解决思路和办法，提高党委领导能力。召开军分区党委全会，查找梳理人武部建设中存在的问题和具体表现。注重建强队伍，将素质过硬、表现突出的机关干部充实到人武部主官岗位上。注重服务解难，坚持财力物力向基层投放，向人武部足额下拨民兵训练费、油料管理费。

【军民融合】 落实市委议军、党管武装述职、军事日等党管武装八项制度，组成军地联合考评组，对各县（市、区）党管武装工作量化考核，增强地方领导管武兴武的责任感。组织民兵参与生态改造、新农村建设和抢险救灾活动，市区“6·11”黄华街恒通大厦火灾发生后，军分区第一时间组织民兵应急分队200余人赶赴现场参与灭火和警戒行动。

【安全管控】 开展“学守用法规”活动，组织官兵及时学习各级关于依法治军的指示要求，传达上级安全事故案件通报，开展案例分析和交流辨析，增强遵法守法意识。突出人车枪弹密网管理，人员管理实施分类指导，车辆管理突出预防为主，枪弹管理注重多维结合，密网管理坚持综合治理，确保重点部位安全稳定。开展安全检查，组建由军务、保卫、战勤人员组成的安全督导组，检查各单位落实一日生活制度和“八小时外”安全管理情况，实现连续16年安全无事故。

【后勤保障】 围绕强军目标，指导各人武部组建后勤保障分队，加强实战化条件下后勤保障能力建设。科学确定经费投向，从严控制行政消耗性开支和非军事功能支出，市县两级党委机动财力用于战备训练和解决基层急难问题比例达到65%以上。指导人武部搞好“三小”建设，全部达到功能齐全、规模适度、保障优质的要求。 （晋城军分区）

人民防空

【概述】 2015年，市人防办认真贯彻《中华人民共和国人民防空法》，坚持“长期准备、重点建设、平战结合”的方针，深入贯彻《中共中央国务院中央军委关于深入推进人民防空改革发展若干问题的决定》，推动全市人防工作顺利开展。

【依法行政】 贯彻《中共中央国务院中央军委关于深入推进人民防空改革发展若干问题的决定》，制定六类14项人防权力清单，其中：行政许可3项，行政处罚3项，行政强制1项，行政征收2项，行政检查1项，其他权利4项，并制定各行政事项流程图和风险防控图。继续落实人防前置审批制度，提高人防依法行政能力。

【人防工程监管】 一是加强人防工程质监和验收。全年报监人防工程20家，质监率达100%。对已达到验收条件的7家工程项目进行竣工验收，验收率达100%。二是建成GIS人防工程信息数据库。投资27万元建成GIS人防工程信息数据库系统，通过省人防办专家验收，人防工程实现系统全面监管。三是加大人防工程安全监督检查。市人防办与人防工程建设、使用单位签订《安全管理责任书》和《承诺书》。对15家使用人防工程的超市、饭店、食堂等重点单位进行不定期检查，确保人防工程使用安全。

【应急指挥】 一是升级改造人防指挥所作战指挥室。对指挥所作战指挥室的多媒体系统、会议系统、视频会议系统、指挥网进行升级改造，实现与省人防办互联互通。二是修订晋城市防空袭应急预案。三是建成北斗卫星导航定位系统。北斗卫星导航定位系统具有导航定位、通信调度等功能。四是建成多媒体、多功能人防警报报知系统。投资建设安装4台多媒体、多功能人防警报报知系统。

【防空宣传】 “9·18”警报试鸣日，在凤鸣中学校组织人防疏散演练，提高在校师生的防灾减灾意识和能力。“12·4”法制日，利用多媒体警报器滚动播放人防法律知识。开展人防“五进”(进机关、进学校、进社区、进企业、进网络)活动，进学校：给全市初中一年级学生配备人防宣传教育教材和教学用具；举办人防知识讲座，邀请山西省人防专家库专家郭长明教授授课，全市教育系统分管安全的副校长参加培训。进企业：到人防工地发放人防知识宣传资料；依法行政宣传月期间，采取问卷调查的形式向服务对象征求对市人防办依法行政工作的意见。进机关：向四大班子领导和市直有关部门发放《中国人民防空》杂志和自编的《防空防灾知识读本》。进社区：及时更新市区凤翔小区、栖凤小区人防宣传栏内容，向社区居民发放人防知识宣传读本。进网络：在各类报纸、杂志、网站发稿40余篇，在《华北人防》和《山西人防》等专业性刊物发表文章和动态信息20余篇(条)。利用多媒体警报器，每天滚动播放人防知识、人防宣传片，接受人防教育人数达20余万人次。

（市人防办）

双拥工作

【概述】 2015年，全市双拥工作按照“巩固、发展、提高”的原则，以实现全国双拥模范城“三连冠”为目标，围绕服务强军、支持国家建设的主题，落实各项优抚安置政策，密切军政军民关系，实现军地互助互利、军民融合式协调发展，双拥工作保持健康、持续发展势头。

【议军会议】 召开市委议军暨党管武装工作述职会议，市委书记、晋城军分区党委第一书记张九萍主持会议并讲话，市长、市国防动员委员会主任刘润民讲话，市委常委、晋城军分区司令员马学林汇报年度工作开展情况，军分区政委张志勇总结党管武装工作。市委副书记李俊敏及市委、市政府领导范丽霞、常国荣、赵沂旸，晋城军分区党委常委、委员及全体机关干部，各县（市、区）委书记，市直有关部门负责人参加会议。

【国防教育】 构建国防教育体系，以市（县、区）委党校为依托，对党政领导干部进行教育。以中小学校为依托，对在校学生进行教育。以“青年民兵之家”为依托，对农村青年和民兵进行教育。以东四义纪念馆、土岭事件纪念馆、川底寺河烈士陵园等国防教育基地为依托，在“七一”“八一”、国庆等重大节日，开展全民教育，营造与时代旋律合拍、与军营节奏同步、与官兵需求一致的国防文化，推动军民融合向纵深发展，被国家国防教育办公室称赞为国防教育的“山西模式”，并向全国推广。

【表彰活动】 开展“弘扬时代精神、践行强军目标——军营晋城好儿女”寻访表彰活动，军地联合组成31个综合摄影组，行程18万公里，深入全军40个基层单位进行采访。7月23日，市委、市政府、军分区隆重举行纪念抗战胜利70周年暨“军营晋城好儿女”表彰活动，“军营晋城好儿女十大标兵”和7名抗战老英雄参加，拓展军民深度融合的形式内容，激发适龄青年参军报国的政治热情，催生广大官兵投身强军的责任意识，在全社会形成关心支持国防建设、立足岗位创先争优的氛围。《太行日报》专门开设“百名晋城好儿女在军营”专栏，集中宣传报道这些优秀官兵在训练、工作、生活等方面的感人事迹。6月12日，首篇报道的主人公郭峰，被中央宣传部评选为“时代楷模”，在中央电视台向全社会公开发布。11月5日，中央宣传部在中央电视台“时代楷模”发布会以“我们的价值观、我们的中国梦”为主题，现场发布广西军区某边防团十连和晋城籍军人郭峰的先进事迹，宣读《中共中央宣传部关于“时代楷模”的表彰决定》，播放反映他们先进事迹的短片、诗词和小传，向边防团十连官兵代表和郭峰颁发“时代楷模”纪念章和荣誉证书。

【征兵工作】 坚持阳光廉洁征集兵员，开展大范围、长时间、多层次、全方位的征兵宣传，按照廉洁征兵“十条禁令”，推出《廉洁征兵双向承诺书》，严把兵源政治考核关、体格检查关、文化素质关和审批定兵关，征兵全程阳光、公开、透明，为部队输送上千名德才兼备的新生力量。9月3日，纪念中国人民抗日战争胜利暨世界反法西斯战争胜利70周年大阅兵在天安门广场举行，晋城籍的颜奥坤、颜子涛兄弟分别亮相中国人民解放军三军仪仗队、中国武警反恐突击车方队，15名晋城籍战士现身阅兵场。

【设施建设】 市委、市政府投资推进驻市部队基础设施建设，增添装备、维护基础设施等，新建民兵训练基地，建成集营院监控、作战值班、秩序管理为一体的信息平台，完成政务、公安、水文、林业、地震等信息引接工作，实现信息集成共享。建成标准化的值班室、作战室、战备器材室，建成14.8公里的军民共建路。

【优抚安置】 建立革命残疾军人、“三属”老复员军人抚恤补助标准自然增长机制，提高重点优抚对象抚恤补助标准。按照新颁布的优待金标准，按期向每兵每户发放优待金，为符合条件的参战参试人员办理证件，补发生活补助。依据《军人抚恤优待条件》和《伤残抚恤管理暂行办法》有关规定，为病情加重和旧病复发的残疾军人提高残疾等级。全市共接收军队转业干部20人，其中计划安置13人，自主职业7人。接收退役士兵1200多人，符合政府安排工作条件的退役士兵83人，其中转业士官62人，其他21人。组织开展退役士兵职业教育和技能培训，50余人参加职业教育培训，300余人参加各级各类技能培训。

【知识竞赛活动】 市双拥办、市国教办组织晋城市纪念中国人民抗日战争暨世界反法西斯战争胜利70周年知识竞赛活动，在《太行日报》《晋城晚报》进行宣传发动，社会各界人士踊跃参加竞赛活动，共收到答题卡900余份，从中抽取一等奖30名、二等奖50名、三等奖100名，并在《太行日报》公布。

【双拥活动】 7月开始，市双拥办结合“双拥在基层”和纪念中国人民抗日战争暨世界反法西斯战争胜利70周年活动，先后与市委宣传部、市委老干部局、市委党史研究室等部门开展“寻访晋城抗战老兵”“不朽的记忆——听老兵讲抗战”“晋城抗战大事记”等活动，在《太行日报》《太行晚报》开辟专栏进行宣传，刊登稿件100多篇。此外，市双拥办、市民政局联合开展“慰问抗战老兵活动”和“深入基层走村入户调研”活动。

【军民融合】 驻市部队按照“平时服务、急时应急、战时应战”要求投身地方转型发展，开展练兵活动。按照“环绕市区、依托园区、以点带面、稳步实施”的思路，做到民兵阵地建设与经济园区建设同步、民兵骨干建设与新兴企业党组织建设同步、民兵队伍建设与企业员工建设同步，在山西兰花煤化工有限责任公司组建晋城市第一支民兵防化救援分队，在巴公、南村、金村、周村4个工业园区编组民兵组织，构建以晋城市为中心，环绕辐射“东西南北”的“一队六营”民兵力量布局。全年，全区部队累计义务投工3万余个劳动日，支援金村大道、驻地煤气管道铺挖、通信光缆架设等大型工程建设。开展“绿化荒山荒坡、美化第二家园”活动，组织民兵参加晋（城）长（治）、晋（城）焦（作）、晋（城）济（原）和陵（川）沁（水）路通道绿化，为地方节约资金近百万元。开展科技助民活动，帮助驻地村民发展种养业，促进农民增收。配合公安部门严密防范和严厉打击各种违法犯罪活动，多次担负重大节日、重大活动维稳执勤安保任务。主动承担全市重点中学的军训任务，挑选30余名军政素质过硬的官兵担任校外辅导员，开辟“第二课堂”，入校开展国防教育。全年共军训学生2万余人，入校辅导5万余人。（市双拥办）

武警晋城市支队

【概述】 2015年，武警晋城市支队抓龙头强核心，党委班子坚强巩固；抓首位固根本，思想引领更加有力；抓中心强能力，遂行任务更有把握；抓规范强法治，安全基础更加巩固；抓保障强效益，服务中心更加有力，部队建设保持稳步发展的良好态势，武警晋城市支队被山西省委表彰为“双拥共建模范单位”。

【自身建设】 一是建立推行党委中心组“五学四查三评”机制，掌握“四个牢固立起来”“五个着力抓好”等重大战略思想的精神实质和内在要求。支队常委23篇理论研究文章被武警刊物、总部政工网刊载。坚持贯彻落实民主集中制，修订完善《党委议事决策细则》，制定“五先五后”议事决策机制（即先调研后提案、先论证后上会、先议政后议事、先酝酿后研究、先决议后执行），提出“三不”（没有提前安民告示的不临时动议，没有进行充分酝酿的不仓促上会，没有经过充分讨论的不草率决策）硬性要求，牢牢守住法律、纪律、政策和道德“四条底线”。二是修订《支队党委改进作风十条措施》，推行党委常委“121”（第一周在机关学习业务理论，第二、三周到基层蹲点，第四周集中汇报分析形势）蹲点帮建制度，提出机关蹲点“四带”（带《纲要》《三十条》和《条令》、带洗漱用品、带作训服和作训鞋、带伙食费)"十个一"(每天查一次勤,每天写一篇工作日志,至少组织一次方案演练、一次安全隐患排查、一次按纲建队形势分析,上一次教育课、一班夜哨,与战士普遍谈一次心、过一个双休日、撰写一篇调研文章)的具体要求。全年,党委机关组织蹲点帮建9次,党委常委人均下部队72天。三是开展"八个专项清理整治",逐项明确常委分工,成立专项领导小组,制定具体措施,建立可追溯能问责的闭环机制。

【思想建设】 一是理论武装铸魂。推行党委机关理论学习"八步法"(动员部署、专题讲座、理论宣讲、课题研究、体会交流、录像教学、集中辅导、个人自学)和基层理论学习"十小方法"(重点摘录、宣讲辅导、讨论交流、骨干领学、互帮互学、随机自学、参观见学、网络互动、评比竞赛、环境熏陶),围绕政治工作"11个优良传统",开展系列"党课大讲堂"和《古田会议铸军魂》《百团大战》红色影片展播等活动。开展彻底肃清郭徐案件影响工作,按照"六个肃清"要求,进行党委专题分析和专题党课教育,从思想深处坚定理想信念,洗涤官兵灵魂。二是激发警营正能量。按照"1+3+1"授课模式和"五课"方法(多级备课、网络授课、视频查课、推门听课、验收评课),推进主题教育,开展"战斗力标准""新一代革命军人样子"大讨论和拥护支持改革教育。开展"强军风采"系列文化活动(演讲比赛、书法绘画摄影展、读书观影体会交流、强军故事会、歌咏比赛、篮球比赛、乒乓球比赛、文艺会演),每月进行"三优、四好"(机关优秀干部、优质公文、优质活动;基层好干部、好党员、好班长、好战友)评比,培树先进典型,激发警营正能量。三是先进军事文化励斗志。开展先进军事文化达标活动,安装政工一体化平台,更换营区标语、版面、灯箱等设施,携手驻地图书馆、职业技术学院建立"流动图书馆",开展"优秀图书进警营"活动,创办《警营小报》,培养警营"七小员"(板报员、广播员、理发员、教歌员、裁判员、网络维护员、营产营具维修员),开展"五项活动"(军歌唱起来、图书看起来、队史讲起来、小报办起来、广播响起来),鼓励官兵在警营中成长成才。3名战士考入部队院校深造,27名官兵取得大专以上学历和专业技能资格认证。

【军事训练】 一是开展正规化执勤等级评定,推行实地"十查"(查四个秩序、查人员管控、查设施运行、查枪弹管理、查勤务编组、查交接时间、查精神面貌、查执勤理论、查应急出动、查安全隐患)和网络"双五查"(机关"五个一遍"查勤:作战勤务值班员和网络查勤员每刻提醒纠正一遍,每半小时覆盖检查一遍,每小时利用异频同播系统讲评一遍,每天夜间逐哨位对执勤理论提问一遍,每天对应急力量拉动一遍;基层"五小环节"掌控:及时小提醒、15分钟小汇报、30分钟小讲评、每班哨情况小交接、每日交班小总结)督导,落实"一事一讲评、一日一汇总、一周一清零"机制,组织首长机关实地查勤178次,"三共"活动(共建、共管、共保安全)5批次,排除纠治3个方面13处执勤隐患。推进看守目标AB门建设和监门哨上勤工作,重点加强课目规范和AB门岗位训练,确保执勤目标安全。武警晋城市支队被省公安厅、省司法厅评为"'三共'活动先进单位"。二是以打赢"三大战役"为目标抓备战。树立"战备就是备战"理念,调整完善各类战备方案,简化应急指挥程序,落实机关8人前指备勤、机动中队特勤排戒备和装备物资"以车代库"制度,始终保持高度的临战状态。加强情况预想研判,建立警地联动预警机制,建立畅通"两种以上"通信方式,建立"基层周演练、机关月拉动、支队季演习"制度,组织3期法规业务培训、9次演练拉动和3次综合抽组检验,提升部队遂行任务能力。在总队"卫士-15"演习中,武警晋城市支队获得总评第四名。三是以贯彻"训练八落实"为牵引抓战斗力提升。全面部署"执勤训练对抗竞赛""体能创纪录"和"五小"岗位练兵活动,营造实战化训练氛围。从严贯彻军事训练"八落实"标准,制定下发《贯彻执行军事训练"八落实"十六条措施》,建立议训、查训、督训、评训"四类机制",施行月份"五个一"(每月下达训练指示与计划,每半月组织一次普遍性查训活动,每月组织一次网上会操,每月组织军事训练量化评比、每月召开军事日活动破解难题）工程，投资30余万元维修改造训练场地，完善训练装备器材，推进训练实战一体化。贯彻战训法集训精神，区分党委机关、机动中队、备勤中队、执勤中队制定针对性训练计划，组织4批战训法集训、6期勤训轮换，训练科目实现全覆盖，二年兵以上轮训率达到100%。

【应急处突】 按照建设“打仗型”后勤和“后勤变前勤”要求，修订完善以“处突、反恐、抢险、救灾、跨区增援”为重点的五类综合保障预案，与晋城市国防动员委员会、交通局签订《战备应急保障协议》。采取实物储备与经费储备、自我储备与市场储备相结合的方法，与驻地4家单位签订战备保障协议，投资3万余元补充各类战备物资，确保应急保障跟得上。按照《军事训练“八落实”后勤实施细则》，组织驾驶员、军械员和炊事员集中培训，以基层自我保障为重点，拓展“一专多能、一兵多用”训练模式，提升后勤应急保障能力。全年支队共出动兵力4811余人次，车辆384台次，完成临时勤务18起。

【警营建设】 生活设施方面，按照“新三化”要求，推进营区一点一案改造，完成二中队、四中队、高平市中队、沁水县中队的零星工程维修改造、教导队室内装修改造和陵川县中队旧饭堂改造工程，对所有单位营产营具进行巡检巡修。全年，维修办公桌200余张、座椅1400余把，空气热源机13台次，总计节约经费8.3万余元。伙食管理方面，开展“伙食管理规范年”活动，官兵对伙食质量的满意率达到98%以上。卫勤保障方面，推行“三类医疗保障”模式和医疗对口支援工作，与晋城市人民医院建立绿色就医通道，定期组织卫生防病教育和医疗巡诊。（武警晋城市支队）

政法委及综治

【概述】 2015年,全市政法委系统认真贯彻党的十八大和十八届四中、五中全会精神,全面落实中央、省委和市委政法工作会议精神,以法治为引领,发挥职能作用,有效防控各类风险,深入推进平安晋城、法治晋城、过硬政法队伍建设,维护社会大局稳定,促进社会公平正义,保障人民群众安居乐业,为实现全市"弊革风清、富民强市"的目标创造安全稳定的社会环境、公平正义的法治环境。

【维稳工作】 全市各级各部门把维护稳定工作列入重要议事日程,与业务工作同部署、同检查、同落实,形成维护稳定的工作合力。在纪念抗战胜利70周年纪念活动和党的十八届五中全会期间,全市没有发生影响的重大案(事)件,实现省委、市委提出的"六个不发生"目标,维护了全市政治安定和社会稳定。各县(市、区)和市直政法综治部门加强组织领导,制定应急预案,成立专门力量,实行24小时值班备勤,确保在第一时间及时有效地处置各类突发事件。组织开展反恐严打年活动,坚持打早打小打苗头的原则,强化情报信息工作,提高情报制导能力,完善涉稳、涉恐情报共享研判制度和联动响应机制,情报预警水平得到有效提升。依托市、县两级综治信息中心工作平台,组织发动广大网格长、网格员,在全市各行各业布设2392名综治信息员,及时发现掌握、搜集上报各类可能影响国家安全、社会稳定、社会治安方面的情况信息,为党委、政府和有关部门提供预警性情报和决策依据。

【法治晋城建设】 市委出台《加快推进法治晋城建设的实施意见》和《关于贯彻落实党的十八届四中全会精神和省委十届六次全会精神加快推进法治晋城建设的实施意见的责任分工方案》,全面推进法治晋城建设。一是深化法治理念,有效保障"六大发展"。学习贯彻中央政法委书记孟建柱重要讲话和"1+4"制度体系建设,并作出安排部署。各县(市、区)、市直政法部门分别召开专门会议,对"1+4"制度体系的落实进行安排部署,为晋城经济社会全面发展提供法律服务和法治保障。二是完善制度体系,稳步推进"六权治本"。市委出台《中共晋城市委关于实施推进"六权治本"工作的实施意见》,为推动"六大发展"、促进富民强市提供制度保障。市委政法委以"三清单""两平台""一监督"(权力清单、责任清单、负面清单;政务服务平台和公共资源平台;加强对一把手和关键岗位的监督。)为核心内容,采取定期听取汇报、综合分析研判、强力督导推动、重点环节突破等方式,协调推进"六权治本"工作。市、县两级单位权责清单全部经过合法性审查和专家评审,39家市直部门公布清单3081项。按照省委、市委"推动高平、带动全市"的工作要求,把"六权治本"(依法确定权力、科学配置权力、制度约束权力、阳光行使权力、合力监督权力、严惩滥用权力)作为高平市“塌方式腐败”后“灾后重建”的重要抓手,扎实推进“六权治本”工作。三是承接司改任务,扎实推进试点工作。6月,高平市被补增为全省司法体制改革第一批试点县后,成立推进高平司法体制改革指导小组,开展司法体制改革试点工作。

【普法宣传】 组织开展“法律六进”工作,采取法治报告会、学法笔记、普法培训班等形式,针对领导干部、公务员队伍、青少年、企业、农村、社区等进行普法宣传。举办各类普法讲座,开展送法进企业和送法下乡活动,提升全民法律素养。召开全市律师工作座谈会,规范律师执业行为,引导广大律师参与普法宣传。推动“一村一法律顾问”工作,全市2346个行政村(社区)全部配备法律顾问。高平市看守所、拘留所设立法律援助工作站、普法教育基地,实现“法律进二所”。沁水县电视台开办《说法明理》法治动漫栏目。

【治安防控】 健全常态化打击整治机制,组织开展打黑除恶推进年活动、“亮剑2号”“利剑行动”“网络扫毒”等专项行动。全市公安机关破获命案9起,破获各类案件2387起;检察机关批准和决定逮捕713件1057人,立案侦查各类职务犯罪案件96件125人;法院系统受理各类案件21784件,审结15726件,审结率为72.2%,审限内结案率100%。贯彻落实全国社会治安立体化防控体系建设大连会议和全省社会治安防控体系建设电视电话会议精神,加强治安防控科技化、信息化、精细化建设,提升立体化防控能力。推进治安防控“六网”建设,建设、更新市区主城区视频监控工程,建成高清视频监控天网工程,初步形成上有天网、下有巡防、横向到边、纵向到底的社会治安防控体系。

【集中整治】 按照中央综治办统一部署,牵头开展寄递物流爆炸危险品和矛盾纠纷排查整治专项行动,规范行业管理。协调公安、司法、工商、住建、文化、教育等部门对全市28个重点城中村进行集中整治,遏制各类违法犯罪行为。

【社会管理】 一是加大对刑释解教人员、社区矫正人员、吸毒人员、艾滋病人、易肇事肇祸精神障碍患者、社会闲散青少年等六类重点人群的监管力度。全市共对571名重点青少年以及3882名农村留守人员开展帮扶教育;对1100名社区矫正人员进行规范管理;对3121名刑释解教人员开展“三帮一”(对社区矫正人员由一名村(社区)干部、一名亲属、一名党员进行帮教。)帮教工作;对7029位疑似精神病患者进行排查,逐一落实服务管理措施。二是规范网格化管理,实行网格长“积分制”考核办法,全年全市7142名网格长通过平台上报各类信息104671条,处置89667条,平台处置率为85.67%。三是完善平台功能,建成市县社会服务管理(平安建设)指导中心,开通视讯会议系统。

【矛盾化解】 推进全市多元化解体系建设,全市共排查化解各类矛盾纠纷7877件,调解成功率达97%。贯彻执行《全市建立健全重大决策社会稳定风险评估机制的实施细则(试行)》,细化出台登记和备案制度,全市共对19个重大项目和重大决策进行风险评估、登记备案。制定出台《关于建立社会治安形势分析研判机制的意见》,定期会同有关部门,围绕社会政治稳定、刑事犯罪、公共安全、社会稳定和信访等问题,进行分析研判,提出对策建议,增强社会治安防控工作的预见性、针对性和有效性,从源头上预防和减少矛盾的发生。整合盘活县、乡、村三级现有资源,搭建统一受理、集中梳理、归口管理、依法办理、限期处理、司法确认各类矛盾纠纷的一站式工作平台。设立对接窗口,完善对接办法,推动人民调解、行政调解、司法调解和信访工作的对接联动。至年底,共建立县级调解中心6个、乡级调解中心84个、村级调解组织2317个,配备专职调解员3977人、兼职调解员2579人。持续开展“一村一警”联系走访活动,市、县两级政法机关2458名干警深入全市75个乡镇、2415个村庄、211个社区和228家企业,走访联系93964户,走访186974人,收集社情民情10768条,征求意见建议10426

条，排查矛盾隐患1462起，化解矛盾纠纷1124起，矛盾调解成功率76.8%。

【专项整治】 开展执法司法突出领域专项整治。全市政法系统共梳理查摆执法司法突出问题483个，制定整改措施625条，所有措施均建立工作台账，做到整改销账。专项整治期间，法院系统新建立制度10项，其中依法确定权力2项、科学配置权力1项、制约约束权力3项、阳光行使权力1项、合理监督权力2项、严惩滥用权力1项。检察系统制定印发《晋城市人民检察院规章制度汇编》，确定五个方面46项规章制度。公安系统新建、修订各项规章制度共37项。司法行政系统完善了10项制度，涵盖权力运行的各个方面。

【案件评查】 集中开展案件评查活动。市委政法委直接组织评查重点案件10起，按照严格依法、客观公正、实事求是、有错必纠的原则，逐案逐卷审查，通过详细阅卷、翻阅资料、查阅相关法律法规、评查小组集体讨论等程序，对案件的执法指导思想、事实认定、证据收集、程序应用、法律适用、法律文书和社会效果等进行全面审查评判。对瑕疵案件提出整改意见。

【执法监督】 在防止冤假错案方面，严格证据意识，坚持"疑罪从无"原则，对于有疑问的证据，依法进行调查核实，对于不能排除合理怀疑的证据严格按照非法证据排除规则予以排除，防止冤假错案的发生，确保把每一个案件办成铁案。在规范减刑、假释、暂予监外执行方面，严格执行中央政法委《关于严格规范减刑、假释、暂予监外执行，切实防止司法腐败的意见》规定，从严把握减刑、假释的实体条件，对于减刑、假释案件从立案、审判、执行全程在全国减刑、假释、暂予监外执行信息网上予以公示。

【"阳光司法"工程】 市委政法委制定出台《全市政法机关实施阳光司法工程五年规划》等系列文件，对政法机关公开的各个环节和重点作出规定。全市各级政法部门进一步推进警务、检务、审判公开，提升执法司法公信力。法院系统全面推进审判流程、裁判文书、执行信息公开的三大平台建设。市人民检察院推进"阳光检察"工作，制定《晋城市人民检察院阳光检察工作实施细则》，市、县两级检察院全部建立阳光"检务大厅"，在案件受理、案件查询、信访接待、诉讼引导，法律则讯等方面为人民群众提供一站式服务。市、县公安机关投资450余万元，完成办案区和现场执法音视频数据管理"两大平台"建设并投入运行，实现对办案区、监管场所、现场执法行为全区域、全时段、全方位、立体化监控。

（市委政法委）

法治政府建设

【概述】 2015年，市政府法制办以转变政府职能、逐步实现政府工作法治化为目标，加快推进法治晋城建设，为开创全市"弊革风清、富民强市"新局面作出贡献，荣获全市巾帼文明先进单位、市直精神文明先进单位、市级道路交通安全工作先进单位等称号。

【法治政府建设】 一是强化法治政府工作组织领导。调整全市依法行政领导机构，组建由市长任组长，市政府秘书长任副组长，市监察局、审计局、司法局等18家单位为成员的市推行依法行政工作领导组。办公室设在市政府法制办，负责开展日常工作。10月，市政府出台《关于加快推进法治政府建设的实施意见》，强化对开展法治政府建设工作的统一指导和规范运行。二是加强年度依法行政工作规划和落实。年初，出台实施晋城市推进依法行政年度工作要点，引导全市各级行政机关规范行政执法行为、创新行政管理模式。完善对县（市、区）政府和市直及驻市行政执法单位推进依法行政工作的考核指标体系，针对全市推进依法行政工作中存在的薄弱环节、主要问题设置重点考核内容，将规范法治工作制度建设、宣传培训、机构队伍建设，执法人员素质提升、自觉接受监督等内容纳入依法行政考核指标体系。三是提高领导干部依法行政能力。落实市政府常务会议学法制度，推进落实行政机关"学法日"制度，对执法人员进行常态化培训，行政机关领导干部和工作人员学法时间不少于40

学时。

【法治宣传】 8月，在全市开展以“深入推进依法行政，加快建设法治政府，深入推进‘六权治本’，服务保障‘六大发展’”为主题的宣传月活动。全市181家单位参与活动，共计设置咨询点278个，悬挂宣传标语297条，制作宣传版面368块，接受群众咨询1万余人次，制作2个公益广告、2个法制专题片等节目，在晋城电视台法治频道和市区人群密集处LED大屏幕等场所滚动播出，为依法行政、公正执法营造社会氛围。

【规范化管理】 一是严格决策程序，完善行政决策机制，推进政府决策的法治化、民主化和科学化。10月，起草《晋城市人民政府关于健全重大行政决策机制的实施意见》。二是严格规范性文件审查备案制度。全年，共计审查规范性文件18件，向省政府报送备案市政府和市政府办公厅出台的规范性文件7件，向市人大常委会报送备案市政府出台的规范性文件6件，备案审查县(市、区)政府出台的规范性文件33件。办理省政府立法征求意见工作6件次，收集上报意见56条。对市直各部门出具审查意见28件。3月至6月，对全市涉煤执法所依据的139件规范性文件全面清理，其中，继续有效的67件，需修改的3件，废止的69件。

【执法监督】 协助市编办对全市3165项行政权力类事项进行合法性审查，提出修改意见，确保各项行政权力的合法性。全年共办理行政执法监督个案10件。落实《山西省重大行政处罚决定备案办法》，对市直和驻市行政执法部门报送的重大行政处罚决定进行备案审查，共报备1件，未发现违法或不当。履行执法人员资格认定和执法证件管理制度，对全市各级各类申报年检的全体行政执法人员的行政执法证件进行年检，完成全市40多家单位2000余名行政执法人员的年审，对2014年12月31日前颁发的“山西省行政执法证”和“山西省行政执法监督证”重新进行审核注册。开展行政处罚案卷评查、执法检查，10月19日、20日，对市食药局、市卫计委、市发改委、市物价局行政执法案卷评查。

【行政复议】 2015年，行政复议网上办理系统共审理行政复议案件62件，所有案件均在法定期限内审结，没有一件超期。所办案件中维持33件、撤销7件、调解1件、经发出《行政复议函》及调解和解由申请人撤回申请8件、不予受理3件。已审结案件的维持率为63%，直接纠错率为13%(撤销、确认违法、责令履行)，间接纠错率为15%(调解、和解撤回申请)，综合纠错率为28%。已审结案件的调查率为29%，听证率为19%，调解、和解率为17%。开展行政复议委员会试点工作。1月21日，成立市政府行政复议委员会及其办公室，聘任10名常任委员和15名非常任委员。加强行政应诉工作，代表市政府出庭应诉行政诉讼案件26件，8件已一审结案，其中上诉5件，二审结案2件；其他18件均在一审中。

【法律服务】 2015年，市政府第三届法律顾问组有法律顾问8名，为涉及市政府的各类诉讼、战略框架合作协议、历史遗留涉法信访、重点工程和重大招商引资项目等法律事务提供专业法律意见和建议，全年出具法律审查意见67份。 (市政府法制办)

公　安

【概述】 2015年，全市公安机关以人民群众满意为根本标准，以公安改革为动力，履行维护社会大局稳定、促进社会公平正义、保障人民安居乐业的职责使命，开展防恐反恐、维护稳定、打击犯罪、治安防范、管理服务和队伍建设等工作，确保全市社会治安大局和谐稳定。在全省公安机关执法质量考评中，晋城市成为全省11个地市八项重要执法指标“零扣分”单位，城区公安分局、泽州县公安局代表市公安局参加考评，排名全省第一、第二。

【打击违法犯罪】 落实省公安厅《关于加强刑事侦查工作“十项机制”建设的意见》要求，以“更快破大案、更多破小案、更准办好案、更好控发案”为目标，完善以侦查需求为导向的合成作战机制，开展系列专项行动。落实“三个高压态势”工作要求,围绕打黑除恶十方面打击重点,加强线索摸排和案件查办,全市共打掉恶势力团伙15个。把打击严重暴力刑事犯罪特别是现行命案侦破作为工作重心,全力攻坚,全年9起现行命案实现全破,抓获命案逃犯12名。城区公安分局侦破“6·4”段晋北故意杀人案,泽州县公安局侦破“1·8”原某某故意杀人案,高平市公安局侦破野川镇尹家沟村致2人死亡的故意杀人案,阳城县公安局侦破“3·5”成某某故意杀人案等9起命案。城区公安分局、阳城县公安局分别抓获一名潜逃13年和18年的命案逃犯。针对各类多发性侵财犯罪,加强分析研判和串并侦查,破获一批有影响的案件。城区公安分局打掉一跨省技术开锁入室盗窃团伙,破获涉案价值300余万元的系列汽车诈骗案和涉案价值100余万元的盗刷银行卡系列诈骗案件。陵川县公安局破获涉及18省市系列电信诈骗案50起,破获系列跨区域撬盗保险柜案件10起,破获系列跨省刮刮卡中奖电信诈骗案40余起。沁水县公安局破获系列聋哑人流窜盗窃车内财物案件21起,破获涉案价值90余万元的电信诈骗案。加大对各类集资诈骗、非法吸收公众存款等经济犯罪的打击力度,破获非法集资类案件24起,涉案价值3.2亿元。发起山西省首起涉及全国12省市的网络销售假烟集群战役,涉案价值2000余万元。通过警银合作等渠道和微博、报纸、电视、手机短信等媒介,开展常态化的非法集资、电信诈骗防范入户走访宣传活动。以保卫群众食品药品安全为工作重心,破获司某某非法制造、销售乳制品包装案、王某某制售伪劣汾酒案等重大案件170余起,“11·26”生产、销售不符合安全标准食品案入选全国“2015年打击食品药品犯罪十大典型案例”。针对新型网络赌博犯罪,市公安局与法检机关出台《关于办理跨境赌博案件适用法律问题的若干指导意见》,建立与云南警方的警务合作工作机制,打掉一利用网络开设赌场并组织他人偷越至境外赌博犯罪团伙,抓获团伙犯罪嫌疑人12名,从境外解救被扣参赌人员8名。

【治安防控体系】 落实重点部位定点武装执勤、人员密集场所高峰勤务、公安特警屯警街面动中备勤和公安武警联勤武装巡逻四项机制,提升街面见警率和管事率,加强社会面治安防控网建设。推行社区村庄三类可防性案件多发区域分析研判通报机制,市公安局联合市住建局开展居民住宅小区物防建设专项整治,实施农村治保主任“坐班”参与矛盾化解、纠纷调解、巡逻防控等工作,加强村(社区)治安防控网建设。持续对全市党政首脑机关、“五管”要害部位、关系国计民生的水电油气暖等重要部位开展治安隐患排查整治工作,加强单位内部和重点行业治安防控网建设。围绕市区公共复杂场所、重点部位、主要路口等重点区域基本覆盖和城市社区、重点行业、农村覆盖率逐年提高的目标,投资1.38亿元,推进“天网工程”二期建设,加强公共安全视频监控网建设。以出省、出市道路为重点,合理布局建设10个治安卡点,加强区域治安协作防控网建设。

【治安乱点整治】 开展“九小场所”“城中村”等社会治安乱点专项整治行动,落实旅馆业实名登记和流动人口、出租房屋分层次、分类管理制度,提升整治效能。全市共排查城中村91个,登记流动人口110799人,登记出租房屋32037间,排查“九小场所”7787家,其他场所6129家。

【社区警务建设】 向派出所下沉149名警力,落实派出所和社区警务工作经费,实施“四覆盖、一提升”工程,社区警务室全部接入公安网,拥有固定办公房,统一外观标志、工作制度、版面和台账,配备交通工具。全市33个重点派出所完成“三队一室”“两队一室”警务运行模式改革。

【户籍制度改革】 市政府印发《关于进一步推进户籍制度改革的实施意见》,明确基本落户条件,放开落户限制,规范办理流程,加快推进农业转移人口市民化,引导人口合理有序流动,服务和促进全市新型城镇化建设,户籍人口城镇化率较2014年的28.15%,提高8.75个百分点。

【公共安全管理】 危爆物品管理方面,开展缉枪治爆暨危爆物品清查整治专项行动、枪爆物品大检查和公务用枪清理整顿，严把民爆物品审批管理“供应关”、涉爆单位考核培训“用人关”、民爆物品库房管理“储存关”、民爆信息系统使用“流向关”“四个关口”。交通安全管理方面，以城市保畅通、公路保平安、农村不失控为重点，推进全市公路防控体系建设，引深“公路安全生命防护工程”“道路运输平安年”“文明交通行动计划”等活动，开展“查违法除隐患、降事故保安全”大会战、“打非治违”集中整治交通违法统一行动、服务“城市道路改造提升”疏堵保畅工作，加大对危化品运输车辆、校车、学生接送车、客货运重点车辆和重点驾驶人的检查管理力度，严厉打击超速超员超载、疲劳驾驶、酒驾醉驾毒驾、货车违法占道行驶等各类交通违法犯罪行为，遏制重特大交通事故发生。消防安全管理方面，建立健全县、乡（镇、街道）、村（社区）、组（楼院）四级消防管理体制，对929家消防安全重点单位落实分级管理责任，推动全市11处区域性隐患纳入城市综合治理范畴，整改一批隐患问题，全市火灾形势持续平稳。

【行业场所管理】 以落实实名制登记制度为重点，开展旅馆业、网吧业和桑拿洗浴业清理整顿工作。以安全评估为重点，开展银行业金融机构大检查。以从业人员背景审查、收寄验视制度健全完善为重点，加强物流寄递业日常治安管理。以规范运营为重点，强化武装守护押运企业和保安服务公司检查整治。以重要信息系统和政府网站安全管理为重点，开展安全检查，全市163个二级信息系统和26个三级信息系统全部录入“重要信息系统基础数据库”。市公安局汇编《公安机关治安系统日常检查实用指南》，指导基层民警加强行业场所治安检查。

【便民利民举措】 落实为企业减负帮扶服务工作27条措施，在道路交通、消防、人口、民爆管理等方面推出一批便民利民举措。人口部门实行首接责任制、书面清单制、调查核实事项十日办结制和窗口服务监督举报制等措施。交警部门设置“零警力”车管服务站，成立道路交通事故快处快赔服务中心。出入境部门对接邮政速递部门，推行证件快递送证到家服务。在全面推行“一窗式受理”“一站式服务”的同时，借助信息化手段，拓展网上服务内容，推出一系列信息化便民利民举措，完成便民服务在线提档升级，开通“12110”短信报警服务平台和交警在线服务平台，公安交警互联网交通安全综合服务平台上线运行。

【监管场所管理】 开展监管系统突出问题教育预防与专项整治活动，深化在押人员安全风险等级评估和分级管理。全市6个看守所全部完成AB门改造建设，实现监区门哨武警上勤。市公安局与市卫计委联合制定《晋城公安监管场所医疗卫生专业化建设工作方案》，推进监所医疗卫生专业化建设，提升监管场所安全管理水平。

【科技强警】 1.强化信息采集录入。借助警务云平台、警综平台、两实系统，拓展网侦、技侦、图侦等采集方式，完善互联网、公安专网等采集途径，围绕“人、地、物、事、情、组织”等6大类管理信息和37类采集重点，开展基础信息采集大会战，完成数据采集和录入整合工作。

2.侦查手段建设。刑事技术部门完成全市Y数据库家谱绘制和Y-STR家系排查分析系统硬件安装、调试以及培训工作，开展家系图谱录入和采血工作。推进县级刑事技术室提档升级和物证保管室、尸体解剖室建设，为现场勘验、检验鉴定和处置突发事件等工作提供技术支持。信通部门完成边界平台互联网采集链路建设工作，推动350兆数字集群应用和市公安局网络机房搬迁托管工作。交警部门完成智能化交通信息指挥中心、交通安全防控体系建设，实现总队、支队、大队、中队四级联网。

3.创新信息应用模式。对在逃、涉毒、前科及肇事肇祸精神病患者等重点人员进行数据清理工作，开展情报平台联动应用实地测试，倒逼数据规范采集。强化指纹信息系统、现场勘察信息系统和DNA数据库建设应用，全市共输入27389名违法犯罪嫌疑人指纹，直接利用指纹破案110起，比中外省案件2起。检验并录入

DNA数据库31026条，利用DNA数据库破获案件216起，串并案件29串82起。科技手段在案件侦破中发挥作用率继续保持在80%以上。

【法治警务建设】 1.创新执法制度。制定刑事案件法治部门“统一审核、统一出口”工作制度，对“两统一”的基本原则、模式设计、路径措施、完成时限等进行细化和责任分解。以高平市公安局为试点，推动主办侦查员制度改革，选任110名民警为首批主办侦查员，纳入主办侦查员人才库。全面推行“轻刑快办”制度，细化规范适用案件范围、操作流程、工作职责、执法监督等方面具体内容，全市共办理轻刑快办案件32起。推动公安机关设立侦查监督检察室工作，市公安局行政复议案件归口市政府统一受理。

2.推进依法确权工作。制定《关于推进“六权治本”工作的实施方案》《关于推进权力清单和责任清单制度的实施方案》，坚持“法无授权不可为、法定职责必须为”的原则，对治安、人口、禁毒、出入境、交警、消防等部门行政职权进行全面梳理，开展厘权、清权和确权工作，共确立行政许可类项目19项、行政确认类5项、行政处罚类387项、行政强制类30项、行政检查类1项、其他类权力19项。

3.整改执法突出问题。以“五个一律”制度执行为重点，依托省公安厅警综平台执法监督系统和“两大平台”，对规范使用办案区及现场执法、接处警、行政和刑事案件办理进行检查考评，发现、整改问题290余个。开展立案突出问题专项治理，共自查整改问题65个，抽检整改问题98个。

4.强化执法监督管理。市、县公安法治部门全面落实网上考评、日常考评、专项考评“三位一体”的执法质量动态考评机制，加大对“两统一”机制落实、“两大平台”使用管理、行政案件复议诉讼和执法资格考试结果等内容的考核权重。加强接处警、证据收集、办案区使用、网上案件办理、执法告知、办案协作等重点执法环节的全过程监督。建成大监督平台，针对民警在岗在位、履行职责等情况开展网上督察，发现整改各类问题46个。市人大常委会全票审议通过市公安局开展刑事诉讼工作配合制约情况报告。

（市公安局）

·公安交管·

【概述】 2015年，全市公安交警以“降事故、保安全、保畅通”为目标，始终保持严管、严防、严治、严查的高压态势，全力遏制重特大道路交通事故，提高民警的执法水平和工作能力，全市道路交通安全形势平稳，为全市经济发展和构建和谐社会创造安全、有序、畅通、和谐的道路交通环境。

【交通事故】 2015年，全市共受理一般程序处理的道路交通事故576起，造成183人死亡，566人受伤，直接财产损失164.69万元。与2014年同期相比，事故起数减少10起，下降1.71%；死亡人数减少22人，下降10.73%；受伤人数减少5人，下降0.88%；直接财产损失增加20.33万元，上升14.09%。全市发生较大死亡(3—9人)道路交通事故3起，造成11人死亡。全年未发生10人以上死亡道路交通事故。全市共发生涉及营运车辆交通事故124起，造成63人死亡、99人受伤，分别占事故总数的21.53%、34.43%和17.49%。

【违法行为查处】 全市共查处各类交通违法行为36.2万起，其中超速7.8万起，饮酒驾驶565起，醉酒驾驶337起，毒驾9起，涉牌涉证3499起，超员466起，疲劳驾驶67起，行政拘留195人，吊销驾驶证314个，扣留机动车963辆，扣留驾驶证1186个。

【车驾管理】 2015年年底，全市机动车保有量为381729辆，其中汽车(含三轮汽车和低速载货汽车)333381辆，摩托车43616辆，挂车4732辆。全年共办理各类机动车业务291745辆次，同比增长3.15%，其中新车注册登记47375辆。全市机动车驾驶人数量为592743人，与2014年相比，增加93613人，增长18.76%，其中汽车驾驶人563516人，占全市机动车驾驶人总量的95.07%。

【交通宣传】 全年共出动警力2.4万余人次，宣传车370辆次，设立咨询点393个，展出宣传展板3820块，宣传标语5100条，挂图

4160余幅，发放宣传资料150余万份，发放提示牌3.5万个，在各级各类媒体发稿2962篇，宣讲交通安全课1960次（进农村510次，进学校470次，进社区260次，进企业720次），发送手机短信162余万条，播放警示教育光盘9000余次，受教育群众达210余万人。开展创建交通安全宣传教育示范单位活动，全市共创建交通安全宣传教育示范单位139个，其中农村26个，学校60个，社区9个，企业44个。在国省道公路沿线开展"一村一墙一报"交通安全宣传活动，共刷写交通安全墙体标语98条，在国省道公路沿线361个村庄设置交通安全宣传橱窗（栏）。利用支队官方微博自媒体平台设置不同的"微话题"，为广大网民提供各类交通安全宣传服务。山西晋城交警政务微博共拥有粉丝6万余人，总计发布微博9800余条。与亮角落传媒公司、奇意文化传媒有限公司、移动通讯公司合作，利用电梯智能广播、灯杆LED显示屏，手机短信等进行交通安全宣传。支队宣教科制作的卡通动漫《交通安全之电动车驾驶》荣获2015年全国文明交通宣传作品优秀奖。

【农村道路交通管理】 至2015年年底，全市6县（市、区）的84个乡（镇、街道），全部建立乡镇一级交通安全委员会，建立乡镇交警中队50个，交通安全劝导站357个，配备乡镇交通安全员、农村交通安全协管员，依托当地村委、治安卡口、交通安全执法站、公路超限站、派出所以及道路沿线设置的警务区，推进农村道路交通安全管理工作，初步形成农村道路交通安全管理工作体系。

【隐患排查】 开展道路交通安全隐患、事故多发路段排查整治工作，加大对危险化学品运输企业、重点车辆、重点驾驶人的管控力度。全年共排查出各类道路交通事故多发路段8处，学校门前交通安全隐患10处，公路安全生命防护工程隐患路段7处，公路隐患路段16处，全部由市道路交通安全领导小组进行挂牌督办，全部落实整改到位。

【处赔服务】 11月20日，由市政府主导，省保险行业协会晋城办事处、交警支队牵头，全市第一家道路交通事故快处快赔服务中心挂牌成立。12月10日，高平市快处快赔服务中心挂牌运营。至年底，晋城市快处快赔服务中心共受理案件132起，高平市快处快赔服务中心共受理案件38起。

【案件侦破】 全年，全市共发生交通肇事逃逸案件35起，侦破34起，侦破率为97.14%，其中死亡逃逸事故17起，侦破16起，侦破率为94.12%；伤人逃逸事故14起，侦破14起，侦破率为100%；财损逃逸事故4起，侦破4起，侦破率为100%。

【疏堵保畅】 坚持以城市保畅通、公路保平安、农村不失控为重点，治堵保畅效果明显。"春运"期间，全市共查处各类交通违法行为26018起，其中无证驾驶154起、饮酒驾驶64起、醉酒驾驶29起、超速行驶6147起、客车超员3起。推进全市公路防控体系建设，在主干公路省际出入口全部建立交通安全服务站，所有省际卡口和部分市际、县际卡口接入机动车缉查布控系统。开展服务保障城建重点工程工作，保障市区道路畅通。制定出台《全市公安交警开展服务"城市道路提升"疏堵保畅专项工作实施方案》，提出"哪里有拥堵，哪里就有交警"的行动口号，提高见警率和管事率，缓解市区"多点施工"造成的交通拥堵。开展交通秩序整治工作，围绕整治机动车乱停乱放，机动车不按规定车道行驶、闯红灯、违规调头等违法行为。整治期间，市区共查处各类交通违法行为11724起，其中违法停车贴单4100起，拖移违法车辆1900余辆。

【专项整治】 先后开展危险化学品运输车辆专项整治、农村地区校车和学生接送车隐患排查整治、酒驾整治、"查违法除隐患、降事故保安全"大会战、"打非治违"集中整治交通违法统一行动、抗战胜利70周年纪念活动安保等专项整治工作。危化品运输车辆整治，共查处危化品运输车辆交通违法行为80起；酒驾专项整治，将每月5日、15日、25日定为全市酒驾集中整治行动日，酒驾查处工作常态化；在"查违法除隐患、降事故保安全"大会战，全市共查处各类交通违法行为35234起，其中酒驾115起、毒驾3起、超员122起、涉牌涉证912起、疲劳驾驶64起、逆行663起、不按规定车道行驶5663起，行政拘留118人，利用缉查布控系统拦截嫌疑车辆2072辆，利用客货运机动车核查预警系统检查登记客货运车辆52432辆。

【交管服务】 一是改革创新机动车安全技术检验工作，会同质检部门对全市11个安检机构进行摸底，落实监管中心办公场所、人员配备等工作。5月1日，安检机构全部联网，开通远程监管、远程核发检验合格标志、省内异地核发检验合格标志等功能。二是打造升级版车驾管服务品牌。在双惠聚鑫汽车4S店设置全市第二家“零警力”车管服务站，为群众提供业务咨询等全方位服务，驾考业务向县级车管所延伸，方便群众就近考试。三是建设互联网交通安全综合服务管理平台。12月15日，支队“互联网交通安全综合服务管理平台”正式上线运行，交通参与者可以通过平台办理包括办牌办证、违法处理、信息查询等10大类130余项服务。

【规范化执法】 以加强执法质量建设为重点，配齐配全执法记录仪，创建全市公安交警执法记录仪使用管理平台。利用“网上办案系统”，实行一案一评，做到网上监督、源头监督、实时监督。全年共审核行政拘留案件27起；审核吊销机动车驾驶证380起，审核刑事案件立案102起，办理涉酒驾驶案件932起，受理行政复议案件1起，作出撤销处罚决定1起，下达执法建议书2起。组织法治、事故人员成立执法检查组开展执法质量大检查，组织各类培训4次，培训350余人次。

【交通设施建设】 强化辖区交通设施建设，改造增设信号灯路口23个，增设触摸式人行灯控制信号灯6套，增设各类标志524套，施划各类标线18906平方米，增设各类隔离6490米，接通15个路口的信号灯电源。

【老旧、黄标车管理】 开展黄标车及老旧车淘汰工作，严把车辆注册登记、外地转入、转籍过户、年审检测等四道关口，从源头上堵住黄标车进入的渠道。突出重点路段路面管控，严格查处黄标车闯禁行和工程运输车交通违法作为，落实黄标车限行规定。全年共注销机动车12634辆，其中淘汰黄标车6424辆，2005年年底前注册营运类黄标车全部淘汰。

（市交警支队）

·公安消防·

【概述】 2015年，市公安消防支队围绕确保“两个稳定”总目标，按照“适应新常态、谋求新发展、取得新成效、展现新辉煌”的工作思路和“保稳定、强基础、敢担当、有作为”的工作要求，大力加强基础信息化、警务实战化、执法规范化、队伍正规化建设，圆满完成各项任务，消防工作和部队建设成效显著。

【政治建警】 以“学习践行强军目标、争做新一代革命军人”主题教育、“三严三实”专题教育为载体，开展党委中心组专题学习、座谈讨论，人手一册五中全会精神“口袋书”。举办“党史颂”比赛、警营文化竞赛，组织两期51名营以下干部学习贯彻全军和公安现役部队政治工作会议精神轮训班。开展示范基层党组织创建、政工干部授课竞赛、书画摄影作品展览等活动，大力培育新时代“四有”军人。

【岗位练兵】 开展“实战训练年”活动，贴近实战创新组合体技能操等操法，举办比武竞赛2次，官兵体技能合格率、优秀率大幅提升，在总队组织的基层指挥员考核中，团体成绩位列第一，职业技能鉴定通过率达99%。聘请化工专家指导全市41家化工企业进行防灭演练，开展中部战区地下建筑灭火救援等无预案实战拉动演练523次，完成967个重点单位的作战熟悉和安全评估。成立灭火救援专家队伍，建立应急联动机制，参加“6·11”富达商务大厦火灾救援，9个部门23类车辆器材迅速到场联合处置，完成救援任务。

【信息化建设】 加强作战指挥中心功能拓展和项目研发，建立和完善警用地理信息平台，将全市城乡公共消防设施、建筑片区、公共建筑、居住建筑、交通道路等7大类消防基础信息入网入库。

【应急保障】 与55家单位建立应急联动机制，根据执勤实力分别确定高层建筑、石油化工等6大类190个增援力量编成，成立供水、通信、战勤保障分队。依托三大战区构建“点、片”协同作战体系，将12支政企专职队纳入作战调度体系。理顺全市13支专职队隶属、调度、验收等程序性工作，将企业专职队建设情况纳入安监局年检内容，实行一票否决。理顺镇政府、消防大队、派出所监管关系，新招合同制消防员40人，新建乡镇专职消防队4支。

【消防救援】 全年，全市消防部队共接警出动1005次，抢救疏散被困人员277人，抢救财产价值1445.9万元，先后成功处置“5·16”瑞兴化工厂二硫化碳泄漏、“6·11”富达商务大厦火灾等急难险重任务。

【消防管理】 一是严防严治。延续重特大火灾零纪录。全面建立县、乡镇(街道)、村(社区)、组(楼院)四级消防管理体制。在全市重点单位和社区中确定16家微型站试点单位，8个区域联防试点小组。929家消防安全重点单位落实消防部门分级管理责任，建立完善消防安全“户籍化”管理档案。出台《消防宣传培训三年规划实施方案》，在全市组建消防宣传专职队伍8支，建成消防主题公园1处、消防教育馆2处。全年，1.5万余处火灾隐患得到及时消除，72家消防违法单位被责令“三停”，66处危险部位被临时查封，16名违反消防法规人员受到行政拘留，全市火灾形势持续平稳。二是督办整改。将全市11处区域性隐患纳入城市综合治理内容，落实整改资金1000余万元，依法治理凤凰山矿高层公寓、矿区中学等一批历史遗留和久拖不改的隐患问题。至年底，国务院挂牌督办的矿区中学、省政府挂牌督办的凤凰山矿高层公寓、陵川宾馆等3家单位销案摘牌。三是规范执法。推进消防行政审批制度改革，落实建设工程消防安全终身负责制和不良行为公布制度，加强和规范消防产品、装修材料监督管理，把好建设工程消防质量关。消防设计审核阶段，实现图审机构100%审查，消防机构100%抽查；建设工程施工阶段，实现辖区大队全面管控建设工程施工现场、施工过程；竣工验收阶段，推行建设、设计、施工、检测、监理、消防、辖区大队七方会勘，实现建设单位情况明、技术服务单位责任清、消防部门执法公开化。

【设施建设】 2015年，新开工建设消防站2个(阳城大队消防站、阳城町店消防站)，均完成主体工程；建成前期立项消防站4个(金村新区消防站、金匠工业园区消防站、高平2号一级普通消防站、端氏嘉峰工业园区消防站)；投入使用消防站2个(北留化工园区消防站、2号站)。新建消防站建筑面积达13321平方米，共投入基建资金2881万元，消防培训基地变更建设主体，投入资金3300万元。

【消防装备】 按照《晋城市2012年至2015年消防装备建设规划》，全年共投入资金697万元，购置抢险救援车、17吨泡沫消防车、城市主战车、指挥方仓车、全地形车等特种车辆；投入资金192.53万元，购置各类消防装备器材1200余件(套)。

(市消防支队)

检 察

【概述】 2015年，全市检察机关自觉接受人大及社会各界的监督，认真履行批捕、起诉职能，依法惩治各类刑事犯罪，落实宽严相济的刑事司法政策，参与社会治安综合治理，履行宪法和法律赋予的职责，维护社会公平正义，各项检察工作取得新进展，为晋城经济社会发展营造良好环境。

【创优环境】 全市检察机关发挥打击、保护、监督、教育、预防等职能作用，创优晋城发展环境。围绕公共资源出让、政府采购等重点领域，推进治理商业贿赂工作，查办涉嫌商业贿赂犯罪的国家工作人员6人。加大惩治和预防工程建设领域职务犯罪力度，在招标投标、资金管理、质量监管等环节查办职务犯罪30人。依法查处食品安全、医疗卫生、社会保障、征地拆迁、扶贫开发、教育等民生领域职务犯罪12人。依法查处涉农资金管理使用、基础设施建设、资源开发利用、基层政权建设等涉农领域职务犯罪28人。在土地审批出让、开发利用等环节，依法查处职务犯罪4人。依法惩治合同诈骗、非法集资和传销等严重经济犯罪，起诉破坏市场经济秩序犯罪嫌疑人97人。坚决打击侵犯非公有制企业特别是小微企业合法权益的犯罪，平等保护各种所有制经济和内外资企业。开展重点工程预防职务犯罪“十百千”专项活动，推进全市重点工程领域预防职务犯罪工作。

【打击刑事犯罪】 2015年，共批准逮捕和决定逮捕608件871人，同比分别上升2.9%和4.4%。提起公诉1258件1672人，同比分别上升10.7%和10.7%。保持对群众反映强烈的多发性侵财犯罪的打击力度，批捕246件321人，起诉186件245人。对故意杀人、故意伤害、强奸等严重暴力性犯罪案件批捕112件149人，起诉180件224人。4月8日，市人民检察院召开“打黑除恶专项斗争推进年”活动动员会，要求市人民检察院相关部门适时提前介入，积极引导侦查，形成打击黑恶势力联合工作机制，推进打黑除恶专项斗争向纵深发展。

【司法保护】 对轻微犯罪及初犯、偶犯、未成年人、老年人犯罪等依法慎捕慎诉，不批捕和决定不捕127人，同比上升1.1%，不捕率为12.7%。作出不起诉决定19件25人，同比分别上升90%和上升127.3%。不起诉率为1.4%。强化对涉罪未成年人的司法保护，依法适用附条件不起诉14人。对未成年人轻罪记录全部予以封存。

【检察宣传】 市人民检察院组织检察人员走进晋城市中等专业学校，开展“送法进校园”活动，为在校学生讲授以《文明校园拒绝暴力》为主题的法治讲座。开展“举报宣传周”活动，全市检察机关共设置宣传点25个，散发宣传资料1.72万余份，接受群众法律咨询280余人次，新闻媒体报道23次，共出动宣传车22台次，制作宣传展板39块，深入国企、乡镇、社区等单位宣传22次，接受宣传人数6300余人。联合移动公司为手机移动用户群发宣传短信10万余条。公开举报电话、邮箱及阳光检察网站等举报方式。

【涉检信访】 2015年，共受理群众各类举报、控告、申诉等来信来访391件，同比上升49.8%，其中受理首次举报职务犯罪案件线索265件，同比上升33.8%；受理首次控告87件，同比上升102.3%；受理首次申诉39件，同比上升166.7%。共审查处理各类举报、控告、申诉392件，同比上升50.8%。其中对于举报职务犯罪线索，举报中心初核12件，占审查处理总数的4.5%。共受理不服法院生效刑事裁判申诉案件14件。立案复查7件，同比上升75%。复查有结果3件，不予抗诉3件。

【职务犯罪查处】 坚决查处领导干部职务犯罪，切实解决发生在群众身边的不正之风和腐败问题。全市检察机关共立案侦查各类职务犯罪案件95件117人，同比分别上升9.2%和上升13.6%。其中立案侦查职务犯罪大案73件，大案数占立案数的比例为76.3%。查处县处级以上领导干部要案6人，要案数占立案数的比例为5.1%。通过办案追缴赃款赃物折合人民币275.5万余元。集中力量查处贪污贿赂大案要案。全年共立案侦查贪污贿赂案件80件95人，同比分别上升14.3%和上升17.3%，其中立查大案61件，要案5件，大要案比例为82.5%。加大对渎职侵权犯罪的打击力度。立案侦查国家机关工作人员玩忽职守、滥用职权等渎职侵权犯罪15件22人，其中重特大案件12件，大案数占立案数的80%。渎职侵权要案1人，要案数占立案数的4.5%。介入重大安全生产事故调查，严厉打击重大责任事故背后的渎职犯罪。查处晋煤集团天安公司东沟煤业有限公司“2·13”水害事故玩忽职守犯罪案件5件8人，其中处级干部1人，科级干部以下人员7人。

【职务犯罪预防】 全年，全市检察机关共开展警示教育和宣传157次，其中开展警示教育讲座54次，参加人员5131人，参观教育基地95次，参观人数3867人，其他教育形式8次。针对工程建设领域、食品安全监管等领域开展职务犯罪预防调查26次，形成预防调查报告26件。加强案件剖析，开展职务犯罪案例分析14次。在剖析案件的基础上，深入晋城一中、太原科技大学晋城校区、晋城三中、晋城职业技术学院、泽州一中进行调研，形成《晋城市教育系统职务犯罪的特点、原因及对策》专题报告。继续开展全国检察机关行贿犯罪档案联网查询，提供查询5179次。

【司法监督】 坚持把执法不严、司法不公等突出问题作为监督重点。对公安机关应当立案而不立案的，要求公安机关说明不立案理由17件，监督立案11件。对于公安机关不应当立案而立案的案件，要求公安机关说明立案理由3件，通过监督，公安机关撤案3件。对应当逮捕而未提请逮捕的，纠正漏捕8人。应当起诉而未移送起诉的，纠正漏诉10人，纠正漏罪39起。按二审程序提起抗诉16件，支持抗诉16件，法院对抗诉案件改判和发回重审10件。纠正侦查违法67件次，纠正审判违法16件。审查减刑、假释、暂予监外执行案件12件，同比上升33.3%。监督纠正减、假、暂予监外执行不当数15件。书面监督纠正刑罚执行和监管活动违法209人次，下降27.9%。监外执行违法提出并纠正207件。

【社区矫正监督】 采取建立档案、抽查监督、约见谈话以及参与集中教育等方式，对社区矫正活动实行全面监督。针对列管地不明确、判决执行交接脱节、出行手续不到位等问题，提出书面纠正意见208件，纠正208件，纠正率为100%。

【执行监督】 加强对民事执行和立案监督。市人民检察院共受理不服法院生效裁判监督、民行审判活动违法监督、民行执行监督、支持起诉、督促履行职责等各类民事行政检察案件115件，同比上升8.5%。提出再审检察建议6件。对于民事审判活动中的违法情形，共提出检察建议1件，法院采纳1件。针对民事执行根据和执行行为中存在的不当情形，共提出检察建议8件，被采纳4件，采纳率为50%。督促履行职责23件，被采纳17件。经检察机关作息诉工作，共有5件民事行政申诉案件当事人息诉。

【人权保障】 加强对重大有影响案件、久押不决案件、罪与非罪有争议案件的严格审查，防止冤假错案的发生。开展捕后羁押必要性审查工作，共审查58人，变更强制措施57人。对盲聋哑、精神病人、未成年人，可能判处无期徒刑、死刑等符合法律援助条件的犯罪嫌疑人，通知法律援助机构指派律师提供辩护25件。注重发挥律师在人权保障中的重要作用，保障律师的会见权、阅卷权、调查取证权等执业权利。共接待辩护律师和其他辩护人查阅、摘抄、复制案卷申请297次，安排阅卷296次。对于辩护律师和其他辩护人在侦查阶段提出的会见申请，自侦部门许可会见3次，不许可会见2次。在侦查、审查逮捕、审查起诉中，对于辩护人提出听取其意见的要求，共听取意见15件。对辩护人、诉讼代理人就阻碍其行使诉讼权利提出的申诉和控告，通知有关单位纠正8件，纠正8件。

【阳光检察】 主动接受政协、各民主党派和无党派人士的监督，办理代表建议、委员提案和转交案件。主动邀请人大代表参加案件旁听，认真听取代表、委员意见和建议。主动接受社会监督。开展“检察开放日”“开门评检”等活动，推进“阳光检察”。邀请人大代表、政协委员、司法和行政执法机关负责人以及律师、部分案件当事人、群众代表等参加“开门评检”活动，诚恳征求对检察工作的意见和建议。全面推进人民监督员制度，邀请人民监督员参加执法检查、案件听证、信访接待等活动，共监督“七类案件或事项”5件5人。市人民检察院开通人民监督员微信群，及时向人民监督员通报国家关于司法体制改革、检察工作重大活动等相关信息。严格执行讯问职务犯罪嫌疑人全程同步录音录像制度，推行申诉案件受理与办理相分离制度，深化案件集中管理和案件质量评查机制建设。发挥统一业务应用系统的作用，实现对全市检察机关所有执法办案活动的全程、统一、实时、动态管理和监督。高平市人民检察院被评为“全省检察机关案件管理工作示范院”。

（市检察院）

法　院

【概述】 2015年，全市法院系统围绕“努力让人民群众在每一个司法案件中都感受到公平正义”工作目标，坚持司法为民、公正司法，充分发挥审判职能，深化司法改革，加强自身建设，为“平安晋城”“法治晋城”建设提供良好的司法保障和服务。全年全市法院系统共受理各类案件25010件，同比上升36.5%，办结19825件，结案率79.3%，审限内结案率100%。其中，市中院受理各类案件4353件，同比上升30.4%，办结4092件，结案率94.0%，审限内结案率100%。

【刑事审判】 准确把握宽严相济的刑事政策，推进量刑规范化，严把案件事实关、证据关、程序关和法律适用关，准确裁量刑罚，确保办案质量。全市法院共受理刑事一审案2060件，同比上升20%，审结1724件，结案率83.7%。其中市中院受理重大刑事一审案34件，审结32件，结案率94.1%。受理刑事二审案418件，同比上升34.8%，审结408件，结案率97.6%。受理减刑假释案1170件，同比上升8%，审结1170件，结案率100%。

【民事审判】 依法妥善化解纠纷，促进遵法守信社会秩序的建立。全市法院共受理一审民事案件13055件，同比上升33.1%，审结9957件，结案率76.3%。其中，市中院受理民事一审案111件，同比上升0.9%，审结92件，结案率82.9%；受理民事二审案1346件，同比上升33.4%，审结1217件，结案率90.4%。

【行政审判】 严格贯彻新《中华人民共和国行政诉讼法》，执行立案登记制，依法保护当事人合法权益，监督行政机关依法行使职权，化解行政争议，严格履行行政审查职能。全市法院共受理行政一审案223件，同比上升142%，审结146件，结案率65.5%。其中市中级法院受理行政一审案51件，审结44件，结案率86.3%；受理行政二审案33件，审结25件，结案率76.0%。全市法院共受理审查非诉行政执行案122件，同比上升27.1%，办结122件，结案率100%。沁水县人民法院落实行政负责人出庭规定，行政负责人出庭率达到100%。

【案件执行】 全市法院共受理各类执行案5545件，同比上升57.6%，执结4065件，执结率73.3%。其中，市中级法院受理执行案172件，同比上升93.3%，执结129件，执结率75.0%。开展“转变执行作风，规范执行行为”专项活动，上级法院共下发涉民生案件189件，执结169件，执结率89.24%，到位金额614.15万元。开展金融债权案清理活动，市中级人民法院共清理出18件，执结17件，执结率94.44%，到位标的1461.51万元。开展清理长期未结执行案件整治，市、县两级法院共清理出2068件，执结1688件，执结率81.62%，到位标的2299.33万元。加大执行信息公开和信用惩戒力度，曝光失信被执行人和限制高消费，全市两级法院共发布失信被执行人2068人，其中自然人1903人，法人165人。

【审判管理】 建立审判质效考核台账和考核档案，实行《审判绩效考核通报》和《审判运行态势分析》。强化指标意识，坚持态势分析，月有报表，季有通报，半年有小结。每月对审判质效进行统计分析，剖析落后、非正常下滑指标，促进落后指标提升。开展“清理长期未结案专项整治”工作，制定《关于开展超审限案件专项清理活动的工作方案》，在全市范围内清理出94件长期未结案，结案68件，清结率72.34%。城区法院组织资深法官对2189件裁判文书及案卷进行评查。

【审判监督】 发挥审级监督职能，在审结的民事二审案件中，改判、发回重审271件，较2014年同期上升23.7%。严把再审案件质量关，全市法院受理各类再审案26件，审结21件。其中，市中级法院受理再审案件16件，审结12件。市、县两级法院实行廉政监督卡和廉政回访制度，主动接受当事人对审判、执行活动的监督。自觉接受人大及其常委会的监督，向市人大常委会报送工作信息34期。主动邀请人大代表旁听、参与重大案件的审理和听证。9月14日，市中级人民法院向市人大调研组作《关于刑事诉讼、加强配合和制约工作情况的报告》。通过审理检察院的抗诉案件，邀请检察长列席审委会，接受检察监督。重视人民陪审员工作，全市法院均完成陪审员换届工作，基层法院合议庭审理案件陪审率普遍在70%以上，陵川县人民法院和泽州县人民法院达到90%以上。

【司法改革】 探索司法改革事宜，整合审判资源。实行院领导办案制度，每名院领导都要办理一定数量的案件，并依照规定全部上网公开。安排非审判部门的法官办理案件，缓解案多人少的矛盾。推进司法改革试点工作，高平市人民法院被省委和省高院确定为山西省第一批司法体制改革试点法院。高平市人民法院成立司法体制改革工作领导小组，设立办公室和具体工作小组，开展司法改革试点工作。泽州县人民法院、阳城县人民法院推进合议庭负责制，由审批签发制改为备案监督制，分管领导不再签发文书。

【阳光司法】 深化司法公开三大平台建设，完善立案、庭审、执行、听证、文书、审务“六公开”举措，公开审判流程。在官方网站及时公开开庭公告，在立案大厅设立案件查询触摸屏，着手建立山西法院诉讼服务网晋城法院相关版块。执行案件信息及时录入全国法院执行案件信息系统，裁判文书及时、准确、全面上网，全市法院和市中级人民法院文书上网均排名全省第三。全年全市法院共上网文书8359件，市中级人民法院上网文书2390件。建立新闻发言人队伍及新闻发布例会制度，形成法院发布审判信息的长效机制。及时更新维护官方网站和微博，官方微博的粉丝量超过26万人。提高发回重审案件的公开水平，发回重审案件实现“三公开”（发回理由公开、发回依据公开、发回方式公开）。信访部门受理民事申请再审、行政申诉案件50件，100%进行公开听证，做到公开透明。

【司法为民】 第二季度，全市法院诉讼服务中心陆续挂牌成立。是集立案登记、诉讼指引、信息查询、文书送达等功能为一体的综合性诉讼服务平台。依法支持当事人维护合法权益，对经济确有困难的当事人，实行诉讼费用的减、免、缓。全市法院对305案生活确有困难的当事人，批准减免缓交诉讼费171万余元，为符合条件的各类困难当事人提供司法救助金416万余元。

【调解机制】 健全案件繁简分流和速裁工作机制，发挥简易程序、小额诉讼程序、刑事和解程序、轻微刑事案件快速审理机制等制度优势，最大限度地降低当事人诉讼成本，减轻当事人诉累。全市法院一审简易程序适用率达到37.9%。发挥调解的优势，倡导以调解方式解决纠纷，快速化解矛盾，提高诉讼效率。全市法院以诉前调解方式结案529件，民事一审案件调撤率达到51%，其中，市中级法院民事一审案调撤率25%，二审民事案件调撤率32%。高平市人民法院、泽州县人民法院注重诉调对接，注重多元化解矛盾纠纷，6月被省高院评为“诉调对接先进法院”。

【息诉罢访】 全年共接待处理来人来信访1106人次，受理再审审查和申诉案件67件，比2014年同期上升71.8%，立案再审6件。推进诉访分离工作，把各类案件导入相应程序处理，促进信访工作的良性发展。开展信访积案清理。5月，省委巡视组、省委政法委、省法院及市联办交办案件108件。10月，省联席办、市委政法委交办案件100件，市中级人民法院以包片督办的形式全部清理化解。

【队伍建设】 加大教育培训和科研工作，全年共安排市、县两级法院干警培训394人次。组织市中级法院处级以上领导干部进行党纪条规培训，安排280人次参加省高院的专业培训，其中远程视频学习60余人次。加强案例选编和报送工作，报送各类案例24件，被省人民法院调研专刊采用2篇。全年，市中级人民法院共完成各类调研30余次，在各类杂志媒体发表文章100余篇次。沁水县人民法院注重以文化建设提升干警素质,共举办道德讲堂10次。全年,市中级人民法院共有9名个人和6个集体获得市级以上表彰。

(市中级人民法院)

司法行政

【概述】 2015年,市司法局以建设平安晋城和法治晋城为目标,尽职履责,开拓进取,为全市转型发展和社会大局稳定提供坚强的法律保障。市司法局在全省司法行政系统年度考核中名列第二,被省人社厅、司法厅表彰为全省司法行政系统先进集体,被省司法厅表彰为完成目标责任模范单位,被市委文明办表彰为文明单位标兵。

【村级法律顾问全覆盖工作】 开展"一村(社区)一法律顾问"工作,破解"群众打官司难"的问题。市司法局整合司法行政系统法律服务资源,为全市2346个行政村(社区)全部配备法律顾问。村级法律顾问服务基层民主法治建设和经济社会发展取得三方面成效:一是创新基层社会治理模式。以村级法律顾问为基层普法教育的载体,搭建法治教育实践平台。全年,全市法律顾问共开展进村(社区)服务1.6万余次,进行普法宣传2000余场,解答法律咨询3.5万余人次。二是拓宽矛盾纠纷化解渠道。村级法律顾问参与化解基层矛盾纠纷3800余件,代理各类诉讼200余件,为困难群众提供法律援助800余件,解决常年上访、群体性上访事件3起,增强群众的法治意识,教育引导群众通过法律途径解决矛盾纠纷。三是提高村(社区)的法治化管理水平。村级法律顾问为村集体经济发展审查修订合同150多份,提出合理化建议2000余条,出具各类法律意见书585份。

【社区矫正】 社区矫正工作实现五个"全覆盖":一是中心建设"全覆盖"。六个县(市、区)全部建立高标准的社区矫正管理中心,每个中心占地面积均达到100~120平方米。二是技防建设"全覆盖"。六县(市、区)共投入资金300余万元,全部安装手机定位管理系统和人脸识别签到系统,对严管期的服刑人员增加电子手腕监管,预防脱管、漏管和虚管问题的发生。三是基地建设"全覆盖"。六县(市、区)全部建立学习教育和劳动教育两个基地,每名社区服刑人员每月强制劳动和学习教育时间不少于8个小时。四是队伍建设"全覆盖"。六县(市、区)全部成立以司法所长、村(居)站所负责人和帮教小组组成的管理队伍,每月开展业务和心理咨询培训。五是监管规范"全覆盖"。规范文书移交、衔接工作、监管教育和档案管理等方面工作。至年底,全市累计接收社区矫正人员3526名,累计解除矫正2469人,社区矫正人员重新违法犯罪率控制在0.2%以下。

【人民调解】 2015年,全市有人民调解员1万余名,每个村(社区)都有数名调解员,累计调处各类矛盾纠纷8747件,调解成功率达97%,人民调解工作实现"三个全面提升"。一是人民调解组织的覆盖面全面提升。强化县、乡、村三级人民调解组织的规范化建设,共建成规范化人民调解委员会2436个,实现人民调解组织的纵向全覆盖。加强专业性、行业性人民调解组织建设,新建医疗纠纷和婚姻家庭人民调解组织,全市共成立专业性、行业性人民调解组织318个,人民调解组织的横向覆盖面不断提升。二是人民调解队伍的服务能力全面提升。全市共招募各行各业的优秀人民调解志愿者129人,充实到人民调解队伍。开展人民调解员队伍培训工作,每月举办一期业务培训,重点培训法律法规、业务技能、心理咨询等相关知识,人民调解队伍的业务能力和服务水平得到提高。至年底,培训连续举办12期,全市有100多名人民调解员通过全国心理咨询师考试。三是人民调解社会影响力全面提升。市司法局与市电视台联合制作大型电视调解类栏目"调解110",邀请律师、心理专家等专业人士共同参与,现场调解矛盾、解决纠纷,用身边事教育身边人,扩大人民调解社会影响力。

【律师服务】 全市律师参与重大工程、重点项目、招商引资等工作,为全市的经济转型发展提供优质高效的法律服务。共参与重点工程项目156项,提供法律咨询1065次，提出法律意见185条；参与工程项目风险评估56余次，进行合同审查213起。服务信访接待工作，共参与信访案件处理67件1560余人，出具法律意见书156份。

【公证服务】 全市公证机构畅通绿色通道，主动为行动不便、家庭困难的当事人提供上门服务200余件次。推行简化程序办理小额遗产领取和保管公证出台便民举措，对5000元以下小额存款公证酌情减免费用。全年，全市公证机构共办理小额遗产领取和保管公证411件，累计减免费用5万余元。

【法律援助】 2015年，以7个高标准的便民服务大厅为总领，以183个法律援助工作站点为依托，以2400多名村级法律援助联络员为节点，辅以规范高效的"12348"法律服务热线，构建惠及全市民众、服务优质高效的法律援助便民服务网络。在全市7个看守所设立统一标准的法律援助工作站，每周四安排两名援助律师值班，面对面为在押人员及其亲属提供法律咨询，及时收转法律援助申请，定期开展法律知识讲座，畅通在押人员的刑事法律援助申请渠道。在交警队设立法律援助工作站，及时为交通事故当事人提供法律咨询，为符合条件的当事人提供法律援助。在劳动争议仲裁委设立"农民工法律援助工作站"，及时为农民工提供优质高效的法律援助。在律师事务所设立法律援助联络点，确定1名联络员专门负责法律援助的宣传和联络工作，方便受援群众寻求法律援助。加强法律援助案件质量建设，制定《办理法律援助案件实施细则》《法律援助案件质量评估标准》"三卡一回访"制度等一整套案件质量评估监管体系，法律援助办案质量群众满意率达到95%以上。司法部将晋城市确定为全国八个质量评估试点城市之一。全年，全市共办理法律援助案件1219件，受援人总数达到10321人次，为受援人挽回经济损失和取得利益1178万元。

【普法宣传】 开展"法律六进"工作，加强各类普法重点对象的法治宣传教育。采取法治报告会、学法笔记、普法培训班等形式，突出抓好领导干部和公务员队伍的普法教育工作。通过开展各类普法讲座、送法进企和送法下乡等活动，推进青少年、企业、农村、社区普法宣传，提升全民法律素养。加强法治文化建设，打造法治文化一条街、法治文化公园、法治文化长廊等一大批法治文化精品，因地制宜开展普法宣传教育。

（市司法局）

·公 证·

【概述】 2015年，市公证处履行公证职能，为当事人提供优质的公证法律服务，全年共办理各类公证1892件，其中国内民事公证643件，国内经济公证362件，涉外公证887件。全年共参与政府采购公开招标现场监督200余次，涉及公共自行车二期土建工程、晋城市城镇居民大病保险项目、市档案馆爱国主义教育基地工程等市政府重点工程项目，涉及政府专项金额2亿余元。涉港、澳、台公证18件，全部合法、有效。

【小额遗产领取及保管公证】 依据《关于适用简化程序办理存款人死亡后其名下小额遗产领取及保管公证有关事宜的通知》的规定，简化办证手续，减少办证程序，缩短办证期限，减轻当事人负担，继承金额1000元以下的收取50元公证费，继承金额1000元至2000元的收取100元公证费。全年办理小额遗产领取及保管公证46件，涉及金额20余万元。

【房产公证】 针对部分房屋没有房产证的情况，开展"让人民群众感知的公信力"实践活动，与市房地产交易中心沟通协商，决定由市房地产交易中心根据最初购房档案，出具房屋所有权认定证明，再由市公证处办理房产公证，解决历史遗留房产问题，全年办理历史遗留房产公证20余件。

【公证查询】 经司法部批准，中国公证协会建立全国公证遗嘱备案查询平台，公证遗嘱备案信息内容主要包括公证书编号、遗嘱人姓名、遗嘱人法定身份证件号码、遗嘱人出生年月日、公证机构名称、公证书出具日期等六项。市公证处将384件遗嘱公证信息上传至全国公证遗嘱备案查询平台，广大市民在办理继承公证时，可以在全国公证遗嘱备案查询平台查询被继承人是否办理过遗嘱公证。

【公证服务】 市公证处为晋煤集团所属各矿以及凤展购物中心、工商银行晋城支行、路桥公司等10余家企事业单位提供公证法律顾问服务。办理的经济公证主要是股东会决议、法人授权、借款合同等，降低企业的经营风险。

【涉外公证】 全年共办理各类涉外公证887件，办证事项涉及学历、出生、亲属关系、收入、资质、有无违法犯罪记录等多个领域。涉外公证书发往美国、加拿大、英国、法国、德国、俄罗斯、日本、韩国等20多个国家和地区。

【公证监督】 4月，市公证处参与假烟集中销毁活动，集中销毁的假冒香烟有中华、玉溪、一支笔、熊猫、中南海、黄鹤楼等204.04件、烟丝48249包，涉案金额总计784889.32元。参与市外事侨务与旅游文物局的"城市示范农家乐专项扶持资金"和"晋城市抢救性文物保护经费"等专项资金竞争性分配，城区土地局的"公开抽取土地评估机构"、市质量监督局的创建"全国质量强市示范城市"有奖知识竞赛现场抽奖的现场监督。

【公证宣传】 为纪念《中华人民共和国公证法》颁布十周年，市公证处开展系列宣传活动。9月24日，在市区泽州公园开展宣传活动，现场解答市民关于继承、抵押、赠与等方面的法律问题，发放《公证须知》3000册、公证便签2000盒、纸杯及手提袋10000个。9月15日，在《太行日报晚报版》开辟公证宣传专版，对《中华人民共和国公证法》颁布十周年活动进行报道，内容包含《学习贯彻〈公证法〉，推动公证为民服务》《公证热门业务咨询解答》《全市公证机构公示》等。

（市公证处）

仲裁

【概述】 2015年，市仲裁委以提高仲裁案件质量和效率为重点，以创新工作机制、工作方法为动力，坚持以公正、效率、廉洁为标准，在构建多元化纠纷解决机制中发挥重要作用。

【案件受理】 全年，市仲裁委共接待来人来电咨询550余起，受理仲裁案件185件，涉案标的4.3亿元，受理案件数、涉案标的额均创历史最高。结案件91起，结案率为54 %。调解案件48起，调解率为52%。案件类型涉及买卖、借款、承揽、商品房销售、建筑工程、装饰装修、广告制作、医疗、担保、保险等众多领域。

【仲裁沙龙】 通过"1+1"仲裁沙龙模式（即沙龙由一个主讲人和一个主持人的配合模式，主讲人负责传授、交流法律课题，主持人负责分析、梳理、总结讨论的焦点，调动沙龙参与者讨论的兴趣，提高学习效果），全年共举办7期仲裁专题沙龙，分别是：仲裁员郭斌华主讲的《仲裁要依法，更要依心》、仲裁员李红主讲的《房屋买卖合同中的物权效力与债权效力》、仲裁员李文敏主讲的《建筑施工单位项目部的法律地位和合同效力》、仲裁员冯健康主讲的《关于拆迁安置合同纠纷案件的问题探讨》、仲裁员程银玲主讲的《合同解除及法律责任》、仲裁员栗建丰主讲的《公司未经股东会决议为股东提供担保的法律效力》、仲裁员李红主讲的《民事诉讼法最新司法解释》。

【仲裁宣传】 3月23日，正式启用微信平台——晋城仲裁委员会。微信平台每周更新一次，每次由一名仲裁秘书担任责编，编辑、校对从各种渠道获取有价值的微信内容，及时更新工作动态、推广宣传仲裁知识、关注热门法律话题。7月，开始筹划拍摄"首席仲裁员微名片"，围绕仲裁员中心角色，展示仲裁员的人生价值观、执业理念、社会荣誉、学术成就等，便于当事人了解仲裁员，提高首席仲裁员的选定率和公信力。申请加入"中国互联网仲裁联盟"，加强与全国仲裁机构的互动交流。

【仲裁交流】 3月25日，市仲裁委与市保险纠纷人民调解委员会、人保财险等11家财产保险公司就财产保险合同纠纷如何进行自调、人民调解、仲裁等预防化解矛盾纠纷机制召开座谈会。10月10日，参加在太原召开的“2015仲裁调解处理医患纠纷研讨会”。12月5日至7日，组织办案秘书参加在东营仲裁委举办的“仲裁员业务素质提升高级研修班”。

【规范化建设】 一是重新修订《仲裁规则》，加强案件规范化建设。二是推进案件受理多元化和纠纷处理多样化。探索面向社会各个领域广泛受理涉及财产权益的民事纠纷，尽可能多的解决社会矛盾。与行政机关、司法机关、信访部门和行业组织等合作，探索将有财产权益争议的行政调解案件等，先行引入仲裁处理。对咨询过没立案的仲裁案件进行跟踪回访，对不完善的仲裁条款进行补充仲裁协议。 （市仲裁委）

民主党派与工商联

民革晋城市委员会

【概述】 2015年，民革晋城市委员会组织全市会员认真学习贯彻中共十八大，十八届三中、四中、五中全会精神以及习近平总书记系列重要讲话精神，学习中央统战工作会议精神、《中国共产党统一战线工作条例（试行）》《中共中央关于加强社会主义协商民主建设的意见》和《中共中央关于加强政党协商的实施意见》，开展坚持和发展中国特色社会主义学习实践活动，履行地方参政党职能，为全市经济社会全面科学发展建言献策，在参政议政、自身建设、社会服务、祖统工作方面做出了应有的贡献。

【参政议政】 围绕参政议政重点领域，撰写专题调研报告、人大议案、政协提案、政协大会发言等，谏真言、献实策。在省“两会”期间，主委张湘君向大会提交大会发言5篇，提交个人提案7件，其中《建设阳光型政府必须把权力关进笼子》列为山西省委一号提案，并邀请到省纪检委参加提案督办。市“两会”期间，民革晋城市委向市政协提交大会发言3篇，集体提案5件，个人提案60多件。经科委主任白魁伟在“两会”上作《信用约束，刻不容缓》的大会发言。县（市、区）“两会”期间，各支部共提交大会发言10多件，集体提案20多件，个人提案、议案80多件，调研报告10多篇。各支部向市委会报送社情民意30多篇，都及时转报给市政协、市委统战部和民革省委。

【调查研究】 针对新型城镇化进程中，农民就业、子女上学、古村落保护等问题，民革晋城市委多次组织党员到泽州县太阳镇、北义城镇西黄石村、周村镇，城区北石店镇司徒村，高平市马村、良固等进行调研。7月，民革晋城市委、山大总支、农大支部专家调研组一行十余人，在泽州东四义村、陵川丈河村、田庄村等地，实地考察城镇化建设过程中的教育、养老、就业等方面存在的问题，就如何破解农民增收的制约因素，推动城镇化健康发展进行探讨。对砥洎城、柳氏民居、湘峪古堡等古村落进行调研，就古村落的保护和开发提出建设性的意见和建议，形成《农村古村落保护建议》《晋城城镇化问题调研》两篇调研报告，上报有关部门。此外，有针对性地走出去调研。4月，由主委张湘君带队，民革市委会组织14名党员到安徽省合肥市进行调研，撰写《关于加强城市管理工作的调研报告》。9月，组织8名会员赴福建平潭进行调研，撰写《关于平潭实验区建设的思考》。11月，组织8名民革党员赴阳泉调研，撰写《关于改善我市农村人居环境的建议》，上报市委统战部和民革省委。

【理论学习】 围绕“认真学习理论，凝聚思想共识”主题，开展各项学习活动。继续开展坚持和发展中国特色社会主义学习实践活动，组织党员学习十八届三、四中、五中全会报告以及习近平总书记系列讲话精神，学习全国统战会议精神和《统战工作条例》。组织市委委员、支部主委、专委会主任、骨干党员、新党员等80多人，参加党派团队精神、文化与修身、民革e家等知识培训。6名党员参加市委组织部、统战部举办的培训班。2名党员到广州中山大学参加民革省委组织的第六期民革山西省中青年代表人士培训班学习。各支部均组织开展了形式多样、内容丰富的理论学习活动。

【组织建设】 全年，发展新党员12名，自然减员1名。成立八、九两个市直支部，完成市直二支部换届任务。沁水支部增补一名副主委。沁水支部创新支部工作形式，组建组织活动、参政议政、社会活动、文体活动、社情民意、法律咨询、健康医疗7支行动队。

【服务社会】 7月9日，民革晋城市委在晋城市锦绣河山农业服务中心举行民革晋城市委会社会服务基地揭牌仪式，在晋城市锦绣河山农业服务中心建成民革晋城市委会社会服务基地。在亚圣律师事务所建成山西民革法律服务中心晋城工作站、民革晋城市委法律援助中心，在同德医院建成民革党员医疗服务中心。7月，组织民革晋城市委会直属一、八、九支部，城区支部及妇青会中的医疗专家、律师等组成义务医疗、法律咨询小组，到陵川县崇文镇南四渠村开展义务下乡服务活动，共接诊群众上百人次，发放优生优育用品、普法宣传读物200多份。各支部、专委会开展“送教下乡”“科技下乡”“扶贫济困”、法治宣传等社会服务活动。在市区桔子酒店举办为期两天的《“一带一路”战略蕴含的机遇和挑战》专题讲座，130余名企业家聆听讲座。承接山西省实施“3个1”小微企业经营者素质提升工程，在泽州会堂举行为期4天的专题培训，500余名小微企业管理人员接受心理健康、企业建设、国学等方面知识培训。

【爱国主义教育】 纪念中国人民抗日战争暨世界反法西斯战争胜利70周年，收集和撰写民革前辈抗战时期的历史资料。配合民革省委联络部，对晋城境内的抗战烈士墓园、抗战纪念馆摸底调查，寻访和收集晋城市现存的国民党抗战老兵资料。向民革省委报送《关于修复和保护抗日将领李修礼故居的建议》《关于修建“东峪突围战暨武士敏将军纪念陵园”的报告》，向民革中央报送《关于抗日将军武士敏暨九十八军马头山战役五千将士牺牲遗址建设项目的请示》。主委张湘君应邀参加团结报社在民革中央机关举行的“镜头中的抗战老兵·团结行”座谈会，在首都民族文化宫参加“民族魂纪念中国人民抗日战争暨世界反法西斯战争胜利70周年美术作品展览”和“铭记与关爱——镜头中的抗战老兵”图片展开幕式。

【祖国统一工作】 9月18日，组织8名党员赴福建平潭进行调研，就祖国统一工作和机关工作进行交流学习。“十一”期间，召开祖国统一工作座谈会，探讨祖国统一工作新路子。各支部均开展形式多样的祖国统一工作活动。沁水县召开首届统一战线运动会，举办“同心沁水·梦想中国”文艺专场晚会。（民革晋城市委）

民盟晋城市委员会

【概述】 2015年，民盟晋城市委员会开展坚持和发展中国特色社会主义学习实践活动，积极参政议政、建言献策，履行参政议政职能，各项工作取得新进展。民盟晋城市委被民盟中央授予“民盟中央群言杂志社优秀发行奖”，被民盟山西省委授予“基层组织建设工作创新奖”，民盟晋城市委机关被评为“晋城市文明单位”。

【理论学习】 2015年，民盟晋城市委认真学习贯彻中共十八大，十八届三中、四中、五中全会精神和习近平总书记系列讲话精神，教育引导全市广大盟员凝聚思想共识，坚定走中国特色社会主义政治发展道路的决心，做到“思想上同心同德、目标上同心同向、行动上同心同行”。民盟晋城市委领导和骨干盟员参加由民盟山西省委、山西社会主义学院、市委组织部、市委统战部组织的“坚持和发展中国特色社会主义学习实践活动骨干盟员培训班”“全省民盟通讯员培训班”“全市党外干部培训班”等各类学习培训，以及“全省社会主义协商民主建设理论研讨会”“全市坚持和发展中国特色社会主义学习实践活动中期推进会”，提高政治理论素养。主委王维平撰写的《依法治国是实现中华民族伟大复兴的坚强保障》理论文章在《山西盟讯》刊登。

【知识竞赛】 1月，民盟晋城市委组织“盟史、盟章和多党合作知识竞赛”决赛。民盟泽州县支部等9个支部荣获先进集体奖，郎云强等48位盟员获得先进个人奖。

【参政议政】 省政协十一届三次会议期间，民盟晋城市委主委王维平提交《关于理顺集体土地房屋产权关系，规范产权流转的建议》等提案，其《我省新能源汽车推广应用存在三大问题》被《山西信息》采用，《做好新能源汽车推广应用》在《山西政协报》刊登；王艳芳、郭玉红、张军翎、成向阳、贺新刚、成建华等6位盟员提交《基层粮食仓储中亟待解决的问题及对策》《关于律师进乡村的建议》《如何突破内陆欠发达地区高职教育课程开发的瓶颈》《关于加大食品药品监督管理信息化建设力度的建议》等6件提案。市政协六届五次会议期间，民盟晋城市委提交团体提案20件，大会发言材料10篇。市政协《晋城社情民意》采用民盟信息23条，其中成向阳、明彩红、郭建英、王艳芳的提案得到市长刘润民批示；刘完保、牛朋利的《复转军人安置不公隐患多》提案被全国政协《政协信息》和民盟中央采用，并得到中央统战部领导批示；刘完保的《建议恢复和保护晋城市陵川县国民党抗战遗址》提案被民盟中央采用。20多位盟员的60余条社情民意被民盟山西省委采用。盟员政协委员、人大代表、政风行风监督员应邀参加《百姓热线·纠风台》《行风大家谈》节目，就优化晋城发展环境，纠正部门、行业不正之风，解决人民群众迫切关心的问题，面对面与有关方面进行对话和监督。

【表彰活动】 4月，民盟晋城市委召开参政议政工作会议，对近年来涌现出来的参政议政、调研信息宣传工作先进集体和先进个人进行表彰，授予民盟泽州县支部等9个基层组织“参政议政工作先进集体”称号，授予王艳芳等10名盟员“参政议政工作先进个人”称号，授予李军团等22名盟员“调研信息宣传工作先进个人”称号。

【课题调研】 民盟晋城市委课题组独立完成《晋城市“十三五”战略性新兴产业发展空间研究》课题，被收入《晋城市“十三五”规划前期重大课题研究》一书。民盟晋城市委和民盟山西大学委员会联合调研课题《明代晋城历史文化研究》取得重大进展。此外，参加市政协、市委统战部组织的有关农民合作社建设、民营经济发展、抗战遗产保护、律师队伍建设等专题调研，提出意见和建议。

【工作创新】 坚持“三三联系点制度”选择不同类型的3个农村、3所学校、3个企业作为调研对象，多层次、多角度广泛接触各界群众，了解百姓最关心、最直接、最现实的问题，掌握参政议政的第一手资料和信息。1月，民盟晋城市委《用“三三制”推动盟务工作》被中共晋城市委统战部评为统战工作实践创新课题。

【社会服务】 以“民盟志愿者服务队”和“鸣萌艺术团”为载体，以晋城市红十字会、“一党一县”对口联系单位—城区为依托，组织开展“送健康、送文化、送教育、送法律、送技能”活动。在联系点，组织“大手牵小手”捐资助学活动，捐建村民图书馆，宣讲法律知识、科普知识，为村民发放疾病预防手册、农业科技资料。在陵川县马圪当乡横水村，共建食用菌栽培实训基地，创收16万元。在泽州县柳树口镇河东村城则自然村，民盟医疗服务队为村民提供免费测血糖、血压等义诊活动。在陵川县明德小学，盟员教师志愿承担音乐、美术、体育、舞蹈等艺术课程的教学任务，帮助学校成立舞蹈队、鼓乐队和合唱团。在晋城煤业集团、晋城职业技术学院，与校、企共同开展课题调研，并撰写调研报告。

（民盟晋城市委员会）

民建晋城市委员会

【概述】 2015年，民建晋城市委围绕坚持和发展中国社会主义、实现中国梦主题，开展坚持和发展中国特色社会主义学习实践活动，积极参政议政，加强组织建设，各项工作取得新进展。

【中国特色社会主义学习实践活动】 民建晋城市委员会深化“坚持和发展中国特色社会主义学习实践活动”，把2015年作为民建晋城市委“学习实践活动”的推进之年，各支部凝聚思想共识、传承政治薪火、继承优良传统、巩固多党合作共同思想基础，把学习活动与会务工作、组织活动深入结合起来，创造良好学习氛围，提高学习实际效果。

【理论学习】 把学习贯彻中共十八届四中、五中全会精神和《中国共产党统一战线工作条例》作为首要的政治任务，采取多种形式的学习方式，认真研读会议文件，准确把握会议精神，把会员的思想和行动统一到会议精神上来，引导会员积极投身于全面深化改革和依法治市的实践中，增强接受中国共产党领导的自觉性和坚定性，坚定走中国特色社会主义政治发展道路的信心和决心。多次组织市委委员、支部主委和新会员参加《统战理论》《统战条例》《晋城经济》《兴国之魂》《阳光心态》等课程培训。主委金德祥参加省委统战部在中央社会主义学院的培训班。7月，组织会员骨干参加市委统战部举办的党外骨干会员培训班。8月，组织支部主任参加民建省委举办的培训班。10月，参加天津六地市基层组织联谊会。

【组织建设】 按照质量并举要求，稳步发展会员，全年共发展新会员9人。4月12日，市直二支部与河南省焦作市解放基层四支部结为跨地域的友好支部，15名民建晋城市委员会会员到焦作民建市委考察交流。

【社会活动】 市直二支部全体会员为沁水县郑村镇后河村道仁庙小学赠送书包、文具盒、油画棒等学习用品，价值1800余元，并与学生们共度“六一”。市直四支部扶助阳城县沟底村白宏兵和白玉兰夫妇，为他们送去电视、米面、衣服、慰问金；组织会员召开纪念中国民主建国会成立七十周年座谈会，缅怀民建先辈丰功伟绩，铭记民建光辉历史。市直三支部开展户外拓展训练活动。城区支部到阳城县农村进行户外活动。为纪念中国民主建国会成立70周年，市直一、二支部组织会员20余人到武乡八路军太行纪念馆参观学习。

【参政议政】 在市政协会议上，民建晋城市委员会17名政协委员提交2篇大会发言、2篇集体提案、32件社情民意。《清慧制造有限公司新上项目占地亟待解决》《重新寻找比较优势，努力突破“资源诅咒”》《应让全民健身成为一种新常态》《绿道沿途应配置垃圾回收箱修建简易厕所》《应加大市区体育健身场所设施规划的力度》等提案议案被市政协采用。

【调查研究】 全年，共组织专题调研两次，形成《重新寻找比较优势，努力突破“资源诅咒”》《晋城职业教育调研报告》调研文章。参加中共市委统战部组织的民主党派联合调研活动，围绕“对晋城中小微企业的发展”课题调研；赴福建厦门对职业教育进行调研学习。（民建晋城市委）

民进晋城市委员会

【概述】 2015年，民进晋城市委持续开展坚持和发展中国特色社会主义学习实践活动，加强自身建设，积极参政议政，履行民主监督职责，强化社会服务，为晋城的经济社会发展做出贡献。民进晋城市委被民进中央表彰为“民进全国先进地方组织”，民进晋城市委机关被评为“晋城市级精神文明单位”。

【理论学习】 2015年，民进晋城市委选派部分优秀会员到中央社会主义学院学习培训，选派8名中青年会员到山西省社会主义学院学习培训，选派20名骨干会员到晋城市委党校学习培训。先后召开主委会议、市委扩大会议、支部主委会议、专题会议等，组织学习《中国共产党统一战线条例》、习近平总书记系列重要讲话、省委书记王儒林和市委书记张九萍讲话精神。召开开展坚持和发展中国特色社会主义学习实践活动中期推进会议，学习习近平总书记关于坚定理想信念的重要论述，组织观看中央统战部组织的民主党派中央坚持和发展中国特色社会主义学习实践活动中期推进会议，学习中央统战部部长孙春兰和民进中央主席严隽琪讲话精神。

【参政议政】 市“两会”期间，民进晋城市委提交多个提案，其中《遏制官商勾结深入反腐的四点建议》《关于整合财政资金，集中财力办大事，加快我市中心城市建设力度的建议》《适应新常态，经济稳发展》《适应经济社会新常态，做好煤炭这篇大文章》《市区房地产市场开发中存在的问题与对策》《让我市人文古建资源彰显出时代魅力》《创新驱动，推动民营企业发展》《关于促进农民增收的建议》《关于加强校园周边环境治理的建议》《关于推进晋豫交界我市周边地带旅游开发的建议》《加快培育重点城镇，推进新型城镇化进程》《晋城市铸造产业转型升级的发展与思考》《破除三大障碍，构建大众创业万众创新的大空间》等提案被市政协提案委员会审查立案，交由市委、市政府有关部门办理。围绕“十三五”规划，开展调查研究，提出一系列意见和建议。

【社会服务】 民进晋城市委和民进山西农业大学支部联合开展万亩山楂树种植活动，带动山区农民致富。持续扶持天井关小学，为学生捐赠服装、桌椅板凳、电视、电脑等，组织民进会员优秀教师送课下乡，对学生进行音乐辅导。民进教科文中心帮助城区钟家庄街道疙瘩社区创办老年日间照料中心。民进市直第三支部筹措资金1.6万元，为陵川县马圪当学校更换生活用品、办公用具，捐赠图书240册。民进一中支部将泽州县李寨乡陟椒村作为扶贫联系点，支部主委王丽平为白血病患者等弱势群体捐赠2000余元。民进开发区支部、阳城县支部发挥自身优势，为农民工讨薪500万元。民进晋城市委在阳城县横河镇创建民进写生基地。

【民主监督】 民进会员中有省政协委员1人，省人大代表1人，市人大代表6人，市政协委员19人，县（市、区）人大代表、政协委员40余人，60余人分别被有关部门聘为特约监督员，10余人应邀担任行风评议员，多次向有关部门提出合理意见和建议。

（民进晋城市委）

农工党晋城市委员会

【概述】 2015年，农工党晋城市委全面贯彻落实中共十八大，十八届三中、四中、五中全会精神，坚持中国共产党领导的多党合作和政治协商制度，坚持中国特色社会主义政治发展道路，以思想建设为核心，以组织建设为基础，以制度建设为保障，认真履行参政议政、民主监督、政治协商职能，为全市经济社会协调发展做出积极贡献。

【思想建设】 在农工党党员中开展“坚持和发展中国特色社会主义学习实践”活动。组织10余名农工党党员参加农工党省委、中共晋城市委组织部、市委统战部组织的培训学习。举办农工党骨干党员培训班2次。在纪念中国农工民主党成立85周年暨抗战胜利70周年活动中，农工党晋城市委排演的《党史长歌》，参加农工党中央在北京举行的“学习党史、缅怀先烈、再创辉煌”纪念中国农工民主党成立85周年文艺演出，受到农工党中央主席陈竺的接见。组织10多人到中共一大会址、农工党“一千会址”接受革命传统教育。12月，组织农工党党员参加中共晋城市委统战部举办的学习贯彻《中国共产党统一战线工作条例》电视知识竞赛，获三等奖。

【参政议政】 参加中共晋城市委、市人大、市政府、市政协、市纪委等有关部门召开的各类协商会、通报会、座谈会、征求意见会，就会议协商的议题提出意见建议10多条。晋城市“十三五”规划征求意见时，提出的《关于加快全市中医药产业健康发展的建议》被采纳。推行提案工作研讨会制度，向省、市政协提交集体提案4件，个人提案50余件，大会发言材料2篇。提交的《关于对农村公路进行完善提质的建议》和《加强我市食品药品安全监督管理的几点建议》被市政协确定为2015

年重点督办提案。

【调查研究】 围绕全市社会办医情况，形成《加快推进我市社会办医发展的调研报告》报送农工党山西省委、市政协等部门，获得农工党山西省委调研报告三等奖。配合农工党中央、农工党山西省委就水资源生态保护、农村医疗卫生、健康扶贫等工作进行调研。

【社情民意】 建立健全信息工作机制，制定《社情民意信息工作奖励办法》和《社情民意信息工作定时通报制度》，完善《特约信息员制度》，在农工党党员中聘请10位特约信息员和信息联络员。全年共向农工党中央、省委、市政协、中共晋城市委统战部报送社情民意信息30余条，5条被有关部门采纳。

【服务社会】 2015年，本着"发挥优势、突出重点、量力而行、持之以恒、务求实效"的原则，拓展社会服务新领域，探索助推发展新模式。在阳城县美泉村开展第八届"环境与健康宣传周"活动，进行健康咨询、健康知识讲座、医疗义诊等服务，受益群众达300余人次，发放环保宣传册、健康宣传资料800余份、购物袋500多个。推进"一党一县智力帮扶"活动，组织10名医疗专家在沁水县开展医疗技术帮扶活动，发放《农村环境与健康》宣传册1000余册，义诊200余人次；举办基本公共卫生服务培训3期，乡、村两级300余名医务人员参加培训。在高平市河西镇回山村举办第二十七届"国际科学与和平周"活动，发放价值5000多元的药品，受益群众达500多人次。成立农工党"党员活动基地"，利用基地资源，经常开展文化、教育、医疗卫生、农业技术到农家、到社区活动。

【组织建设】 按照《中国农工民主党组织发展工作规程》和《中国农工民主党基层组织工作条例》，进一步规范发展程序，科学制定发展计划，从宏观上把握组织发展规模。全年共发展新党员10人，平均年龄38.3岁，其中研究生1人，大学本科生9人，中级职称5人，副高职称2人，正高职称1人。市直支部由2个增设为5个。在2015年全国高中数学联合竞赛中，刘晓根获得"优秀教练员"称号。 （农工党晋城市委）

九三学社晋城市委员会

【概述】 2015年，九三学社晋城市委围绕全市转型跨越发展，开展坚持和发展中国特色社会主义学习实践活动，加强思想理论建设，履行参政议政、民主监督职能，扩大社会服务工作，各项工作取得新进展。

【理论学习】 采取多种形式，及时组织社员学习十八届五中全会精神和《中国共产党统一战线工作条例（试行）》。选派14名科级以上社员参加市委组织部、市委统战部举行的全市党外干部和统战干部培训。

【宣传工作】 加大宣传工作力度，编发《晋城九三》社刊编发90万字，编发《九三简讯》28期，新开设九三晋城市委网站。12月10日，组队参加市委统战部组织的全市统战知识电视竞赛，获得季军。

【纪念活动】 8月9日，九三学社晋城市委举行"缅怀抗日先烈，爱我中华民族"主题活动。组织市区10个支社近百名社员到泽州县大阳镇香山烈士陵园，举行烈士陵园扫墓活动。9月2日，召开"纪念抗战胜利暨九三学社创建70周年"座谈会，全体市委委员、支社主委及12个支社的代表出席座谈会。9月5日，在市图书馆举办"纪念抗战胜利暨九三学社创建70周年"文艺演出活动，市区9个支社参加演出。社员李哨兵采集制作纪念中国人民抗日战争暨世界反法西斯战争胜利70周年纪录片《铭记铁血历史、关爱抗战老兵》。

【组织建设】 4月，九三学社晋城市委召开会议，成立5个专门委员会，分别为：经济科技工作委员会、农业社会工作委员会、医药食品工作委员会、教育妇女工作委员会和文化艺术工作委员会。发展新社员坚持"人才强社"战略，严把社员入口关，出台新社员预备期制度，对12名2013年度新社员、13名2014年度新社员下发《批准入社通知书》，新发展社员

25名。

【参政议政】 选取不同领域，撰写提案议案，提交的提案及社情民意涉及经济、文化、农业、医疗、教育、旅游等方面。撰写《司徒小镇调研与发展晋城旅游集散中心的建言报告》《关于促进农民专业合作社健康发展的几点建议》，上报市委、市政府决策参考。撰写《关于晋城市新农合问题的调研报告》《关于晋城市农村小学生上学问题的调查报告》，上报市委统战审阅。此外，各支社和社员还撰写了《三馆大厦安保问题不容忽视》《应尽快解决市图书馆管理人员配置问题》《我市文化站资源整合意见》《城区旅游如何走出围成》《打造田园城市，建设幸福阳城》《巩固创园成果，提升城市品位》《"道德讲堂"今何在?》《关于凤台街非机动车道隔离墩的问题》《关于普及生命教育的建议》《关于解决城区农村公交出行问题的建议》《养老问题与城市发展的探讨》《王台铺矿和东王台村的交叉路口应尽快安装交通信号灯》等议案及社情民意。

【社会服务】 3月15日，城区支社社员在吴王山开展植树造林活动。在城区东王台幼儿园举行"践行父母规，传播正能量"系列讲座活动，听课学生及家长达500余人。3月29日，10个支社近60位社员在白马寺山植物园"九三绿苑"植树基地举行义务植树活动。9月，医药与食品工作委员会组织20多名专家社员到阳城县柴圪塔村进行边远山区义诊活动，并为该村赠送医疗器械。市直一支社将市社会福利院确定为社会服务定点单位，组织社员利用业余时间自愿服务，定期慰问孤残儿和老人。泽州支社承办的"九地合作"项目、"农业科技种植技术推广"项目，泽州县"香菇精简化栽培富民"项目、"户用型谷子半精量播种试验机"项目取得突破性进展。

【队伍建设】 在全体社员中，开展"岗位奉献"活动和九三形象工程塑造活动，涌现出一大批优秀社员。社市委副主委、泽州县副县长程春明被九三学社中央表彰为"优秀社员"。侯生哲被中宣部评为"中国杰出人物"。社市委专职副主委王新明被九三学社中央评为"优秀社务工作者"。社市委委员、副秘书长席海霞被新疆昌吉地区与阜康市授予"优秀援疆干部"称号。社员李海宗获得2015年全国煤炭系统书法大赛乌金奖。社员马学芳主持完成《原发性高血压中医证型与一般因素及HCY、Cys-C的相关性研究》，经中国煤炭工业协会组织的科技成果鉴定达到国际先进水平。社员余鹏参加第六届全国婚礼主持人大赛，获得山西赛区金奖和最佳新人奖，代表山西赛区参加全国总决赛，获得全国优秀婚礼主持人奖。教育支社副主委王凤兰荣获晋城市优秀校长称号。副主委毋会利获第十三届叶圣陶杯全国中学生新作文大赛优秀指导教师二等奖。副主委司宝群被续评为山西省骨干教师。社员韩继东被续评为山西省学科带头人，并参加2015年《高中新课程问题导学案必修3》编写。社员姬海欣获"汉字听写大赛优秀指导教师"以及晋城市中学生故事大王比赛优秀指导教师。社员刘敬辉获2015年西部青少年棒球邀请赛优秀教练员，被中国垒球协会聘为软式棒垒球委员会委员。城区支社社员、东王台幼儿园园长郭林海获得"全国优秀民办教师"称号。社员李晋编排的歌伴舞《太行山上》获省艺术节一等奖。泽州支社陈向明获"晋城十大好人"称号。王彩梅获中国教育电视台"全国优秀教育课例展播"二等奖、山西省教学能手。杜晓忠被山西省音乐家协会评为优秀会员，被中国音乐学院山西考级委员会评为"优秀园丁"。文博支社吴希莲被市委宣传部、市总工会评为"第三届晋城最美新闻人"，并被市劳动竞赛委员会授予"一等功"。

（九三学社晋城市委）

晋城市工商业联合会(总商会)

【概述】 2015年，市工商业联合会加强商会组织建设，拓展服务领域，履行工作职能，为促进全市非公有制经济的科学发展和可持续发展做出了积极贡献。

【思想教育】 组织非公有制经济人士系统学习党的十八大，十八届三中、四中、五中全会精神和习近平总书记系列重要讲话精神，教育引导非公有制经济人士坚定道路自信、理论自信、制度自信。以“发扬晋商精神，重塑民企形象”为主题，在全市非公经济人士中开展“强信心、促转型、树形象”活动，通过政策辅导、思想引导、培训联谊等多种形式，使非公经济人士感受到党和政府的温暖，国家政策的精髓、产业发展的方向，增强他们的发展信心，强化创新驱动，加快转型升级。组织召开全市中小企业政策解读培训，从不同层面、不同角度了解民营企业发展的问题，提供学习交流的机会。9月，组织全市非公经济代表人士在市委党校进行集中培训，组织全省民营经济发展推进大会精神晋城宣讲报告会，传达全省民营经济发展推进大会精神，提升民营企业发展的信心。

【调查研究】 围绕经济发展新常态下非公有制经济人士思想政治工作和民营企业转型升级开展调查研究，形成《关于加快推进我市民营经济发展的若干建议》《经济发展新常态下非公有制经济人士思想政治工作研究》等调研报告。建立民营企业运行情况观察点，对20家中小微企业监测点进行监测调查，及时掌握民营企业运行情况，对运行中存在的主要问题，向市委、市政府建言献策，改善民营经济发展环境。探索全市民营企业“走出去”发展和转移过剩产能的有效途径。全市民营经济发展大会召开前，会同市中小企业局进行专门调研，为市委市政府加快民营经济发展政策提出意见和建议。

【为企服务】 多次召开政企座谈会、银企对接会、商会会长（秘书长）座谈会以及推动实体经济、民营经济座谈会，搭建政企对接平台，倾听民营企业家的发展诉求，为民营经济发展排忧解难。组织召开晋琼两地民营企业家座谈会，促进江阴商会的劳务人员输送。加强与金融机构的联系，完善民营企业诚信体系建设，推动“助保金”和“聚力贷”融资贷款业务，缓解民营企业融资难、融资贵问题。发挥法律维权服务中心作用，深入民企开展“法律进民企”“法律进商会”等活动，提供专业化法律维权服务。配合有关部门开展民营企业招聘周活动，为会员企业和求职者搭建供需平台。各县（市、区）均开展活动，为民营企业发展提供服务。阳城县每月举办民营企业人才招聘活动，帮助企业解决人才需求。陵川县解决民营企业和非公经济人士的诉求、意见，做到“事事有结果，件件有回音”。

沁水县搭建政银企服务平台，召开政银企交流座谈会，帮助民营企业解决信贷资金。

【商会建设】 强化基层商会组织建设，指导帮助商会组织规范化运作，加强商会党建工作，引领商会发展方向。大力发展行业、异地商会，筹备组建晋城市门窗商会、晋城市小微企业联合会，指导帮助河南商会、安徽商会顺利换届。

【招商引资】 依托商会组织，发挥内引外联优势，开展多形式、宽领域、全方位的招商引资活动。组织商会参加晋城市第五届投资贸易洽谈会，签订招商引资项目8个，总投资24.8亿元，拟引资19.5亿元。

【“新晋商、兴晋城”活动】 12月16日晚，由市委统战部和市工商联主办的携手同行30年“新晋商、兴晋城”大型主题活动在晋城广播电视台演播厅举行，市领导焦光善、廖军、王维平、茹栋梅、马德和、陈改玲等出席活动，并为陕西、山东、江苏、温州、河北、河南、安徽、福建等8家异地商会颁发“携手同行、共建晋城”牌匾。活动中，通过电视短片的形式展现30年来一大批来自天南地北的商界精英 与晋城人民携手同行，一起创业，一起打拼，一起成长的光辉历程。八家异地商会表演安塞腰鼓、苏州评弹、温州鼓词等各具地方特色的文艺节目。

（市工商联）

群众团体

晋城市总工会

【概述】 2015年，市总工会坚持以职工为本，全面推进基层工会规范化建设，围绕中心、服务大局，履职担当、奋发有为，整体工作呈现新局面。市总工会获全国“安康杯”竞赛活动优秀组织单位、全国职工新《中华人民共和国安全生产法》知识普及竞赛活动最佳组织单位、全国推进会员评议职工之家工作先进单位、全国2014年度市级工会财务工作先进单位等称号；获得省总工会经审工作规范化建设特等奖、2014年度工会财务会计工作竞赛特等奖、山西省第五届职工职业技能大赛优秀组织奖、“三八”主题教育月活动优秀组织奖等；获得市级“文明单位”称号。

【劳模宣传】 联合劳模协会，组织报纸、电视、广播三家媒体采访劳模20余位，召开劳模座谈会，拍摄劳模访谈节目《群英汇聚话发展，凝心聚力促争先》。高平科兴南阳煤业有限公司综采队队长陈建鹏获“榜样山西·最美劳动者”称号。

【技能比赛】 组队参加山西省第五届职工职业技能大赛、山西省第三届煤炭行业职工职业技能大赛，获得计算机程序员决赛团体总分第二名。举办全市家政行业首届家政服务技能大赛，餐饮行业首届烘焙职业技能大赛，金融行业反假点钞、国库业务专业和互联网金融知识竞赛，教育系统首届初中理化教师实验操作技能大赛，市直机关公文写作、信息化技能、英语应用、硬笔书写技能比赛，在广大职工中掀起“学技术、练技能”热潮。

【“五小”竞赛】 组队参加全省“五小”（小发明、小创造、小革新、小设计、小建议）竞赛优秀成果展，名列全省前五。组织开展全市“五小”竞赛活动，全市1100余家企业、20万余名职工参加竞赛，开展活动的重点工业企业48个，上报创新项目480余项，累计产生经济效益1.2亿元。

【组织建设】 开展“组织建设年”活动，坚持广普查、深组建、全覆盖，推行“网格化管理”，开展“工会组建月”活动、“农民工集中入会”行动，扩大工会组织覆盖面。全市新组建工会组织209个，涵盖法人单位533个，发展工会会员13635人。全市创建和申报省级“六有”工会（有依法选举的工会主席，有独立健全的组织机构，有服务职工的活动载体，有健全完善的制度机制，有自主管理的工会经费，有会员满意的工作绩效）示范点33个，达到“六有”标准的乡镇工会64个，建成率为75%；“六有”基层工会达到3232个，建成率为80%。举办各类培训班10余期，培训工会干部1200余人次。

【工资集体协商】 以“完善制度、依法推进，巩固建制、提高质量”为主题，保持已建会企业工资集体协商覆盖率。紧跟工会组建步伐，推动工资集体协商同步建制。全市共签订工资集体合同2898份,覆盖企业7145个,覆盖职工397046人。已签订工资集体合同的企业,合格以上的企业5933个,占总数的84%。市总工会在全省工资集体协商工作会议上介绍经验,沁水县美容美发行业、阳城县旅游行业工资协商工作经验入选《全国工资集体协商典型案例分析·行业篇》。

【主题活动】 广泛开展"培育好家风——女职工在行动"主题实践活动、第三届"书香三八"读书活动、"三八"主题教育月活动等,组建"妈咪小屋"6所,签订女职工专项集体合同789份,覆盖企业818个,覆盖女职工98700人。

【厂务公开】 开展"星级职代会"创建和"公开解难题、民主促发展"主题活动,全市827家国有企业、1075家集体企业、10113家非公企业、1047家事业单位召开职代会或职工大会。向省总工会推荐"全心全意依靠职工办企业的优秀企业家"3人。在全省2015年度厂务公开民主管理工作目标考核中,晋城市被评为优秀。

【劳动保护】 加强煤矿井口群众安全工作站规范化管理,全市正常生产的56座矿井均建立标准化的井口群众安全工作站,晋城市5个井口工作站荣获省总工会"五星级"煤矿井口群众安全工作站称号。在全国班组安全建设管理成果展示比赛中,晋城市推荐的5个班组荣获一等奖,同时获得全国"安康杯"竞赛优胜班组称号。在全市各行业、各领域全面开展尘肺病防治工作调研,摸清存在尘肺病危害因素的企业个数、职工人数、接触人数、尘肺病患者人数等情况。签订高危行业劳动安全卫生专项集体合同307份,覆盖企业320家,覆盖职工13.26万人。开展《山西省女职工劳动保护条例》宣传贯彻活动、送"安全生产知识到企业一线"活动、宪法日暨全国法制宣传日活动等,增加职工劳动保护意识。

【文体活动】 举办全市第三届职工运动会、全市职工法律知识竞赛、全市职工桥牌锦标赛、交通运输行业职工经典诵读活动、农林水系统首届乒乓球比赛等文体活动,开展10场文体节目展演下基层活动。组织参加省人大和省总工会纪念抗战胜利70周年书画作品展、全省职工文化建设成果展示微比赛、女职工乒乓球比赛、全省建筑建材行业职工篮球赛等。建设全国职工书屋2个。落实文艺骨干培训千人计划,组织开展4期培训,培训文艺骨干180多人。

【帮扶救助】 一是开展"送温暖"活动。元旦、春节期间,开展"送温暖、献爱心"活动,下拨县(市、区)送温暖资金550万元;慰问市直单位困难职工家庭2857户,共发放慰问金290.3万元。二是开展"金秋助学"活动。对各县(市、区)集中拨付中央财政专项帮扶资金137万元;市总工会共筹集助学金152.7万元,资助困难大学生288人,其中包括64名困难农民工子女。三是集中开展"情系职工、清凉一夏"活动。四是开展"春风行动"活动。市总工会与市人社局、市妇联联合举办各类招聘洽谈会41场,参会单位累计1600余家,提供岗位30223个,达成就业意向12220人。五是开展日常救助。救助困难职工和农民工42人次,发放救助款6.9万元。六是开展职工大病医疗互助。参加互助职工人数达25万余人,筹集互助金1288万元;审核补偿患病职工6043人,累计给付补偿金1541万元。

【专项行动】 开展"农民工有困难找工会,拿不到工资找工会"专项行,全市各级工会直接处理农民工欠薪事件3起,帮助追讨欠薪89万元;参与处理农民工欠薪事件10起,参与帮助追讨欠薪455万余元。 (市总工会)

共青团晋城市委员会

【概述】 2015年,团市委按照市委六届五次全会和团省委十四届四次全会的总体部署,结合晋城青年工作实际,深化思想政治引领、坚持工作创新、提高服务能力、加强从严治团,扎实推进团的各项工作。

【德育教育】 一是开展"勿忘历史·圆梦中华"等主题实践教育活动800余场,23万人次参与活动。二是选树“五四红旗团委”“五四红旗团支部(总支)”、优秀共青团员等一批先进青年典型。三是联合教育局下发《关于学习李寨中学办学经验,深入开展实践教育活动的实施意见》,以实践教育活动为抓手,加强青少年德育工作。

【网络宣传】 招募青年网络文明志愿者14008名、青微工程骨干成员10名、核心网评员47名。市、县两级官方微博共发表微博2745条,其中在团省委微博话题转发活动中转发微博7164次,发表评论244条。开展红色主题网络活动,引导网络文明志愿者参与“阳光跟帖”“青年好声音”“守善”等网络文化行动。编创《给爸爸的信》和《卖花的小姑娘》微视频新媒体产品。扩大团青微信群覆盖面,推进“晋城青年联盟”微信公共号建设。

【实践活动】 组织200余人在晋青世界进行书画写生活动。在全市60余所中小学开展“防震演练”活动,覆盖学生人数11万人。在6所学校,开展安全教育宣传活动,参与人数达3600余人。在市直学校开展校园“开心农场”活动,参与人数达400余人。开展两期长达一个月的“雏鹰练翅”军事夏令营,参与人数达500余人。

【组织建设】 一是扩大团组织覆盖面。全年新建非公团组织101家,组建10个街道区域化共建委员会,按照“四个区域化”(区域化建组织、区域化配干部、区域化搞活动、区域化建阵地)要求,制定转化乡镇、村和直属团组织量表。二是推进青少年综合服务平台建设工作。全市建立青少年综合服务平台31个,市级示范性青少年综合服务平台5个,申报省级示范性综合服务平台3个。三是完善青年社会组织数据库。2015年全市完成统计210家,新增6家。四是规范团员和团员队伍管理。实施“强基固本”工程,下发《关于进一步加强全市共青团队伍建设的意见》和《发展团员和团员教育工作实施细则(试行)》。五是优化基层环境,加强基层团干和少队干部培训。六是落实2015年市级财政给予每个乡镇(街道)团组织1万元的工作经费,实施基层团建指导员和基层工作菜单制度。

【青春护航工程】 一是开展“面对面”活动、“轻松备考12355与你同行”阳光行动,举办专题讲座12场,累计服务1.5万余名毕业生和家长;完成省级“青少年维权岗”创建单位的交叉互检工作。二是召开“全市预防青少年违法犯罪工作座谈会”、阳城县预防青少年违法犯罪“防火墙”研讨会暨重点青少年群体“成长护航工程”安排部署会,围绕不良行为以及留守儿童等群体的引导教育工作开展调研,形成《关于泽州县农村留守儿童心理健康问题的分析》调研报告。三是组建青少年维权专家服务团队,完成专家的网络注册工作,申报5个项目为《山西省首批青少年事务社会工作示范项目》。建成市级青少年事务社会工作示范服务站1个,县级青少年事务社会工作示范服务站5个。

【青春文明工程】 2015年,推进共青团关爱农民工子女志愿服务行动,全市结对学校数65所,结对人数15679人,参与关爱行动志愿服务人数12962人,项目专员72人,结对组织数65个。开展“七彩课堂”活动200次,累计8000小时,共建有22间“七彩小屋”。推进助残“阳光行动”,共结对1586人。组织开展关爱聋哑儿童志愿服务活动、助残志愿服务活动;举办晋城市青年志愿者助残“阳光行动”骨干人员培训,培训骨干人员250人。组织参加第二届全国青年志愿服务项目大赛,晋城青年志愿者安利分会的“爱——陪伴成长”和自来水公司分会的“阳光家园,社区课堂”项目分别获银奖和铜奖。推进团员注册志愿者工作,团员注册志愿者人数为43553人。组建志愿服务分会24个,有工作人员25名,全年组织开展志愿服务活动135次,1万多人参与志愿服务工作,总计服务时数达54万小时。

【青春成才工程】 搭建见习实践平台,借助24家青年就业创业见习基地,为507名青年提供见习岗位。搭建创业融资平台,为1483名青年提供青年创业小额贷款11585万元;对587名团干和

2953名农村青年分63期进行金融知识培训。搭建技能提升平台，对3380人进行实用技能、青年就业技能和SIYB培训。搭建引导激励平台，组织开展第三届青年创业大赛，激发广大青年的创业热情。联合中国社科院社会学研究所青少年与社会问题研究室，共同开展晋城市创业青年群体发展状况调查，形成《晋城市创业青年群体发展状况调研报告》。

【公益活动】 启动"与爱同行·爱暖凤城"暖冬公益行动，为经济困难家庭青少年、留守儿童、农民工子女和特殊青少年群体送去温暖和关爱。号召青联委员与2015年应届品学兼优、家庭困难大学生进行捐资助学结对，为40名困难学生捐助20余万元。开展爱心捐助活动，累计为优秀贫困生及患病儿童捐款捐物96.3万余元。开展"12355公益大讲堂"活动56场，覆盖学生2.75万余名。开展社会实践活动11场，参与人数达350余人。组织实施"爱心送考"志愿服务活动，为考生提供送考服务。成立晋城市晋青社会工作服务中心，培育、联系和服务青年社会组织参与社会治理。申请中国青基会"京津冀晋蒙青少年增绿减霾共同行动"专项经费9万元，引导青年社会组织开展公益环保青年志愿活动20余期，覆盖青年1万余人。

【对口支援】 开展青少年民族团结对口支援工作，选派优秀企业家、教育专业人士、专业技术人员组成援疆工作考察团，赴新疆开展经贸考察合作、专题培训、提供农业技术指导，并为对口援建地的10名家庭困难学生资助学费5000元，捐助专项经费15000元。

（共青团市委）

晋城市妇女联合会

【概述】 2015年，市妇联贯彻中央加强和改进群团工作部署，开展"创业创新巾帼行动"，为妇女投身大众创业、万众创新实践提供服务；围绕"家"字做文章，引导广大家庭践行社会主义核心价值观，以"学堂"为载体，提升妇女综合素质；团结带领全市广大妇女在实施"一争三快两率先"战略中谋求新作为，在广泛参与中创建新业绩，全市妇女工作迈上新台阶。

【巾帼创业行动】 一是为妇女创业创新提供服务。由市妇联牵头，与市财政局、市人社局、市担保公司、城区信用联社合作，为69名妇女发放贷款529万元；开展妇女创业创新孵化服务，建立省级妇女手工编织示范基地3个、巾帼家庭服务示范基地5个；推荐女企业家参加省文博会、全国妇联在陕西省举办的"指尖上的巾帼梦——丝绸之路沿线国家、省（市、区）妇女手工艺品展览展示"和义乌小商品博览会；开展"春风送岗位"活动，发放宣传资料1.5万余份，帮助670余名妇女实现就业。二是营造妇女创业创新良好环境。举行巾帼建功先进事迹巡讲活动，深入基层巡讲13场，3000余名妇女聆听报告；举办全市妇女手工艺作品展，展出各类手工艺作品150余幅；开展科技周宣传活动，举办妇女健康知识讲座、消防安全知识讲座、心理健康知识讲座；举办"晋嫂"家政服务技能选拔赛，并推荐6名选手参加省妇联举办的技能大赛，获得一银三铜好成绩。三是提升妇女创业创新能力。实施巾帼创业就业技能项目培训，聘请专家授课，举办家政服务、手工编织、美容美发等各类培训11期，500余名妇女参加培训。全年，全市各级妇联开展各种技能培训220班次，2万余名妇女通过培训增长技能，实现增收。

【传承家文化】 贯彻落实习近平总书记"注重家庭、注重家教、注重家风"要求，利用晋城妇女网、微信、QQ交流平台等宣传阵地，推进家庭文明建设工作。一是召开纪念"三八"国际劳动妇女节105周年表彰大会。二是开展寻找"最美家庭"活动。全市各级妇联通过召开"最美家庭"事迹报告会、故事会、自荐、互荐，寻找最美家庭100户，推荐省级最美家庭10户，刘平贵夫妇获得全国道德模范称号。三是开展家规家训悬挂宣传活动。以"传承德孝文化、践行核心价值观"为主题悬挂家规家训，发放"好家风好家训"小册子1万份；征集"我爱我家"好家风家训书法作品380多件，联合市文联组织举办"我爱我家"好家风家训书法作品展。四是举办家庭教育知识巡回讲座。到18所小学、幼儿园进行宣讲,4000余名家长聆听讲座。

【文化学堂】 2015年,市妇联每月举行一期女性文化学堂,涵盖政策方针、法律知识、传统文化、沟通技巧等内容,组织女性文化学堂进机关、进社区巡回讲座。各级妇联以女性文化学堂为载体,广泛开展讲座、培训,激发广大妇女自我管理、自我服务、自我发展的热情,提升广大参与妇女的文明素质,凝聚广大女性参与社会建设和社会发展的强大正能量,践行社会主义核心价值观。

【巾帼维权行动】 一是开展"三八"维权周活动。开展"建设法治晋城·巾帼在行动——巾帼维权·送法到家"主题活动,发放《中华人民共和国宪法》《妇女权益保障法》等宣传资料。开展禁毒、预防艾滋病、反家暴和"12·4"法治宣传活动,提高妇女知法、守法、用法能力。沁水妇联开展"不让黄、赌、毒进我家""四防四无""预防和制止家庭暴力"等活动,受到市、县综治委赞扬。二是推动贯彻男女平等基本国策。开展"纪念男女平等基本国策实施20周年"宣传教育活动、晋城妇女儿童发展"十二五"规划终期评估,部署科学制定妇女儿童"十三五"发展规划工作。三是开展对少年儿童的关爱慰问活动。市妇联、市妇儿工委办以5月"幸福家庭月"、6月"儿童保护月"活动载体,到六县(市、区)农村小学、幼儿园和定点扶贫帮扶村看望慰问少年儿童,向少年儿童致以节日问候和祝福,与孩子们共庆"六一",并送上文体用品等节日礼物。6月15日儿童保护日,以"爱我一牵手"为主题,举行"知法懂礼·安全自护"绿丝带行动。

【"平安家庭"创建活动】 市妇联与市综治办联合组织开展"平安家庭"创建活动,召开全市"平安家庭"创建推进会,举行"平安家庭"创建事迹巡回报告会6场,广泛宣传"平安家庭"创建工作,使"平安家庭"创建工作深入人心,家喻户晓。

【"春风行、母亲情"活动】 母亲节前,市妇联与晋城监狱邀请全国道德模范毕腊英、巾帼志愿者、100余名服刑人员父母(亲属)参加"春风行、母亲情"大型亲情帮教活动,用亲情感化服刑人员,帮助他们自觉接受改造。

【信访工作】 实行主席、副主席接待日制度,及时为受害妇女儿童提供帮助和救援。全年接待服务热线45件次,来信来访98件次,参加妇女儿童相关案件开庭陪审20余起,98%以上案件通过司法得到公正处理。

【巾帼关爱行动】 "三八"期间,开展"关爱妇女健康月"活动,举办妇女健康知识讲座6期。高平妇联为60名贫困大学生发放"金秋助学"金6万元,为200名贫困生发放"护苗成才"助学金8万余元。实施农村妇女"两癌"免费筛查项目,为3万余名妇女免费检查,32名"两癌"贫困妇女得到全国、省妇联每人1万元的救助;全市各级妇联慰问贫困妇女、孤残儿童、留守儿童500余名;开展"天籁列车"爱心救助活动,为49名听力障碍儿童免费发放价值2000元的助听器;建立关爱留守流动妇女儿童示范点20个;开展"母亲健康快车"项目,惠及5.6万名妇女儿童。 (市妇联)

晋城市科学技术协会

【概述】 2015年,市科协坚持"固基础、强职能、拓领域、上台阶"的工作方针,贯彻落实《中华人民共和国科普法》、全面推进《全民科学素质纲要》实施,圆满完成各项工作。市科协组织的"晋城科普大讲堂走进县(市、区)巡回演讲"活动被中国科协评为2015年全国科普日特色活动组织单位;被市文明委授予"晋城市文明单位标兵"称号。

【科普宣传】 2015年,市科协组织开展文化科技卫生"三下乡""科技之春"宣传月、科技活动周、全国科普日等主题科普宣传活动。开展大型主题科普宣传活动10余场次,举办适用技术培训班5期,现场发放科普宣传挂图5000幅,科普读本30000余册,科普宣传品2000份。编辑科学素质丛书读本《身边的科学知识》系列之四，免费向市民发放。制作发放“反对迷信、崇尚科学”“环境保护、低碳出行”等系列挂图2万余套。

【创建工作】 开展“科普示范县（区）”创建和“基层科普行动计划”，推荐高平市参加2016—2020年度“全国科普示范县（市、区）”评选活动，全市有3个先进农村专业技术协会、1个科普示范社区和1名科普带头人，获中国科协奖补，共获奖补资金85万元；2个先进农村专业技术协会、7个科普示范基地、2个科普示范社区和7名科普带头人，获省、市科协奖补，共获奖补资金55万元。创建“科普惠农服务中心服务站”1个，获省科协补助资金30万元。市科协、市财政局联合出台《晋城市科普惠农兴村计划专项资金管理办法》，推进“互联网+科普惠农”工作。

【科技创新】 利用“讲、比”活动平台，培育科技创新人才，促进科技创新发展。在企业开展“讲理想、比贡献，奋力实现中国梦”活动，征求合理化建议3729条，采纳1673条；完成项目2000余项；开展各类科普讲座118次，受众10939人；举办技术培训196次，培训人数8458人。组织实施“金桥工程”项目5项，为企业节约资金788万元，增加利税1820万元。举办“科技创新进企业”宣讲报告会1场。新成立金建集团和汽车运输公司企业科协2个，扩大企业科技工作者的覆盖面，全市企业科协达34家，覆盖企业职工198899名、科技工作者19579名。

【科学素质提升】 一是建立健全“科学素质提升”共建机制。制定《全民科学素质行动工作要点》，形成“政府主导、部门协作、社会参与”的工作格局。二是开展主题活动。举办“晋城市提高全民科学素质有奖知识竞赛活动”，收到答题卡6000余份。组织科普摄影爱好者参加“第四届中国科普摄影大赛”作品征集活动，征集摄影作品200余幅。开展“五阅读三巡回一覆盖”活动（五阅读即青少年科学兴趣阅读、职业农民科学普及阅读、社区居民科学素养阅读、企业职工科技创新阅读、领导干部与公务员科学思想阅读；三巡回即山西科学讲坛——对话科协巡讲活动、流动科技馆巡展活动、科普大篷车巡演活动；一覆盖即推动科普信息化全覆盖），向全市科普惠农服务站、中小学科技教育基地、科普示范社区、大型企业、党政机关等单位赠送价值近10万元的优秀科普书籍。在高平市、陵川县组织开展“体验科学”中国流动科技馆巡展活动，现场体验人数达2万余人。组织开展“晋城科普大讲堂走进校园”和“晋城科普大讲堂走进县（市、区）巡回报告”活动，邀请15名中科院老科学家，到100余所中小学校和社区作科普宣讲报告会120余场，听众达8万余人。5月8日，在太平洋大厦举行科普教育基地授牌仪式，晋城市成为中科院老科学家科普演讲团首家在山西省命名“科普教育基地”的地市。

【科技竞赛】 组织青少年参加“山西省第30届青少年创新大赛”，50项作品获一、二、三等奖；组队参加“第15届中国青少年机器人竞赛（山西联赛）”，晋城一中、四中代表队分获两个项目一等奖。组织创新大赛获奖青少年参加“2015年全国青少年高校科学营——中国海洋大学站”活动。会同市总工会、团市委等部门，在全市广泛开展“晋城市职工技能大赛”“第三届晋城市青年创业大赛”“月星杯”首届电视创业项目大赛和“晋嫂”家政服务技能选拔大赛。

【科技交流】 举办“学术沙龙”活动3期。组织优秀科技工作者和科普专家，参加“科技梦·中国梦——中国现代科学家主题展”山西巡展活动，调动和激发科技工作者的创新热情和创造活力。筹措资金20万元，新建功能齐全、设施完善的科技工作者之家活动室，为全市广大科技工作者提供学习交流的活动平台。

【科技服务】 开展学会、基地、学校、社区牵手活动。依托市气象学会的科普资源和服务资源，在10个市级科普示范基地开展手机气象预报信息服务。气象学会在凤鸣小学建立气象观测站，与地震学会开展送气象、地震科普图书进社区、学校等活动。

【表彰活动】 开展晋城市“第三届优秀工程技术人员和十佳工程师”表彰活动，表彰全市优秀工程技术人员和十佳工程师。向省科协推荐3名第八届“山西省优秀科技工作者”候选人，有2名受到表彰。 （市科协）

晋城市文学艺术界联合会

【概述】 2015年，市文联按照“高举旗帜、围绕大局、服务人民、改革创新”的总要求，团结全市广大文艺工作者广泛开展各类文艺活动，努力创作生产文艺精品，深入开展文化惠民行动，不断加强机关自身建设，各项工作取得新成绩。

【文艺活动】 春节期间，举办晋城历史文化名人展和晋城市第七届青少年书法作品展。第三届（晋城）太行山文化旅游节期间，举办“锦绣华年·而立晋城”书画精品展，集中展示晋城建市30年来在书法、美术领域的创作成果。影视家协会组织拍摄了晋城市首部原创电视剧《俺家住在黄华街》，摄影家协会组织举办美丽晋城三十年成就展。9月上旬，在市农展馆举办“我爱我家”好家风家训书法作品展。与市委宣传部、团市委和市文明办等单位共同举办“诵读经典诗词·弘扬传统文化”青少年中华经典古诗词挑战大赛，弘扬中国优良传统文化。

【惠民活动】 市文联和市书协先后组织机关工作人员和书法家到高平市米山镇，给当地群众送去2000余册书籍，书写春联1000余副；市摄影家协会组织60余名摄影家到阳城县砥洎城村，开展“送摄影进农家”志愿服务活动；市书协多次组织书法家到机关、农村、社区等地，义务书写春联1万余幅；曲艺家协会组织晋城市第四届“太行书会”和社区周末大剧场的曲艺专场演出；戏剧家协会举办“中国精神·中国梦”走进皇城相府戏曲晚会；音舞家协会举办高雅音乐进图书馆系列活动——“元旦独唱音乐会”“新春钢琴音乐会”“元宵节民乐演奏会”等。

【文艺创作】 市文联、市书法家协会在赵树理文学馆举办“深入生活，扎根人民”——“翰墨薪传”流动书法公益培训活动；市美协多次组织画家到外地采风创作；摄影家协会组织会员赴晋中平遥、高平良户等地开展采风创作活动16次；曲艺家协会成立凤来轩曲艺茶社，为曲艺爱好者提供交流学习的平台；戏剧家协会组织举办第二届中国黄河流域红梅奖大赛等。美协17名画家参加“太行风骨·善美晋城”山西省美术作品展；画家贾大一应邀参加新中国美术家系列山西省国画作品展。书法家协会贾大一、李慧英、冯俊儒等创作的作品多次入选省级大型展览；音舞家协会创作大量的音乐舞蹈作品，其中歌曲《雪松情紫薇梦》《仰慕太行》等，参加全省“五个一工程”评选；曲艺家协会副主席李萍创作评书《执法如山于成龙》；民研协会出版反映晋城市民间文艺书籍《民间记忆》等。

【《太行文学》】 在刊物质量上力求精益求精，受到读者欢迎。在服务市委中心工作上有所作为，编辑出版《晋城文学三十年》系列丛书，系统和集中反映建市30年来，晋城市在文学方面所创作的优秀作品。利用笔会和其他场合，举办多场文学讲座，培养文学人才。

【赵树理文学馆】 全年共接待各类参观团体和个人6000余人次，举办各类主题活动20余场次。举办文化沙龙两期，邀请中青年书法家申屠卫政和中国赵树理研究会理事、晋城职业技术学院旅游与酒店管理系主任段文昌，分别就“书法《从临摹到创作》”“永远的文学经典——《小二黑结婚》的改编与传播”话题同广大文艺爱好者进行交流。加大赵树理研究工作力度，收购有关赵树理和山药蛋派代表作家的作品近百件。 （市文联）

晋城市归国华侨联合会

【概述】 2015年，市归国华侨联合会团结广大归侨侨眷和海外侨胞，以“建好侨胞之家，凝聚侨界力量，发挥独特优势，服务经济建设”为主题，精心组织，狠抓落实，圆满完成各项工作任务，开创侨联工作新局面。

【经济服务】 8月19日，正式启动实施晋城市侨界留学人才创新创业“双百计划”。晋城市阿邦迪能源有限公司成为山西省首批新侨创新创业示范基地。牵线引进山东贝隆杜仲生物工程有限公司落户沁水县端氏镇，项目总投资3000余万元。开展送专家下乡活动，邀请市蚕桑专家到阳城县东冶镇柳泉村，送技术，送服务，送资料，实地查看、指导病虫害防治工作。

【侨情普查】 完善侨情档案，更新六十岁以上侨界老人数据与生活状况数据，建立花名册、电子档案等。3月15日开始，开展海外留学人员基本情况调查活动，初步掌握晋城市59名海外留学人员的基本情况。

【侨益维护】 开展《中华人民共和国归侨侨眷权益保护法》宣传活动，在全社会营造维护侨益的浓厚氛围，增强广大归侨侨眷的依法维权意识，切实维护侨界群众的合法权益。开展创建“文明侨户”活动，表彰“文明侨户”68户，“三缘三情大团圆、百家侨户奔小康”活动先进个人39名。

【为侨服务】 在归侨侨眷中开展“向海外亲属发一封信、打一个电话、发一条短信”为主要内容的“三个一”活动，共走访侨户109户，解决他们的后顾之忧，通过他们向海外亲属传递党和领导的关怀。探索对空巢归侨、侨眷的生活需求保障机制。

【参政议政】 市侨联组织召开参政议政座谈会，组织有针对性的参政议政调研活动3次，提出合理建议和提案54件，反映社情民意8条，撰写参政议政、侨联工作方面的文章6篇。

【宣传调研】 2015年，市侨联完成《晋城市侨联志》编辑工作，正在向基层侨联以及社会各界征求意见。出版《郭台铭与故乡》，宣传晋城籍台商郭台铭回报故乡的事迹。举行侨界道德模范先进事迹报告会，邀请3名侨界道德模范讲述他们的先进事迹。开展工作理论调研活动，提供调研课题17项，撰写参与社会管理调研文章12篇，评选出一等奖1篇，二等奖2篇，三等奖3篇。

【社会服务】 阳城县皇城相府成为中国侨联“中国华侨国际文化交流基地”，并于9月18日举行授牌仪式。中国华侨公益基金会和阳城县第一中学联合设立“侨爱心树人班”，帮助家庭特困、成绩特优学生完成学业。

（市归国华侨联合会）

晋城市残疾人联合会

【概述】 2015年，市残疾人联合会按照“坚持一个中心（以残疾人小康建设为中心），紧握两个抓手（一手抓培训就业，一手抓康复救助），突破三个瓶颈（在资金、基础设施建设、队伍建设方面寻求突破），做好七项重点工作（一是制定残疾人事业‘十三五’发展规划；二是推进培训就业工作；三是全面落实康复救助工程；四是推进盲人按摩店规范化建设；五是加强社会保障工作；六是注重维权信访工作；七是加快基础组织建设，活跃宣传文体工作）”的总体思路，认真履行“代表、服务、管理”职责，全面推进全市残疾人工作。

【技能培训】 以国家级残疾人职业培训基地——晋城市残疾人职教中心为依托，先后举办盲人保健按摩、互联网+、计算机室内外设计、雇主培训、创业培训等各类培训班14期，共培训残疾人662人。全市共完成残疾人就业技能培训569人，创业培训137人，岗位提升70人，雇主培训100人，机构工作人员培训12人，农村实用技术培训1049人，为省级残疾人职业培训输送学员90人。

【残疾人就业】 2015年，全市城乡残疾人就业状况实名制录入率为98.02%，培训率为28.78%，举办4场残疾人就业专场招聘会，123名残疾人求职者与用人单位达成就业意向。全年按比例安排残疾人就业208人，集中就业110人，个体和自主创业150人，灵活和居家就业118人，基地就业113人，社区基层就业和公益性岗位就业57人。全年共扶持盲人就业145人。

【康复救助工程】 实施国家“七彩梦行动计划”、国家彩票公益金贫困残疾人康复救助项目、国家“十二五”残疾人康复救助项目、省彩票公益金残疾人康复救助项目、省财政专项资金残疾人康复救助项目,对全市4461名残疾人进行了康复救助。市本级财政预算康复经费115万元,为1006名精神病患者进行服药救助,每人500元;为13名残疾人装配假肢,每人3000元;为6名聋儿进行康复训练,每人8000元;为30名脑瘫儿童进行康复训练,每人2000元;各县(市、区)开展白内障手术、大病救助、辅助器具配发等项目,对7596名残疾人进行康复救助。实施“集善工程——海王集团捐赠保健品项目”,为市康复医院、市聋儿语训部接受康复训练的51名救助对象发放营养保健品102罐。实施“阳光伴我行”集善明门儿童轮椅项目,为市康复医院发放5辆儿童轮椅用于机构康复训练,为各县区23名儿童发放儿童轮椅28辆。实施“LG爱的滋润”助残公益项目,为残疾人、残疾人家属及残疾人工作者发放化妆品4409件。

【社区康复工作】 投资35万元为社区康复站采购康复训练设备,辐射受益残疾人500余人。市、县两级举办9期社区康复协调员培训班,对400余名康复管理干部和社区康复协调员进行了培训。选派符合条件的康复机构人员参加国家和省级培训及进修学习。加强社区康复示范站规范化建设,6个县(市、区)均建成1个社区康复示范站。

【“一店三基地”建设】 全年建成省级“一店三基地”12家,1家省级残疾人实训基地、1家省级残疾人就业创业基地、2家省级农村残疾人扶贫基地和8家省级盲人保健按摩示范店获省级补助经费76万元,共安置351名残疾人就业,其中盲人36名。出台《晋城市2015年市级残疾人就业创业补贴奖励资金使用管理暂行办法》,申请市级财政资金200万元,对全市16家市级残疾人就业扶贫基地、30家市级农村残疾人扶贫基地和87家市级盲人保健按摩示范店进行补贴奖励,共安置855名残疾职工就业,其中盲人145名,自主创业残疾人265名。

【残疾人调查】 1—3月,开展全国残疾人基本服务状况及需求专项调查基础核查工作入户调查,全市共调查录入系统残疾人55681人,其中入户调查54298人,采用电话调查1383人,入户调查率97.52%。底册中不需填写《残疾人调查表》的五种情况的人数及所占比例分别为:查无此人84人,占比0.15%;已搬迁80人,占比0.14%;空挂户75人,占比0.13%,外出211人,占比0.38%;死亡1335人,占比2.4%。参与调查的行政区划数是7个,辖区内的各类城乡区域数量分别为:主城区60个、城乡结合区136个、镇中心47个,镇乡结合区240个、特殊区域27个、乡中心区40个,村庄1803个。

【残疾人补贴】 一是实施“三无”重度残疾人托养补贴,机构托养“三无”重度残疾人每人每月200元,居家托养“三无”重度残疾人每人每月80元。二是出台《关于残疾人学习机动车驾驶补贴暂行办法》配套政策,将培训补贴标准由原来的500元增加到2000元。补贴资金全部通过银行卡发至63名考取驾照的残疾人手中。三是发放残疾人机动轮椅车燃油补贴,为655辆符合国家标准的机动轮椅车补贴资金17.03万元。四是开展“两补贴工作”。实际享受“两补”人数为6938人,其中重度残疾人护理补贴3064人,贫困残疾人生活补贴3874人。省、市、县分别按50%、20%、30%的比例进行补贴(陵川县由市级财政承担50%),其中省配套资金174.13万元,市级配套资金84.05万元,县级配套资金656.04万元。(城区、泽州、开发区两补覆盖至辖区内持证的所有残疾人)

【助残活动】 市残联与团市委联合实施青年志愿者“心手相牵、共享阳光”助残阳光行动,到市区凤鸣、凤翔社区开展“关爱残疾人——志愿助残阳光行动”主题活动,为社区内残疾人配发康复辅助器具,对贫困残疾人进行救助慰问。

【公益金助学项目】 向市财政局申请60万元福彩公益金,帮助

180名贫困残疾人家庭子女大学生及残疾大学生升学。其中11名贫困残疾人家庭子女大学生还享受省福彩公益金助学金。根据省残联《关于拨付2015—2016学年(学前教育)残疾人事业专项彩票公益金助学金的通知》精神,确定泽州县特殊教育学校5人,阳城县特殊教育学校6人,阳城县阳光特殊儿童发展中心8人、陵川县盲童特教班5人,共24名学前儿童享受每人3000元共计7.2万元的资助金。

【残疾人救助】 11月20日和12月11日,召开两次各县(市、区)残联理事长会议,安排部署农村残疾人贫困户建档立卡工作。同时将专项调查显示的全市持证未纳入建档立卡系统人数的信息分解至各县(市、区)残联,全市共计16152人。实施康复扶贫贷款项目,落实康复扶贫贷款资金52万元。投入资金100万元,对全市3333名贫困残疾人进行救助。完成“阳光家园”任务,居家托养780人,机构托养60人。

【宣传文体活动】 开展爱耳日、爱眼日、全国助残日、残疾人健身周、特奥日等活动。7月,举办2015年度残疾人文化周活动,举行专场文艺晚会、电影放映,推出《1072,特别关爱》电台残疾人专栏节目。组织参加山西省七届特教学校学生艺术会演,2个节目获一等奖,1个节目获二等奖,2个节目获三等奖。其中《老鼠娶亲》《幸福乡村》和《青春舞曲》三个节目代表山西参加全国第七届特教学校学生艺术会演。组队参加全国第九届残运会暨第六届特奥会特奥项目比赛,获得3金3银1铜。

(市残联)

晋城市关心下一代工作委员会

【概述】 2015年,全市各级关工委创新工作思路,充分发挥“五老”(老干部、老战士、老专家、老教师、老模范)优势,坚持“育人为本,立德树人,主动作为,开拓创新”,把培育和践行社会主义核心价值观融入青少年教育,各项工作取得显著成绩。7月,市关工委被中国关工委、教育部关工委、全国“中华魂”组委会联合表彰为全国“中华魂”(放飞梦想)主题读书活动先进集体;8月,第四次被中央文明办、中国关工委评为全国关心下一代工作先进集体。

【基层组织建设】 加强顶层设计,以创建“五好”(领导班子建设好、骨干队伍作用好、制度健全执行好、活动经常效果好、积极探索创新好)关工委为抓手,做到“四个侧重”:一是侧重抓工作创新;二是侧重抓薄弱环节;三是侧重以点带面;四是侧重推广经验。基层关工委组织成为“五老”发挥余热、贡献力量的重要舞台,成为青少年接受教育、健康成长的重要课堂。泽州县关工委将巴公镇东四义村作为基层组织建设的示范典型加以培树。高平市永禄村关工委王天太等4名“五老”人员参与社会综合治理,协调化解邻里矛盾,服务弱势青少年。沁水县围绕基层关工委的班子建设、队伍建设、阵地建设、制度建设、活动建设,对全县407个基层关工委进行整顿、调整、充实、完善的同时,树立嘉峰镇李庄和樊村河乡卫村两个农村基层组织建设典型,以及县特殊教育学校、十里乡玉露梨有限公司关工委组织建设典型。阳城县孙文龙纪念馆关工委以孙文龙精神研究会为依托,吸收社会各条战线108名“五老”人员,组建6个宣讲团,面向青少年开展“爱学习、爱劳动、爱祖国”系列主题教育宣讲。6月,孙文龙纪念馆成为山西省第一个全国关心下一代教育示范基地。

【万名“五老”联万户家教家风活动】 市关工委制定《关于深化万名“五老”联万户家教家风工作的意见》,连续9年组织开展万名“五老”联万户家教家风活动,要求各地做到“四抓”(即抓学习,认真学习践行社会主义核心价值观;抓典型,不断培树“五老”联万户家教家风旗帜;抓落实,认真全面贯彻家教家风高平现场会精神;抓调研,发现和解决在工作中遇到的问题),并建立联户档案,开展联户活动,弘扬和宣传中华民族优秀的家教家风家训,实现五个转变:由让我抓向我要抓转变;由一般号召向真抓实干转变;由单一说教向多形式联户转变;由单门独户向整个社会转变;由局部试点向整体推进转变。

【"中华魂"主题教育活动】 3月，发出《关于在全市青少年中开展"中华魂"(践行核心价值观，凝聚中华正能量)主题教育读书活动的通知》，组织开展"中华魂"教育活动。广大青少年通过学读本、听报告、写征文、搞演讲、写心得等活动，在全市青少年中掀起"中华魂"主题教育活动热潮。全市有2个集体、23名个人获得全国表彰，2个集体、32名个人获得省级表彰，20个集体、405名个人获得市级表彰。

【纪念抗战胜利70周年活动】 4月2日，市关工委发出《关于组织"五老"和青少年开展纪念抗战胜利70周年活动的通知》，要求各级关工委组织开展"十个一"活动(开展一次网上祭英烈活动；组织一次抗战专题宣讲活动；参观一次抗战遗址活动；观看一部抗战题材影视片；唱一首抗战纪念歌曲；讲一个抗战英雄故事；组织一次公益自愿服务活动；寻访一位抗战老战士；观摩一次抗战图片展览；举办一次抗战老兵座谈会)。全市各级关工委均开展内容丰富、形式多样的系列活动，激发广大青少年的爱国热情，为实现中国梦而贡献力量。

【青少年服务】 全市各级关工委坚持服务青少年的正确方向，组织广大"五老"以关爱帮教解困为重点，维护青少年合法权益。一是组织"五老"为贫困、残疾青少年献爱心；二是维护青少年校外安全；三是维护青少年合法权益，做好网吧监督工作；四是巩固"两只羊"扶贫助学成果。

(市关工委)

晋城市法学会

【概述】 2015年，市法学会围绕市委、市政府中心工作，发挥"人民团体、群众团体、学术团体和政法战线重要组成部分"的职能作用，全面加强法学会建设，繁荣法学研究事业，开创法学会和法学研究工作新局面。

【专题调研】 5月6日，组织法学法律工作者就青少年违法犯罪问题和基层法律服务体系建设，到陵川县、高平市进行专题调研。5月12日到高平市司法局，就基层社会服务管理体系建设进行调研。10月中旬，围绕法治建设、六权治本、信访工作、矛盾纠纷多元体系建设、社会治安防控体系建设等重点工作赴6县(市、区)及开发区开展调查研究。

【法治宣讲】 市法学会组织开展"百名法学家百场报告会"法治宣讲活动，重点宣讲"一法一例三体系"(一法:《中华人民共和国老年人权益保障法》；一例:《山西省社会治安综合治理条例》；三体系：社会治安防控体系、矛盾纠纷多元调解体系、基层社会服务管理体系)。城区法学会开展"法律服务进村"普法宣传活动，发放法律手册、法治书籍，并为全区137个村(社区)征订普法宣传挂图。泽州县法学会在县广播电台开设"法进农家"栏目。高平市法学会开展法治巡回讲座，对463个行政村的基层综治人员进行系统性巡回培训。阳城县法学会组织法官到凤城、演礼、蟒河等乡镇的中小学校举办模拟法庭。陵川县法学会开展宣传贯彻新《中华人民共和国食品安全法》活动。沁水县法学会以法治沁水为主题，组织发动广大法学、法律工作者深入基层、深入群众，广泛征求基层群众对法治建设的意见和建议。

【组织建设】 按照"积极发展、坚持标准、改善结构、合理布局"的原则，对多重身份会员的档案进行归并，重新统计和建立名册，并逐步实现会员的电子档案化管理。至年底，会员人数达200余人。

【工作会议】 5月22日，市法学会召开常务理事(扩大)会议，传达省法学会常务理事扩大会议精神，回顾总结2014年工作，安排部署2015年工作任务，审议通过《晋城市法学会2015年度法学研究重点课题》。

【法学研究】 开展2015年度山西省法学会研究课题、选题建议申报工作，报送法学研究课题选题建议8篇，选送20篇论文参加第十届环渤海区域法治论坛，选送22篇论文参加第八届中部崛起法治论坛，2篇论文获"中部崛起法治论坛"优秀奖。

(市法学会)

晋城市红十字会

【概述】 2015年，市红十字会围绕应急救援、应急救护和志愿服务三项重点工作，采取分步实施、集中突破、限期交账、年终验收工作法，弘扬红十字精神，超额完成全年工作任务。在全省红十字系统工作考核中被评为优秀。

【应急救援】 2015年，市红十字组织策划指挥应急救援演练4次，分别是：1月24日，市红十字志愿者应急救援队在泽州县晋庙铺镇开展体能拉练活动；5月9日至10日，在高平市杜寨水库举行地震救援模拟实战演练；5月30日至31日，在陵川县玛琅山区开展模拟救人演练；11月7日至8日，在泽州县山里泉景区进行拓展训练。参与应急救援4次，分别是：2月24日，河南至晋城高速公路救援；3月8日，陵川县王莽岭景区救援；10月26日，陷入泥泞车辆救援；11月23日，雪地车辆救援。

【应急救护】 在全市推进救护培训进机关、进社区、进学校、进农村、进企业活动，普及培训万余人，培训救护员1347人。在凤鸣社区开展生命安全教育项目，按项目要求，和社区、学校紧密结合，举办600人的救护员培训，800人的亲子讲座，进行地震演练和火灾演练。通过项目培训，促进社区和学校的文明教育、应急管理、安全教育等，提高社区和学校的应急救护知识普及率和面对突发事件、自然灾害的应急水平。

【志愿服务】 至年底，全市有登记志愿者1809人，注册志愿者593人。其中2015年新增志愿者289人。有红十字艺术团、红十字义诊健康宣教服务队、救护培训服务队、2支红十字志愿者应急救援队、红十字人道服务队、无偿献血服务队、造血干细胞宣传服务队，志愿者合唱团等9个服务队。开展红十字健康安全教育项目、关爱老人·黄手环行动、关爱老兵项目、义诊、义演、志愿者培训、应急救护培训、无偿献血、造血干细胞捐献等志愿活动50多次，参加活动志愿者达2000余人次。

【“博爱一日捐”活动】 是晋城市红十字会募集救助资金的主要渠道。全年共接受一日捐捐款21.67万元，其他定向捐款19.35万元。

【“红十字博爱送万家”活动】 全市红十字系统共发放救助款物201.63万元(其中总会省红会下发款物价值34.08万元)，受益人数12884人。主要开展五类救助：一是为困难群众发放棉衣、棉被、生活包，总价值22.88万元。二是139名大病患者、困难家庭、艾滋病患者、器官捐献遗属发放救助金27.8万元。三是向符合救助标准的60户特困家庭分放救助金20万元。四是向市直单位140名大病患者、困难职工发放救助金8万元。五是组织开展“小天使救助行动”和“天使阳光行动”“博爱幸福工程”活动，对7名白血病患儿、14名先天性心脏病患儿、10名足内翻患儿分放救助金20万元。六县(市、区)均开展“博爱送万家”活动，共向1592户(6368名)大病患者、特困户、贫困学生发放款物105.95万元。

【关爱生命行动】 开展关爱生命和健康活动，推动无偿献血、造血干细胞、人体器官捐献工作。无偿献血能够满足全市临床用血需求。全年有6人次捐献造血干细胞，采集造血干细胞血样3例，高分辨1例，动员4例。3人获得“无偿捐献造血干细胞奉献奖”，2人获得“造血干细胞奖特别奖”。召开器官捐献工作会议暨器官捐献协调员培训班，开展器官捐献志愿者网上登记工作，实现人体器官捐献3例，捐献肾6个、肝3个。至2015年年底，全市共有8人捐献15个肾、8个肝、1双眼角膜，使23人重获新生，2人重见光明。

【理事会议】 召开四届六次理事会议，审议通过2014年度工作报告及2014年接受捐赠款(物)收支情况报告，启动2015年“博爱一日捐”活动。对2014年度在“博爱一日捐”活动中表现突出的先进集体和个人进行表彰；对获得云南地震优秀社会责任感奖的山西煤炭运销集团晋城有限公司、马玉梅家庭进行表彰；对在志愿服务活动中表现突出的晋城市红十字志愿者应急救援队和队员进行表彰；对17名星级志愿者进行表彰。

【红十字青少年工作】 连续八年组织市直学校和县级市直模范校、示范校积极参加全国青少年红十字运动和自救互救知识竞赛，向学校发放试卷10000份。在红十字会示范校开展2015红十字青少年文化衫设计比赛，宣传红十字"人道、博爱、奉献"的精神。与团市委、青少年活动中心、消防、武警等部门联合开展第十三届青少年夏令营活动。

（市红十字会）

晋城市老区建设促进会

【概述】 2015年，市老促会围绕市委、市政府中心工作，推进晋城革命老区"五类"重点老区村发展，宣传老区历史贡献，加强老区农民交流培训，促进老区经济发展，老区建设取得新进展。

【老区宣传】 纪念抗战胜利70周年，在《太行日报》刊载"创建抗日根据地，陷敌于人民战争的汪洋大海之中，纪念抗日战争胜利70周年"专版，从"参军参战、民兵业绩、全境解放、杀敌英雄"四个层面系统介绍晋城老区军民在抗日战争时期所做的贡献。配合有关部门，在《太行日报》、晋城电视台等媒体开辟专栏，介绍晋城老区抗日战争时期的有关情况。选定12幅书法作品参加河南省沁阳市的"原晋豫特区抗日根据地纪念抗日战争胜利70周年书画摄影展"。整理老区村扶贫帮困、老区人民奋勇争先、艰苦奋斗的事迹，广泛进行宣传报道。在《太行日报》《太行晚报》发表文章、图片报道100余篇，在《山西老区开发报》发表文章图片30余篇。

【技能培训】 8月31日、9月1日，市老促会在陵川县杨寨村组织全市重点老区村农业骨干培训，140余名重点老区村农业骨干参加培训，并实地参观马兰花合作社蔬菜大棚。市、县两级老促会妇工委与有关职能部门合作，邀请技能专家培养农村妇女人才。如沁水县老促会妇工委联系县农委、蚕桑服务中心技术人员到南郎、东郎、南阳等村传授蚕桑、农业、果树等产业技术；阳城县老促会妇工委联系农业专家，为枪杆村连翘种植提供技术指导。

【经验交流】 11月19日，市老促会在沁水县组织召开全市各县（市、区）老促会会长座谈会，各县（市、区）老促会会长、秘书长、妇工委主任参加会议，交流探讨促进"五类"重点老区村在全面建设小康社会中的做法与经验。

（市老促会）

经济管理与监督

宏观调控

【概述】 2015年，市发改委以改革创新为核心，以促进转型为根本，以狠抓落实为关键，聚力推进“六大发展”，发挥职能作用，扎实推进稳增长、促改革、调结构、惠民生、防风险各项工作，加强对全市经济运行的调控调节，促进全市经济的平稳健康发展，各项工作取得较好成绩。

【“十三五”规划编制】 一是完成规划前期重大课题研究。提出6类24个“十三五”规划前期研究重大课题，并将课题研究成果进行汇编。二是开展“十三五”规划建言献策活动。发放征求意见函，广泛征集“十三五”规划的建议，并会同市发展研究中心、市人大财经委和市产业发展促进会举办多期围绕规划编制为主题的“晋城发展论坛”。三是完成规划基本思路起草工作。

【综改试验区建设】 一是推进“619”重点任务，即6项重大改革、10个重大事项、9类重大项目。泽州巴公试点在扩权强镇方面、城区西北片区在城市连片改造方面、北石店试点在“四化同步”方面、金村新区试点在低碳发展方面、高平马村试点在园镇一体化方面、米山试点在飞地经济发展方面、阳城町店试点在产业转型方面、陵川潞城试点在民生改善方面、沁水郑村试点在特色城镇化方面、开发区金匠试点在新兴产业培育方面均取得阶段成效。二是加快财税体制改革。对预算统筹安排使用的三大类10个项目开展事前绩效评估，采取第三方独立评价，确保年绩效评价的客观、专业和公正。省财政厅将晋城市确定为全省预算绩效管理信息化建设试点。三是创新融资模式。发挥政府“风险补偿金”的杠杆作用，实行“助企贷”“助保贷”等解决贷款难题；通过创新银行机构和保险公司合作模式，利用小额贷款保证保险为小微企业、“三农”和创业者提供信用增级，实现“无抵押、无担保”融资；引导中小企业上市融资，有7家企业在上海Q版市场挂牌，有多家企业签订E版或新三板的挂牌合作协议，缓解了全市中小企业融资难、融资贵难题。四是加快新型城镇化建设。制定出台《关于进一步推进户籍制度改革的实施意见》，成立晋城市户籍制度改革工作领导小组，通过放开城镇户口迁移条件、创新户籍管理制度、统筹推进相关经济社会改革和新型城镇化建设等措施，引导农村人口向城镇转移，推进农业转移人口和其他常住人口有序市民化，助推新型城镇化建设。

【课题研究】 根据2015年行动计划工作安排和“十三五”期间全市经济社会发展的需要，完成《晋城市国家资源型经济转型综合配套改革试验实施方案（2016—2020年）研究》《晋城市创新型城市发展研究》《晋城市激活民间资本政策措施研究》《晋城市产业转型升级路径选择研究》《创新基本公共服务供给机制》《转型综改“1+9”试点改革创新发展课题》

《建设山西绿色化产业发展先行区规划》等7个综改重大课题的招标工作。

【"五个一批"建设】 2015年，应对经济下行压力，实施"五个一批"建设，促进经济发展。一是推出一批稳增促转新政策。促进循环经济发展方面，出台《晋城市创建国家循环经济示范城市行动计划》（2015—2017）；推进文化创意产业方面，出台《晋城市推进文化创意和设计服务与相关产业融合发展行动计划》；创业创新方面，提出《关于晋城市"大众创业、万众创新"项目管理意见》；新一轮采煤沉陷区治理方面，出台并组织实施《晋城市采煤沉陷区治理2015年行动方案》；低碳发展方面，启动碳交易、碳评价等新机制。二是谋划和加快推进一批大项目。加快推进"气化晋城"、国投二期、低热值煤发电、阳电三期、高平煤电一体化、环城绿化、新能源、新型煤化工、装备制造、通用机场、高铁、健康产业、采煤沉陷区治理等一批事关保持全市经济社会长期健康发展的重大项目。三是督促开工一批重点工程项目。四是扶持一批创业创新项目。通过提供政策咨询、加大财政资金投入、人力资源引进、融资投资指导、跟踪服务等措施，扶持一批创业创新项目。五是筛选和单列一批稳增长预备项目。选择储备一批市场前景好、投资风险低、经济效益好的煤炭转型项目和新兴产业项目。

【固定资产投资】 全年全市固定资产投资完成1105.1亿元，增长13.4%。其中，国有及国有控股投资429.3亿元，下降4.5%；港澳台及外商投资57.2亿元，增长7.3%；民间投资618.6亿元，增长31.0%。在固定资产投资中，第一产业投资67.6亿元，增长21.0%；第二产业投资448.2亿元，增长1.5%；第三产业投资589.3亿元，增长23.5%。全年全市在建固定资产施工项目1715个。其中，5亿元以上项目85个，计划总投资1495.7亿元，完成投资262.2亿元，占全市固定资产投资的比重为23.7%。全年房地产开发投资74.6亿元，增长28.2%。

【高铁项目】 上半年，市发改委配合铁三院，完成太焦客专可行性研究报告晋城部分的编写工作。9月，国家发改委委托中国国际工程咨询公司专家组，对可行性研究报告进行评估并原则通过。8月，铁三院进驻晋城市，开展初步设计工作，完成项目前期资料收集整理工作，确定晋城市境内线路走向和站址方案，开展可研批复前11项前置性文件衔接以及线路初测定测等工作。

【"气化晋城"建设】 起草《关于率先实现气化晋城的实施方案》，制定晋城市煤层气（天然气）集输有限责任公司的组建方案。开展煤层气利用项目审批工作，对符合相关要求的4家企业授予加气站类从业资格、1家企业授予其他类（液化）从业资格，核准符合相关产业规划的5个加气站项目。至年底，全市实现农村气化户数109531户，其中市区和高平市、阳城县、沁水县中心城区居民气化率达90%，陵川县城气化率达80%，全市主城区和各县（市）县城基本实现煤层气管网全覆盖；主要工业园区气化率达到30%。

【采煤沉陷区治理】 截至10月底，晋城市采煤沉陷工作综合排名全省第一，所有项目全部开工建设，累计完成投资6.86亿元，涉及5个县（市）10个乡镇26个村3635户。

【信用平台建设】 组织相关人员对全市22个单位部门和行业调研，出台《晋城市社会信用体系建设规划（2015—2020年）》。安排部署全市食品生产加工、药品生产流通、环保、建筑市场、价格、医疗卫生、融资担保等七大重点领域社会信用体系建设行动方案的编制工作。启动市级信用信息共享平台建设工作。

【国家低碳和循环经济试点工作】 一是组织编制碳资产管理方案和新建项目碳评价指标体系研究。二是完成对全市综合能耗消费5000吨标煤及以上的72家重点用能单位碳盘查摸底工作和全市2014年碳排放考核自评估报告，并组织全市温室气体排放统计和核算业务培训会。三是分解下达2015年全市低碳工作目标责任考核任务，制定县级人民政府2014年度单位地区生产总值二氧化碳降低目标责任试评价考核工作方案,组织全市第一批低碳示范单位申报低碳示范项目。四是加大宣传力度。组织开展2015年"全国低碳日"暨"低碳晋城志愿者"活动,开通"低碳晋城"(ditan0356)微信公众平台,引导树立健康生活、绿色生活理念,推进生产生活方式转变。五是修改完善《晋城市建设国家循环经济示范城市实施方案(2013—2017)》,重点对拟实施的支撑项目进行全面梳理和调整,将晋城市循环经济支撑项目划分为重点支撑项目、重点支撑B类项目和一般支撑项目三大类共计89项。

【服务业发展】 编写《晋城市2014年服务业发展报告》,分析指出服务业发展存在的主要问题,提出加快服务业发展的建议和对策。将2015年全市服务业发展目标考核任务分解至各县(市、区)和市直相关部门。制定《关于进一步加快服务业发展的若干意见》。开展全市服务业相关行业基本数据调查工作,对全市服务业行业18个领域的民营企业进行抽样调查。

【物价管理】 一是开展价格监测,及时报送信息。完成省级153种、市级162种、县级69种重要商品和服务价格的日常监测,采集各类价格数据2万余条,完成应急监测任务78期。及时启动价格监测应急机制,对蔬菜、生猪收购价格等实行日监测、日报告。完成农产品成本的常规调查、专项调查与预测等各项调查任务,撰写《当前生猪市场产销情况调查报告》。二是大力度清费减负,减轻企业负担。清理整顿行政事业性收费,取消道路运输经营许可证工本费等9项收费,降低121项煤炭产品质量监督检验收费标准,免征小微企业组织机构代码证工本费等9项收费,暂停征收暂停征收缺建绿地补偿金、临时占用绿地费2项收费,规范超计划用水1项收费。清理规范经营服务性收费,取消城建档案专业技术咨询服务费等3项经营性收费,放开机动车安全技术检验等42项专业服务收费和经营服务性收费,同时下放县(市、区)10万平方米以上项目经济适用住房销售价格定价权。三是做好价格检查,稳定市场预期。公开收费目录清单,及时进行更新并上网公示,新增《晋城市免征小微企业行政事业性收费项目目录清单》和《晋城市考试考务费项目目录清单》。开展成本监审工作,共监审23个单位21个项目,累计核减不合理成本支出3.86亿元,核减不合理申请政府补贴金额6690万元。四是了解社情民意,服务改善民生。全市各级价格举报中心共受理各类价格咨询投诉案件464起,其中价格举报49件,价格咨询415件;有关部门交办54件。实行经济制裁9.4万元,其中没收8.7万元,退还0.7万元。完成2015年春节市场优惠供应工作,市、县两级共使用春节市场供应资金1002.8万元。开展中秋、国庆"两节"市场专项检查,加强节日期间市场价格监管工作。加强价格认证服务,完成价格鉴证、认证案件1331件,鉴证金额15478万元。

【行政审批】 2015年,完成行政权力和责任清单第三稿的修改工作,确认市发改委各类权力事项为32项,其中:涉及发改业务的职权事项共16项,包含行政许可3项,行政处罚5项,行政检查3项,其他行政权力5项;涉及价格业务的职权事项共16项,包含行政确认1项,行政处罚6项,行政强制1项,行政奖励2项,其他行政权力6项。

【能源安全监督】 采取"不发通知、不打招呼、不听汇报、不用接待和陪同,直奔基层、直插现场"的"四不两直"突查方式,重点对全市6条长距离油气输送管道、12处场站、18个隐患点进行检查、排查。8月下旬,开展全市油气管道保护和新能源项目安全生产专项大检查活动,共排查出各类油气管道隐患15处,对安全隐患实施挂牌督办,严格督促企业落实整改。（市发改委）

国土资源管理

【概述】 2015年,全市国土资源管理系统围绕保护资源、保障发展的中心任务,提升服务,狠抓落实,各项工作取得明显成效,为全市经济社会发展提供了有力的资源保障。

【耕地保护】 市、县、乡、村层层落实耕地保护目标责任，完成288.45万亩耕地和247.95万亩基本农田保护任务。落实高标准农田建设任务7.1万亩，下拨资金8563.28万元。实施耕地占补平衡项目47个，验收新增耕地5383亩、完工待验4050亩。开展“土地日”3大项10小项主题宣传活动，营造保护耕地的良好氛围。

【保障服务】 一是科学合理安排新增建设用地年度计划指标，优先保障全市448项重点工程用地，对高铁等重点项目做到提前介入、主动服务，全年共组件上报建设用地38批次（个）6128.94亩。二是依法依规调整乡级规划22个、修改乡级规划15个，高平市县级规划修改方案获省政府批准，推进了一批重点工程、民生项目用地。三是全年供应国有建设用地4048.94亩，供地率排全省前列。四是继续推进城乡建设用地增减挂钩、矿业用地整合、工矿废弃地复垦利用等用地新机制。

【矿政管理】 全市133座省级发证矿山全部编制《矿山储量年报》。完成全市9宗探矿权和187宗采矿权的年检工作。完成2014年度生产煤矿采矿回采率考核。对全市60座生产煤矿开展图纸交换、入坑互检和井下实测工作。公开出让非煤矿产资源采矿权8宗，出让价款共计1545万元。

【国土资源改革】 一是不动产统一登记改革。建立市不动产登记联席会议制度，下发《晋城市不动产登记实施方案》，至10月底，市、县两级不动产登记职责和机构均整合完毕。二是集体经营性建设用地改革。开展泽州县集体经营性建设用地入市试点工作，6月《泽州县农村集体经营性建设用地入市试点实施方案》获国土资源部批准，11月泽州县出台入市试点13项制度，12月1日泽州县首宗农村集体经营性建设用地成功入市，到年底共有5宗52.45亩土地入市，试点工作由“建制度”阶段全面转入“试制度”阶段。

【地灾防治】 下发《晋城市2015年度地质灾害防治方案》，开展地质灾害汛前排查、汛中检查、汛后核查工作，市、县、乡、村层层签订地灾防治责任书，发放各类防灾避险明白卡，全市339个地灾隐患点全部制定《监测方案》，全年未发生地质灾害造成的人员伤亡事件。6县（市、区）全部完成高标准“十有县”建设，成为全省唯一所辖县（市、区）全部为高标准“十有县”的地市。2014年度农村地质灾害治理搬迁共涉及97户255人，3栋安置楼全部完工；2015年度农村地质灾害治理搬迁共涉及89户226人，落实市、县配套资金430万元，正在施工。

【执法监察】 开展土地卫片执法检查，市政府成立领导组，下发《工作方案》，采取清、拆、改、查、报措施，依法立案查处2014年度卫片违法案件189件，立案率、查处率、履职率均达100%，剔除省重点工程高沁高速公路项目，全市违法占用耕地比例为8.78%，顺利通过省级验收。严厉打击非法违法采矿和违法占地行为，全年共查处违法行为195起（土地192起、矿产3起），并进一步完善工作机制，对非法违法行为实施常态有效监管。

【基础业务】 开展农村宅基地和集体建设用地使用权地籍调查，分别完成93.06%和90.08%。加强测绘地理信息市场监管，推进“数字高平”建设，实施市级880平方公里1:2000、泽州县30平方公里1:1000、沁水县20平方公里1:500等基础测绘项目。深化国土资源“一张图”成果应用，对已建数据库实现动态同步更新，并加强信息安全建设。强力推进“六权治本”工作，制定并公布实施101项部门行政权力责任“两清单”“两张图”。 （市国土资源局）

审　计

【概述】 2015年，全市审计机关一手抓重大问题查处，严肃财经纪律，加强对权力运行的制约和监督；一手抓促进改革发展，促进完善体制机制和制度，共完成审计和审计调查项目663个，查出违规金额122.02亿元、损失浪费金额2.01亿元，促进上缴财政50.3亿元、缴纳其他资金12.95亿元、减少财政拨款或补贴0.53亿元、归还原渠道资金7.72亿元，向纪检监察机关和有关部门移送处理事项13件，诫勉谈话、函询约谈48人次，提出审计建议861条，向上级提交审计专题、综合性报告和信息简报114篇。

【政策落实审计】 市政府成立政策落实跟踪审计领导组，三次召开各县（市、区）政府和市直有关部门主要领导参加的审计及整改工作推进会。全市各级审计机关分解任务，建立台账，重点审计21项稳增长等政策措施的落实情况，跟踪市直30个部门和6个县（市、区）的55个项目，查出各类问题32个，涉及金额3.87亿元。如审计发现2015年全市税务系统共减免10个方面税收7.95亿元，其中促进小微企业发展和大学生创业就业等7个方面仅占27.22%，就此问题市政府出台《关于全面加强财政税收优惠政策落实推动"大众创业、万众创新"的意见》，为促进税收优惠政策落实提供制度保障。

【财政审计】 把推动建立健全更加统一完整的政府财政和预算管理制度、促进健全完善公共财政体系、建立事权和财力相匹配的财政管理体制、提高财政资金使用效益、提高财政财务管理的规范性作为审计重点，对市、县107个部门预算执行以及22个县、乡财政决算情况进行审计，查出主要问题金额143.49亿元。

【项目审计】 全市共审计220个项目，审计投资额33.69亿元，核减投资额3.97亿元，同时注重解决项目建设程序、工程管理、建成达效等方面存在的突出问题。承担省委巡视组对晋城巡视的反馈意见第18项"违规动用财政资金搞形象工程，造成经济损失"问题的整改落实任务，对五年来地方财政收支结构、"三重一大"事项决策、招商引资、涉农项目扶持、园区规划建设、防范经济风险等方面情况进行全面检查，并提出建议。

【权力运行审计】 坚持问题导向，加强对权力集中、资金密集、资源富集、资产聚集的重点部门、重点岗位领导干部的经济责任审计，将落实主体责任、"三重一大"事项决策、机构编制人员、工作目标完成等明确纳入审计重点，揭露和查处重大违纪违规，以及不作为、慢作为、假作为等问题，对64名领导干部和企业领导人员进行审计，查出违规金额20.4亿元。

【民生审计】 完成全市2014年城镇保障性安居工程审计，促进投入使用闲置资金16.5亿元，发放住房租赁补贴81.2万元，取消违规享受保障房待遇及收回住房11户，促进新建商品房项目中配建公租房政策得到落实并配建405套。对闲置创业就业、扶贫开发、农村危房改造、城乡低保等民生资金9.48亿元的问题，经审计促进拨付到位。

【经济安全审计】 财政决算审计中发现，各县级政府2015年债务余额比2011年增加50.84%，而同期综合财力仅增长38.78%，债务风险逐年上升；两县政府要求国有企业为民营企业贷款提供担保12.5亿元，由于被担保企业无力偿还，国企为民企代偿本息7638万元；对县级农村信用联社资产负债损益审计，查出违规放贷及贷款潜在风险8.85亿元、不良资产率、不良贷款率普遍超标等问题；企业审计发现，煤炭企业普遍亏损，面临偿还巨额贷款压力，且互联互保可能形成一环失控、全面坍塌的"多米诺骨牌"效应等问题。对这些问题，分别向政府、企业和有关部门提出化解风险的对策建议。

【国有资产审计】 对兰花集团、兰花科创等市属骨干企业进行审计，发现煤炭企业经营困难、产业转型难、缺乏替代项目、欠缴财政分红款2亿元、闲置资产4亿元及内控制度执行不到位等问题；实施市区供水、供热、供气、公交系统六户公益企业政策性补亏审计，核定政策性亏损总额1.1亿元。

【固定资产审计】 对1985年晋城建市以来形成的市级行政、事业单位固定资产和市政、交通等公用设施的存量、产权、结构、质量、管理使用状况等进行全面审计调查，共涵盖行政事业单位317户、公用设施项目1406个，第一次盘清晋城建市30年来形成的资产状况。

【授权审计】 根据省审计厅授权，抽调骨干力量对长治市3个县农业综合开发资金进行审计，审计专项资金总额4.36亿元，查出问题金额8949万元，向当地移送处理事项3件；根据省审计厅委托，对省儿童医院财务收支情况进行审计，查出重复收费、超标准收费、无依据收费等损害群众利益的问题金额4221万元，对其中两个问题分别移送省直相关部门处理。

【审计创新】 一是突出重点领域，市级政府投资建设项目审计基本全覆盖。坚持凡建必审，实现项目数量的全覆盖。完善节点控制审计，实现审计内容的全覆盖。严格监督，实现审计质量管控全覆盖。二是依托信息技术，市级一级预算单位数据审计基本全覆盖。通过推进“大数据”审计加快审计监督全覆盖。推进审计数据中心、联网审计系统（OLA）等平台建设，部署财政、社保审计分析平台，共完成366个审计模型（财政67个，社保299个）的构建与调整。加强数据采集和分析工作，按照“统一组织领导、统一数据采集、统一口径分析、统一核查实施”的原则，首次取得120个市级一级预算部门近五年的财务电子数据，在对重点部门进行预算执行审计的同时，对2012年以来没有接受过审计的一级预算单位的数据进行审计分析。

【审计转型】 一是由财务微观审计向综合宏观审计转型。从原来查错纠弊，到保障国家重大决策部署的贯彻落实，促进增强改革的系统性、整体性和协调性，监督视角由微观转向宏观。二是由单纯业务审计向智库型审计。注重从体制、机制层面揭示、分析和反映问题，加大审计成果转化力度。三是由线性审计向立体审计转型。探索和完善“一大三审”审计模式，由传统的以资金管理分配使用为主的线性审计，转变为以财务、业务大数据审计为基础，以政策、职能、绩效审计为重点的立体审计。四是由例行审计向定向审计转型。一方面继续加强对落实中央八项规定精神、“三公”经费等情况审计，另一方面加大对重大违纪违规问题的查处和移送。五是由传统审计向大数据审计转型。适应信息化快速发展的需要，加快以“大数据”为核心的审计信息化、数字化建设。

（市审计局）

安全生产监督

【概述】 2015年，全市亿元地区生产总值死亡率0.0827，比省控指标0.064增加29.2%，工矿商贸就业人员10万人生产安全事故死亡率2.124，比省控指标1.527增加39.1%，煤矿百万吨死亡率0.1487，比省控指标0.092增加61.6%，特种设备万台死亡率为0，省控指标为0.38。

【安全生产事故】 全年全市共发生各类安全事故796起，同比下降6.1%；事故死亡207人，同比下降8.4%。其中生产经营性事故176起，同比下降8.3%；事故死亡86人，同比上升6.2%，占省控指标（88人）的97.7%。分行业看：①发生道路交通事故576起，同比下降1.4%；事故死亡183人，同比下降10.7%。事故起数和死亡人数分别占全市总数的72.4%和88.4%。其中生产经营性事故124起，同比下降11.4%；事故死亡63人，与上年同期持平，占省控指标（73人）的86.3%。②工矿商贸企业发生事故16起，同比上升23.1%；事故死亡23人，同比上升27.8%，占省控指标（15人）的153.3%。其中煤矿事故7起，同比上升16.7%，事故死亡7人，同比下降22.2%，占省控指标（4人）的175%；建筑施工事故2起，事故死亡2人，上年同期未发生事故，占省控指标（2人）的100%；化工危化事故2起，同比下降33.3%，事故死亡9人，同比上升125%，占省控指标（1人）的900%；八大行业发生事故2起，同比下降50%，事故死亡2人，同比下降60%，占省控指标（1人）的200%；工矿商贸其他事故3起，事故死亡3人，占省控指标（3人）的100%，上年同期未发生事故。③消防火灾事故204起，同比下降17.7%，事故死亡1人，同比增加1人。其中生产经营性事故36起，同比下降7.7%；事故未造成人员伤亡，占省控指标（1人）的0%，上年同期未造成人员伤亡。

【安全生产责任落实年】 开展

“安全生产责任落实年”活动，成立以市长刘润民为组长、副市长冯志亮为副组长的活动领导组，明确活动内容、覆盖范围和工作措施，年终对县(市、区)和市直单位完成情况进行考核，针对考核考评结果追究责任。政府监管责任方面：市委、市政府出台《关于实行安全生产党政同责的实施意见》，明确各级党委、政府及其工作部门的安全生产工作责任，强化安全生产“一岗双责”，六县(市、区)和开发区实现党政同责“五覆盖”。开展“知责、履责、尽责、问责”四责活动，市安委办成立7个督查组对各县(市、区)、市直各部门活动开展情况进行两次专项督查，对责任落实不到位的部门单位进行通报批评，推动部门责任落实。修订安全生产“一票否决”办法，制定安全生产一票否决办法的工作机制，对全市文明单位审核进行安全生产“一票否决”。企业主体责任方面：完善安全生产诚信体系建设，建立安全生产“黑名单”管理制度。出台《晋城市化工企业安全生产十条措施》，对违反十条措施的企业，责令立即停产停业或立即停止作业消除隐患，并一律依法按上限处罚。制定《晋城市安全生产隐患排查治理体系建设工作方案》，开展隐患排查治理体系建设。挂牌督办和调查处理生产安全事故，督办工矿商贸事故5起，追究刑事责任2人、党纪处分5人、政纪处分2人、行政处罚13人、行政罚款56.5万元。

【专项整治】 一是开展危险化学品和油气管道专项整治。对全市危险化学品重点生产经营企业的重大危险源开展全面检查，停产整顿2家，行政处罚3家。开展油气长输管道安全隐患专项整治，排查各类隐患16处，整改3处，整改中13处。二是开展有限空间作业和粉尘爆炸治理专项治理。在全市开展为期7个月的冶金工贸行业安全生产大检查，聘请3位省级专家对全市涉及煤气作业企业开展全面调研诊断，共会诊5个县(区)48家生产企业，诊断各类隐患和问题1497条。6月9日—18日、11月11日—12月3日，配合省安监局对全市涉及粉尘爆炸危险场所、涉氨制冷液氨使用、金属冶炼企业和有限空间作业进行安全隐患专家会诊。三是开展职业病危害专项治理。重点是陶瓷制造、耐火材料生产、冶金建材、金属非金属地下矿山企业，共填写检查表65套，督查检查各类产生职业危害因素的作业场所346个，查出各类问题198条，责令当场整改62条，下达限期责令整改指令书46份，限期整改136条，责令停产整顿2家。

【执法检查】 按照“全覆盖、零容忍、严执法、重实效”总要求，督查各类生产经营单位5980家，排查各类隐患和非法违法行为13826起，隐患整改率达到96.1%。开展执法计划检查，全年全市共检查企业195家，安全生产行政处罚410万元，同比增加58%。

【安全许可】 危险化学品方面，组织安全生产许可证现场核查2家，审查颁发危险化学品生产经营许可证91家。烟花爆竹方面，完成市世晨烟花爆竹公司新建库房的安全设施设计审查。非煤矿山方面，受理设计审查项目11个，新建许可8家。

【安全监管】 推进安全生产“三同时”(新建、改建和扩建工程时，安全设施必须与主体工程同时设计、同时施工、同时投产)工作。危险化学品方面，进行危险化学品建设项目安全条件审查5家、安全设施设计审查4家，监督安全设施竣工验收6家。职业卫生方面，将国家安监总局下发的“三个编制要求”、《职业卫生档案管理规范》等有关要求纳入审核、审查和验收之中，全市全年共完成28个建设项目的审核、审查和竣工验收工作。冶金等工贸行业，共完成“三同时”备案项目5家，其中现状评价3家，安全验收2家。

【标准化创建】 非煤矿山方面，全市非煤矿山企业安全生产标准化达标率达到100%。冶金等工贸行业，共完成标准化达标创建企业65家，其中二级标准化达标企业5家，三级标准化达标企业28家，各县(市、区)完成小微企业标准化建设32家。

【应急保障】 一是完善应急预案备案登记工作。对61家生产经营单位上报的应急预案进行审核备案，组织危化、非煤专家对全市危化、非煤企业进行应急能力评估专项调研，修订完善《晋城市危险化学品事故灾难应急预案》《晋城市石油天然气储运灾难事故应急预案》《晋城市非煤矿山事故灾难应急预案》三个预案。二是组织开展安全生产应急演练。安全生产月期间，市政府、各县（市、区）和沁水县易高煤层气公司组织综合演练1次，市直部门组织演练10次，市安委会成员单位组织演练321次，演练涵盖煤矿、非煤矿山、危险化学品、民爆、建筑施工、道路交通、消防火灾、人员密集场所、学校、城市大面积停电等方面，参演观摩人数达7000余人次。

【事故调查】 对6起生产安全一般事故进行挂牌督办，向事故单位所在县（市、区）政府下发挂牌督办通知书，指导县（市、区）事故调查处理工作，并将事故调查报告在当地主要媒体公布。牵头组织坪曲线“1·24”、国道207线“3·8”、泽州县东大路“6·3”较大生产经营性道路交通事故调查，参与阳城县瑞兴化工有限公司“5·16”危险化学品中毒事故等事故调查和抢险救援。

【安全服务】 提升危化品领域本质安全水平，按照要求完成涉及“两重点一重大”（安监部门重点监管的危险化工工艺、危险化学品和重大危险源）企业的自动化改造。除阳城县天诚化工有限公司长期停产，没有进行改造外，全市涉及“两重点一重大”企业全部完成相应改造。夯实安全专家组队伍，修订《晋城市安全生产专家组管理办法》，出台《晋城市安全生产专家奖惩考核办法》，公开招聘应急救援、职业卫生、煤层气、机械和综合管理等方面的专家40余名，安全专家组专家达到270余名，共设立8个专业小组。

【安全宣传】 开展新《中华人民共和国安全生产法》宣传教育活动，向市四大班子领导、市直部门和单位主要负责人发放新《安全生产法》读本和释义，举办《安全生产法》专题讲座；在《太行日报》开辟专栏8期，在安全生产网站播放电视公益广告和安全生产警示教育片。开展“安全生产月”活动。以“加强安全法治、保障安全生产”为主题，组织全市各级各部门各单位开展新闻媒体集中宣传、安全责任落实年督查、安全生产警示教育等七项活动。向各县（市、区）安监局、市直有关部门单位发放普法宣讲资料3000本、企业责任体系“五落实五到位”挂图3000份。开展安全生产月咨询日活动，设立咨询台，向广大市民群众发放宣传资料，并进行安全生产方针政策宣传。开展安全生产培训工作，全市全年共举办各类培训班198期，培训总人数9652人。

（市安监局）

工商行政管理

【概述】 2015年，市工商局围绕省工商局“放、管、扶”要求和市委、市政府“一争三快两率先”部署，全面深化商事制度改革，努力培育经济发展新动能，创新事中事后监管，提升市场监管现代化水平；加大重点领域和商品监管力度，维护消费者权益，推动工商行政管理工作呈现崭新局面。

【登记注册】 推进“三证合一”（将工商营业执照、税务登记证、质监组织机构代码证改为一个加载统一社会信用代码的营业执照），实现“一窗受理、一表申请、一网互联、一照通用”，审批时限缩短到5个工作日；全市共发放“三证合一、一照一码”执照4793份。将“先证后照”改革为“先照后证”，除37项（国务院决定保留的34项和法律另有规定的3项）工商登记前置审批事项外，其他行政审批全部改为后置审批。按照市政府《晋城市市场主体住所（经营场所）登记管理办法》简化市场主体住所登记。出台《企业名称远程核准实施办法（试行）》，对各县（市、区）直冠市名的企业名称实行网络远程受理。对不含前置审批注册资本1000万元（不含1000万元）以下的有限公司和分公司的设立实行审核合一制度，简化企业设立登记和备案程序。至12月10日，全市各类市场主体发展到102655户。其中新登记各类企业5018户，同比增长23.32%；新登记个体户16170户，同比增长86.72%；新登记农民专业合作社541户。远程核准市级企业名称4042户，省级企业名称

234户。完成5户上市企业的股份公司登记工作，完成泽州农商行、城区农商行、阳城农商行以及下属网点共38户的股份公司改造，为孵化基地晋城市鲲鹏伟业商贸有限公司70余户企业发放营业执照。

【商标战略】 9月，举办为期3天的“实施商标战略致力品牌兴企”培训班，全市中国驰名商标、山西省著名商标企业等92名负责人参加培训，对全市实施商标战略、致力品牌兴市起到推动作用。至年底，全市中国驰名商标达到6件，山西省著名商标达73件，新增注册商标200余件，累计注册商标达到3300余件，重点培育著名商标27件。

【信用体系建设】 推进合同信用体系建设，公示认定市级“守合同重信用”企业31家，向省工商局推荐“守合同重信用”企业18家，全市国家级“守合同重信用”企业达27户，省级“守合同重信用”企业达72户，市级“守合同重信用”企业达172户。

【年报公示】 2015年，全面实施年报公示工作，全市各类企业、个体工商户、农民专业合作社的登记信息、年报信息、许可信息、监管信息等，在市场主体信用信息公示系统报送或公示。市工商局建立工作通报机制，举办2期“一法规、五规章”专题培训班，贯彻国务院《企业信息公示暂行条例》和国家工商总局《个体工商户年度报告暂行办法》《农民专业合作社年度报告公示暂行办法》，发送宣传资料6000张（册）。全市2013年度企业、个体工商户年报公示率分别达到89.85%和90%，2014年度企业、个体工商户年报公示率分别达到88.29%和96.8%，两个年报公示率均高于全国平均水平，全省地市排名第一。

【市场监管】 一是实行市场主体抽查制。全市共抽查企业522户，发现隐瞒真实情况、无法联系等问题企业64户；抽查个体工商户316户、农民专业合作社36户，个体工商户抽查后恢复正常经营状态234户，移出经营异常名录72户；农民专业合作社移出经营异常名录4户。开展公司股东（发起人）出资公示定向检查，抽查企业286户，46户经责令后公示出资信息。二是落实“双随机”抽查机制。首次推行“双随机”抽查机制，随机抽查企业91户，发现隐瞒真实情况、弄虚作假、无法联系、注销等其他情形15户。三是实行经营异常名录制度。全市2013年报中的2432户企业，2014年报中的3557户企业、24户被抽查企业和36户农民专业合作社通过信息公示系统列入经营异常名录，21942户个体工商户被标示经营异常状态。四是实行行政处罚案件信息公示。逐步形成“一处违规，处处受限”的信用约束力。

【行政执法】 组织开展非法集资、查处取缔无照经营、反不正当竞争、打击侵犯知识产权和制售假冒伪劣商品违法行为、打击虚假广告、打击合同违法、网上网下两个市场、红盾护农、打击传销等专项行动和执法检查，共办理各类案件229件。对工商总局监测系统提供的违法广告线索、省工商局和有关方面交办及转办的案件，责令停止发布违法广告81条次，农资商品备案85户，成品油经营户抽检34户，网上抽查网站、网店225个次，实地抽检网站、网店90个次，现场监督拍卖活动20次。开展风险排查，规范金融市场，全市共排查作融资性担保、投融资中介、各类投资公司430户。推进网络交易监管，核实比对网络经营户主体7062条主体数据信息、1482条外部数据，促进电子商务规范发展。

【消费维权】 以强化商品质量监管为重点，开展执法检查，加强消费维权网络建设，全市“12315”消费维权服务站发展到274个，“一会两站”达到1215个。开展以“携手共治、畅享消费”为主题的“3·15”国际消费者权益保护日活动，印发宣传资料52000份，召开新闻发布会、座谈会、培训会14次，举办现场专题宣传晚会1次。全年共受理消费者各类信息2613件，其中咨询1305件，投诉1131件，办结1012件，为消费者挽回经济损失315.92万元；受理举报177件，办结158件。共查处侵害消费者权益案件35起。

【机构改革】 推进工商行政机构

改革，市政府出台市工商“三定”方案，泽州县、阳城县、陵川县整合工商局和质监局职能，组建工商和质量监督管理局，高平市、沁水县整合工商局、质监局、食药局职能，组建市场和质量监督管理局，全市33个基层工商所更名为市场监管所。（市工商局）

质量技术监督

【概述】 2015年，市质量技术监督局围绕“强素质、上水平、保安全”工作思路，适应经济发展新常态要求，以推动提高经济发展质量和效益为中心，凝心聚力，求实创新，大力推动质量发展，坚守安全底线，拓展服务领域，促进事业发展，各项工作取得明显成效。

【质量管理】 一是推动质量宏观管理水平。强化质量统计分析，编写《2014年度晋城市产品质量状况分析报告》，及时发布产品质量和安全风险预警。健全质量激励机制，推进市长质量奖评选工作。加强质量诚信建设，开展“3·15”国际消费者权益保护日、“5·20”计量日、食品安全宣传周等质量活动，推进中小学质量教育社会实践基地建设，营造质量第一、安全至上、诚实守信、精益求精的质量文化氛围。二是推动企业质量管理上水平。落实企业质量主体责任，建立质量安全控制关键岗位责任制，明确法定代表人或主要负责人是质量安全第一责任人，建立首席质量官制度。建立健全企业质量管理体系，引导企业强化质量管理，参与标准制修订，落实认证的社会责任，加强计量设施建设，开展质量管理小组、质量攻关活动，加强全员、全过程、全方位质量管理。三是推动服务质量上水平。加快国家级服务业标准化试点建设，1月7日，山西蓝焰公司承担的国家级服务业标准化试点项目通过国标委专家组评估验收。推进社会管理和公共服务领域标准化工作，市企业养老保险管理服务中心获批2015年度国家级综合服务标准化试点项目，成为全市首个社会管理和公共服务领域的综合标准化试点项目。

【标准化建设】 一是加快现代农业标准体系、标准化服务和推广体系建设，推动农业标准化工作。编印《农业标准化示范区建设指导案》，开展第八批农业综合标准化试点建设工作。山西凯永养殖有限公司承担国家生猪养殖综合标准化项目，是晋城市第一个农业综合标准化示范项目。二是在煤层气、瓦斯抑爆、园林管理等领域推动国家标准、行业标准和地方标准修订工作，申报晋城市园林科研所起草的《园林植物养护技术规范》、山西蓝焰煤层气集团有限责任公司起草的《煤层气井地面套管处理指南》和《采空区煤层气地面抽采技术规范》及山西兰花汉斯瓦斯抑爆设备有限公司起草的《矿用自动抑爆装置应用技术规范》等4个标准为2015年山西省地方标准项目。5月15日，晋城市起草的《煤层气（煤矿瓦斯）术语》国家标准正式发布，并于9月1日起正式实施。

【质量认证】 建立完善新兴产业计量、标准和认证认可制度，加强检验检测公共技术服务平台建设。开展全市工业产品生产许可证获证企业年审及证后监管工作，组织80家获证企业开展年度自查及初审，并实地抽查6家企业，对发现的问题全部督促整改到位。拓展服务业标准化领域，推动服务认证，促进生产性服务业和生活性服务业发展提速、比重提高、水平提升。全面复制上海自贸区质监部门组织机构代码实时赋码、企业标准备案管理制度创新和取消生产许可证委托加工备案3项制度，配合实施“三证合一”工作。

【特种设备监管】 以组织特种设备安全“三大战役”为龙头，建立电梯应急处置服务信息平台，加大安全监察和检验检测工作力度，制作永久电梯内部安全警示标志牌1000余块，电梯外部警示标志800多块发放给电梯使用单位，在各大商场、高层建筑居民区等电梯使用频率高的地点，24小时不间断播放安全教育片；在社区进行《告市民乘坐扶梯安全须知》宣传。

【检测服务】 加快国家煤层气质检中心和山西省城市车用气瓶检验中心建设，改善检测环境，完善检测项目。市检测所出租车计价器检测站建成并投入运行，温湿度计、无创血压计等5项新建项目计量标准完成筹备。市检测所被列为晋城市委人才工作领导组选定的高层次人才联合实验室，进行纳米标准吸附试验研究。

【创建“全国质量强市示范城市”】 成立晋城市质量强市领导组，由市长刘润民担任组长，调整充实成员单位，推进创建“全国质量强市示范城市”工作。6月29日，召开全市创建“全国质量强市示范城市”工作推进会。7月3日，召开全市创建“全国质量强市示范城市”培训会，印发《创建“全国质量强市示范城市”工作任务分工》，明确成员单位创建任务的时间表和路线图。9月，市质量技术监督局局长陈家富代表市政府出席国家质检总局召开的“建设质量强市 提升城市发展质量”座谈会，并作题为《全力创建质量强市示范城市，全民共建共享美好幸福生活》发言。10月，举行晋城市创建“全国质量强市示范城市”有奖知识竞赛答题活动，在晋城广播电视台举行全市质监系统质监业务知识竞赛，营造“质量强市，质监为民”的良好氛围。

【“晋城质监百日行”活动】 7月至10月，在全市开展以“八行”“八进”为主题的“晋城质监百日行”活动，“八行”即：转型跨越质量行，特种设备安全行，助推升级标准行，惠及民生计量行，严格监管整治行，简政放权高效行，法治质监规范行，“强素质、上水平、保安全”工作思路落实行；“八进”即：进企业、进社区、进超市、进市场、进农村、进校园、进景区、进广场等。活动期间，共发放宣传资料47万份，召开专题会议10次，在市区、高速公路出入口制作晋城城市质量精神“诚信、争先、创新”大型宣传广告牌5块，首批聘任质量监督员40名；在4个农业标准化示范区开展“进农村送标准，到企业送服务”活动；与市治超办、市客运办、市检测所以及供水、供电、供气、供热等10余家部门联合开展“晋城质监百日行，诚信计量惠民生”现场宣传咨询活动。

【市长质量奖】 市长质量奖是市政府设立的政府层面质量管理领域的最高奖项，于2013年正式启动。2015年，按照《晋城市市长质量奖管理办法》和《晋城市市长质量奖评审方案》，经过宣传发动、组织申报、资料评审、陈述答辩、现场检查、汇总公示等环节，晋城市首届“市长质量奖”揭晓：山西兰花科技创业股份有限公司、山西天泽煤化工集团股份公司、山西晋城福盛钢铁有限公司、山西吉利尔潞绸集团织造股份有限公司、山西绿洲纺织有限公司5家企业获组织奖；山西厦普赛尔食品饮料股份有限公司总经理田永屯、阳城县侨枫瓷业有限公司董事长乔香平、山西振远生物科技有限公司董事长李振业、山西凯永养殖有限公司总经理张永鑫、晋城市东方实业发展有限公司总经理郭孝义5人获个人奖；山西晋煤集团金鼎煤机矿业有限责任公司、山西泫氏实业集团有限公司2家企业获提名奖。

【行政执法】 2015年，全市质监系统共出动执法人员360人次，执法车辆90余台次，检查企业94家，查处有关“双打”举报投诉9起，对11家企业进行立案调查。

【专项行动】 开展重点农资、建材产品专项执法打假工作，严厉打击假劣农资坑农害农，伪劣建材流入保障房等重点工程违法行为。开展以“双打”利剑行动为重点的各类专项整治活动。开展建筑防水卷材产品生产许可获证企业专项监督检查行动。加强重点消费品监督检查和质量提升力度，开展对儿童用品、厨房用具、纺织服装、电线电缆、装饰装修材料、复混肥料、车用汽柴油、食品包装材料9类重点产品的监督检查和质量提升行动，督促企业落实主体责任，提升产品质量总体水平。

【行政审批】 4月，根据《山西省人民政府关于取消下放和调整一批行政审批项目等事项的决定》等文件精神，将计量检定员资格核准项目部分下放至县级；将组织机构代码证书办理项目下放至城区分局、开发区分局。推进行政决策公开，凡涉及群众利益的重大决策，原则上都要公开征询群众意见。推进行政审批公开，修订行政许可一次性告知书内容，重新印制行政许可一次性告知书手册，便于企业、群众办理有关事项。

【企业减负】 根据市政府《关于贯彻落实〈山西省减轻企业负担促进工业稳定运行的若干措施〉责任分解的通知》，印发《关于贯彻落实晋城市人民政府〈关于贯彻落实"山西省减轻企业负担促进工业稳定运行的若干措施"责任分解的通知〉的通知》，并依据文件暂停征收工业产品生产许可证审查费，免征8项行政事业性收费。根据市政府《关于印发进一步减轻企业负担促进经济平稳增长的若干措施的通知》，减、降困难企业及市重点企业、大学生创业企业、社会福利企业新产品进入生产阶段一年内费用，在现行执行标准上降低10%；50台以上容器的安装监督检验费用按设备购置价的1%执行，免收特种设备检验误工费，免收起重机械吊辅具检验费。

【质量维权】 畅通"12365"质监投诉举报电话，受理群众咨询490余件，全部给予答复；受理群众投诉举报59件，全部妥善处理。修订《信访工作办法》，建立和实行领导接访工作制度，接待群众关于出租车计价器检测和摩托车检测信访事项2起，全部圆满解决。3月、9月，市质量技术监督局先后参加百姓热线·纠风台"阳光工程"活动和"走基层服务月"走进黄华街社区活动，接受群众咨询监督。

（市质量技术监督局）

食品药品监管

【概述】 2015年，全市食品药品监督管理系统坚持严监管、保安全、惠民生、促发展，全面夯实基层基础，加快检测能力建设，提升食品药品安全保障水平，扎实推进监管工作，全市食品药品安全形势稳中向好，各项工作取得新成效。

【食品监管】 开展豆制品、食用油以及区域特色食品等重点品种的专项检查，重点整治无证经营和销售"三无"产品、劣质食品等违法违规行为。查处不符合食品安全标准的食品3095.62公斤，取缔各类违法违规小作坊29家，责令11家企业对12批不合格食品进行召回处理；加强聚集性就餐行为的监管，先后开展学校食堂、旅游景区餐饮等专项整治。对主城区餐饮单位发放《餐饮服务食品安全等级公示》4000余份，餐饮服务单位量化分级率达98%。

【药品监管】 开展基本药物、中药饮片和无菌、植入类医疗器械等专项检查，全市7家药品生产企业通过GMP认证，2家不具备资格的医疗机构制剂室被淘汰。集中对28家药品经营企业进行强化主体责任约谈，对273家药品零售企业进行GSP认证现场检查，责令262家未按规定时限认证和换证的药品零售企业停业。在全省率先开展药品零售企业飞行检查工作。药品零售企业电子监管入网率达100%。上报药品不良反应报告5711份、医疗器械不良事件报告1093份，百万人口报告数双双全省排名第一。

【保健食品监管】 联合公安、工商和社区居委会开展打击保健食品"非法会销"专项活动，在市广播电视台滚动播放《打击保健食品非法会销通告》和消费警示语，张贴通告500余份，查处"非法会销"5起。

【案件查处】 2015年，全市系统共办结"四品一械"（餐饮服务食品、保健食品、化妆品、药品、医疗器械）案件587起，同比增长10.5%，上缴国库罚没款284.97万元，同比增长7.6%。全市人均罚没款名列全省第四。其中，食品生产经营类案件增幅显著，结案数增加125起，增幅为61.8%，执行罚没款增长65.33万元，增幅为80.6%。查办涉刑案件8起。全年共受理群众投诉举报528件，获取案件线索并立案查处52起，发放投诉举报资金15万元，接受公众咨询200余次，群众满意率达到90%以上。城区食品药品监督管理局全年办结案件196起，执行罚没款105.09万元。

【监管机构建设】 落实省政府对乡镇监管站"五个一"（即每个监管站有一个独立的办公场所、一辆执法用车、一套快检设备、一部执法记录仪、一台打印机）配置要求，加强乡镇监管机构建设，为全市乡镇监管站配备77套快速检测设备，监管人员到位率达92.1%。村级协管员、信息员待遇全部解决，城区和阳城补助经费分别达到了53万元和46万元。阳城在全县18个乡镇全部成立食品安全委员会。

【检测项目建设】 协调发改、规划、住建等部门，在原征地范围内新建食品安全检(监)测实验楼项目，建筑面积2550.84平方米。项目取得“建设工程规划许可证”和《建筑节能设计认定书》，完成招投标，进入施工阶段。

【检验检测工作】 市检验所通过山西省实验室资质认定评审，涉及新职能的55个参数具备扩项检验检测资质。全年完成检验任务727批次，不合格10批次，不合格率为1.53%；完成食品国抽任务162个品种(批次)，发现问题样品16批次，问题发现率9.9%；开展市级抽检158个品种(批次)，发现问题产品13批次，并以此为线索查办案件60余起。市食品药品监督管理局被省食品药品监督管理局表彰为2015年度“食品安全抽检监测先进单位”，全省药品监督抽验绩效考核排名第一。高平市申报为全国县级食品安全检验检测资源整合试点备选县(市)。

【行政审批】 建立行政许可事项“三统一”和“三分离”制度，“三统一”即：将所有行政许可事项统一进大厅受理、统一审批决定、统一制证发证；“三分离”即：受理、审评、审批三分离；避免行政许可过程中暗箱操作、滥用权力情况发生。编制权力和责任清单、行政职权运行流程图和廉政风险防控图，向社会公开105项行政权力。 (市食品药品监督管理局)

盐政管理

【概述】 2015年，晋城盐务分局以保证食盐市场稳定为核心，以保障群众食用盐安全为目标，扎实开展食盐安全示范村创建、食盐市场安全、食盐质量达标、食盐监测等食盐保护重点工作，全面推进政风行风建设，不断提升行政效能，各项工作目标任务全面完成，全市食盐市场不断改善。

【安全示范村建设】 全年，全市共创建食盐安全示范村42个，共发放食盐51.1吨，价值23.32万元。惠及人口14545人，人均3.4公斤。其中：泽州县创建食盐安全示范村5个，配送食盐12.4吨，惠及人口3011人；高平市创建示范村30个，配送食盐5.6吨，惠及人口2943人；陵川县创建示范村4个，配送食盐8.1吨，惠及人口2133人；沁水县创建示范村3个，配送食盐25吨，惠及人口6458人。

【执法检查】 全年，市、县两级盐政部门共组织开展食盐市场检查行动100余次，出动执法人员980人次，出动车辆260辆次。检查超市、商店、食盐零售点2560个，大小酒店、食堂、小摊点980家，食品加工、熟肉制品单位20家，集贸市场41个，查获私盐3.46吨，查处涉盐案件9起，收缴罚款5760元。

【专项检查】 6月8日至19日，市盐务分局联合各县(市、区)盐务分局在全市范围内开展盐业市场联合大检查，共出动执法人员220人次，车辆60辆次，检查乡镇60个，村庄130个，各类超市、门店960个。8月至10月，市盐务分局、盐业分公司联合对街道、社区、居民小区、集贸市场、超市、饭店、蔬菜调味门市部进行食盐安全检查，共检查超市、饭店263家。10月，在陵川县开展为期4天的食盐安全检查，对崇文镇的饭店、小吃市场、食品加工等等经营户的食用盐进行现场半定量测试，发现有饭店、饺子加工作坊使用非食用盐加工食品，查获涉盐违法案件5起，收缴非食用盐400公斤。10月22日，在城区北街严查私抬盐价和销售私盐违法行为，发现商户把批发价每袋66元的绿标盐抬高至每袋80元以上进行售卖，查处销售食品加工用盐和散盐1家，收缴罚金2000元。

【食盐管理】 按照山西省《食盐零售许可证管理零售办法》，加强食盐零售许可证管理，全年共办理食盐许可证190余个，其中为当年新增食盐零售网点发放许可证20余个。

【宣传活动】 在春节、元旦、“3·15”“食盐安全周”期间，以食盐安全、新品种盐为重点,利用电视、报刊、电台等载体,采取制作展板、悬挂横幅、发放宣传材料等形式向群众宣传食盐安全等知识,并现场解答群众提出的相关问题。共发放各类资料3500多份,悬挂横幅3条,展出展板8块,出动人员60人次,接受群众咨询590余人次。

【食盐检测】 对各县(市、区)和孟匠批发部的公路直调盐进行月度抽样检测,建立质量管理档案。全年,市盐务分局共对晋城盐业分公司及各县(市、区)公司抽检批次24份,其中孟匠7份,泽州4份,高平4份,阳城3份,陵川3份,沁水3份,代表数量1025吨,经定量检测碘含量均合格,符合国家标准。所辖5个县(市)质量检测人员对所到食用盐进行半定量批到批检,共检测159个批次,7768吨,均含有碘。

【食用盐抽检】 在城区、高平、阳城、陵川展开居民用户食用盐抽检工作,对4个街道9个乡镇11个村庄的400户居民用户进行盐样抽检,其中合格碘盐391份,不合格碘盐4份,非碘盐5份,碘盐覆盖率达98.75%,碘盐合格率达98.99%,合格碘盐食用率达97.75%,非碘盐率1.25%。

(晋城盐务分局)

经济和信息化

【概述】 2015年，全市经信（国资）系统把保增稳产作为首要任务，把转型升级作为主攻方向，把深化改革作为根本动力，盯重点、抓联点、攻难点。全市规模工业增加值完成382亿元，同比增长0.8%，比全省（-2.8%）平均水平高3.6个百分点，排名全省第四位；非煤产业增加值比重达到42.1%；工业新兴产业投资比重达到62.4%；工业固体废弃物综合利用率达到67.2%，万元地区生产总值综合能耗预计下降3.2%。

【监测预警】 健全监测调度体系，加强对重点企业、重要生产要素、重大增长点的监控，坚持主要产品价格月、旬报制度；强化目标管理，按月通报进度，按季发布预警；制定稳增长保运行若干措施，加强应急管理，开展停产企业复产帮扶工作，确保工业经济平稳运行。

【企业减负】 围绕“建、扩、缓、免、改”，市政府出台《减轻企业负担、促进工业稳定运行》等两个文件，采取70条措施，依法取消涉企行政权力29项、收费42项，暂停5项，政策支持、创优环境29项，多措并举为企业发展减负添力。据不完全统计，全年全市为企业减免各类税费2.12亿元，缓缴资源价款24.14亿元；设立倒贷周转资金1亿元，为140家企业及个体工商户周转资金19.56亿元，节省成本1268万元。

【企业帮扶】 制定实施工业企业和重点项目服务帮扶工作方案，一企一策，精准帮扶。狠抓20个亿元以上增长点投产达效，有13个正式投产，6个安装调试，1个土建施工，新增产值17.5亿元；推动兰花丹峰、清洁能源、福盛钢铁3户用电企业和国投热电公司参与全省大工业用户电力直供，直接交易电量4.71亿千瓦时，为企业节约成本约1900万元；为8户企业取消减容暂或停期限限制，减轻企业负担56.13万元；10户企业缓缴新增用户临时接电费272.16万元；58户发生增量电量的企业争取省财政奖励资金943.9万元。

【产业结构调整】 一是加强规划引领。编制完成《晋城市煤化工产业发展战略研究》（2015—2020）《晋城市互联网+煤层气产业发展平台建设总体规划》《晋城市纺织业“十三五”发展规划》，启动《晋城市工业经济“十三五”规划》编制工作。二是培育发展新兴产业。围绕信息技术、装备制造、医药、食品、轻工、纺织、材料七大新兴产业，收集入编项目133项。全年七大新兴产业完成投资117.5亿元，超出投资目标14.7亿元；全市工业完成固定资产投资447.1亿元，其中，新兴产业固定资产投资完成278.8亿元，占工业投资比重的62.4%。三是加快工业转型项目建设。总投资455.1亿元的35个重点工业转型项目，有31项开工建设，9项建成投产或试运行，累计完成投资56.8亿元。四是强化行业管理。福盛钢铁、金隅水泥、维高水泥、泫氏铸管、清慧机械、骏通铸管、顺世达铸管等7户企业通过国家钢铁、水泥、铸造行业准入，21户铸造企业通过省级审核；推动散装水泥、新型墙材等行业规范发展。

【技术创新】 加强企业技术创新体系建设，指导12户省级技术中心通过省经信委审核，新增高平化工1户省级技术中心，兰花药业、兴达铸件、大通铸管3户市级技术中心。加快重点行业共性关键技术研发，推动17个技术创新项目建设，投入研发资金3578万元。

【两化融合】 稳步推进两化融合（信息化和工业化的高层次的深度结合），组织企业开展两化融合评估诊断和对标工作，厦普赛尔、清瑞能源两家企业成为国家互联网与工业融合创新试点企业，清瑞能源公司成为山西省唯一一家“互联网与工业融合示范企业”，并入选工信部“100家互联网与工业融合创新试点企业”名单。先后建成开通客运东站、晋城火车站等24个重点公共场所免费WiFi局域网。

【低碳绿色发展】 一是攻坚节能降耗。加强节能目标责任考核和预警调控，严格高耗能行业投资节能评估审查，推广先进适用节能技术和节能产品。统筹安排市级专项资金300万元，对5个项目进行支持。二是强化工业固废循环利用。编制煤炭高效清洁利用实施方案，实施工业资源综合利用与清洁生产行动计划，推进16个资源综合利用和清洁生产重点项目，累计完成投资3.9亿元，已完工项目9个，正在推进项目5个，暂缓实施项目2个。举办全市大宗工业固废利用技术推广暨新型墙体材料革新政策法规培训班，提升企业节能减排、循环利用意识。协同环保部门完成纪念抗日战争和世界反法西斯战争胜利70周年活动期间的大气污染防治工作及采暖期重污染空气应急响应工作。三是化解过剩产能。全年关停黏土砖生产企业7户，淘汰钢铁产能5万吨，报废黄标车161辆。

【国企改革】 市政府出台《关于深化国资国企改革的指导意见》，提出市属国有企业分级、分类进行改革的思路。拟定《晋城市经信（国资）委直接监管企业深化国资国企改革总体方案》，初步提出“两类”“四个一批”改革思路。按照市委、市政府的安排部署，完成113户国有企业的新证换发工作，对改革的重点、难点问题逐项研究，起草《市属国有企业信息公开办法》《晋城市市属企业负责人履职待遇、业务支出管理办法》等文件。编制《组建晋城市商业类国有资本投资运营公司实施方案》（征求意见稿），稳步推进党政机关与所办企业脱钩改革工作。

【安全生产】 深刻汲取“5·16”和“8·13”等事故的惨痛教训，坚持“安全第一、生命至上”理念，多次开展安全生产调研和安全教育培训工作，采取“四不两直”方式对各县和所管企业进行督促检查，发现隐患160余处，整改40余处。落实无人看守铁路道口安全监管，加强民爆和信息安全管控，确保行业安全生产。（市经信委）

煤炭煤层气

【概述】 2015年，市煤炭煤层气工业局以安全发展为目标，以依法治理为方式，以改革创新为动力，科学应对煤炭经济下行、安全生产压力大、反腐倡廉形势严峻、政治生态环境困难等多重压力，推动全市煤炭煤层气工业安全科学发展。全年地方煤矿发生安全生产死亡事故7起，死亡7人。煤矿百万吨死亡率为0.1487（地面洗煤厂事故不计入百万吨死亡率）。未发生较大及以上事故，未发生瓦斯事故和透水事故。地面煤层气开采企业安全生产无事故。

【煤炭生产】 2015年，全市地方各类煤矿原煤产量为4035.57万吨，同比增加121.13万吨；完成现价工业总产值130.45亿元，同比减少9.91亿元；累计销售煤炭3895.11万吨，同比增加84.21万吨；实现销售收入135.84亿元，同比下降8.98%；煤炭吨煤综合售价为（含税价）408.03元，同比下跌71.92元，跌幅为14.98%。全市地方煤矿生产矿井采煤机械化率达到100%，掘进机械化率达到93.5%，同比增加3.5个百分点，矿井采区煤炭资源回采率达到78%。28座矿井申报一级安全质量标准化煤矿，管理标准达标率100%，新建成8座现代化矿井。

【煤层气开采】 煤层气企业全年新增钻井数112口，累计达到7868口，新增投运井数118口，累计投运井数达5974口。全年煤层气抽采量29.9亿立方米，同比增长13.2%；完成销售气量21.75亿立方米，同比增长6.7%；完成工业产值40.9亿元，同比增长21.3%；实现销售收入41.72亿元，同比增长15.5%；上缴税金4.41亿元，同比增长11%；实现利润10.44亿元，同比增长47%。

【项目建设】 全市地方煤矿建设项目新增固定资产投资14.98亿元，同比下降69.42%；新转产验收矿井12座，形成产能840万吨/年；全市煤矿办非煤项目完成投资15.75亿元。全市建成煤层气运营加气站35个，其中：母站8个，设计总供气能力每日136万立方米；汽车加气站27个，设计总加气能力每日57.7万立方米。

【安全生产】 一是建立安全生产责任体系。执行《企业安全生产责任体系五落实五到位规定》，在煤炭煤层气行业开展安全生产责任落实年活动，健全完善主体责任、管理责任、监管责任三个责任体系。二是安全监管日常化。全年市煤炭煤层气工业局出动人员6000余人次，检查煤矿1060座次，排查治理隐患8589条。三是专项整治重点化。围绕治瓦斯、摸清水两大重点，先后组织开展“一通三防”专项检查、高瓦斯煤矿交流检查等12项专项检查，集中整治12项138类4500条灾害防治内容，有效提升企业防灾治灾能力。四是执法检查全程化。坚持将安全大检查、打非治违作为全年常态化工作，将非法违法、“五假三超”作为执法检查重点，先后责令阳城皇城史山、陵川崇安关岭山、泽州天地王坡停产或局部停产。

【基础管理】 开展“安全生产基础巩固年”活动。一是加强风险预控。出台《进一步加强风险预控管理意见》，将企业安全风险公告贯彻执行情况作为复产复工否决项，推广使用菜单式、表格式风险预控管理新模式，8座煤矿淘汰斜巷人车，强制淘汰小支架，启动淘汰小绞车工作，提高装备的可靠性。二是深化标准管理。以两化（质量标准化和现代化）建设为重点，持续加大现代化矿井建设，新建成8座现代化矿井，现代化矿井累计达到16座。三是创新技术管理。组织召开瓦斯防治、防治水管理经验交流会，探索建立工作面通风方式由“U+U”“U+L”变更为单“U”通风的试点，引进CO2预裂爆破、抽放钻孔“两堵一注”、高位钻孔抽放等瓦斯抽放新技术、新工艺，强制推行防治水“三专”（专门人员、专用设备、专职队伍）管理，严惩违反作业规程和安全技术措施的相关责任单位和责任人。

【项目管理】 一是分类处置。按照“三个一批”工作思路，对全市建设项目进行“回头看”，49座建设矿井中，累计停缓建矿井13座，规模1170万吨/年。二是规范秩序。采用事前备案申请、事中监督检查、事后质量认证“三位一体”方式，将工程报验、过程管控、旁站监理运用于项目建设全过程，查处15处不合格工程，对工程报验和材料报验不合格的重新进行整改完善。三是保证进度。继续实施煤矿建设报告制度，全年共有12座矿井竣工转产、3座矿井转入试运行。

【人员培训】 组织实施素质提升工程，为煤矿安全生产提供可靠人本保障。一是严把准入。采用劳动用工“五统一”严把规范用工关；加大变招工为招生工作力度，严把入矿关；强制三级培训、师带徒、成立包保小组、挂职锻炼等措施，严把上岗关。二是严格教育。采取学历教育、全员培训、专项培训、职业技能签订、职称评审相结合，创新安全培训新机制，严格教考分离，全员培训62000人。三是严肃整治。聚焦劳动用工管理、劳动合同、劳动保险、劳务派遣、安全培训、资格证件等内容，组织开展劳动用工、安全培训专项检查，责令瓦斯抽采工持假证上岗的重庆千牛玉溪项目部停止施工，责令2座施工资质、用工管理等存在问题的煤矿暂停建设，严厉打击非法违法用工行为。

【产业转型】 以煤矿转型助推产业转型，拉长煤炭产业链。探索建立安全、管理、销售、人事、财务“五位一体”的煤炭主体企业管控模式，率先在全省地方煤矿实施不同煤层配采项目，阳城大桥开工建设，高平赵庄、申家庄，泽州坤达等煤矿完成项目论证和设计批复。组织实施转型综改项目，加速建设12个煤炭转型标杆项目，皇城相府、珏山、蟒河、黄围山等煤旅游项目效益显现，兰花国际广场、科兴防护服、煤运新能源、科兴前和晋宝绿珍等项目有序推进。采用政策扶持、政策激励、安全监管、上门服务等多种形式，推进煤层气产业发展，大宁煤矿单机装机容量达4000千瓦时，系国内单机装机容量最大发电机组。　　（市煤炭煤层气工业局）

煤炭运销

【概述】 2015年，山西煤炭运销集团晋城有限公司面对资金匮乏、安全事故、人员分流，特别是资源整合遗留问题、工程建设欠账等严峻形势和巨大压力，不等不靠、主动作为，凝心聚力、勇于担当，全力破解难题，保持平稳发展。

【煤炭产销】 全年完成营业收入40.2亿元，煤炭产量480.6万吨，总进尺26266米，煤炭销量1167.5万吨。

【体制改革】 按照集团要求改革煤矿管理体制，取消县公司管理，压缩层级、精简人员，提升管理水平。市公司直管煤矿安全，实行自产煤统一销售，推行“财务、人事”直通车，并对煤矿物资采购供应等进行统管；扩大煤矿自主经营权，由矿长提名组建班子团队，激发煤矿活力；分批安置公路体制改革人员，划转国新能源集团739人，并出台全系统人员改革方案，鼓励职工多途径寻求发展。

【矿井建设】 公司多渠道筹集资金，化解工程欠款、设备购置等难题。同时，引入外部资金，加快推进煤矿配套洗(选)煤厂建设。与阜新矿业、劲牛焦化等企业商洽合作，盘活煤矿资产。至年底，有裕兴煤矿、南河煤矿、峪煌煤矿、大西煤矿、关岭山煤矿、西河煤矿、四侯煤矿、惠阳煤矿、店上煤矿、野川煤矿等10座生产矿井，盖州煤矿、七一煤矿通过竣工验收，年总产能达到1155万吨。

【物流贸易】 公路、铁路运销全面推行物流贸易市场化。公路公司在维护国投电厂用户的同时，划小营销单元，拓展河南开封等地电厂业务。沁阳兰煜公司、济源兰煜公司与社会煤场合作，扩大配煤、洗选销量，全年销售煤炭125万吨；电力燃料公司赴吕梁、长治等地加大外购煤采购力度，被阳城电厂列为A级供应商，全年完成煤炭销量137万吨；各县公司采取商务谈判、竞拍等方式销售自产煤，同时扩大外购煤销售范围。铁路公司优化机构设置，实行区域公司化经营，对电煤、冶化用户开展针对性营销，巩固华能沁北电厂等重点用户，稳定煤炭销量。

【非煤产业】 非煤产业创新营销方式，加快多元发展，取得较大成效。晋城大酒店巩固发展新老客户，与旅行社合作拓展业务；阳城美韵花园大酒店利用网络推出多款主题房及餐饮套餐；泽州大酒店打响“泽州喜宴”品牌，成立“阳光大姐”家政服务培训基地，向后勤服务领域延伸；棋源山庄加入艺龙、携程等移动互联平台，拓宽销售渠道。煤销汽车公司瞄准县区和重点乡镇市场，举办车辆展销，开展延时修车服务。“兰煜龙湾”项目建设基本完成，销售房源近60%。黄围山景区开通郑州、洛阳等地“旅游直通车”，利用微信、微博、驴友论坛和举办联谊活动等方式营销，提升品牌知名度。

【企业管理】 开展以“抓班子、带队伍、管现场、严考核、保安全”为主题的“大反思、大讨论、大检查、大整改、大提高”活动，提升安全管理水平；强化“三重一大”执行落实，加强对招投标、物资采购等重点领域监管，规范程序，规避风险；提前规划、多渠道筹资，保障矿建、倒贷、利息等资金需求；结合企业经营状况，出台资金管控、开源节流等措施，加强企业管理。

【企业文化】 加强员工思想教育，举办公路转岗安置、青年团干座谈会等20余次，打造晋城煤销特色企业文化。办好《晋城煤销》内刊，展示公司良好形象，新闻采稿率连续4年居集团第一。

（山西煤炭运销集团晋城有限公司）

电　力

【概述】 2015年，全年售电量144.17亿千瓦时，同比增长1.11%，总量跃居全省第三。平均电价、综合线损率、电费回收率、资金归集率等主要生产经营指标均完成预定计划。累计实现安全生产4480天。国网晋城供电公司通过全国文明单位复查，荣获省直文明单位标兵等称号，公司下属国网陵川县供电公司荣获山西省“五一劳动奖状”，国网阳城县供电公司荣获国家电网公司文明单位称号。

【电网建设】 全年完成电网建设投资4.8亿元，开工建设及续建110千伏及以上输变电工程14项，建成投运9项，新增变电容量97.9万千伏安。深化政企协作机制建设，市、县两级政府正式成立电网工程建设领导小组，出台补偿实施办法，220千伏金匠、110千伏谷堆头等工程开工建设。把握市县两级规划调整有利时机，17项新建电网工程预选站址全部纳入土地利用总体规划。服务晋城市“项目提质增效年”活动，高平云泉、市区阎庄等18项35千伏及以上工程前期工作完成，110千伏城南增容改造等14项招商引资、煤矿双电源建设重点工程加快推进，220千伏泰阳和110千伏关岭、碧峰、曹岭等4座变电站顺利投运，杨寨—棋源110千伏线路工程荣获省电力公司项目管理流动红旗。2015年农网改造升级工程全部投运，新增工程全面开工，新建改造输电线路267.69公里，完成1.06万户“低电压”治理、10个电气化乡（镇）和15个安全文明用电示范村建设，高平许庄台区改造项目荣获“国家电网公司2015年度农网百佳工程”称号。

【供电管理】 强化地区电网安全和调控运行管理，定期评估电网运行风险，持续规范检修工作风险预警预控管理。深入贯彻落实新安全生产法，开展安全大检查和缺陷隐患整治，重点实施易燃易爆危化品管理、安全工器具试验等专项治理，全年治理隐患缺陷517项。超前防范高峰用电时期紧张局面，新增改造配变246台，综合整治低电压台区332个，配电故障次数、故障报修数量、故障抢修时长均降低30%以上。统筹基建、技改、大修等项目安排，完成220千伏丹河站、北义城站综合检修，完成110千伏及以上13座变电站、58条输电线路的状态检修。制定出台通用保电工作方案，主动应对4月和11月两次雨雪冰冻天气，做好兴安电厂机组全停期间电网运行，针对性组织迎峰度夏和消防应急演练，完成重要节日、重大活动的保电任务。

【供电服务】 落实供电服务内查外访专项行动，推行业扩报装“一证受理”，累计完成41个标准化营业厅建设，服务环境持续优化。开展电费回收和营销农电现场安全“双查”活动，累计完成254个现场、171个高危及重要用户隐患排查治理，重点实施1943户电费风险检查，全年电费回收提前结零。全面落实企业减负政策，依法合规减轻企业负担1.12亿元。完成横河水电自供区和润城村接收任务。推广电能替代技术，全年替代电量10.76亿千瓦时，节约电量1.09亿千瓦时。推广“掌上电力”手机APP等多元化缴费方式，多元化收费方式收取电费384.32万笔，收取电费金额6.75亿元，同比增长6.47%。

（国网晋城供电公司）

城镇集体工业

【概述】 2015年，市城镇集体工业联合社坚持稳中求进的总基调，强化经济运行监控，提升服务水平，把握方向原则，稳步促进企业改革；发挥优势特色，发展壮大工美产业；狠抓安全生产，各项工作取得新成效，连续八年被省联社评为优秀城联社。

【项目建设】 2015年，全系统安排项目12项，计划总投资6.91亿元，其中煤炭项目4个，计划投资4.24亿元；非煤项目8个，计划投资2.67亿元。年底，实际完成项目4个，完成投资5.1亿元，其中完成煤炭项目2个，完成投资3.1

亿元；完成非煤项目2个，完成投资2.1亿元。阳城和陵川联社转变发展方式，引入集中供热项目，全年分别完成投资1亿元和6000万元。沁水联社依托区位优势，对闲置土地进行开发，修建综合楼项目。

【企业改制】 按照政府推动、联社指导、企业组织实施的原则，结合实际，因企制宜，一厂一策，稳妥推进企业改革，先后使13家企业走出困境，完成“双置换”改制企业21户。

【股权改革】 市城联社重点对所持有的市兴隆山煤化工有限公司的6.475%集体股权进行公开转让。严格依规依法按程序进行公开招标，选定中介机构，并按照全国总社集体资产监管暂行办法，严格按照清产核资、财务审计、资产评估、公开挂牌等规定程序，将所持有的354万（占6.475%）联社集体股份以385万元转让。已签订股权转让合同，办理工商变更手续。

【资产管理】 探索“非转经”资产管理模式，经市财政局批复同意将市联社账面的非经营性国有资产，建筑面积为548.67平方米，价值195万元的街面房产无偿划转给两个国有公司作为经营场地，并按程序实行资产评估和公开招租，达成每年28万元成交价。

【工美产业】 推进省传统工艺美术保护发展项目，帮助3个项目争取扶持资金20余万元。“泽州铁器”入选《中国工艺美术大全·山西卷》。组织工美企业参加各类展会和技术比武活动。在第50届全国工艺品交易会上，高平青龙黑陶工艺厂的工艺品《红叶天球瓶》获得2015年“金凤凰”创新产品设计大奖赛铜奖；在山西省第二届文博会上，晋城市工美行业共有9个工艺品获“神工杯”金奖，7个获银奖，9个获铜奖。

【安全生产】 举办消防安全知识讲座，到企业宣讲《中华人民共和国安全生产法》，全面提升干部职工的安全生产意识；层层签订安全生产责任书，严格落实联社监管责任和企业主体责任，在全市城联系统建立健全“党政同责”“一岗双责、齐抓共管”的安全生产责任体系；制定和完善安全生产职责、履责一系列规章制度，进一步明确联社和企业每名领导干部安全职责，确保责任到岗、责任到人；拨付资金2万元，首次在兴隆山煤化有限公司组织危化品事故应急演练，增强机关干部职工和企业员工的安全意识，提高应急保障水平；强化监督检查，通过月检查、季汇报、定期分析研究，排查隐患，落实整改等一系列举措，确保全系统全年安全生产无事故。（市城镇集体工业联合社）

民营经济

【概述】 2015年，全市中小企业（民营经济）管理系统围绕“稳增长、促改革、调结构、惠民生”主线，把握经济转型发展的战略机遇期，以政策落实为手段，以项目建设为抓手，以推动“双创”为契机，以服务体系为平台，推动全市中小企业、民营经济平稳健康发展，连续18年被授予“省级文明单位”称号。

【主要指标】 全市中小企业营业收入完成1049.54亿元，同比下降0.69%，工业总产值完成745.97亿元，同比增长2.75%；实现利润95.01亿元，同比下降7.36%；上缴税金54.78亿元，同比下降11.5%。

【运行特点】 1.经济增长幅度逐月回落。2015年，全市民营经济各项主要经济指标均呈现不同程度的下滑，民营经济增加值、中小企业营业收入首次出现负增长。5月，民营经济增加值增幅达到全年最高，增幅为5.56%，6月开始，增幅逐月回落，截至11月底，增加值同比下降0.94%，比5月最高增幅下降6.5个百分点，较2014年同期下降9.71个百分点。中小企业营业收入同比下降1.53%，排全省第六位，低于全省平均增幅0.11个百分点，较2014年同期下降10.21个百分点。

2.主导产品量价齐跌，三产服务业发展平稳。从重点监测的30种产品看，仅有10种产品产量同比增长，其中7种是非资源类产品。服装、淀粉、杂粮、西药制品增长幅度较大。有20种产品产量下降，其中支撑全市经济发展的煤炭、钢铁、铸造、建材等主导产业受市场持续低迷影响，除原煤、洗精煤产量略有增长外，其他行业均为负增长。相较主导产业持续低迷，全市三产服务业则保持平稳发展态势，前三季度，三产服务业完成增加值155.17亿元，同比增长5.9%，高出全市民营经济增加值增幅2.58个百分点，占全市民营经济比重达到32.55%，成为拉动全市中小企业、民营经济增长的主要动力。

3.利润空间大幅收窄。总体上看，民营经济实现利润、上缴税金都有不同程度的增长，但在融资成本、用工成本居高不下以及主导产品价格"跌跌不休"的情况下，企业盈利空间大幅收窄，特别是冶炼、低端铸造企业利润甚微。

4.规模以上工业继续下滑，小微企业强力拉升。1—11月，规模以上工业企业销售收入完成309.12亿元，同比下降9.76%；工业总产值完成322.25亿元，同比下降8.87%。小微企业发展相对平稳，剔除规上企业，全市小微企业完成销售收入674.05亿元，同比增长1.89%，成为拉动全市民营经济发展的主要因素。

【创优发展环境】 市政府出台一系列支持民营经济发展举措，制定《关于加快民营经济发展的实施意见》，推进市"减负22条"、省"13条"等惠及民营经济政策落实到企业。利用政策通知短信和微信公众平台、政策宣讲讲座、中小微企业政策宣传周活动等形式宣传促进中小微企业政策措施，扩大中小微企业政策覆盖面。市国税部门累计为小微企业免征增值税3063.29万元，为1225户小微企业减免所得税184.33万元，政策受惠面达100%。

【项目建设】 开展"项目提质增效年"活动，围绕省、市中小企业固定资产投资任务，及时分解目标，对接市直部门，落实支撑项目，建立项目管理台账，重点抓124个新建续建项目，完成固定资产投资63亿元。其中39个重点项目总投资142.15亿元，累计完成投资52.9亿元。

【企业成长工程】 按照"创办一批、成长一批、壮大一批"的总体思路，以培育"小升规"为抓手，以项目建设为重点，实施中小企业成长工程。一是建立年营业收入500万元～2000万元工业企业名录库，入库企业达到236家。二是提取480万元市级中小企业发展资金，对2014年度新培育的16家"小升规"企业，一次性给予每家30万元的奖励；组织"小升规"企业申报工作，经市统计部门审核并上报省统计局的"小升规"企业20家。三是加大目标培育企业的监测。全年全市"小升规"培育目标企业10家，按照目标任务的200%进行重点监测，并将20家重点培育监测企业全部纳入工信部重点监测企业库。联合市统计局对各县(市、区)"小升规"培育目标企业进行调研，了解培育目标企业运行情况以及存在的困难和问题，为"小升规"培育目标企业"问诊把脉"。

【创业基地建设】 全年投入创业基地建设资金1.77亿元，泽州锦绣鑫源、小微企业创业基地、东科创业园、长江孵化园3个基地被认定为省级中小企业创业基地，获得省级创业基地专项资金460万元。对9家在创业基地给予各家15万元资金支持，6个基地达到市级中小企业创业基地标准。至年底，全市建成和在建的各类中小企业创业基地23个，其中省级创业基地7个，市级创业基地达到15个，创业基地总建设面积达到75万平方米，入驻企业681家，安排就业4069人，带动全市新创办小微企业4987户，为历年最高。出台《关于加快金融发展的若干意见》《关于金融机构支持地方经济发展业绩评价考核办法》，激发银行金融创新、拓展空间、对接服务、引资入市的动力和活力。

【融资服务】 利用1900万元省级融资模式创新奖补资金，累计为68家企业融资28640万元；通过"助保贷""聚力贷""助企贷""信保贷"等多种形式，累计发放贷款17亿元，受益企业达到170户；与上海股权托管交易中心达成战略合作协议，在全市设立企业挂牌孵化基地，2家企业在上海股交中心的E板挂牌，11家企业在Q板挂牌。为6家银行金融机构争取上级中小微企业贷款风险补偿资金117万元，为迎春融资担保有限公司提高注册资本2000万元，使该公司的担保能力由原来的1亿元扩大到3亿元，为3家政策性担保机构争取上级中小微企业担保资金321万元。

【服务体系建设】 建成市级综合服务平台，并配套开工建设三个专业应用平台和两个特色产业平台，其中金融、人才服务应用平台和食品加工产业服务平台建成并投入使用。建成小微企业服务站86家，基本实现乡镇全覆盖。2015年，全市服务体系提供服务项目85项，开展服务活动400余项次，服务企业3500余户，服务人数2.5万余人，为企业减免各项费用3300余万元。

【科技创新】 5家企业技术中心被认定为省级中小企业技术中心。对第一、二批晋城市创新型中小企业进行120万元资金奖补。征集创新创业项目30余个，经审核后对所征集企业和项目进行技术、人才、融资等方面的支持。加快科技创新进程，通过企业申报、实地查验、择优认定的方式认定科技型中小企业29家。四是扩大对外开放。组织企业参加第十二届中国（广州）国际中小企业博览会，加强对外技术交流与合作。

【人才培养】 完成省中小企业局经营者素质提升工程培训任务，通过竞争性手段选拔培训机构，培训小微企业管理人员1000余人。根据《2015年度中小微企业人才培训计划》开展营销、融资、技工等方面的培训工作，培养企业职工3000余人，企业人员素质得到提升。 （市中小企业局）

招商引资

【概述】 2015年，市招商局以项目招商为中心，以企业招商为主体，突出重点、完善服务、克服困难、注重实效，做到措施得力、有的放矢、高效务实，全市招商引资工作取得扎扎实实的成效，全市招商引资签约项目135个，总投资额1681.2亿元，招商引资外来资金到位523.47亿元。

【项目建设】 一抓项目编制储备，夯实基础。征集一批符合县区发展方向、可操性强的招商项目，开发一批中长期特色优势项目。完善项目对接机制，建立项目联系制度，追踪掌握进度，年储备项目超百个。二抓签约项目会审上报。与市发改委、国土局、环保局、规划局等职能部门会审项目12批100多个，并上报省相关职能部门会审。三抓指标统计通报，实行“月统计、季通报”，每季度以市政府办文件通报，并在晋城在线、晋城招商网等新闻媒体上进行专项通报。四抓跟踪督查服务，到六县（市、区）和开发区进行了调研和项目督查，召开座谈会，到30多家项目建设现场调研。

【招商行动】 组织参加晋粤产业合作项目推介会、跨国公司入晋暨产业合作（上海）推介会、中部投资贸易博览会、山西省（长春）招商引资推介对接会、2015年厦门国际投资贸易洽谈会、2015年中央企业山西行等活动，开展宣传推介和项目洽谈，并持续加大与长三角、珠三角、环渤海及京津冀等发达区域的对接交流。在第五届山西（晋城）投资贸易洽谈会上，召开招商项目专题推介和山西省——中原经济区合作发展推进会，向参会客商推介17个重点项目，对其中8个项目进行现场路演推介，经过深入对接洽谈，共签约17个招商项目，总投资48.6亿元。

【区域合作】 一是加强与中原经济区的产业项目合作。4月中旬，市招商局和河南省晋商会合作，与40多家中原企业座谈，面向中原经济区推介20个招商项目，与许多企业建立合作交流渠道，互通信息，实行长期交流接洽，推动区域间产业合作共赢。各县（市、区）开展与中原经济区的产业项目合作，泽州县在郑州举办旅游项目专题推介会，向与会客商推介柳树口镇患公山景区、李寨沁河峡谷风景区、珏山风景区和山里泉风景区综合开发等10个项目，同20多家客商进行项目对接，达成初步意向。二是主动融入环渤海经济圈。4月9日，参加2015年环渤海第一次市长特派员集中办公会议，筹划晋城市加入环渤海区域合作市长联席会相关工作。9月，环渤海区域合作市长联席会第十七次市长会议正式通过晋城市加入市长联席会的决议，促进了晋城市同环渤海区域成员城市的区域合作、产业对接。

【招商模式】 一是网络招商。依托“晋城招商网”对外发布项目200多个，与商务部投资促进事务局接洽，通过“中国投资促进网”发布晋城招商项目，与“上海招商网”合作，利用其影响力宣传推介晋城。二是商会招商。借助遍布各地的山西商会、晋城商会平台和信息优势，开展宣传推介、招商引资。先后与北京、天津、重庆、四川、深圳和江苏江阴等地商会对接恳谈。三是载体招商。以园区产业规划为项目载体。采取电话联系、上门咨询、网上联络、外出座谈推介等形式对接服务联络工作100余次。四是开展产业链招商、以商引商、亲情招商、委托代理招商等，总结摸索多种招商新方式，实现招商引资由政府主导型向市场主导型转变。五是选择一批重点项目，编印《晋城重点推介项目》宣传册，对外推介发布。编印《投资指南》宣传册，介绍晋城投资环境。

【项目管理】 完善招商引资项目动态储备制、公示通报制、统计报表制、签约项目跟进服务制、落地项目实地查验制、专业网络招商宣传推介接洽制、落地项目服务推进制、招商引资信息报送制度等，规范项目管理。实施项目督查考核，公示项目排名进度。组织督查调研小组对各县（市、区）招商引资情况进行督查调研，对各县（市、区）招商引资情况和存在难题进行全面梳理和引导，取得较好的效果。 （市招商局）

晋城经济技术开发区

【概述】 2015年，晋城经济开发区围绕全市“一争三快两率先”发展战略，主动适应经济发展新常态，瞄准“十二五”规划确定的发展目标，以提高经济发展质量和效益为中心，着力保增长、调结构、抓招商、提质量、惠民生、强管理、优环境，区域经济保持平稳较快增长。

【主要指标】 2015年，全区规模工业总产值完成125亿元，增长4.89%；规模工业增加值增长9.21%；公共财政预算收入完成2.94亿元，下降7.1%；外贸进出口总额（海关统计）完成5.71亿美元，下降5.29%，其中进口3.63亿美元，出口2.08亿美元；实际利用外资2.57亿美元，增长4.3%；固定资产投资完成66.78亿元，增长16.12%；高新技术产业增加值占全区工业增加值比重达87%。地区生产总值完成73亿元，实现“十二五”规划确定的“翻两番”奋斗目标。财政总收入突破16亿元，超额完成“十二五”规划确定的15亿元目标。

【招商引资】 2015年，先后赴北京、上海、银川、太原等地考察、洽谈，积极参加中阿博览会、新兴产业对接会、山西投资贸易洽谈会，全年共签约项目12个，总投资164.76亿元，占招商引资到位资金82.01亿元。新引进内、外资企业3户，新增投资10亿元人民币。

【重点项目】 落实省、市“项目提质增效年”工作部署要求，完善领导联系重点工程制度、24小时直通车制度、“五个一”工作制度、每月一次调度会制度等一系列制度措施，加强项目建设协调工作。络桦路道路工程具备初步通车条件，文化路、颐翠中学、颐翠小学、金匠西街、金石路、区间路建设全面启动；金匠110千伏变电站、人行天桥工程前期手续办理完毕。全区重点项目储备保持在1449.6亿元，项目落地108.1亿元，项目开工完成98.6亿元，重点工程建设完成45.77亿元，项目投产完成82.24亿元，均实现年度目标。

【新兴产业】 以《山西省新兴制造业三年推进计划（2015—2017年）》确定的重点项目为抓手，加快新兴产业重点项目建设。江淮晋城新能源装备产业基地一期工程完成101号厂房建设，进行设备安装调试。蓝天科技工业尾气净化装置项目一期工程3号车间完成设备安装，载体生产线投入生产，2号车间自动化涂覆设备安装完毕，正在调试。全区重点新兴产业项目完成投资6亿元。

【技术改造】 贯彻《中国制造2025》，推动企业技术改造，以富士康园区为重点，依托园区在机器人领域的技术优势，率先启动智能制造改造工程。园区实施

“机器换人”改造工程初见成效，手机机构件绿洲项目投资6200万元，生产现场用工人数减少44%，产能提高26%，直接生产运营成本每日削减3.6万元。

【中小企业发展】 强化政策扶持，出台《扶持中小微企业发展若干政策规定》，设立中小企业发展专项资金。全区新增中小企业331户，注册资本达14亿元。创新融资支持，推进融资模式创新，启动“助保贷”业务，首批落实财政投资风险补偿金600万元。狠抓创业基地建设，建成2家省级中小企业创业基地、1家市级创业基地，创业孵化面积达到2万平方米，入驻企业超百户。推进企业上市挂牌，按照市政府《关于发展和利用资本市场的实施意见》精神，出台激励政策，汉通鑫宇、皇城药业、兰花汉斯等企业与券商签署协议，开展前期工作。积极推进“小升规”工作，全年新增规模工业企业3户。

【社会事业】 完成实事工程20件，投入资金2.1亿元。推动全面创业带动、设立公益性岗位扶持、加强培训提升就业促进工程，全区新增城镇就业9729人。社会保险、城乡低保、低保抚恤、社会救济等社保政策得到落实。支持教育、卫生、文化等事业发展，落实义务教育“两免一补”，保证教育事业健康发展。支持卫生基础设施建设，规范社区卫生服务中心运转，开展60周岁以上老人免费体检工作，有序推进医政管理和基药工作。开展文化科技进社区活动，开设社区图书阅览室。开展治安防控体系和公共安全体系建设工作，构建矛盾纠纷多元调解体系，全区信访秩序全面好转。深刻汲取各类安全事故教训，开展安全生产大检查、打非治违专项行动、危险化学品和易燃易爆物品安全专项整治。开展以“马上就办、真抓实干”为主题的“冬季行动”，破解经济发展和民生保障中的难题。

【综合治理】 土地分局依法保障开发区重点、重大基础设施项目供地，全年土地征收4个批次，公开出让3宗，卫片执法巡查100次。工商分局落实“先照后证”登记改革，放宽企业经营范围登记，全面推行“三证合一、一照一码”登记模式。质监分局以“质监百日行”为抓手，加大特种设备安全和消费品安全监管力度，维护安全生产。规划分局科学编制规划，加强跟踪服务，依法审批“一书两证”。国税分局、地税分局落实税收优惠政策，全面加强税收征管，实行国、地税共驻区政务服务大厅合作办税。公安分局开展打击侵财犯罪百日攻坚专项行动，实施警民“三访”工作，全面加强派出所和社区警务“1135”系统工程，推进打防一体化建设。消防大队加强对重点单位、高危企业的管控，开展辖区既有违法建筑、城中村出租屋等难点问题专项整治，规范三级网格化管理。食品药品监督管理局加强食药保化安全监管，深化流通环节食品安全治理整顿，开展药械市场、保化专项检查，保障群众餐饮食品放心消费和药品安全。行政执法六大队围绕道路乱占乱设、露天烧烤、违法停车、扬尘污染等整治重点，开展市容秩序综合整治，全年依法查处一般性案件22起，简易案件147起。

（晋城经济技术开发区）

重点企业

·晋煤集团·

【概述】 2015年，晋煤集团按照“聚力安全效率效益，突出改革创新发展”的工作思路，在正视危机中提振信心，在应对困境中综合施策，在攻坚克难中履职尽责，强化经营管理，优化产业布局，深化改革创新，夯实安全基础，培育和谐文化，保持总体平稳的发展态势。

【主要指标】 2015年，企业资产总额2122.44亿元。全年实现营业收入1790亿元、上缴税费70.32亿元；总氨和尿素产量、煤层气抽采利用量、发电量等指标平稳增长。企业位列2015世界企业500强第379位，比2014年前进7位。

【煤炭产业】 东大矿井正式核准，成为2015年全省唯一取得核准的矿井，加快资源整合矿井建设，四个千万吨矿井改造工程顺利推进，煤炭生产布局进一步优化、核心竞争力不断增强。

【煤化工产业】 应对国家取消化肥优惠电价、停止化工产品增值税免税等政策的不利影响，巩固提升煤化联动竞争优势。全年自控化工公司用煤量占到集团本部商品煤总量的40%以上，企业煤炭生产销售总体平稳。

【煤层气产业】 依托技术优势，全力推进煤层气抽采、利用两个全覆盖工程。至年底，累计完成地面煤层气钻井4800余口，抽采规模进一步扩大；加快实施晋城矿区采空区、采动区煤层气开发项目，加强分布式瓦斯发电项目建设和运营，推动煤层气利用量大幅提升。

【电力产业】 抢抓山西省政府“低热值煤20条”机遇，加强对外合作，加快补齐电力产业发展短板。赵庄2×660兆瓦低热值煤发电工程开工建设；与电力企业开展上下游资本合作；抢抓山西省全面放开大用户直供电的机遇，阳城晋煤能源列入山西省第一批2016年电力直接交易的发电企业；瓦斯发电异军突起，成为晋煤转型发展的特色品牌。

【煤机产业】 按照“自主制造、技术合作、产业集群”的发展思路，围绕“三机一架”主导产品，持续加大煤机产品技术创新力度，产品市场竞争力得到提高。

【多经产业】 按照专业化管理、板块化运行的思路，成立多种经营及新兴产业事业部，扎实推进绿色可建、激光投影仪、产业扶贫等项目建设步伐。

【科技创新】 高端创新平台方面：“煤与煤层气共采国家重点实验室”获得科技部批准，成为山西省第4个国家重点实验室；山西省煤与煤层气一体化高效开采工程研究中心，入选中国煤炭工业协会公布的首批22个煤炭行业工程研究中心；企业首款激光投影仪正式进入市场。重大关键技术方面：创新实施的煤层气L型井抽采技术工艺，在第十五届国际煤层气暨页岩气研讨会上受到国内外专家的高度肯定，被国外专家誉为近年来煤层气领域最具特点的技术创新项目；改进完善采空区瓦斯抽采工艺，采空区单井最高日产气量达到3000立方米。“晋煤炉”研发攻关加快推进，全面进入工程设计阶段。群众性创新方面：创建山西省煤与煤层气共采创新团队，实施以“首席专家”“大师工作室”为载体的高技能人才培养模式，广泛开展群众性科技创新活动，全年共收集各类“五小”创新成果847项。创新品牌方面：全年，获得省部级科技进步奖励成果22项、专利授权162项。煤矿区煤层气开发精确对接井钻进技术与装备项目，荣获2015年中国煤炭工业科学技术奖特等奖；《用于液压支架自动焊接的双面装卡工件的变位装置》专利获得第十七届中国专利优秀奖，《滚筒式采煤机摇臂》专利获得中煤协会第二届中国煤炭工业专利一等奖。央视《新闻联播》以《创新驱动 打造经济增长新引擎》为题，对晋煤集团在煤机制造、煤层气开发利用等方面坚持创新驱动战略的举措和成效进行报道。

【安全生产】 落实“党政同责、一岗双责、失职追责”的要求，成立“煤矿安全监管五人小组”，设立覆盖晋煤集团各化工企业的“煤化工安全三人监管小组”，理顺各非煤产业事业部的安全管理职责，构建“大安全”管控体系。同时，开展每周三“安全生产日”活动、每季度基层行政正职安全述职会，加大安全检查的力度、广度、深度，持续加大群众性的隐患排查力度，构建安全生产长效机制。全年，晋煤集团煤矿百万吨死亡率为0.0568，非煤产业千人死亡率为0，安全生产总体平稳。

（晋煤集团）

·阳城电厂·

【概述】 2015年，阳城电厂坚持以创建安全型企业为目标，践行“人人都是一道安全屏障”的管理理念，强化全员责任落实和制度落实，加强安全风险控制和隐患排查整改，确保安全生产的稳定局面。

【主要指标】 2015年，阳城电厂完成发电量175.53亿千瓦时，同比持平；完成上网电量162.02亿千瓦时，同比持平。设备利用小时数实现5319小时，高于江苏省平均水平424小时。全年实现工业增加值34.51亿元，上缴税金11.23亿元。

【安全生产】 开展设备“降缺陷、降非停、创金牌”活动，狠抓设备治理和可靠性管理，有效提高机组的健康水平，保证机组运行状态良好。全年未发生人身轻伤及以上事故，未发生重大及以上设备损坏事故、电网事故、火灾事故、交通事故。完成迎峰度夏、迎峰度冬等重大节日、重大活动期间的保电任务，实现连续安全生产3915天。公司被国家能源局授予“电力安全生产标准化一级企业”称号。组织参加大唐集团公司组织的专业知识和技能竞赛，1人获得“电力行业优秀技术能手”称号，3人获得“中国大唐技术能手”称号，1人获得“中国大唐优秀技能选手”称号。

【节能减排】 一是节能降耗增效明显。公司创新实施W火焰炉多煤种混合高效分级燃烧技术，将锅炉效率提高到91.5%，超出设计值水平；严格执行“检修策划”，重点开展汽轮机通流系统优化、磨煤机衬瓦改造、凉水塔节能改造等项目，汽机热耗、飞灰含碳量等主要能耗指标得到明显改善；精细调整机组运行，强化节能调度，深挖机组潜力，推进煤耗、油耗指标的持续优化。公司一、二期供电煤耗分别实现313.27克/千瓦时和333.30克/千瓦时，同比分别降低5.83克/千瓦时和5.14克/千瓦时；全厂发电油耗实现4.86吨/亿千瓦时，同比降低0.3吨/亿千瓦时。二是环保工作做细做实。按照“环保设施重要性高于主机”的原则做好环保工作，坚持污染物排放指标“日分析、周通报和月总结”，加强环保设施运行维护管理，加大监督考核力度，保证各项污染物的无条件达标排放。全年，公司二氧化硫、氮氧化物、烟尘排放绩效分别完成每千瓦时0.32克、0.45克和0.05克，同比分别降低0.18克、0.33克和0.06克。

（阳城电厂）

·兰花集团·

【概述】 2015年，兰花集团统筹推进安全生产、项目建设和改革创新等重点任务，千方百计应对和化解经营危机，企业整体经营实现基本平稳运行。全集团完成工业总产值57亿元，同比下降11.93%；完成工业增加值34.57亿元，同比下降12.59%；实现销售收入63.55亿元，同比下降6.74%；实现利税6.6亿元，同比下降32.87%；上缴税金9.95亿元，同比下降18.44%。

【安全生产】 逐级签订安全目标责任书和安全承诺书，将安全目标和责任分解落实到各部门各单位。明确责任，建立健全“党政同责、一岗双责、齐抓共管”安全生产责任体系，基本实现安全生产责任“五级五覆盖”和“五落实五到位”。公司各单位依据自身特点，围绕重点时期、重大危险源、重要安全检查活动等方面开展各项安全工作。创新安全监管方式，出台“四不两直”暗查暗访工作制度，全面强化隐患排查整改活动，排查出各类隐患2700多条，并按照“五落实”标准全部整改。

【生产经营】 全集团生产煤炭839.43万吨，同比减少2.42%，销售煤炭834.47万吨，同比减少4.09%；生产尿素125.08万吨，同比减少4.09%，销售尿素118.76万吨，同比减少2.91%；生产二甲醚19.69万吨，同比下降1.65%，销售二甲醚19.72万吨，同比减少1.74%。其他产业方面，兰花华明纳米公司、兰花房地产公司、博义房地产、兰花药业实现盈利，酿造、林业、招标代理、工程造价、项目监理等公司基本保持上年同期水平，发展较为平稳。

【重点项目】 兰花保税物流中心项目。兰花国际物流园一站式服务中心投入使用，保税物流中心中转仓库加紧建设。

己内酰胺项目。累计完成投资25.14亿元，项目建设基本完成，工艺设备安装全部结束，进行单体试车。

玉溪煤矿项目。累计完成投资14.92亿元，矿井一期工程结束，进行二期建设，地面洗煤厂主厂房完成。

煤层气项目。累计完成钻井188口，并与中石油山西煤层气勘探开发分公司签订郑庄南区块合作开发协议。

50万吨纳米新型材料项目。

项目主要生产设备安装到位，项目配套110千伏变电站工程正在建设中。

民生项目。人民广场改造暨兰花国际购物广场、高平兰花时代广场、兰花药业公司搬迁扩建等项目按期推进，北岩限价房、高平限价房等地产项目即将竣工。

【企业管理】 资金管理方面上续发6亿元短期融资券，发行非公开定向债务融资5亿元，与各大银行达成367亿元的贷款综合授信额度。推进"新三板"上市工作，兰花药业和申万宏源证券签订协议，完成审计评估工作，推进相关股改工作。兰花纳米、兰花煤层气发电、瓦斯抑爆等公司的上市工作加紧推进。强化内部费用管理，通过推进细节管理，压缩一切非生产性费用支出，停止购置办公设备设施，并对现有规模1/3比例的公务用车进行封存处置，差旅费、会议费、业务招待费三项费用同比下降49.52%。采取多种措施，降低管理成本，全年煤炭平均生产成本219.55元/吨，同比降低11.58%；尿素平均生产成本为1349.55元/吨，同比下降6.97%；二甲醚平均生产成本2599.16元/吨，同比下降14.29%。

（兰花集团）

·山西兰花科技创业股份有限公司·

【概述】 2015年，山西兰花科创公司完成工业总产值48.1亿元，同比下降11.7%；完成工业增加值27.6亿元，同比下降15.26%；完成销售收入45.6亿元，同比减少12.49%；实现利税5.09亿元，同比下降38.42%；实现利润-1891.59万元，同比由盈转亏；上缴税金7.3亿元，同比下降21.5%；每股收益0.012元，净资产收益率0.14%。

【项目建设】 坚持有保有压、区别对待原则，推进省市重点工程项目建设。己内酰胺项目累计完成投资25.37亿元，占概算投资的99%，完成单机试车706台，占总台数的76%。玉溪矿累计完成投资14.1亿元，建成井下通风系统，进行二期建设。其他项目按计划推进实施，完成大阳90万吨洗煤厂建设、口前矿竣工验收。

【结构调整】 启动田悦、煤化工尿素产品深加工转化工作，田悦分公司生产出多肽尿素、螯合锌尿素、聚合螯合锌尿素新产品，并在甲醛、合成氨下游产品开发上与相关设计单位开展前期工作。煤化工公司按照农业专用复合肥方向，初步选定玉米、花生、水稻等复合肥配方，由南京设计院进行相关设计，启动市场开发工作。

【生产经营】 狠抓"生产安全化、管理精细化、技术创新化、效益最大化、管理者责任化"五化发展。全年累计生产煤炭663万吨，同比下降1.13%；销售663.17万吨，同比下降2.22%；煤炭生产成本214.9元/吨，同比降低13.63%。累计生产尿素125.08万吨，同比增长4.08%；销售118.76万吨，同比下降2.91%；尿素生产成本1355.69元/吨，同比降低6.96%；二甲醚生产成本2604.36元/吨，同比降低14.12%。

（兰花科创股份有限公司）

·山西梅花丝麻集团·

【概述】 2015年，山西梅花丝麻集团累计完成现价工业总产值20619万元，同比增长0.30%；完成销售收入20312万元，同比减少9.80%；完成工业增加值6600万元，同比增长20.26%；年末所有者权益18801万元，同比增长49.45%；实现税利1348万元，同比降低14.41 %；国有资产保值增值率达149.45%；资产负债率为38.00%，企业财务资产质量创历史最高水平。

【增资扩股】 7月31日，省国资委正式批复该公司"增资扩股方案"。12月22日，省国资委正式对项目给予审核备案。12月30日，省经济建设投资集团公司对绿洲公司增资扩股签约仪式在晋城金撵大酒店举行。山西省经济建设投资集团有限公司董事长、总经理谷建春、山西梅花丝麻集团公司总经理乔明明、山西绿洲纺织有限责任公司董事长张书才、工会主席燕宏斌分别代表四方在协议书上签字。山西省经济建设投资集团有限公司拥有绿洲公司60%的股权，山西梅花丝麻集团公司持40%的股权。

【技术改造】 投资100多万元，新增DF-241B高温高压煮锅、蜂窝除尘机组、挂式麻笼等主辅设备28台（套），改善麻纺生产工艺，提升产品质量，提高生产效率。“大麻类纺织面料及纺织方法”获国家发明专利，精纺双面大麻混纺斜纹布入围中国流行面料。至此，绿洲公司有52种面料连续36次入围“中国流行面料”。绿洲公司被省委、省政府列入重点培育的10户骨干企业，先后通过高新技术企业、省级重点龙头企业、省级企业技术中心的评价认定，再度荣获中国纺织服装竞争力500强企业。

【蚕茧收购】 阳城丝绸分公司针对阳城县鲜茧收购议价机制的政策调整，加强蚕茧收购组织管理工作，制定茧站收购行为暂行规定，规范收购主体行为和蚕茧收购办法。共设立19个收购站，严格执行收购价格标准，保证蚕茧收购质量，全年累计收购鲜茧98.5万千克，化蛹率达到98%以上，使用资金3589万余元。

（山西梅花丝麻集团）

·山西天泽煤化工集团股份公司·

【概述】 2015年，山西天泽煤化工集团有限公司围绕全市“一争三快两率先”的战略部署，全力实施“以肥为主、肥化并举、煤化联合、多元发展”的发展战略，以市场为导向，加快创新发展，发挥本地优质气化煤的资源优势，生产经营保持平稳发展态势。

【主要指标】 2015年，共生产合成氨124万吨，尿素211.4万吨。完成工业总产值（现价）33.4亿元，实现营业收入32亿元，在全国氮肥行业陷入行业性亏损的情况下，实现利润2.5亿元，吨尿素利润118.50元；实现利税2.76亿元。人均产值106万元；净资产收益率达9.98%；资产负债率50.77%。

【公司简介】 山西天泽煤化工集团股份公司前身为晋城市第二化肥厂，始建于1978年，原建规模为年产3000吨合成氨、1.2万吨碳酸氢铵，资产300万元，员工300余人。经过逐年改革改制、并购重组、新建扩建，发展成为拥有总资产37.64亿元，净资产18.53亿元，在岗员工3300余人的股权多元化的煤化工企业集团。公司具有年产180万吨合成氨、300万吨尿素、30万吨甲醇、3万吨甲醛、1.5万吨三聚氰胺和18兆瓦余热发电装机容量的综合生产能力，年产值50亿元，下设巴公、北留—周村两个生产基地，是全国最大的大颗粒尿素生产企业，实现连续29年无亏损的经营业绩。公司“泽州”牌商标被国家工商总局认定为“中国驰名商标”，以7.05亿元的产品品牌价值荣登2014年中国品牌价值榜单。公司连续四年荣获“全国合成氨行业能效领跑者标杆企业”称号，并荣获“全国模范劳动关系和谐企业”“全国石油和化学工业先进集体”“节能中国十大贡献单位”等称号。

【项目建设】 “40·60”项目是省、市重点工程和晋城市转型综改标杆项目，建设总投资21亿元。尿素项目于2013年7月建成投产，日产尿素2700吨。氨醇项目于2015年6月开工建设。

（山西天泽煤化工集团股份公司）

农　业

【概述】　2015年，全市农业部门贯彻落实中央一号文件及中央、全省农村工作会议精神，按照市委六届五次全会暨全市经济工作会议安排部署，落实各项强农惠农政策，全市农业农村重点工作进展顺利，全年农村居民人均可支配收入达到10914元，增幅8.2%，增幅排名全省第一。

【农业生产】　全市粮食总产达到9.63亿公斤，为建市以来第二个丰收年；单产360公斤，比历史最高年2012年的325公斤增加35公斤，增长10.8%，创历史新高。全市农产品加工企业销售收入达到68.9亿元，现代农业产业投资完成31.8亿元。

【特色农业】　全市新发展“一村一品”专业村200个，新发展设施蔬菜面积3940亩，累计达到6万亩，蔬菜总产量48万吨；完成低产桑园提质增效5500亩，新建养蚕大棚1000栋，蚕茧发种量8.9万张，产量445万公斤，收入1.5亿元；食用菌产业年产能8万吨，产量达到4万吨，大棚种植食用菌达到1万亩；新发展果园面积8600亩，完成水果提质增效工程8879亩，水果种植面积21万亩，产量9.4万吨；小杂粮播种面积64.7万亩，产量1亿公斤。

【人居环境建设】　按照全省统一部署，推进农村人居环境完善提质、农民安居、环境整治和宜居示范“四大工程”，完成投资17.35亿元。在宜居示范工程方面，申报8个省级美丽宜居示范创建村，制定《晋城市美丽宜居示范村创建方案》，按照“村庄宜居、产业发展、环境清洁、文明和谐、生活富裕”的要求，突出城郊城镇化带动型、工矿企业支撑型、现代农业产业发展型、农旅一体乡村旅游型四种类型，加快100个美丽宜居示范村“百村”建设，共创建城区洞头村等20个市级美丽宜居示范村，每村下达奖补资金5万元，共100万元。

【惠农政策】　落实2015年省政府新出台的十项强农惠农富农政策，包括农村土地承包经营权确权登记颁证工作补助资金、金融扶贫资金、贫困大学生补助、果业“三品”提升补贴资金等，在落实中央、省各项强农惠农政策的基础上，市财政加大财政支农力度，安排农民合作社发展扶持资金1400万元，新型农业经营主体贷款贴息1000万元，产业扶贫资金1000万元，移民搬迁项目资金1380万元，粮食丰收工程专项资金500万元，农产品质量安全建设700万元，土地确权专项经费2800万元，新型职业农民培育420万元，促进农业产业发展和农民增收。

【农民培训】　全年共完成新型职业农民培育8555人，组织全市生产经营型培训对象1675人赴太原参观第四届中国山西特色农产品交易博览会，挑选9个专业、215名培训对象参加第22届杨凌农业高科技成果博览会。

【扶贫解困】 围绕精准扶贫，全年共完成30个贫困村和1.62万贫困人口的脱贫任务。市、县选派404名第一书记(其中市选派166人)，市级选派108支工作队和县级工作队入贫困村驻村帮扶，实现200个贫困村第一书记和帮扶工作队全覆盖。24个百企千村产业扶贫项目被列入省级重点项目，累计完成投资8.02亿元。市财政安排资金1000万元，实施产业扶贫项目123个。完成千村万人就业培训1000人，移民搬迁5000人。资助贫困大学生198人，每人一次性补助5000元，共计发放资助金99万元。中职中技资助申报2233人，正在进行资质审核。在陵川、沁水两县开展向扶贫企业发放“强农贷”，向贫困农户发放“富民贷”试点工作，向贫困农户发放小额贷款930万元，向扶贫龙头企业发放“富农贷”880万元。

【土地确权工作】 按照“2015年全面铺开，两年基本完成，三年扫尾完善”的步骤，出台《晋城市农村土地承包经营权确权登记颁证工作方案》，成立农村土地承包经营权确权登记颁证工作领导小组办公室，落实人员编制，配备办公设施。市、县两级财政预算安排确权补助资金5101万元。市、县、乡三级共培训基层干部和工作人员2万余人次。全市开展清查的面积173.55万亩，占全市计划确权面积的91.65%；开展清查的村数1452个，占计划的108%；开展清查的承包户数27.72万户，占计划的94.59%；开展清查的地块104.45万块。全市共填写发包方调查表1238份(村)，占计划的92%；填写承包方调查表26.53万份(户)，占计划的95.7%；填写承包地块调查表95.24万份。

【农村改革】 一是印发《关于引导农村土地经营权有序流转发展农业适度规模经营的实施意见》，对加快土地流转，培育新型农业经营主体，促进农业适度规模经营等方面提出具体要求，加快土地流转步伐。二是扶持种养大户、家庭农场、农民合作社、农业企业等新型经营主体发展。全年新发展农民专业合作社375家，累计达到5226家，创建省级示范合作社15家，省级示范家庭农场1家，对粮田面积100亩以上的105个种粮大户、合作社等粮食规模生产经营主体给予扶持。

(市农委)

农业综合开发

【概述】 2015年，市农业综合开发局以提高农业综合生产能力，推动农业稳定和农民增收为核心，围绕“开发为民、为民开发”主线，强化措施，真抓实干，促进全市农业开发工作再上新台阶。

【项目建设】 2015年，全市共完成国家、省级农业综合开发项目总投资10196.98万元。其中：土地治理项目总投资3956万元；产业化项目总投资6169.98万元；科技推广项目总投资71万元。共建设高标准农田1.37万亩；完成生态治理面积2.079万亩；完成产业化经营项目7个。新增节水灌溉面积1.5万亩，年节约水量66.19万立方米，新增农田林网防护面积1.05万亩，控制水土流失面积4.82万亩，新增粮食生产能力221.6万公斤，新增蔬菜生产能力177万公斤，新增中药材生产能力28.6万公斤，受益农业人口22034人，直接受益农民年收入增加总额930万元。

【新上项目】 2015年，全市新上国家和省立项农业综合开发及中药材项目16个，其中土地治理项目6个，产业化经营项目4个，农业综合开发部门项目3个，中药材产业崛起工程项目3个。项目总投资7978.07万元，其中财政资金6269万元(中央财政资金3596万元，省级财政配套资金2373.43万元，市县两级财政配套资金302.57万元，自筹资金1709.07万元)。项目涉及泽州、高平、阳城、沁水、陵川5个县(市)的21个乡镇42个行政村、3个龙头企业、1个农场和4个农民专业合作社，涉及农户9235户、农民24332人。项目主要建设任务：建设高标准农田1.35万亩，治理小流域2.19万亩，扩建1000万株蔬菜种植示范基地、扩建4000头商品猪及84万只肉鸡养殖示范基地，新建5000平方米中药材晾晒场，新建2500亩中药材基地。

【中药材产业】 2015年，全市新

种中药材5.02万亩。中药材种植面积达到73.2万亩(家种面积13.59万亩、野生抚育59.61万亩),其中城区0.06万亩、泽州县11.86万亩、高平市5.5万亩、阳城县9.75万亩、陵川县37.64万亩、沁水县8.39万亩。总产量2.4万吨、总产值6.06亿元。此外,丰富品种,改善种植结构,示范种植并推广"坡参"(党参野生抚育)、袋装精品党参、速生高产连翘、玫瑰、苦参、苍术、前胡等新品种,推动全市中药材品种结构调整。与农机部门合作,引进大、中、小各种类型的药材播种和采挖机械,推广黑色地膜覆盖直播药材技术、机械化移栽、机械化收获等技术,种植成本大大降低,种植效率提高5~10倍,收获效率提高5~40倍,每亩可降低收获成本500~800元。加大中药材流通和深加工力度,延伸中药材产业链。武汉九州通医药集团中药材仓储物流交易中心项目,开始前期工作。山西兰花集团注册成立山西兰花太行中药有限公司,投资7000万元建设精制中药材饮片加工项目,完成中药材原料库和饮片生产车间主体工程建设。北京同仁堂陵川党参公司开发党参系列产品正在进行GMP认证准备。（市农业综合开发局）

畜 牧

【概述】 2015年,全市畜牧兽医系统坚持以建设现代畜牧业为主线,落实完善畜牧业发展扶持政策,探索创新生猪产业风险保障机制,狠抓重大动物疫病防控,狠抓畜产品质量安全监管,强化动物卫生监督,强化良繁体系建设,强化草地综合治理,全市畜牧业健康稳定发展。

【主要指标】 2015年,全市肉、蛋总产量分别达到25.2万吨、9.77万吨,同比分别增长3.67%、4.49%,分别超出"十二五"规划目标20%、37%。年底,全市猪存栏达到182.6万头,同比减少4.51%;出栏达到307.6万头、同比增长1.85%。全市家禽存、出栏分别达到1044.4万只、1237.6万只,同比分别增长4.7%、17.5%,分别超出"十二五"规划目标43.07%、194.67%。其中蛋鸡存栏达到833.3万只,同比增长4.2%;肉鸡出栏达到771.1万只,同比增长45.14%。全市羊存、出栏分别达到89.55万只、53.69万只,同比分别增长4.1%、4.2%,出栏超出"十二五"规划目标30.95%。

【政策扶持】 针对晋城市畜牧业发展面临的新情况、新问题,全面创新畜牧业扶持政策机制,起草新的畜牧业扶持政策,从建立生猪生产风险基金长效机制、对规模养殖场粪污处理设施建设和病死畜禽无害化处理设施建设给予补贴等方面进行扶持。落实"2013年度市级畜牧业扶持资金",将市级1205.4万元扶持资金以"一卡通"形式发放到被扶持养殖场户手中。针对生猪市场频繁剧烈波动的实际,探索改革生猪产业风险保障机制,在高平市开展生猪价格指数保险试点工作。每头生猪保额1200元,保费36元,保期一年,保费由高平市财政补贴80%,养殖户自缴20%。是继生猪生产风险基金后推出的又一项利用市场工具为养猪户规避市场风险的新举措。

【疫病防控】 贯彻落实国家和省2015年重大动物疫病防控工作部署,抓好"春防""秋防",落实散养户集中免疫、月月补针和规模场程序免疫等制度,全市累计免疫猪口蹄疫533.33万头次、牛口蹄疫10.61万头次、羊口蹄疫206.42万只次、猪瘟526.6万头次、高致病性猪蓝耳病495.02万头次、高致病性禽流感2612.51万羽次、鸡新城疫3038.8万羽次、羊布病65.96万只次、小反刍兽疫32.39万只次,免疫密度均占到应免数的100%。此外,全省首家将羊痘免疫纳入市级计划免疫范围,市财政为养羊户免费提供100万头份羊痘疫苗;开展小反刍兽疫的防治工作。

【疫病监测】 开展重大动物疫病监测工作,共监测高致病性禽流感29879份,合格率96.7%;鸡新城疫17452份,合格率97.6%;猪口蹄疫8534份,合格率91.7%;牛口蹄疫1235份,合格率96.4%;羊口蹄疫5111份,合格率95.9%;猪瘟8498份,合格率92.2%;猪蓝耳病6918份,合格率93.8%,抗体合格率均高出国定70%的标准;监测羊布病7174份,检出阳性171

份，全部进行无害化处理；监测奶牛布病和结核病各180份，全部为阴性。

【疫情应急】 修订《晋城市突发动物疫情应急预案》，为重大动物疫病防控和疫情应急提供行动指南；坚持24小时应急值班制度和领导带班制度，确保疫情信息渠道畅通。开展动物疫病净化创建活动，针对全市规模养殖特点，首批选择55个规模养殖场开展试点工作，泽州县康鑫猪业和川底小庙岭种猪场申报“国家级动物疫病净化创建场”。全市连续12年未发生重大动物疫情。

【畜产品监管】 一是深化畜产品质量安全监管。成立畜产品质量安全工作领导组，签订责任书，制定专项整治方案，开展畜产品质量安全检查等监督检查活动。二是开展“瘦肉精”、生鲜乳违禁物质、兽药抗菌药经营使用、生猪屠宰、农资打假五大专项整治行动。继续推进全省首创的“瘦肉精”抽巡检制度，对1090个养殖场户进行养殖环节“瘦肉精”抽巡检5400余份，屠宰环节“瘦肉精”抽检13.77万余份，全部为阴性；抽检饲料产品样品42批次，合格率95.24%；生鲜乳样品6批次，合格率100%；兽药产品31批次，合格率96.8%，没收销毁假劣兽药25公斤；监测猪肉、鸡肉、牛羊肉样品及猪、牛羊尿共114份，全部合格；开展“放心农资下乡进村”宣传周活动、“夏季百日行动”和“秋冬季专项治理行动”，出动执法人员和技术专家百余人次，发放宣传资料2000多份。三是修订《晋城市畜产品质量安全台账》和《晋城市饲料、饲料添加剂经营企业产品购销台账》，并及时举办相关专业培训，保证台账的记载质量和应用水平。四是全面启动农产品质量安全县创建活动。在泽州县开展市级监管县创建工作，在沁水县开展省级监管县创建工作，其余各县（市、区）也根据全市《创建活动实施方案》开展前期工作。

【畜禽屠宰监管】 一是开展检疫监督工作。全市共电子出证20万余份，动物产地检疫995.5万头（只）、屠宰检疫27.14万头（只），产地检疫和屠宰检疫出证率均达到100%；检查各类畜禽运载车2139辆次，查验畜禽92.36万头（只）、畜禽产品36.3吨。二是全面推进畜禽屠宰监管工作。对私屠滥宰、屠宰病死畜禽等非法行为露头就打，发现一起，打击一起，共出动执法人员844人次，检查畜禽屠宰厂（场、点）53次，发放宣传资料3792份，清理关闭不合格屠宰场2个，停业整顿屠宰场1个，现场处理案件数176件；同时督促屠宰企业建立畜禽产品质量安全责任制，严格实行以检疫促检验制度，全面强化对屠宰企业肉类品质检验和“瘦肉精”检测的监督监管工作，在城区西上庄街道牛山村建起市区牛、羊、鸡畜禽集中屠宰点，试营业屠宰畜禽14793头（只）。三是开展病死畜禽无害化处理工作。全市养殖环节上报病死猪47696头、屠宰环节上报病死猪688头，全部进行无害化处理。加强病死畜禽的报告、处理、登记、存档和补助等工作，加大规模养殖场建设化尸窖力度。泽州县建成全省第一家大规模畜禽无害化处理中心——晋城善牧畜禽无害化处理中心，日处理能力达5吨；沁水县建成日处理能力4吨的金荷畜禽无害化处理中心。

【良繁体系建设】 养猪方面，继续推广国内外生猪生产中先进的三元和双杂交技术，在全省率先建立起祖代种猪场——种猪扩繁场——商品猪育肥场的“金字塔形”的良种繁育体系，共推广三元优种猪213.69万头。养鸡方面，坚持“龙头+基地+农户”的发展模式，坚持标准化、集约化、无公害、绿色生态养殖模式，推广标准化、无公害蛋鸡35.44万只。养羊方面，引进波尔山羊、杜泊、南非肉用美利奴等世界著名种羊，加快肉羊杂交改良工作进程，改良绵羊14.29万只；改良山羊16.91万只。养牛方面，发放夏洛莱、西门达尔等肉牛冷冻精液8600支，开展肉牛三元杂交改良工作，并完成奶牛生产性能测定100头。全市建成种畜禽养殖场35家，其中种猪场26家、种羊场2家、蛋种鸡场3家、肉种鸡场1家、种蜂场3家，尤其是建成6个祖代种猪场，晋城市成为全省最大的种猪繁育基地。

【草地生态建设】 开展草地建设

与保护，共完成45个主样方和90个辅样方的草地资源与鼠虫害监测任务，完成3950平方米的草食畜棚圈建设任务，完成人工种植牧草3万亩、草地改良建设2万亩、草地鼠虫害防治保护7万亩的草地建设与改良任务。

【饲料监管】 规范全市饲料生产和经营监管，对取得饲料生产许可证的7家企业进行企业年度备案审核检查；继续推进落实晋城市在全省首创的品牌饲料诚信建档告知制度，加强对全市饲料、饲料添加剂生产企业和经营门店生产、经营行为的监管，保障全市广大养殖户的饲料质量安全。

【畜牧服务】 5月，组织畜牧兽医专家和技术人员深入乡镇和重点养殖场户，现场指导疫病防控和科学养殖，为养殖户排忧解难。8月25日至9月22日，与市残联联合组织为期18天的大型养殖技术培训班，9名技术专家为100余名残疾群众系统讲解各类畜禽的养殖技术。10月16日，组织县、乡两级的畜产品安全监管人员100余人参加新《中华人民共和国食品安全法》的集中学习和畜产品质量安全监管培训。11月3日，在高平市米山镇密栈村开展“三下乡”活动，现场讲解养殖知识，发放包括生猪、蛋鸡等十个系列的养殖主推技术丛书300余册。此外，还组织肉品品质检验员培训、无公害农产品内检员培训、重大动物疫病防控技术培训等。全年培训基层技术人员和养殖户达2万余人次，发放宣传资料20万余份。

【项目建设】 全市累计完成现代畜牧业投资19.8亿元。10月9日，山西大象农牧集团沁水恒泰农牧科技有限公司年屠宰6000万只肉鸡生产线正式投产运营。该项目包括种禽养殖、雏鸡孵化、饲料生产、屠宰加工、基地建设等子项目，总投资4.05亿元，此外，正邦集团陵川县正嘉公司生猪一体化项目二期工程5万头猪场建设项目开工建设，总投资1.8亿元的泽州县晋宏天兆10万头种猪基地建设项目开工建设。

（市畜牧局）

农机

【概述】 2015年，市农机局围绕全市“三农”工作总体要求，精心组织、强化服务，全市农机化生产有序开展；深化改革，开展农机购置补贴专项整治和政策实施；开展农机教育培训，农机技术推广和科技创新持续发力，统筹推进农机工作顺利开展。

【农机水平】 全市新增农机总动力2.09万千瓦，达到250.48万千瓦；综合机械化水平提高1.2个百分点，达到70%，提前4年进入高级发展阶段。创建高平、阳城两个农业机械化综合示范县，每个示范县创建综合机械化示范乡（镇）4个以上，示范乡（镇）主要粮食作物综合机械化水平达到75%以上，其中70%的村综合机械化水平达到80%以上。农作物机械化秸秆综合利用面积完成156万亩，新增农机深松整地示范面积7.5万亩。

【农机补贴】 制定《晋城市2015—2017年农机业机械购置补贴实施细则》，宣传补贴政策，公开补贴信息，加强监督检查，先后抽查核实各县（市、区）各类补贴机具165台，核查补贴机具档案1279份，对发现的问题及时通报、督促整改。全面放开定点经销企业确定办法，购机补贴经销企业确定与农机管理部门全面脱钩，由生产企业授权即可。简化补贴程序，将补贴工作全过程缩减为四道程序，实现补贴全程无审批。扩大补贴对象范围，将补贴对象拓展为所有从事农业生产的个人和农业生产经营组织。健全工作制度，制定修订农机购置补贴投诉举报处理和农机购置补贴“黑名单”等五项制度，杜绝权力寻租。全年补贴机具1809台，1234户农民直接受益。

【农机服务】 在春耕备耕、“三夏”“三秋”生产作业关键季节，组织和引导服务组织开展农机生产社会化服务。特别是在夏收工作中，引导组建22支机收突击队、17支技术维修服务队、6支应急救援队和11个机车调配服务站，投入各类农业机械3万多台，联合收割机1200余台，不到10天时间，就完成全市小麦收割工作，机收率达到95%以上。全市合作社、农机大户、农机维修网点分别达到195个、576个、196个,共创建示范合作社4个、示范家庭农场4个、示范农机大户6个。新增农机专业合作社16个。组织农机手参加"2015年中国农机手大赛",并取得优异成绩。开通晋城农机微信公众平台,每周推送国内外最新农机资讯和政策动向,广泛收集和发布农机重点工程进度、农机维修保养等各类农机信息服务,深受群众欢迎。

【农机培训】 围绕强化新型职业农民培育,做好新购机农民、维修人员、科技推广人员的技术培训工作,全年共培训各类农机人员2300余人。培育新型职业农民(农机操作手)450人。

【新技术推广】 重点示范推广机收秸秆还田、无人机植保和玉米、谷子、中药材机械化播种、收获等先进技术、机具,全年引进推广各类新机具2000余台(套),建立1000亩谷子机械化生产试验示范区和2000亩中药材机械化生产试验示范区。持续引导扶持本地企业和农民进行研发创新,自主研制的全自动双头菌棒注水机和谷子联合收获机在第四届中国(山西)特色农产品交易博览会上进行展出。

【安全生产】 落实农机安全生产责任制,市、县、乡、村层层签订安全生产目标责任书。集中开展农机安全生产大排查大整治、农机安全监管"打非治违"等专项行动。结合秋收农机作业实际,组织农机事故应急救援演练。利用重要农时、节假日等时间节点,采取群发安全生产警示短信、发放农机安全宣传图画、播放农机事故案例警示教育宣传片、粘贴拖拉机、联合收割机安全反光贴等形式,广泛宣传农机安全法律法规以及农机行车安全知识和防范措施,提高合作社、机手、农民群众的农机安全生产意识。全年未发生一起重伤及死亡事故。

(市农机局)

林　业

【概述】 2015年,市林业局围绕"一争三快两率先"工作中心,以发展现代林业、建设一流生态强市为目标,以创建国家森林城市为载体,以深化林权制度改革为动力,以实施国家和省级六大林业工程为重点,全力推动造林绿化提质增效,全市完成国省营造林5.31万亩,林业总投入11.1亿元,林业建设整体迈上新台阶。

【造林绿化】 一是抓国省工程。将太行山绿化和城市周围可视荒山绿化作为造林的主阵地,把干旱阳坡、尾矿区等重点山头、重点地段作为生态环境治理、植被恢复的突破口,因地制宜,适地适树,林木绿化率增长一个百分点。二是抓市级工程。围绕市委、市政府建设美丽乡村,结合清洁工程建设,将村庄绿化作为主要抓手,组织实施"五环、五片、二十条线、七十个乡镇所在地"的村庄绿化规划,按照生态绿化型、生态园林型、园林游憩型三种模式推进。至年底,全市累计有987个村达到生态园林化建设标准,其中,生态绿化村570个,生态园林村361个,园林游憩村56个,一大批生态园林村呈现出山顶松柏戴帽、山坡果树缠腰、山下杨柳护田、村庄园林一片的田园景色。三是抓林业精品工程。实施林业精品工程战略,组织开展"五个一"精品工程竞赛活动,建成白马寺山至东四义18公里绿道、吴王山5公里塑胶步道,新规划高都至东四义18公里生态廊道。

【林业产业】 一是突出发展干果经济林。实施核桃经济林综合丰产示范管理工程,全市干果经济林面积累计达68万亩,年产量达6680.9万公斤,干果经济林收入14293万元。二是实施苗木花卉培育工程。围绕"沁河、丹河、芦苇河,陵沁线、曲坪线、长晋线"三河三线,建设大苗定植、经济林育苗、花卉培育、容器育苗、骨干苗圃等高端苗木和乡土特色苗木重点工程,育苗总面积达3.3万亩,年出圃苗木1.52亿株。全市累计建成花卉培育基地3个、花卉市场14个,花店或花卉销售网点30余个,控温日光温室面积达4.28万平方米,年交易额2000多万元。三是加快发展林下经济、林产品加工、森林旅游业。推行林药、林菌、林禽等林下经济开发,使农民当年有利、长远有林,全市涌现出一批药用经济林之乡、养蜂专业合作社、木耳蘑菇专业村。建有中晋药业、彤康食业、绿茵草业、坤歌木业等13家林产品加工龙头企业，涉及合成药、饮料、酒、果脯蜜饯、干果、蜂产品、茶及精油等10大类30多个产品，可带动5万多农户创收7500余万元。以森林公园和自然保护区建设为依托，开发森林旅游的煤炭（厂矿）企业已超过10家，生态旅游区“农家乐”已突破6000家，有10多万农村人口增加了收入。2015年全市林业产业总产值超过21亿元。

【林业改革】 集体林权制度改革方面，巩固主体改革成果，建立完善林权档案，全面推进配套改革，进一步激发全社会植绿、爱绿、护绿、兴绿的积极性。国有林场改革方面，优先将国省重点工程、生态公益林补偿等项目倾斜到国有林场示范实施，尽可能增强国有林场发展实力和职工收入，稳定人心，巩固成果。在此基础上，抓好国有林场改革试点，明确公益性事业单位功能定位，理顺管理体制，强化财政支持，提升国有林场发展能力，努力实现资源资产化、资产资本化、资本市场化。造林机制方面，坚持政府主导、市场运作、社会参与的多元化投入机制，整合涉林资金，集中捆绑使用，通过政策扶持、金融支持、制度改革等多项举措，引导社会力量投资造林。

【林业管护】 林地保护方面，制定县级林地保护利用规划，进一步划定管理红线，规范限额管理，最大限度减少林地逆转。古树名木保护方面，对全市1448株古树名木进行建档、围栏、挂牌保护，开展古树名木认领、认养活动。

【林业执法】 以森林公安、林业行政执法队伍为主力军，深入开展“绿锋、林保、亮剑”等专项行动和林业综合执法，严厉打击各类涉林违法犯罪行为，确保全市森林资源安全。

【森林防火】 从抓宣传、明责任、搞联防、堵火源、强队伍入手，认真落实森林防火责任，强化火源管控，加大督查力度，加强应急演练，保证物质储备。全市未发生重大森林火灾和人员伤亡事故。

【病虫害防治】 重点对白蚁、红脂大小蠹虫、油松毛虫等虫害进行防治，及时处置环城高速公路、长晋高速公路、晋阳高速公路、207国道等多起病虫害疫情。全市监测覆盖率达85%，防治效果达到90%以上。（市林业局）

水　务

【概述】 2015年，全市水利系统围绕“一争三快两率先”发展战略，以重点水利工程为抓手，以民生水利为重点，超前谋划，奋力推进，各项工作进展顺利。

【主要指标】 2015年，完成实灌面积72.1万亩，占年度计划72万亩的100.14%；治理水土流失面积15.22万亩，为年度计划12万亩的126.83%；农村饮水安全标准得到持续提升，5.26万人饮水条件得到改善和提高，占年度计划5.26万人的100%；水力发电量达到1.2亿千瓦时，占年度计划1亿度的120%；成鱼产量1816吨、产值达到3500万元，占年度计划1800吨的100.89%；完成地下水压采量1510万立方米，占年度计划1500万方的100.67%；全市万元工业增加值用水量目标为下降5.0%，占年度计划4.9%的102.04%。

【水库建设】 高平张峰水库供水东延工程一期工程全部完工，二期工程开工建设。张峰水库阳城供水工程完成投资8000万元。任庄水库大坝改建工程主体工程完工。下河泉水源地北留供水续建工程完成投资2000万元。郭壁供水管道新建工程基本完工；改扩建工程前期工作进展顺利。杜河提水工程开工建设。磨河水库主体工程基本完工，完成投资6663万元。下泊水库、云首水库完成招投标。

【农村饮水安全】 建立各级政府首长负责制，成立农村饮水安全工程督察指导领导组，实行局党组成员分包县（市、区）责任制，每月一督察，一季一通报。通过专项稽查、重点抽查等措施，督促地方加快前期工作、资金拨付、施工进度和规范建设程序。至10月底，6个县（市、区）水质检测中心全部完成，全市147处工程全部提前完工，共解决5.26万人饮水安全问题，农村自来水普及率提高到95%。

【农田水利建设】 2015年，以小农水重点县、粮食产量县和末级渠系建设为重点，加强灌区灌站的维修养护和配套，夯实农业发展基础。泽州县、高平市重点产粮县水利设施配套建设项目总投资1629万元，已基本完成。沁水县小水重点县全部完成建设任务，新增和恢复改善灌溉面积1.6万亩。全年，全市共完成实灌面积72.1万亩，建设末级渠系40公里。

【防汛工作】 一是严格实行行政首长负责制。二是加强防汛工程和非工程措施建设。6座病险水库除险加固任务全部完成，山洪灾害防治项目二期建设项目基本建成；完成50平方公里以上河道划界确权调查和汛前安全大检查；对全市中小河道进行清淤清障。三是进一步充实防汛抢险物资、抢险队伍，完善防汛抗旱应急预案，加强防汛抢险宣传，保障人民群众生命财产安全。

【水资源管理】 严格执行水资源管理"三条红线"政策。一是严格建设项目水资源论证，完成3个煤矿项目的水资源论证工作；二是严格控制区域用水总量，加大地下水关井力度，强化水资源监测及水源地勘探工作；三是投资500万元完成50家市直节水单位器具改造。全市万元工业增加值用水量下降5%。

【水保工程】 沁水、陵川两县2014年国家水土保持重点工程全部完成，泽州县2014年国家农发水保项目全部完成，小流域综合治理和水保生态工程扎实推进。

【小水电建设】 努力打造"民生水电、平安水电、绿色水电、和谐水电"，三姑泉二级站完工验收，4座水电增效扩容项目全部完成，全年发电1.2亿千瓦时。

(市水务局)

·水利勘测设计·

【概述】 2015年，市水利勘测设计院以水利工程项目设计为总领，调整机构设置，科学配置资源，建立完善技术质量管理办法，加强人才培养力度，水利勘测设计工作稳步推进。

【项目设计】 2015年，市水利勘测设计院共参与85项水利工程项目设计。①新建水库设计工作共1项，完成初设；②供水及引调水工作共15项，1项完成可研、5项设计变更、4项完成技施设计、2项完成初设、3项完成实施方案；③全市病险水库、应急除险加固水库共24座，全部完成设计变更、5项完成初设、9项完成技施设计、2座完成竣工验收工作；④河道治理工程共16项，1项完成初设、6项完成技施设计、6项完成设计变更，1项完成实施方案，2项完成竣工验收；⑤市区河道清淤设计工作共7项，均完成工程设计、4项完成验收；⑥水电站工程技改工作共12项，4项完成技施设计、3项启动机组验收工作、1项完成可研、4项进行调概变更；⑦其他设计项目共3项。⑧此外，完成6县(市、区)水库安全设施标准化建设配置设计及东焦河水电站下游溢流坝面的设计方案与工程评审。

【机构调整】 2015年，设计院对科室进行重新调整布局，对科室成员重新配置，明确各个科室职能，将整个设计院科室按照工作内容划分为设计室、水文室、机电室、建筑室、办公室、财务室、人事科、预算室等18个科室，设计一室、设计二室、设计三室、设计四室、水文室、地质室、机电室、预算室、建筑室、测量队10个科室的岗位为技术岗位；办公室、人事科、财务科3个科室岗位为管理岗位；司机室、晒图室、输图室、复印室、档案室5个科室的岗位为工勤岗位。

【质量管理】 建设完善技术质量管理办法，试行绩效工资计算办法。推动设计院管理模式转变，建立多劳多得的激励机制和管理制度。专业技术科室根据其完成的设计成果(报告和图纸)计算工作量系数，管理科室参照专业技术科室人员的工作量系数平均值按不同比例计算，后勤科室按照工作量计算系数。

(市水利勘测设计院)

住房和城乡建设 环境保护

住房保障和城乡建设

【概述】 2015年，全市住建系统贯彻落实“一争三快两率先”战略部署，围绕“拓展、改造、提质”思路，努力改善城乡人居环境，城市综合承载功能整体提升，村镇建设各具特色，城乡居住条件显著改善，行业监管日趋规范，城市管理执法迈出重要步伐。

【城市拓展】 以贯通片区之间连接和完善城市路网为支撑，新建城市道路里程57公里，新增道路面积228万平方米，实施太岳街、文博路、景西路北段、207国道改线等主要干道工程，“三纵三横”路网骨架和城市内外“大循环”正在形成，主城区与金村、金匠、北石店等片区的联系得到加强，金匠园区金鼎路、金匠东街、络桦路建成通车。

【旧城改造】 以老城区和城中村改造为着力点，7.12平方公里西北片区整体改造取得实质性进展，核心工程——2.5公里的景西路北段建成通车，书院西街等5条道路开工建设。市区批准改造城中村39个，建成安置房面积120万平方米。对老城区63条背街小巷实施改造，改造提升凤台街、泽州路、太行路等10条主次干道，建成凤展、圣亚人行天桥。

【城市提质】 以城市基础建设和园林建设为重点，新增供热管网265公里，新增用户入网面积1100万平方米，总供热规模达到2112万平方米。管道煤层气实现主城区全覆盖并开始向金村、南村拓展，居民用户由8.6万户增加到15.2万户，实现低浓度掺混气向纯气的置换，热值翻番。生活污水实现深度处理和中水回用，污水处理能力由7.5万吨提升到12万吨，中水回用规模达到5万吨/日。225个站点、8000辆公共自行车系统投入运营。启动实施396平方公里的环城生态圈项目，新建白马寺植物园、城东水系、吴王山、龙湾、白水河、玉龙潭等7个城市公园和12处贴身小游园，新增绿地面积304万平方米。

【县城建设】 高平、阳城、陵川、沁水四个县城新增城市道路76公里，新增集中供热面积547万平方米，城市燃气普及率增加到90%以上，供水普及率达到97%，生活垃圾无害化处理场全部建成投运，污水处理完成提质改造，全部达到一级A排放标准，新建城市公园18个，新增绿地面积142万平方米。高平市全面实施以丹河治理为重点的生态修复工程，整体塑造“炎帝故里、太行名城、大美高平”城市品牌。阳城县围绕城乡融合发展，大力推进田园城市建设，巩固提升“两河六园一环道”生态建设成果，田园经济带雏形显现。陵川县突破瓶颈制约，突出地域生态优势，努力打造“中原地区最具影响的生态休闲旅游健康度假中心”。沁水县城市绿道、河道景观、森林公园、梅园综合体等一批城建项目投入使用，“山水园林县城”特色进一步彰显。

【村镇建设】 全市74个乡镇总体规划实现全覆盖，75%的行政村编制了建设规划，村镇建设整体步入以规划为引领、有序实施的轨道。全市有14个镇列入全国重点镇，有10个镇成为“全省百镇示范镇”，巴公扩权强镇、马村园镇一体化、米山町店产业转型、郑村特色城镇化等试点改革持续推进，全面开展“五建设两整治”行动，争取到省级补助资金7000万元，呈现出工业强镇、商贸重镇、文化名镇、旅游大镇等鲜明特色。大力实施乡村清洁工程，乡村清扫保洁人员达1.2万余名，累计配备垃圾清运车辆5988辆，累计有892个村达到省级验收标准，乡村容貌和农村人居环境大大改善。阳城县形成四大连片区为重点的美丽乡村示范点，为全市美丽乡村建设发挥示范带动效应。至年底，全市累计有6个镇40个村列为历史文化名镇名村，有64个村确定为国家、省传统村落，其中中国历史文化名镇名村18个、中国传统村落31个，均居全省第一。累计有6个镇被命名为山西省园林城镇，北留镇、润城镇、巴公镇被命名为国家园林城镇，占全省半数以上。

【住房保障】 至2015年年底，全市城镇居民人均住房面积达到34.6平方米，高于全省平均水平2.5平方米。构建起以廉租房、经适房、公租房、限价房及各类棚户区改造为主要内容的保障房供应体系，城镇居民住房保障覆盖率达到20%。城镇中等收入以下家庭住房困难基本得到解决，外来务工人员住房困难有效缓解，棚户区居民的居住条件明显改善。

【行业监管】 完成城镇住房现状调查，实现房产档案数字化，建立商品房预售资金监管体系，建成个人住房信息系统，制定落实房地产业调控措施，保持房地产市场总体平稳、健康发展的态势，全市建筑业总产值突破290亿元。建筑市场管理平台建立运行，建筑工程招投标、工程监理、招标代理、劳保统筹、咨询造价等市场监管制度健全规范。

【城市管理】 率先在全省推进城市管理行政执法体制改革，按照建管分离、责权利相统一的原则，市本级和高平市对住建局与执法局进行整合，强化管理职能。建成市级数字化城市管理监督指挥平台，实行街道划片、分区管控，对市区主要街道、公共场所进行有效监控。坚持疏堵并举，以开展大规模的市容环境专项整治为抓手，着力查处各类违法建设，重点整治城市主(次)干道、学校、医院、车站、广场、公园等公共场所存在的乱摆、乱占、乱停、乱设、乱建、乱画行为，市区取缔乱摆摊点6000多个，清理店外店和马路车间1600多个；拖移违停车辆1100辆，增划、补划机动车停车位3000多个，并逐步将综合整治成果向城中村、城乡结合部、背街小巷等区域延伸，市容秩序得到改善。同时启动四类场所的调查摸底工作，加快规划配套服务场所，推动形成城市管理执法新常态。

(市住建局)

城乡规划

【概述】 2015年，市规划局围绕中心城市“拓展、改造、提质”要求，开展城乡规划工作，编制的《城区钟家庄办事处中原街社区城中村改造修建性详细规划》获2015年全国人居经典建筑规划设计方案金奖，市规划局被省住房和城乡建设厅表彰为全省住房城乡建设工作先进单位。

【城市规划】 一是完善城市控制性详细规划，强化规划管理法定依据。编制北石店区西、主城区北城乡一体化建设区控制性详细规划，完成主城区西北片区整体开发改造策划研究及城市设计和中心城区控制性详细规划年度动态维护工作。二是编制“十三五”城市建设规划。依据城市总体规划，立足城市实际，围绕生态宜居城市建设目标，开展编制“十三五”城市建设规划工作。三是加强城市设计规划。完成主城区城市公共空间景观设计研究工作，为规划行政许可、实施规划管理提供必要依据及参考，为引导其他各片区的城市公共空间景观设计提供示范；协助城区政府完成主城区西北片区7.12平方公里整体城市设计工作；编制完成金村教育园区、景西南路等重点区域、重点地段城市设计。

【基础设施项目规划】 编制完成新能源汽车基础设施建设规划、晋城市绿色建筑集中示范区规划、富士康园区周边配套公共设施规划等专项规划；开展主城区集中供热老旧管网改造规划和中心城市地下管线综合规划；开展中心城市综合管廊规划前期研究、意见征求、专家评审工作；开展2016年度公共服务设施停车场、便民市场、菜市场、公厕垃圾站点四类场所规划编制工作，提出选址方案。

【道路交通规划】 一是完成2015年拟建城市道路、桥梁项目等改造交通的前期规划设计工作。完成泽州北路北段拓宽和泽州路、文昌街、建设南路、文博路南段、新市东街、太行路、兰花路改造项目及人行天桥建设项目等2015年城建重点工程项目的所有前期规划设计工作，包括社会稳定风险评估、节能评估、环境影响评价、项目建议书编制、可研报告编制、工程勘察测量、工程初步设计、施工图设计、施工图审查等多项内容。二是做好城市对外交通干线的前期规划工作。为太焦高铁项目的启动提供规划支持，协助市发改委确定晋城市境内线路走向和站址选址；完成主城区与高铁站间的快速路设计初步方案；协助有关部门确定通用航空机场站址选择。与公路部门合作，完成陵沁路改线、207国道改线等拟建公路项目的前期规划工作。三是适应城市发展需要，完成2016年城市规划年度实施计划以及人和路（改线陵沁路—北环路）、山门街（川东路—凤凰路）城市道路工程前期设计方案前期规划工作。

【生态系统规划】 一是编制完成晋城市高都—龙凤湖生态旅游度假区项目规划。二是完成东四义至西刘庄绿道前期地形图测绘、驿站工程地质勘查、项目建议书和可研报告编制、绿道和驿站施工图设计等前期工作。三是开展西刘庄至金村南部，再沿白马寺山至丹河生态廊道走向接至白马寺山驿站绿道以及白马寺山至吴王山段绿道选线的前期研究工作。四是完成东南新区带状公园、时家岭公园和凤凰岭公园等城市公园，以及苑北路游园等城市街头绿地的前期规划设计工作。

【村镇规划】 组织各县（市、区）分管副县长，各职能部门主要负责人，重点镇、历史文化名镇、名村、风景名胜区、传统村落负责人召开全市村镇规划管理工作座谈会，全面了解村镇规划编制、实施管理方面情况，摸清全市村镇规划管理的家底，征集村镇规划、管理方面意见和建议，奠定村镇规划管理工作基础。

【规划管理】 一是强化容积率管理。出台《晋城市规划局房地产开发项目容积率管理办法》，从控制性详细规划编制、规划条件核定、建设项目规划审批及建设工程竣工规划核实等多个环节强化容积率管理工作。二是强化建筑风貌管理工作。以塑造城市特色、提升城市品质为目的，在规划审批环节强化城市设计工作，从建筑风格、色彩、材质等多方面从严把关；在建设工程竣工规划核实阶段，严格按照规划条件和审定的工程设计方案，从建筑内部功能结构到外观形象环境，从地下道地上等多方面从严进行规划核实，维护城市规划的权威性和严肃性。三是强化制度执行，规范行政行为。强化行政、技术两个层面的规划管理制度，制度规范行政审批行为，共核发“一书两证”189个，建设工程竣工规划认可证38个，出具规划条件36个。出台《城乡规划公众参与办法》，完善公众参与规划、监督规划机制，公示批前项目55个，公布批后项目22个。（市规划局）

园林绿化

【概述】 2015年，市园林局弘扬园林精神，加快实施园林绿化重点工程建设，全力推进“五位一体”年度工作任务（即园林规划突出一个“梦”字、工程建设突出一个“干”字、园林管护突出一个“精”字、购买社会化服务工作突出一个“稳”字、党风廉政建设突出一个“戒”字），提升园林绿化建设和管护水平，园林绿化工作再上新台阶。

【规划编制】 成立编制工作领导组，采取调查研究、召开座谈会、发放征求意见表、调查问卷等形式，广泛征求社会各界关于全市园林绿化“十三五”规划的意见与建议，按照“均衡布局、互联互通、各具特色、功能齐全”的规划理念，于9月底形成《晋城市主城区“十三五”园林绿化发展规划》初稿。

【重点工程】 2015年，市园林局共承担园林绿化重点工程9项，分别是：1.主城区城东景观水系工程。占地面积1187亩，由德国雷瓦德景观建筑事务所设计，分为“一河三园”，于2013年3月开工建设，至2015年年底，建设城市水景面积300亩，建成北部、东部、南部三个不同形式的公园景观，种植100种以上乔灌木、水生植物76.5万株、草坪29.7万平方米。

2.西入口绿化工程。占地面积1030亩，以铺装园路、绿化、亮化为主，配以四季色相变化的景观元素，打造具有生态山地特色的公园景观。工程于2014年9月开工建设，2015年4月竣工，共铺装沥青路面16010平方米、花岗岩汀步及黑色卵石624平方米、水洗石382平方米，种植银杏、雪松、法桐、日本晚樱等乔灌木7500余株，安装太阳能路灯88套。

3.玉龙潭公园改造提升工程。占地面积665亩，经过改造提升，新增公园东入口广场，增设网球场、篮球场、门球场、乒乓球等5个运动场所，新设2处停车场，新增供儿童玩耍的阳光沙滩1处。

4.凤凰岭公园及周边生态区改造提升工程。主要是将玉龙潭公园、凤凰岭公园及城东绿化林地连接，占地面积3175亩，建设内容包括园路、入口广场、钢桁架人行天桥、景观、停车场及配套设施工程，于10月开工建设。

5.市区东南新区带状公园建设工程。占地面积646.5亩，主要建设内容有土方、绿化、铺装、景观湖、景观桥及配套设施工程，于7月开工建设。

6.时家岭公园建设工程。占地面积285亩，主要建设内容包括铺装、绿化、景观桥及配套设施工程，于10月开工建设。

7.太岳街与苑北路交叉口东南角街头游园建设工程。占地面积63亩，主要建设内容包括土方、绿化、铺装、景观及配套设施工程，于5月开工建设，完成土方及场地平整。

8.文峰路与白水街交叉口西南角街头游园建设工程。占地面积14.6亩，主要建设内容包括铺装、绿化、景观及配套设施工程，于5月开工建设。

9.东河源头游园建设工程。占地面积177亩，主要建设内容包括铺装、绿化、景观、照明及配套设施工程等，完成园区给水、园路铺装及乔木种植，待完成花灌木、地被的补栽补种。

【日常管护】 2015年，对市区街道、公园、广场、游园、城市出入口等地进行景观提升。对百松园、凤鸣游园、东出口迎宾亭进行景观提升，补栽补种乔灌木51850株；对凤台街、黄华街、景西路等道路进行补栽补种，种植玉兰、杜仲等乔灌木34295株；对畅安路、兰花路、泽洲北路、西环路林带进行补栽补种，种植刺槐、丁香、红叶李等乔灌木189046株；对泽州公园地被进行改造，改造草坪2000余平方米，新增野花组合4000余平方米，种植麦冬、鸢尾、萱草等20余个品种花灌木6万余株；对物贸广场、七星广场、凤西广场的花镜进行改造，种植不同颜色的锦带花2000株，在兰花游园、康复游园补栽补种云杉、日本紫藤等2118株；对百丽园、西秀园进行增花添彩，种植月季、红枫、金叶榆等彩叶树种2125株；对玉龙潭公园中部排水渠上、停车场西侧进行绿化，种植桧柏、白玉兰、丁香、鸢尾等134836株；对儿童公园沿瑞丰路边原有花镜进行改造，种植红叶小檗、金叶女贞22000余株。通过补栽补种、墙体绿化、桥体绿化、灯杆挂花、花镜组合等形式完善植物配置，丰富景观效果，日常管护工作提档升级。同时，加大园林科研和引种驯化工作，园林科研所编制完成山西省地方标准《园林植物保护技术规范》，开展病虫害防治技术服务20余次；苗木花卉培育站新引进榉树、朴树、乌桕、竹柳等；园林护林防火队加强护林执法工作，出警50余次，扑灭林地及周边火灾5起，办结侵占和损害绿地案件26起。

【国庆摆花】 国庆期间，在市区街头绿地、游园广场、城市主干道等主要地段与节点，通过花盆、花架、花柱组合摆放花卉30万盆，全部由园林工人自主培育，丰富节日景观，营造喜庆祥和的节日气氛。

【依法行政】 坚持依法建绿、依法护绿，严格执行绿色图章、占用城市绿地、城市树木砍伐审批等城市园林绿化行政审批项目，全年共受理各类审批事项64件，办结率达100%。（市园林局）

公用事业建设

【概述】 2015年，是市公用事业建设局建局之年，立足于建设“职能科学、权责法定、流程优化、廉洁高效、透明公开”的权力运行机制，认真制定各项规章和制度，完成各项工作任务，公用事业建设实现良好开端。

【制度建设】 根据公建局主要职责、内设机构和人员编制规定，制定《晋城市公用事业建设局建设项目管理办法》《工程项目前期工作报批规程》《工程项目中介服务单位采购的管理办法》《工程项目初步设计预审管理办法》《工程变更管理办法》《工程款支付管理办法》《工程结算管理办法》《对不良行为记录处理办法》等一系列管理办法，从制度上规范工程项目管理。根据科室职能，合理分配监督管理职责，形成分工负责、相互制约的机制。

【项目审批】 一是承担13项城建项目的前期审批工作。开展前期审批各项工作，对承建项目的基本情况进行摸底调查，了解掌握征收补偿和项目实施条件等情况，完成前期审批工作。二是承担市政府2016年部分项目。11月，市政府确定2016年城建项目，市公建局负责承担“五路四桥一改造”十项工程的建设和前期审批任务，塔东街（文峰路—紫光路）、太行路南段（白水街—南环路）、祥云街（紫光路—桃苑路）三条道路工程完成项目建议书批复，办理选址意见书，完成勘察、设计招标工作；山门街（文峰路—桃苑路）道路工程完成项目建议书批复，可行性研究报告通过专家评审，办理选址意见书，完成勘察、设计招标工作；后书院街（建设北路—中山路）段道路的项目建议编制完成，报市发改委；中原街连接线及互通、文峰路连接线及互通、紫光路连接线及互通完成征收补偿摸底和征收预算编制，设计方案初步通过规划局审查；七岔口立交枢纽工程设计方案招标完成资格审查和答疑回复等工作。（市公共事业建设局）

环境保护

【概述】 2015年，市环境保护局坚持“环保为民、服务发展”的总基调，以开展改善环境质量“十组拳”攻坚行动为抓手，突出抓好大气、水污染防治，强力推进污染减排，强化环境执法，重点突破，整体推进，取得明显成效，全市环境质量持续改善。

【大气污染防治】 围绕年度大气污染防治行动计划，突出“控煤、治污、管车、降尘”四个关键环节，全面打响工业污染整治、城中村燃煤污染整治、面源污染整治、建筑拆迁施工扬尘污染整治、道路运输扬尘污染整治、机动车尾气污染整治“六大攻坚战”。围绕“控煤”，继续扩大高污染燃料禁燃区建设范围，6县（市、区）及晋城经济技术开发区划定的高污染燃料禁燃区面积均达到建成区面积的80%以上；全市严禁新建燃煤小锅炉，并对全市152台10蒸吨以下燃煤锅炉进行取缔，完成587蒸吨燃煤锅炉的清洁能源替代，超额完成省政府下达的淘汰燃煤锅炉126台、完成200蒸吨锅炉清洁能源替代指标任务。围绕“治污”，狠抓餐饮油烟污染治理，对42家餐饮企业实施油烟治理提标升级改造，完成81家中小餐饮企业的煤改清洁能源工程。围绕“管车”，全市共淘汰黄标车6424辆，超额完成省政府下达的4201辆目标任务。加大黄标车闯禁行区域查处力度，强化机动车环境监管平台运行管理，全市机动车环保检验率达到85%，尾气合格证发放率达到90%以上。围绕“降尘”，对市区133个施工工地进行拉网式排查整治，对未按相关规定治理扬尘的工地下达整改通知单58份。加大建成区主要路街的机械化清扫力度，机扫率达到43.49%。全年，市区环境空气质量二级以上天数达263

天，较2014年增加55天；PM10浓度为111微克/立方米，较2013年下降27%；PM2.5浓度为57微克/立方米，较2013年下降36%，成为山西省PM2.5和PM10下降幅度“双达标”城市。

【水污染防治】 围绕贯彻“水十条”，编制完成《晋城市水污染防治工作方案》。持续加大对丹、沁“两河”流域排污企业的环境监察、监测频次，加快推进一批污水深度处理工程及重点乡镇污水处理工程建设，国家重点流域规划涉及晋城市的14个治理项目全部完成，巴公河人工湿地通水运行，高平河西人工湿地工程开工建设，晋煤集团北石店片区污水处理厂试运行，阳城县润城镇污水处理厂完成主体工程。全市地表水环境质量持续好转，跨省界沁河拴驴泉断面稳定达到Ⅱ类水质标准，全市重点项目实施和水质目标改善两项指标均排名全省第一。持续开展饮用水水源地环境状况评估，对郭壁饮用水水源地一级保护区实施围栏围网等措施，全市集中式饮用水源地水质全部达标。

【污染减排】 按照环境保护部《主要污染物总量减排核算细则》，制定年度减排计划，指标细化分解到各县(市、区)政府及相关单位，持续强化结构、工程、管理三大减排措施。结构减排方面，加大落后产能淘汰力度，完成2011—2014年省下达的淘汰落后产能任务。工程减排方面，在列入年度减排计划的34个项目现场督查的基础上，加快推进电力、水泥、钢铁等重点行业达标改造步伐。全市电力行业完成脱硫87万千瓦、脱硝99万千瓦、除尘改造60万千瓦，钢铁行业完成除尘提标改造765平方米，水泥行业完成除尘改造3000吨/日，全市完成燃煤锅炉脱硝达新标改造1200蒸吨/小时。针对全市规模化畜禽养殖场粪便处理率较低的情况，向相关县(市、区)下达预警通知，督促其加快规模化畜禽养殖场粪便处理设施建设。至年底，完成污染防治设施建设和关停的畜禽养殖场达到188家，粪便处理率达62%。管理减排方面，加快推进重点行业的清洁生产审核，29家企业完成清洁生产审核，清洁生产审核完成率达到100%。继续加强对排污企业的在线监控，全市83家重点企业完成污染源自动在线监测设施380台(套)。圆满完成“十二五”污染减排指标。

【环保执法】 坚持日常监管、专项巡查、突击检查、网格管理相结合，实现“四位一体”环境执法监管常态化。一是全面清理整顿违法建设项目。根据省环保厅的统一部署，开展违法建设项目清理整顿行动，对2014年年底前的所有建设项目进行全面筛查，制定下发清理整改方案，并按时限要求全面推进。二是全面开展环境保护大检查。贯彻落实新修订实施的《中华人民共和国环境保护法》和国务院办公厅《关于加强环境执法监管的通知》精神，市政府出台《关于加强环境执法的实施意见》，明确各级政府及相关职能部门的环境保护责任，提出具体的督察、考核及追究措施，完善环境保护目标管理考核机制，形成环境保护“党政同责、上下联动、齐抓共管”的新格局。开展全市环保大检查、铁腕斩污专项行动、严厉打击环境违法犯罪专项行动等执法检查行动，全市共出动环境执法人员5000多人次，检查各类排污企业930家，梳理出195家企业220项违法问题，并进行分类处置。

【专项检查】 按照全省统一部署，开展抗日战争胜利70周年纪念活动期间空气质量保障专项检查。下发《中国人民抗日战争暨世界反法西斯战争胜利70周年纪念活动晋城市空气质量保障方案》，在全市范围内开展集中排查整治。整治期间，全市累计出动环境执法人员1100余人次，检查企业178家，对178家企业采取停产、限产、限排等措施，全市细颗粒物(PM2.5)同比下降3%，可吸入颗粒物(PM10)同比下降14%。全市二氧化硫排放量同比削减34%，氮氧化物排放量同比削减30%，烟粉尘排放量同比削减34%。各相关企业减排措施落实合格率达到100%。

【农村环境保护】 全面加快推进农村污水处理设施建设，列入2014年省环保厅计划的12个行政村生活污水管网建设项目全部建成投运，列入2015年计划的26个行政村生活污水防治项目全部开工建设。推进中国传统村落环境综合整治项目，7个传统村落农村环境整治项目主体工程全部完工。

【环境监测】 发挥重污染天气监测预警平台作用，全年发布黄色预警2次、蓝色预警7次，并及时启动应对措施。强化危险废物环境监管，全年累计处置、转移危险废物12360吨。推进排污权交易工作，全年完成19个项目30宗污染物排放总量指标的交易，总交易金额1246.37万元，排名全省第一。环境监控平台稳定运行，国控企业污染源自动监测数据传输有效率达到97.8%，排名全省第一。 （市环境保护局）

交通运输

【概述】 2015年，全市交通运输系统加强县乡公路建设和维护，加快重点工程建设步伐，加强运输市场综合管理，完善建设市场监管体系，深化行政审批制度改革，提升交通运输综合执法能力，各项工作取得新成效。

【公路建设】 2015年，全市公路建设投资4.8亿元，改造农村公路里程440公里，分别占年度目标的210%、348%。同时，按照市政府对陵沁路改线的要求，筹备工程前期工作，制定两套改线方案，为市政府决策提供参考和技术支持。

【公路养护】 巩固管养年活动取得的成果，以打造农村公路养护样板路段和样板乡镇养护站为重点，一手抓农村公路日常养护，一手抓农村公路安全隐患排查，提升乡镇管理站和旅游路线、校车行驶路线、学校集中路段的生命防护工程，推动农村公路管养工作常态化，做到“有路必养、有桥必管、管养必好”。全市县公路平均优良路率达79.5%。

【重点项目】 新增的92台公交车辆上线运营；3000辆公共自行车和95个站点于12月10日正式运行，新增自行车为电动助力车，成为全国唯一在公共自行系统采用电动助力车的城市，新增站点覆盖整个城市中心区，更加方便市民出行；村通水泥（油）路完善提质路面铺装381.7公里，投资1.67亿元。

【运输市场管理】 一是大力加强基础设施建设。完成苗匠场站和兰花路场站建设，并投入使用；推进北石店公交场站前期工作。新建太阳能式出租车站牌450块。二是稳步推动市场资源整合。改造晋城至晋普山、珏山、铺头3条城乡公交线路。晋城至皇城相府纯电动班线客运投入运营，成为山西省首条纯电动客运班线。通过股份制改革、兼并重组等方式，整合小型危货运输企业，陵川县鼎鑫物流公司申请注销道路运输经营许可证，诚运物流公司与程顺物流公司完成重组整合。三是强化运输市场监管。整顿和规范道路客货运输、城市公共交通市场秩序，重点打击道路客运黑线黑班、宰客甩客、出租“黑车”和城乡公交私改线路等行为。与高速交警联动执法，对途经晋城市的长途班线客车和旅游客车的违规经营行为进行打击。对货运市场进行专项整治，清理“小马拉大车”“小车大罐”等不符合规定车辆共357辆，注销不符合相关要求的危货企业3家。严格按照《危险货物运输管理规定》，规范企业的危险货物运输车辆专用停车场地和安全防护设施设备。四是深化诚信建设。全面开展道路客运企业、汽车维修企业、驾驶员培训学校、汽车客运站服务质量信誉考核，以及道路运输从业人员诚信考核，建立企业诚信档案，建立健全道路运输市场的诚信考评体系。五是规范水运市场秩序。严格企业年度核查和船舶检验，指导水运企业提高码头建设和船舶的质量和档次，加强对船员的培训工作，促进水路运输监督管理。

【建设市场监管】 一是完善农村公路基本建设程序。规范参建单位的市场行为，加强对工程质量、施工现场的管控工作，提高农村公路建设管理水平。加强建设项目各从业单位的履约能力检查，确保各参建单位的人员、机械设备按合同要求到位，规范建设市场秩序。二是建立和完善工程质量责任制和监督保证体系。加强建设项目质量管理，强化过程控制，确保质量处于受控状态。县乡公路新改建工程实体工程抽查合格率达85%以上，路基弯沉、压实度、基层无测限强度、厚度、原材料沥青等关键指标合格率达90%以上。

【行政审批改革】 深化行政审批制度改革，通过"取消一批""下放一批""转移一批""改变管理方式一批""整合一批""挂起一批"行政审批事项，建立权力清单、责任清单、负面清单"三个清单"。取消道路运输经营许可证工本费、营运车辆管理IC卡工本费两项收费项目，为企业减负15.7万元。

【路政管理】 开展"路政宣传月"活动，推进"平安公路"建设，以治理"四违"为重点开展路域环境综合整治工作，加大路面管控力度，增加路政巡查频率。开展公路乱设卡、乱罚款、乱收费问题专项整治工作，全年无公路"三乱"现象。强化公路路政管理，依法保护公路路产，增加巡查里程，加大巡查力度。建立健全公路水路安全联防工作组织体系，无破坏公路水路安全事件发生。

【超限治理】 推进治理非法超限超载车辆工作，全市车辆超限超载率控制在0.02%以下，无重大超限超载反弹。强化政府公示的源头企业违法查办力度，严格落实非法超限超载"黑名单"管理制度，加强执法人员培训，规范执法行为。强化源头企业巡查监管，对混凝土搅拌企业按计量装载不复磅现象进行专项整治。开展无"双超"信用企业创建工作，对48家市级无"双超"信用企业进行考核复审。 （市交通运输管理局）

交通运输执法

【概述】 2015年，晋城交通运输执法局全面贯彻落实省交通运输执法局全年工作部署，加大行政监督力度，完成省交通运输执法局目标责任制考核要求和晋城交通运输执法局全年各项目标任务，顺利通过国家级精神文明单位考核验收。

【执法监督】 2015年，晋城交通运输执法局共开展监督工作2971次，出动人数9580人次，出动车辆2971辆次，共办理案件130件，结案118件，结案率达到90.77%，9件案件被评为省交通运输执法局优秀案件。

【优秀案件】 全年共有9件案件被省交通运输执法局评为优秀案件，分别为：督查支队办理的《天井关收费站入口等多处设置的公路指示标志不合理晋城高速公路有限责任公司监管不到位案》，城区分局办理的《晋城市交通运输局对城市公共客运监管不到位案》，泽州县分局办理的《泽州县交通运输局路政所治超人员乱罚款案》《晋城南公路管理段对二圣头公铁立交桥桥墩裂缝存在安全隐患监管不到位案》《泽州县交通运输局对金部线里程碑标志设置错误监管不力案》，高平市分局办理的《高平市交通运输局未及时消除杨界线KI + 250米路段安全隐患案》《高平路政管理大队涉嫌对"S331章庄桥章庄村民王买只擅自在章庄桥下搭建羊舍，危及桥梁安全隐患"监管不到位案》，陵川县分局办理的《陵川县道路运输管理所对其管辖货运源头单位为车辆超标准装载、配载行为监管不到位案》，沁水县分局办理的《沁水县公路段路政大队对S332原杨河桥拆除后，路政未采取保障公路安全防护措施，形成"断头桥"造成一定安全隐患，路政监管不到位案》。9件案件所反映问题全部及时整改，部分案件相关责任人得到相应处罚。

【专项行动】 2015年，晋城交通运输执法局组织开展治理公路"三乱"专项行动，狠刹"三乱"行为。查处沁水县运管局违规扣留车辆行为，向沁水县运管局下达《行政监督意见书》，要求其迅速改正错误，无条件放行暂扣车辆，并向车主赔礼道歉。对当日带队的沁水县运管局副局长李某做出“写出书面检查，在局班子会议上作检讨，由县交通运输局分管领导对其进行诫勉谈话”的处罚，对其他参与执法人员在全局进行通报批评。

【冬季行动】 按照省交通运输执法局要求，制定冬季行动实施方案，组织开展“冬季行动”：一是备战目标责任制考核；二是开展纪律作风整顿活动。组织全体人员开展学习《中国共产党纪律处分条例》《中国共产党廉洁从政准则》主题教育活动，进一步完善“六权治本”基本任务；三是加强队伍培训力度；四是开展财务工作“回头看”活动。

【安全管理】 加强安全生产管理，进行安全生产检查和隐患排查。组织开展安全大检查行动，排查内部隐患，增加基层分局消防设施。集中开展安全生产宣传教育活动，组织全体干部职工参加消防安全知识培训，开展安全生产应急预案演练，提升应急能力。

【党建工作】 2015年，晋城交通运输执法局党委以“学习讨论落实活动”“全省交通系统党风廉政宣传教育月活动”和“三严三实”活动为重点，加强党建工作。利用“周日班前半小时”和“每周一讲”活动平台，开展从上至下讲党课活动；举办道德讲堂活动8次，提升干部职工的道德素质，树立良好形象。

（晋城交通运输执法局）

公　路

【概述】 2015年，晋城公路分局提升养护服务保障能力，稳步推进干线公路建设，坚持依法治路，提升路政管理和收费服务水平，整体路况质量稳步提升。晋城公路分局继续保持“全国文明单位”称号。

【路网建设】 国道207线晋城市过境段公路改线工程，完成桥梁建设1座，涵洞、通道建设24道，采空区治理工程全部完成；国道207线新房洼至省界瓶颈路段改造工程，工可、土地预审、规划选址意见书获批复，猕猴自然保护区调整经省政府批准，白涧河下游K1330+211处和晋豫交界段先行施工建设；二圣头公铁立交桥改造工程开工建设；沁东线杏峪至张马段公路改扩建工程，完成路基12.5公里，路面铺装9公里，涵洞557米/25道，桥梁138米/3座，郝家隧道消防、通风、照明等相关配套设施全部完成。

【公路养护】 以全寿命周期理论为指导，以薄弱路段养护为重点，采取“链条式”责任管理模式，把精细化养护理念融入到公路养护工作中。结合路况实际，合理制定预防性养护措施，及时处治路面病害，整体路况稳步提升，辖区干线公路年末优良路率达85%。以国道207线、晋高一级公路、陵沁线、坪曲线为重点，加大“畅安舒美”示范路创建力度；加大对危桥、危隧的跟踪观测、监控力度，发现问题，及时进行维修和保养，确保桥隧涵处于良好运行状况；抓好新接收阳济公路的养护管理；加大公路养护科技创新力度，利用无人机加强对危桥、危岩的观测，利用微信平台组建“晋城公路微信群”，及时向各公路段发送日常养护信息、检查发现问题图片，各段及时反馈整改情况，从而实现分局对日常养护的适时监控。9月22日，交通部检查组对晋城市的公路养护和管理工作进行检查，受检的115公里干线公路、10个站点路容、路况好，内业资料完整规范。

【项目管理】 以“进度科学化、质量精品化、安全立体化、廉政阳光化”为总基调，狠抓项目建设规范化管理，将各项管理措施制度化、精细化。科学制定施工计划，强化工程质量“精品”意识，以“平安文明工地”创建活动为依托，开展隐患排查整治和施工安全专项整治，严格落实廉政合同制、纪检人员派驻制、工程招投标制、财务集体会审制，努力打造廉政工程、阳光工程。

【行政执法】 以“提升队伍素质建设、实施执法动态管理、强化路政信息化建设、规范路政许可服务”为抓手，加强路政管理规范化、法治化建设，全年共查处各类路政案件212起，结案212起，拆除非公路标志牌271块，拆除违法建筑4处324.5平方米，审批涉路施工许可6个、非公路标志11个，办理超限运输通行证8090个。路政案件发现率、查处率、赔偿率、路产恢复率均达98%以上。

【超限治理】 继续保持治超高压态势，严格治超站点“七严措施”管理，加大对闯卡、不进站检测等违法行为的打击力度，全年共检测货运车辆400.5万余辆，查处超限车辆223辆，货运车辆超限率严格控制在0.2%以内；持续开展治超站点规范化建设，进一步完善、提升治超网络信息化建设。

【专项整治】 开展工程建设领域突出问题专项整治和乱设卡、乱罚款、乱收费问题专项整治，严肃查处招投标过程中规避招标、围标串标、违法分包、暗箱操作等问题，严肃查处虚报计量、超概算和截留、挤占、挪用、贪占建设资金等行为，严肃查处行政执法中以权谋私、徇私枉法行为等问题。组织开展“安全生产月”“打非治违”、安全大检查“回头看”、安全生产专项整治活动，加大安全监管和隐患排查整治，重点对急弯陡坡、危桥险路、涉校路段以及挂牌督办路段进行排查、梳理、建档，明确责任部门和责任人，跟踪落实整改，及时消除事故隐患。

（市公路局）

省运晋城公司

【概述】 2015年，省运晋城公司围绕“发展兴企、创新强企、管理固企、依法治企、纪律健企、效益富企”的指导方针，坚持“巩固、创新、发展”的总基调，秉持“精诚团结，用心做事”的企业精神，积极履行社会责任，加快结构调整、经营转型、市场拓展、管理创新，保持稳中有进的发展态势。

【客运市场】 开通山西省首条纯电动城乡公交线路（客运东站—皇城相府），14台车、配套建设的15个智能充电桩投入运营；成立泽州县汇安公共交通有限责任公司，推进泽州县城市、城乡、镇村公交发展；强化服务意识，细化服务标准，客运市场稳步发展。

【货运市场】 打破单一化商用车模式，加快车辆结构调整，探索市场多元发展，提高货运规模效益。发挥新能源经营资质优势，加大煤层气贸易，带动危货车辆发展，拓展货运市场经营业务。

【站场经营】 围绕“站场抓网络”的经营思路，发挥汽车站客流、物流、商流、信息流的集聚和辐射作用，加快推进站场网络一体化综合利用。开通“校企直通车”，到学校、企业现场预售车票、组织包车业务，免费提供车票配送、旅客接站服务，采取长途班线实名售票制，减少客流流失，为旅客提供更加便捷的购票和乘车选择。开展“网约东站，相聚皇城”活动，推动“互联网+客运产业”融合发展，以“城乡公交+景区一票通”的新模式，实现旅游业与运输服务业有机结合。加大12308网上售票宣传力度，开通微信服务平台，配备自动售票机，满足旅客购票便捷化需求。加强站场建设，继晋城市客运东站、高平市客运中心站投入运营后，陵川客运中心站于11月开始试运营。

（山西汽运集团晋城汽车运输有限公司）

邮　政

【概述】 2015年，晋城市邮政分公司转变发展方式、推进业务转型升级；深化金融转型，提升网点产能；整合优势资源，开拓寄递业务市场；加快平台建设，增强企业竞争实力；理顺政策机制，凝聚发展合力；邮政业务快速发展，全市邮政业务总收入13189.34万元，排名全省第6位；同比增长2.61%，增幅排名全省第10位。劳动生产率累计完成11.43万元，同比增长3.98%。5个县（市、区）分公司业务收入均为正增长。

【网点邮政】 2015年年底，全市有邮政网点112个（纯邮政网点、纯金融网点、综合网点），其中：自办网点77个，委代办网点35个；电子化网点72个，手工网点26个，纯金融网点14个。有邮路30条，邮路总里程2934公里，农村投递路线总长度9748公里。

【储汇业务】 开展“走千访万”客户大回馈活动，“首季余额赛中赛”短程竞赛活动，邮情达标有礼、抓鸡蛋、抓糖果、砸金蛋、理财小达人、节日优惠购等系列活动，促进储汇业务快速发展。开展POS、ETC项目营销，全市全年累计发展POS商户2155户，ETC客户2000户。

【保险业务】 推进每日一会技能提升、每月一期团队特训营、每月一场网点沙龙、每日一报满期给付投诉处理“四个一工程”，举办产说会和网点沙龙160场，采用后台支撑部门与网点结对帮扶形式促进基层保险业务。组织开展首季人寿鑫丰首卖日抢购赛，实现保费收入11432.25万元，二季度组织开展“六月考试季，职场拼业绩”和“谁英雄谁好汉，业务转型比比看”PK赛活动，发展保费10634.16万，期缴保费150.89万元。三季度，与人寿公司联合开展两场“积分送好礼、利益大派送”期交盛宴活动，邀约客户200余人，实现期缴保费220万元；全年累计发展期缴保费625万元。

【函件业务】 实施“晋城饭票”项目，实现收入13.6万元。开发“福禄寿喜”连体明信片，实现收入96万元。组织开展“压岁红包、红动全城”大型益智魔幻儿童剧《白雪公主》《蓝精灵》商演活动，促进函件与储蓄业务联动发展。应用数据库营销方法，创收34万元。举办“出彩高平人”大型真人选秀节目和“拥抱蓝色、港湾之夜”商演，实现收入60万元。

【发行业务】 举行“意林”漂流进校园活动15场，销售《意林》480套、《意林中高考押题册》470册，实现流转额10万元。全国“两会”期间，销售《习近平谈治国理政》220套、《习近平第四批学习材料》50套，实现流转3.34万元。开展“4+X”商务期刊项目营销，与邮储银行签订阅读协议，实现流转额3万元。开展“一所一校”活动，销售《阅读天下》220套，形成流转额4.36万元。与政府部门对接，利用农家书屋专款使用政策，实现报刊流转额135万元。开展“我的中国梦——阅读提升正能量”青少年读书主题图书巡展活动，实现销售额25.69万元，创收4.36万元。举行“2016年度报刊有奖订阅”活动，累计完成489.65万元，完成省公司下达计划的122.4%，进度排名全省第一。

【集邮业务】 举办高平市羊头山景区“乙未羊”邮票、陵川五行山景区《中国古典文学名著——西游记(一)》特种邮票、圣亚购物广场“感恩父亲”特种邮票、泽州路营业厅“中国人民抗日战争暨世界反法西斯战争胜利70周年”纪念邮票首发式活动，累计实现收入60余万元。举办“中国集邮生肖贺岁季高端品鉴会暨邮票设计大师吴冠英、闫斌武、雷汉林见面会”，现场销售邮品68.8万元，4县(市)分公司召开小型品鉴会，实现收入78万元。开发定向邮品，营销《炎帝故里·大美高平》1000册，《五行山邮票珍藏册》350册，实现收入48.7万元。注重集邮文化传播，举办周末邮市30场，集邮品销售收入10万元；开展“建市30周年框邮展”“晋城焦作集邮协会新年交流座谈会”“司徒小镇迎新春邮展”、入校园邮品知识讲解等系列活动，受到广大市民和集邮爱好者的好评。推广微信平台建设，通过“集赞有礼”互动活动发展会员1600个，带动邮品销售6万余元。集邮盘库累计实现业务收入229万元。

【电商业务】 重点推广车务代办项目，举办趣味活动，“迎中秋，庆国庆”登珏山等活动，累计发展会员1800余人，新增保费337万元，实现收入86.56万元。

【分销业务】 春秋两季，采取“存款优惠购，粮款存邮政”、试验田体验、技术培训支撑、入村订货会、预收预订、配送到户等模式，销售化肥3318吨，绝对值列全省第二位，县均销量达660吨，排全省第一位。开展“邮礼天下——福至新春”营销活动，现场订货158万元，实现收入65万元。

【寄递业务】 开展“全市PK赛”“日冠王”“多渠道代收”“形象封活动”“每日一件在行动”系列个性化活动，累计揽收3450余件。开通“QQ群+微信”沟通渠道，组织各层次培训18场次，提升投递员揽收能力。开发同城配送项目，启动“货品同城落地配送”“驾驶证寄递”“病例寄递”“中药配送”“保单寄递”等项目，实现收入15万元。

【站点建设】 持续推进便民（三农）站点建设，采用“投递员+业务、技术、管理三人小组”结合模式强化维护。拓展晋邮惠民项目，共发展邮惠购粉丝59000户，累计下单2000余单，关注数排名全省第一。完成空白乡镇网点建设目标，全市共建成空白乡镇网点10个（城郊2个，高平5个，陵川1个，沁水2个），其中新建8个，购置2个（苏庄乡和金村镇）。全部建设到位并正式运营，接收率与运营率均为100%。

【设施建设】 网运支撑能力持续增强。通过接受速递分拣封发环节，实施大平面“大班组交叉作业”，加快邮件处理时限；为揽投队伍配备15辆摩托三轮车和10辆电动三轮车；省内互寄特快邮件实现邮件直封到县。加强网点终端建设，对23个网点更新终端设备50台，县级公司及网点配置办公用电脑40台，开通远程授权系统功能。新增13台ATM机和4台CRS机，26台存取款一体机开通循环功能。开通市公司网运中心和高平、阳城电子报刊分发系统工程。通过无线3G路由技术完成15个CDMA、ADSL网点线路改造，骨干网联网率为100%，网点网络可用率为100%，设备完好率达100%。 （市邮政局）

移　动

【概述】 2015年，晋城移动公司围绕“稳定、发展、反腐倡廉”工作主线，积极应对困难和挑战，狠抓业务发展，圆满完成各项工作任务。公司市场部获“山西省信息系统工人先锋号”称号，陵川县分公司获“山西省信息系统模范职工之家”称号，集客部李学、常凯元获“山西省信息系统五一劳动奖章”。

【网络建设】 全年新建基站737个，全市基站累计达到5573个。通过攻克疑难站址，优化调整双层网络，新技术应用，高倒流小区整治、VOLTE网络质量提升竞赛，实现MR覆盖率、下载速率，4G驻留比的提升，VOLTE网络质量各项指标达到要求。客户规模达到161.24万户，通信客户市场份额达到65.07%。全年共建设传输光缆1428.61皮长公里，PTN成环率达86%，居全省第二位，汇聚机房自有率达到68%，OLT乡镇覆盖率达到89%，综合业务区分纤点密度由3.5个/平方公里提升到5.6个/平方公里。

【基础管理】 一是加强采购工作的规范化管理，明确两级集中采购要求，加大公开比选力度，严格控制单一来源采购，实现一/二级集采执行度100%、ES系统使用率100%、采购合法合规率100%、采购及时率100%。二是加强全面预算管理，按照源头把控、项目切块原则，建立预算归口管理机制，提升预算资源使用效益。三是加强规章制度的落实。出台以《晋城分公司“三重一大”决策实施细则》为代表的33项重要规章制度，形成以制度管人、按制度办事的长效管理机制。四是开展工程应付款清理、库存物资清理、固定资产盘点及资产挖潜增效等专项行动，累计清理工程应付款636.6万元，清理比例达35.39%。五是大力推进节能减排，单位电信业务总量综合能耗同比下降18.98%，信息流量综合能耗同比下降21.98%，每载频年耗电量同比下降10.03%。

【风险防范与应急】 建立以业务检查、内控管理、内部审计、效能监察、惩防体系五大内容为主体的运营风险防控体系，推进嵌入式廉洁风险防控机制建设。严格落实实名制，做好网络安全和客户信息保护工作，完成重大自然灾害和突发事件等各类应急通信保障任务8次。

【队伍建设】 开展人才盘点、三级经理空缺岗位竞聘、用工形式调整等工作，优化企业人力资源配置；组织“4G业务发展”“集客业务发展”“网络线条员工技能提升”等各类劳动竞赛，推动员工素质提升；开展全员创新活动，全年共输出21个创新成果和班组微创新成果、20个最佳实践案例，阳城县分公司的《阳城县人民政府微信关注流量统付项目》获全省班组微创新三等奖，党委办公室的《党建纪检“四个一”工程》、网络部的《基于MORPHO平台的精细优化研究》和《基站防雷改造》入选省公司最佳实践案例库。深入推进班组建设，凤城营业部“青心蓝梦班组”获得中国移动“满意100”和山西公司服务明星班组，陵川梅园营业厅获“山西省工人先锋号”称号，泽州日出东方班组、网络部综合维护中心班组获“晋城市工人先锋号”称号。

（晋城移动通信公司）

联　通

【概述】 2015年，联通晋城市分公司实施“移动宽带领先与一体化创新”战略，以基层责任单元改革为抓手，依托精品网络形成新的核心竞争力，以4G为引领，推进转型发展，取得较好的经营业绩。

【运营改革】 市公司成立与各渠道对应的自主经营体，实行专业化运营，直接到基层责任单元。泽州路旗舰厅在全省率先实现终端连销运营系统割接上线，8个自有厅全部实现终端连锁化运营。实施社会渠道代理商业绩提升激励办法，沃易购平台月均交易额、终端交易量同比提升55%和68%。驻地网实施沃家建设计划，增加营销触点，全市沃店达34个；分渠道专业化运营开始起步，组建农村市场专业化运营团队，下半年宽带月均发展量比上半年提升36.5%。电子渠道开展线上宣传和微信运营，营业额同比增长11.47%，全省系统排名第二，服务量同比增长27.16%，全省系统排名第一。

【项目建设】 中标晋城市区和沁水县城“平安城市”项目，与晋城市政府和高平市政府分别签订“互联网+”及“政务云”战略合作协议。跟进行业应用产品，协同晋城幸福汇拓展关护通业务。拓展民办幼儿园“互动宝宝”营销渠道，发展宝宝合约等4G业务。

【网络建设】 完成全光网络建设，W网基站行政村覆盖率达到85%，总人口覆盖率达到87%；LTE网实现市区、县城连续覆盖，乡镇所有镇区完成覆盖。传输网络重点支撑全光网城市建设与4G网络建设，围绕全市基础网络架构布局，搭建全新的主干光缆网络，优化县至乡、乡到乡一级主干网、乡到村二级主干网。

【企业管理】 建立市场经营目标管控机制和市场经营综合评价体系，强化欠费管理、实名制管理，成立三级“黑卡专项行动”组织机构，黑卡治理实现常态化。严肃财经纪律，开展小金库专项治理、银行账户清理、公务差旅专项自查清理，提升财务风险防控能力。贯彻“以公开招标为常态”的采购原则，规范采购招标和网上商城运行，严格铜缆报废处置工作。实行部门安全员管理制度，落实安全管理责任，建立安全防范和管控长效机制，投资200多万元整治消防隐患。强化合同和诉讼管理，完成558项审计项目，未发生重大风险事项。

（联通晋城市分公司）

电　信

【概述】 2015年，中国电信晋城分公司实现收入1.25亿元。其中移动收入8700万元，固网收入3700万元，移动用户全年净增4600户，宽带用户预计全年净增7800户。

【网络建设】 传输网建站446个，实现市县主城区及9个重点乡镇连片覆盖，AAAA级以上旅游景区深度覆盖，覆盖率达98%以上。接入网广覆盖新建6210户，ADSL光改2321户，LAN改造7921线，FTTB改造6624线。在驻地网建设方面，新建端口38104，拉动宽带净增4800户，融合净增1900户。

【客户服务】 严把入网关，新入网用户月均离网率从49%降至34%；加强和中高端客户的沟通机制，定期开展面对面沟通，减少中高端用户流失，中高端用户保有率同比提升1.43%。关注宽带用户投诉、使用感受，实行到期提醒，宽带离网率同比下降0.37%，达到1.19%。

【网络维护】 通过装维划小，宽带业务投诉率降至0.82%，宽带业务退单率降至7.71%，宽带自动回访满意率达到95.27%，超时工单7.74件/万/月，达到全省中等水平。完成ADSL平移6004户，固定电话平移1712户，完成大客户接入改造23个。调整光改平移接入方式，增强宽带的速率及网络质量，提升用户对电信业务的感知度。至年底，共完成接入机房撤点40个，汇聚机房撤点1个，剩余网点中，8个机房完成电缆的拆除。

【企业管理】　一是强化内控风险管理。重新制定内控权限列表，从财务报账、合同审批签订等13个方面规范责任与权力。二是推进小金库治理。开展小金库自查与整改工作，下发《关于建立防治"小金库"长效机制的通知》，明确防止小金库问题死灰复燃的八项规定及六项举措。三是加强欠费及营业款管理。制定下发《用户欠费管理办法》，强化欠费的管理与回收力度，按月进行通报，降低企业资金管理风险；制定下发《在途营业款管理办法》，杜绝在途营业款。（中国电信晋城市分公司）

商业 贸易

商务粮食

【概述】 2015年,全市商务粮食系统围绕“稳增长、调结构、促转型、惠民生”中心任务,按照“适应新常态、抢抓新机遇、谋求新发展”总体要求,以省、市重点工程项目为抓手,全市商务粮食事业“稳中有进、稳中向好、稳中提质”,实现平稳较快发展。全市社会消费品零售总额突破358.8亿元,是2010年的1.87倍,年均增长13%;对外贸易完成8.9亿美元,是2010年的1.68倍,年均增长11%;实际利用外资突破25675万美元,较2010年翻一番,年均增长14.4%。

【对外贸易】 2015年,全市有对外贸易权的企业225家,比2014年增加20家,有进出口实绩企业45家,比2014年新增5家。进出口国家或地区46个,比2014年增加11个。全年全市对“一带一路”国家出口3832万美元,同比增长45.5%;对东盟组织出口2208万美元,同比增长60.8%。泽州县汽车配件公司、晋城市特色纺织品(丝麻)公司、高平市铸件公司3家省级外贸转型升级专业型示范基地共有出口企业20家,比2014年增加3家,共计出口6500万美元,同比增长18%,进口2.6亿美元;实现总产值218.5亿元,销售收入215.9亿元,上缴利税2.3亿元,从业人员达到2.1万余人。10家省级“231”主体工程企业,出口7000万美元,同比增长8%,成为全市出口主力军。推动外贸企业开展跨境电子商务,全市共有38家企业入驻第三方电子商务平台,兰花物流、方舟数码、大泽源等企业参加2015年全球跨境电子商务大会。全市外贸企业出口信用保险覆盖面为85%,渗透率为65%,其中小微企业投保新增4家,达到27家,连续3年实现全市小微企业投保全覆盖,一般企业投保4家。申请市级外向型经济发展资金300万元,市出口信用保险配套资金30万元,“一包两转”扶持资金50万元;全市16家企业26个项目申请省级中小企业开拓资金182.7万元,5家外贸转型项目申请省级资金962万元。兰花物流园区开发有限公司实现化肥自营出口579万美元,比2014年增加172万美元。全市实际利用外资25675万美元;新设外资企业2家,全市外资企业达到30家。山西清慧制造有限公司申请在迪拜设立清慧一般制造贸易有限公司,基本通过审核。

【电子商务】 一是出台《关于促进电子商务发展的实施意见》。建立全市电子商务项目库,全市有162家电商企业(团体)进行电子商务项目申报,共征集到电子商务发展项目205个。全市网络市场主体达到523个,平台18个,网站505个。成立晋城市电子商务协会,发展会员126个。

二是开展电子商务培训推广活动。完成“一县一期”电子商务培训,组织电子商务培训班11期,参加培训人员2320余人次。组织电商企业参加义乌、北京、上海、杭州、重庆、武汉、太原等地的电商培训会,组织召开以“快递和配送融合发展”“同城购”“跨境电子商务应用”为主题的专题推进会3次；与《太行日报》《太行晚报》、晋城电视台、晋城在线、黄河新闻网等媒体合作，对全市成熟度高、有示范性的企业以及电子商务发展政策进行媒体宣传和推广，引导鼓励企业积极发展电子商务。

三是推动农村电子商务发展。电子商务县级服务中心覆盖各县(市、区)，城区乐村淘运营中心正式投入使用，发展村级服务站点50多个；泽州“乐村淘”县级运营中心发展村级体验店300余家，“晋邮惠民”与供销社合作，在泽州拓店142家；高平“乐村淘”县级运营中心签约村级体验店249个，邮政部门与“万村千乡市场工程”农家店配合，在40家农家店开展电子商务业务推广；阳城县乐村淘、八佳美淘村两个县级运营中心，发展村级体验店330家，社区体验店22家；全市体验店总数达1093家。由中央财政投资2000万元，国家级电子商务进农村综合示范县——陵川县建成县域电子商务公共服务中心，组建陵川县欣民鑫仓储物流有限公司，建成仓储物流分拣中心2个，建成村级电子商务服务示范站点30个，累计培训1102人次。此外，建成“晋城购”和“阳城菜篮子”两个本地电子商务平台。

四是组织开展晋城首届“网络年货节”活动。与市广播电视台、电子商务协会联合举办网络年货节活动，实行送货上门服务，销售额达650多万元。

【品牌培育】 组织吉利尔潞绸集团、兴达铸件公司、大通铸业公司、国晨生物公司等企业参加“山西品牌丝路行”匈牙利站、意大利站、吉尔吉斯斯坦站、俄罗斯站、泰国站展销，提高产品在国际市场知名度。组织全市13家企业参加“山西品牌网上行”活动，在1号店商城、淘宝、京东等电商平台开展促销活动，宣传本土品牌。组织晋城市绿洲纺织品有限公司、相府壹品铁器、高平厦普赛尔饮品有限公司等企业参加“山西品牌中华行”天津、西安、西宁、兰州、乌鲁木齐、长春、哈尔滨等站活动，现场销售额达150万元，达成贸易合作协议金额近千万元。组织大泽源公司、锐锡铸造公司、世纪球墨公司参加迪拜五大行业展；组织绿洲纺织公司、富基新材料公司等企业参加2015年加博会；组织富基新材料、程祥科技、金鼎高宝钻探参加高交会；组织路宝公司、大泽源公司、永明金属公司等5家企业参加117、118届广交会，组织20家企业参观广交会，提高晋城品牌的知名度。

【放心早餐工程】 晋城市放心早餐工程由晋城市伊健食品有限公司负责实施，总投资1200万元。2015年，政府补贴200万元，建设2200平方米的主食加工中心1个、660平方米配送中心1个，共设置放心早餐亭90个。早餐供应品种达到30余种，日均营业额6.5万元，安排就业岗位180个。

【家政服务】 全市家政服务企业主体220个，从业人员1.2万人次，持证上岗率为80%以上，建成730平方米家政服务网络中心，累计处理各类订单1.6万件，满意率达到98%，基本形成以家政网络中心为依托，以大型家政服务企业为龙头，以中小专业型家政服务企业为支撑的市级家政服务体系。

【商贸服务】 2015年年底，全市商贸服务业企业主体数量达到1.4万个，个体工商户5.4万户，从业人员24万人。全市有物流企业主体301个，快递企业65个，有星级酒店25个、国家特级五钻酒家酒店5个、快捷酒店156个；有再生资源回收经营企业268个，居民服务企业560个。先后组织开展“2015年家博会暨首届晋城购物季”“啤酒美食节”“2015年品牌汽车展销会”“第五届风云汽车综合展览会”等大型促销活动90余场，共实现销售额5.5亿元。

一是修订商业网点规划。随着城市空间的拉大，对原有的《晋城市城市商业网点规划》进行修订，规划形成“一主八副十二街、六大商品交易市场群、两大物流集聚区、四个物流中心、二十个城市配送中心、一个鲜活农产品交易网络”的商业网点空间布局结构。

二是一大批大型商贸基础设施建成投入使用。兰花置业、红星美凯龙、水陆院步行街、兰花高平时代广场等商业基础设施项目工程进展顺利，累计完成投资额44.7亿元，带动就业1300余人。

三是完成“15分钟便民商圈”试点工程。先后新建或改造风台、凤鸣、金辇龙亭、高平佳惠、陵川信达5个便民商圈，累计总投资约5亿元，总建筑面积累计达108384.43平方米，服务人口达11万人，人均商业面积0.98平方米，带动就业人员1924人，各种业态年销售额累计3.64亿元。

四是完成农村物流配送中心项目建设。全市有各类农村物流配送中心378个，仓储面积99080平方米，从业人员3000余人，配送车辆1300余辆，经营品种达到上千种，配送范围覆盖全市所有乡镇和90%的行政村。

五是加强重要商品储备，保障市场供应。下发2015年重要商品储备计划，与市级食糖、生猪活体储备、应急商品储备和冬春蔬菜储备企业签订储备合同，储备猪肉活体500吨、食糖600吨、应急商品2万件、冬春蔬菜450吨等。

【市场监测】 推进县级市场运行监测工作，加强数据督报，提高数据质量，做好节假日日报工作，加强预测预警能力。市场运行监测数据报送率达100%，及时率达到98%以上，发布各类分析457篇，其中，153篇被商务部商务预报主站采纳，26篇被晋城在线等媒体采纳。

【市场监管】 加强与工商、质监、食药、公安等相关部门的联动执法，设立信息共享平台；加强商务市场监管和诚信体系建设，出动执法人员1800余人次，对全市成品油、酒类批零、家政服务、再生资源回收、报废汽车拆解、二手车市场、典当拍卖、商业预付卡、典当、拍卖、蚕茧收购等商贸流通领域近千家企业进行检查，对其中存在问题的31家企业下达限期整改文书。出动执法人员700余人次，检查汽车配件企业313户/次，查处制假售假案件4起。重点加强二手车和报废汽车拆解等特殊行业行业的监管，出台《晋城市“十三五”期间二手车交易和报废汽车回收拆解行业发展规划》，促进行业健康发展。

【粮食供应】 全市累计建成配送中心8个，放心粮油经销网点达到92家，挂牌20家。2015年，市、县配送中心销售粮油3.2万吨，实现利润51.32万元。建立由20个市场信息监测直报点和6个县（市、区）粮食部门组成的市场监测网络，监测内容有小麦、玉米、大豆、面粉、大米、食用油、麸皮等7大类18个品种。市政府出台《晋城市粮食应急预案》，累计建立粮食应急供应网点105个，应急加工网点12个，应急配送中心3个。

【安粮工程】 全面实施“粮安工程”，粮食收储能力和质量安全保障水平迈上新台阶。全市具有粮食仓储设施的企业达到60个（不包括省直晋城储备库），其中：国有企业54个、民营企业6个，企业占地总面积597778.8平方米，总仓容30.6万吨，完好仓容率为53%。

一是新建粮库项目进展顺利。全市新建粮食仓储设施总仓容3万吨，标准为标准化储备仓，其中市本级（高平国家粮食储备库）1.5万吨，阳城县1.5万吨。建设总投资2887.47万元，其中：市级项目（高平国家粮食储备库）总投资1133.67万元（中央补助187.5万元、市财政配套687.5万元、自筹258.67万元），阳城县总投资1753.8万元（中央补助112.5万元、县财政配套1641.3万元）。市级建设项目于9月3日开工，阳城县芹池粮食储备库建设项目于12月30日开工。

二是对“危仓老库”进行维修改造。对高平国家粮食储备库、泽州县粮食局大阳粮站、南村粮站、沁水县粮食局储备中心、陵川县粮食局西河底粮站等5个单位“危仓老库”维修改造的8个项目进行补助，共落实资金909万元，全部开工。

三是对粮食仓储设施进行提升改造。省下达晋城市“粮安工程”提升改造项目建设资金共125万元，全部用于高平国家粮食储备库改造提升工程。

【粮食安全】 11月16日，市政府下发《关于贯彻落实〈山西省人民政府关于贯彻落实粮食安全省长责任制的实施意见〉任务分解的通知》，从8个方面，分30条对粮食安全工作进行分解，明确市商务粮食局、市发改委、市财政局、市农委、市国土资源局、市经信（国资）委等22家市直单位和各县（市、区）政府粮食安全工作责任，加快构建粮食安全保障体系，确保粮食安全。

【粮食产业】 2015年，全市粮食种植面积约17.8万公顷，其中：玉米约8.83万公顷，小麦约4.67万公顷，豆类约3.07万公顷，谷子约9000公顷，薯类2900公顷，高粱约300公顷，其他100公顷。全市面粉加工企业达到36家，面粉工业总产值达到2亿元，产品销售收入达2.5亿元，利润总额达600万元；杂粮加工形成“本尔昆”“鲁村”“双生娃娃”“丰田”“舜王坪”“晋田园”“析城山”等知名品牌，产品销往北京、天津、上海、河北、山东、河南等省（市）；还涌现出伊健食品、九康食品、征弘食品等粮食深加工企业。此外，推出“太行”系列商标（包括“太行白”面粉、“太行鲜”大米、“太行香”杂粮），改变全市粮食企业品牌杂、散、弱的问题，粮食加工企业向规模化、集约化方向发展。

【深化改革】 一是完成市、县级商务粮食机构改革。3月，原市商务局与原市粮食局合并成立晋城市商务粮食局，辖综合行政科室6个、业务行政科室9个，参公单位1个，全额事业单位7个，自收自支事业单位3个；总编制215名，其中行政编制36名、全额事业编制104名、自收自支事业编制75名。各县（市、区）均完成机构合并工作。二是推进“六权治本”工作。共梳理确定行政权力103项，其中行政许可权力6项，行政处罚权力80项，其他权力17项。三是开展综合行政执法试点工作。成立晋城市商务粮食综合行政执法大队，为副县级财政全额拨款事业单位，下设12个科室，编制数40名。四是推进国有粮食企业改革。深化国有粮食企业改革，转换企业经营机制，完善粮食购销市场化和市场主体多元化，推进“一县一企（含一企多点）”经营模式，城区、沁水县完成“一县一企（含一企多点）”经营模式改革试点工作。年底，全市共有国有粮食企业59个，其中国有粮食购销企业8个，国有粮食附营企业51个；在册职工2108人，其中国有粮食购销企业459人，国有粮食附营企业1649人。

（市商务粮食局）

供　销

【概述】 2015年，全市供销社系统按照“六大发展”和“改造自我、服务农民”总要求，以强化基层社建设为重点，适应经济社会发展新常态，在推动农村现代流通、服务农民生产生活和实现弊革风清、富民强市中发挥积极作用，各项工作取得明显成效。

【主要指标】 全年，全市供销社系统完成商品购进总额11.6亿元，同比增长0.2%；完成商品销售总额12.92亿元，同比下降1.8%；实现利润624万元，同比下降4%。提高便民店管理水平，规范提升9个便民店（其中高平5个，沁水4个）；推进基层组织建设，建设改造3个基层社（高平陈区、陵川平城、附城）；建设改造1个农资配送中心（分中心）（沁水端氏）。

【基层社建设】 2015年，对11个基层社的基础设施进行建设改造。城区供销社按照城区街道改造规划，投资1400万元对西上庄供销社进行改造，建设营业面积达1500平方米的农副土特产品超市；北石店供销社因城市化改造被整体拆除，办理重建工作规划、选址、土地置换等手续。泽州县供销社对水东供销社进行改造，建设400余平方米的超市，完成主体工程；对大东沟供销社进行拆迁改造。高平市供销社制定基层社建设五年发展规划，按照经济区域组建9个新型中心供销社，在每个中心供销社建设供销超市和二级配送中心；投资200多万元，组建永录中心供销社，配套建设一个1000平方米供销超市。阳城县供销社对芹池、町店、董封等基层社100余间危旧房屋进行修缮改造。陵川县供销社投资370多万元对附城供销社进行整合改造，建设占地面积4510平方米、营业面积1700平方米的中心超市；对平城供销社进行改造，建设面积600平方米的商场。

【农业社会化服务体系】 市供销社适应市场经济需要和农业产业化需要，构建农业社会化服务体系，由流通服务向全程农业社会化服务延伸。阳城县次营供销社注册成立新科种植农民专业合作社，统一选购良种、统一购买农资、统一管理、统一收购，对农民生产提供系列化服务，促进农业增产增收。陵川县夺火供销社成立陵川县联供谷物专业合作社，开展新技术推广、谷物种植、加工、包装及生产资料供应,吸收农民社员144户,组织土地2000亩,采购小型悬耕机2台,供应各种农资肥料200余吨。陵川县组建成立陵川县惠农新型农业科技服务有限公司,探索开展农业生产社会化服务。在9个乡镇16个村,示范种植玉米67.3亩,推广"一穴双株、种肥同播、耕膜同步、机械化作业"新技术,组织种植农户进行4场现场观摩,亩产量达到1500~1900斤。

【电子商务】 市供销社与安徽微逛科技有限公司、晋城市三方安心商贸有限公司合作,组建成立晋城市福融通电子商务有限责任公司,对接全国总社和省社电子商务平台,开拓农村电子商务和发展农产品电子商务,发挥全系统传统产业和经营网点资源优势,构建具有供销社特点的电子商务经营服务体系。8月,与安徽微逛科技有限公司联合开展福融通电子商务启动暨微逛科技电商现场演示会,构建新型商业模式。陵川县供销社注册成立全县首家电子商务平台"晋城秾佳电子商务有限公司",设立客服部、市场部、物流部等服务机构,培训配备5名工作人员,投入20万元购置相关设备,签订特色农副产品70余种,开展商品上线、电子交易、线下交易业务,被财政部、商务部评定为全国电子商务进农村综合示范县。阳城县供销社与中国第一家村镇O2O电商服务平台"乐村淘"成功签约,开展农村电子商务,该县23个基层社、102个便民店加入其中,形成线上线下并举、虚网实网融合的营销服务网络体系,拓展为农服务领域。

【项目建设】 2015年,全市供销社系统申报企业转型、农资供应、烟花爆竹、电子商务、日用消费品等改革发展资金扶持项目8个,共争取市财政改革发展专项资金300万元,其中,市级项目3个,扶持资金220万元,包括晋城市果品冷库制冷系统改造项目、晋城市世晨烟花爆竹有限公司储存库项目、晋城市同创物资回收有限公司断桥铝和中空玻璃加工项目;县级项目5个,扶持资金80万元,包括高平泫隆商贸有限公司食品制作坊建设项目、陵川县农副土特产品电子商务销售服务平台项目、陵川县欣民鑫贸易有限公司附城商贸中心建设项目、沁水县生产资料公司端氏农资配送中心新建项目、阳城县烟花爆竹储存库建设项目。组织申报新网工程项目2个,包括高平市石末中心社升级改造项目、沁水县龙港供销社王必农副产品交易市场项目,省财政拨付专项资金84万元。

【安全生产】 召开全市供销社系统安全工作会议,制定《关于进一步完善安全监管职责方案》,与直属单位负责人签订年度安全生产经营目标责任书,宣传落实《企业安全生产责任体系五落实五到位规定》,形成"党政同责、一岗双责、齐抓共管"责任体系。开展危房危库安全隐患排查整治活动,提出整改要求。开展安全生产经营大检查,坚持"四不两直"(不发通知、不打招呼、不听汇报、不用陪同和接待,直奔基层、直插现场),对全系统烟花爆竹仓库及网点、人员密集场所进行督促检查,下发限期整改通知书。出台突发公共事件应急预案和办公大楼消防火灾应急预案,实行全天24小时值班,防范安全事故发生。

(市供销社)

石　油

【概述】 2015年,中国石化销售有限公司山西晋城石油分公司内抓管理强素质,外拓市场树形象,经营管理和服务水平大幅提高,取得经济效益和社会效益的双丰收,全年累计销售油品24.7万吨,上缴税金2000多万元,为晋城市经济发展和重点工程建设做出积极贡献。

【资源保供】 加强与炼油厂、铁路部门的协调沟通,加大公路运输力度,保障资源需求。克服公路运输运距远、费用大、运力不足等诸多困难,增派罐车南下洛炼、北上太原等地调运油品,保证"三夏""三秋"及严寒等时节用油,履行国有企业政治责任和社会责任。

【安全生产】 深刻吸取青岛"11·22"、阳城"5·16"等事故教训,完善安全责任体系,开展"安全隐患整改年"工作,加大隐患治理力度,全年未发生任何等级事故。晋城油库处于城市核心区,库区周围有大量居民区，给城市带来很大安全隐患，制约城市和企业发展，为此启动油库搬迁工作。

【市场整顿】 与商务、工商、质监等多个职能部门配合，开展区域内柴油市场整顿，为期两个月，净化市场环境。

【精细化管理】 贯彻《中华人民共和国产品质量法》《中华人民共和国计量法》，强化质量监测体系和制度建设，严把各环节数质量关，严格执行国家规定的成品油价格政策，自觉接受物价部门的监督，接受省、市质检部门对成品油质检和计量器具鉴定检测。建立定期油品质量抽查制度和加油机自校制度，配合质监系统开展油品质量计量监督抽查工作。在数质量管理上，保证"两个100%"即保证出库和出入加油站油品100%合格，保证政府职能部门及上级公司抽检油品质量100%合格。加强内控管理，实施效能监察，杜绝"跑冒滴漏"，确保质量合格、计量准确。

（中石化晋城石油分公司）

烟　草

【概述】 2015年，全市烟草系统围绕全行业"保七争十缴万亿"年度目标，落实全省烟草"五指发力、五路突破"工作举措，做实"营销工作、专卖管理、双基建设、队伍建设、规范建设"等方面工作，完成销量、税利、市场净化及网络案件等核心指标任务。

【主要指标】 全年累计销售卷烟87287箱，同比增长5.60%。实现单条均价102.59元，同比提高3.06元。实现税利54136万元，同比增长24.43%，其中实现利润24498万元，实现税金（不含企业所得税）29638万元。全年上缴财政总额53887万元，新增14666万元，增长37.39%，其中上缴国有资本收益12780万元，上缴专项税后利润5522万元，上缴税费35585万元。

【市场监管】 印发《季度市场净化率考核方法》，细化考核内容，完善专卖考核体系。市、县两级烟草专卖局按照"真查、真改、真净化"要求，注重考核方式和方法，加强市场净化率常态化监督，净化辖区卷烟市场，形成市场监管常态。

【网格化管理】 运用"APCD"工作法，加强三员联动、三员互控，对专卖、营销、配送岗位的网格责任进行全面细化，形成"以网定责、以责定人、横向到边、纵向到底、责任明确"网格化管理运行机制。

【行政许可】 组织开展烟草专卖零售许可证管理专项检查工作，规范全市烟草系统行政许可行为。开展无证户排查摸底登记建档工作，建立客户办证咨询登记台账。全年，新办烟草专卖零售许可证505户，变更4户，延续968户，补办2户，责令暂停12户，停业35户，歇业191户，恢复营业8户，注销340户，修改405户，未发生一起行政许可违规行为。

【案件查处】 全年，查获各类违法卷烟案件555起，查获违法卷烟712.77件，标值247.5万元。移送工商案件81起，收缴罚款18.8万元；移送公安案件2起，刑事拘留3人，提请批准逮捕3人，判刑3人。查获一起涉案金额107万元的国标网络案件。

【典型案例】 完善打假破网协作机制，成立东、中、西三个片区联动稽查大队。牵头建立晋豫两省六市卷烟联合打假打非协作机制，加强省际毗邻地区卷烟打假打非工作。城区、泽州县烟草专卖局加强联合，查获2起通过QQ、微信等方式贩售卷烟案件。阳城县烟草专卖局推进互联网涉烟网络案件调查取证工作，查获"10·10"案件。1月14日，沁水县查获一起涉案卷烟39.45万支、案值37.75万元的假烟大要案件。

【宣传活动】 "3·15""6·29""12·4"和《中华人民共和国烟草专卖法》颁布24周年纪念日期间，开展法律法规大宣讲活动。按照"三创三征"活动和"六五"普法要求，在全市系统开展"法治烟草建设"论文征集、法治大讲堂活动。参加省烟草专卖局组织的首届法律法规应知应会知识大竞赛活动，获得团体二等奖。

（市烟草专卖局）

财 政

【概述】 2015年，全市各级财政部门正视当前财政经济总体走势放缓趋弱实际，切实履行职能，持之以恒深化财税体制改革，为稳增长、促改革、调结构、惠民生，促进全市经济社会持续健康发展提供保障。市财政局获"第四届国家文明单位""全国节约型公共机构示范单位"称号。

【收入】 2015年，全市一般公共预算收入完成93.9亿元，比2014年下降4.2%，减收4.1亿元，其中市本级完成34.7亿元，下降1.9%，减收0.7亿元。国税系统完成收入18.1亿元，下降9.2%，减收1.8亿元，占一般公共预算收入的19.3%；地税系统完成收入41亿元，下降16.2%，减收7.9亿元，占一般公共预算收入的43.6%；财政系统完成收入35.5亿元，增长20.5%，增收6.1亿元，占一般公共预算收入的37.8%；政策性退税-0.7亿元，占一般公共预算收入的-0.7%。

各县(市、区)完成情况：按规模排序，高平市12.6亿元，泽州县11.5亿元，沁水县11亿元，阳城县10.6亿元，城区9.5亿元，开发区2.9亿元，陵川县1.1亿元；按增速排序，高平市3.5%，沁水县-4.4%，阳城县-4.4%，开发区-7.1%，泽州县-7.3%，城区-9.1%，陵川县-40.8%。

【支出】 2015年，全市一般公共预算支出执行183.5亿元，比2014年增长13.5%，增支21.8亿元，其中市本级支出43.1亿元，增长12.2%，增支4.7亿元。

各县(市、区)一般公共预算支出完成情况：按规模排序，泽州县31.3亿元，高平市26.3亿元，阳城县23.9亿元，沁水县20.8亿元，陵川县19.6亿元，城区14.5亿元，开发区4亿元；按增速排序，开发区42.4%，陵川县35.2%，泽州县34.2%，高平市21.6%，阳城县15.2%，沁水县9.5%，城区-31.8%。

【运行特点】 1.一般公共预算收入出现下降。自1994年分税制实施以来，全市一般公共预算收入首次因经济下滑出现下降，一季度增长0.6%，二、三、四季度分别下降8%、3.7%和6.8%，全年平均下降4.2%，比全省各市13.6%的平均降幅窄9.4个百分点。分县区看，除高平市增长3.5%以外，其余县区均不同程度出现下降，陵川县降幅最大，为40.8%。

2.收入结构和质量欠佳。全年税收收入下降14.8%，比一般公共预算收入降幅扩大10.6个百分点，占一般公共预算收入的比重为62.2%，比全省各市68.9%的比重低6.7个百分点；非税收入增长20.5%，占一般公共预算收入的比重为37.8%，比全省各市31.1%的比重高6.7个百分点。

3.主要税种大幅减收。全年全市税收收入完成58.4亿元，下降14.8%，减收10.2亿元，高出全省各市12.9%的平均降幅1.9个百分点。全市13个税种中有11个出现减收，其中增值税、营业税、企业所得税、城市维护建设税、房产税等10个税种降幅超过税收收入平均降幅，降幅最小为城镇土地使用税14.4%，最大为契税46.3%，仅资源税和车船使用税保持增长。

4.非税收入非常态增长。全年全市非税收入完成35.5亿元，增长20.5%，增收6.1亿元，主要是探矿权、采矿权价款收入非即期入库增收6.7亿元。剔除两权价款等非即期因素影响，非税收入中多数项目同样出现减收，其中国有资本经营收入减收2.2亿元（主要是泽州县2014年同期集中入库收入2亿元，2015年无此收入），教育费附加收入减收0.7亿元，罚没收入减收0.5亿元，政府性基金中转列地方教育附加收入减收0.3亿元，残疾人就业保障金收入减收0.3亿元。

5.民生支出保障较好。全年全市各部门结余结转资金55.6亿元，比2014年减少15.2亿元，下降21.4%，其中市本级减少5.7亿元，下降28.2%；全市财政拨款开支的"三公"经费支出1.1亿元，下降22.2%，其中市本级支出0.3亿元，下降24.8%。推进医疗卫生体制改革、调整机关事业单位工作人员工资、实施机关事业单位养老保险制度改革等所需资金全部到位，民生和重点工程支出得到保障。

【预算管理】 编制全口径预算，政府全部收支纳入政府预算管理，构建公共财政预算、政府性基金预算、国有资本经营预算和社保基金预算全口径政府预算体系。加大政府性基金预算、国有资本经营预算与一般公共预算的统筹力度，将政府性基金预算中用于提供基本公共服务的地方教育费附加、残疾人保障金、土地出让收益中计提的农田水利基金和教育资金、育林基金、森林植被恢复费、水利建设基金调入公共预算统筹使用。扩大报送人大代表审议的预算范围，在报送预算报告和总预算草案的基础上，首次增加市直部门（单位）预算、政府预算解读以及晋城市2015年市本级安排大项支出情况表等内容。

【预算公开】 预决算报告报表、本级政府财政转移支付的安排和执行情况以及举借债务的情况等重要事项在经本级人大或常委会批准后20日内，通过政府和财政门户网站及财政预决算信息公开专栏向社会进行公开。细化政府预决算公开内容，除涉密信息外，政府预决算支出全部细化公开到功能分类项级科目。部门预决算在公开到支出功能分类项级科目的基础上，一般公共预算基本支出公开到经济分类款级科目。除涉及国家安全等特殊部门外，全市93个部门（单位）"三公"经费预算已全部公开。

【政策清理】 清理全市税收、非税收入、财政支出等33项优惠政策。按照《财政部驻山西省财政监察专员办事处一般增值税退税审核审批办法》，2015年市本级办理一般增值税退税政策批复9笔，涉及退税企业7家，其中煤层气抽采企业5家，监狱劳教企业2家，涉及退税金额3.8亿元。

【预算执行】 加快预算批复，市人代会批准2015年市本级预算草案后2日内完成市直部门预算批复工作，比法定时限提前18日。建立预算支出进度通报制度，每月定期督查通报各县（市、区）、26家市级重点预算支出单位预算执行情况，提高支付执行效率。及时调整未落实项目，对本级人民代表大会批准预算后的60日内未下达的3888万元据实结算的剩余资金和因各种原因当年不能执行的项目资金，报请市政府同意后收回总预算统筹用于民生等急需项目。

【存量资金清理】 建立部门结余结转资金定期清理机制，下发《关于清理盘活各项财政存量资金及加快上级转移支付资金执行进度的通知》，清理盘活各部门（单位）结余结转资金6.8亿元，收回2012年及以前年度结转资金1.2亿元，集中投入民生及重点工程建设领域。

【预算改革】 全面审核清理专项资金项目，取消到期、一次性及不符合政策要求项目，完善项目退出机制。严格控制一般性支出，强力控制维修、差旅等支出，停止一般公务用车实物配置。细化项目预算编制，对跨年度的项目要求注明总投资及分年度投资，部门预算只编列当年投资数；对前期论证、设计等资料未准备充分的项目不列入当年预算;首次将补助县(市、区)项目与市本级组织实施项目分开编列。加强预算编制与资产管理、结余结转资金管理、预算执行、国库集中支付、绩效评价和政府采购的有效衔接,首次批复政府采购预算。

【债务管理】 组织开展全市乡村债务专项调查,摸清乡村两级债务情况,形成专题报告。确定2015年各县(市、区)地方债务限额,全市为50.7亿元,其中一般债务44.8亿元,专项债务5.9亿元。妥善处理存量债务,向省财政厅申请置换存量债务项目300多个,分两批争取到地方政府债券资金13亿元,其中用于置换2014年12月31日地方政府存量债务5亿元,用于新建项目8亿元,全部下达各县(市、区)。向省财政厅申报并通过审核符合清洁发展委托贷款项目3个,缓解企业融资难问题。

【绩效管理】 完成2015年绩效目标申报审核,审核各类项目2561个,核减资金1500万元,取消无资金具体用途、无资金管理办法、无绩效指标的项目30余个。选择10个关系民生和重点工程项目进行事前评估,选择10个重点项目和10个部门整体进行事后评价,涉及资金25.26亿元,节省资金4315.8万元。完成六县(市、区)乡级财力保障绩效评价工作,在人大批复预算60天内,根据评价打分情况下拨政府对乡级财力保障奖励资金1000万元。分10期对市直预算单位、市财政局各业务科室和各县(市、区)预算绩效管理人员等800余人进行系统操作和评价业务实务培训。完成预算绩效信息化省级试点建设,研发预算绩效管理信息系统,实现智能收集统计分析数据,在线同步绩效评价。

【"三公"经费】 2015年,市本级财政拨款开支的"三公"经费3426.1万元,比2014年减少1132.3万元,下降24.8%,其中因公出国(境)费66.9万元,增加64.2元;公务接待费449.8万元,减少700.9万元,下降60.9%;公务用车购置费10.7万元,减少156.4万元,下降93.6%;公务用车运行费2898.6万元,减少339.2万元,下降10.5%。

【行政事业性收费】 创新财政票据监管方式,由事中事后监管转变为事前监管,建立完善领购一次性告知、领购资格审核备案制度,实现票据使用动态监管。开展涉企收费、涉煤收费、收费专项清理等专项检查,规范票据管理。落实取消、停征、减免收费政策,取消行政事业性收费41项。实行收费目录清单常态化公示机制,及时公布更新行政事业性收费目录清单104项。

【国资监管】 制定出台《晋城市行政事业单位资产配置标准(试行)》,明确单位日常办公需要配置的通用办公设备、办公家具数量、价格、使用年限标准。分四批对各县(市、区)财政局和市直行政事业单位开展行政事业单位资产报表培训,完成2014年度资产数据的收集、汇总、分析、上报工作。2015年,全市1492户单位纳入资产管理信息系统,资产总额209.1亿元,国有资产总额(净资产)201.5亿元,固定资产总额98.3亿元。对市商务局等10家单位的41个商业用房标的进行公开招租,39个标成功交易,增值率49.89%。

【资本合作】 市政府出台《关于开展政府和社会资本合作工作的实施意见》《关于推进政府和社会资本合作投融资模式改革的实施方案》,明确推进PPP投融资模式改革的基本原则、合作范围、重点领域和保障措施。设立晋城市政府和社会资本合作中心,各县(市、区)成立协调机构。开设PPP网络工作专栏、在《太行日报》刊登PPP政策解读、编印PPP相关政策资料500余册,宣传介绍全国先进经验和做法,提高PPP模式认知度。2015年,共筛选入库总投资超过100亿元的PPP项目13个,其中2个列入省财政厅推介目录,3个存量项目改造升级,4个新建项目正在实施,4个储备项目编制实施计划前期筹备。

【预算评审】 印发《关于加强市级部门预算评审工作的通知》,明确预算评审职责、范围、内容、环节、方式、结果运用等,逐步建立健全预算评审机制。重新修订出台《晋城市市级行政事业单位办公用房装饰和维修改造标准》，规定装修维修原则、范围、标准等，为部门预算编制审核提供准确依据。全力保障全市重点工程建设，完成泽州路、文昌街、新市东街、太行路等20项重点项目的预算评审。全年累计评审项目150个，评审金额35.7亿元，审定33.5亿元，核减资金2.2亿元，审减率6.13%。

【政府采购】 简化优化程序审核流程，7月20日起取消政府采购计划审批，实行计划备案制管理。印发《关于进一步规范采购程序有关事项的通知》，明确政府采购责任主体、责任人，规范政府采购信息公开管理。对市财政局、各县（市、区）财政局、市直行政事业单位、政府采购代理机构及政府采购评审专家分8期900余人进行《中华人民共和国政府采购法》《政府采购法实施条例》等法律法规培训。全年市级单位完成政府采购预算5.9亿元，采购合同额达5.2亿元，节约财政资金0.75亿元，节资率12.7%。

【国库集中收付】 上线运行国库电子对账系统，由纸质账单核对方式改变为无纸化对账，实现财政与市直330家预算单位网上直接对账。下发《关于规范国库集中支付系统单位设置和管理的通知》，规范国库集中支付单位设置。启动国库收付业务电子化管理工作，高平市、陵川县和泽州县巴公镇与市级同步开展国库支付电子化管理。

【购买服务】 建立联络员制度，安排专门人员按时收集县区政府购买服务工作进展情况、存在问题及建议。细化政府购买类别，范围逐步扩大为基本公共服务、社会管理服务、行业管理与协调、技术服务、政府履职所需辅助性等6类57款316项。2015年，全市购买服务安排预算资金1.6亿元，实际支付1.4亿元。

【金融支持】 2015年，争取省级财政资金3000万元，建立小微企业贷款周转保障资金。出资2000万元，吸收社会资金8000万元，成立晋城太行金融有限公司，资本金为1亿元。出资2000万元，与深圳创新投资集团合作成立晋城市红土创业投资有限公司，优先支持本地项目建设。出资2000万元入股省再担保集团，开辟企业新担保渠道。

【科技支持】 2015年，全市科技支出2.3亿元，对1项科技研发重大项目、6项基础应用类项目、2项公益类项目、6项市场导向类项目进行扶持。对368项申请专利、5项发明专利、5项实用新型专利进行资助。联合市科技局出台《晋城市农村地区分布式光伏发电示范应用项目和财政扶持资金试行办法》，对全市农村分布式光伏发电项目进行补助。支持新能源汽车推广应用试点工作。

【中小微企业支持】 编制《晋城市小微企业创业创新基地城市示范实施方案》，明确2015—2017年示范目标、示范内容、保障措施等。拨付1000万元，缓解小微企业初创阶段用地难、融资难等问题。对2014年首次纳入市统计部门统计范围的规模以上工业企业、新认定的小微企业创业基地等，给予贷款贴息补助，支持培训及服务平台建设。全年，为中小微企业提供各类担保融资6.6亿元，其中，为83户中小企业提供担保融资113笔，金额6.2亿元；为506名各类创业人员提供担保贷款203笔，金额3869万元。

【创业支持】 统筹财政促进就业创业资金1.3亿元，鼓励扶持自主创业，制定创业培训补贴、社会保险补贴、创业实训补贴、创业场地租金补贴、创业带动就业补助、一次性建设补助、就业见习补贴、求职创业补贴、创业指导服务补贴补助、优秀创业项目资助、创业项目大赛资助、创业孵化示范基地一次性补助“十二项”优惠政策，对创业对象、创业培训机构、创业实训基地、创业带动就业人员、吸纳就业见习高校毕业生的中小微企业等软硬件设施统筹给予补贴补助。

【建设支持】 落实资金10.2亿元，推进泽州路道路改造、文昌街道路改造、太行路道路改造、建设南路道路工程、市区人行天桥、主城区城东景观水系工程、东南新区带状公园等25项新建、续建中心城市重点基本工程建设。拨付资金1400万元,支持沁水县中村镇镇区环境综合整治、中心街区升级改造、垃圾填埋场等百镇工程建设。拨付资金5042.9万元,保障路灯、城市道路、综合管沟和桥涵维护等城市公共设施正常使用。拨付资金2.9亿元,支持园林绿色生态体系高标准管护改造和提升。

【民生支出】 教育方面,全年拨付资金38.2亿元,保障教育惠民政策落实。高中助学金和中职助学金由每生每年1500元提高到每生每年2000元,特殊教育学校生均公用经费由每生每年1800元提高到每生每年5000元,按照农村义务教育公用经费小学每生每年600元、初中每生每年800元的标准,农村义务教育寄宿制学校在上述基础上再提高100元,农村义务教育家庭经济困难寄宿生补助生活费小学每生每年1000元、初中每生每年1250元。医疗卫生方面,全年拨付资金6.1亿元,支持城乡居民医疗保险、重大公共和基本公共卫生服务建设。城乡居民医疗保险财政补助标准由人均320元提高到380元以上,基本公共卫生服务补助标准由人均35元提高到40元。拨付资金862.7万元,为全市34.4万名60岁以上城乡居民提供免费健康体检。社会保障和就业方面,全年拨付资金3.5亿元,保障城乡低保、五保对象、贫困残疾人、精神病患者等重点优抚对象的基本生活。提高城乡低保标准,城市低保每月提高30元,农村低保每月提高25元。降低失业、工伤、生育保险费率,全年减征社会保险、发放在岗培训和稳岗补贴4.6亿元,惠及企业821户家。文化事业方面,支出1.4亿元,支持深化文化体制改革发展、农村公共文化建设、"村村通"广播电视工程及直播卫星接收设备运行、三馆免费开放等文化建设。住房保障方面,下达保障性安居工程专项资金6830.9万元,其中,城镇低收入住房保障家庭租赁补贴464万元,城市棚户区专项补助资金5666.85万元,公租房项目700万元。农业方面,全年市级各项事业发展类财政支农专项资金支出4亿元,重点支持现代农业产业化农田水利基础设施建设、农村扶贫开发、提高农业生产技术水平和林业生态发展等。出台《晋城市2015年度低收入农户冬季取暖用煤货币化补贴实施方案》,为全市572273户低收入农户发放补贴资金1.7亿元。开展涉农资金专项整治行动,共涉及资金101.3亿元,发现问题352个,涉及资金5.3亿元。 (市财政局)

税　务

·国　税·

【概述】 2015年,全市国税系统贯彻落实全省国税工作会议和全市经济工作会议精神,找准税收促进经济社会发展的切入点,秉承"马上就办"作风,深刻认识、主动适应、积极引领税收新常态,有效地发挥税收职能作用,各项工作再上新台阶,全市国税系统呈现出和谐稳定、团结奋进良好局面。

【税收收入】 2015年,全市国税系统共组织税收收入899426万元,同比下降11.23%,减收113749万元。其中:中央级完成641058万元,同比下降11.69%,减收84870万元;地方级完成258368万元,同比下降10.05%,减收28879万元。加强重点税源监控,将529户重点企业层层分解到人。强化税收分析,开展煤层气等新兴行业税源分析,同比增收9735万元,增长38.30%。提升纳税评估成效,评估入库税款25837.8万元,评估贡献率3.09%,同比增长79.96%。加大欠税清缴力度,共清理新欠3410万元,同比增加2825万元。全面改革税收稽查模式,共实现稽查收入14375万元,同比增收1995万元,增长26.92%。

【优惠政策】 一是扶持小微企业发展。全市享受优惠政策小微企业和个体工商户达2.1万户,免征增值税5714.04万元,减征所得税194.78万元。二是促进经济转型升级。5户纳税人享受加计扣除研发费2174.02万元,190户纳税人享受固定资产加速折旧4794.98元。为27户资源综合利用企业办理先征后退4151.58万元,对6户资源综合利用企业1092.3万元销售额免征增值税。

为2户软件企业即征即退增值税37.48万元，为2户管道运输企业即征即退增值税1186.52万元。三是强化政策落实。秉承“不落实税收优惠也是收过头税”工作理念，实时跟踪全市税收优惠政策落实情况，先后提取到疑点数据203条，为42户应享未享纳税人办理退税或抵欠。

【依法行政】 按照“能放全放”原则，将审批权限下放至县级国税局，做到“市局零审批”。推行办税大厅集中受理、内部流转、限时办结；推进网上审批，落实当场办结制度。将行政审批制度改革落实情况纳入执法督察和督查督办事项，实施绩效考评，制止和纠正不作为、乱作为、慢作为现象。对违反相关规定的2个单位，及时处理并责成主管税务机关对相关责任人员进行责任追究。抓税收执法督察，先后补征税款17.36万元，加收滞纳金1.3万元，退（抵）税款15.51万元，追究执法过错人员38人次。从专项检查、专项整治、打击发票违法犯罪活动、重点税源企业检查四个方面，对全市电力、黄金交易、金融保险、商业批零、加工制造、中介机构等六大行业26户纳税人的税务检查进行统筹，并上报省国税局备案。全年未发生多头进户、重复检查行为。推行税收执法权力清单制度工作，向社会公开7大类24项权力清单。

【征管规范】 一是落实《征管规范》。建立“市局统一领导，征管组织协调，部门齐抓共管，各级各负其责，全员广泛参与”工作机制，编写征管规范精简细化版。清理修订本级相关制度文件，对不一致文件规定进行修订完善，共清理差异116项，规范表证单书1103份。二是树立“互联网+”思维，创新征管风险提醒。运用“E税通”开展税收风险提醒服务，首批确定申报提醒、催报催缴、定额调整、优惠政策享受、政策辅导等18项风险提醒工作事项，将税收管理从事后转到事前事中。8月，开展纳税风险提醒服务试运行，共对11项风险项目进行统计，生成风险提醒通知127笔，提醒纳税人39883户次。三是结合税源专业化管理，改进税收征管方式方法。创新征管机制，制定税源专业化管理实施方案及七项配套措施，在全市构建“以风险管理为导向，以分类分级管理为基础，基础管理、税收分析、纳税评估、税务稽查相结合”税收管理新机制。全市取消税收管理员固定管户，不将税源管理对象固定分配至税收管理员，按照“因事设岗、分类管事”原则确定岗责体系，实现税源管理从“管户制”向“管事制”转变。

【税种管理】 开展增值税发票系统升级版推行工作，11135户纳税人完成升级。落实小排量车购税税收优惠政策，减征税款2636.65万元。落实出口退税规范，实施分类管理，下放审批权限，规范审核流程，缩短审批时间，为企业大幅减轻负担，共受理企业申报退（免）税360户次，审核出口额9.54亿元，退（免）税5.67亿元。开展企业所得税重点税源和高风险事项团队试点工作，共应对14户，入库税款366.31万元，加收滞纳金20.62万元。加大非居民税收管理力度，通过开展团队式纳税辅导、管理员实地考察核查、加强重点领域和重点行业税源监控等方式，征收税款1.17亿元。

【纳税服务】 一是落实《纳税服务规范》2.0版，通过税企交流QQ群平台、12366微博、纳税人学堂等方式宣传《纳税服务规范》。二是开展便民办税春风行动，制定《晋城市国家税务局“便民办税春风行动”实施方案》，建立督促检查机制，通过跟踪督办、明察暗访、责任追究等制度，将工作成效纳入绩效管理，确保“便民办税春风行动”稳步推进。三是拓展服务渠道。推行“一窗通办”“一机双屏”，推广“网上办税”，通过“面对面”宣传、“手把手”辅导、“一对一”提醒方式，95%纳税人实现网上申报、网上缴税，76%单位纳税人使用“e税客”，开通省内第一家“24小时自助办税厅”，50%以上报税业务和认证业务通过自助办税终端办理。四是开展纳税信用评价，对8803户纳税人的涉税情况进行纳税信用评价，共评定A级纳税人35户，B级纳税人8048户，C级纳税人108户，D级纳税人612户。将纳税信用评价结果应用在实际工作中，对不同信用等级纳税人实施分级分类管理服务。

（市国税局）

·地　税·

【概述】　2015来，全市地税系统采取督查调研、挂钩联系、强化征管、以查促收等一系列措施，将全市纳税申报真实性核查、税收重点稽查作为突破口开展组织收入百日攻坚大会战，出台3方面26项攻坚举措，实施按旬通报、末位督导、一票否决3项激励措施，为地方经济社会发展提供财力保障。各县(市、区)地税局均获省级以上文明单位称号，其中城区地税局、高平市地税局、陵川县地税局获全国文明单位称号。市直属一分局被命名为全国巾帼文明岗、全国青年文明号，11家单位被命名为省级青年文明号。阳城县地税局被评为全省地税系统法治税务示范基地。市地税局被评为山西省第三次全国经济普查先进单位，市地税局团委被命名为全省五四红旗团委。

【税收收入】　2015年，全市地税系统共组织各项收入84.19亿元。其中：税收收入74.81亿元，全省11个地市排名，总量第四，增幅第六，提供市口径公共财政预算收入41亿元，占全市公共财政预算收入的43.6%，剔除2014年非即期收入集中入库因素影响，实际增长3.95%，增收1.56亿元；各项规费收入9.46亿元，其中采矿排水水资源费3.5亿元，工会经费5665万元，残疾人就业保障金4417万元，河道工程维护管理费3607万元，教育费附加2.64亿元，地方教育附加1.76亿元，价格调节基金1806万元，文化事业建设费14万元。

【税制改革】　1.煤炭资源税从价计征改革。全年共征收煤炭资源税20.9亿元，同比增长543.67%，增收17.65亿元，全省排名，总量第二，增幅第一，占地税税收总量27.94%，成为地税最大税种。综合清费立税因素，为煤炭行业整体减负1.6个百分点。构建煤炭资源税齐抓共管格局，按月收集全市151户煤炭企业产销信息，建立税源台账，落实衰竭期煤企税收优惠政策。实施全市煤炭资源税专项检查，共查补收入3445万元。

2.加强房地产税收一体化管理。全年共征收房地产相关税收9.5亿元。适度调低土地增值税预征率，推动竣工项目清算，全年共受理清算申报项目3个，清算应补土地增值税144万元。开展存量房评估扩围试点，将商铺、写字楼等非住宅纳入评估范围。调整存量房计税基准价，对全市范围5大片区、86个街区、1443个小区、7352栋住宅的计税价格全部进行调整，上调幅度5%~10%。完成重点工程“契耕两税”征管，对全市71个省级、43个市级重点工程项目实施动态监控、专人管理。

3.推进“营改增”工作。对前三批1046户营改增管户进行后续管理，对金融、建筑、房地产等行业管户，强化移交前管理，分类建立台账，科学监控分析，清缴营业税欠税435万元。

【税收服务】　联合金融机构推出“税易贷”项目。网上办税服务厅试运行，实施“24小时自助办税”，城区地税局、泽州县地税局、沁水县地税局先后进驻国税办税服务厅，开展联合办税，半年代征地方附税101万元。结合税收宣传月、依法行政宣传月等活动，组织税收专题讲座23场，发放宣传资料1万余份，接受咨询5000余人次。制作《克隆发票》《逃避税收》等动漫作品，开通微博、微信平台4个，采用二维码制作“电子税收宣传单”，加大税收服务力度。

【优惠政策】　全市共有11241户纳税人享受营业税起征点优惠政策，占全部营业税纳税人的93.43%，其中个体工商户6148户、小微企业5093户，累计减免税款494万元。全市共有474户小微企业享受企业所得税优惠政策，累计减免税款185万元。落实“契耕两税”优惠政策1583万元；如期停征三项规费，开展煤炭基金退库，为企业减负超4亿元。

【税收征管】　一是落实《税收征管规范》，提高征管质量。实施“三证合一”改革，新登记管户323户全部来自工商信息推送。开展“两税”信息比对，修正管户信息1338户。加强征管绩效，税务登记完整率达到90%以上、正确率达到99%以上。推送风险管理信息1.3万条，纳税评估1.28万户，通过评估挖掘税款2467万元。二是提升信息管税能力。拟定“互联网+税务”行动计划，围绕“金税三期”建设，筹建大数据综合应用监管系统和晋城地税“掌上税务”移动端应用软件，推进征管档案电子化建设，完成“金税三期”广域网络改造。开展首届网络安全宣传周活动，实施内网外联专项检查，制定《网络信息安全应急响应预案》加强网络安全。三是加强大企业税收风险管理。对联通、华盛、中联煤层气等6户驻市大企业实施全流程税收风险管理，共审计应补税款27.58万元。

【依法治税】 分两批对全市350户重点企业进行专项核查，发现申报不实企业197户，未申报税款4487万元，督促企业补缴税款2411万元。稽查部门全年共立案79起，组织纳税人自查139户，查补公共财政预算收入3.06亿元，同比增长12.91%，增收0.35亿元。开展税收重点稽查、重点行业专项检查、银行企业税收自查、高速公路建设管理处代征税款专项调查等。以建筑业“克隆”假发票为重点，严厉打击发票违法犯罪，查获虚假发票138份，补缴税款82.28万元，加收滞纳金、罚款88.74万元。沁水县地税局破获假发票案件2起，6名涉案人员全部被追究刑事责任。（市地税局）

金融 保险

金融工作

【概述】 2015年，市金融办贯彻落实省、市金融振兴推进大会精神，紧扣"一争三快两率先"战略，以解决中小微企业"融资难、融资贵"为切入点，强化银行融资主渠道，推进多层次资本市场建设，防范和打击非法集资，提升地方非银行金融机构监管水平和服务，深化金融改革和创新等，金融工作取得明显成效。

【行业状况】 银行业。年底，全市有银行机构23家，财务公司1家。全市金融机构本外币各项存款余额为1800亿元，比年初减少12.6亿元，同比减少0.7%；全市金融机构本外币各项贷款余额1007亿元，比年初增加85.4亿元，同比增长9.27%。

证券期货行业。年底，全市有期货公司1家，证券公司6家。全年期货行业成交额为441.51亿元，同比减少6.54%；证券行业成交额为929.47亿元，同比增长60.33%。

保险行业。年底，全市共有保险公司27家，其中财险17家，寿险10家。全年实现保费收入35.79亿元，同比增长5.06%，赔付（给付）金额18.23亿元，同比减少3.89%。其中寿险公司实现保费收入24.01亿元，同比增长8.02%，赔付（给付）金额12.33亿元，同比减少7.88%；财险公司实现保费收入11.79亿元，同比减少0.49%，赔付（给付）金额5.90亿元，同比增长5.68%。

地方非银行法人金融机构。①小额贷款公司：30家小额贷款公司注册资本金为17.49亿元，2015年发放贷款金额6.46亿元，比2014年同期减少7.47亿元。②融资性担保公司：全市9家融资性担保机构注册资金5.13亿元，2015年发放担保金额9.07亿元，比2014年同期减少2.34亿元。③典当公司：全市14家典当公司注册资本金2.4亿元，2015年发放典当金额3.89亿元，比2014年同期减少1亿元。⑤晋城太行金融服务有限公司：15家银行与该公司进行周转资金业务合作，累计为140家企业发放还贷续贷资金19.56亿元，降低企业融资成本1268万元，资本金平均运用率为103.74%。

【农信社改制】 2015年，阳城农商行、晋城农商行先后挂牌成立。全市6家农合机构中，有3家成功改制农商行，累计引进民间资本参股近20亿元。

【政银企对接】 4月16日，召开全市银行业机构一季度经济分析会，要求各银行机构提高重点工程项目、支柱产业、新兴产业信贷投放力度。5月19日，举办晋城市解决融资难题政银企对接会，缓解企业融资难问题。7月21日，组织20余家金融机构，参加全市重点项目融资需求对接会，共对接重点工程项目116个，融资金额达97.41亿元。

【金融监管】 一是加强小额贷款公司监管。对全市26家成立一年以上的小额贷款公司进行考评检查,评出A级3家,B级19家,C级3家,D级1家。制定《小额贷款公司设立变更审查审批制度》,规范对小额贷款公司审批流程。二是推进融资担保行业健康发展。培育本土融资担保机构,引进外部融资担保机构落户晋城市。4月,山西恒信融资担保有限公司登记成立;5月,中联钢融资担保股份有限公司晋城分公司设立。三是加强地方非银金融机构业务培训。11月,组织全市地方法人非银金融机构的高级管理人员在中国人民银行郑州培训学院进行专业培训,提升培训人员的风险防范意识。

【企业上市】 市政府出台《关于发展和利用资本市场的实施意见》,成立企业上市(挂牌)工作领导小组,建立联席会议制度,推动企业上市(挂牌)工作。年底,全市80余家企业在山西股权交易中心、上海股权托管交易中心等区域性股权交易中心挂牌;皇城药业公司、海诺科技公司通过券商内核,将"新三板"申报材料报至全国股转中心;兰花药业公司、兰花纳米公司、清慧机械公司、兴达铸件公司推进"新三板"挂牌相关工作。

【金融创新】 一是建立"倒贷"周转金服务机制,解决中小企业"倒贷"难题。5月,组建晋城太行金融服务有限公司,注册资本金1亿元,其中市财政拨款2000万元,吸收民间资本8000万元。12月22日,召开完善"倒贷周转机制"会议,就健全"倒贷周转机制"进行专题研究。二是探索政银保合作模式,协调推动贷款保证保险顺利实施。将保险机制创新引入企业融资环节,在全市范围开展中小微企业贷款保证保险试点工作。市人保财险、阳光财险分别与晋城银行、工商银行签订中小微企业贷款保证保险合作协议。至年底,实现贷款金额达1048万元,政府出资补助保费21.8万元。三是支持指导保险行业发展。市政府出台《关于加快发展现代保险服务业的实施意见》,为全市现代保险服务业发展提供全方位、多层次、宽领域保险保障和服务。四是推进高平金融振兴工程。推进海诺科技公司、兰花药业公司"新三板"挂牌工作。协助高平市政府组建长兴金融服务公司,实现1亿元的注册资本,约9亿元的倒贷规模。

【风险防控】 一是开展处非宣传教育。制定晋城市防范打击非法集资宣传月活动实施方案,推动非法集资宣传教育进学校、进社区、进农村、进企业、进单位,制作6期"以案说法"节目,在晋城电视台及各金融机构网点播放。二是开展防范和打击非法集资风险排查活动。4—5月,组织开展非法集资现场检查和风险排查活动工作;12月,重点针对非法集资案件高发领域,开展防范非法集资重点检查工作。三是做好跨区域案件处置工作。组织相关部门到焦作、洛阳、济源、安阳等地进行案件对接;邀请案件主办地政府相关部门到晋城市就相关案件进展情况进行通报,与主办地政府建立良好沟通协调制度。四是做好昆明泛亚有色风险处置工作。成立晋城市昆明泛亚风险处置领导小组,采取有效措施,做好群众安抚维稳工作。 (市金融办)

银行业务

【概述】 2015年,中国人民银行晋城市中心支行实施稳健货币政策,综合运用多种货币政策工具,引导金融机构优化信贷结构,支持和服务地方经济发展。截至12月末,全市各项贷款余额1007.5亿元,比年初增加85.4亿元,增长9.3%;各项存款余额1800.1亿元,比年初减少12.5亿元,下降0.7%。加强金融风险监测和区域金融稳定合作,发挥金融稳定协调机制作用,维护辖区金融业安全稳定运行。

【金融支持】 一是支持经济发展。制定《中国人民银行晋城市中心支行开展货币信贷"5103"工程实施方案》《中国人民银行晋城市中心支行关于推进金融振兴促进经济发展的实施意见》《2015年晋城市金融机构贷款投向指引》等,引导金融机构支持"三农"、小微企业、煤炭行业、经济转型、创业就业等。二是推动经济转型。向金融机构推介全市省级重点工程71项、市级重点工程377项,金融机构实时跟踪和了解重点项目以及企业的融资需求,主动与项目单位进行融资对接。鼓励支持金融机构围绕晋城工业经济升级版，加大对煤化工产业、煤电基地建设、晋城铸造到装备制造产业链条、陶瓷产业集群、丝麻融合发展产业基地的资金支持。加大对煤层气产业、中高端装备制造业、现代服务业和文化旅游业的信贷支持，促进新的经济增长点尽快形成。三是支持煤炭企业。针对煤炭企业经营面临的困难，按照"重服务、强监测、搭平台"工作思路，按月监测煤炭企业贷款到期还款情况，做好对煤炭企业融资到期的续贷和展期；为煤炭企业提供多渠道融资支持，防范资金链断裂风险，保证持续发展。

【金融创新】 一是改进农村金融服务能力。出台《晋城市农村土地承包经营权抵押贷款办法（试行）》，促进全市农村土地承包经营权和农村宅基地确权工作。完善金融配套措施，制定《泽州县农村集体经营性建设用地使用权抵押贷款办法（试行）》，推进泽州县农村土地改革试点工作。二是提升小微企业金融服务水平。制定《晋城市中小微企业贷款保证保险办法（试行）》，协助市政府成立晋城市太行金融服务有限公司，专门为中小微企业倒贷提供周转资金，解决中小微企业融资难。由政府职能部门牵头，组织小微企业自愿形成若干个企业信用联盟体，建立企业信用风险基金或信用担保联盟，形成"财政风险担保基金+企业信用风险基金+银行信贷模式"等风险共担模式，助力小微企业成长和发展。全市在"助保贷"全覆盖的基础上，阳城县、泽州县、沁水县探索推出"聚力贷""创业贷"产品。三是做好民生金融服务工作。完善小额担保贷款政策性担保和商业化运作两种模式，重点开展支小再贷款支持创业试点工作。会同市人社局、市财政局修改完善晋城市创业小额担保贷款管理办法，扩大贷款支持对象范围，增加创业贷款额度。鼓励支持金融机构优化小额担保贷款流程和考核机制，量身定做差异化信贷产品，实现银行信贷资金与创业项目的有效对接。支持地方法人金融机构尝试利用政策性支小再贷款支持高校毕业生、下岗失业人员、农民回乡人员等群体创业，在贷款利率上给予优惠。

【银企合作】 修改完善《晋城市金融机构信贷政策执行效果评估细则（2014年）》，加大金融支持小微企业、"三农"考核评分权重，对金融机构2014年信贷政策执行效果进行评估通报，纳入金融机构综合评价体系，增强人民银行贯彻执行货币信贷政策效力。引导金融机构做好对实体经济的信贷支持，搭建银行资金与重点项目、小微企业合作桥梁，将全市重点建设项目名单、投资额度、融资需求等相关信息在晋城融资网公布，向金融机构进行推介，促进银行资金与重点项目对接。宣传推介金融机构新开发、引进的5种金融产品，为企业和个人提供多渠道融资服务。

【货币政策】 一是提高政策性再贷款、再贴现支持力度。向上级行争取再贷款资金7亿元，带动全市涉农和小微企业贷款增加。要求地方法人金融机构对"三农"和小微企业实行优惠利率。累计办理再贴现2.86亿元，缓解"三农"和小微企业融资难、融资贵问题。二是落实总行存款准备金政策。对中小金融机构4次降准、定向降准和对主要经营指标达标的农村信用联社和村镇银行实行存款准备金率下调1个百分点优惠政策，为金融支持实体经济提供更多资金来源。三是做好利率市场化改革相关工作。加强利率市场化改革宣传，引导金融机构提升自主定价能力。密切监测利率变动趋势，组织开展利率报备监测新系统试运行的数据报送，上报大型银行和法人金融机构月度、季度各种利率监测报表和分析，做好民间借贷利率和小额贷款公司贷款利率监测工作，按季上报监测点利率变动情况分析。对辖内3家法人金融机构进行合格审慎评估，其中晋城银行成为全国市场利率定价自律机制基础成员，获得大额存单发行资格。推动泽州农商银行加入全国银行间同业拆借市场，推动晋城银行拆借限额增加。

【金融管理】 一是落实存款保险制度。开展存款保险条例出台后的舆情监测，加强金融机构存贷款和流动性的监测分析，对金融机构开展存款保险宣传情况进行现场督查，审核上报11家地方法人金融机构的投保材料，在规定时间内上缴存款保险资金，组织开展存款保险风险评级调研工作，引导投保机构审慎、稳健经营，维护金融稳定。二是开展新设金融机构开业管理工作。受理银行业新设机构申请10家，保险业新设机构申请2家，批复同意8家机构加入人民银行金融服务与管理体系。三是做好综合执法检查工作。制定《晋城市中心支行综合执法检查方案》，按照属地管理、上下联动、同步进行原则，组织开展对辖区工商银行和中国银行的综合执法检查工作。四是开展综合评价工作。完成2014年度辖内金融机构综合评价工作，并通报评价结果。组织金融机构开展综合评价自评工作，促进金融机构依法、合规、稳健经营。五是强化风险监测分析，防控金融风险发生。发挥风险监测系统作用，强化对异常情况动态监测。完善金融机构风险监测定期报告制度，加强对具有融资功能的地方非金融机构和重点行业及关联企业金融风险监测，对辖区高风险信用社进行风险评估。组织开展银行业负债管理现场评估工作，做好区域金融稳定状况整体评估。六是推进金融消费权益保护工作。以陵川县为试点，探索建立区域性金融消费权益保护环境评估报告发布机制。妥善处理客户投诉，维护金融消费者合法权益，上线金融消费权益保护信息管理系统。

【征信体系建设】 一是建立小微企业和农户信用信息系统，开展信用体系试验区建设。在高平市、沁水县开展小微企业信用信息数据库和农户信用档案数据库试点工作，并在全市范围内进行推广。高平支行建立政府主导、人行推动、涉农金融机构落实、各方参与协调联动工作机制。二是加强征信宣传工作。组织辖内金融机构开展征信专题宣传活动，与市总工会联合举办全市征信知识竞赛。开通“金融消费者维权热线”，为社会公众提供征信专题咨询及金融消费者维权服务。三是加强征信系统基础建设，提升征信服务水平。做好机构信用代码发放工作，推动在人民银行反洗钱、账户、小微企业和农村信用体系等业务中的应用。做好辖内新机构接入审核和地方金融机构数据核对及数据质量考评工作。完善征信系统，扩大系统覆盖范围。以维护信息主体的合法权益为出发点，做好异议处理和现场信用报告查询服务工作。对6家机构33个网点进行现场执法检查，规范征信业务。开展对小额贷款公司和融资性担保公司等机构的信用评级，推动银行机构建立内外部评级相结合机制。四是做好应收账款融资服务平台推广应用工作。组织召开全市应收账款融资服务推进工作会，加强推广力度，缓解中小企业缺少抵押担保物的现实困局。

【反洗钱工作】 在全省先行先试《山西省法人金融机构洗钱和恐怖融资风险评估工作指引》，推进反洗钱工作的规范化。加强监管，对6家机构进行执法检查，组织约见4家机构高管，给予监管提示；对5家机构实施跟踪检查；对52家金融机构反洗钱工作进行年度评估。与公安部门进行情报会商，深化反洗钱交流与合作，共上报可疑交易8份。

【支付结算管理】 一是推进普惠金融工程。加强农村金融综合服务站建设，在全省首家推出“农村金融综合服务站＋电商”业务新模式，金融服务站升级成为“村镇O2O服务平台”体验店。将建设银行晋城分行纳入农村支付服务环境建设队伍，实现全市农村金融综合服务全覆盖。免除全市所有农户的新型农村养老保险金账户的年费和小额账户管理费。二是创新支付结算管理方式。对3个行别18个机构开展支付结算综合执法检查，强化金融机构支付结算业务系统准入管理，加强对支付机构备付金检查与管理。加强人民币银行结算账户的服务和管理，落实金融账户实名制。对市工商银行等机构进行存量个人存款账户真实性核实验收。加强风险防范，推动以银行本票和支票影像为主非现金支付工具发展创新和普及应用。三是开展整治银行卡网上非法买卖专项行动。出台《晋城市整治银行卡网上非法买卖专项行动集中宣传方案》，组织开展为期一个月的宣传活动，增强社会公众的风险防范意识。与市公安、工商、银监、网信、电信等部门成立晋城市联合整治银行卡网上非法买卖专项行动办公室，开展银行卡网上非法买卖专项整治。四是强化系统安全管理。加强对地方性银行机构直接参与者支付系统和中央银行会计核算数据集中系统（简称“ACS”）的应急管理，组织部分地方性银行开展支付系统应急演练及ACS应急演练，提高系统应对突发事件能力。

【国库管理】 创新“直补”方式，通过国库直接支付方式再经代理银行直接支付到农户（民）“一卡（折）通”账户。开展泽州县巴公镇金库直接经理工作，完善乡镇国库管理新模式，采用代理银行模式开展集中支付业务改革，成功上线运行集中支付代理清算业务。开展财政专户摸底调查，推进国库管理财政资金专户改革。扩大国库直接支付范围，提高社保卡、林权卡、惠农卡等专项银行卡产品使用效率。加强国库信息化建设，开发推广“国库业务一点通”系统。

【发行库管理】 一是实施人民币净化工程，组织开展人民币净化工程攻坚年活动，完成残损人民币回收任务，全额清分任务取得重要进展，全市金融机构自助取款机及一体机对外支付和缴存人民银行发行库的现金均实现全额清分，公众大额预约提现实现全额清分；完成全市对外支付大额现金冠字号码查询任务；完成73个银行业机构营业网点监督检查任务；完善小面额人民币供应长效机制，优化流通中人民币券别结构。二是开展反假货币工作。组织召开2次反假货币工作联席会议，对全市1100多名反假人员进行培训，联合市公安局组织开展爱护人民币和反假货币宣传活动，宣传普及反假货币知识，提高社会公众的防假、反假、识假意识。联合公安机关开展打击假币犯罪专项整治活动，取得明显效果。

【外汇管理】 一是建立外汇业务管理机制。制定《晋城市金融机构开办外汇业务管理办法》，开发外汇业务考试系统，加强金融机构外汇业务管理，规范金融机构经营外汇业务行为。创新外汇管理与服务手段，秉持企业自愿和实需原则，推动辖区富晋精密公司等成为晋城首批联机接口运行企业，提高企业办理外汇业务的便利性与合规性。二是加大违规案件查处力度。对6家银行开展外汇业务专项检查，对中电明秀公司付汇违规行为进行查处。全省外汇检查工作研讨现场会在晋城召开，晋城市中心支行在会上作经验交流。三是开展资本项目外汇管理政策改革工作。承接和推进资本项目外汇管理政策改革，对资本项目系统提示的滞留数据、异常指标、合规性指标异常数据进行核查。四是加强跨境资金监测。推进重点主体外汇全情通工程，加强对银行和企业事中和事后监管，提高整体合规经营水平。加强购付汇外汇业务监管，辖区结售汇逆差环比双降。

（中国人民银行晋城市中心支行）

银行监管

【概述】 2015年，晋城银监分局贯彻落实银监会、山西银监局各项工作部署，结合辖区实际，明确工作思路，着眼“五个强化”（强化服务意识、强化风险防控、强化改革创新、强化依法监管、强化责任意识），各项工作取得明显成效。

【政策支持】 一是推动金融振兴。出台贯彻落实省、市金融振兴大会精神的实施意见，提出7方面24条具体措施，二是推动减费让利。引导法人银行业机构累计减免106项收费项目，共减费让利1000余万元。同时，严肃查处违规收费行为，对转嫁成本、违规收费的金融机构进行行政处罚。

【金融服务】 一是服务地方经济发展。督促落实支持煤炭产业发展的指导意见，加大对重点行业、领域信贷投放，贷款较年初增加85.43亿元，增长9.27%，被晋城市委授予“促进晋城市经济社会发展贡献奖”。二是支持中小微企业发展。市政府制定出台《中小微企业贷款保证保险办法》后，引导金融机构主动对接，成为全省首家开展该业务的地级市；引导银行业金融机构单列小微企业信贷计划，为6家机构争取风险补偿金117万元。三是支持“三农”

发展。持续推进金融服务“村村通”工程,建立金融服务尚未覆盖行政村台账,实行空白村销号制度,推进金融服务“村村通”工程。

【风险防控】 一是严防信用风险。持续监测10户集团企业和8类业务风险,及时分析研判,加强预警提示。督促信用社处置不良贷款12.5亿元。辖区8家融资平台贷款均保持现金流全覆盖,形态均为正常。持续跟踪监测房地产行业贷款风险,确保风险可控。二是严防集中度风险。按月监测法人银行业金融机构贷款集中度变化情况和压降进度,对屡查屡犯的机构进行行政处罚。三是严防案件风险。持续推进“制度执行年”活动,组织督导案防工作;督促银行机构排查员工异常行为,采取约谈、交流、轮岗等措施,消除风险隐患;建立从业人员处罚档案32份,按规定受理查询13次。辖区银行业连续5年没有发生案件。四是严防流动性风险。组织法人银行业金融机构开展流动性压力测试,针对性制定和完善风险处置预案。五是提升风险防控效能。召开监管通报会20场次,约见机构负责人谈话43人次,发出监管警示书和风险提示书43份。运用EAST系统对4项现场检查建立分析模型,筛选可疑贷款6769笔,金额56.32亿元,经现场检查确认问题贷款51.67亿元,下发监管意见,督促限期整改。

【金融改革】 一是推进农商行改制工作。3家农商行正式挂牌开业,累计引进民间资本参股近20亿元,占股本金的88.8%。二是推进法人机构发展。鼓励设立小微企业专营机构,支持设立专营理财事业部和金融市场及投资银行部,支持“新三板”上市,开办信贷资产证券化新业务,支持增资扩股,全年共引进投资者67家,增资扩股3.5亿股,引进资金7亿元。三是推进分支机构改革。引导大型银行基层网点提质增效,细化网点定位,完善功能分区,提供优质服务。引导股份制银行延伸金融服务,设立社区、小微支行。推进邮储银行改革,成立“三农金融部”,提升“三农”服务能力。

【依法监管】 一是落实简政放权。完善《晋城银监分局市场准入实施细则》,制定《关于进一步发挥县监管办事处职能作用提升县域监管有效性的实施意见》,强化银监办职能作用。二是严格市场准入。制定《晋城银监分局行政许可操作流程》,率先将《行政许可事项审核表》纳入OA办公平台运行。全年共办理行政许可事项222项,其中机构准入79项,高管准入142项,不予准入1项。三是规范清理制度。全面梳理分局2010年至2014年各类文件制度,规范性文件废止5件、继续有效11件,各项制度废止1个、继续有效57个。四是加大违法惩戒力度。对7家问题机构实施行政处罚,处罚金额175万元,督促银行业金融机构加大对违规责任人的责任追究,共处理责任人32人,其中,警告22人,记过2人,经济处罚8人。 (晋城银监分局)

银行机构

·中国工商银行晋城市分行·

【概述】 2015年,中国工商银行晋城市分行以客户走访、六进营销、服务提升为核心和抓手,坚持不懈推进“拓户、增存、创效、控风险”四项重点工作,创新管理机制,加大市场拓展,夯实客户基础,各项经营管理工作取得新业绩。工行晋城市分行第四次获“全国文明单位”称号,5家支行通过晋城市文明单位复审验收。

【主要指标】 人民币全部存款时点净增3.69亿元,日均净增2.28亿元,其中:对公存款(含同业)时点负增长2.99元,日均负增长4.96亿元;储蓄存款时点净增6.68亿元,日均净增7.24亿元。人民币各项贷款时点净增12亿元,日均净增14.5亿元,其中:公司贷款时点净增9.39亿元,日均净增12.9亿元;个人贷款时点净增2.66亿元,日均净增1.5亿元。实现中间业务收入1.82万元,同比增加1689万元,增幅10.2%。实现拨备前利润4.76亿元,同比增长6.4%;实现净利润3.1亿元,同比增长36.5%。不良贷款率0.37%,未发生案件和重大责任事故。

【企业改革】 推进组织机构改革，将本部部门、管理人员职数严格控制在省分行核定编制之内，构建精干高效管理团队。优化人力资源配置，推进网点运营标准化管理，组建运营直营、清贷、收单等九大团队，销售客服类岗位员工占比提升至54.2%。健全完善考评机制，启动绩效合约考核，探索推行直通式考核管理，构建以绩效合约为评价标准、以价值贡献为兑现依据绩效考核新体系。开展重点业务攻坚，加大公司、私人银行激励考核，实行专项费用激励机制，促进业务快速发展。

【贷款投放】 以晋煤集团为重点，做好存量重点有贷户服务，全年累计投放公司贷款64.59亿元。推动兰花科创已内酰胺、晋煤瓦斯发电、赵庄金光发电、金鼎煤机、金驹煤电化等贷款审查审批进度，完成兰花科创、晋煤瓦斯发电审批流程。加大新兴市场客户营销和储备，将海斯制药、太焦高铁、市人民医院、陵川风电等企业项目纳入储备库，实行动态调整和名单制管理。强化按揭项目和自助质押贷款双轮驱动，全年共准入报备按揭项目23个，个人贷款时点净增2.85亿元、日均净增1.59亿元。票据累贴额31.16亿元，同比增加10.94亿元。

【经营效益】 实施“双擎两翼”策略和精细化管理，加大国际业务发展，开展“抓龙头，抢市场，强百户，固基础”主题营销活动，完成假远期信用证、福费廷以及NRA账户等业务营销工作。创新发展票据业务，实现票据收入8657万元。实施“大零售”战略，强化专业协同和联动营销，深化全种类产品渗透，个人金融中间业务收入同比增长53%；强化资金运营和费用管理，落实勤俭办行和增收节支，拨备前利润、净利润均超额完成全年目标任务。

【内控管理】 推进合规文化建设工程，启动“制度执行年暨合规文化建设巩固年”活动，开展“一加强两遏制”专项检查、视频非现场检查等工作，狠抓问题落实整改。开展经济责任审计和离岗审计，完成案防职能过渡衔接。组织规章制度培训，强化账务、实物两大中心规范管理，制定两大中心管理实施细则等一系列运管规章制度，将“协助有权机关查询、冻结、扣划”业务纳入账务管理中心，推进网点标准化运营改革和基础管理，提升运营风险管控水平。加快不良和潜在风险贷款清收压降，2015年年底，不良率为0.37%，较年初下降0.08个百分点，不良贷款率控制在省行规定范围内。加强生产运行精细管理，完成中心机房建设运营，加大外部侵害事件防范力度，加强舆情风险监测化解，全行未发生案件和重大责任事故。

【网点建设】 开展“服务体验年”活动，对30家网点实施服务流程标准化深度固化和厅堂管理规范化培训，开展同业服务体验。建成8个离行式自助银行（自助银亭），完成阳城西街“自助+理财”网点改造，3家智能化银行投产运行。

（中国工商银行晋城市分行）

·中国农业银行晋城市分行·

【概述】 2015年，中国农业银行晋城市分行认真贯彻落实省分行全年工作会议和银监局工作会议精神，以建设区域主流银行为目标，坚持主动作为，比学赶超，扎实工作，真抓实干，攻坚克难，各项业务呈现稳健发展的良好态势。

【存款业务】 12月底，全行本外币各项存款1693392万元，比年初下降54995万元。其中个人存款余额825959万元，较年初增长44723万元，储蓄存款日均余额四大行占比22.64%，比年初提升0.33个百分点，提升幅度四大行排名第一；储蓄存款日均增量2.9亿元，增量四大行占比37.80%，排名第一；对公存款余额867433万元，比年初下降99718万元。人民币各项存款日均增量为-30835万元。各项存款四大行存量市场份额为23.12 %，四大行排名第三，存款增量市场份额四大行排名第四。

【贷款业务】 12月底，全行各项贷款余额1126797万元，较年初增加201083万元，在全省排名第二，增长21.72%，累计发放692448万元。其中法人贷款余额

1102413万元，较年初增加193625万元，增长21.31%，累计发放676493万元；个人贷款余额为24384万元，较年初增加7457万元，增长44.05%，累计发放15955万元。在四大行中，各项贷款余额市场份额28.73%，各项贷款增量市场份额29.59%，四大行排名第二。

【中间业务】 2015年，实现中间业务收入6126万元，同比增加526万元。其中，系统内手续费分配收入3196万元，个人电子银行业务收入824万元，银行卡商户收单业务收入338万元，贷记卡业务收入221万元。

【不良资产清收】 年末，全行不良贷款余额7095.29万元，较年初增加2122.68万元，比2014年少增2551万元。全年现金清收自营不良贷款134万元，呆账核销100.41万元，清收委托资产1837.75万元，排名全省第一；委托资产整体处置24872万元，个人零售客户贷款和三农个人贷款保持零不良，全行贷款不良率0.63%。

【经营效益】 2015年，拨备前利润完成28535万元，同比减少259万元；拨备后利润完成25833万元，同比增加4289万元。票据池入池票据17亿元，全省排名第二；现金管理客户净增496户，全省排名第二；取得晋煤集团50万元永续债券发行主承销商资格。

【存款营销】 个人存款营销。组织2015年“春天行动”综合营销活动。开展“进乡村、进企业、进车行、进楼盘、进商场、进市场”等“六进”营销活动。开展基金和第三方存管业务专项营销活动。12月末，全市贵宾客户个人产品覆盖度为100.16%，较年初提升7.98个百分点，排名全省第二。

对公存款营销。年末，全行公积金存款总量8.06亿元，其中定期存款7.33亿元。重点营销中央省级新农合补助资金3.09亿元、返市县资源价款0.81亿元，省国土厅省级投资耕地项目下划款项0.31亿元，国库拨付财政预算内各种款项0.54亿元。全年全市财政客户资金总量50.15亿元，较年初增加1.45亿元。市烟草公司归集资金5.03亿元，日均存款1868万元。

【贷款投放】 一是支持优势行业和优质企业。为晋煤集团、兰花科创、蓝焰煤层气、芦河煤业、玉溪煤矿、沁和能源、保利平山等优质客户共累放贷款16.75亿元；为晋煤集团综合授信200亿元，兰花集团综合授信36.3亿元。新增国投晋城能源有限公司、晋煤集团赵庄煤矿重点储备项目。二是择优扶持中小企业。累计发放中小企业贷款81648万元，占法人客户累放总额的37.24%。向山西兰花集团芦河煤业有限公司、山西蓝焰煤层气集团有限责任公司、高平市九龙物资贸易有限公司发、山西厦普赛尔食品饮料股份有限公司发放贷款55750万元。小微企业贷款余额12.21亿元，较年初净增3.36亿元。三是大力发展个人贷款。个人贷款累放13987万元，同比多投放7207万元，比年初增加5598万元；代理发放公积金委托贷款36656万元，全行个贷继续保持零不良。

【“三农”业务】 1.“惠农通”工程。惠农卡有存款卡29.7万张，比年初增加6.3万张，惠农卡有效率为66%，比年初提升13.7个百分点，转账电话有效率为51.8%；惠农卡卡均存款300.7元。开展“三项代理”及公共事业收费等项目10个。累计发放人数达到4万人次，归集资金8.2亿元，发放资金5.3亿元，账户余额5.7亿元；代缴电费、话费29.6万笔，金额达3886万元。

2.千百工程。2015年，“千百工程”达标客户18户，较年初增加4户，全省系统排名第一。

3.产业链金融服务。2015年，培育和支持旅游、农业、养殖等产业链7个，带动产业链企业和专业大户26个，存款9235.5万元；发放产业链贷款83991万元，使用“村村通”结算渠道农户数达47479户，间接带动农户数71417户。

【风险管控】 强化信用风险管理，下达风险预警提示1933条，督促落实整改，落实率达100%。开展风险排查、法人客户隐蔽性集团排查“抽屉协议”风险排查工作。对全行自营未结清29户法人贷款客户进行关联担保风险排查。用信重检27户法人客户。

组织对41户法人客户进行评级审查，累计处理违约流程客户数11户。潜在风险客户退出比率100%。到期贷款现金收回率99.76%，在全省排第三。评级偏离度在全省农行风险管理考核中排名第一。

（中国农业银行晋城市分行）

·中国建设银行晋城市分行·

【概述】 2015年，中国建设银行晋城市分行全方位夯实基础，有质量稳步发展，大力开拓市场，积极营销客户，加快业务转型，加强队伍建设，营造公平公正的内部环境，各项业务平稳健康发展。

【存款业务】 2015年，全行一般性存款日均余额达220.55亿元，日均新增2.82亿元。其中，对公存款日均余额117.6亿元，日均新增0.91亿元；个人存款日均余额102.94亿元，日均新增1.9亿元。在晋煤集团和富士康集团开展"存定期，送好礼"专项主题活动，促进个人存款新增和中间业务收入；在全行开展"存定期存款，赠送ETC"活动，共向客户赠送ETC设备2168台，吸收定期存款10889万元。5月，开展以"'存'暖花开、约'卉'建行"为主题"五月花卉节"活动，共吸收定期存款12588万元，稳定存款近7000万元。9月，开展"公积金存款"承接活动，共承接住房公积金资金7.77亿元，其中活期存款5.76亿元，定期存款1.52亿元，理财产品2566万元，基金69万元，保险2259万元。

【贷款业务】 2015年，各项贷款余额106.12亿元，新增11.24亿元。其中，小企业贷款余额58442万元，较年初净新增6007万元；授信客户达175户，较年初新增36户；实现中间业务收入288万元。自营性个人类贷款余额108505万元，新增34985万元。其中个人住房贷款余额95235万元，新增33275万元；个人消费贷款余额13270万元，新增1710万元。在"决战60天，冲关80亿"个贷营销活动中，完成投放17650万元，新增10676万元。全行信用卡累计发卡165407张，新增发卡40700张；信用卡客户达到138633户，新增32177户；信用卡特约商户达到1861户，商户新增1037户，达标商户新增830户；信用卡专项分期交易额2988.89万元；消费交易额42.7亿元；实现中间业务收入2022.34万元。

【有效客户】 截至2015年年底，公司机构有效客户（滚动期间）达1713户，新增163户；加权有效客户10087户，年增472户；全量客户3962户，新增580户。个人资产客户839055户，新增202615户；个人有效客户174688户，新增23860户。

【经济效益】 2015年，全行实现考核利润3.92亿元；实现经济增加值2.03亿元。实现账面利润3.96亿元。实现中间业务收入1.46亿元，同比增加1000万元。

【资产管理】 2015年一季度，完成晋煤集团14644万元债转股处置工作。二季度，完成对晋城市剑通进出口有限责任公司、晋城四方教育城集团有限公司两户不良贷款第二批债权批量转让项目。年底，打包出售或核销4户小企业不良贷款1950万元。不良贷款余额4128万元，比年初上升1405万元；不良率0.39%，比年初上升0.1个百分点。

【资金结算账户】 2015年，新增账户1283户，其中基本户921户，占比达72%；新增账户时点存款余额23677万元，日均余额6007万元；产品签约数量和覆盖度双双提升，其中自助账单签约3397户，覆盖度达65%。

【国际业务】 2015年，实现国际结算量40128万美元，实现结售汇量22961万美元，跨境人民币业务新增5.39亿元，实现外汇中间业务收入945万元，外汇存款日均新增2142万美元，开立外汇账户9户，外汇有效客户净新增6户。

【ETC业务】 截至12月31日，晋城分行ETC累计完成35626台，累计发行记账卡绑定信用卡29218张，记账卡绑定信用卡占比82.01%，货车ETC储值卡2252张。

【金融服务】 围绕"大资产大负债"经营策略，加大投行资管项目储备力度，主要包括债券承销、理财产品、产业基金、PPP项目等投行资管项目，储备项目总金额66亿元。为信贷客户国投晋城热电有限公司推出PPP合作模式，为其“国投热电热源引入工程项目”提供支持。

【渠道建设】 推进全行营业网点综合化建设，对12个单功能对私网点实现综合化转型，对晋煤机关支行和矿区支行进行装修，高平太洛支行、凤北分理处、颐翠路支行（原王台分理处）迁址装修。截至12月末，离行式自助银行达到24个，较年初增加9个。全行在运行自助设备153台，较年初增加35台，其中取款机45台，存取一体机108台。

【社保卡业务】 2015年，布放助农POS机1840台，累计布放2307台，社保卡累计发卡1005716张，社保卡激活率达91%，社保卡余额4683万，累计投入2916.65万元。《劳动报》《太行日报》对此项惠农行动进行专门报道。

（中国建设银行晋城市分行）

·中国银行晋城市分行·

【概述】 2015年，中国银行晋城市分行围绕“稳健经营、防控风险、提升质效，全面深化转型，再创经营发展新局面”的总体思路，坚持稳中求进总基调，以质量效益为中心，以严控风险、深化管理、提升质效为主线，以创新发展、转型发展、稳健发展为保障，整体经营管理工作取得新成效。

【存款业务】 人民币存款业务。截至12月末，全行各项人民币存款余额达1139884万元，较年初净增150558万元。其中，储蓄存款余额541022万元，较年初净增32785万元；公司存款余额537017万元，较年初净增57126万元；金融机构存款余额61845万元，较年初净增60648万元。

外币存款业务。截至12月末，各项外币存款余额达4537万美元，较年初净增2882万美元。其中，储蓄存款余额2301万美元，较年初净增795万美元；公司存款余额2236万美元，较年初净增2087万美元；金融机构存款余额29万美元，较年初下降2万美元。

【贷款业务】 截至12月末，各项人民币贷款余额694419万元，较年初净增70277万元。贷存比64.48%，较年初增加1.26个百分点。其中，公司贷款余额566410万元，较年初净增36248万元；票据融资余额15610万元，较年初下降17317万元；贸易融资余额43895万元，较年初净增43258万元；零售贷款余额68504万元，较年初净增8089万元。全口径不良授信资产（包括信用卡透支）余额2159.68万元，较年初增加353.28万元；不良率0.31%，较年初上升0.02个百分点。其中：公司贷款不良余额545万元，较年初减少97.87万元，不良率0.08%，较年初下降0.032个百分点；零售贷款不良余额116.55万元，较年初减少0.5万元，不良率0.29%，较年初下降0.06个百分点；信用卡不良余额1497.65万元，较年初增加353.28万元，不良率5.16%，较年初上升1.36个百分点。

【经营效益】 截至12月末，全行实现经营净收入27595万元，较上年同期减少5463万元；拨备前利润13634万元，较上年同期减少5341万元；实现净利润8614万元，较上年同期减少5015万元。实现中间业务收入5911万元，其中，个金板块实现中收3218万元，公司金融板块实现中收2693万元。

【授信业务】 一是强化公司授信营销。在把控风险的前提下，6月26日为晋煤集团新增3亿元流动资金贷款，成为本年度首笔新增贷款。二是推进公司授信业务创新。3月18日，为恒嘉租赁办理无追索权租赁保理业务5亿元，实现中间业务收入1250万元。三是推进中小企业业务。全行新模式中小企业授信客户数7户，全部为低风险客户，贷款余额达3453.61万元。四是开办单位存单质押贷款。11月，为泽州县住房公积金管理中心发放2亿元单位存单质押贷款。五是推进个人贷款业务。推进个人住房贷款、卡分期等各产品业务拓展，加大优质房地产项目营销力度，推动县支行发展个贷业务。至11月末，全行个人住房贷款余额达38330万元，较年初净增5396万元。六是加大项目储备力度。开展“授信项目大会战”活动，加大非煤产业行业客户授信项目营销储备力度，先后对接20余个重点项目。

【不良贷款清收】 主要以清收当年新发生公司不良贷款、信用卡不良为主。8月，实施“清收大会战”，取得较好成果。高度关注煤炭行业客户，化解阳城阳泰集团晶鑫煤业公司2.15亿元项目贷款潜在风险。针对小笠原铸造公司和唐荣实业公司不良贷款，累计清收化解不良贷款897.86万元，其中，现金清收小笠原铸造有限公司91.15万元；核销唐荣实业有限公司贷款799.99万元。针对信用卡不良，全年累计清收化解1773.45万元，其中现金清收889.78万元，核销883.67万元。

（中国银行晋城市分行）

·中国农业发展银行晋城市分行·

【概述】 2015年，中国农业发展银行晋城市分行履行政策性银行职能，扎实开展粮油信贷工作；强化项目贷款营销，加大中长期贷款力度；拓宽营销渠道，中间业务、国际业务取得新突破，全行经营指标稳步推进。年末，全行各项贷款余额9.65亿元，较年初增长30.04%；各项存款余额7.72亿元，较年初增长97.95%；中间业务收入64.55万元，较上年增长131.11%；国际结算结算量649万美元，较2014年增加11.2倍，账面实现盈利153万元。

【粮油信贷】 完成夏、秋粮收购贷款资格认定工作，认定高平储备库、晋城储备库和泽州储备库3户夏粮收购贷款资格企业。开展市储增储及轮换工作，全年审批投放市级储备贷款2530万元，支持山西高平国家粮食储备库增储1000万公斤小麦。完成省级储备轮换1216万公斤，市级储备轮换1378万公斤，县级储备粮轮换834.5万公斤。做好产业化龙头企业续贷工作，完成山西高平化工有限公司、晋城市鸿生生物科技有限公司、厦普赛尔食品饮料有限公司3户商业性贷款企业续贷工作，投放贷款10500万元。完成粮油库贷核查及展期工作，全年共开展库贷核查3次，核查粮油贷款27294万元，整改6.69万公斤库贷差额。完成57笔贷款8个客户共计2.4亿元贷款展期调查工作。

【项目贷款】 2015年对接营销中长期项目19个，贷款金额44亿元，其中获批项4个，投放农村基础设施建设中长期贷款2.1亿元；报审总行项目2个，包括：沁水迎头—柳氏民居—白桦2亿元旅游公路项目、阳城4.5亿元城镇集中供热项目；完成初评1个，为阳城县4亿元八甲口快速通道项目；储备项目12个，包括：阳城县城道路整治项目、滨河路至演礼工业园区连接线道路工程项目、阳城县演礼快速通道项目、高平龙渠棚改项目、高平市人民医院医技综合楼项目工程。11月20日，完成阳城张峰一干渠工程项目剩余1.02亿元贷款投放工作。推进农发重点基金投资工作，共支持农发重点建设基金业务2个，为阳城县凤城镇赵庄村采煤沉陷区治理工程和晋城市经济技术开发区创新创业产业园区项目，共投入资本金8590万元。

【风险管控】 加强贷款风险分类管理，利用系统内外风险预警系统，实现贷款风险全方位监测，强化对重大风险事项报告管理，对5家中介评估机构资格准入进行严格审议，做好对账销案存客户催收工作。开展防控缔约过失法律风险排查、贷款风险分类专项自查、合规自查、合同检查，及时制定整改措施，坚决惩处，保障风险管控工作成效。

（中国农业发展银行晋城市分行）

·交通银行晋城分行·

【概述】 2015年，全行人民币大口径存款余额116.74亿元，较年初增加7.35亿元，增幅6.72%，同比多增19.76亿元。全行人民币各项存款余额115.30亿元，较年初增加9.12亿元，增幅8.59%，同比多增19.33亿元。其中，对公存款余额82.78亿元，较年初增加5.75亿元，增幅7.46%，同比多增16.47亿元；储蓄存款余额32.52亿元，较年初增加3.38亿元，增幅11.59%，同比多增2.86元。外币各项存款余额972.56万美元，较年初增加391.68万美元，增幅67.43%，同比多增391.68万美元。人民币各项贷款余额74.07亿元,较年初减少0.46亿元,减幅0.62%,同比少增2.09亿元。不良贷款余额1205.15万元,较年初减少214.67万元,占比0.16%,较年初下降0.03%。全行预计实现账面中间业务净收入8088.68万元,同比多增1938.63万元,增幅31.52%。全行人民币各项存款余额在本地区全部金融机构中的市场占比为6.59%,较年初增加0.4%,位居同业第六位。全行人民币各项存款余额在系统内195家省辖行中排名34位。

【客户发展】 对公客户方面,一是重点攻坚机构类客户。至12月末,全行财政类客户存款达53亿元,占全部对公存款的64.03%。二是扩大同业客户合作空间。全面加强同业机构营销,基本实现8家晋城当地银行类同业法人机构全覆盖。至12月末,全行新增同业合作客户3户,同业存款大口径余额7.87亿元,较年初增加0.94亿元,增幅13.56%。三是优选外贸大户拓展国际业务。与晋城富士康、亚美大陆煤层气、三营超精密等客户建立较为密切的业务合作关系,通过美元委托贷款等留存外币存款,同时,营销华润大宁分红、大唐阳城电厂分红带来的跨境人民币结算业务。至12月末,全行完成国际结算量1.89亿美元,领汇中高端客户新增12户;外币存款日均2530万美元,较年初增加855万美元;跨境人民币结算累计完成4.33亿元。四是积极营销拓展新客户。通过名单制管理,开展劳动竞赛、营销能力培训等方式,拓展新客户。

零售客户方面,一是抢抓代发工资客户。至12月末,全行代发工资有效户新增11655户,较年初净增2859户。二是发展公积金客户。开展全行公积金联名卡劳动竞赛活动,采取上门服务等形式,促进全行储蓄存款的增长。至12月末,全行营销公积金提取笔数16448笔,金额达1.7亿元。三是开展活动争揽客户。全年组织活动167场,通过活动带动品牌客户提升,其中,中端客户余额达13442户,较上年新增1687户;达标沃德客户余额达1946户,较上年新增358户;薪金理财A类客户达13390户,较上年新增8079户。

【产品营销】 对公产品方面,一是发展票据直贴业务。至12月末,全行累计实现贴现业务量12.84亿元。二是拓展产业链金融。发挥"蕴通财富"品牌优势,客户营销由点到线,至12月末,全行利用票据贴现拓展金鼎煤机上游客户5户,办理直贴业务1.51亿元,并成功获批省分行3.5亿元的应收账款质押额度。三是探索PPP合作模式。联合13家中标开发企业参加城市环城森林公园项目政银企交流会,推进晋城市热力公司集中供热二期工程的PPP项目及环城森林项目。四是营销同业产品。营销同业代客理财、代签银承承兑汇票、他行理财资金托管、同业投资顾问等新型业务。至12月末,同业理财产品累计销售近90亿元,累计实现账面中间收入401万元;泽州县浦发村镇银行同业代签银承业务全省首单破零,累计签发银承2500万元,留存同业存款2500万元;与晋城农商银行、高平市信用联社签订代销理财业务合作协议。五是发展非信贷业务。发展直投、融资租赁等业务,为阳泰集团租赁款投放5亿元,为晋煤集团续做直投5亿元,至12月末,类信贷余额达100亿元。

零售产品方面,一是推广三年定期存款。至12月末,全行三年定期存款销售达3.67亿元,位列省辖行第一位。二是营销"稳添利新享"高收益表内理财。至12月末,全行累计销售稳添利表内理财产品31.63亿元,较上年同期多销售18.95亿元,稳添利沉淀金额3.99亿元。三是加强营销管理促进销售类指标持续增长。至12月末,保险销售1.19亿元,实现中收370万元;基金销售4.25亿元,其中重点基金销售1.32亿元,全辖基金销售第一;贵金属销售770万元,实现中收120万元,全辖贵金属销售第一。

【风险管控】 一是防范信用风险。加强对非煤行业的授信资源配置,降低对煤炭企业客户的依存度;加强对客户流动资金类产品、贸易融资类产品的授信资源配置,强化低风险产品的运用,丰富和优化产品结构;加强对零贷的授信资源配置,提升全行在地区经济的参与度,最大限度地扩展小微客户群;将不适宜安排授信的企业过滤出介入范围,避免介入高风险客户和业务。至12月末,全行不良贷款余额1205.15万元,占比0.16%。二是加强内控管理。全行内控连续7年评为B+。三是加强案防教育。严格执行轮岗轮调,轮岗率均达100%,符合监管要求;对电信诈骗,信用卡非本人办理,自助银行防盗、防抢等新型作案手段,及时下发风险提示,堵截各类风险事件20余起。开展员工行为排查,排查出异常行为4例,并与其解除劳动合同。四是提升安保管理水平。开展保卫演练、消防演练,打造"最安全银行"。被省行授予"市级安全管理示范网点"称号。

(交通银行晋城分行)

·晋城银行·

【概述】 2015年,晋城银行围绕"社区型草根银行"战略目标,加大"进社区、进农村、进商圈、进学校、进社区"工作力度,优化业务布局和资源配置,推进互联网化、线上化、平台化业务,取得明显成绩。至年底,晋城银行资产规模为624.83亿元,较年初增加114.79亿元,增长22.51%。各项存款余额384.46亿元,较年初增加78.91亿元,增长25.82%。全年实现营业收入43.86亿元,实现拨备前利润12.21亿元,净利润6.17亿元。

【体制创新】 2015年,组建各领域市场小分队,在省内暂未设物理网点地市以及省外市场派驻人员,拓展外线市场。小微条线组建13支异地小分队,实现省内全覆盖,新增客户1309户,累放笔数1452笔,贷款余额为3.6亿元,占小微条线当年净增贷款额的46%。调整专门委员构成,改变议事规则,组建市场营销、产品管理、企业文化等7个委员会及办公室。

【业务拓展】 7月,晋城银行取得同业存单发行资格,8月发行第一期规模为5亿元的同业存单,为山西省内第一单。8月,取得基金代销资格。11月,取得信贷资产证券化资格,贷记卡资格成功获批。12月,取得大额存单发行资格,成为省内首批取得发行资格的城商行。

【直销银行】 8月,"小草银行"成功上线,晋城银行成为山西省内第一家推出直销银行金融机构。截至12月底,晋城银行"小草银行"客户数达到31万户,管理资产突破3亿元。

【渠道建设】 网上银行和手机银行方面,截至12月底,晋城银行手机银行客户覆盖率达到41%,较年初增加28%;个人网银客户覆盖率43%,较年初增加24%,企业网银客户覆盖率61%,较年初增加24%。柜面业务替代率为75%,即全行客户3/4交易量由线上实现。微信银行方面,7月,微信银行上线。推广移动终端方面,在客户"身边"就能办理开户、发卡、签约理财和手机银行等业务。

【金融服务】 建成上线"光大云缴费平台",搭载在手机银行上,实现山西省内水费、电费、暖气费、电视费等9种业务缴费。主导推出本地化生活服务电商平台"七巧汇生活服务平台",探索"生活银行化"模式。建成"七巧云服务平台",为小微企业客户提供免费财务管理、进销存管理、会计咨询等企业管理功能服务,以及融资申请、支付结算等金融功能服务。建成"互联网支付平台",为线上B端商户提供线上支付服务。

【银企合作】 与上汽集团合作,依托其经销商为客户发放汽车消费贷款"蓝海车贷"项目,贷款余额从1亿元增加到近12亿元。与汇金公司合作,开展一二线城市优质房产抵押贷款项目——"房屋银行",累放金额突破2亿元,业务范围从北京发展至上海。

(晋城银行)

·晋城市农村信用社·

【概述】 2015年,晋城市农村信用社加快电子银行建设进度,加快推进普惠金融服务,加快推出金融新产品,加快推行特色化服务,加快金融改制步伐,业务经营取得新业绩。

【经营业绩】 年底,全市农信社各项存款余额达425.61亿元,较年初净增34.28亿元。各项贷款余额达207.94亿元,较年初净增4.12亿元。累计投放贷款303.98亿元,商户及小微企业贷款较年初净增15.76亿元;小微企业贷款“三个不低于”达成目标;限控行业贷款余额较年初下降2575万元;单一客户集中度户数较年初下降84户。全市不良贷款余额33.91亿元,较年初下降4.09亿元。各项收入达27.35亿元,增加3.86亿元。代理业务手续费收入350.13万元,银行卡手续费收入754.1万元。

【改制工作】 全市3家联社成功改制,泽州农商行于1月9日挂牌开业,阳城农商行于6月2日挂牌开业,晋城农商行于9月20日挂牌开业。

【电子银行建设】 年末,全社有ATM机218台,POS机2796台,助农服务取款点1044个,实现符合条件乡镇及商户ATM和POS机全覆盖,全市乡镇助农取款服务点覆盖率达100%。

【普惠金融服务】 购置流动银行服务车,建设社区银行和社区金融超市,布放“全民付”支付终端,代收水、电、通信、取暖等各类费用,建立三农服务联系点和普惠金融服务站,建立微信平台,开通网上银行业务,手机银行、微信银行完成测试工作。

【金融产品】 辖内各行社因地制宜推出不同信贷产品,适应客户和市场变化。晋城农商行引进泰隆银行小贷技术,实行微贷专营化和小微客户经理垂直化管理,设立派驻中心,优化办贷流程,下放审批权限,实现小微贷款“工厂化、流程化、批量化”流水线生产;高平联社推出票据类系类产品;泽州农商行推出“福”系列金融产品。

【特色服务】 上线居民健康卡(晋城通)业务管理系统,融合新农合费用结算、跨地区和跨机构就医等多项服务功能,实行“一免一增”,即免收银行卡各项费用,率先在全市银行业推出“72项银行收费全免”服务,增加自助服务终端。

【中间业务】 开展各类代收代付、贵金属代理、保险代理、代客理财等中间业务。晋城农商行业务种类由原来单一票据业务拓展为理财、同业、债券、投资五大类别,加入农商行联盟,接入电子商业汇票平台,营运资金达到40.69亿元,资金营运收入占到总收入的一半以上。

(晋城市农村信用社)

保险业务

【概述】 2015年,晋城市保险行业共有保险公司27家,其中财产险公司17家,寿险公司10家。全市保费收入35.79亿元,同比增长5.06%。财产险保费收入11.79亿元,同比下降0.49%;人身险保费收入24亿元,同比增长8.02%。赔款总额18.23亿元(包括寿险各类给付金额),其中产险5.9亿元,寿险12.33亿元。

【农业保险】 2015年,全市共承保农业保险23.14亿元风险保障,保费收入共计3543.89万元,其中种植业保费收入2918.73万元,养殖业保费收入625.16万元。累计应赔付金额为2973.98万元,赔付率83.9%,其中种植业赔付金额2443.5万元,赔付率83.72%,养殖业赔付金额530.48万元,赔付率84.86%。

【理赔服务】 2015年,进行两次理赔服务质量检查评价工作。评价内容主要包括:客户报案电话候时、电话礼仪、查勘员礼仪、查勘员到达现场实效、回访率、付款时效等方面。检查整体情况较好,平均得分为85.8分,较2014增加0.8分,各公司整体服务质量和车险理赔服务水平大幅提升。

【自律检查】 检查围绕销售误导治理情况、银邮保险业务自律公约执行情况、意外伤害保险业务自律公约执行情况三方面开展。各寿险公司在产品宣传、销售行为、客户回访等方面严格自律、强化培训、狠抓落实,全市人身险保险自律与业务健康发展。

【保险宣传】 “3·15”消费者权益保护日期间,举办诚信服务演讲比赛,全市各保险公司100余人参加比赛。7月8日,全国保险公众宣传日当天,在市区各大型社区组织开展“保险公众宣传日”活动,提升社会公众保险意识。

【行业发展】 6月4日,晋城市中小微企业贷款保证保险正式启动,全省率先开办中小微企业贷款保证保险。9月25日,市政府出台《关于加快发展现代保险服务业的实施意见》,加快现代保险服务业发展。

【快处快赔】 市公安局交警支队、山西省保险行业协会晋城办事处和驻晋城各财险公司组织成立晋城市道路交通事故快处快赔服务中心,主要负责轻微道路交通事故认定及保险理赔工作,对符合快速处理的交通事故进行责任认定、保险理赔查勘、确定损失金额,开展与理赔服务相关工作“一站式”服务。

【纠纷调处】 建立完善保险纠纷多元解决机制,成立保险纠纷人民调解委员会,全年接待保险咨询60余起,案件调处总涉案金额1002055元,调解率为100%。其中,电话咨询、无效投诉、电话转办案件48起,涉案金额359800元;通过晋城办事处出具协议书和保险案件转办通知单的纠纷案件12件,涉案金额642255元,其中保险案件转办通知案件3件,涉案金额35000元;办事处出具协议书的调解案件9件,涉案金额607255元,均成功调解。

(山西省保险行业协会晋城办事处)

保险机构

·中国人民财产保险晋城分公司·

【概述】 2015年,中国人民财产保险晋城分公司紧扣精品主线,突出“四个关键”,实施六大工程,紧盯市场对标,强化经营企划,努力适应新常态,奋力展现新作为,取得较好的经营业绩。

【险种推广】 2015年,推出10余个新险种。安福宝、安业保保费52.81万元;家全保保费283.53万元,全省排名第二;在全省率先开办个人电子产品、手术意外险,保费收入分别为12.07万元、0.25万元;全省首家示范中小微企业贷款保证保险,开发8家客户,保费收入31万元;个人助贷险实现保费收入397万元;高平支公司签订全省第一单生猪价格指数保险,累计承保生猪2.69万头,保费收入96.84万元;城区支公司签订全省第一单诉讼财产保全责任保险,保费收入2.03万元。

【渠道建设】 产寿互动实现保费2408万元;银保渠道实现保费598.29万元,增长51.88%;经代业务实现保费7594.53万元,增长13%;电商渠道实现保费13876.93万元,增长10.07%,全省第二。

【风险防控】 2015年,应收保费余额1344万元,应收保费率2.49%,较全省系统平均水平低2.98个百分点。剔除异地业务1900余万元。对全市15家经营单位和4个业务部门2015年度承保及理赔工作进行客户身份识别风险排查检查,排查机构和部门覆盖面100%。

【市场营销】 成立车险发展委员会,厘清发展四路,健全管理体系;财产/货运险部坚持“布局谋划、业务考核、技能培训、节点跟踪”四到位,实现保费收入6547万元,同比增长1.96%;责任/信用险部抢占中小企业贷款保证保险市场,在全省率先推出个人生活质量保障保险、校园足球保险、诉讼财产保险责任险、雇主责任(2015版)险;农险部加快农网布局,新建金村、高都、河西、台头、寺庄、陈区、中村等7家三农营销部,全市三农营销部累计达到15家,实现涉农业务3257万元;社保部/意健险部实现意健险收入561万元,同比增长5.85%;推广手机销售系统,推进e-life销售平台建设,保费收入71万余元;助贷险部壮大客户经理队伍,客户经理人数达到32人,保费收入397万元;分公司营业部举办续保团购会,实现保费7955万元;矿区支公司组建销售团队,启动学习型幸福团队建设,保费收入持续增长;巴公支公司拓展“二网”业务,车险业务持续增长,商业非车险业务增长6.92%。

【理赔服务】 组建郊县直通团队,实现全市电话投保落地服务全覆盖。拓展社区保险服务,开展“上门洗车”服务。新增2家合作检测线，实现市区范围检测线合作全覆盖。开通微理赔，成立人保之友俱乐部，组建宣传车队，开展看电影、爱心送考、“儿童节”亲子活动，增加客户体验服务。车险万元以下赔案理赔周期5.76天，全省排名第一；全省理赔质量考核第四。

（中国人民财产保险晋城分公司）

·中国人寿保险晋城市分公司·

【概述】 2015年，中国人寿保险晋城分公司贯彻“重价值、强队伍、优结构、稳增长”经营思路和“强化对标、聚焦突破”经营策略，围绕转型升级、富员强司的目标，加快业务发展、推进改革创新、夯实队伍基础、强化风险管控，实现有价值、有内涵、有效益地平稳发展。

【经营业绩】 2015年，共实现总保费收入91281.76万元，同比增长3.51%。实现首年标准保费7838.42万元，同比增长37.71%；实现首年期交保费14472.74万元，同比增长34.08%；实现10年期及以上期交保费7975.04万元，同比增长21.96%。

【渠道建设】 1.个险渠道。组织开展“首季开门红”“鑫如意抢销”“五六联动”“九十联动”等活动，保费收入创新高。实现首年期交保费10861.79万元，同比增长36.86%；实现10年期及以上首年期交保费7493.96万元，同比增长21.55%。2.团险渠道。拓展学生险“调责增费”、农村小额、员福计划、老龄、计生等业务，实现团险业务增量增效、崛起发展。实现短险保费3376.57万元。3.银保渠道。实施“双轮驱动”战略，实现首年保费17871.23万元、首年期交保费3530.45万元、长期险首年标准保费805.45万元，折标率排全省系统第一。4.健康险渠道。聚焦“大健康平台协作共赢”，经营管理和服务能力取得新突破。全年理赔人数3269人，理赔金额2717.92万元。

（中国人寿保险晋城市分公司）

·太平洋财产保险晋城中心支公司·

【概述】 2015年，太平洋财产保险晋城中心支公司积极推进内部转型改革，不断完善内部管理机制，采取有效应对措施，适应市场竞争，拓展保险市场空间，提升理赔服务水平，坚持合规经营，促进公司规范健康发展。

【经营业绩】 2015年，共完成保费收入10642.97万元，其中，车险保费收入8902.6万元，同比下降6.15%；非车险保费收入1740.37万元。保费规模在全市财产保险机构中位列第三位，市场份额为9.03%。全年共接受报案19240件，结案19164件，结案率99.6%，共计支付赔款5559.7万元。

【业务拓展】 根据省环保厅、市环保局关于深入推进环境污染责任保险试点工作意见，开展环境污染责任保险试点工作，推出环境责任保险产品，完成环境责任险保费收入50多万元。联合城区质监局，推广电梯安全责任险，50多部电梯投保。参与市政府中小微企业贷款保证保险试点工作，开展食品安全责任险、养老保险机构床位责任试点拓展工作，提供全方位保险服务。

【市场营销】 车险业务方面：与全市各大汽车销售公司开展业务合作，共完成车商保费收入2000多万元。通过电话销售渠道，完成保费收入1900多万元。与太平洋寿险公司合作，拓宽车险客户范围，共完成保费收入1000多万元。全年共计承保各类车辆3万多辆。非车险业务方面：为晋煤集团、晋城国投等重点生产企业提供全面财产保险保障，全年共完成财产险保费收入1400多万元，人身意外险保费收入180多万元，责任险保费收入100多万元。农业保险业务方面：在全市范围内开展三农保险服务站试点工作。

【理赔服务】 以“赔的快、赔的准”为目标，新推出7项车险理赔服务：一是对5000元以下单证齐全单方事故，当日赔付；二是对于双方事故，双方车损损失之和小于10000元的现场事故，责任明确，无需交警队手续；三是对于3000元以下单方现场事故，零单证快速流转；四是对于人伤案件，安排专门人员提供专业服务，前期跟踪，中期跟进，后期和客户一起参与调解；五是对于双方现场事故，无人伤、无物损，各自车辆损失都在2000元以下，双方都有责任的事故，按照互碰自赔处理；六是提供上门收单证服务；七是对于所有事故，在收到“95500”信息后，要求5分钟内联系客户，市区30分钟内达到现场，郊区60分钟内到达现场，如果在外地市出险，公司提供全国通赔服务。2015年，车险结案率为95.67%，列全省第二，车险理赔结案周期16.36天，列全省第一。

【合规经营】 开展“加强内部管控、加强外部监管，遏制违规经营、遏制违法犯罪”及“打击舞弊”专项自查自纠工作，规范基础管理工作。加强服务管理工作，提升职能部门人员服务一线和客户的意识和能力；加强监督检查，提升工作质量和效率；优化人力资源管理，提升人力潜能与活力；推广应用新工具，为业务发展提供更多支持。

【保险宣传】 “3·15”“7·8保险公众宣传日”期间，在广场、社区开展保险知识咨询宣传活动。节假日出行高峰期，在各高速路口设立便民服务点和宣传咨询点，宣传安全、保险、救助常识，开展便民服务活动，提高公众出行安全意识，为公众出行提供保障服务。

（太平洋财产保险晋城中心支公司）

·太平洋人寿保险晋城中心支公司·

【概述】 2015年，太平洋人寿保险晋城中心支公司总标保47755.2万元，同比增加10096.3万元，增长26.81%，总标保达成率为139.17%，山西分公司辖内排名第4；个险标保37547.7万元，个险标保达成率为143.04%；晋城中心支公司总保费48044.7万元，同比增加6045.6万元，增长14.40%。

【个险业务】 占晋城寿险市场份额比为35.72%，个险营销新保占据市场第2位，市场份额增长7.8%。

【团险业务】 团险业务实现标保1211.3万元，短险保费收入1188万元，同比下降0.51%，其中短期意外险保费收入1123.5万元，同比增长9.1%；短期健康险保费收入64.5万元，同比下降60.74%。

【合规经营】 夯实内控基础，完善工作体系，有序推进各项重点工作，严守合规风险防控底线，缺陷状况有效改善，风险管控能力持续提升，为公司战略转型，价值可持续增长提供坚实保障。

（太平洋寿险晋城中心支公司）

证券业务

【概述】 年末，全市共有证券营业部4家，从业人员88人。累计资金开户数96446户，银证转入资金120.7亿元，增长2.4倍，新增资产总额23.1亿元，增长47.1%。全年营业收入1.7亿元，增长1.4倍；利润总额1.1亿元，增长1.5倍。

（市统计局）

教 育

【概述】 2015年，全市教育系统坚持立德树人根本任务，以推进义务教育优质均衡发展和校长教师队伍常态化交流为重点，以深化教育领域综合改革为手段，促进各级各类教育协调发展，全市教育教学质量进一步提升，高考成绩创历史新高，为实现富民强市战略提供有力的人才支撑和智力支持。

【学前教育】 开展幼儿园"入园难、入园贵、无证园"专项整治，启动学前教育帮扶机制。全年，全市新、改扩建11所公办标准化幼儿园，建设经费1503万元，建设面积7963平方米。改造18所农村幼儿园，总投资3723万元，建筑面积18026平方米。

【义务教育】 严格规范办学行为，公布市区中小学划片范围及招生方案，组织中小学生田径运动会和学生艺术节。11月6日，泽州县通过国家义务教育发展基本均衡县验收。

【标准化建设】 2015年，陵川县投资1600余万元，为全县义务教育学校按规定标准配齐图书资料、教学仪器、器材和计算机教室等，加快推进义务教育学校标准化建设。市教育局对陵川县义务教育学校标准化建设进行检查，认定陵川县通过市级验收。

【中考改革】 2015年，中考理化实验操作考试成绩计入中考总分，分值按10分计算，信息技术考试成绩作为参考分数，共有30028名学生参加中考理化实验操作考试和信息技术考试。首次实现中考网上报志愿、网上录取，考生网上自主填报志愿、网上统一录取，中考录取分数线和录取名单进行公示。

【高中教育】 启动普通高中办学标准化建设，晋城二中、泽州一中、实验中学通过省示范高中复评验收。提高全市优质高中招生指标分配比例，取消择校生和特长生，将晋城一中80%、晋城二中50%、各县优质高中80%的招生计划，分配到所属初中学校；改革优质高中招生指标分配办法，首次将初中课堂教学改革考核结果引入中考指标分配体系。

【中高考成绩】 2015年高考，全市二本以上达线人数9234人，其中一本以上达线人数4345人。全省文科600分以上40人，晋城市18人，6人进入全省前十名；全省理科660分以上83人，晋城市9人，1人跻身全省前10名。清华大学、北京大学录取人数达到29人，其中北京大学22人，清华大学7人。2015年中考，晋城一中统招录取分数线达到644，为历年最高，其余高中学校预录取分数大幅提高，中考整体水平位居全省前列。

【中等职业教育】 一是加强专业建设。确定晋城中专旅游服务与管理专业等6个专业为2015年市级示范专业。申报晋城市中等专业学校汽车运用与维修专业等6个专业为省级重点专业建设规划申报项目,晋城市中等专业学校机电技术应用专业等9个专业为省级职业教育实训基地建设规划申报项目。二是完成招生任务。截至10月底,全市区域内中职学校完成学历教育招生人数为10757人,其中普通中专2251人,职业高中4758人,技工学校3748人。三是开展职业教育调研。全面调研全市职业教育改革和发展情况,形成《关于全市职业教育改革发展情况的报告》。四是完成省定"百校千企"任务。8所职业院校共确定校企合作对象71个。

【中等职业学校技能大赛】 4月,举行晋城市第九届中等职业学校技能比赛,15所中职学校,281名选手参加比赛,共设16个竞赛项目。参加山西省第九届职业院校技能大赛,获得全省团体二等奖。

【首届职业教育活动周】 5月11—17日,组织开展首届职业教育活动周,全市各级各类职业院校开展开放校园活动,展示校园文化、专业建设、专业人才,演示职业教育实训活动。

【成人教育】 开展全民终身学习周活动,完成民办教育机构年检及变更项目工作,发放民办教育扶持发展资金。

【特殊教育】 市、县两级将2015年特殊教育生均经费按照5000元/人·年的标准下达到各特殊教育学校,市特殊教育学校招收22名残疾学生接受高中阶段教育学习。市、县两级按照特殊教育学校办学条件标准,改善殊教育办学条件。

【重点工程】 晋城市凤城中学采空区治理、室外总图及附属配套工程完成投资3047万元,高中部项目建设顺利推进,初中部教学楼及综合实验楼于6月竣工验收,9月1日正式开学,首批招生190人。晋城中专一期楼宇工程全部完工,部分专业学生于9月20日正式入驻开学。12月29日,市中小学综合实践基地项目开工建设。

【改薄工作】 完成全市"全面改薄"(2014—2018年)项目规划,共投入"全面改薄"(全面改善贫困地区义务教育薄弱学校基本办学条件)资金14006万元,其中中央13060万元,省级888万元,市级58万元。

【捆绑发展】 3月,制定《晋城市义务教育阶段学校捆绑式发展实施方案》,明确捆绑发展的工作目标、工作任务。6月,各县(市、区)分别制定实施方案。全年,全市共确定捆绑发展学校23对,其中城区3对,泽州县3对,高平市3对,阳城县4对,陵川县6对,沁水县3对,开发区1对。

【素质教育】 开展创新教育和低碳教育实践活动,开展中小学班主任心理健康教育全员培训、"少年传承中华传统美德"系列教育活动和非遗文化进校园活动,开展全市中小学教育装备应用改革试点工作。

【教学改革】 5月,晋城市出台《关于深化基础教育教学改革创新育人模式的实施方案》,各县(市、区)制定本辖区内的实施方案,启动改革相关工作。9月,制定《晋城市中小学教育教学质量评价方案》,对学校的课程实施、教学常规管理、课堂教学改革、教科研、教学效益等方面提出全面系统的要求。在各级各类学校全面推开课堂教学改革。

【教学研究】 举办小学语文、数学名师课堂教学观摩研讨会,评选一批市级教学能手。完成《晋城市"十三五"全面提升教育现代化水平思路研究》报告和《晋城市普通高中教学现状及对策研究》中期研究。启动全市"一师一优课,一课一名师"活动,远程教学平台正式投入使用。加强语言文字工作,举办第三届"中国汉字听写大会"市级选拔赛。

【教师交流】 印发《关于落实年度目标责任考核有关校长、教师交流轮岗工作任务的通知》和《晋城市教育局关于做好2015年义务教育学校校长教师交流工作的通知》,全市义务教育学校校级领导和教师交流人数达到本县(市、区)应交流对象总数的11%以上,所有轮岗交流的校长和教师全部到位,符合交流条件的校长382

人，交流57人，占交流比例的15%；符合交流条件的教师6691人，交流教师1156人，占交流比例的17%。

【队伍建设】 对任职期满的141名省级学科带头人、骨干教师进行续聘考核。出台《关于建立健全中小学师德建设长效机制的实施意见》，印发《贯彻〈中小学教师违反职业道德行为处理办法〉实施细则（试行）》，完善中小学高级职称教师年度考核工作，制定关于合理确定教师绩效津补贴的实施意见，为部分市直学校招聘68名专业人才。（市教育局）

·太原科技大学晋城校区·

【概述】 2015年，太原科技大学晋城校区发挥校区党工委政治核心作用，加强校区领导班子自身建设，推进校区基层党组织建设；提升教育教学质量，完善校区各项规章制度，提升校区整体管理水平；践行“三严三实”要求，推进校区廉政建设，提高广大党员干部拒腐防变的意识。在校生人数2458名，有青年教职工86名。

【组织建设】 2015年，晋城校区党工委下设14个党支部，有119名党员（包括学校选派的党员干部）。组织中心组学习9次。全年共发展党员39名，预备党员转正2名。组织校区“七一”表彰活动，表彰先进党支部5个，优秀共产党员27人。太原科技大学党委授予校区党工委和机关第一党支部先进基层党组织称号，表彰11名优秀共产党员。

【教学工作】 完成2015年教学任务；完成全国大学英语四、六级考试，全国计算机等级考试和普通话测试工作。完成2015年实验教学工作，完成2014级全体学生金工实习工作。其中，593人在河南理工大学实习一周，309人在校本部实习4周。加强青年教师的教学技能培训，开展青年教师教学基本功竞赛。组织学生参加各类竞赛，刘亚慧获全国周培源大学生力学竞赛山西赛区二等奖，陈雨等8名同学获得山西赛区三等奖。参加学校第四十届田径运动会，荣获团体总分第三名和体育道德风尚奖。

【学生工作】 加强对辅导员和班主任培训、培养工作，选派辅导员外出学习，参加各类专题培训，提升学生教育管理水平。从心理健康教育入手，帮助新生克服学习心理障碍。加强诚信教育，从考风考纪入手，对学生进行考前考风考纪教育。举办首届程序设计大赛、纪念世界反法西斯胜利七十周年演讲比赛、首届“SHINY SHOW”英语演讲比赛、“科大印象”摄影大赛、首届科技制作大赛、“玖点音悦”杯第二届校园歌手大赛、“说好普通话，任我闯天下”第二届普通话大赛等活动。开展大学生行为文明规范教育活动，规范学生日常行为。

【校区建设】 完成4#、5#学生公寓建设，并投入使用；8#、9#教学楼，5#、8#、10#实验楼投入使用；完成图书馆搬迁和过渡图书馆建设工作。晋城市财政共拨付经费2150.9万元。

（太原科技大学晋城校区）

·晋城职业技术学院·

【概述】 2015年，晋城职业技术学院以立德树人为根本，以服务发展为宗旨，以促进就业为导向，全面实施“一二五”（围绕一个中心：以教学为中心；搞好两项创建：创建市级文明单位、创建省级示范性高职院校；提升五种能力：提升立德树人能力、提升实践教学能力、提升科学管理能力、提升校企合作能力、提升社会服务能力）发展战略，巩固扩大精神文明创建成果，高效推进省级示范校建设进程，各项工作取得显著成绩。

【省级示范性高职院校建设】 项目总投资1200万元，其中省财政示范校建设经费500万元、市财政配套经费500万元、学院自筹200万元。省、市财政1000万元用于5个重点专业人才培养方案修订、课程建设、实训室建设、“双师型”教师队伍建设，占示范校建设全部经费的83.3%；学院自筹资金200万元，其中120万元用于师资队伍建设，40万元用于领导能力建设，20万元用于校企合作、工学结合体制机制建设，20万元用于社会服务能力建设。12月25日，基本完成各项任务指标。12

月31日,通过省教育厅专家组进行考核验收。

【教学管理】 以专业人才培养方案为依据,下达教学任务书,编排课表、教学日历、征订发放教材,严格履行调课审批制度和补课制度。加强课堂教学管理,加大对教师课堂教学情况检查力度,定期、不定期对各系任课教师上课情况进行检查。执行开学工作检查、期中教学检查、期末学生评教工作,检查结果与年度考核挂钩。

【技能竞赛】 举办第三届职业技能竞赛,推荐83名学生28个项目参加全省职业院校技能大赛,获一等奖3个、二等奖5个、三等奖14个;23名学生6个项目参加全国职业院校技能大赛,获二等奖1个,三等奖2个;学院获省职业技能大赛优秀组织奖。举办2015年青年教师教学基本功大赛和首届微课教学比赛,推荐6名教师参加全省微课大赛,获二等奖1个、三等奖2个。

【专业建设】 煤层气抽取技术专业获省财政建设资金150万元,市财政配套建设资金150万元。一个实训基地项目、两个专业入选省职业教育实训基地和重点专业规划建设项目库。全院共有11个专业入选省职业教育特色专业、实训基地、重点专业规划建设项目。实施集重点专业的课程建设、资源库建设、数字化建设一体化视频公开课建设项目,对立项精品资源共享课进行中期评比,评出成果明显课3门,一般课13门,不明显课3门。完成中央电教馆优质资源课《VB+SQL SERVER项目开发实训》建设任务,获得资助资金5万元。

【科研成果】 2015年,共立项院级课题38项,市级课题3项,省级以上课题和教改项目9项,结项院级课题30项,市级课题3项,省级课题21项,获得科研经费75万元。

【招生就业】 2015年,共招收大中专学生2367人,其中大专生2178人,中专生189人。在校生人数达7044人。就业方面主要开展三项工作:一是加强学生创新创业教育。依托学院就业创业实训基地,成立创业培训班,确定长江实业有限公司、晋城市金启源创业园为学院创业孵化基地,在晋城市秀水金天园艺有限公司建立"大学生电子商务创业平台"。二是推进学生就业指导与服务工作。与市人社局联合举办晋城市2015年大中专毕业生供需洽谈会,151家企业提供6200余个工作岗位,与3700余名学生签订用人意向。针对不同专业,举办小型招聘会20余场。与市人社局共同举办创业培训班,对190名大学生进行创业培训,展示推荐80余个适合大学生创业项目,提高学生就业创业技能,毕业生初次就业率超过92%。三是强化校企对接。健全校企合作培养机制,订单培养企业为学院提供企业奖学金10.1万元。

【学生工作】 开展行为习惯养成教育、新生军训、星级宿舍评选活动,提升学生思想修养、礼仪修养,规范学生日常生活习惯。全年,共评选表彰三好学生和优秀共青团员279名、优秀学生干部和共青团干部272名、4先进班集体和团支部8个、优秀班主任24名和优秀毕业生119名。为977人次中职学生发放助学金82.68万元;为196名专科生发放奖学金99.5万元;为9164人次专科生发放助学金1330.73万元;为58名参军入伍学生申报学费补偿,补偿金额48.78万元;为323名家庭经济困难学生申请生源地助学贷款170.43万元;为74名低保家庭毕业生办理求职补贴。开展家庭经济困难学生建档工作,为129名家庭经济困难学生申请勤工助学岗位。开展大学生心理健康月系列活动,优化心理健康教育工作三级预警机制,为15级2347名新生进行心理健康普查及分析评估,针对超标学生进行心理干预和转介。

【校园文化】 加强校园文化建设,举办第六届校园科技节、校园文化艺术节、第十二届学生田径运动会,"传承雷锋精神、共建和谐校园""弟子规与行为习惯养成"读书实践活动,"争做文明学生、共建文明校园"演讲比赛和"五四"表彰大会暨第二届"春天之约"健身操大赛。参加全国第四届大学生艺术展演活动,获国家级三等奖2个、校长风采奖1个,获省级特别奖1个、一等奖7

个、二等奖14个、三等奖15个。参加山西省第三届校园文化艺术节，获一等奖2个、二等奖5个、三等奖11个。参加全国全民健身操大赛山西赛区比赛，获一等奖3个、二等奖1个。学院合唱团参加山西省“三晋之春”合唱比赛，获二等奖第一名。参加全国“小金钟”钢琴比赛（山西赛区），获得一等奖1项、二等奖1项。艺术系师生创排的上党梆子《悟因楼》在市影剧院参加市委宣传部优秀剧目展演。 （晋城职业技术学院）

·晋城市中等专业学校·

【概述】 2015年，晋城市中等专业学校以国家示范校建设和新校区建设“两大建设”为重点，持续推进学校“1231”工程，提高办学能力和教学质量；以精神文明建设为抓手，强化德育教育和安全工作，争创平安、和谐校园，形成“务实求真，注重内涵，团结活泼，文明争先”的教学氛围。

【“1231”工程】 立足“以服务促管理，以专业创特色，以质量求发展”的办学理念及“突出素养，强化技能，立足当地，服务社会”的培养目标，继续推进“1231”工程，即一个中心（以提高人才培养质量为中心）、两大建设（新校区建设和国家中职改革发展示范校建设）、三个提升（全面提升师资队伍素质、专业品牌和现代管理水平）、一个目标（将学校建成内涵丰富、特色鲜明、质量一流的三晋美丽校园），办学能力和教学质量明显提升。

【人才培养】 组织专业带头人到108家企业调研座谈，经行业、企业专家和相关教师反复论证，形成四个重点建设专业的人才培养方案。汽车运用与维修专业形成以“懂、会、熟、能”为目标的“校企共管、产学一体”人才培养模式；会计专业形成“岗位、考证、课程、比赛”四位一体人才培养模式；酒店服务与管理专业形成“工学结合、顶岗实习、合作共赢”人才培养模式；工艺美术专业形成“学岗融通、学训一体”人才培养模式。

【教材编写】 根据教学需求，编写《汽车底盘构造与维修》《车身修复》《漆画工艺制作》《酒店礼仪》《中小企业会计业务实训》等校本教材18本，编写实训手册、工学结合指导手册21本。

【实训基地建设】 新建校内实训室和工作室29个，与泽州大酒店、凤展超市、双惠聚鑫汽车城等企业合作，建立校外实训基地。

【数字校园建设】 投入资金400余万元，优化学校教育、教学、管理等核心业务以及资源和数据，建成特色项目数字化校园子任务77个。新建大容量存储虚拟化管理系统及中心机房，建成校园IP公共广播系统、数字化录播教室，升级改版校园，及时更新发布信息。

【办学规模】 2015年，在校生达到4431人（含现代学徒制学生1100余名），教学仪器设备总值新增1189万，教学仪器设备数量新增1514台（套）。有省级教学名师2人，专业带头人9人，骨干教师19人，兼职教师45人，“双师型”教师比例达到98%。

【专业建设】 以创建国家中职改革发展示范校建设为契机，以汽车运用与维修、会计、酒店服务与管理、工艺美术四个示范校重点支持建设专业为引领，推进各专业人才培养模式与课程体系改革，初步形成校企合作、工学交替、任务驱动、项目导向、顶岗实习等人才培养模式和项目化教学、岗位教学、仿真教学、场景教学等教学模式，启动学生多元评价模式。

【教学成果】 参加全市中职技能大赛，连续五年获团体第一名；参加全省中职技能大赛，获奖72个，在同级同类学校中名列前茅；参加全国技能大赛，会计沙盘（团体）和汽修车身修复两个项目获全国三等奖。对口升学考试，80余人被本科院校录取。学生就业率达100%、专业对口率达85%以上。《中国教育报》《中国职业技术教育》《山西日报》《太行日报》等新闻媒体多次报道该学校先进经验和典型做法。

【德育教育】 学校自主编写《学生素养教育体系读本》，开设礼仪、劳动、法纪等素养教育课程，开展“三爱三节”“学雷锋，做一个有道德的人”“国旗下演讲”“中华经典诵读”等主题活动，提升学生素养教育。开展心理健康教育、道德讲堂、法治教育和校园文化艺术节活动，培养学生乐观向上、遵纪守法、诚信友善的良好品质，全校形成“务实求真，注重内涵，团结活泼，文明争先”的浓厚氛围。

【平安校园建设】 贯彻“安全第一、预防为主、综合管理、强化责任”工作方针，落实校级领导带班、中层领导负责、行政人员全员参与的安全工作责任制，与教职员工签订安全目标责任书，消防、地震等应急演练活动覆盖率达100%，平安校园建设取得新进展。 （晋城市中等专业学校）

·晋城一中·

【概述】 2015年，晋城一中以加强教师队伍建设为重点，稳步推进素质教育，全面提升教育质量，获得“全国五一巾帼标兵岗”“第十八届全国青少年五好小公民‘少年向上，真善美伴我行’主题教育活动示范学校”、山西省“‘中华魂’（放飞梦想）主题教育活动先进集体”“2014年晋城市示范高中课堂教学团体赛团体一等奖”等称号。

【教师队伍建设】 2015年，通过“拜师学艺”“校际教研”“汇报课”“示范课”“名师经验交流会”“班主任、新教师培训”等形式，推进教师整体素质和执教能力全面提升。张建国被中共中央、国务院授予“全国先进工作者”称号。组队参加晋城市示范高中语文课堂团体赛中，获团体一等奖，3名教师分别获讲课、说课、评课一等奖。参加2014、2015年《中国教育电视优秀教学课例》评选活动，5名教师获一等奖，3名教师获二等奖。参加山西省中小学优秀微课程（视频）评选活动中，1名教师获二等奖，1名教师获三等奖。卫俊婷获全国“中华魂”（放飞梦想）主题教育活动先进个人、第十八届全国青少年五好小公民“少年向上，真善美伴我行”主题教育活动演讲指导一等奖、民贤杯“少年向上，真善美伴我行”学生演讲大赛最佳指导奖。

【平安校园建设】 新聘用18名专职保安，坚持24小时值班巡查，完善各项防范措施；加强校园建设规划和文化建设，开展节约型校园建设活动，推进学生良好行为习惯养成教育，构建安全、稳定、和谐、温馨的教育教学环境。

【素质教育】 严格执行国家课程计划，开全开足《方案》所规定的八大学习领域的15门课程，结合学生个性发展需求和兴趣及教育教学实际，开设丰富多彩的拓展选修课和校本课程，探索三环六步教学法新模式（即，引导—自学—交流—总结—巩固—提升）。学校、年级组、学科组纷纷成立学生社团，为学生素质全面发展提供平台，提升学生素质。

【竞赛活动】 参加2015年亚洲和太平洋地区信息学奥林匹克中国赛区比赛，学生赵鋆峰获金牌。参加2015年全国中小学电脑制作比赛，学生马悦程获二等奖。参加第15届中国青少年机器人竞赛（山西赛区）联赛，获高中组超级轨迹赛一等奖，代表山西省参加12月在香港举办的香港“创协杯”创意科技机械人比赛。参加第30届山西省青少年科技创新大赛，学生郭冰婷、周婧璇获一等奖，同时获第11届山西省宋庆龄少年儿童发明奖一等奖，又获第11届宋庆龄少年儿童发明奖铜牌。参加第十八届全国青少年五好小公民“少年向上，真善美伴我行”主题教育活动，学生崔佳颖获一等奖。参加第10届全国创新作文大赛总决赛，学生张静宜、王亚天获二等奖。参加晋城市第18届学生艺术节，学生郭冰婷、姜玉静、王佳鑫获美术比赛高中组一等奖；《巴赫g小调赋格》《超级玛丽》获器乐比赛高中组一等奖，同时获得第十三届“校园时代”全国青少年才艺电视展演录像评比金奖和银奖；《八女投江》获舞蹈比赛高中组一等奖。校体育队先后获晋城市第18届中学生篮球赛高中男子组第一名，晋城市中小学生围棋赛高中团体第一名、个人第一名，晋城市首届中小学生足球赛高中组第二名，晋城市第27届中小学田径运动会“市直高中组”团体总分第一名，获“校长杯”。

【高考成绩】 在2015年高考中，

晋城一中一本达线人数达千人以上，一本达线率为80%，其中4人被清华大学录取，14人被北京大学录取。 （晋城一中）

科 技

【概述】 2015年，市科技局贯彻落实全省科技工作会议、全市科技创新和民营经济发展推进大会精神，实施创新驱动战略，加快推进转型升级，构建具有晋城特色的区域科技创新体系，为全市"一争三快两率先"战略目标实现提供强有力的科技支撑。

【科技创新】 市委、市政府出台《关于推进科技创新的实施意见》，提升全市科技创新能力，推动全市转型发展。完成《晋城市"十三五"科技创新思路研究》课题研究，为制定"十三五"科技规划奠定基础。贯彻落实《晋城市创新驱动发展行动计划细化工作方案(2014—2020年)》和《晋城市低碳创新行动计划细化工作方案(2014—2020年)》，加快推进金鼎煤机有限责任公司和泫氏铸业有限公司2家企业低碳关键技术研发中心的建设，为低碳关键技术研发提供技术平台。

【科技合作】 围绕全市转型发展支柱产业和新兴产业与省属高校合作，组织太原科技大学晋城校区实施"重型机械教育部工程研究中心及省部共建国家重点实验室培育基地科研平台建设""产学研合作科技攻关课题研究"等2个产学研科技合作项目，支持科研资金1060万元，由太原科技大学晋城校区与企业合作实施一批科技攻关项目。推进高平技术转移中心建设，省、市、县三级科技部门联动组建高平市技术转移中心。

【科技宣传】 2015年，通过电视、电台、网络等媒体开办"晋城科技"专题节目或栏目，宣传全省、全市科技创新大会精神。围绕科技活动周、知识产权周等活动，共举办各类科普讲座、专题报告会、专利宣讲等活动50余场次，在全市企业、乡村、街头广场发放各类科技类法治宣传册和传单1万余册页。

【高新技术产业】 山西泫氏实业集团有限公司等9家企业通过高新技术企业认定，全市国家级高新技术企业达到34家，增幅为36%。34家高新技术企业销售额合计873624万元，规上工业企业销售额为963.8亿元，全市高新技术企业销售额与规上工业企业销售额比值为9.06%。

【基地建设】 晋城市方舟科技创新创业基地被认定为省级科技企业孵化器。将加快晋城市科技研发基地(科技企业孵化器)建设列为2015年市政府创新发展的重点工作，晋城市科技研发基地(科技企业孵化器)建设全面加速。至年底，一期工程科技孵化大厦完成六层结构施工，中试车间完成地下室结构和钢结构制作，累计完成投资8632万元；二期工程加速器大厦、专家公寓、员工宿舍等其他附属设施建设完成招投标工作。

【新能源推广】 2015年，全市累计推广应用新能源汽车148辆，其中34辆纯电动客车，应用于城市公共交通和城乡客运交通领域；114辆纯电动乘用车，应用于私人领域；建成中道能源、客运东站等4个充电站，新增充电桩37个。

【光伏发电】 6月，出台《关于促进农村地区分布式光伏发电示范应用财政扶持意见》《晋城市农村地区分布式光伏发电示范应用项目和财政扶持资金试行办法》，在全市开展农村地区分布式光伏发电示范应用工作。全年，完成2家本地光伏企业备案工作，开展第一批分布式光伏发电示范应用项目补贴申报工作。

【科技改革】 推进科技计划管理改革，整治科技资源配置"碎片化"的问题，将市级科技计划项目整合为重大、基础、公益、市场导向四大类，规范科研项目申报程序，简化项目申报流程。全年，市级财政科研项目立项16项，支持资金5400万元。其中，重大项目招标项目1项，安排资金100万元；基础类项目7项，安排资金1115万元；公益类项目2项，安排资金3785万元；市场导向类项目6项，安排资金400万元。落实研发费用加计扣除、高新技术企业减免税等优惠政策，促进企业享受技术创新实惠，帮助天巨重工、兴高能源、江淮重工等企业开展研发经费加计扣除工作，降低企业创新成本。

【科技投入】 采取市场化方式配置科技资源，按照"集中力量办大事"原则，围绕全市生猪产业发展方向和解决种猪退化问题安排资金100万元，对"晋城地区种猪选育优化"重点科研项目进行公开招标。探索政府财政科研资金投入方式改革，提高科技经费分配透明度。对晋城市富基新材料股份有限公司"蜂窝陶瓷挤出模具研发"等7个科研项目采取科研资金后补助模式，支持资金480万元，引导和撬动企业加大研发投入，实现财政科研资金效益最大化。

【科技项目】 9个项目入选省级科技计划项目，其中省级成果转化项目3项，下达资金85万元；省星火计划3项，下达资金30万元；省农业攻关计划1项，下达资金7万元；山西省农村技术承包计划项目2项。围绕全市高新技术产业、现代农业和社会民生发展的重大科技需求，支持重大共性关键技术的研究开发及集成应用，实施"科技企业孵化器建设""大麻纤维生物脱胶""种猪选育优化研究""黄芩素提取物深加工建设项目"等一批市级重点科技项目。

【知识产权保护】 到各县（市、区）及市直重点企业进行专利工作调研，向企业宣传发明专利申请要求和最新专利政策，讲解有效发明专利及发明专利拥有量的基本知识，全市有效发明专利拥有量达到263件。资助全市368项专利申请资金75.8万元；资助10项专利推广项目资金69.8万元。5月，查处晋城市城区豪德光彩贸易广场隆泰螺丝五金经销处侵权销售专利产品，认定侵权销售专利成立。依照《中华人民共和国专利法》等有关规定，该公司向侵权方致歉并立即停止假冒专利行为，有效保障专利持有人合法权益。 （市科技局）

科技研究

【概述】 2015年，市科技研究所坚持"自主创新、重点跨越、支撑发展、引领未来"的科技发展方针，主动适应经济和科技发展新常态，把自主创新与大胆引进作为科技工作的核心，在加强科技成果引进推广合作、科技交流培训、推进"三项服务"、搞好科研项目等方面取得明显成效。市科技研究所被市直机关工委授予"市直文明标兵单位"称号。

【科研项目】 1.班班通多媒体教室项目（生态智慧一体化教室项目）。该项目是山西国远科技园有限公司的一项科技创新项目，能较好地适应山西省教育信息化发展和绿色学校建设的要求。市科技研究所组织技术人员整合全市科研和教育资源，加大项目实施推进力度。在城区爱物学校等进行前期推广试验，效果显著。

2.新能源纯电动物流汽车项目。该项目是市科技研究所与西安多伦铁马电动汽车科技有限公司合作的一个高科技引进项目。市科技研究所和晋城经济技术开发区与西安多伦铁马汽车科技有限公司、重庆长安汽车股份有限公司、湖北太行新能源产业有限公司等多家企业进行项目引进合作洽谈。与多家企业共同签订"建设'10+5'纯电动汽车资源共享平台项目合作"意向书。

3.丹河湿地沉淀池淤泥清理项目。该项目由市科技研究所与晋城市亿清设备安装工程有限公司合作实施。经几十次试验，已初步成功，能在不影响湿地正常运行的前提下，较好地把沉淀在池底的淤泥清理。

【基地建设】 与高平红萍服饰有限公司合作建设科研丝麻基地，市科技研究所科研工作走上产、学、研相结合之路。

【科技培训】 在市区、高平市、阳城县和沁水县举办科研技术培训4次。7家单位参加培训，培训各类科技人员200余人。

（市科技研究所）

气　象

【概述】 2015年，市气象局贯彻落实全国、全省气象局长会议和工作研讨会议精神，围绕加强气象现代化建设和深化气象改革工作，结合重点工作和年度目标任务，开拓创新、锐意进取，圆满完成全年各项工作。

【基础业务】 组织开展全市地面气象观测业务调整工作。全市国家自动观测站设备运行稳定正常。完成晋城自动土壤水分站的迁址工作，组织开展全市自动土壤水分站技术培训。完成区域气象站的春检以及各类网络通信设备的防雷安全检查。市级天气预报工作晴雨检验、一般性降水、最高气温、最低气温的预报准确率提升。完成元旦、春节等节日和春耕春播、夏收夏种农业生产、市县“两会”等重大社会活动保障专题气象服务。市县两级共呈送“重要气象报告卡”12期，得到领导批示12次；市、县两级共制作发布各类决策服务材料494期85519份，被市县两级党委政府引用223次；利用广播、电视、手机短信、电子显示屏等多种媒体，及时发布各类气象灾害预警信号270次。

【气象改革】 拟定《晋城市气象局全面推进气象现代化与深化气象改革实施方案》，筹备晋城市政府与省局共同推进气象现代化建设合作事宜，并签订合作协议。推进县级综合业务改革，各县（市）气象局参加培训并制定综合业务流程。市级突发公共事件预警发布中心、晋城大气成分监测站投入业务运行。

【人工影响天气】 2015年，市、县两级气象局共组织实施火箭增雨作业15次，发射WR—98火箭弹89枚。实施人工影响天气工程项目，建成涵盖全市各县的标准化作业点10个。

【气象应急】 参加市政府组织的应急演练3次，分别为：周犁路隧道客车和卡车相撞的应急演练、福盛钢铁厂煤气泄露的应急演练、周村中学暴雨滑坡的应急演练。6月10日，组织开展内部消防灭火演练。

【气象安全】 开展安全维稳综治工作，层层签订安全生产责任书、法人安全承诺书。定期排查安全隐患和开展安全大检查，没有发生一起安全责任事故和任何综治事件。

【气象科研】 在《现代农业科技》2015年第7期发表《关于气象装备社会化保障的思考》论文。组织各单位申报市气象局科研课题，共立项13项。

【气象宣传】 “3·23”世界气象日、“5·12”防灾减灾日、科技活动周等期间，开展气象防灾减灾科普宣传和气象科技下乡、气象科普进校园活动。组织开展晋城市气象“改革发展、放飞梦想”主题演讲比赛，弘扬气象精神。在《中国气象报》发稿25篇。

【气象培训】 组织参加计财业务系统（省级版）培训、2015年县级综合气象业务岗位培训、农业气象基础知识远程培训、2015气象知识普及培训等。此外，还组织参加全国气象部门县局长第二轮综合素质轮训等。 （市气象局）

地　震

【概述】 2015年，市地震局坚持预防为主，提高全民防震减灾意识，提高地震监测预报能力，加强震害防御工作，完善应急准备体系，全面推进防震减灾工作，市地震局被表彰为“2014—2015年度市级文明和谐单位”。

【监测预报】 强化震情跟踪和监测预报，2015年全省监测预报评比排名第一。全年信息节点连通率99.58%，监测台网运行率99.75%，均高于省定95%的考核指标。异常零报告报送率达99%以上。按照“一县一台”要求，建成泽州县伊侯山林场电磁波台站，通过省地震局验收并投入运行。全市电磁波台站覆盖率达到100%。

【震害防御】 按照《中华人民共和国防震减灾法》《山西省防震减灾条例》《山西省建设工程抗震设防条例》，开展抗震设防要求管理工作，共完成安全性评价10项，一般项目审批3项。

【应急救援】 编制《晋城市破坏性地震灾害事件应急处置流程》和《晋城市地震应急手册》。举办“救护新概念”“心肺复苏”等专业应急救援救护知识和实际操作培训。坚持24小时应急值守,确保重大活动和节假日期间的应急保障。9月15日,参加全省地震系统应急演练。11月19日,组织市县两级地震应急演练。

【示范创建】 全面开展防震减灾示范创建工作,创建省级防震减灾示范县1个(阳城县),省级防震减灾示范社区4个,省级防震减灾科普示范学校3所。高平市地震局被表彰为"2015年度全国县级防震减灾工作先进单位",阳城县地震局被表彰为"2015年度全省防震减灾工作先进单位"。

【地震宣传】 开展《山西省建设工程抗震设防条例》、新一代区划图和"12·4"国家宪法日宣传活动。开展"5·12""7·28"防灾减灾宣传活动,在《太行日报》刊登防震减灾宣传专版,在晋城新闻广播开设《防震减灾,珍爱生命》访谈栏目。

【"平安中国"防灾宣导千城大行动】 5月6日,沁水县在沁水中学举行2015年第四届"平安中国"防灾宣导千城大行动暨防灾文化电影季(公益放映专场)启动仪式,为沁水中学捐赠地震科普读物1000余册。仪式后,沁水县地震局组织沁水中学高一年级部分师生500余人,集体观看科普教育影片——《地震后重建家园》。

(市地震局)

文化 卫生

文 化

【概述】 2015年,全市文化系统围绕省委"五句话"(深入学习贯彻习总书记系列重要讲话精神,净化政治生态,实现弊革风清,重塑山西形象,促进富民强省)总要求和市委、市政府决策部署,推进"一争三快两率先"战略,文化、体育、新闻出版广电事业取得新成效。

【文体事业】 上党梆子历史剧《长平绣娘》,代表山西省参加第二十七届中国戏剧梅花奖评演,主演杜建平获梅花奖。本土原创儿童剧《七彩梦》,代表山西省参加第八届全国儿童剧优秀剧目展演,获"优秀剧目展演奖"。少儿舞蹈《谷子好》,代表山西省参加第八届"小荷风采"全国少儿舞蹈展演,获"小荷之家""小荷新秀""优秀编导""小荷园丁"奖。太行风合唱团参加黄河大合唱全国合唱邀请赛,获唯一金奖和唯一最佳编创奖。上党八音会、段生龙书法作品参加南非国家艺术节文化交流。市歌舞剧院创排以反腐倡廉为主题的情景音乐剧《大道无垠》,在全市范围内进行演出。组织举办抗日战争暨世界反法西斯战争胜利70周年书画展览,多幅书画作品参加"中国梦·太行魂"全国中国画作品展、"太行风骨·善美晋城"山西省美术作品提名邀请展。承办山西省第十五届省运会跳水比赛,晋城代表队获得5金8银8铜。协同主办晋城市第三届职工运动会。承办山西晋城"神利杯"全国传统武术邀请赛暨山西省第二十九届传统武术、散打擂台锦标赛,晋城代表队获得奖牌26枚。参加2015山西省游泳锦标赛,金牌总数全省第三。参加山西省羽毛球锦标赛,获甲组女子双打冠军,男子混合双打第三名、混合团体第四名。

【惠民服务】 2015年,组织开展周末大剧场53场,包括4个精品剧目;非遗基层展演20场;"消夏晚会"90场;送戏送综艺晚会下乡40场;"强健体魄·阳光生活"全民健身系列活动25项次。免费开放图书馆、美术馆、群艺(文化)馆、乡镇综合文化站,图书馆开辟少儿阅读专区和老年阅读专区,深受群众欢迎;美术馆举办各类展览26场;市群艺馆开展第十届文化馆(站)辅导员培训、送文化到基层公益性辅导培训、"走进艺苑""艺术课堂"等公益性艺术培训活动。戏迷协会、音舞协会、老年体协、网球协会、体育舞蹈协会、乒乓球俱乐部等社会团体组织一系列文体活动,取得较好社会影响。全年,农村公益电影放映27744场,农村寄宿制学校电影放映1512场,完成7909户广播电视户户通安装任务。

【文化产业】 参加中国体育文化、体育旅游博览会,晋城市王莽岭景区登山运动基地、东四义体育休闲庄园、中国·晋城棋子山国际围棋文化节、中条峡谷漂流分别被评为2015中国体育旅游精品景区、中国体育旅游精品景区、中国体育旅游精品赛事、中国体育旅游精品线路。司徒小镇和非物质文化遗产"打铁花",被《人民日报》《中国文化报》等国家、省、市媒体广泛报道。体育彩票累计销售突破1.5亿元。出台《晋城市支持文化(创意)产业快速发展的若干措施》《晋城市推进文化创意和设计服务与相关产业融合发展行动计划》。成立晋城市文化创意企业联盟。参加省第二届文博会、中国—东盟博览会文化展。收集整理50个文化创意创业项目,777创意园、司徒小镇、二十八宿公司、潞绸产业园等文化项目被列入"十三五"重点产业发展项目。

【非遗保护】 推进"乡村文化记忆工程",申报6个试点乡镇。完成市级非物质文化遗产展厅内部装修。完成10个上党梆子濒危剧目录音录像。新增11名省级非遗项目传承人。实行市级非物质文化遗产项目传承人每人每年财政补助1000元办法。国家级非遗项目上党梆子吴国华张保平传习工作室联合河北永年西调等两个剧团及戏迷协会,开展上党梆子艺术交流;张爱珍传习工作室承办"非遗文化上党梆子进校园巡演",共演出10场。

【行业监管】 推进"六权治本",依法确定行政权力123项,建立权力清单和责任清单,绘制权力运行流程图,并进行公示。完成文化市场经营单位年度审(核)验任务。完成软件正版化、报刊审读相关工作,组织第二批新闻采编人员岗位考试和新闻出版行政执法人员换证培训。开展涉农乱收费乱摊派问题、春季中小学教辅材料出版发行、印刷复制发行、网吧暑期集中行动、出版物市场全面清查等专项整治行动。强化"扫黄打非",举行"4·26"知识产权宣传周启动仪式暨侵权盗版及非法出版物集中销毁活动。强化文化市场网格化、痕迹化、全天候执法,健全文化市场行政综合执法机制。市文化市场行政综合执法大队获全国文化市场重大案件办理优秀奖。

【发展规划】 2015年,重点编制《晋城市"十三五"文化发展规划》。主要内容是创新文化事业产业投融资机制,通过设立两个基金(公益文化基金、产业发展基金),推进三个文化(公共文化、市场文化、产业文化)建设,在"十三五"末建立健全四个体系(优秀传统文化传承体系、现代公共文化服务体系、现代文化市场体系、现代文化产业发展体系)。完善《晋城市公共文化服务体系建设标准》《晋城市公共文化服务机构绩效考核办法及绩效考核评分标准》征求意见稿。

(市文化广电新闻出版局)

广播电视

【概述】 2015年,市广播电视台坚持"巩固提高、稳中求进"工作思路,主动适应社会经济发展新常态,紧紧围绕市委市政府中心工作,服务大局,唱响主旋律、传播正能量,进一步提高做好宣传舆论工作的能力、进一步提升科学管理水平、进一步转变经营发展思路、进一步创新体制机制,在新闻宣传、品牌塑造、经营创收、产业发展和内部管理等方面都取得新进展。全年安全播出自办节目和地转节目总时长为198155小时,全年停播率为每百小时0.6秒。

【主题报道】 围绕"三严三实"、中共十八届五中全会、生态建设、纪念抗战胜利70周年、建市三十周年、城市重点工程建设等重大主题,电视开设《重点工程再接力》《美丽晋城,精彩故事》《改善人居环境,建设美丽乡村》《践行三严三实,加快转型发展》《游在太行,美在身边》《走基层》《改善农村人居环境,建设美丽乡村》《德耀中华·讲述晋城好人,践行核心价值观》《红色记忆》《弘扬德孝文化,传承良好家风》等30多个主题专栏和《城市道路建设》《焦裕禄式的好干部孙文龙》《天山脚下太行情》《大麻棉型化开辟新绿洲》《天泽长盛之路》等系列报道;广播开设《清风化雨》《服务实体经济,加快转型升级》《践行核心价值观,争做晋城好人》《聚力六大发展,促进富民强市》《走进红色村庄,讲述抗战故事》《践行三严三实,加快转型发展》等20多个主题专栏和《重点工程再接力》《大麻棉型化,纺出新绿洲》《志在军营,献身国防》等系列报道;广电网制作《2015年晋城"两会"》《拓展,改造,提升——关于晋城城市建设》《第三届山西（晋城）太行山文化旅游节》《而立晋城·幸福点滴》《探寻古老习俗，传承晋城文化》《弘扬雷锋精神，志愿服务在行动》等30余个专题；广电报推出《晋城百姓的幸福生活》《一部电视剧，卅十年变迁史》《天山脚下援疆人》等专版和报道。

【外宣工作】　2015年，在央视播发新闻14条，其中《信义夫妻：粮食不在良心要在》在《新闻联播—践行核心价值观》专栏中作为开栏节目头条播出。《太行儿女太行之巅唱响〈在太行山上〉》《晋城国庆文化惠民暖人心》《走街串巷看民俗》等新闻在“九三”阅兵和国庆节期间《新闻联播》和其他多档新闻节目中连续播出。9月5日，《山西晋城：农家俩兄弟，双双上阵阅兵场》被中央电视台采用，分别在央视《朝闻天下》《新闻联播》《24小时》中播出。共有20件优秀作品获得省级奖项。其中，系列报道《晋城首批1100棵树木有了“二维码”名片》荣获山西新闻奖广播类一等奖。8月，市广播电视台成为山西传媒学院“校企共建教学实践签约基地”。5人获第三届“晋城最美新闻人”称号。

【主题活动】　围绕纪念抗战胜利70周年、建市30周年，推出“弘扬时代精神、践行强军目标——军营晋城好儿女”寻访、《太行山不会忘记》表彰活动和《新晋商·兴晋城——我的第二故乡》主题活动。第三届“最炫太行风”健身广场舞电视大赛和20集本土电视连续剧《俺家住在黄华街》首映式活动被列入第三届山西（晋城）太行山文化旅游节8项重大活动。

【“走转改”活动】　以季度为单元，组织策划以“新春走基层”“扶商兴商，助推经济发展”“奋进的三十年”为主题的采访活动，共收到作品97篇。新闻频道、频率在《晋城新闻》栏目开设“新春走基层”“扶商兴商，助推经济发展”“服务实体经济，加快转型升级”“回眸三十载，砥砺奋进看晋城”“而立晋城，弹指一挥间”等专栏。配合市委宣传部完成市直新闻媒体编辑记者到基层实践锻炼活动。

【公益宣传】　2015年，市广播电视台制作、播出“社会主义核心价值观”“富民强市新局面”“四个全面”“亲商助商”“一争三快两率先”“乐享幸福生活”“非法集资”“2015晋城广播电视台形象宣传”、廉政宣传片“铁面执纪”“摒弃陈规陋俗”“三严三实好干部”“十型好干部反腐铁军”“纠正四风廉洁过节”“从严治党，把纪律和规矩挺在前面”“纪念抗战胜利70周年”等30多条公益广告。频道、频率每天至少播出10次公益广告，广电报和广电网站在主要版面突出体现公益广告内容。制作反腐倡廉警示教育片《权力，任性的代价》《阳光下的腐恶》专题片。

【栏目创新】　巩固提升老品牌，培育打造新品牌。《行风大家谈》栏目由市纪委改为市政府主办。《我爱上党戏》栏目推出“文明乡村行”特别活动，《最炫太行风广场舞》栏目走进司徒小镇，《勇往职前》栏目升级改版为创业版，成为“泽州农商银行”晋城市第三届青年创业大赛的节目载体。《剑虹说事》栏目新开设“有事问琴琴（剑虹）”趣味问答板块和“小视野大晋城”板块，推出大型走进社区栏目——《快乐进社区》。《面对面》首次走出去制作节目，制作建市三十年六集系列报道《晋城人在北京》。《村官》栏目改版为《先锋》；首档产品展示真人秀栏目《微播爆》7月正式开播。3个频率广播节目全新改版。开发《向上吧，少年》《嘀嘀叭叭好时光》《天生购物狂》《音乐晓天下》等节目。品牌节目《百姓热线纠风台》从每期30分钟时长延长至近1小时。《第一民生》栏目恢复直播，开设《道路改造提示，记者探班现场》等专栏。全新直播互动抽奖类栏目《翻牌大开奖》10月8日正式上线，日直播时长达到45分钟。

【文艺创作】　10月17日，晋城广播电视台首次自编、自演、自制原创20集电视连续剧《俺家住在黄华街》在晋城新闻综合频道首播。同时段该电视剧收视率、收视份额在所有181个频道中排名第一，网络电视台点击量达到3万多次。11月27日，制作出品微电影《卖花的小姑娘》《给爸爸的信》，在全国和全省评比活动中获奖。拍摄《美丽乡村那些事儿之凤凰村故事》续集《孤堆底的故事》。完成电视纪录片《太行古村落》前期筹备工作。广播单本剧《入党》申报参加山西省“五个一工程”奖评选。拍摄制作27集搞笑小短剧《黑旦正传》，在网络电视台和晋广论坛微信公众号播出14集。

【设施建设】 电视频道高清播出系统改造工程进入招标程序，完成广播服务器和广播直播系统备份、微波站机房无塔供水工程、通风系统工程升级改造，更新微波站3千瓦调频天线和新闻、交通频率5千瓦调频发射机、转播台UPS机房80块新蓄电池，改造大演播厅座椅、十楼UPS电源系统，实现双母线供电。高清演播室安装凤台街街景摄像机，实现演播室与外量新闻现场同步直播。对全市乡镇广播信号进行测试调查。

【新媒体业务】 打造微信、微博、手机客户端“两微一端”新媒体宣传平台，晋城广播电视网络台、手机台试运行。开通“晋城广播电视台”“山药蛋”微信号，各频道、栏目开通微信群。“晋广论坛”众微信号发展粉丝7万余人，成为全市影响力较大公众微信号，实现少量营收。交通广播举办“我和春天有个约会”晋城广播粉丝欢乐节动活动，微信粉丝数迅速上涨，达4万余人。承接市文明办“美哉晋城”公众微信号。

【体制改革】 12月，完成集团所属晋城广电文化艺术有限公司、晋城广电旅游文化有限公司、晋城市视听网络传媒有限公司等各子公司注册、组织架构工作。新媒体并入传媒集团，晋城市视听网络传媒有限公司所属全资子公司“山西广邦电子商务有限公司”注册，开始运营。筹备组建晋城广电影视制作有限公司，12月底完成工商登记注册。完成传媒集团可经营性资产和人员剥离工作。推进广电传媒集团及各子公司体系建设和运营准备等工作，形成以传媒产业为核心，关联度高、布局合理、市场前景好、可持续发展能力强多元化产业布局。

【实战峰会】 12月11日至12日，与中国广播电视实战专家团、中国传媒发展实战研究中心共同举办首届中部地区市、县广播电视台（晋城）实战峰会。中部地区市、县近40家电视台、140多人参加峰会。7位一线实战专家和中国优秀城市台台长、总编，现场解析市、县电视台2016年“完全频道制”改革重点、要点以及具体的步骤和方法。

【大型活动】 推出电视车展、麦霸挑战赛、TV团购会、狂欢音乐节、广场美食节、邻里文化节、家博会、房博会、啤酒节、家庭厨艺大赛、全民朗诵大赛、车模大赛、美女主播大赛、电视导游大赛暨旅游形象大使选拔赛、双11《狂欢购物节》等各类大型活动。全年共举办大型活动240多场。

（晋城广播电视台）

太行日报

【概述】 2015年，太行日报社坚持正确的政治方向，全面贯彻市委市政府决策部署，全面落实从严治党的各项要求，围绕重点工作组织新闻报道和新闻评论，统筹推进新闻舆论、经营创收、融合发展等各项工作，开创报社工作新局面。

【新闻宣传】 组织《转型综改纵深行》《见证晋城城变》《百名晋城好儿女在军营》《太行儿女援疆风采录》《走访抗战老区村》等重要报道活动。在纪念建市30周年和太行山文化旅游节期间，《太行日报》推出《而立晋城》特刊52个版，《太行晚报》推出《紫薇盛开》特刊，开展“晋城新八景”评选活动。

【经营体制改革】 对广告经营体制进行改革，日报、晚报两个广告部合并，统一管理、统一经营、统一考核，并设立监审部和综合部2个广告公司直属机构，成立房地产部、商业部、汽车部等7个事业部，改变多头竞争、压价竞销的局面，广告收入实现稳中有升，完成全年目标任务。严格广告审批手续，杜绝不良广告和虚假违法广告发布，加大公益广告宣传力度，全年发布公益广告300余条次，折合整版（面）100余个。平版数码印刷厂建设加快，初步具备投产条件。

【媒体融合】 2015年，初步拟定融合发展方式和路径，以中央控制室建设为抓手，立足传统媒体的人才优势、品牌优势、内容优势，构建"一次采集、多元发布"融合发展流程和框架。实施报网融合一期工程，推进晋城新闻网全媒体新闻内容管理、报料和投稿系统软件建设、服务器硬件建设。截至12月底，太行日报、晋城新闻网官方微博关注人数超过10万人次，日报、晚报、新闻网官方微信关注人数超过5万人次。

（太行日报社）

上党戏剧研究

【概述】 2015年，市上党戏剧研究院本着保护、传承和弘扬发展上党戏曲艺术的理念，坚持以人民为中心的创作导向，推出一批贴近生活、贴近群众的艺术作品；周密组织精心策划大型演出活动，经济效益、社会效益取得双丰收；加强国家级非遗项目保护力度，上党梆子传统剧目焕发新生机，呈现出良好发展态势。

【艺术创作】 2015年，创作修改《母亲》《陈廷敬》《雁南归》等9部大戏，小戏7部，广播剧1部，话剧3部，小品3个，歌曲5首。大型现代戏《母亲》、新编历史京剧《陈廷敬》、历史剧《雁南归》分别由长治市豫剧团、山西省京剧院、市梆子剧团推上舞台；广播剧《入党》、《仰慕太行》等四首歌曲由市委宣传部推荐参加全省"五个一工程"评选；《巧遇》等曲艺作品由市梆子剧团、泽州县文化馆排演。《紫薇盛开》《雪松情紫薇梦》参加第三届晋城文化旅游节开幕式演出。

【承办活动】 一是承办"2015迎新春上党梆子名家名剧展演"、文化惠民演出团体升级资格赛。组织排演《秦香莲》《抬花轿》《打金枝》等11场上党梆子经典剧目。二是承办第十届赵树理戏剧奖优秀剧目暨2015年廉政剧目展演活动。排演《三关排宴》《长平绣娘》《大道无垠》等10部优秀剧目，以廉政剧目为主，聚焦反腐倡廉，诠释廉政文化。其中，为纪念上党梆子艺术家郭金顺诞辰一百周年，进行《三关排宴》专场演出。三是组织、策划新编古装戏《长平绣娘》排练演出工作。高平市上党梆子剧团青年演员杜建萍凭借"绣娘"一角，荣获第27届中国戏剧梅花奖，是时隔13年，晋城市戏曲界摘取的第五朵"梅花"。四是承办晋城市2016年春节戏曲晚会。

【非物质文化遗产保护】 2015年，组织协调城区鸣凤剧团、泽州县人民剧团、泽州剧社（民间组织团体），抢救、录制《天波楼》《东门会》《金狮坠》等10个濒临失传的上党梆子传统剧目。挖掘整理上党梆子元、明。清剧目和民间故事，编辑出版《上党梆子剧本选》（四）。

【戏曲研究】 2015年，整理、编辑《上党地区舞台题壁辨析》，从剧情故事内容出发，辨析上党地区清顺治至民国年间上党梆子所包括的昆、梆、罗、卷、黄以及上党落子、西火秧歌、襄武秧歌、泽州秧歌的戏班，在各朝各代所演的2600多个剧目。全书80余万字，样书送省新闻出版局初审。撰写论文、艺术评论文章26篇，发表于中央人民广播电台，《黄河之声》《山西日报》《晋城地名志》《太行日报》《上党戏剧》等媒体。出版发行《上党戏剧》2期。

（市上党戏剧研究院）

卫生和计划生育

【概述】 2015年，全市卫生和计划生育系统以深化医改为抓手，以机构改革为动力，按照《山西省卫生和计划生育委员会关于印发2015年卫生计生工作要点及目标责任分解的通知》要求，强化领导，明确责任，加大投入，狠抓落实，大力开展卫生计生惠民工程，人民群众的获得感进一步提升。

【县级公立医院综合改革】 城区、陵川县成为全国第三批县级公立医院改革试点县（区），开始县级公立医院改革，出台《县级公立医院改革实施方案》，取消药品加成，实行药品零差率销售，建立政府财政补偿机制，逐步推进医改工作，全市县级公立医院综合改革实现全覆盖。

【新型农村合作医疗】 2015年，

新农合人均筹资标准达到470元，住院补偿封顶线达15万元，住院补偿比例保持在70%。实行定点医院救治、按病种限额付费。全面启动大病保险工作，新农合重大疾病保障病种达到24种，补偿比例达70%，最高报销额达55万元。全年，新农合大病保险累计补偿4296人，补偿资金2248万元，人均补偿5234元。全市新农合实现省内异地就医直接结算。开展分级诊疗工作，推行泽州县试点县经验。市县两级制定下发分级诊疗实施方案，在全市范围内推开。建立和定点医疗机构谈判协商机制和风险分担机制，确保基金的科学合理支付。2015年，县域内病人增加10%，县域内就诊住院比例达到76%。

【基本公共卫生服务】 2015年，人均基本公共卫生服务经费标准由35元提高到40元，增加的5元公共卫生经费全部用于乡村医生公共卫生服务，市县两级经费全部足额到位。城乡居民健康档案规范化电子建档人数为202.48万人，建档率为88.8%。全市适龄儿童免疫规划疫苗接种率以乡镇为单位，达到95%以上。全市高血压患者登记人数220149人、规范管理204061人，规范管理率达92.69%；糖尿病登记人数40297人，规范管理人数37046人，规范管理率91.93%；全市共登记65岁以上老年人数197980人，健康管理人数167112人，健康管理率达84.41%；重性精神疾病患者检出人数为7137人，在管人数为6288人。全市农村妇女增补叶酸预防神经管缺陷项目叶酸服用人数为10391人，孕产妇保健系统管理率为87.02%，全市孕产妇住院分娩率为99.99%。农村孕产妇住院分娩补助项目补助人数7210人，完成率达90.69%；农村妇女宫颈癌筛查29102人，农村妇女乳腺癌筛查3023人。深入开展健康教育与促进工作，实施《健康素养促进行动规划(2014—2020年)》，推进全民健康生活方式行动。

【基本药物制度】 全市81家政府办基层医疗卫生机构和2240个村卫生室全部实施基本药物制度，实行零差率销售。在部分非政府办基层医疗卫生机构实施基本药物制度试点工作。全市非基药品种增加20%，基药增加30%，基本满足群众用药需求。开展“建设群众满意的基层医疗卫生机构”活动，20%的乡镇卫生院、10%的村卫生室、10%的社区卫生服务机构达到建设要求。市县两级政府乡村医生补助经费足额到位，贫困乡镇卫生院补助经费全部下达。

【医疗服务】 实施医疗服务提质工程。继续开展上级医院对口支援下级医院工作，组建以市、县两级综合医院为龙头的医联体，推进优质医疗资源下沉，方便人民群众看病。加强以人才、技术、重点专科为核心的县级医院能力建设。开展临床路径管理和优质护理服务、预约诊疗、同级医疗机构检查检验结果互认、志愿者服务、畅通急诊急救绿色渠道等各项医疗便民惠民工程。推进中医药服务能力提升工程，全市95%以上的社区卫生服务中心、90%以上的乡镇卫生院，70%以上的社区卫生服务站和65%以上的村卫生室能够提供中医药服务，创建中医药特色基层医疗卫生机构10个。开展“平安医院”创建工作，预防和妥善处置医疗纠纷。加强人员培训和队伍建设工作，完成30名全科医生转岗培训和15名农村订单定向医学生培养工作；完成2429名村卫生室人员岗位技能培训任务，对106名乡镇卫生院院长、78名业务骨干进行管理服务和岗位技能培训，完成180名社区卫生人员培训任务。改革支付方式，全市次均费用下降2个百分点，减轻群众看病就医负担。

【公共卫生保障工程】 加强结核病、艾滋病、地方病、职业病等疾病防控工作，全年未发生较大的传染病流行事件。以县为单位新涂阳肺结核患者治愈率达85.5%，碘盐覆盖率为100%，合格碘盐使用率为100%。艾滋病自愿咨询检测率达96.1%，抗病毒治疗完成率达91.2%。实施“削峰工程”和“降消项目”，婴儿死亡率、孕产妇死亡率分别下降为4.77‰和12.73/10万。开展“亮剑行动”，严厉打击非法行医，全面加强学校卫生专项整治、生活饮用水卫生、职业放射、卫生监督协管工作。食品污染物及有害因素监测实现六县(市、区)全覆盖，食物中毒事件以县为单位网络报告率达100%。

【爱国卫生清洁工程】 2015年，加大清洁工程投入力度，省级下拨乡村清洁工程专项经费2220万元，市、县两级配套经费2356万元。全市改造卫生厕所19163座，完成率为105.8%，超出省定目标5.8个百分点，城乡爱国卫生清洁运动取得明显成效。

【信息惠民工程】 居民健康卡项目被市政府列为2015年为民办实事项目之一，投资6000余万元，完成市、县、乡、村四级网络互联互通以及居民健康卡注册管理平台，实现市域内新农合报销即时结算和基本药物的网络采购结算，建立居民个人电子健康档案和部分医疗机构的电子病历。12月，举行居民健康卡首发仪式。

【"十件实事"工程】 2015年，卫生计生为民办"十件实事"工程完成情况：①市政府将"为农村65岁以上老年人提供免费健康体检"范围扩大至"全市所有60岁以上老年人"，完成时间由2年缩短为1年。全市60岁以上老年人共有344181人，共体检278201人，完成总任务数的80.83%。②全市二级以上医院全部开设健康教育讲堂。③为农村家庭免费发放健康知识口袋书。④推行计划生育阳光便民办证服务。8月1日开始实行一孩生育登记制度，单独两孩再生育审批权限下放县级。全市所有三级医院推行预约诊疗服务，为患者提供8小时以上预约诊疗服务。⑤全市二级以上医院推行同级医院检查检验结果互认，避免重复检查，降低患者看病费用。⑥农村妇女进行免费宫颈癌检查29102人，完成率达102.83%。⑦全市7岁以下儿童健康管理率达90.47%，超出省定目标5.47个百分点。⑧3岁以下儿童系统管理率为88.93%，超出省定目标3.93个百分点。⑨为1000个家庭提供免费中医小儿推拿健康服务指导。⑩为全市育龄妇女提供免费孕前优生健康检查，完成率达到100%。

【基层基础工作】 开展"计划生育基层基础建设年"活动，推进县、乡、村三级基层网络建设、计划生育机构和队伍建设。通过调整人员编制、招聘、调任等方式充实基层计生队伍，整合计生和卫生医疗资源，做到"五有"（有牌子、有阵地、有人员、有制度、有经费）和"五到位"（技术服务到位、宣传教育到位、信息咨询到位、人员培训到位、药具发放到位）。

【奖扶救助】 一是落实农村领证独生子女父母奖励、退二孩指标独生子女父母奖励等六项计划生育奖励扶助政策。2015年，农村计划生育家庭奖励扶助对象147264人（户），六项奖励扶助资金总额9611.34万元，其中，国家配套971.12万元，省财政配套1132.75万元，市财政配套2488.74万元，县财政配套5018.73万元，"4+2"（领证独生子女父母、退二孩指标户、独生子女伤残或死亡户、双女绝育户、国家扶助对象、国家特别扶助对象）农村计生奖扶兑现率达100%。二是做好初中升高中加分工作。2015年，共有2686名独生子女享受中考加分优惠政策。三是做好计划生育特殊困难家庭救助工作。2015年，对全市1086户计划生育困难家庭进行救助，救助金额达344.52万元。全市投入93万元保险补贴资金，为92684个家庭购买意外伤害险，增强计生家庭抵御意外伤害风险的能力。

【计生服务】 2015年，累计为9179对计划怀孕已婚育龄夫妇提供孕前医学检查，完成率达100%。对新到岗的计生技术服务人员开展两次大型综合培训。印制《计划生育临床技术操作规范指导手册》《孕前优生健康检查风险评估指导手册》，对技术人员实施技术服务进行科学规范指导，提升全市计划生育科技服务管理水平。

【流动人口管理】 开展流动人口均等化服务试点工作，为流动已婚育龄妇女提供免费技术服务86313人次，办理一孩生育服务证148个，其中"承诺"办证20个，流动人口育龄妇女服务率达90%以上。开展流动人口"五进五送"（进村居、进社区、进企业、进公寓、进工棚和送计生政策、送健康教育、送避孕药具、送技术服务、送查孕查环）和"生育关怀，异乡有爱"活动。加大流动人口综合治理工作力度，多次召开多部门联席会议，研究解决流动人口工作的难点问题，推动流动人口计划生育工作有序开展。

【依法行政】 2015年，市级审核并发放单独两孩再生育服务证463个。从8月1日开始，将审批和办证权限下放县级，实行一孩生育登记制度。开展"关爱女孩行动"，做好孕前管理、出生实名登记等工作。开展打击"两非"(非法鉴定胎儿性别和非法选择性别人工终止妊娠行为)专项行动，遏制出生人口性别比偏高和"两非"行为的发生。执行计划生育"一票否决"制。2015年，全市共审核拟提拔对象59名，综合先进、文明单位489个，否决2个先进、文明单位。

【"幸福家庭"活动】 开展"三晋康家"——"凤之家"幸福促进行动和"幸福家庭"创建活动。市人口与计划生育领导小组对200户"幸福家庭"代表进行表彰、奖励。

【机构改革】 截至10月底，市、县两级卫生计生机构改革全部到位。各县(市、区)按照"三定方案"要求，整合内设机构和妇幼计生资源，如期完成卫生计生机构改革任务。 (市卫计委)

·晋城市人民医院·

【概述】 2015，市人民医院以人为本，真诚服务，尚德精业，科技兴院再创佳绩，医护质量持续改进，数字化建设迈出新步，服务能力显著提升，后勤保障更加有力。全院年门诊量为40余万人次，急诊4万余人次，出院病人26710人，住院手术病人5550台，床位使用率92.86%，平均住院日11.31天。

【人才培养】 一是通过公开招聘，择优录用医疗专业硕士研究生30名，高等护理专业本科生20名。二是鼓励和资助中青年业务尖子在职读研，有32人在首都医科大学等医药院校攻读硕士、博士学位。三是选送、派遣37名优秀中青年医师到上级医院进行定向进修深造。四是加大专科护士培养力度，选送培养神经内科、血液透析、重症医学、心胸外科等专业的专科护士27名。

【院校合作】 2015年，郑州大学第一附属医院为市人民医院定向培养专业人才14名，派3名专家到市人民医院讲学、会诊、指导手术，接待2批次、共50余名科主任、医务人员到该院观摩学习。此外，首批特聘6名专会诊危重、疑难病例124例，指导、帮助实施各种手术483例次。

【新技术引进】 2015年，市人民医院引进国际先进直线加速器，购置超高清腹腔镜、3D腹腔镜、移动C臂、血液透析机、数字X射线成像系统、移动式X线摄影系统等16台大型医疗设备。开展床旁血浆置换治疗术、肿瘤生物免疫治疗、高龄患者经皮微创椎体后凸成形手术、显微镜下辅助腰椎间盘突出症髓核摘除术、腓骨高位截骨治疗膝关节痛新技术、后腹腔镜切除巨大肾肿瘤、肺癌脑转移瘤摘除术、单孔腹腔镜胆囊切除手术、腹腔镜直肠癌柱状经腹会阴联合切除术、C臂引导下神经化学松懈术、CT引导下阿霉素半月神经节化学毁损术治疗三叉神经痛、超声引导下腱鞘炎注药治疗新技术、经阴道子宫输卵管超声造影、中华内热针治疗颈椎病、腰椎间盘突出、腰肌劳损、骨关节炎、神经卡压综合征等各种难治性急慢性软组织损伤性疾病。内科、外科、妇科、五官科等专业开展系列腔镜技术、微创技术。

【质量管理】 全省40余所三级综合、专科医院医疗服务信息发布显示，市人民医院多项医疗运行评价指标为省内优良、晋城最佳。在2015年全省44所三级医院病历质量评价中，市人民医院整体病历质量位列全省第七。建立硬式腔镜清洗消毒中心，完善院感预防控制措施，规范操作流程。加强急危重症救治管理和突发公共卫生事件响应机制。

【护理服务】 举行纪念"5·12"典型护理病例研讨会，解决护理疑难问题。举办医院首期护理应急救援人员培训班，不断提升专科护理和危重病人护理质量。实施PDCA循环与品管圈管理方法，促进护理工作持续改进。运用PDCA循环，解决如配血标本采集、术前半小时抗生素使用、检验标本采集等问题；修订规范床头交接内容、输血标本采集、病人转运、胰岛素注射流程、质量控制标准等17项规范细则；鼓励护士全员创新，有35个小创新应用于临床护理。护理部荣获“全国巾帼文明岗”称号，护理部主任梁麦苗获首届全国优秀护理部主任称号。神经外科副护士长秦艳荣获“省优质护理服务先进个人标兵”称号。

【技术培训】 市医院为全省12家国家级住院医师规培医院之一，赴北京参加首届住院医师规范化培训高峰论坛，前往华西医院学习医院住培管理，成立住院医师规范化培训工作领导组、办公室、考核组和16个专业基地领导小组，招录学员78名，涉及11个专业基地。10月12日，成为长治医学院硕士研究生培养基地，医院23名专家受聘成为长治医学院硕士研究生导师。召开住院医师规范化培训工作推进会、住院医师规范化培训经验交流会，组织各专业基地带教查房和“参培”住院医师教学查房活动。与郑州大学第一附属医院开通免费会诊及培训系统，通过视频在线与专家进行面对面交流，定期举办各种专业学术讲座。完成ACTIVE全国基层医师心血管疾病培训（晋城站）项目，举办晋城市血液透析培训基地第二期培训。启动儿科医师培训项目，承担全市基层儿科医师培训任务。开展2015年山西省肿瘤规范化诊疗巡讲（晋城站）活动。承办“2015年山西省基层医疗机构医院感染督查员（晋城）培训班”。

【学术交流】 2015年，有4项省级科研课题立项，5项科研项目成果获专家评定组好评，其中2项被确认为国内先进，3项为省内领先。全年共举办学术会议31场，其中市级学术活动28次，省级学术活动2次，国家级继续教育项目1项（缺血性脑卒中治疗新进展暨第四届晋城脑血管病论坛）。神经内科、神经外科被确认为山西省第三批省市共建医学重点学科。心血管内科、神经内科跻身山西省省级临床重点专科行列，首批加入中国卒中中心联盟，成为国家“十二五”重大科技专项——“H型高血压比较效果学研究”项目晋城地区牵头单位。

（市人民医院）

·晋城市中心血站·

【概述】 2015年，市中心血站围绕年度十大重点工作任务、整体推进重点突破，全面释放改革发展的巨大活力，在职工思想、文化建设、献血宣传、质量管理、安全输血等方面保持持续稳定发展，确保临床急救用血的安全有效，完成全年各项工作任务和目标。被市总工会授予“先进基层工会”称号，被团市委授予“先进团组织”称号，被市文明委命名为市级文明单位。

【表彰奖励】 根据《全国无偿献血表彰奖励办法》，6月11日，召开2012—2013年度全市无偿献血表彰大会，对2个先进集体和1245名先进个人进行表彰奖励。富士康（晋城）科技工业园委员会、凤凰山矿青年志愿者协会获得国家无偿献血促进奖，焦晋东、周加加、董勇勇获得国家无偿捐献造血干细胞特别奖和奉献奖，50余名志愿者达到国家星级奖励标准。

【无偿献血宣传】 拓展无偿献血工作模式，实现流动献血向固定献血、随时献血向预约献血转移，新增团体单位12家（采血6家），团体献血单位累计达到58家，共采血5756人，223.96万毫升，占到总采血量的27.7%。更换流动献血车1辆，新建爱心献血屋200平方米，建立7个固定献血点。全年共采全血20542人，80934万毫升，机采成分血669人1141个治疗量。临床输血100%来自自愿无偿献血。

【献血宣传】 市电视台、《晋城广播电视报》《山西晚报晋城财富》、晋城献血网、网络短信平台等媒体定期播放刊登公益广告。编印《晋城献血》内部刊物12期。在“3·5”雷锋日、“5·8”红十字日、“5·4”青年节、“6·14”世界献血者日期间，采取义务劳动、团员下乡、进机关企业社区农村、开展专题讲座等形式宣传无偿献血。在金华、驿后、西巷、万苑、南街、西街、五龙、前进路、秀水苑、北大街、实验中学等制作无偿献血专题版面宣传献血知识。与太原科技大学晋城校区、晋煤集团技校联合开展无偿献血活动，举办献血知识讲座并现场献血。组织开展无偿献血宣传周活动，发放宣传资料1.4万余册。

【质量管理】 1.开展血液核酸检测工作。2015年，共检测标本5454份，联检阳性14例，鉴别阳性3例。

2.建立完善第F版质量体系文件。4月7日至8月26日，市中心血站文件评审组针对质量体系不适应、不协调内容，从组织结构、职能、内容、形式、定位等方面进行修订，形成第F版质量体系文件。

3.加强采供血过程质量控制。全年累计检查84次，下发纠正预防措施10份。对血液制剂质量抽检196次，对原辅材料和试剂抽检和验证240次，对采血环境、设备、过程检测和效果监测859次，采供血全过程均在受控下进行。全年共对献血者满意度调查123份，献血者满意度为99.8%，对用血者满意度调查57份，用血者满意度为100%。

4.建设整体冷库。建成200平方米的大型专用整体血液冷库，9月13日投入使用，从质量、容量上满足血液储存要求，确保血液安全。

【血液检测】 一是严格执行各项操作规程规范，杜绝漏检错检发生。全年共对21211份标本进行检测，共检测出不合格188例，无差错发生。二是开展室内质控工作。酶免、核酸、ALT均购置质控品，血型检测用已知试剂质控，确保每项检测满足质控要求。三是利用外部监测进行室间质量评价。参加卫生部血液检测室间质评、全血细胞计数室间质评和省临检中心血液检测室间质评7次，成绩均为满分。四是按照《传染病疫情报告管理规范》，按时上报艾滋病初筛阳性标本14例，经CDC确证阳性3例，不确定2例。

（市中心血站）

疾病防控

【概述】 2015年，市疾病预防控制中心围绕中心、服务大局，狠抓疾病防控体系建设，狠抓业务能力建设，狠抓突发公共卫生事件应急能力建设，圆满完成全年各项工作任务。

【传染病防控】 2015年，全市6县（市、区）通过网络报告法定传染病22种12689例，报告发病率为548.63/10万。病死5例，死亡率为0.22/10万，病死率为0.04%。法定传染病报告发病数居前五位的病种为：乙肝、其他感染性腹泻病、手足口病、肺结核、流行性感冒。全年未发生重大传染病暴发或流行。

【传染病监测】 流感监测方面，全市哨点医院及时报告流感样病例，应采集标本640份，实际采集640份，检出阳性59份（其中甲型H3N2流感55份、乙型流感4份），阳性检出率为9.22%（59/640），圆满完成采集任务，并被确定为省级住院严重急性呼吸道感染病例（SARI）监测哨点。手足口病监测方面，全市应采集标本225份，实际采集225份，检测225份，检出阳性198例（其中EV71型11份、CA16型49份、其他肠道病毒138份），阳性检出率为88.00%；采集手足口病双份血清标本4份。

【免疫工作】 2015年，全市常规免疫接种一类疫苗400795剂，二类疫苗接种101620剂。全市乡级接种单位85个，接种门诊109个，常规免疫报告完整率、二类疫苗接种报告完整率均达到100%。乙肝、卡介苗、脊灰、百白破、含麻疹成分疫苗、甲肝、乙脑和流脑等7苗报告接种率以县为单位均在99%以上。以乡镇为单位各类疫苗报告接种率均在95%以上，儿童免疫规划疫苗报告接种率维持在较高水平，疫苗针对传染病得到有效控制。全市共报告AEFI案例68例（其中一般反应67例，偶合1例），分布于乙肝、白破、麻腮风等13种疫苗，6县（市、区）均有报告，以县为单位报告覆盖率为100%，并严格按要求进行调查、录入及后期诊断处理工作。全市报告AFP病例9例，报告发病率2.80/10万；报告疑似麻疹病例81例，确诊8例，各项指标均达到国家方案要求。

【结核病防治】 全市发现活动性肺结核患者1152例，其中新涂阳病人131例，复治涂阳14例，涂阴960例，结核性胸膜炎及其他47例；新涂阳肺结核患者治愈率为96.9%（220/227）；涂阳肺结核患者密切接触者筛查率为100%（759/759）；总体到位率为98.9%（1132/1144）；艾滋病感染者中结核病的筛查率为96.7%（237/245）；全民结核病防治核心信息知晓率为85.2%；抗结核固定剂量复合制剂使用率为100%；市县两级全面展开耐多药结核病防治工作，市级结核病实验室开展药敏试验，县级结核病实验室开展痰培养。

【性病艾滋病防控】 2015年，全市报告管理HIV/AIDS69例，其中男性65例，女性4例。至年底，累计报告HIV/AIDS340例，死亡88例，存活252例。现住址随访管理240例，完成随访及CD4检测228例，CD4检测比例为95%，符合治疗标准（CD4小于500个/uL或者配偶阴性的感染者）的212人，进行治疗196人（其中儿童3人），治疗覆盖率为92.5%。全市累计干预暗娼1971人11089人次，月均干预覆盖率97.1%，检测1897人，检测覆盖率97.2%，未检出阳性感染者。完成男男干预324人1742人次，月均干预覆盖率96.8%，检测204人，检测率63%，检出阳性感染者21人。性病门诊就诊者干预1612人，检测1609，检测率99.8%。全市5个哨点共采集样本1581份，羁押人员检测1492份，无阳性感染者检出。自愿咨询3026例，检测3022，检出HIV阳性感染者25人。开展梅毒准确性核查，共核查414例，准确率为97.8%。

【慢性非传染性疾病防控】 2015年，全市高血压患者登记人数221418人，规范管理人数204614人，规范管理率92.4%。2型糖尿病登记人数40489人，规范管理人数37227人，规范管理率91.9%。65岁以上老年人登记人数198360人，健康管理人数（体检人数）174206人，健康管理率87.8%；65岁以上农村老年人登记人数167857人，健康管理人数（体检人数）148956人，健康管理率88.7%。

全市创建全民健康生活方式行动各类健康支持性环境60个，其中城区2个、泽州3个、高平3个、阳城46个（包括阳城健康小屋28个）、陵川2个、沁水3个。城区、高平市、阳城县、陵川县开展慢性病危险因素监测。全市居民慢性病核心信息知晓率为61.9%，调查人群血压、血糖知晓率分别为73.4%和51.6%。城区、高平市、阳城县创建成为省级慢性病综合防控示范区。

全市乡镇级医疗机构死亡报告情况良好，报告质量明显上升。全年共报告死亡卡12657例，粗死亡率5.80‰。排在前三位的依次为脑血管疾病、心脏病、恶性肿瘤，慢性病导致死亡占全死因的82.7%。全年，共报告脑出血1145例、脑梗死5084例、急性心肌梗死1456例。

【地方病寄生虫病防控】 完成晋城市地方病“十二五”终期考评，达到“两消除一控制”，其中碘缺乏病、大骨节病达到消除标准，煤烟型氟中毒达到控制标准。按照《山西省碘盐监测方案》要求，采食用盐1800份，其中合格1696份，不合格77份，非碘盐27份，非碘盐食用率1.5%，碘盐覆盖率98.5%，碘盐合格率95.66%，合格碘盐食用率94.22%，处于消除碘缺乏病目标范围。全市网报布鲁氏菌病87例，发病率3.79/10万，6县（市、区）均有病例发生（城区4例、泽州25例、高平7例、阳城16例、陵川12例、沁水23例）。布病防治项目县——泽州县完成826人份的目标人群血清学监测，其中91例阳性，确诊病人3例，开展针对性治疗。按照《中国消除疟疾行动计划（2010—2020年）》要求，全市血检1260人份。按照复核所辖县不明原因发热病人血片3%的要求，共复核血片40人份。

【消毒和病媒生物防控】 2015年，共监测10所医疗机构和托幼机构，采样77份，总合格率为92%。按照全国病媒生物监测方案的要求，共监测苍蝇75笼次，蚊子192灯次，老鼠1800余夹次，蟑螂880张次。监测结果每月通过网络及时上报，对监测到的鼠类按要求送省疾控中心病媒生物科。调查全市3个县（市）15个乡镇60个村的300户居民的人口学资料、经济收入、环境卫生情况、环境卫生管理、村容村貌、垃圾、污水、厕所、病媒生物等情况，采集高平市、陵川县、沁水县60个村的土壤,完成农村环境卫生监测任务。

【食源性疾病监测】 食源性疾病监测。全市6县(市、区)设立的7所哨点医院全部开展工作,全年共采集食源性疾病病例信息730条,全市二级以上医院未发现疑似食源性异常病例/异常健康事件。全市共接到食源性疾病暴发事件报告12起,未出现较大食品安全事故,均进行流行病学调查和网报。

食源性致病菌监测。全年采集样品288份,并进行相关项目检验,检出阳性菌株58株,阳性菌株检出率达20.1%。

食品中化学污染物和有害因素的监测。食品污染物和有害因素监测布点覆盖所有县(市、区),全年采集化学污染物食品265份,发现1例花椒粉样品检出黄曲霉毒素B1数值异常,存在食品安全隐患,立即报告上级相关部门,采取扩大监测范围等方式,未再发现有样品超标。完成检测数据2770条,网报2770条。

地方特色食品监测。全年共采集地方产品21份,其中食醋类样品10份,完成检测数据80个;粉条粉皮类样品11份,完成检测数据77个。两类食品均未发现超标样品。

【职业卫生防控】 职业病诊断。2015年,共审查职业病诊断申请50人份,受理沁和能源集团有限公司、阳城阳泰集团、山西高平科兴南阳煤业有限公司等12个用人单位职业病诊断申请34人份,其中诊断为一期尘肺病26人,二期尘肺病1人,出具职业病诊断证明书81份,及时进行网络直报。重点职业病监测与职业健康风险评估。制定《晋城市2015年重点职业病监测与职业健康风险评估工作实施方案》,召开"晋城市重点职业病监测培训会议",10月下旬,组织职业病监测调查团队到厂矿、职业体检机构展开现场调查,共收集体检资料信息48255人份,填写重点职业病职业健康检查个案调查表48000余份,网络录入个案卡27121份,汇总分析有关调查资料,编写《晋城市2015年重点职业病监测与职业健康风险评估报告》。放射卫生调查。启动晋城市放射卫生监测工作,对泽州县、高平市、沁水县区域内拥有辐射医疗设备的40余个单位进行调查,收集有关资料。

【学生常见病防治】 市疾控中心到市直及各县(市、区)的部分学校,对传染病疫情管理、结核病防控、学生常见病防控和查验预防接种证等工作进行督导检查。开展中小学生健康体检管理工作,汇总市直、各县(市、区)124835人(其中市卫计委认证体检中心报9518人、城区40622人、泽州县12700人、阳城县37910人、陵川县3447人、沁水县20638人,高平市未做学生体检)学生健康体检情况,并针对全市中小学生的健康体检结果状况做出分析报告。

【环境与公害病防控】 对市区市政供水及市辖厂矿自备水源进行水质监测。共监测各类样品496份,合格420份,合格率84.7%。其中市政供水315份、合格率96.8%;厂矿企业委托水样181份、合格率63.5%。对供水单位存在的问题提出整改建议。

公共场所卫生监测。共监测市区游泳场馆6家,采集样品34份,合格率76.5%,不合格项目主要为尿素;共监测市区公共场所单位7家,采集公共用品用具类样品57份,合格率100%。

公共场所集中空调通风系统监测。共检测样品884份,其中新风量108份、送风中PM10108份、送风中细菌总数108份、送风中真菌总数108份、送风中β-溶血性链球菌108份、风管内积尘量108份、风管内细菌总数108份、风管内真菌总数108份、冷却水军团菌20份。所检样品合格率100%。

【实验室检测】 流感检测。流感网络实验室对580样本进行核酸检测,其中核酸阳性94份,并对其进行流感病毒分离,获得阳性毒株34株,上报省疾控中心和国家流感中心进行复核,结果一致。手足口病检测。完成手足口病核酸检测250份计750项次,并按时进行网络直报。性病检测。HIV确证实验室共完成哨点监测101人份,303项次;羁押人员监测场所100人份,200项次;HIV自愿咨询检测332人份;全市HIV抗体阳性样品的复检80份;长治、晋城两地的HIV抗体确证样品148份,CD4检测418份。

食品安全风险检测。检测化学污染物及有害因素452份，4260余项次。样品类别覆盖22种食物，样品检测项目涉及金属元素9项、碱性染色剂10项、黄曲霉毒素4项、有机磷农药检测17项、拟除虫菊酯类农药检测7项、氨基甲酸酯类农药检测7项、添加剂检测5项、色素检测4项，共计63项，其中完成其他地市的委托送样151份，计1260项次；完成地方产品检测21份，共计168项。

农村饮水水质检测。检测国家农村饮水安全工程水质监测项目5个项目县77个乡镇253个饮水监测点，506份水样，计8096个数据。

城市供水检测。检测6县（市、区）的城市供水、二次供水、农村集中供水、农村学校供水水样160份，共计5120个数据；监督所监督抽检样品300份，计10000个数据。

【质量管理】 12月，市疾控中心通过省质监局实验室资质认定，检测能力资质取得8大类86种222项（包括食品3大类70种99个参数检验项目、综合5大类16种123个检验项目）。全年，共受理各业务科室及委托送检等各类样品1394份，其中委托样品280份、监督所405份（饮用水365份、游泳池水40份）、环卫饮用水监测3份、公共场所监测23份、餐具检测23份、消毒效果监测83份、空调检测550份、其他27份，共打印发放各类报告800余份。

（市疾控中心）

爱卫工作

【概述】 2015年，市爱卫办以巩固国家卫生城市成果为重点，引深城乡爱国卫生清洁运动，全市爱国卫生工作取得新进展，全市有3个县城（城市）、2个景区、16个乡镇、238个农村达到省级卫生县城（城市）、景区、乡镇、农村标准。

【国家卫生城市复审】 4月13日，市政府召开巩固发展国家卫生城市工作会议，安排部署国家卫生城市复审工作。5月27日和6月24日，省爱卫会对全市巩固发展国家卫生城市工作进行复核检查。9月下旬，全国爱卫办对全市巩固发展国家卫生城市工作进行暗访检查，12月2日对2015年创建国家卫生城市（区）工作进行综合评审，评审组认为包括晋城市在内的97个城市（区）巩固强化创建国家卫生城市（区）工作成效显著，长效管理机制健全，各项措施落实到位，整体卫生水平符合国家卫生城市（区）标准要求。

【爱卫宣传】 爱国卫生月期间，开展“全民参与爱国卫生，共建共享健康晋城”主题宣传活动和社会环境卫生大整治活动。在市文体宫广场举办宣传活动，向群众现场发放《国务院关于进一步加强新时期爱国卫生工作的意见》《国家卫生城市标准（2014版）》、病媒生物系列宣传彩页和全国爱卫会、省爱卫会宣传彩页宣传资料。在电台、电视台开设《文明在行动》《文明你我他》《文明在线》等专栏。在城市主要出入口制作4幅巨型国家卫生城市广告牌，在市区主要街道设置大型巩固发展国家卫生城市墙体广告60条，路灯灯杆广告覆盖3条主要街道200余幅，在公交车、出租车设置车载宣传标语。全县（市、区）均开展形式多样、内容丰富的宣传活动。

【专项整治】 1.市容环境整治。2015年，城区累计投入资金2000万元，出动人员46000人次，车辆5000余台次，整治卫生死角19000余处，清除积存垃圾5000余吨，整治五小门店1000余家，下达整改通知书5000余份、停工通知书170余份，新建公厕15座。实施26个城中村改造项目、15座公共厕所建设、10条街道建设，以及三山（白马寺山、吴王山、玉屏山）、三河（白水河、北石店河、书院河）、一场（苇匠垃圾填埋场）重点生态治理工程。取缔乱摆摊点6700余个；清理店外店和马路车间1700余个；清除乱设地桩、栏杆等障碍物600余个；拆除乱设广告牌匾、条幅等3700余块（条）；拖移违停车辆1040辆，贴单4537余辆，行政处罚977起，处罚27.67万元；增划、补划机动车停车位3000余个，划设非机动集中停放点600余个；拆除乱搭建260余处；督促清理乱贴画小广告4000余处；没收和暂扣违规占道经营的烧烤炉、三轮车、桌椅、帐篷、灯箱等1万余件。

2.重点场所卫生整治。市卫计委对每个单位防制设置、垃圾卫生、资料、食堂、厕所等进行督查。城区组织两次集中杀灭活动,共发放灭鼠药2500公斤,灭鼠毒饵2200公斤,蚊蝇消灭剂100余公斤,打蝇拍11250个,安装毒饵盒8000余个,整治病媒生物孳生地2000余处。卫生监督部门对各类公共场所进行地毯式排查,对无证、缺证经营以及环境卫生脏乱差门店下达限期整改通知书,对整治后仍不达标准的责令其停业整顿,市区公共场所各类门店卫生面貌、持证亮证经营率稳步提高。

3.食品安全整治。食药部门对20余条主干道、1个小吃城、5个集贸市场和各食品生产经营单位逐户排查,对260余家无证经营单位采取查封经营场所、经营设施设备等措施。受理各类许可1192件,发放证件1100个,办理从业人员健康证明5779个。共出动检查人员2000余人次,检查食品经营单位2万余家,发放《餐饮服务食品安全等级公示》3000个,"笑脸牌"3000块,禁烟海报、贴画3000余份,市区各食品单位亮证经营率达100%,内外环境整洁率达95%。

4.环保整治。开展改善环境空气质量"百日攻坚"专项行动,狠抓"控煤、治污、管车、降尘"四项重点。取缔114台10蒸吨以下燃煤锅炉,完成264蒸吨燃煤锅炉的清洁能源替代,完成50家餐饮企业油烟高效净化设施安装和升级改造,淘汰9385辆黄标车及老旧车辆,对232座加油站、1座储油库、87辆油罐车实施油气回收改造,对市区122个施工工地进行拉网式排查整治,对76个未按环保要求施工作业工地进行查处和曝光,对590余辆各类弃土及未苫盖运输车辆进行行政处罚。

【城乡清洁运动】 县城环境整治。高平市、阳城县、陵川县、沁水县围绕省级卫生县城(城市)创建工作,集中清理城市"十乱"现象和广告牌匾,加强道路行车、停存车管理,集中清理整顿早夜市等占道经营行为。

农村环境整治。围绕全市5%的乡镇达到省级卫生乡镇标准,10%的行政村达到省级卫生村标准目标,结合全市乡村清洁运动和改善人居环境工程,全面推进农村清洁运动,完善农村基层卫生队伍和农村垃圾收集、清运、处置设施,农村环境卫生明显改观。

卫生厕所普及工程。各县(市、区)以建设无害化卫生厕所为重点,探索适合当地实际无害化卫生厕所建设标准和模式,全市卫生厕所普及率达到62.37%。

公路及沿线卫生整治。全面修缮公路破损路面和道路配套设施,对道路两侧进行绿化、净化、美化;集中对道路运输车辆进行整治管理,完善物料苫盖,防止"抛洒漏"现象。将公路沿线环境卫生整治工作纳入农村环境整治范畴,统一管理。高平市、沁水县还以乡镇为单位,组建国、省、县乡道路保洁队伍。

旅游景区环境卫生综合整治。加大景区及周边乱堆乱倒、乱停乱放管理,强化厕所管理,建立环境卫生长效管理机制。

【长效机制】 一是健全基层队伍。完善全市县、乡、村三级环卫机构,共有农村清扫保洁人员2.1万余名。二是完善卫生设施。新增一批垃圾收集、清运车辆,配备垃圾箱(筒),以村为单位(部分村由相临村共建)建设生活垃圾简易卫生填埋场,全市多数农村都配有垃圾收集车,每天定时沿村收集农户生活垃圾,做到生活垃圾不落地管理。三是落实专项经费。市、县(市、区)政府下拨乡村清洁工程省级专项经费2220万元,市、县级配套经费2356万元。泽州县财政专列环境整治及项目经费200余万元,设立环境整治以奖代补资金500余万元,各乡镇多元化投资,全县农村环境整治总投入达3000余万元;高平市按照市、乡、村三乡5:2:3比例落实专项经费2834万元;沁水县为164个重点村落实529.9万元清洁工程专项资金。四是强化监督管理。市爱卫办对市区范围内进行地毯式多轮排查,发现问题立即下达整改通知书,限期整改落实,逾期不落实通报批评;制定清洁运动千分制督查制度,每季度末对全市进行暗访检查,打分排名后通报各县(市区)。各县(市、区)均制定监督管理制度及考核机制。

(市爱卫办)

民 政

【概述】 2015年,全市民政系统坚持“以民为本,为民解困,为民服务”的民政宗旨,以改善民生、推进民主、维护民权、服务社会为根本着力点和落脚点,发挥民政工作在社会建设和管理中的重要作用,为实现“一争三快两率先”战略目标做出积极贡献。

【城乡低保】 城乡低保标准每人每月分别提高30元、25元,提高幅度达到6.89%和12.4%,超出省政府确定的6%和11%的目标要求。全面建立市、县、乡(镇、街道)三级低收入家庭经济状况核对平台,出台《晋城市低收入家庭经济状况核对操作流程》,明确核对对象、内容和流程。截至9月30日,全市共核对低收入家庭信息4550户。开展“人情保、关系保、错保、漏保”专项整治工作,收到良好的社会效果。截至10月底,全市共保障城市低保对象10298户、19438人,月人均补助339元;保障农村低保对象52959户、67649人,月人均补助194元。

【临时救助】 出台《晋城市临时救助暂行办法》,全市“救急难”共救助5633户次,发放临时救助资金462.9万元。继续落实和完善“一站式”医疗救助制度,截至9月30日,共救助城乡困难群众17855人,发放救助资金2574.59万元。

【五保供养】 完成五保供养提标任务,集中供养和分散供养每人每年分别提高300元、500元,全市共保障五保对象6487人,支出供养金1640.77万元,集中供养率达30%。

【养老服务】 一是推进城乡养老服务业发展。提升城乡社区老年人日间照料服务覆盖率,新建城市社区日间照料中心6个,农村社区日间照料中心100个。二是完善养老服务业发展政策体系。明确市级财政扶持养老服务业发展贴息贷款比例和全市医养融合事业发展的有关意见,草拟晋城市落实省政府《关于支持社会力量发展养老服务业若干措施的通知》的实施意见,推动全市社会力量参与养老服务领域。三是加强养老护理员队伍建设。2015年共培训养老护理员73人,全市养老机构护理员持证上岗率达到90%。

【基层民主自治】 2015年,全面完成全市第十届村民委员会和第四届居民委员会换届工作,全市2196个村、133个社区全部完成换届选举任务。配合组织、农业部门开展新一届村委成员培训工作,提高村委成员履职能力。开展全市村务公开专项整治工作。全市共建立村务监督委员会2193个,占总数的99.8%。截至年底,已开展农村社区试点的县(市、区)5个,乡51个,村803个,占各自总数的83.3%,62.96%,36.55%。开展全市婚丧陋习专项整治,印发《关于在全市城乡社区成立“红白理事会”的意见》,全市基本实现村村建立“红白理事会”

的目标,形成文明办理婚丧喜庆事宜风气。探索社区"三社联动"体制,高平市岭东社区、李北社区、果则沟社区、城区秀水苑社区和凤鸣社区等5个试点社区,分别获得省级补助资金5万元。加强城市社区综合服务设施硬件建设,集中开展社区活动场所达标全覆盖工作,重点解决城区社区的基本办公用房,市财政投资750万元,改扩建社区设施。制定全市低碳社区示范标准和低碳家庭示范标准,开展低碳社区、低碳家庭创建活动。

【社会组织管理】 结合社会组织年检和清理整顿工作,责令23个没有独立财务、没有财务专兼职人员,财务管理混乱的社会组织限期整改;对超期不参加年检的69家民办非企业单位和114个社会团体给予公开警告处罚;对53家社会组织作出撤销登记的行政处罚。年检结果和各项行政处罚等,在《太行日报》、晋城在线、晋城民政网进行公示。市人民政府办公厅出台《关于加强和规范社会团体管理的通知》,对社会团体进行规范管理。至年底,共有147名领导干部退出所兼任社团领导职务,其中厅级领导干部31人退出25个所兼任社团的领导职务(有5名领导干部不满70周岁,继续留任社团领导);处级领导干部116人(含在职50人,退休66人),全部退出所兼任的57个社会团体领导职务。8—10月,组织开展社会组织等级评估工作,通过市社会组织评估委员会初评、复审、公示等环节,确定10家组织为3A以上等级(其中5A等级4家,4A等级3家,3A等级3家),全市3A等级以上社会组织达到59家。

【优抚安置】 落实各类抚恤补助政策,共下拨补助资金3450.5万元。换发补发新式"烈士证明书"1450个。在乡参试人员一年一次身体检查500人,占总数1200余人的45%。为55名残疾军人评残体检。开展在职参战、参试退役军人摸底登记工作,确认"两参"人员身份共1200多人。开展在乡60周岁以上烈士子女和60周岁退役军人领取生活补助认定工作,共认定600余人,并发放生活补助。组织开展春节拥军慰问活动、抗战胜利70周年纪念和慰问抗战老兵活动,为142名在乡抗日老战士和伤残抗日老战士发放抗战胜利70周年纪念章,发放慰问金71万元。推进退役士兵安置工作,安置2014年度符合安置工作条件的退役士兵88人。开展自主就业退役士兵职业教育和技能培训,共培训310人,市配套补助金80万元,占自主就业士兵人数的30%。接收2015年度退役士兵(含士官)1108名,审核符合政府安置条件退役士兵(士官)84人;对1024名自主就业退役士兵发放补助资金1527.75万元。

【防灾减灾】 一是做好灾害信息的统计上报和灾民生活救助工作。2015年,全市先后发生风雹、洪涝、干旱等自然灾害,部分地区受灾严重。据统计,全市共有受灾人口206530人,因灾死亡1人;农作物受灾面积108113公顷,其中成灾面积4677公顷,绝收429公顷;倒塌民房19间、损坏623间,直接经济损失7105.5万元。灾害发生后,全市民政部门深入受灾地区实地查灾核灾,组织受灾群众生产自救,共下拨救灾资金500万元,救助无自救能力的灾民1.5万人。二是加强救灾物资储备。市级救灾物资储备库储备帐篷954顶、棉衣(裤)931件(套)、棉被3643条,县级救灾储备进一步加强,提升全市救灾应急处置能力。三是开展减灾知识宣传和减灾示范社区创建工作。"5·12"国家减灾日宣传周期间,共发放宣传品1.8万余份。推进减灾示范社区创建工作,全市共有2个社区申报全国减灾示范社区,15个社区申报全省减灾示范社区。

【区划地名】 开展第二次全国地名普查工作。召开全市第二次全国地名普查培训会议,提升地名管理和公共服务水平,对市区400余块街路标牌进行整修、更换。强化平安边界建设,完成晋城运城线、高平沁水县联检。及时划拨各县(市、区)省级界线管理经费和市级界线界桩管护经费71万元。

【殡葬改革】 2015年,全市共火化尸体475具,共为102名符合条件的群众发放殡葬惠民补助

18.36万元。

【流浪乞讨人员救助】 2015年，共救助各类生活无着的流浪乞讨人员2492人，其中救助保护流浪未成年人27人，实施医疗救治47人，护送返乡133人。

【福彩发行】 截至11月，全市各类彩票销售约2.9亿元。开展“福彩助学”活动，共资助贫困大学生100名，发放资助金50万元。

【婚姻、收养登记】 全年全市共办理婚姻登记13000余对，其中结婚登记10000余对，离婚登记3000余对，补领300余对。收养登记4个。

【儿童福利】 2015年，共下拨各级孤儿生活保障资金305.45万元，保障519名孤儿的基本生活。实施“明天计划”7例，患儿术后恢复良好。

【队伍建设】 加强社会工作专业人才队伍建设，全市取得社会工作资格职称人员达到94人。参加民政部、省民政厅组织的各类培训班，培训人数达170余人次。组织开展志愿者注册登记试点工作，共注册志愿者2000余人次。印发《关于开展民政事业单位社会工作岗位设置的通知》，明确设置范围和具体要求，完成市直民政系统岗位设置和岗位聘用工作，共设置社会工作岗位53个，聘用社会工作师、助理社会工作师4名。（市民政局）

人力资源和社会保障

【概述】 2015年，市人力资源和社会保障局围绕“党建引领、深化改革”主题，坚持“民生为本、人才优先”工作主线，突出“法治人社、智慧人社、温馨人社、文明人社”建设，统筹推进就业创业、社会保障、人才队伍建设、人事制度改革、居民增收、劳动维权等各项重点工作，人力资源和社会保障工作取得新进展。据省人社厅全年工作通报情况，可量化的41项考核指标中，全省排名第一的21项，第二、第三的9项，第五、第六的5项，名列全省前列。

【就业工作】 2015年，全市城镇新增就业41400人，创业就业9652人，失业人员再就业7128人，就业困难人员就业2036人，转移农村劳动力23130人。城镇登记失业率控制在1.6%以内，低于年度控制目标（4.2%以内）2.6个百分点。就业工作取得巨大成绩，主要得益于四方面工作：

1.完善政策，鼓励创业、扶持就业。全面落实省政府办公厅《关于扶持高校毕业生创业的意见》和《关于鼓励小微企业吸纳劳动者就业的意见》，出台《关于进一步深化促进创业带动就业工作的实施意见》，从实施就业优先战略、推动创业带动就业、加强平台建设等三大方面提出21条措施，完善全市促进就业创业的政策体系。11月20日，在省城太原召开的全省创建创业型城市推进会上，晋城市获“全省创业型城市创建活动优秀单位”称号。12月23日，《人民日报》以《晋城：转型打开创业门》为题，从“精准指导，点燃创业激情”“帮扶给力，滋育创业花开”“合力攻坚，创业梦想成真”三个方面，全面介绍晋城市创业就业工作的做法与成效。

2.落实省市稳岗减负措施，促进就业。全市共有3家企业通过困难企业认定，涉及职工2681人，可缓缴社会保险费2600万元；为111户实施兼并重组、化解产能过剩、淘汰落后产能的企业拨付稳岗补贴1.43亿元，涉及职工16.6万人；发放吸纳城乡劳动者稳定就业补助款67.9万元，发放小额担保贷款578笔共5733.5万元，发放就业见习补贴219.25万元，惠及159家小微企业、580名高校毕业生；发放经营场地租金补贴3.2万元，涉及高校毕业生自主创业企业16个。

3.多措并举促进高校毕业生就业创业。对全市重点行业、企业及市、县两级人才市场的人才需求情况进行摸底调查，征集高校毕业生需求岗位1.6万多个；组织举办周五、周六定期招聘会、大型企业、行业龙头企业和分行业的专场招聘、校园专场招聘会等164场，提供岗位5.5万个，1.3万余名大学生找到工作或者调换岗位；组织开展就业援助月、春风行动、民营企业招聘周、高校毕业生就业服月、服务周和网络招聘服务月等公共就业服务专项活动；安排1131名高校毕业生就业见习；通过政府购买基层公共服务岗位,托底安置就业困难高校毕业生384人;组织高校毕业生参加创业培训787人,创业成功352人,为325名高校毕业生创业者减免税费20.45万元。

4.强化培训,提高素质推动就业。2015年,开展创业培训3790人,城镇失业人员再就业培训6340人,新成长劳动力培训6882人,农民工职业技能提升培训89009人,技能人才培养(技能鉴定)18713人,新增高技能人才3058人。

【社会保障】 截至12月底,全市城镇职工基本养老、城镇基本医疗、失业、工伤、生育、城乡居民养老保险参保人数分别达到39.77万人、60.95万人、30.12万人、47.8万人、31.01万人、112.2万人,基金征缴分别达到329158万元、116668万元、26319万元、15300万元、6059万元、13906.6万元。全年,社会保障方面主要开展了以下五方面工作:

1.加强管理,开展专项整治工作。针对社保待遇核发管理、用人单位或个人虚报冒领、套取骗取社会保险费以及用人单位欠缴、少缴、漏缴社会保险等问题开展专项整治,制定出台强化业务经办内控管理、完善待遇审核和支付管理、全面开展资格认证等一系列规章制度,采取改变征缴模式、上门实地稽核、逐人进行核查等措施,全年清理各项社会保险欠费17656.2万元;查处重复领取、冒领社保待遇人员169人,涉及金额754560元,已全部追回。

2.落实政策,连续提高社保待遇水平。4月底,为符合规定的50894名企业退休人员增加养老金,月人均增加养老金253元,实现全市企业退休人员基本养老金"十一连增"。从2015年1月1日起连续第十一次调整工伤保险待遇。待遇调整后,1—4级伤残津贴平均每月达到2450元;生活护理费平均每月达到1727元;供养亲属抚恤金平均每月达到1050元。建立统一的城乡居民基本养老保险制度,再次提高全市城乡居民基本养老保险待遇水平,城区、开发区115元/人·月,泽州、阳城、沁水105元/人·月,高平、陵川95元/人·月。

3.降低费率,减轻参保企业和职工负担。失业保险费率从2015年3月1日起,由现行的3%降至2%,其中,单位缴费比例由现行的2%降至1.5%,个人缴费比例由现行的1%降至0.5%,直接减轻参保单位和参保职工缴费负担1.35亿元,惠及参保职工29.7万人;工伤保险从2015年10月起执行适用所属行业内相应的费率档次确定单位缴费费率,由原来的三类基准费率调整为八类,平均降低0.25%。最低费率由0.5%降为0.2%,最高费率由2%降为1.9%,全年减少企业缴费3816万元。全市受经济下行影响的困难企业,工伤保险浮动费率执行最低标准0.5%,涉及26家困难企业,减轻企业负担732.5万元,涉及参保职工18092人;医疗生育保险费率自4月1日起从0.8%降至0.5%,减少企业缴费1.5亿元,职工个人缴费0.5亿元,惠及参保单位2000余家,参保职工29.7万人。

4.提前谋划,启动全市机关事业单位养老保险制度改革。5月中旬,完成全市2484家机关事业单位67111名正式在职人员和22730名离退休人员的数据采集;10月中旬,启动全市财政全额供款机关事业单位养老保险费和职业年金预缴工作;11月底,全市657家财政全额供款机关事业单位进行申报登记;12月20日,完成养老保险费和职业年金预缴工作。

5.积极试点,全面推进社保卡综合应用。截至2015年年底,全市累计发放社会保障卡168万张,超出"十二五"发卡目标12个百分点,位居全省第一。社会保障卡102项应用目录中,已开通应用60项,位居全省第一,已具有就医、待遇结算的凭证功能,持卡人社会保险缴费、职业资格和技能、就业经历等信息的记录功能,以及银行借记卡金融功能等多项功能,社会保障卡"一卡通"工作取得显著成效。

【公务员管理】 组织2015年度公务员考录工作,为全市各级行政机关招录公务员(含参照管理)97人;对市直行政机关(含参照管理)2336人进行年度考核;完成市委宣传部等16个单位表彰奖励的初审工作,向国家和省推荐先进集体7个,先进工作者14人;根据地方组织法规定,提请市人大常委会讨论、市政府常务会议讨论决定139人的职务任免。

【事业单位管理】 一是对全市机关事业单位“吃空饷”问题开展集中治理及“回头看”工作，纠正财政供养人员“吃空饷”的不正之风和突出问题；二是完成市直事业单位146人的专业人才招考工作，缓解全市教育、医疗等部门专业人才的不足问题；三是推进事业单位人员全面续聘工作，完成61个主管部门、193个事业单位、6871人的续聘工作，准确掌握全市事业单位工作人员的最新岗位动态；四是完成93个事业单位的岗位设置变更，缓解全市高级专业技术岗位严重不足、人员无法晋升、原有岗位设置不能满足现有人员变动等多方面的矛盾；五是出台《晋城市机关公务用车制度改革司勤人员安置指导意见》，完成市全市党政机关及参公事业单位的司勤人员安置方案审核工作，保障全市党政机关公务用车制度改革顺利实施。

【人才服务】 组织开展“千人百县”高层次人才服务基层活动，20余名省级专家、60余名市级专家与基层单位对接，开展服务活动100余次，破解技术难题20余项，转化应用前景良好的科技成果10余项，为基层培养专业人才1500余人；继续开展高层次人才选拔工作，全年向省人社厅推荐山西省学术技术带头人4人，山西省留学人员科技活动择优资助项目2个，推荐博士后科研工作站1个；组织开展2015年专业技术人员知识更新工程，涉及建筑、水利、农业、卫生、教育等5大领域，2.3万人次；完成2015年度卫生、会计、经济等全国专业技术资格统一考试任务，全市共有7413人参加考试。

【招才引智】 为项目单位和高层次人才提供优质服务，先后引进德国、美国等国家的外国专家、海外博士到晋城市开展技术指导、智力交流和项目合作30余人次，解决重大技术难题20余项，培训各类人才500余人。推荐留美博士明其敏、邓中一、傅鹏飞入选山西省“百人计划”，推荐汉斯瓦斯、阿邦迪、清慧等11家公司申报国家和省级引智示范基地、引进国外技术、管理人才项目。11月21—22日，组织全市23家企业和7个创业星火项目，参加2015山西太原人才智力交流大会，接待重点高校毕业生和高层次人才咨询1500余人次，初步达成推介使用意向120人次，涉及煤化工、机械制造、新材料等多个领域。

【居民收入水平】 2015年，全市城镇常住居民人均可支配收入26654元，同比增长7%，绝对值排名全省第四，增幅排名全省第八。预发机关事业单位离退休人员增加离退休费；调整全市机关事业单位在职人员工资标准，人均月增资约300元；将全市现行月最低工资标准由一类1450元、二类1350元、三类1250元，依次调整为1625元、1520元、1420元；发布全市企业工资指导线，基准线为10%，上线为18%，下线为4%；完成全市100家企业的薪酬试调查工作；在全市企业推行工资集体协商制度，加强工资分配的宏观调控，全面实施最低工资保障制度，落实企业工资指导线实施方案备案、审核制度，提高居民收入水平。

【维权服务】 2015年，共实地检查各类用人单位9259户，涉及劳动者人数25.42万人。督促用人单位与5036名劳动者签订劳动合同；为3105名劳动者追发工资2287.62万元；为11974名劳动者缴纳各项社会保险费873.6万元。全市受理群众投诉案件268件，立案228件，结案228件，投诉案件按期结案率为100%。

【专项检查】 一是开展拖欠农民工工资突出问题专项整治活动。共检查用人单位881户，涉及职工人数10.6万人，查处未依法签订劳动合同案件37件，补签劳动合同1426人份，查处拖欠、克扣职工劳动报酬案件35件，涉及人数899人，补发工资240.1万元。二是开展清理整顿人力资源市场秩序专项检查活动。共检查各类职业中介机构和用人单位515户，责令违反规定用人单位改正36件。三是开展用人单位遵守劳动用工和社会保险法律法规情况专项检查。共检查各类用人单位1156户，涉及劳动者10.2万人。四是开展劳动用工安全生产大检查。共检查用人单位494户，涉及职工3.95万人，签订劳动合同

3.8万人，签订集体合同1.17万人，劳动用工备案3.8万人。

【“两网化”建设】 2015年，全市两网化建设完成网格划分、网格责任人的确定、网格制度的建立、网格系统的连接、外网功能建设、信息上传等工作。全市共划分4级网格2427个，各级网格管理配备专职监察员网格责任人，县、乡级网格共配备协管员1875人、联络员486人，配备执法车辆16辆、计算机148台。录入系统用人单位信息17967户，各地数据采集均达到年初目标数135%以上，上传案件275件。9月，所有投诉举报接待和上级转办案件，全部实现线上运行。

【信访仲裁】 2015年，全市共接待人力资源和社会保障信访案件1040件次，涉及1351人次，其中集体访4件，涉及人数64人，信访案件有效处置率达100%。全市共受理劳动人事争议案件730起，结案729起，在法定期限内结案率100%。调解结案423起，裁决结案256起，其他方式结案50起。为劳动者追得各项补偿304万余元。

【创建农民工工资无拖欠城市】 2015年，将所有建筑施工单位列入信息采集和书面审查专项工作实地采集范围。全面落实工资支付卡管理办法，贯彻“两公示”制度，在建筑工地醒目位置树立农民工维权告示牌和法定代表人承诺不拖欠工资牌。加大对欠薪违法行为惩戒力度，将重大欠薪违法企业通过媒体向社会公开曝光，并将欠薪名单和主要违法事实移送住建、交通、煤炭、水利、工商等部门，对其实施综合惩戒。与市中级人民法院、市人民检察院、市公安局联合印发《拒不支付劳动报酬犯罪案件移送市级联席会议制度》，实现行政执法与刑事司法无缝衔接。与2014年同期数据对比，拖欠工资案件下降16.56%，涉及金额下降8.65%，涉及人数下降8.19%。

（市人社局）

·人才服务·

【概述】 2015年，市人才服务中心围绕“人才强市”战略和“一争三快两率先”战略目标，按照全省就业服务工作目标和全市人力资源社会保障工作目标要求，开拓创新，创造性地开展人才服务工作，人才服务工作实现新发展新跨越，为全市经济社会发展提供了强有力的人才保障和智力支持。

【人才服务】 一是举办人才招聘会。每周五、周六定期举办人才招聘会，全年举办100场，入场招聘单位达5500余家次，提供就业岗位5.5万个次；此外，还举办了多场专场、大型招聘会。举办“春风行动服务月”“就业援助月”“民营企业招聘月”“高校毕业生就业服务月”等公益性就业服务活动，举办“富士康专场招聘会”“晋城市龙头企业专场招聘会”等企业专场招聘活动，联合晋城职业技术学院举办“晋城市大中专毕业生供需洽谈会”大型招聘活动等共计30场，提供就业岗位1万多个次。全年，1.6万余人通过招聘会找到工作或者调换岗位。二是开展人才网络信息服务。“晋城人才网”企业会员达到2600多家，开发安卓和ios手机客户端，开通微博、微信等服务平台，网站日均点击率保持在4万次以上。全年，1.4万余人通过网络平台找到工作或者调换岗位。三是与市广播电视台合作，在《勇往职前》栏目的基础上，新开办《创业吧》电视节目。

【招才引智】 组织部分企业到太原、长治、焦作、济源、郑州等周边地市开展外出招才引智活动，宣传晋城的人才政策、创业环境、产业优势等，引进引进各类紧缺专业人才和硕士以上专业人才600多名。

【档案管理】 2015年1月1日起，市人才服务中心免收人事代理服务费，进一步简化服务手续，规范服务流程。投资30万元扩建改造档案室，档案室面积增加100平方米，档案存储容量提高5万卷，档案整理、归档、查阅更加方便。在原有档案管理基础上，开发晋城市人才服务中心档案管理系统，档案管理、档案整理工作实现全程网络化。市人才服务中心被省就业服务局评为人事代理档案管理优秀单位。至年底，人事代理单位242家，管理档案2万余份，挂靠流动人员户口2200余人，挂靠流动党员508名。

【就业服务】 一是做好“就业失业登记证”发放管理工作。规范证件的信息填写、数据监测和跟踪回访，同时扩大证件办理的数量和覆盖率，全年办理就业失业登记证1300多个。二是严格就业服务统计数据报送。建立业务数据统计分析制度，重点做好日常业务统计、重点及专项工作统计等，按照要求及时、准确上报统计数据。三是加强就业见习管理。按照省、市安排，招募200名离校未就业应届毕业生参加就业见习，留用率达到60%以上。四是加强公益性岗位管理。做好公益性岗位招用对象认定工作，规范招录程序，累计招募公益性岗位547人，为省政府购买公益性岗位招募434人，并组织岗前培训。五是开展高校毕业生实名制登记。为做好离校未就业高校毕业生实名制登记工作，市人才服务中心提前准备，通过教育部门、人才网和人事代理大量采集高校毕业生的信息，摸清人员底数，根据所学专业、求职意愿等情况提供相应的公共就业服务，并对其接受服务情况和效果进行跟踪，服务到人。全年登记2015届离校未就业高校毕业生3657人，1513人通过服务实现就业。六是提供就业创业指导培训。通过开展“就业服务校园宣讲活动”、组织职业技能培训及专升本教育等方式，使大中专毕业生实现就业。全年培训人数达到1000人。

【人才工作】 按照《人才市场管理规定》和《山西省人才市场管理条例》，根据实际工作需要，制定完善“服务承诺制”“首问负责制”“一次性告知制”“AB角工作制”“限时办结制”“科室工作职责”“工作人员岗位职责”等规章制度，规范人才服务工作。印制人才服务宣传资料，组织工作人员走上街头宣讲政策，发放资料。在各个服务窗口设立办事指南、服务流程、收费标准版面，方便服务对象，做到信息公开透明。通过“晋城人才网”平台发布服务项目、服务指南、服务流程、服务电话等，减少服务对象办事次数，受到服务对象好评。

（市人才服务中心）

民族宗教

【概述】 2015年，市民族宗教局把握“两个共同”（共同团结奋斗，共同繁荣发展）民族工作主题，深入开展民族团结进步创建活动，加强清真食品监督检查和少数民族流动人口服务管理工作；全面贯彻落实党的宗教工作基本方针，深入开展以“教风”为主题的和谐寺观教堂创建活动，依法管理宗教事务，宣传民族宗教政策，加强宗教团体建设，为全市的民族团结、宗教和睦、社会和谐做出积极贡献。

【民族团结进步创建活动】 制定下发《关于2015年度开展民族团结进步创建活动的实施方案》，传达学习习近平总书记在中央民族工作会议暨国务院第六次全国民族团结进步表彰大会上的重要讲话和全省民族工作会议精神，加大对少数民族聚集村、少数民族企业、养殖大户的扶持力度，宣传党和国家的民族政策、法律法规。5月11日，在山西省第六次民族团结进步表彰会上，晋城市4个先进集体和7名先进个人受到表彰。9月9日，在阳城县召开全市民族团结进步创建活动推进会，共计60余人参加会议。

【清真食品监管】 加大对清真食品行业的监管力度，经常对市区内的清真食品生产经营户和超市进行执法检查，并宣传《山西省清真食品监督管理条例》和《食品安全法》。各县（市、区）民族宗教局对清真食品生产经营企业和网点重新进行全面的调查摸底和登记备案。充分发挥少数民族群众主体监督作用，清真食品义务监督员与部门联动开展清真食品安全大检查，2月9日，查处一起生产销售假冒清真食品事件。10月27日，举办清真食品义务监督员培训班，全市共计40余名清真食品义务监督员参加培训。

【人口服务】 加强少数民族流动人口的管理和服务工作，成立少数民族流动人口联系沟通小组，定期组织各县（市、区）民族宗教局和市伊协的信息员召开会议、互通信息。各少数民族相对聚居村（社区）建立少数民族人口信息台账和流动人口服务窗口，为少数民族人口的务工、经商、办证等提供咨询服务。

【和谐寺观教堂创建活动】 制定下发《关于2015年开展以“教风”为主题开展和谐寺观教堂创建活动的实施方案》，组织开展和谐寺观教堂创建活动。12月3日，召开全市宗教团体述职交流暨优秀和谐寺观教堂表彰会，总结全市创建和谐寺观教堂活动的开展情况，表彰46处优秀宗教活动场所，共计80余人参加会议。

【宗教事务管理】 一是加强财务监督管理。3月，开展财务审计工作和年检工作，委托晋城创晖联合会计师事务所对市级各宗教团体、各宗教活动场所2012—2014年度财务收支情况、债权债务情况、接受捐赠的资金、物资管理使用情况、资产管理情况、财务制度的落实情况等方面进行审计，进一步规范财务管理。二是完善宗教活动场所登记和主要教职人员任职备案工作。2015年，新审批登记1个宗教活动场所，对7名新增教职人员认定备案进行核实，上报省民族宗教局审批。三是加强宗教团体建设。9月29日，协助市天主教爱国会召开晋城市天主教第三次代表大会，共计90余名天主教代表参加会议，选举产生晋城市天主教第三届委员会领导班子。

【政策宣传】 全市民族宗教界开展“民族宗教政策法规宣传学习月”活动，送法规书籍进团体进场所，举办宗教政策法规知识竞赛活动。10月13—15日，联合中共晋城市委统战部、中共晋城市委党校举办民族宗教界代表人士和民族宗教工作干部培训班，全市130余名民族宗教工作干部、民族宗教界代表人士参加培训。

【安全检查】 各县（市、区）民族宗教局检查各个宗教活动场所，与各场所负责人签订《消防安全自查整改承诺书》，各宗教团体、宗教活动场所建立严格的消防安全检查制度，全面落实消防安全责任制，建立消防安全检查队伍，定期不定期对宗教活动场进行消防检查，并上报《宗教活动场所排查整治台账》，确保宗教活动场所消防安全和活动安全。7月，对全市民族宗教工作完成情况进行督查，并将督查情况以书面形式反馈给各县（市、区）。10月14日，组织全市民族宗教界代表人士和民族宗教工作干部在北石店镇临泽村开元寺开展消防安全应急演练。

【宗教执法】 依法处理和打击非法宗教活动。组织各县（市、区）民族宗教局对全市旅游景区内的宗教活动场所进行检查，重点对假僧假道、欺骗游客、打卦算命、烧高香、违法违规设立公德箱等借教敛财的活动进行检查，及时处理违反规定的行为。对大型宗教活动实行报批手续制度，聚集人员超过500人的，须报当地政府和公安部门。此外，排查调处基层矛盾纠纷，了解全市穆斯林群众的思想状态，对一些突出问题进行排查化解，保障全市民族宗教领域的和谐稳定。

（市民族宗教事务局）

老龄工作

【概述】 2015年，晋城市老龄工作围绕“五三一”工程，开展“五大建设”（建设大孝德文化理念、建设大社会养老模式、建设大宣传老年文化、建设大老龄工作格局、建设大协调综合功能），搞好“三个转变”（在工作理念上由自认为弱势岗位向强势事业转变，在工作模式上由随机性向常态化、规范化转变，在工作动力上由政府主导向政府推动、社会主动转变），瞄准“一个目标”（“以人为本、代际和谐、不分年龄、人人共享”的健康老龄化、乐龄幸福化的目标），坚持不懈，努力拼搏，推动全市老龄工作迈上新水平。

【“敬老文明号”活动】 5月20日，晋城市召开第三轮市直单位引深“敬老文明号”创建人社局现场会。市老龄办主任张爱梅与市直及驻市各单位老龄委负责人签订2015年“敬老文明号”创建目标责任书。9月23日，召开晋城市第三届“敬老文明号”命名暨“敬老月”活动启动大会，表彰“敬老文明号”单位30家。此外，开展敬老文化示范基地创建工作，晋城公路分局、阳城县皇城相府实业有限公司、阳城县润城镇上庄村和晋城市社区服务网络中心荣获“山西省敬老文化教育基地”称号。

【养老服务】 以老年活动室为依托，以日间照料室为平台，以老年志愿者为主体，在全市推广阳城“二化养老”新模式。城区网络服务中心开展“互联网+”养老服务和双关爱活动。

【尊老金发放】 9月23日，市政府在多功能会议厅举行90岁以上高龄老人尊老金集中发放仪式，共为全市2106名90周岁以上高龄老人发放尊老金508.32万元(90～99岁2082人，每人每年2400元；百岁以上24名，每人每年3600元)。各县(市、区)、开发区为80~89岁老年人发放尊老金，各乡(镇)为70~79岁老年人发放尊老金，各村为60岁以上老年人发放尊老金。敬老月期间，市、县、乡、村四级共为老年人发放慰问金2350多万元，慰问品10万多件，惠及老年人30.9万人。

【特困救助】 5月，开展第七期“银龄行动”暨“开发式”扶贫助老活动。在城区社区网络中心、西上庄街道夏匠村，泽州县李寨乡罗泉村、大箕镇申家庄村，高平市三甲镇上池村，阳城县西河乡孙沟村，陵川县秦家庄乡原庄村、古郊乡水洼村，沁水县嘉丰镇潘庄村投资9万元，分别用于爱心服务、羊养殖；羊、鸡养殖；生态园建设；砖厂生产；辣椒树、核桃树种植；羊养殖。由市、县、乡、村老龄组织签发项目运作、资金管理、技术指导、救助对象、收益分配协议书。12月，市老龄办向居住在山庄窝铺、因病致贫、无生活来源或赡养人无力赡养的特困老人开展特困救助活动，共发放特困救助金30万元，救助特困老人1003名。2009—2015年，全市累计投入“银龄行动”资金35万元，帮扶项目20多个，涉及养殖、种植、服务多个行业，救助特困老人3000余人。

【“关爱银龄·助老御险”活动】 2月2日，召开全市“关爱银龄·助老御险”工作会议，总结2014年度工作，表彰先进单位12个。至年底，共为121021名老年人办理综合人身意外保险，参保款1471360元。

【文艺展演】 10月9日，市老龄办在泽州会堂举办第六届“全国孝亲敬老模范”颁奖暨“幸福重阳·美在金秋”乐龄文艺展演。6县(市、区)、开发区、市老体协、市快乐歌友合唱团及市直各单位代表队200余位中老年文艺爱好者参加演出，展演节目18个。并为晋城市1名“全国孝亲敬老模范”和6名“全国孝亲敬老之星”颁奖。

【阵地建设】 持续加大老年学校、老年活动室等老年设施建设，至年底，市、县、乡、村四级累计建立老年大学(学校)500多所，学员达5万多人；累计建成老年活动中心(室)1000多个，老年门球场、羽毛球场、晨练场等室外活动场所2000多个；累计成立老年秧歌队、健身操队、门球队、歌咏队、夕阳红艺术团、书画艺术团等1000余支，参与老年人数达6万多人。

【组织建设】 基本理顺市、县两级老龄机构，重点加强乡、村两级老龄组织建设，明确要求乡、村老龄委主任由在职领导干部兼任，并配齐配强老龄工作专管员。从组织机构、规章制度、活动设置、经济来源、活动内容、发挥作用等方面加强基层老年协会建设，全市乡、村两级老年协会规范化建设分别达到70%和90%以上。

【规范化建设】 4月，市老龄办组成基层老龄工作规范化建设复查组，到6县(市、区)、开发区的8个乡(镇、街道)、40个行政村，对2013年全市基层老龄工作规范化建设情况进行抽选复查。12月，到6县(市、区)的20个乡镇35个村，依据“一中心”(为老服务中心)、“五有”(有老年活动室、尊老敬老制度、养老补贴金制度、老年创业基地、老年福利基金)建设标准，共验收合格“一中心”乡镇8个，“五有”村30个。

【老年证办理】 全年，晋城市共办理山西省老年人优待证9357个，其中：城市办证7464个；农村办证1893个；60岁以上2357个，70岁以上7000个。

【“三个创建”试点工作】 组织开展“老年友好城市”“老年宜居社

区”“老年温馨家庭”试点工作，制定下发《晋城市创建全国老年友好城市试点工作方案》和“县（市、区）创建老年宜居社区”“乡（镇、办）创建老年温馨家庭”的标准和实施方案，确定创建试点单位。市、县、乡三级联创稳步开展，市级重抓“老年友好城市”创建，县级重抓“老年宜居社区”创建，乡镇重抓“老年温馨家庭”创建。

【优待工作】 4月，市老龄办联合市中级人民法院等20家单位制定下发《关于进一步加强老年人优待工作的实施意见》，明确老年人优待项目和范围，提升老年人生活质量，改善老年人生活环境。

【老龄宣传】 “敬老月”期间，举办图说数说晋城老龄“十二五”图片巡回展，图片共分十个版面，百余张照片，全面直观地展示全市老龄事业取得的丰硕成果。全年编印《晋城老龄工作信息》11期，登载全市老龄工作信息及动态150余则。“晋城老龄信息网”发布老龄信息、政策法规、工作通知、专题调研等500余条（篇）。在市区各大型显示屏进行老龄宣传，每天播放频次为30次。“重阳节”当日，在《太行日报》设立“老龄特刊”，印发3.5万份。编印《高龄老人寿星榜》《晋城老龄》（共4期），分别印发1000册，在各级、各单位进行宣传。

【老龄调研】 落实省老龄办《关于开展2015年主题政策调研的通知》精神，协调市老年学学会、市老龄人才资源开发协会，制定专题调研计划、调研表格，并成立调研小组，扎实开展调研。撰写《晋城市老年宜居村（居）与长寿之乡的建设》和《晋城市老年人生活状况及建议》两篇调研报告，分别呈报市委市政府。

【执法检查】 10月21—22日，全国人大常委会执法检查组就晋城市贯彻实施《中华人民共和国老年人权益保障法》情况进行执法检查。听取晋城市贯彻落实老年人权益保障法情况汇报，并到城区晓庄老年公寓、市公共交通总公司、山西省公路局晋城分局、晋城经济适用住房小区和阳城县实地检查老年法贯彻落实情况。

【设施建设】 动员、引导社会企业投身为老服务事业。市家政服务网络中心总投资近800万元，建成集呼叫中心、机房、办公、培训等为一体的700多平方米的综合服务楼，中心设立呼叫坐席20个，加盟服务商达到100多家。

（市老龄办）

新任市级领导

张少波　男，汉族，1963年8月出生，山西省保德县人，中央党校研究生学历，1984年12月加入中国共产党。1980年7月在忻州汽车运输公司工作；1982年1月任保德县委党校理论辅导员；1983年9月在忻州师专干部专修科汉语言文学专业学习；1985年7月任保德县委组织部干事；1990年7月任忻州地委组织部组织科副科长；1992年10月历任省委组织部副主任科员、主任科员；1997年12月任省委组织部地方干部处助理调研员（期间1999年4月至2000年4月挂职任静乐县副县长）；2003年4月任省委组织部地方干部处调研员（期间2003年9月在省委党校法律专业学习）；2009年4月任省委组织部举报中心主任（其间2007年9月至2010年7月在中央党校经济学专业研究生班学习；2010年10月至2013年6月兼任省考核办地方组组长）；2014年2月任省委巡视组副厅长级巡视专员；2015年12月任晋城市委常委、纪委书记。

马学林　男，汉族，1962年4月出生，山西省平陆县人，大学学历，1982年7月加入中国共产党。1979年11月任63军188师563团高机连战士；1984年12月在北京军区教导大队学习；1985年12月任63集团军189师566团高炮连排长、副连长；1988年4月任63集团军189师教导队三中队队长；1992年3月任63集团军189师司令部作训科副营职参谋；1993年1月任63集团军189师教导队队长；1996年9月任山西省乡宁县人民武装部军事科科长；1998年6月任山西省乡宁县人民武装部副部长；2000年3月任山西省临汾军分区司令部作训科科长；2002年3月任山西省浮山县委常委、县人民武装部部长、党委副书记；2006年7月任山西省临汾军分区后勤部部长；2008年1月任山西省吕梁军分区参谋长；2008年12月任山西省太原警备区参谋长；2013年2月任山西省晋城军分区司令员、党委副书记；2015年4月任晋城市委常委、晋城军分区司令员。

劳模人物（含集体）

晋城市2015年全国五一劳动模范名单

张晨光　晋煤集团成庄矿运行工区电工

武旭升　大唐阳城发电有限责任公司发电部锅炉专业副经理、高级工程师

毕腊英（女）　高平市寺庄镇伯方村养殖户

苗锦霞（女）　山西绿洲纺织有限责任公司纺纱分厂细纱挡车工

晋城市2015年全国先进工作者名单

张建国　晋城市第一中学校一级教师

晋城市2015年山西省五一劳动奖状名单（集体）

山西兰花科技创业股份有限公司田悦化肥分公司

国网陵川县供电公司

阳城县华泰电力杆塔有限公司

晋城市2015年山西省五一劳动奖章名单

冯军文　晋煤集团寺河煤矿综采一队党支部书记

刘志强　山西兰花科技创业股份有限大阳煤矿分公司总工办主任

陈文刚　国网晋城供电公司调控中心自动化班长

侯青龙　晋城市金建集团投资有限公司支部委员

刘华丽（女）　山西彤康食品有限公司技术中心副主任

张　锋　阳城县公安局刑事侦查大队科员

赵永亮　晋城市第二中学校副校长

马伟太　泽州县南村镇牛匠村村委主任

韩　君　沁水县郑村镇湘峪村党支部书记兼村委主任

赵建国　晋煤集团赵庄煤业有限责任公司董事长兼总经理

郭明宇　泽州农商银行党委书记、董事长

张彦昭　国投晋城能源投资有限公司总经理

李曙明　陵川县崇文镇城南社区党支部书记、居委会主任

刘全林　晋城市工程师协会会长、党支部书记

晋城市2015年山西省工人先锋号名单（集体）

晋煤集团金鼎煤机矿业有限责任公司支架制造分公司

山西天泽煤化工集团股份公司煤气化厂压缩车间

山西汽运集团晋城汽车运输有限公司高平市客运中心

山西高平科兴龙顶山煤业有限公司综采一班

中国移动通信集团山西有限公司陵川分公司梅园西街营业厅

新闻人物

赵新年　2015年7月8日，泽州县召开领导干部大会。会议宣布省委、市委对泽州县主要领导作出调整的决定：赵新年任泽州县委委员、常委、书记。

赵新年系陕西潼关人，1976年1月生，1998年7月参加工作，此前担任陕西凤翔县县委书记，被媒体称为“踮起脚跟摘苹果的人”。是山西省首个从外省调入的县委书记。

到泽州履新的赵新年遍走全县所有乡镇，召开10多次常委会议，抓思想建设，抓纪律整顿，抓干部作风，抓矛盾化解，抓项目推进，全县面貌焕然一新，经济和社会各项事业百尺竿头，更进一步。大阳古镇杀出乡村旅游的“黑马”，李寨、石淙头、晋庙铺等纷纷披上“记住乡愁”的盛装，泽州煤炭大县在转型中迅速培塑出“山、水、湾、古镇”的旅游品牌，乡村旅游成为县域经济可持续发展的一个新的增长点。

刘平贵、李继林夫妇　刘平贵，女，1968年2月生。李继林，男，1968年10月生。刘平贵、李继林夫妇为城区北石店镇南石店村村民，2015年获全国道德模范称号，也是晋城市首次荣获全国道德领域的最高荣誉。

2010年8月，刘平贵夫妇经营的面粉厂遭遇一场50年不遇的强降雨，38万公斤小麦板结发霉，损失高达80万元。夫妻俩硬是从洪水中抢救出7本厚厚的账本，使每一份数据得以保全。面对大灾，刘平贵夫妇信守承诺，义无反顾地走上还粮之路。刘平贵守着面粉厂，李继林和大女儿外出打工，每月挣得的工资全部购买成小麦偿还乡亲。目前，全家已累计偿还小麦34.5万公斤。刘平贵、李继林夫妇被授予山西道德模范、荣登“中国好人榜”，入选2013年“感动中国人物候选人”。2014年2月10日晚，中央电视台《新闻联播》以《信义夫妻：粮食不在 良心要在》为题，对刘平贵夫妇诚信还粮的事迹进行了报道。

张建国　在庆祝2015年“五一”国际劳动节暨表彰全国劳动模范和先进工作者大会上，张建国被授予全国先进工作者荣誉称号。

张建国任晋城一中体育教师，高三年级511、512班班主任。他是晋城一中历史上第一个带“副科”的班主任，起初受到许多学生和家长的质疑，但十多年

来通过自己的不断努力，得到了学生的赞许，家长的信任，同事的认可，社会的好评。

他所带过的班级凝聚力强，十多年来包揽了学校所有大型比赛的第一名。他的学生综合素质高、高考成绩特别突出，多次名列全市榜首。2012年高考，所带普通班两名学生高居全省文科第二名和第三名，双双被北京大学录取，创造了一中高考史上的辉煌，作为一名体育教师能取得这样好的成绩，在山西省乃至全国都是极少数的。

郭　峰　2015年11月5日，中央宣传部在中央电视台向全社会公开发布"时代楷模"郭峰的先进事迹，在全社会引起强烈反响。

郭峰，高平市人，1998年12月入伍，现为北京军区某训练基地教练营四级军士长。入伍17年，始终把"当精兵、当尖兵、当好兵"作为不懈追求，刻苦钻研武器装备，倾心传授战斗本领，成长为矢志强军、精武强能的"全能士官"，先后获得全军爱军精武标兵、全军学习成才先进个人、全军"百名好班长"新闻人物、全军士官优秀人才奖一等奖、全军装甲装备创先争优标准车先进个人，并荣立一等功1次、二等功2次、三等功1次。2015年5月17日，北京军区党委作出向郭峰学习的决定。

史月明　2015年9月，史月明创作的泥塑代表晋城市参加山西省第二届文博会，其中作品《四喜同堂》荣获第二届山西文博会"神工杯"工艺美术精品奖金奖。

叶铭雕塑艺术工作室的创始人史月明是一名退休教师，是中国民间文艺家协会会员、高平市雕塑协会副主席，还是山西省第三届工艺美术大师，自幼对美术的喜爱和雕刻的天生禀赋让这位年近花甲的老人成就了这间雕塑工作室。

除《四喜同堂》外，史月明创作的《高平鼓书》荣获晋城市十佳文化旅游产品之和首届山西省文博会银奖，《乐在棋中》在山西省首届工艺美术大师暨艺术精品博览会"红海杯"首届工艺品创新设计大赛上获得"铜奖"，《葡萄架下叙嫦娥》获2013年中国百花奖优秀奖、中原六省联展金奖。

张家胜　全国人大代表、山西省皇城相府集团前董事长兼晋城市阳城县皇城村党总支书记。2015年12月8日因车祸去世。

张家胜在短短59年的一生中，带领着一个只有700多口人的破烂不堪的小山村，历经三次转型，发展成由25个公司组成的60亿元资产的大集团，完全变成了一座现代化的小城镇，让全国人民都认识到这座山村。这样的发展案例，放之全国，也不多见。张家胜与皇城相府互相成就，书写了一段新农村小康建设的传奇故事。

2015年12月15日，皇城村十里长街送家胜，"一心向党鞠躬尽瘁让相府扬名功德万载　三次转型艰苦创业为皇城人民奋斗一生"此挽联中肯地评价了张家胜对皇城村、皇城相府景区、皇城相府集团的重大贡献。

孙永胜　晋城市城区西街办事处秀水苑社区党支部副书记、主任。他用7年时间，将一个"零基础"社区打造成文化繁荣、绿色平安、邻里和谐、秩序井然、业主满意的"五好"社区。

秀水苑社区是新建社区，居民来自四面八方，是一个停车难、秩序乱、纠纷多的"零基础"社区。孙永胜从治安服务入手，积极与驻地派出所、物业沟通，开始联防联治，通过几年的努力，社区治安有了很大的改善，实现了"四全"：智能门禁系统全安装、视频监控全覆盖、地面巡逻全天候、宣传活动全方位。为了把社区真正建成"邻里之家"，孙永胜克服困难，陆续建起篮球场、羽毛球场等健身场所，组建了老年合唱队等10支文化队伍。在社区办公场所紧张的情况下，他挖掘每一块能用的空间，供居民活动，秀水苑社区成了居民们的"快乐大本营"。此外，他还开通社区便民服务公众微信平台，打造社区智慧服务。

多年来，秀水苑社区先后荣获"山西省物业管理示范住宅小区""市级文明社区"等荣誉称号，孙永胜个人也多次获得城区"优秀共产党员""劳动模范"等称号。

杜建萍　在2015年5月第27届中国戏剧梅花奖颁奖典礼上，高平上党梆子剧团创作编排的古装戏《长平绣娘》主演杜建萍(女)获第27届中国戏剧梅花奖。这是晋城梨园历时13年又盛开的一朵奇葩，这也是继上党梆子演员张爱珍、吴国华、张保平、陈素琴后摘取的第五朵“梅花奖”。

杜建萍主攻青衣、小旦，国家二级演员，师承上党梆子非遗传承人、第九届“梅花奖”得主张爱珍，继承了“爱珍腔”高亢嘹亮、通透圆润的特点。从艺20多年，2003年即以上党梆子名剧《三娘教子》《地瓜宴》蜚声山西，2012年其凭借《金钗案》夺得第十三届山西戏剧二度“杏花”奖。此外，杜建萍还多次受邀赴省内外演出，并在高平等地开设讲座传播上党梆子艺术，曾荣获中国戏曲红梅大赛“红梅金奖”等奖项。

袁树国夫妇　一对夫妻依托自己的创业打拼在高平市的西山脚下创办了一所民办中学——高平市城南实验中学。这对夫妻就是高平市城南实验中学理事长袁树国和他的妻子张志梅。

“感谢党的政策，我才有了今天，钱财乃身外之物，能为社会分担点责任是我最大的理想。”高平市回族企业家袁树国张志梅夫妇开过饭店宾馆，建过冷库，办过乳业，开过煤矿。2004年，面对孩子们上高中难、上好高中更难现实，袁树国夫妇毅然转让所有企业，把20年的积蓄全部投在教育事业上，独资兴建的一所二十轨全封闭寄宿制民办高级中学。

如今，城南实验中学已能为高平市教育接纳初、高中近5000名学生上学，几乎所有学生都能得到学校一天的免费餐。办学条件趋于一流，班班实现了多媒体教学，校园空地得到了绿化、美化、硬化和亮化，现代化的教学设施为学校的长足发展奠定了强有力的基础。

郝海龙　阳城县横河镇是红色革命老区，抗日战争时期，名震中外的晋豫边抗日根据地、八路军“唐支队”就是诞生在这里。为让后人铭记这段历史，横河镇的一名退休工人郝海龙，倾尽所有积蓄，举全家之力，自费建起了晋豫边抗日纪念馆。

2007年，晋豫边抗日纪念馆正式建成对外开放，每年有2万多名青少年和外地游客前来参观，接受红色文化的洗礼。郝海龙的义举，得到了各级党委政府和社会各界的鼎力相助，纪念馆建成后，规模不断扩大，总占地达到3500平方米，耗资80多万元，其中郝海龙个人投入45万元。

晋豫边抗日纪念馆共占房30间，制作版面250平方米，内容翔实，图文并茂，分6大部分在6个展厅展示，陈列珍贵文物900余件。因教育作用突出，纪念馆先后被命名为省、市爱国主义教育基地，又被民政部列入纪念抗日战争胜利70周年重要抗战纪念设施名录，成为山西省9个入选名录中唯一的个人创办的抗战纪念馆。

城　区

中共区委书记　张利锋
区人大常委会主任　宋春生
区人民政府区长　王学忠
区政协主席　刘秋海

【简述】　城区位于晋城市中部，四周与泽州县接壤。地理坐标为北纬35.31°、东经112.50°。海拔748.3米。南北长17.5千米，东西宽15.4千米，总面积149.6平方千米。是1985年8月市管县体制改革中新设置的县级行政区。辖1个镇、7个街道办事处、62个行政村、83个社区，总人口（常住人口）48.5万人。是晋城市政治、经济、文化、科技中心，为晋城市人民政府、城区人民政府和泽州县人民政府机关驻地。

城区区位优越，交通便捷。双轨电气化太焦铁路贯穿南北，有铁路专用线10多条。晋（城）阳（城）、晋（城）焦（作）、长（治）晋（城）、晋（城）济（源）高速公路，在境内交会。207国道、太（原）洛（阳）、晋（城）韩（城）、晋（城）陵（川）、晋（城）张（路口）、晋（城）辉（县）等干线公路，纵横交织。

旅游业是城区的新兴产业。境内旅游景点主要有白马寺山森林公园、洞头生态旅游景区、泽州公园、凤凰岭森林公园、玉龙潭公园、文笔峰塔、怀覃会馆等。驻区旅行社、旅游公司有友好国际旅行社、太行旅行社、假日旅行社、铁道旅行社、东方旅行社等。

【综合经济】　2015年，全区围绕“加快三区建设、促进富民强区”的总体部署，聚焦稳增长中心任务，主攻项目建设、经济转型等六大硬仗，力推深化改革、法治政府建设等六项工作，着力实施金融振兴、科技创新、民营经济“三个突破”，有效释放改革红利和市场活力，全区经济实现稳中有进、稳中有为。全年生产总值完成239.9亿元，同比增长6.4%，总量和增速排名全市第一；社会消费品零售总额完成189.8亿元，同比增长5.5%，总量和增速排名全市第一；固定资产投资首次突破300亿元大关，完成315亿元，同比增长12.2%，总量排名全市第一，增速排名全市第五；规模以上工业增加值完成9.7亿元，排名全市第五；公共财政预算收入完成9.5亿元，排名全市第五；城镇常住居民人均可支配收入完成28484元，同比增长6.7%。各项约束性指标和民生指标全面完成年度目标。

【农业】　以粮菜种植为主，全区耕地面积为39229万亩，人均占有耕地0.6亩。粮食种植面积35807亩，总产量1076万公斤，同比增长22.38%；蔬菜种植面积10000亩，总产35000吨。

【工业】　全区23家规模以上工业企业总产值完成363758万元；规模以上工业增加值完成96993.2万元；规模以上工业销售产值完成362567.2万元。

【第三产业】　把转方式调结构作为经济提质增效升级的重要抓手，巩固提升以商贸物流为龙头的服务业主导产业，采取制定出台产业发展规划、专项资金精准扶持等多种手段,推动一批优势项目和知名品牌投资进驻、落地建设,为经济持续增长注入新活力。红星国际广场开业运营,豪德二期、兰花国际购物广场建成招商,蓝海港花卉产业园、华大时代广场项目进展顺利;“晋城购”、国贸“创客空间”、玖玖众筹等新业态新模式长足发展。司徒小镇适应市民消费升级需求,举办晋城市首届民俗文化节、推出“好地好粮网”,成为城区服务业发展的样板。《人民日报》以“改革激活司徒小镇”为题进行专题报道。全年,全区服务业增加值完成1555442万元,同比增长8.0%,占GDP的比重达到64.8%;拉动经济增长4.8个百分点,对经济增长的贡献率达到75.6%。

【项目建设】 开展“项目提质增效年”活动,实行区四大班子领导对口联系、区政府领导领办重点项目等制度,深入开展百日攻坚等系列活动,推动各项重点工程建设。全年完成投资218.4亿元,39个政府投资项目进展顺利,4项完工,7项接近尾声,其余都在加紧建设。

【城乡建设】 立足半城半乡的特殊区情,编制全区《城乡一体化发展总体规划(2015—2020年)》。提升城乡统筹发展基金使用效益,加快推进以司徒现代农业园为代表的十大农业园区建设。推进改善农村人居环境“四大工程”,提升农村基础设施和公共服务水平。围绕提高被征地农民的社会保障水平、深化村(社区)集体资产股份权能改革进行探索,着力破解城市“二元结构”。树立“大城区”理念,按照“拓展、改造、提质”要求,坚持“四位一体”推进城市建设。推进西北片区改造,研究通过片区城市设计方案,景西北路建成通车,片区内的其他4条道路全部开工建设。把城中村改造作为最大的民生工程,学习借鉴太原市城中村改造的经验和做法,全年城中村改造新增开工项目4个,总开工项目达26个,完成投资20.5亿元,新增建筑面积81.2万平方米,新增回迁安置面积35.8万平方米,回迁安置10258人。加快北石店新区建设,畅安路建设的遗留问题得到解决,片区学校、医院、集中供热、污水处理等公共服务设施建设取得进展。书院西街、道西路、电厂路、晋春街、景西南路、书院东街、百灵街等道路征收补偿工作基本完成,共涉及居民住宅1630户、企业257家,拆迁建筑面积64万平方米。

【生态建设】 坚持增绿、治污、美容并重,改善城乡人居环境。吴王山森林公园一期工程全面建成开放,二期工程基本完工,累计完成绿化面积6000亩,被评为晋城市“新八景”之一。白马寺—东四义绿道工程(城区段)全面开通,造林绿化及森林资源管护、节能减排、污染治理等各项生态建设任务同步推进。山后山生态治理、玉屏山生态治理、北石店河治理等工程加快推进。建成牛山、洞头、大车渠等一批省、市宜居示范村。投入资金2000余万元,整治卫生死角2万余处,清除积存生活垃圾5万余吨。苇匠生活垃圾填埋场封场环境整治工程、白水河治理工程基本完工。圆满完成国家卫生城市复审验收各项任务。持续推进国家低碳城市试点建设,超额完成市定目标。全区万元GDP综合能耗同比下降3.2%。

【招商引资】 重视和加强招商工作,先后赴河南、天津、河北等地对接重点企业、商会和协会,推动以企招商、以商招商取得新成效,全年共签约项目17个,合同引资额255.4亿元,外来资金到位84.6亿元,签约项目落地投资额63.9亿元,综合排名全市领先。全年投资对经济增长的贡献率达到62.5%,拉动经济增长4个百分点。

【社会事业】 将财力集中用于保障和改善民生,全年民生支出达到9.86亿元,占公共预算支出比重达67.5%。全年新增就业8200人,创业带动就业1895人,城镇登记失业率为1.72%。城乡居民基础养老金由每人每月100元提高到每人每月115元,待遇水平全市第一。企业退休人员待遇水平实现“十一连增”。城乡低保标准分别提高到481元、243元。开工建设保障性住房1482套,为662户住房困难家庭足额发放廉租住房补贴。新(续)建学校10

所,1所投入使用,5所主体完工,4所正在建设。市二院住院楼、城区急救中心即将投入使用,新建卫生监督所和城区光荣院项目主体完工。年初确定的8件为民实事全部完成,特别是将专项惠民基金由平均每个社区10万元提高到20万元。（杨　盼）

泽州县

中共泽州县委书记　刘爱军*（主持工作）
赵新年
县人大常委会主任　陈晋勇
县人民政府县长　高喜全
县政协主席　樊秋宝

【简述】　泽州县位于太行山南端、山西省东南部。地理坐标为北纬35°12′~35°42′、东经112°31′~113°14′。地域分布在晋城市城区四周,东连陵川县,西接阳城县、沁水县,北靠高平市,南与河南省的辉县、修武、博爱、沁阳、济源等市、县毗邻。总面积2023平方千米,占晋城市总面积的21.3%,占山西省总面积的1.2%。

境内地貌以山地丘陵为主,山地、丘陵、平川面积之比为6:3:1。最高点为西北部的武神山主峰,海拔1346.6米,最低点为东南丹河出口处的三姑泉,海拔296米,相对高差1050.6米。全县平均海拔650~1000米之间。境内主要河流有沁河、丹河,均属黄河水系。年平均气温10℃左右,大陆性季风气候明显。无霜期192.6天。年降水量618.3毫米,但年际、月际间降水量的相对变率较大。日照时数为2580小时,日照率67%。

境内自然资源丰富,尤以煤、铁为最。全县煤炭地质储量为44亿吨,铁矿石储量5亿吨,硫铁矿、铝矾土、石灰石、大理石、银、铜、锰、石膏等储量也很丰富。为山西省能源重化工基地及全国无烟煤生产基地的重要组成部分。全县水资源总量为2.814亿立方米,属相对富水区。全县年末耕地保有量为76.74万亩。封山育林面积8.1万亩。野生动植物不但种类繁多,而且较为珍贵,其中属国家二、三类保护的珍稀动物有猕猴、大壁虎;属国家保护的植物有青檀木等。

泽州县辖14镇3乡,即下村、大东沟、周村、南村、北义城、大箕、柳树口、山河、犁川、晋庙铺、金村、高都、巴公、大阳镇,川底、李寨、南岭乡。全县共有629个行政村,1088个自然村。2014年底全县总人口为489898人,其中农业人口273775人,非农业人口216123人。人口以汉族为主,回族次之,另外还有蒙古、满、朝鲜、布依、苗、白、土、壮等少数民族。

【综合经济】　2015年,泽州县地区生产总值完成215.7亿元,同比增长2.5%,总量、增速均排名全市第二,其中:第一产业增加值12.9亿元,增长10.5%,占生产总值的比重为6.0%;第二产业增加值137.8亿元,增长0.1%,占生产总值的比重为63.9%,其中:工业实现增加值132.9亿元,下降0.2%;第三产业增加值64.9亿元,增长8.6%,占生产总值的比重为30.1%。一般公共预算收入完成11.5亿元;规模以上工业增加值同比下降3.0%;城镇常住居民人均可支配收入完成27381元,增长6.7%;农村常住居民人均可支配收入完成12217元,增长8.5%。

【农业】　2015年,全县农作物种植面积65812.3公顷,比上年减少228.8公顷。其中:粮食种植面积63278.7公顷,油料种植面积636.1公顷,棉花种植面积4.5公顷。在粮食种植面积中,玉米种植面积6396.4公顷,小麦种植面积30093.9公顷。

2015年,粮食总产量26.6万吨,比上年增长5.9万吨,同比增长28.4%。其中,夏粮15.0万吨,增产36.8%;秋粮11.6万吨,减产19.0%。

2015年,棉花产量4吨,同比增长10.5%;油料产量1785吨,同比增长13.6%;药材产量943吨,同比增长-37%;蔬菜产量82540吨,同比增长14.2%;水果产量18776吨,同比增长10.9%。

2015年,肉类总产量52256.6吨,比上年增长8.5%。其中,猪、牛、羊肉分别增长7.3%、32.0%和-1.6%;奶类总产量483吨,同比增长-0.2%;禽蛋总产量23710.4吨,增长-10.7%;蚕茧产量10.3吨,比上年减少87.8%;水产品产量570吨,减少1.7%。

2015年,全县农业机械总动力75.9万千瓦。机械耕地面积

51385公顷;机械播种面积42780公顷;机械收获面积38600公顷。全县农机化经营总收入3.9亿元。

【工业和建筑业】 2015年年末,全县有规模以上工业企业47家。全年规模以上工业增加值同比下降3.0%。

2015年,原煤产量714.3万吨,增长211%,化肥折纯量117.9万吨,增长0.6%,生铁产量319.3万吨,下降0.8%,粗钢产量305.6万吨,增长0.7%,钢材产量301.2万吨,增长0.8%,水泥产量44.9万吨,下降21.6%,发电量完成19.6亿千瓦时,下降27.9%。

2015年,规模以上工业实现主营业务收入178.5亿元,比上年下降16.8%;工业企业实现利润1.0亿元,比上年下降77.7%;实现利税8.5亿元,同比下降18.5%。

2015年,全社会建筑业实现增加值50057万元,增长2.4%,年末全县具有资质等级总承包和专业承包建筑业企业7家,完成总产值37501万元,同比下降29.6%。

【交通】 2015年,全县公路线路里程2314公里,其中高速公路134公里。公路密度114.4公里/百平方公里。

【邮电】 2015年,全县完成邮电业务总量18686万元。其中,邮政业务总量3000万元;电信业务总量15686万元,农村固定电话用户3.1万户。移动电话用户年末达到31.4万户。全县接入用户数达5.9万户。

【财政】 2015年,全县公共财政预算收入11.5亿元,下降7.3%。税收收入7.0亿元,下降7.6%,其中,国内增值税、营业税、企业所得税、个人所得税、资源税和城建税共计完成税收5.5亿元,下降7.7%。公共财政预算支出31.3亿元,增长34.2%,增支8.0亿元。

【贸易】 2015年,全县社会消费品零售总额36.1亿元,增长5.4%。其中:城镇消费品零售额23.7亿元,增长5.8%;乡村消费品零售额12.5亿元,增长4.8%;批发业完成36498万元,增长41.0%,零售业完成284919万元,增长2.9%;住宿业完成7334万元,增长-19.3%,餐饮业完成32438万元,增长6.1%。2015年,全县海关进出口总额26550万美元,下降39.6%。其中,出口完成2137万美元,同比增长8.8%;进口完成24413万美元,下降41.8%。

【金融】 年末,全县金融机构各项存款余额185.0亿元,比年初增加4.2亿元,增长2.3%。各项贷款余额84.3亿元,比年初减少1.3亿元,下降1.5%。

【保险】 2015年,全县保费收入15568.5万元,同比下降9.7%。其中,寿险业务保费收入9732.2万元,增长27.0%;健康险业务保费收入1262.1万元,增长94.5%。意外险业务保费收入322.2万元,下降45.5%,财产险业务保费收入5836.29万元,下降30.1%。全年支付各类赔款及给付4268.5万元,下降12.5%。

【教育】 2015年末,全县共有各级各类学校215所,比上年减少2所。在各类学校中,有高中学校5所,高职中学2所,初中中学33所,小学173所,教师进修学校1所,特殊教育学校1所。全县共有各级各类在校学生人数53428人,比上年末减少3304人;全年各级各类学校招生数14894人,比上年减少371人;毕业生数16674人,比上年减少108人;全县教职工人数4861人。小学学龄儿童入学率100%;小学和初中升学率均达100%。

【科学技术】 2015年,全县申报省级科技项目2项。其中,列入省级国际合作项目1项,首台套新产品开发项目1项。申报市级科技项目6项。共申请各类专利28件。其中,发明专利申请量14件,有效发明专利拥有量23件。

【文化】 2015年年末,全县共有艺术表演团体8个,新创作首演剧目5个,本年上演剧目50余个,演出场次5000余场,收入300余万元,其中:剧团2个,本年上演剧目25个,演出场次1200场,收入230万元;曲艺队1个,本年上演剧目22个,演出场次1000余场,收入5万元。全县共有公共文化馆1个,公共图书馆1个,乡镇文化站17个,村级农家书屋

627个，共藏书约96万册。有广播电台1座，电视台1座。年末全县有线电视用户达8万户。其中，接收数字信号用户5万户。广播综合覆盖人口48.0万人，广播综合人口覆盖率98.0%；有线电视综合覆盖人口48.5万人，电视人口综合覆盖率达99.0%。有线电视入户率达到99.0%。

【卫生】 2015年年末，全县共有卫生机构（含诊所）721个，其中县医院1个、县妇幼保健院1个，疾病预防控制中心（防疫站）1个，卫生监督所1个，乡镇卫生院26个，村级卫生所627个，个体诊所64个。全县共有床位数1755张，卫生技术人员1955人，其中执业医师和执业助理医师851人，注册护士593人。乡村三级医疗机构达标率为100%，新型农村合作医疗参合率达到99.5%。

【体育】 全年全县共举办各级各类运动会20次，参加运动会运动员人数10000余人。运动员在市级以上重大比赛中获金、银、铜牌分别为8枚、2枚、2枚。全民健身活动更加形式多样，全年全县体育锻炼标准达标人数达33万人。

【旅游】 2015年，全县共有旅游景区（点）9处，其中：AAAA级景区1个，AAA级景区1个，AA级景区1个。共有星级饭店5家，其中四星级3家、三星级2家。共有农家乐95家。全年共接待游客605.1万人次，其中直接接待游客142.3万人次，间接接待游客462.6万人次，海外旅游接待游客0.2万人次。实现旅游总收入53.6亿元，其中，直接接待游客收入11.5亿元，间接接待游客收入42.0亿元，海外旅游创汇146.7万美元。

【社会保障】 2015年，参加城镇基本养老保险28901人，比上年末增加900人；参加新型农村社会养老保险298718人，减少8218人；参加城镇医疗保险50381人，增加767人，其中：城镇职工医疗保险参保35009人；城镇居民医疗保险参保15372人；增加767人；参加失业保险23568人；参加工伤保险66009人，增加509人，其中：农民工参保46799人；参加生育保险27200人，增加180人。全县共有398186农民参加合作医疗。全县城镇基本社会保障覆盖率达99.1%，其中：养老保险覆盖率达99.4%，医疗保险覆盖率达99.8%，生育保险覆盖率达99.7%，失业保险覆盖率达99.2%。全年城镇低保人数1771人，保障户数1379户；农村低保人数17254人，保障户数11769户。

【城镇建设】 2015年，泽州县被列为第二批国家新型城镇化综合试点县。巴公镇被确定为国家新型城镇化综合试点镇，并荣获“国家园林城镇”称号，顺利通过“全国文明村镇”复验。金村镇被确定为全国首批“建制镇示范乡镇”。南村镇被省政府授予“全省园林城镇”。金村新区建设加快推进，府城街、丹河西路、龙化路全部完工，丹河龙门湿地公园核心区建设初具规模。

【资源、环境和安全生产】 年末，全县有省级自然保护区1个，自然保护区面积93775.1公顷。全县林木绿化覆盖率达到50.6%，森林覆盖率达到36.8%，城镇绿化覆盖率达到33.7%。

全年环境空气质量二级以上天数达到159天，重污染天数32天。空气综合质量指数为7.77。

全年发生生产安全事故4起，事故死亡4人。发生道路交通事故77起，死亡39人。其他行业安全无事故。（张　静）

高平市

中共市委书记　张玉宏
市人大常委会主任　张志刚
市人民政府市长　邹树琦
市政协主席　梁沁高

【简述】 高平市位于晋城市北部。地理坐标为北纬35°39′～35°59′、东经112°42′～113°09′。东至铁佛岭与陵川县接壤，南至界牌岭与泽州县毗邻，西至老马岭与沁水县交界，西北至丹朱岭与长治市长子县为邻，东北至金泉山与长治市长治县相接。东西长41千米，南北宽37千米，境域总面积946平方千米。境内矿产资源主要有煤、铁、坩土、铝土、硫黄、石灰石等。含煤面积271平方公里，地质储量约为161亿吨，已探明储量30亿吨。铁矿储量约1.8亿吨,硫黄储量约为5.5亿吨。

1993年5月12日,经国务院批准,撤销高平县,设立高平市。全市辖16个乡(镇、街道办事处),434个村民委员会,29个社区居民委员会,691个自然村,总人口48.5万人。

高平是中华民族人文始祖炎帝的故里,中国历史上著名的长平之战的发生地,太行太岳革命老区和闻名全国的"煤铁之乡""黄梨之乡""生猪之乡"和"上党梆子戏剧之乡"。高平春秋时称泫氏,战国时称长平,北魏至今称高平。传说远古时期,炎帝神农在此播五谷、创耒耜、教稼穑、尝百草、兴医药、疗疾伤、开肺、制陶器,开创了华夏文明。已发现的东庙遗址、李家庄遗址等,证明早在旧石器晚期这里就有人类繁衍生息。

高平历为兵家必争之地,战国时期的秦赵长平之战,悲惨壮烈;五胡十六国时期的晋汉长平之战,血雨腥风;周世宗高平大捷,威震天下。高平是革命老区,抗日战争时期,朱德、彭德怀、左权、徐海东、黄克诚等老一辈无产阶级革命家在此战斗,取得了一次又一次辉煌胜利。

市境地处交通枢纽,太(原)澳(门)高速公路、国道207线、省道长(治)晋(城)线和太(原)焦(作)铁路南北纵贯,省道坪曲线东西横越,交通便利。

【综合经济】 全年全市地区生产总值完成199.7亿元,下降4.7%;一般公共预算收入完成12.6亿元,增长3.5%;固定资产投资完成149.4亿元,同比增长18.3%;社会消费品零售总额完成55.7亿元,增长4.8%;规模以上工业增加值完成52.9亿元,下降11.2%;城镇居民人均可支配收入达到26893元,增长7%;农村居民人均可支配收入达到11528元,增长7.6%。入选2015年度"全国科学发展百强县市"和"全国投资潜力百强县市"。

【农业】 优化强农惠农政策,全市粮食总产量达2.7亿公斤,再创历史新高,小麦和玉米单产也均创历史新高;生猪出栏155万头,产值22.6亿元;设施蔬菜总产量达2.7亿公斤,产值5.4亿元;果品总产量达3920万公斤,产值8700万元,"高平大黄梨"成功申报国家地理标志。强化农业基础设施建设,张峰供水东延二期工程完成工程量40%,农耕文化园完成园区道路建设,梨园、吴村两个供排水试点任务全面完成。推进国家现代农业示范区建设,新改扩建农业产业化项目7个,农产品加工龙头企业销售收入完成23.96亿元。扶贫脱贫、农村"三资"管理专项整治和土地承包经营权确权登记完成年度任务。

【工业】 落实稳增长各项政策措施,制定实施保障煤炭18条、促进中小微企业发展30条、扶持企业贷款贴息、加强涉企收费管理等一系列政策措施,极大地减轻了企业负担。推进煤炭产业改革转型,制定了初步工作方案,以科兴集团为主体选择试点进行推进。全年生产原煤1985万吨,其中地方煤矿759万吨。帮助困难工业企业复工复产,支持企业寻求外部合作,通过股权重组、技术合作等方式盘活现有项目,科兴集团与上海宝钢、中船重工、河南投资等开展对接合作,促进煤炭销售,加快洗配煤中心等项目建设,并积极筹措资金,按期缴纳资源价款2.84亿元;融高太阳能恢复正常运营,积极筹建分布式光伏电站项目;海诺科技一期项目正式投产,唐一新能源公司进行资产重组,福川制铁接到中车洛阳总价2.4亿元的汽车及高铁制动器订单。谋划引进非煤产业项目,与北京汇能电力、蓝天城投资、内蒙古新舜能源、中科院西安光机所、山东华宝、恒祥饲料、台湾智汇通、山西投资集团、国信集团、乐村淘等企业开展合作,筹划建设生物质发电、太阳能综合利用、生猪屠宰及饲料加工、农村电商及跨境电商、儿童职业体验及文化旅游开发等项目,培育新的经济增长点。

【第三产业】 制定出台旅游发展实施意见和年度行动计划,组建8家旅游开发公司;围绕神农炎帝旅游龙头品牌,加快旅游景区景点建设,开工建设旅游项目21个,寻根炎帝等五大旅游区建设初见成效。加强招商引资,与高新普惠、山投晋旅、山西国信、上海博雅、北京星泉湾等投资集团就文化旅游开发达成合作意向和签订合作协议，可引资15亿元—20亿元。发展电子商务和商贸流通，引进“乐村淘”“优乐购”等电商企业。加强对外贸易，全年外贸进出口总额完成2980万美元，同比增长23.14%。

【金融】 年末全市金融机构人民币各项存款余额274.7亿元，比年初下降1.2%。其中，住户存款余额175.5亿元；财政性存款7.8亿元。全市金融机构人民币各项贷款余额114.6亿元，比年初增长0.2%。其中，中长期贷款余额13.8亿元，比年初增长7.0%。出台15条政策意见，与山西高新普惠合作启动众筹融资试点，为泫氏铸业集团融资1000万元；分别出资2000万元，入股晋城市红土创业投资基金和高新普惠旅游文化产业投资经营集团，并参与高新普惠牵头发起、专司晋城地区旅游文化产业的投资基金组建。完成信用社改制工作，清收不良贷款1亿元，与民生加银资产管理公司合作，通过发行8亿元基金债券处置不良资产；经省财政厅同意，对改制后10年上缴的省级税收以年终结算补助的方式给予支持。

【民营企业改制】 制定出台推进企业上市扶持办法，全年市财政共奖励企业挂牌上市及技改资金1500余万元；与上海股权托管交易中心合作建立高平中小企业挂牌孵化基地，与山西证券公司建立战略合作关系，15家企业完成改制，4家企业Q板挂牌，2家企业E板挂牌，天润农业公司相关资料上报上海股交中心受理，即将在E板挂牌；海诺科技“新三板”上市资料报全国股转中心受理，等待批复。

【项目建设】 炎帝陵修复保护工程主体全面竣工，寻根炎帝精品线路初步形成，炎帝文化遗址考古发掘取得重大突破；启动“集壤、筑坛、归宗”活动，在北京成功举办神农炎帝文化学术研讨会，促进高平神农炎帝文化的对外宣传交流。西部煤田沟底煤矿探矿权第五次保留报告上报国土部，划定矿区范围工作有序推进；源野公司完成股权重组和工商注册登记，2.8亿元探矿权价款全部缴清。

【民生建设】 市区新增供热能力105万平方米，新增集中供气用户3020户；开工建设保障房3752套，开展首批限价房和第二批经济适用房配售，丹河市区段改造、四山绿化等重点工程基本完工，利用PPP模式开工建设120急救中心和医技综合楼。不断改善农村人居环境，修复提升50公里村通水泥（油）路，完成农村危房改造100户，新增1.05万户农村数字电视用户，完成“四村”建设年度任务；加强小城镇基础设施建设，开工建设小城镇“五建设两整治”项目29个，马村镇被评为全省百镇建设优秀镇，河西镇被增补为全省百镇建设重点镇。

【社会事业】 完成14所农村幼儿园新改扩建任务，推进14所农村义务教育中小学“全面改薄”工程，加强高平一中内部配套建设；全市高考二本B类以上达线人数2012人，被清华大学、北京大学录取9人，位居全省县级中学第一。加大文艺精品创作力度，新编历史剧《长平绣娘》主演杜建萍获全国第27届戏剧“梅花奖”。继续深化公立医院改革，市人民医院成为山西医科大学教学医院，并与寺庄、野川、陈区卫生院开展医疗联合体建设试点。积极创建省级创业型城市，全年城镇新增就业7615人，转移农村劳动力5354人；促进高校毕业生就业，招聘80名教师和86名储备人才，公开选聘371名高校毕业生公益性岗位、238名应届高校毕业生见习岗位和78名基层公共服务岗位。推进大众创业万众创新，全年新创办私营企业691户，注册资本16.8亿元；新增个体工商户2418户，注册资本1.63亿元。

【安全稳定】 开展安全生产专项整治，安全生产形势保持稳定；开展矛盾隐患排查整治和信访积案化解处理，全面实施依法治访，全市信访批次、人数分别下降26%和35%，上级交办案件办结率达99%，进京非访下降1%；推进平安高平建设，加强社会治安防控，开展打黑除恶专项行动，治安案件同比下降5.3%。推进依法治市进程，加强应急管理，社会大局持续稳中向好。 （陈青平）

阳城县

中共阳城县委书记　王晋峰
县人大常委会主任　申永山
县人民政府县长　窦三马
县政协主席　张星社

【简述】　阳城县位于晋城市西南部，地处太行、太岳、中条山三山之间。地理坐标为北纬35°12′30″～35°41′12″、东经112°01′02″～112°37′28″。东沿樊山、华阳山、沁河与泽州县搭界，西以云蒙山与运城市垣曲县相连，南以大岭头、原山、鳌背山与河南省济源市毗邻，从西到北，有东岩根、梁树腰、地棚岭、皇岩底、险坪、柿树凹、后韩山、大安头与沁水县接壤。南北长约54千米，东西宽约53千米，总面积1914.51平方千米。辖10个镇、7个乡、1个办事处，467个行政村。年末常住人口390796人，其中男性196434人，女性194362人，男女性别比为101.07（女性为100）。城镇人口比重44.54%。人口出生率7.96‰，人口死亡率5.59‰，人口自然增长率2.37‰。公安部门户籍登记总户数175397户，总人口383648人，非农业人口80039人。

阳城古称濩泽，历史悠久，文化源远流长。唐至清末县内130多人中进士。有明万历吏部尚书王国光、天启工部尚书白所知、南明吏部尚书张慎言，更有清康熙文渊阁大学士兼吏部尚书陈廷敬、雍正初的文华殿大学士兼吏部尚书田从典，还有世称“天下第一清官”的明成化佥都御史杨继宗及南宋著名画家萧照、清代著名数学家张敦仁。抗日战争时期，阳城是晋豫边革命根据地的中心，朱德、彭德怀、邓小平、徐向前等老一辈革命家曾在此战斗、生活。1946年至1949年，太岳行署进驻阳城，阳城成为太岳区中心。

主要山脉南部有析城山、云蒙山、小尖山、鳌背山、大乐岭、风山岭、老虎岭、指柱山，西部、北部有仙翁山、白龙山、黄龙山等。沁河是境内最大的河流，其次为南大河、芦苇河、涧河。

境内交通发达。侯月铁路穿越县境，阳翼高速、晋阳高速、阳济、陵沁、阳垣等出境公路构成四通八达的交通网。该县在全省首家实现“村村通”。

阳城工业以煤炭产业为支撑，形成以安阳工业集中发展区、北留工业园区、芹池煤化工园区、演礼工业园区为主导的“1+4”的工业强县的产业格局；亚洲最大的火力发电厂——阳城电厂位于境内。旅游业发展较快，主要有AAAAA级景区皇城相府，AAAA级景区蟒河风景区、亚高山草甸析城山景区。

【综合经济】　全年实现生产总值1694616万元，比上年增长5.3%。其中，第一产业实现增加值99200万元，占生产总值的比重为5.8%；第二产业实现增加值977061万元，占生产总值的比重为57.7%；第三产业实现增加值61835万元，占生产总值的比重为36.5%。第三产业中，批发和零售业118029万元，交通运输、仓储邮政业111099万元，住宿和餐饮业47049万元，金融业57488万元，房地产业60777万元，其他服务业221914万元。人均生产总值43329元，按2015年平均汇率折算为6958美元。

全年完成财政总收入326943万元。完成公共财政预算收入105986万元。地方公共财产预算支出238843万元。其中，农林水事务支出36599万元，增长15.9%；教育支出49766万元，增长4.3%；科技支出2178万元，增长0.1%；医疗卫生与计划生育支出30672万元，增长14.7%；文化体育与传媒支出7418万元，增长3.7%；社会保障和就业支出38539万元，增长13.3%；节能环保支出11003万元，增长75.2%。

【农业】　全年粮食播种面积33355公顷，减少200公顷。其中，夏粮面积8806公顷，秋粮面积24549公顷，油料种植面积584公顷，蔬菜种植面积1034公顷，棉花种植面积10公顷。

全年粮食总产量164727吨，增长17.1%。其中，夏粮42532吨，秋粮122195吨，油料产量1081吨，蔬菜产量56004吨，棉花产量9.4吨，水果产量13930吨。

年末牛存栏3458头，猪存栏162562头，羊存栏108223只，鸡存栏324.4万只。全年肉类总产量26188吨，禽蛋产量27777吨。全年蚕茧产量3466吨。蚕茧收入13556万元。

全年有效灌溉面积9868公顷，节水灌溉面积5663公顷。全年化肥施用量（实物量）36957吨。农用薄膜使用量33吨。农药使用量103吨。

【工业】 全年全部工业增加值923107万元，比上年增长4.2%。

规模以上工业增加值增长4.1%。其中，煤炭开采和洗选业增长7.3%，天然气开采业增长412%，纺织业增长13.5%，电力行业下降3.1%，金属制品业下降19.5%，食品制造业下降34%，化学原料及化学制品制造业下降9.2%，医药制造业下降25.5%，非金属矿物制品业下降8.3%，黑色金属冶炼及压延加工业下降20.9%。

全年规模以上工业企业实现主营业务收入1333931万元。其中，煤炭企业实现主营业务收入548439万元，电力企业实现主营业务收入573303万元。规模以上工业企业实现利税368481万元。其中，煤炭企业实现利税147066万元，电力企业实现利税242097万元。规模以上工业企业实现利润208585万元。其中，煤炭企业实现利润49203万元，电力企业实现利润183619万元。

【建筑业】 全年建筑业实现增加值53953万元。年末全县具有资质等级的总承包和专业承包建筑业企业16家，完成总产值21430万元，房屋建筑施工面积19.6万平方米。

【固定资产投资】 全年完成固定资产投资（不含农户）1600716万元，增长13.7%。其中，第一产业投资49878万元，第二产业投资692560万元，第三产业投资858278万元。在第二产业中，工业投资692560万元。其中，煤炭工业投资255500万元，非煤产业投资437060万元。传统产业（煤炭、冶金、电力）投资387069万元，非传统产业投资305491万元，民间投资1031121万元。

全年计划总投资500万元以上的在建施工项目264个。其中，亿元以上项目70个，计划总投资2829571万元，完成投资820793万元。

全年房地产开发投资26469万元。其中住宅投资22891万元。全年房屋施工面积275307平方米，房屋新开工面积190652平方米，房屋竣工面积15243平方米，商品房销售面积29957平方米。

【能源生产】 全年一次能源生产折标准煤961.3万吨，二次能源生产折标准煤669万吨。

全年销售煤炭952.7万吨，增长13.4。向省外输送电力162亿千瓦时。

全年全社会用电总量39.1亿千瓦时，其中，第一产业用电0.4亿千瓦时，占全社会用电量的1.0%；第二产业用电35.9亿千瓦时，占全社会用电量的91.8%，其中，工业用电35.8亿千瓦时；第三产业用电1.3亿千瓦时，占全社会用电量的3.4%。城乡居民生活用电1.5亿千瓦时，占全社会用电量的3.8%。

【内外贸易】 全年社会消费品零售总额399711万元，其中，城镇消费品零售额351628万元，乡村消费品零售额48083万元，批发、零售贸易业零售额321654万元，住宿、餐饮业零售额78057万元。

全年外贸进出口总额1263万美元，其中，进口66万美元，出口1197万美元，进出口差额（出口减进口）1131万美元。

【金融】 年末全县金融机构各项人民币存款余额1809620万元，比年初增加15485万元。其中，住户存款余额1252652万元，比年初增加138438万元。金融机构各项贷款余额521169万元，比年初减少28515万元。

【保险】 全年保费收入20819万元，其中，财产险保费收入3819万元，人身保险费收入17000万元。全年支付各类赔款及给付6415万元，其中，财产险赔款2090万元，人身险赔款及给付4325万元。

【交通、邮电】 全年公路货运量2000万吨。公路货物周转量75200万吨公里。公路客运量1380万人。公路旅客周转量48500万人公里。

全年完成邮政业务总量2076万元。订销报纸707万份，订销杂志10万份，收寄特快专递2.3万件，发送信件2万件。

年末全县固定电话用户53291户，移动电话用户350088部，计算机互联网用户68624户。

【旅游业】 年末共有成规模旅游景区(点)5处，其中，有1处国家级AAAAA景区，2处国家级AAAA景区，2处国家级AAA景区。全县全年共接待游客800.1万人次，实现直接门票收入23059万元，实现旅游总收入54.2亿元。

【教育】 年末全县普通中学26所，在校学生22568人，教职工2225人；职业高级中学3所，在校学生2589人，教职工178人；小学72所，在校学生16688人，教职工1791人；幼儿园156所，在园幼儿6991人，教职工547人；成人中等专业学校1所，教职工15人。学前教育毛入园率98.01%，小学学龄儿童净入学率100%，高中阶段毛入学率95.6%。高考二本以上达线2188人。

【科技】 全县投入科学技术研究与开发专项资金613万元，组织实施市级科技计划项目10项。新增高新技术企业1家，有效发明专利拥有量29件。

【文化】 年末全县共有文化馆1个，公共图书馆1个，青少年活动中心分馆1个，文物博物馆1个，档案馆1个，电视台1座。完成农村公益电影放映5616场。举办了“阳城县历史文化名人展”、纪念“七一”建党九十四周年“永远跟党走”文艺晚会活动。年末全县有线电视用户9.2万户，电视人口覆盖率95%，广播人口覆盖率96%。

【体育】 年末全县有体育场1个，综合体育馆2个，田径场5个，游泳馆3个。组织了全县围棋大赛、首届全民健身农民篮球赛、首届“家园杯”象棋赛等多项体育健身活动，推动了体育事业繁荣发展。

【卫生】 年末县乡村共有医疗卫生机构613个，卫生技术人员2503人(乡村医生635人，医师688人，助理医师160人)，床位1900张。村级卫生所达标率99%。新型农村合作医疗参合率99.39%。

【环境】 全县森林覆盖率51.15%，林木绿化率56.9%。城市绿化覆盖率和绿地率分别为45.51%和40.51%。人均公园绿地面积12.6平方米。

省级生态自然保护区1个。

全年二氧化硫排放量30449吨，下降5.1%；化学需氧量排放量4932吨，下降6.2%；氨氮排放量580吨，下降6.5%；氮氧排放量41248吨，下降17.3%；烟粉尘排放量23066吨，下降0.9%；COD排放量4932吨，下降6.2%。县城空气质量二级以上天数332天。

城市燃气普及率97%，城市居民用户集中供热率75%，城市垃圾收集率85%，城市生活污水处理率98%。

【安全生产】 全年生产安全事故死亡40人。亿元生产总值生产安全事故死亡0.22人。

【社会保障】 年末非私营单位从业人员46552人，其中，在岗职工人数44905人。城镇新增就业8294人。

全县非私营单位在岗职工年平均工资50185元。居民人均可支配收入16589元。其中，城镇居民人均可支配收入24629元，人均生活消费支出13398元。农村居民人均可支配收入10777元，人均生活消费支出9437元。

全年全县企业职工基本养老保险参保27660人，机关事业养老保险参保12516人，城乡居民养老保险参保219234人，城镇基本养老保险参保73355人，失业保险参保23652人，工伤保险参保64000人，生育保险参保35105人。

(王家胜)

陵川县

中共陵川县委书记 石云峰
县人大常委会主任 张江龙
县人民政府县长 胡晓刚
县政协主席 郎在陵

【简述】 陵川县位于晋城市东北部。地理坐标为北纬35°25′~35°54′4″、东经113°1′30″~113°37″。东、南分别与河南省辉县市、修武县交界，西与泽州县、高平市相连，北与长治市长治县、壶关县毗邻。东西长53.2千米，南北宽52.8千米，总面积1751平方千米。全县共辖7镇5乡，7个居民社区，371个行政村。

境内万峰环列，沟壑纵横，山势险峻，较大的山峰有70余座。地形东北高、西南低，板山海拔最高1791.9米，甘河海拔最低628米。河流分丹河和卫河两个流域，分别属于黄河和海河两大水系。

境内属大陆性季风气候区，气候特别凉爽，年平均气温为7℃～9℃，年平均降水量700～1000毫米。日照时数平均为2380～2730小时。

境内矿产资源丰富，矿种主要有煤、铁、硫、铝、黏土、大理石、硅石等。全县水资源总量为62872.62万立方米，是山西省水资源较丰富的地区之一。

陵川县人杰地灵。古代著名人物有金代武氏三状元、金代教育家元好问老师郝天挺、元代国信使郝经等。现代人物有中共山西省委原第一书记卫恒、作家韩文洲、电影《上甘岭》编剧崔家俊等。国家级文物保护单位有西溪二仙庙、小会岭二仙庙、崔府君庙、白玉宫、玉皇庙、寺润三教堂、南神头二仙庙、玉泉东岳庙、南吉祥寺、北吉祥寺、三圣瑞现塔、崇安寺、龙岩寺等，省级文物保护单位有南庙宫、南召文庙、千佛造像碑等。主要风景名胜区有王莽岭、棋子山、黄围山、西溪风景区。

【综合经济】 2015年，全县地区生产总值完成33.9亿元，按可比价计算，比上年增长3%。其中：第一产业增加值完成4.81亿元，增长4.1%，占生产总值比重为14.2%；第二产业增加值完成9.76亿元，下降3.5%，占生产总值比重为28.8%；第三产业增加值完成19.3亿元，增长7.5%，占生产总值比重为56.9%。第三产业中，金融业增加值完成2.51亿元，增长14.3%；交通运输、仓储和邮政业增加值完成3.17亿元，下降5.5%；批发和零售业增加值完成1.71亿元，增长1.6%；住宿和餐饮业增加值完成0.71亿元，增长4.4%；营利性服务业增加值完成2.64亿元，下降4.9%。人均地区生产总值完成14460元，按2015年平均汇率计算达到2328美元。

全县财政总收入完成22128万元，下降40.3%。其中增值税1101万元；企业所得税332万元；个人所得税208万元；营业税2471万元；资源税458万元。公共预算财政收入完成11464万元，下降40.8%。公共预算财政支出161123万元，增长11.2%，其中农林水事务支出增长13.5%，教育支出增长7.2%，环境保护支出增长17.5%，科学技术支出增长24.2%，医疗卫生支出增长13.1%，文化体育与传媒支出增长13%，社会保障和就业支出增长30.1%。

【农业】 全年农作物播种面积22433公顷。其中：粮食种植面积20636公顷，较上年增加269公顷；其中，玉米种植面积17656公顷，小麦种植面积120公顷。

全年粮食总产量达到10.86万吨，增产18.6%。其中，夏粮产量550吨，减产14.3%；秋粮10.8万吨，增产18.7%。

全年油料产量561吨，减产26.7%；药材产量4029吨，减产0.08%；水果产量4178吨，增产42.1%；干果1089吨；蔬菜产量29319吨，减产24.6%。

全年肉类总产量达到15557吨，增长0.08%。其中，猪肉产量13424吨，增长0.06%；牛肉产量42吨，增长44.8%；羊肉产量625吨，增长26.3%；年末生猪存栏127898头，增长17.8%，生猪出栏178995头，增长6.4%；牛存栏735头，下降0.02%，牛出栏312头，增长42.5%；羊存栏68809只，增长0.06%，羊出栏41566只，增长25.8%；禽存栏95.67万只，增长0.06%，禽出栏111.76万只，增长22.6%。禽肉产量1453吨，增长22.6%；兔肉产量11吨，下降0.5%；禽蛋总产量8320吨；蚕茧总产量18吨，下降66%。

年末全县森林面积133万亩，森林覆盖率达到52.07%。全年完成造林面积1305公顷，下降20.1%；四旁植树65万株，育苗面积380公顷，与上年持平。

年末全县农业机械总动力32.52万千瓦，增长1.6%。机械耕地面积16020公顷，下降0.61%；机械播种面积13130公顷，下降0.1%；机械收获面积9630公顷，下降2.3%。农机化管理服务总收入达到8700万元，利润总额2600万元。

【工业和建筑业】 年末全县规模

以上工业14个。全年规模以上工业总产值完成91577.1万元，同比下降9%。规模以上工业增加值下降5.4%，其中：国有控股企业下降11.5%，非公有制企业增长10.9%。分轻重工业看，轻工业增长71%，重工业下降11.6%。

规模以上工业企业实现主营业务收入89866.2万元，下降12%。其中：煤炭行业20774.1万元，下降17%；农副食品加工业13607.3万元，增长45.2%；化工行业14425.4万元，下降22.6%；非金属矿物制品业17572.7万元，下降19.4%；冶炼行业20712.7万元，下降16.6%；电力、热力生产和供应业2774万元，增长15.7%。

规模以上工业企业实现利税-2502.8万元，实现利润-8568.9万元；亏损企业亏损额9342万元，增长8.2%。

全县乡镇及民营经济增加值22.6亿元，下降3.5%；总产值68.8亿元，下降3.6%；营业收入5亿元，下降3.5%。

建筑业实现增加值2.9亿元，下降3.6%。年末全县具有资质等级的总承包和专业承包建筑业企业共有2家，完成总产值6432.9万元，下降23.4%；竣工产值3771.1万元，下降61.22%。

【固定资产投资】 全年固定资产投资完成39亿元，比上年增长18.3%。其中：第一产业89140万元，下降48.8%；第二产业78779万元，增长0.8%；第三产业222572万元，增长16%。

全年在建固定资产投资项目118个。其中亿元以上项目14个，本年完成投资9.36亿元，占全县固定资产投资的比重为24%。

【能源】 全县全年向省外运输煤炭53.8万吨，下降57.7%，外运煤炭占原煤产量的比重为39.4%。

全县全年全社会用电量39567万千瓦时。其中，第一产业用电1577万千瓦时，占全部用电量3.99%；第二产业用电26189万千瓦时，占全部用电量66.2%；第三产业用电3761万千瓦时，占全部用电量9.5%。城乡居民生活用电7251万千瓦时，占全部用电量18.3%。

【国内贸易业】 全年社会消费品零售总额163741.1万元，增长4.2%。分地域看，城镇108229.4万元，增长4.2%；乡村55511.7万元，增长4.1%。

在限额以上批发和零售业零售额中，粮油食品类增长4.1%，饮料类增长4.6%，烟酒类下降4.8%，服装鞋帽、针、纺织类增长1.2%，化妆品类下降10.8%，日用品类下降16.2%，汽车类下降12.4%，文化办公用品类下降13.4%，书报杂志类下降22.4%，机电产品及设备类增长54.1%，体育娱乐用品类增长16%，中西药品类增长1.2%，其他类下降7.1%。

【交通、邮电和旅游】 全县公路通车里程1605.7公里，全年交通运输、仓储和邮政业增加值3.2亿元，下降5.5%。

全县邮电业务总量13894万元，增长4.4%。其中，邮政业务总量1418万元，下降2.7%；电信业务总量12476万元，增长5.2%；移动电话用户16.9万户，全县宽带接入用户达到33681户，增加4686户，增长16.2%。

全年全县旅游企业个数为18个，共接待旅游人数372.5万人次，增长15.1%，实现旅游总收入8.97亿元，增长16.2%。

【金融保险业】 年末全县金融机构各项存款余额773122万元，比年初增加78314万元，增长11.3%。其中：住户储蓄存款余额549702万元，比年初增加52047万元，增长11.1%。年末各项贷款余额263088万元，比年初减少6124万元，下降2.3%。

全年全县保险费收入15909万元，增长51.8%。其中，人身险保费收入7894万元，增长11.8%。全年支付各类赔款2025万元，增长27.2%。其中，人身险给付支出405万元，下降11.6%。

【教育和科学技术】 全县共有各级各类学校172所，其中，中学17所，小学119所，幼儿园和其他34所。全县共有各级各类在校学生人数32695人，全年高中招生数1774人，高中毕业生数1858人；初中招生数2295人，初中毕业生数3256人；职业高中招生数147人，职业高中毕业生数211人；小学招生数1958人，小学毕业生数2338人；在园幼儿5646人。年末全县教职工人数3000人，其中，专任教师2580人；社会办学495人。

全县科技三项经费支出201万元，比上年下降71.3%。全年完成各类科技项目104项（省级4项，市级1项，县级99项）。

【文化、卫生和体育】 年末全县共有文化馆1个，公共图书馆1个，总藏书量6万册。博物馆1个。

年末全县共有各级医疗卫生机构461个，床位755张，卫生专业技术人员1008人，每千人拥有病床3.2张，每千人拥有医生数3.9人。新型农村合作医疗参合率99.17%。村卫生室覆盖率100%，县、乡、村三级医疗机构达标率85%。全县的儿童“七苗”全程接种率以乡镇为单位均达到了98%。碘盐覆盖率达到100%、合格碘盐食用率达到95%，各种地方病得到了有效控制。

年末全县拥有室内体育场馆1个，各级裁判员34人，各级举办运动会13次。

【人民生活和社会保障】 据2015年人口抽样调查，年末全县常住人口为234760人，比上年末增加423人。其中，城镇人口93061人，乡村人口141699人。全年全县出生人口1957人，人口出生率为8.34‰；死亡人口1534人，死亡率为6.54‰；自然增长率为1.8‰。性别比为104.29（以女性人口为100）。城镇化率为39.64%。

全年城乡居民人均可支配收入10566元，增长7.4%。其中：城镇居民人均可支配收入达到16223元，增长6.2%；农村居民人均可支配收入达到7425元，增长8.8%。城镇20%低收入户人均可支配收入6256元，增长9.9%；农村20%低收入户人均可支配收入2646元，增长14.7%。

全县城镇职工参保19864人，基金征收完成16715万元，分别占年任务18399人和9100万元的108%和183.7%；城乡居民养老保险参保133902人，和目标任务持平。基金征收完成1200万元，超额完成90万元。

机关事业养老保险参保7976人，征收完成12066万元，分别占年任务7000人和4500万元的113.9%和268.1%；全年为2501名机关事业离退休人员发放养老金12940万元。

城镇职工医疗保险参保人数达到32281人，城镇居民医疗保险参保人数达到14466人，均超额完成年度目标任务。全年基金征收完成260万元。

失业保险参保9056人，基金征收完成205万元，全部超额完成任务；全年为455名失业人员发放失业保险金454万元。工伤保险参保24005人，基金征收完成457万元，全部超额完成任务，全年为158名工伤职工支付工伤保险待遇972万元，其中：为50名遗属人员发放抚恤金58万元，为10名工亡职工发放丧葬费535万元。生育保险参保15116人，基金征收完成188万元，全部超额完成任务。

年末城镇低保人数3114人，减少1130人；农村低保人数12508人，增加3673人；农村集中供养五保户363人，增加15人；分散供养五保户1514人，增加35人；农村定期救济58人，减少1人。

年末全县各类收养性社会福利单位5个，床位450张，收养各类人员363人。享受伤残抚恤金人数253人，减少56人；享受定期补助人数1925人，增加69人。优待对象户数287户，优待总金额445.5万元，安置136个残疾人就业。

【资源、环境和安全生产】 年末耕地保有量为45.75万亩，与去年持平。完成造林合格面积1.96万亩。自然保护区面积21440公顷。

城市集中供热普及率达到75%；建成区绿化覆盖率达到38.1%。

全年县区环境空气质量二级以上天数达到222天（包含一级天数25天）

全年全县共发生各类事故79起，死亡24人，在市政府控制指标内。其中：道路交通事故60起，死亡23人；消防火灾19起，死亡1人。全年未发生工贸企业意外和死亡事故。 （焦国锋）

沁水县

中共沁水县委书记 范兆森

县人大常委会主任 柴守瑛

县人民政府县长 原光辉

县政协主席 张桂春

【简述】 沁水县位于晋城市西部。地理坐标为北纬35°23′48″~36°04′03″、东经111°56′02″~112°47′20″。东连高平市、泽州县,西接临汾市翼城县、运城市垣曲县,南邻阳城县,北靠长治市长子县,临汾市安泽县、浮山县。地形东西长,南北窄。东西长约150千米,南北宽约55千米。地势西高东低,最高处西南舜王坪海拔2358米,最低处东南尉迟村沁河出境处海拔520米,相差1838米。总面积2676.6平方千米,辖7镇7乡,242个行政村,9个社区,常住人口21.5万人。

境内自然资源丰富,其中煤炭和煤层气储量最大。全县含煤面积2421.9平方公里,占全县总面积的90.5%,煤炭地质总储量265.25亿吨,年产原煤1844.33万吨。煤层气资源地质储量5000亿立方米,煤层气抽采井2289口,是国内最大的煤层气开发利用基地和第一个国家级煤层气高技术产业化示范基地。全县森林面积193.04万亩,森林覆盖率48.4%,牧坡草地175.8万亩。有野生植物400余种,属国家重点保护的植物11种。野生动物220余种,属国家重点保护的珍稀动物26种。位于县城西南部的历山是国家级自然保护区,被誉为"山西动植物宝库"。

沁水县人杰地灵,文化底蕴深厚。古有著名的画家荆浩、散曲家常伦,今有人民作家赵树理、作曲家乔谷、儿童文学家靳兵煊。

沁水历史悠久。历山脚下发掘有"下川遗址",证明早在2.3万年到1.6万年前就有人类在这里繁衍生息。舜耕历山的动人传说源远流长。周文王第十六子被封于此,是为原伯,史称原伯故城。春秋战国时置端氏城,三家分晋时"徙晋君以端氏"。秦汉时置端氏县。东汉别置沁水县,沁水之名始于此。境内有武安村战国古寨、河头村汉墓群、柳氏民居、湘峪古城、窦庄夫人城等人文景观。

沁水交通便利。晋(城)侯(马)高速公路穿越境内东西,侯(马)月(山)铁路西连同蒲线,东接太(原)焦(作)线。此外境内有省道3条,县道11条,乡道44条,通村水泥路235条。通信网络覆盖全境。

沁水是革命老区,抗日战争时期,晋豫区、太岳区党政机关和八路军20个正规团曾在此驻扎活动。刘少奇、朱德、彭德怀、邓小平、徐向前、陈赓、王震等老一辈革命家曾在这里生活战斗。上党战役最后一战的桃川战斗就发生在境内。

2014年,被联合国地名专家组认定为"千年古县",成为全省第五个"千年古县";先后获全国"六五"普法中期先进县、地质灾害防治高标准十有县,全省文明创建先进县、林业生态建设先进县、计生工作考核先进县、省级卫生县城等称号。

【综合经济】 全年全县生产总值172.7亿元,按可比价格计算,比上年增长5.1%。其中,第一产业增加值5.7亿元,增长4.9%;第二产业增加值124.5亿元,增长5.1%;第三产业增加值42.5亿元,增长5.1%。三次产业占GDP的比重由上年的3.3∶73.4∶23.3调整为3.3∶72.1∶24.6。第三产业中,金融业增加值6.5亿元,增长11.8%;交通运输、仓储和邮政业增加值8.5亿元,增长12.7%;批发和零售业增加值3.6亿元,下降4.3%;住宿和餐饮业增加值3.4亿元,增长6.0%;营利性服务业增加值4.2亿元,增长0.7%。人均地区生产总值80235元,按2015年平均汇率计算为12882美元。

全年全县公共财政预算收入11.0亿元,下降4.4%。其中,税收收入7.1亿元,下降12.9%。公共财政预算支出20.8亿元,增长9.5%。其中,科学技术支出下降11.6%,教育支出下降3.2%,城乡社区事务支出下降38.6%,农林水事务支出增长70.8%,社会保障和就业支出增长6.3%,文化体育与传媒支出下降42.2%,医疗卫生与计划生育支出增长7.5%,节能环保支出下降15.9%。

【农业】 全年全县完成农业总产值104328.4万元,按可比价格计算,比上年增长6.8%。其中,种植业总产值50979.8万元,增长11.4%;林业总产值7227.9万元,下降29.2%;牧业总产值42040.9万元,增长10.6%;渔业总产值1727.8万元,增长8.7%;农林牧渔服务业总产值2352.0万元,增长5.5%。

全年全县农作物播种面积28906公顷，下降4.2%。其中，粮食作物播种面积26669公顷，下降4.4%。粮食作物中，小麦播种面积3432公顷，下降23.3%；玉米播种面积19394公顷，增长2.0%。粮食总产量142042.3吨，增产24.7%。其中，小麦产量12678.8吨，减产9.4%；玉米产量118486.3吨，增产33.7%。粮食产量每公顷5325千克，增产30.5%。年末全县设施农业大棚1630个，同比增加213个。其中蔬菜播种面积133公顷，增长42.6%，产量9468.8吨，增长19.9%；食用菌面积3.8公顷，下降2.6%，产量208.5吨，增长9.1%。

年末全县大牲畜存栏184头，下降53.1%。猪存栏47992头，下降6.4%；牛存栏2112头，下降13.0%；羊存栏220245只，增长5.8%；禽存栏1325101只，增长24.9%；羊群饲养量348251只，增长9.1%；肉类总产量13429.7吨，增长22.9%；禽蛋产量4428吨，增长3.3%；蚕茧产量1443吨，下降5.1%。

年末全县农业机械总动力356592千瓦，增长0.7%。机械耕地面积22170公顷，下降7.8%；机械播种面积18180公顷，下降7.7%；机械收获面积14800公顷，下降9.3%。全县农机化经营总收入10000万元，下降32.4%。

全年全县义务植树38万株；营造林1020公顷；培育苗木花卉333公顷；完成村庄绿化5个。

【工业】 年末全县规模以上工业企业30家，完成增加值54.3亿元，增长4.2%；其中，煤炭行业增加值21.2亿元，增长3.9%；煤层气行业增加值29.2亿元，增长4.2%。共完成总产值90.6亿元，增长10.1%；实现利税25.7亿元，增长35.8%；其中煤炭行业总产值35.9亿元，实现利税7.1亿元；煤层气行业总产值46.1亿元，实现利税17.7亿元。共完成销售产值89.8亿元，增长8.6%；实现利润15.6亿元，增长47.6%；税金总额10.1亿元，增长20.2%。

全年全县原煤产量918.2万吨（包括基建工程煤91.0万吨），增长18.7%；洗煤207.9万吨，增长52.4%；煤层气利用量26.2亿立方米，增长6.5%；煤层气液化量36.1万吨，增长6.8%；发电量116606万千瓦时，增长17.8%；焦炭8.8万吨，下降18.0%；生铁3.1万吨，下降58.7%；水泥0.8万吨，下降79.0%。

全年规模以上工业企业综合能源消费量44.17万吨标准煤，增长4.34%；规上工业单位总产值能耗为0.49吨标准煤/万元，增长7.62%；规上工业单位增加值能耗为0.81吨标煤/万元，增长5.10%；规上工业企业工业用电量94133万千瓦时，增长5.46%。

全年民营企业实现增加值62.0亿元，下降2.7%；出口产品交货值3498万元，增长17.3%；实现营业收入122.6亿元，下降2.4%；利润总额13.3亿元，下降2.9%；上交税金12.9亿元，下降7.8%。其中，民营工业总产值104.5亿元，下降3.2%；民营工业增加值44.3亿元，下降3.7%。

【建筑业】 年末全县具有资质等级的建筑业企业13家，完成建筑业总产值2.32亿元，下降21.09%；其中，建筑工程、安装工程和其他工程分别完成1.62亿元、0.12亿元和0.57亿元。签订合同额2.64亿元，下降16.19%；其中2015年新签合同额2.22亿元，下降18.38%。建筑施工面积达到9.04万平方米，下降7.47%；房屋建筑竣工面积完成8.15万平方米，增长3.95%；房屋竣工价值完成0.98亿元，下降4.85%。

【固定资产投资】 年末全县投资上报项目136个，累计完成固定资产投资150.0亿元，增长10.0%。其中亿元以上项目32个，累计完成投资108.2亿元，占全县投资总额的72.1%，直接带动了全县投资效益的提高。分产业看，第一产业投资5.7亿元，同比增长85.7%；第二产业投资107.0亿元，增长9.1%；第三产业投资37.3亿元，增长6.1%。三次产业投资比例由上年的2.3∶71.9∶25.8调整为3.8∶71.3∶24.9。分投资构成看，建筑工程投资109.4亿元，增长10.1%；安装工程投资15.5亿元，增长19.9%；设备工器具购置投资13.9亿元，下降5.9%；其他费用投资11.2亿元，增长20.8%。

全年全县在建的保障性住房2240套。其中，公租房482套，包括教育园区公租房258套和桃园小区公租房224套；限价商品房1758套，包括教育园区限价房

295套,桃园小区限价房595套和庙沟限价房868户。全年新开工建设保障性住房288套,基本建成保障性住房760套。

全年全县房地产开发计划总投资30849万元,增长14.28%;实际完成投资10530万元,增长101.3%。按工程用途分,住宅投资9430万元,增长90.97%;商业营业用房投资100万元,增长25.0%;其他投资1000万元,同比增加787万元。全年完成期房销售面积11184平方米,完成销售额3081万元。

【市场贸易】 全年全县社会消费品零售总额20.8亿元,增长5.3%。其中,城镇消费13.1亿元,增长5.8%;乡村消费7.7亿元,增长4.5%。分行业看,批发业零售额1.6亿元,增长7.0%;零售业零售额15.4亿元,增长4.3%;住宿业零售额0.3亿元,增长24.2%;餐饮业零售额3.5亿元,增长8.3%。

在限额以上商品零售额中,机电产品及设备类、通信器材类、建筑及装潢材料类、家具类和服装鞋帽纺织品类分别实现零售额1159.7万元、198.3万元、858.0万元、763.6万元和3361.5万元,同比分别增长44.1%、27.4%、19.5%、15.3%和7.1%;化妆品类实现零售额456.7万元,同比增长2.5%;粮油食品饮料烟酒类同比下降5.7%,金银珠宝类同比下降2.1%;汽车类类同比下降9.6%,日用类同比增长1.3%。

【招商引资】 全年全县签约招商引资项目37个,投资总额316.4亿元,完成年度目标的112.2%;资金到位89.9亿元,完成年度目标的105.8%;落地项目投资总额78.5亿元,完成年度目标的106.1%。

【交通、邮电、通信】 年末全县公路通车里程1697.5千米,其中高速公路28.9千米。年末全县有载货汽车2399辆,其中,普通载货汽车载重量148246吨位。年末全县有公路干线3条122.9千米,公路支线464条1365.8千米,桥梁141座15014米。全年公路养护里程1697.5千米。

年末全县邮政局(所)21处,邮政路线64条,邮政单程总长度1477千米。全年全县完成邮政业务总量1692.3万元,比上年减少17.2万元,下降1.0%;其中,国内函件87.4万件,特快专递6.4万件,订销报纸477.8万份,订销杂志109.9万份。

年末全县有通信基站数805座,其中,新联通公司357座,移动公司343座(铁塔280座、直放站63座),电信股份有限公司105座。移动电话客户196131户,比上年减少7318户,下降3.6%;其中,4G客户16456户,比上年增加3708户,增长29.1%;互联网客户43591户,比上年增加4521户,增长11.6%。全年全县完成通信业务总量13986万元,比上年增加459万元,增长3.4%。

【金融保险】 年末全县金融机构各项存款余额达108.5亿元,较年初增加4.3亿元,增长4.1%;其中,年末住户存款余额达64.6亿元,较年初增加5.98亿元,增长10.2%;金融机构各项贷款余额达53.7亿元,较年初增加1.8亿元,增长3.5%。

全年保险行业实现业务总收入8309万元,下降10.8%。其中,财产保险业务收入2348万元,下降12.5%;人身保险业务收入5961万元,下降10.2%。全年支付各类赔款及给付2692万元,下降24.0%。其中,财产险赔款1158万元,增长7.6%;人身险赔款及给付1534万元,下降37.8%。

【教育科技】 年末全县有各级各类学校104所,其中,初中16所,高中3所,职业中学1所,小学61所,特殊教育学校1所,幼儿园21所,远胜文化教育培训学校1所。在校学生26385人,当年招生6356人,毕业8277人。全县参加高考2015人,二本B类以上达线729人,达线率35.54%;一本以上达线278人,比2014年减少11人,下降3.8%。全年义务教育阶段学校校长共交流6人,所占比率为13%,交流教师64人,所占比例为11%,优质高中招生名额合理分配比例达到80%,完成率为99.7%。全县有省级高新技术企业4个,分别为山西沁水新奥燃气有限公司、山西易高煤层气有限公司、山西蓝焰煤层气集团有限公司、山西和瑞新能源开发有限公司。全县全年完成专利申请67件,其中发明专利12件,实用新型专利35件,外观设计专利20

件,已授权9件。

【文化体育】 年末全县有群众文化馆1个,公共图书馆1个,文史博物馆1个,宣传文化中心1个,老年活动中心1个,青少年活动中心1个,县级剧团1个,电影发行放映公司3个,乡镇综合文化站14个;全县有农村电影放映队14支,业余文艺演出团体4家;全县有国家级非物质文化遗产项目3项,省级项目7项,市级18项,县级40项。

全年组织举办“两节”社会文化活动、消夏晚会等大型文化活动30余场次;组织送戏下乡260余场;完成农村电影放映2988场;送公益性文化演出20场次;为全县242个群众基础好开展范围广的行政村配置八音会乐器242套;为柿庄、端氏、龙港、张村、胡底、中村等9处乡镇健身广场配送健身路径82件,乒乓球台2张,篮球架2副,棋牌桌6台;为全县沿路近百个行政村配置健身器材360件,篮球架30副,乒乓球台100张;为14个乡镇发放阅报栏14个,为县城9个社区配发乐器、音箱、电脑、投影仪各1套,全面改善了农村人居体育环境和文化服务水平。

【广播电视】 年末全县有广播电视台1个,乡镇广播电视站14个;调频发射台和转播台1座,调频发射功率4千瓦,广播覆盖率为96.6%;电视转播发射台1座,电视发射功率0.6千瓦,电视覆盖率达98.5%;有线电视用户3.8万户,其中数字电视用户3.3万户;全年制作播发《沁水新闻》244期,《沁水全接触》52期;全年在市广播电视台播发各类新闻570余条,进一步扩大全县对外影响力和美誉度。

【卫生】 年末全县有各级医疗卫生机构322个,医院和卫生院床位683张,卫生专业技术人员677人,每千人拥有病床3.12张,每千人拥有医生数3.14人。新型农村合作医疗参合率99.68%,村卫生室覆盖率100%,县乡村三级医疗机构达标率100%。

【人民生活】 全年全县城镇居民人均可支配收入23576元,增长7.5%;人均消费性支出13833元,增长7.0%。农村居民人均可支配收入9486元,增长7.6%;人均生活消费支出6267元,增长7.1%。城镇和农村居民恩格尔系数(即食品消费支出占生活消费支出的比重)分别为27.8%和35.1%,分别比上年下降了0.7和0.3个百分点。

【社会保障】 全年各项社会保险基金征缴36119.58万元。其中,企业、机关事业和城乡居民养老保险分别参保18021人、10236人和127354人,保险金分别征缴11214.3万元、13135万元和1660万元;城镇基本医疗保险、生育保险分别参保42675人和25410人,保险金分别征缴7302万元和523万元;工伤保险、失业保险分别参保44400人和19116人,保险金分别征缴1257万元和1028.28万元。

全年各项社会保险基金支付32108.24万元。其中,为6012名企事业离退休人员和455名遗属人员、63名退休死亡人员发放养老金及生活困难补助费21727.9万元;为28124名城乡居民发放养老金3467.24万元;为患病城镇职工、居民报销医药费5528万元;为128名失业人员发放各类待遇93.1万元,为200名工伤职工支付伤残待遇952万元,为241名生育职工支付生育待遇340万元。另外,企业退休人员退休金实现“十一连调”,达到人均月2357.6元,人均月增加养老金261.69元,增幅达12.5%。

【民政事务】 年末全县城乡低保对象共7147户8863人,发放资金2633.85万元。其中城市低保对象693户1469人,标准由月425元提高到月455元,月人均补差达到365.07元,发放城市低保金693.19万元;农村低保对象6454户7394人,标准由年2256元提高到年2556元,月人均补差达到209.91元,发放农村低保金1940.66万元。全年发放医疗救助资金526.6万元。深入开展冬春期间灾民救助和汛期备灾工作,发放防震减灾基本常识宣传资料2500余份,下拨自然灾害生活补助资金275万元,储备棉大衣1005件、棉被844条、帐篷130顶。年末全县有农村五保对象926户947人,其中集中供养对象163户165人,分散供养对象763

户782人，发放五保供养资金330.02万元。

全年为1338名重点优抚对象发放抚恤补助金及提标资金652.13万元。为70名建国前入党的农村老党员和未享受离退休待遇的城镇老党员发放生活补贴及提标资金33.53万元。为566名重点优抚对象发放门诊医疗费22.43万元，为85名城乡重点优抚对象发放大病医疗补助资金32.34万元。发放城乡义务兵优待金234人次640.26万元。为93名自主就业退役士兵发放一次性经济补助金150.98万元。为74名原参加核试验退伍军人进行了体检，为5名原参试人员评定残疾等级，为4名部队退役残疾军人向市民政局提交评残鉴定申请。对1名符合条件的烈士子女进行审批，对56名符合享受60周岁老兵生活补助待遇的农村籍退役士兵进行审批。

全年全县办理婚姻登记2019对，其中结婚登记1427对、补发结婚登记470对、离婚登记212对，出具无婚姻登记记录329件，婚姻登记率、合格率、档案完好率均达到100%。完成对县城街路巷门牌的补查登漏工作，对县城42个街路牌、76个楼牌、256个单元牌和3725个门牌进行补漏。完成对全县66个注册登记社会组织和3家持有福利企业证书企业的年检工作。

【生态环境】 全年县城空气质量二级以上天数319天，比上年减少19天，其中一级天数63天；全年空气综合污染指数4.93，环境空气质量稳定达到二级标准；全年列入市级考核的6项主要污染物减排指标全部控制在市控目标之内；饮用水源地水质达标率达到100%；全面实施清洁生产工程，全县工业固废处置率85.8%，固废综合利用率达78%，涉重金属和涉危险废物企业清洁生产审核率达到100%。

【城镇建设】 全年全县组织实施便民服务中心、便民广场绿化、社区街巷整治等14项市政基础设施建设项目，累计完成投资3亿元。县城新建污水管网1060米，新建、改扩建城市道路2020米，铺装、修补人行道3600平方米，县城人均道路面积达到13.6平方米；完成县城道路路面修补4700平方米，安装、更换河道护栏2190米，维修与更换井盖、水篦150处，安装路灯507盏，维修路灯2000余盏，确保了县城基础设施安全平稳运行。全年新增集中供热能力40万平方米，新增集中供热面积20万平方米，集中供热普及率达到79%以上；新增供气用户734户，集中供气普及率达到96%。全年县城处理生活污水322万吨，污水处理率达到97%；处理生活垃圾3.45万吨，垃圾处理率达100%。

【安全生产】 全年全县发生各类安全生产事故93起，同比减少13起，下降12.6%；事故死亡27人，同比减少3人，下降10.0%。其中，道路交通事故67起，死亡26人，分别同比下降4.3%和3.7%；工矿商贸行业（建筑）发生事故1起，死亡1人，分别同比下降66.7%；消防火灾事故25起，同比下降24.2%，无人员死亡；其他行业领域无事故。（张丽霞）

索 引

说 明 (1)本索引以人名、地名、机构名称、活动名称、事件(事物)名称等为主题词进行检索。(2)本索引按主题词汉语拼音字母顺序排列(数字开头主题词另排序),主题词后面的数字和字母分别表示所在页码和分栏位置(a b c表示本页码左、中、右三栏)。(3)本索引主题词主要选自本年鉴正文部分,特载、大事记、附录以及图表、照片不在索引范围内。

D

T

Y

晋城广播电视大学
JINCHENG RADIO & TV UNIVERSITY

晋城电大网址：www.sxjctvu.com.cn
奥鹏教育网址：www.open.com.cn

晋城市报名点
地址：晋城金村新区市委党校教学楼505
电话：3985812（段老师） 18103560787（李老师）

泽州县报名点
地址：文昌西街岭杰小区
电话：2293398 18803560848（李老师）

陵川县报名点
地址：陵川县城望洛北路375号职业中学
电话：6211818 13834325566（程老师）

高平市报名点
地址：高平市教师进修校（原西关小学）
电话：2268292 13383464800（唐老师）

阳城县报名点
地址：阳城县北城上2号
电话：3291033 18103560787（李老师）

沁水县报名点
地址：沁水县教育局
电话：7029171 13834319207（张老师）